世纪高教·工商管理系列教材

组织行为学

（第四版）

主编　顾琴轩

格致出版社　　上海人民出版社

总　序

伴随着争论与共识,中国管理步入了21世纪,更走入了全球化的视野当中,这是一个全新的时代,新知识的爆炸、新观念的碰撞、新思想的诞生不断催生着中国管理的变迁,我们的企业开始迈向全球,我们的管理学界开始向世界进言,我们的市场开始让国外的管理人士瞩目,可以说,中国管理正走向成熟,我们正面临着前所未有的机遇。

机遇往往伴随着挑战,对于中国管理而言,挑战存在于各个方面。千百年来,我们的祖先给予了我们丰厚的文化瑰宝,其中很多都是管理思想的精髓,我们该如何深入挖掘? 经济全球化进程带来的是越来越前沿的管理理念与实践方法,不断冲击着中国的触觉,我们该如何去面对? 中国正逐渐成为世界的焦点,国外管理人士纷纷开始研究中国本土市场,而作为中国管理学界的成员,我们又如何在本土化的实践中找到更加适合中国管理发展的路? 种种的挑战提出了一个崭新的命题:如何在我们的管理教学中结合机遇与挑战,向我们的学生——未来的管理人才——展现出知识与实践结合的力量。但现实情况是,我国国内现代企业管理起步较晚,国内经济社会环境的变革中现实管理问题迭起,高校教学实践不足,相当多的经济管理类教材是根据国外教材改编而成的,无法完全适用于中国的特殊国情与新时期下的要求,不能充分解决中国企业的实践问题,更未必满足实际的学生教学需要。因此真正拥有属于中国自己的、前沿的、既自成理论体系又具有实用性的教材,成为了我们经济管理界成员的心声。

令人欣慰的是,力求体现中国前沿管理特色的“工商管理系列教材”终于面世了,这套教材不仅为中国经济管理类理论领域增添了一道独特的风景,更为从事管理学教学的教师提供了本土化的教学范本。这套系列教材紧跟时代步伐,以培养学生能力为目标,汇集了国际各相关领域的最新观点、内容、原理和方法,吸收了国内外教材的众多优点,考虑了中国国内的实际管理教学情况,更力求于体现中国管理的独特思维,既适合于全国各高等学校经济管理类专业的本科生使用,同时也可以成为管理实践第一线工作的各类管理人员系统学习管理理论的参考书。

本系列教材力图从不同的视角,在多种层面对经济管理领域内的各种问题作全面、系统和深入的研究。既有教授经典管理理论的,又有关注管理前沿趋势、讲授最新兴管理技术的;既有对管理学科现代化观点的科学审视,又有对中国悠久的管理哲学的深邃思考；既有以国际化的视野引入的西方成熟经济管理理论，又有以本土化的视角进行的实践研究。期待这套教材能为改进我国高等教育经济管理类课程的教学工作起到重要作用，同时对于推动我国经济管理理论的发展，提升我国企业经济管理的实践水平，也能有所帮助。

"传道、授业、解惑"为师者肩扛之责。背负起为国塑才的重任，不辜负人类灵魂工程师的称号，一直是我们每个教师心中的孜孜追求。这套教材凝结了我们教育工作者多年的思想结晶，更包含了我们对莘莘学子的深切期望。在此，谨希望这套教材能够起到抛砖引玉的效果，为我国管理教育和管理实践的发展、繁荣尽到应有的责任。

是为序。

上海交通大学校长特聘顾问　王方华

第四版前言

当今世界,信息技术飞速发展,互联网触及世界每个角落,经济日益全球化,跨国公司不断开发和占领国际市场,市场竞争更趋激烈,组织环境更趋动态和复杂。技术与环境的诸多新变化,对组织及其行为管理提出了许多前所未有的问题与挑战。

组织行为学(Organizational Behavior)作为行为科学的一个重要发展分支,也是管理科学的一个重要组成部分,自20世纪80年代初传入我国后,在我国理论研究领域和实践领域均得到不同程度的新发展。

20世纪80年代中期,老一辈学者杨锡山等首次编译和出版了《西方组织行为学》一书,由此开启了介绍和引入国外组织行为学理论之先河。进入20世纪90年代以来,我国学者翻译了多部国外组织行为学的著作,与此同时,我国学者自己也写出了一些组织行为学的教材、讲义、案例集。这些成果在不同程度上推进了组织行为学在我国的研究和发展。

组织行为学是一门较成熟的学科,具有一定的理论结构。本书在遵循组织行为学基本架构的同时,结合知识经济和全球化经济发展,我国不断深化的经济改革与发展,以及管理实践的环境,系统讨论组织行为学理论。

第四版在保持理论体系架构不变的前提下分成4篇17章,对上一版中部分章节的内容做了不同程度的更新、补充或修改。第1篇为导论篇,由3章组成。第1章是关于组织行为学的总体介绍,包括对本书的结构介绍;第2章是关于知识经济对组织行为学的挑战;第3章是关于新生代员工行为与管理。在随后的3篇中,分别探讨了个体层面行为、群体层面行为和组织层面行为。第2篇为个体行为篇,由5章组成,分别为:个性与能力;价值观、态度及其主要形式;知觉与个人行为;工作压力与疏导;激励。第3篇为群体行为篇,由6章组成,分别为:群体动力的基本范畴;群体决策;沟通;团队建设;组织冲突;领导与权力。第4篇为组织行为篇,由3章组成,分别为:组织与组织结构;组织发展;组织文化。

在本书第四版中,顾琴轩撰写了第1章、第2章、第3章、第8章、第9章、第10章、第11章、第12章、第13章、第15章、第16章和第17章,共12章,更新和补充撰写最初由郭培芳撰写的第6章、第7章与第14章,江楠楠与郭培芳撰写的第4章,彭平根与郭培芳撰写的第 5 章,并统稿全书。

在本书第四版出版之际,主编依然清晰记得,在第一版的撰写中,上海交大经济与管理学院人力资源研究所石金涛教授曾提出宝贵意见,上海交大经济与管理学院人力资源研究所前研究生周钺、史晓宇、杨彩玲在资料查询方面曾付出辛勤劳动,上海交大经济与管理学院前 MBA 学生陈晔华曾提供有价值的第一手资料。另外,本书还参考了许多学者的相关研究文献,在此,再次一并表示衷心的感谢。

顾琴轩 博士

上海交通大学安泰经济与管理学院教授、博士生导师

2014 年 10 月 28 日于安泰教学楼

目　录

第1篇　导　论

第2篇 个 体 行 为

321　**第14章　领导与权力**

第4篇　组织行为

355　**第15章　组织与组织结构**

第 1 篇
导　论

第1章 组织行为学概论

本章关键词

组织行为(organizational behavior)　　　系统(system)

行为科学(behavior science)　　　　　权变(contingency)

科学管理(scientific management)　　　跨学科性(interdisciplinary)

管理原则(principles of management)　　个体(individual)

人群关系(human relations)　　　　　群体(group)

霍桑实验(the Hawthorne experiments)　组织(organization)

行政性组织(bureaucracy)　　　　　　环境(environment)

　　组织行为管理是一门科学,也是一门技术和艺术。它有深厚的理论基础,又有自成一体的理论系统。研究组织行为管理的理论即组织行为学。

1.1 组织行为学的概念

1.1.1 组织行为学定义

　　组织行为(organizational behavior,OB)学是专门研究组织行为管理的一门学科。它的产生和发展与行为科学密切相关。行为科学家何塞(P. Hersey)和布兰德(K. H. Blandiard)曾在其合著的《行为管理学》中讲了一段开宗明义的话:"这一世纪来,社会的转变是惊人的……当我们为生长于这一富足的黄金时代而高兴的时候,却发现自己翻滚于一连串的冲突之中——国际间的冲突,种族间的冲突,管理阶层与工人间的冲突——这些问题不能单凭科学技术和技巧予以解决,需要社会技巧。我们所遭遇的许多极严重的问题并不在于'物',而在于'人'。"

　　在国外,对行为科学的定义有两种不同的表述:一种是将行为科学直接视为一种管理学科。例如1980年出版的英文版《国际管理词典》中的定义:"行为科学主要是有关对工作环境中个人和群体的行为进行分析和解释的心理学和社会学学说。它强调努力创造出一种最优工作环境,以便每个人既能为实现公司目标,又能为实现个人目标有效地作出贡献。"这种界定是强调行为科学的管理功能。另一种代表性定义是将行为科学表述成研究人的行为的多种学科或称学科群。例如美国 1982 年版的《管理百科全书》对行为科学作出的定义为："行为科学是包括类似运用自然科学的实验和观察方法，研究在自然和社会环境中人(和高等动物)的行为的任何科学。已经公认的学科有心理学、社会学、社会人类学和其他学科中类似的观点和方法。"这种界定则是强调行为科学的多学科性。

综合国外对行为科学的代表性表述，国内理论界对行为科学的代表性界定是：行为科学是由心理学、社会学、人类学以及其他与研究行为有关的学科组成的学科群，它研究人的行为规律，以实现控制和预测人的行为的目的，从而促进人类社会的发展。

组织行为学是行为科学应用的一个领域，是行为科学发展的一个分支，并成为研究组织中人的行为的独立学科。美国行为学家杜布林(A. J. DuBrin)曾对组织行为学作过经典性定义，即：组织行为学是系统研究组织环境中所有成员的行为，它以成员个人、群体、整个组织及其外部环境的相互作用所形成的行为作为研究对象。在本质上，组织行为学关心人们在组织中做什么，以及这种行为如何影响组织的绩效。

1.1.2 组织行为学与管理

从行为科学发展而来的组织行为学与管理密切相关。管理实践是组织行为学应用的一个重要领域，同时，组织行为学也是管理科学的一个重要组成部分。这里，我们主要从管理的基本定义和职能、管理者角色等方面来讨论组织行为学与管理的关系及对管理的重要性。

1. 管理的基本定义和职能

在管理学中，管理往往有多种定义，但其中典型的一个定义是：管理是指同他人在一起，并通过他人实现组织目标的过程。过程的含义表示管理者履行管理职能或从事管理活动。

20 世纪初，法国管理学家法约尔(H. Fayol)提出：所有管理者都履行五种职能：计划(plan)、组织(organize)、指挥(command)、协调(cordinate)和控制(control)。这五项职能在管理学中被称为经典性的管理职能。

孔茨(H. Koontz)和奥唐奈(C. O'Donnel)在其合著的《管理学原理》一书中将法约尔的五项职能精简为四项基本职能：计划、组织、领导和控制。计划职能包含规定组织的目标，制定整体战略以实现这些目标，以及将计划逐层展开，以便协调和将各种活动一体化。管理者还承担着设计组织结构的职责，即履行组织职能。它包括决定组织要完成的任务是什么，谁去完成这些任务，这些任务怎么分类组合，谁向谁报告，以及各种决策应在哪一级上制定。每一个组织都是由人组成的，管理者的任务是指导和协调组织中的人，这就是领导职能。当管理者激励下属，指导他们的活动，选择最有效的沟通渠道，解决组织成员之间的冲突时，他就是在进行领导。管理者要履行的第四个职能是控制职能。当设定目标之后，就开始制定计划，向各部门分派任务，雇用人员，对人员进行培训和激励。同时，为了保证事情按照设定的计划进行,管理者必须监控组织的绩效,必须将实际的表现与预先设定的目标进行比较。如果出现任何显著的偏差,管理者的任务就是使组织回到正确的轨道上来。这种监控、比较和纠正的活动就是控制职能的含义。

管理职能简要描述了管理者实际工作中的主要作为。遵循管理职能的思路,容易回答管理者在做什么的问题。然而,在履行管理职能的过程中,管理者可能承担着多种管理角色。

2. 管理者角色

20 世纪 60 年代末期,明茨伯格(H. Minzberg)对 5 名首席执行官的工作进行了一项细致的研究,他的发现对长期以来对于管理者工作所持的看法提出了挑战。当时流行的观点认为管理者是深思熟虑的思考者,在做决定之前,他们总是仔细地和系统地处理信息。而明茨伯格发现,他所观察的管理者们陷入大量变化的、无一定模式的和短期的活动中,他们几乎没有时间静下来思考,因为他们的工作经常被打断。有半数的管理者活动持续时间少于 9 分钟。在大量观察的基础上,明茨伯格提出了一个管理者究竟在做什么的分类纲要。

明茨伯格的结论是,管理者扮演着 10 种不同的但却是高度相关的角色。管理者角色(management roles)这个术语指是特定的管理行为范畴,正如表 1.1 所示,这 10 种角色可以进一步组合成三个方面:人际关系、信息传递和决策制定。

人际关系角色(interpersonal roles),指所有管理者都要履行礼仪性和象征性的义务。如公司总经理为年度优秀员工颁发奖励证书时,就是在扮演挂名首脑的角色。此外,所有的管理者都具有领导者的角色,这个角色包括雇用、培训、激励、惩戒雇员。管理者扮演的第三种角色是在人群中充当联络员。明茨伯格把这种角色描述成与提供信息的来源接触,这些来源可能是组织内部或外部的个人或团体。销售经理从人事经理那里获得信息属于内部联络关系;当这名销售经理通过市场营销协会与其他公司的销售经理接触时,他就有了外部联络关系。

信息角色(information roles),指所有管理者在某种程度上,都从外部的组织或机构接受和收集信息。典型情况是,通过与客户谈话来了解竞争对手可能正打算干什么,明茨伯格称此为监听者角色。管理者还起着向组织成员传递信息的通道的作用,即扮演着传播者的角色。当他们代表组织向外界表态时,管理者是在扮演发言人的角色。

决策角色(decision criteria),这又包括四种角色:作为企业家,管理者发起和监督那些将改进组织绩效的新项目。作为混乱驾驭者,管理者采取纠正行动应付那些未预料的问题。作为资源分配者,管理者负有分配人力、物质和金融资源的责任。当管理者为了自己组织的利益与其他团体议价和商定成交条件时,他们是在扮演谈判者的角色。

不论在何种类型的组织还是在多大规模的组织,管理者扮演着相似的角色。然而,处于不同层次和等级的管理者,他们的管理者角色则往往不同。

明茨伯格研究提出的 10 种管理者角色,在本质上与计划、组织、领导和控制四项管理职能是一致的。10 种管理角色基本上可以归入一个或几个职能中。比如,资源分配角色就是计划的一个部分,企业家角色也属于计划职能;所有人际关系的 3 种角色都是

表 1.1　明茨伯格的管理者角色理论

角　色	描　述	特征活动
人际关系方面		
1. 挂名首脑	象征性的首脑，必须履行许多法律性的或社会性的例行义务	迎接来访者，签署法律文件
2. 领导者	负责激励和动员下属，负责人员配备、培训和交往的职责	实际上从事所有的有下级参与的活动
3. 联络者	维护自行发展起来的外部接触和联系网络，向人们提供恩惠和信息	发感谢信，从事外部委员会工作，从事其他有外部人员参加的活动
信息传递方面		
4. 监听者	寻求和获取各种特定的信息（其中许多是即时的），以便透彻地了解组织与环境；	阅读期刊和报告，保持私人接触作为组织内部和外部信息的神经中枢
5. 传播者	将从外部人员和下级那里获得的信息传递给组织的其他成员——有些是关于事实的信息，有些是解释和综合组织的有影响的人物的各种价值观点	举行信息交流会，用打电话的方式传达信息
6. 发言人	向外界发布有关组织的计划、政策、行动结果等信息；作为组织所在产业方面的专家	举行董事会，向媒体发布信息
决策制定方面		
7. 企业家	寻求组织和环境中的机会，制定"改进方案"以发起变革，监督这些方案的策划	制定战略，检查会议决策执行情况，开发新项目
8. 混乱驾驭者	当组织面临重大的、意外的动乱时，负责采取补救行动	制定战略，检查陷入混乱和危机的时期
9. 资源分配者	负责分配组织的各种资源——事实上是批准所有重要的组织决策	调度、询问、授权，从事涉及预算的各种活动和安排下级的工作
10. 谈判者	在主要的谈判中作为组织的代表	参与工会进行合同谈判

领导职能的组成部分；而其他大多数角色也与四项职能中的一个或多个基本吻合。

从什么是管理，管理者应该履行哪些职能、扮演哪些管理角色中可清晰看出，这些都涉及个体、群体、组织不同层次的行为及行为管理，因此，与组织行为学密不可分。同时，如何高效履行管理职能、胜任管理角色，也必须涉及如何高效管理个体、群体、组织不同层次的行为。

1.1.3　组织行为学特征

组织行为学作为一门独立的学科，具有以下四个特点：

（1）跨学科性。组织行为学以心理学、社会学、人类学等学科中的概念、原理、模式和方法为主要知识基础，同时吸取经济学、政治学、历史学等学科中关于论述人类行为的内容，来研究组织成员的行为。

（2）系统性。组织行为学并不是由各门学科七拼八凑地组合而成的，而是有其完整的系统性。它既包括对组织环境中人的行为的层次性研究——从组织中个体行为到组织中群体行为再到组织行为（从整个组织角度研究其成员行为），同时它也是指具有其自成一体的基本理论和概念。

（3）科学性。组织行为学中虽不排斥直觉判断和推测，但在得出结论时，却是通过科学的方法研究得出的。

（4）应用性。组织行为学是管理科学的重要组成部分，有明确的实践取向。它能帮助管理者理解、识别、预测和控制组织成员的行为。

1.2 组织行为学的理论基础

组织行为学，作为管理科学的一个重要组成部分，它体现了西方管理科学的发展。这里将主要介绍组织行为学的四种理论基础。它们分别是古典管理理论、人群关系理论、管理科学理论和权变管理理论。

1.2.1 古典管理理论

古典组织管理主要包括泰勒（F. W. Taylor）的科学管理、韦伯（M. Weber）的行政性组织理论和法约尔（H. Fayol）的一般管理理论等。泰勒、韦伯与法约尔是西方古典管理理论的三位先驱。

1. 泰勒的科学管理

直到 19 世纪末 20 世纪初，管理才真正成为一门科学。1911 年，美国管理学家泰勒出版了《科学管理原理》一书，标志着科学管理的诞生，泰勒也由此被称为"管理学之父"。泰勒 18 岁起从一名学徒工开始，先后被提拔为车间管理员、技师、小组长、工长、维修工长、设计室主任和总工程师。在他的管理生涯中，他不断在工厂实地进行试验，系统地研究和分析工人的操作方法和动作所花费的时间，逐渐形成其管理体系——科学管理。泰勒在其主要著作《科学管理原理》（1911）和《科学管理》（1912）两部书中所阐述的科学管理理论，使人们认识到管理是一门建立在明确的法规、条文和原则之上的科学，它适用于人类的各种活动，从最简单的个人行为到经过充分组织安排的大公司的业务活动。

泰勒的科学管理的根本目的是谋求最高效率，而最高的工作效率是雇主和雇员达到共同富裕的基础，使较高的工资和较低的劳动成本统一起来，从而扩大再生产的发展。要达到最高的工作效率的重要手段是用科学化的、标准化的管理方法。为此，泰勒提出了一些基本管理思想与制度：

（1）劳动方法标准化。研究工人工作时动作的合理性，去掉多余的动作，改善必要动作,并规定出完成每一个单位操作的标准时间,制定"劳动定额"、"工时定额"、"差别工资制"。

(2) 合适的人做合适的工作,选择、培训工人。要通过有关方法选择既适合于某种工作又有进取心的工人,并对他们进行培训,使之掌握"标准化"的操作方式进行工作,而不应像过去那样,由雇主凭经验安排工人工作或由工人自己挑选工作等。

(3) 雇主和雇员合作。双方都努力将"蛋糕"做大,双方多得益。许多人认为雇主和雇员的根本利益是对立的,而泰勒相信双方的利益是一致的。对于雇主而言,追求的不仅是利润,更重要的是事业的发展。而正是这事业使雇主和雇员相互联系在一起,事业的发展不仅会给雇员带来较丰厚的工资,而且更意味着充分发挥其个人潜质,满足自我实现的需要。只有雇主和雇员双方互相协作,才会达到较高的绩效水平,这种合作观念是非常重要的。这样雇主和雇员都把注意力从利润分配转移到增加利润数量上来。当双方友好合作,以互相帮助代替对抗和斗争时,通过双方共同的努力,就能够生产出比过去更大的利润来,从而使雇员提高工资,获得较高的满意度,使雇主的利润增加起来,使企业规模扩大。因此,雇主应真诚地与雇员合作,以确保所有工作都能按自己确立的科学原则进行。

(4) 计划与执行相分离,分工负责。将计划职能与执行职能分开,明确管理人员和工人的不同职责,并进行不同分工。

泰勒的科学管理不仅将科学化、标准化引入管理,更重要的是泰勒所倡导的精神革命,正像1912年泰勒在美国众议院特别委员会听证会上所作的证词中强调的,科学管理是一场重大的精神变革,每个人都要对工作、对同事建立起责任观念;每个人都要有很强的敬业心和事业心。这是实施科学管理的核心问题。

泰勒的科学管理冲破了长期以来沿袭下来的传统的落后的经验管理办法,创立了一套具体的科学管理方法来代替单凭个人经验进行作业和管理的方法,开创了管理实践的新局面。另外,由于采用了科学的管理方法和科学的操作程序,大大地提高了生产效率,适应了当时资本主义经济发展的需要。由于管理职能与执行职能的分离,企业中开始有一些人专门从事管理工作,这就为管理理论的创立和发展奠定了实践基础。

但同时,泰勒对人的看法是不全面的和不完全正确的。他把人看成是"经济人"、"工作的机器",对工人采用"胡萝卜加大棒"的管理方法,主张用物质手段激励员工。他认为工人所要的只是物质利益,金钱是刺激积极性的唯一因素。泰勒过于强调外部控制手段的重要性,如权力等级结构、规章制度、物质刺激等,忽视了员工的生理和心理需要,未能有效地调动人的主观能动性。

2. 韦伯的行政性组织理论

被称为"组织理论之父"的韦伯于1910年提出了行政性组织理论。行政性组织的英文是"bureaucracy",现在也被翻译为"官僚主义"或"官僚模式"。行政性组织的含义是一种超越人事因素,强调组织观念,严格按照行政手续办事的组织体制和形式。

韦伯对社会学、宗教学、经济学与政治学都有相当的造诣。韦伯的主要著作有《新教伦理与资本主义精神》、《一般经济史》、《社会和经济组织的理论》等,其中官僚组织模式的理论,即行政性组织理论,影响最为深远。

韦伯认为,任何组织都必须以某种形式的权力作为基础,没有某种形式的权力,任何组织都不能达到自己的目标。人类社会存在三种为社会所接受的权力,它们分别是:传统权力,由传统惯例或世袭得来;魅力权力,来源于他人的崇拜与追随;法定权力,理性的法律规定的权力。

对于传统权力,韦伯认为:人们对其服从是因为领袖人物占据着传统所支持的权力地位,同时,领袖人物也受着传统的制约。但是,人们对传统权力的服从并不是以与个人无关的秩序为依据,而是在习惯义务领域内的个人忠诚。领导人的作用似乎只为了维护传统,因而效率较低,不宜作为行政组织体系的基础。而魅力权力的合理性,完全依靠对于领袖人物的信仰,他必须以不断的奇迹和英雄之举赢得追随者,魅力权力过于带有感情色彩并且是非理性的,不是依据规章制度,而是依据神秘的启示。因此,魅力的权力形式也不宜作为行政组织体系的基础。韦伯认为,只有法定权力才能作为行政组织体系的基础,其最根本的特征在于它提供了慎重的公正,其原因有三点,一是管理的连续性使管理活动必须有秩序地进行;二是以"能"为本的择人方式提供了理性基础;三是领导者的权力并非无限,应受到约束。

有了适合于行政组织体系的权力基础,韦伯勾画的理想的官僚组织模式具有下列特征:

(1) 组织中人员应有固定和正式的职责并依法行使职权。组织是根据合法程序制定的,应有其明确目标,并靠着这一套完整的法规制度,组织规范成员的行为,以期有效地追求与达到组织目标。

(2) 组织的结构是一层层控制的体系。在组织内,按照地位的高低规定成员间命令与服从的关系。

(3) 人与工作的关系。成员间关系只有对事的关系而无对人的关系。

(4) 成员的选用与保障。每一职位根据其资格限制(资历或学历),按自由契约原则,经公开考试合格予以录用,务求人尽其才。

(5) 专业分工与技术训练。对成员进行合理分工并明确每人的工作范围及权责,然后通过技术培训来提高工作效率。

(6) 成员的工资及升迁。按职位支付薪金,并建立奖惩与升迁制度,使成员安心工作,培养其事业心。

可见,韦伯的行政性组织强调:规章制度、程序、纪律和守则,并对任何人具有同等效力;设定各种职能权限,等级制度明确;专业化强,分工明确;不受个人情感的影响;用人的基础是能力。韦伯认为,凡具有上述特征的组织,可使组织表现出高度的理性化,其成员的工作行为也能达到预期的效果,组织目标也能顺利达成。韦伯对理想的官僚组织模式的描绘,为行政性组织指明了一条制度化的组织准则,这是他在管理思想上的最大贡献。

韦伯行政性组织理论产生的历史背景,正是德国企业从小规模世袭管理,到大规模专业管理转变的关键时期。作为韦伯组织理论的基础,官僚制在 19 世纪已盛行于欧洲。韦伯从实际出发,把人类行为规律性地服从于一套规则作为社会学分析的基础。他认为一套支配行为的特殊规则的存在,是组织概念的本质所在。没有它们,将无从判断组织性行为。这些规则对行政人员的作用是双重的:一方面他们自己的行为受其制约,另一方面他们有责任监督其他成员服从于这些规则。韦伯理论的主要创新之处来源于他对有关官僚制效率争论的忽略,而把目光投向其准确性、连续性、纪律性、严整性与可靠性。韦伯这种强调规则、强调能力、强调知识的行政性组织理论为社会发展提供了一种高效率、合乎理性的管理体制。现在我们普遍采用的高、中、低三层次管理就是源于他的理论。行政性组织化是人类社会不可避免的进程,韦伯的理想行政性组织体系自出现以来得到了广泛的应用,它已经成为各类社会组织的主要形式。

值得指出的是,当今,"官僚"一词已从技术意义上的中性的"行政性组织"演变成"效率低下"的贬义的代名词。然而,现今社会行政组织的过分低效,并不是"官僚制"本身的错误,而是由于官僚行政组织内部机制障碍所致。

因此,韦伯的行政性组织理论在当时具有重要的现实意义,也具有深远的历史意义。但另一方面,它又存在一些缺陷,如过分强调组织职能、权限和等级,组织结构较机械,难以适应环境的变化;过分强调组织等级,沟通难以畅通;不考虑组织中人的心理、情感等因素,把人看成组织中的一个机器等。

3. 法约尔的一般管理理论

泰勒的科学管理原理开创了西方古典管理理论的先河。在其被传播之时,法国也出现了一位杰出的古典管理理论家,他就是法约尔。

法约尔早期就参与企业的管理工作,并长期担任企业高级领导职务。泰勒的研究是从"车床前的工人"开始,重点内容是企业内部具体工作的效率。法约尔的研究则是从"办公桌前的总经理"出发的,以企业整体作为研究对象。他认为,管理理论是"指有关管理的、得到普遍承认的理论,是经过普遍经验检验并得到论证的一套有关原则、标准、方法、程序等内容的完整体系"。这是法约尔的一般管理理论的基石。

法约尔的著述很多,1916 年出版的《工业管理和一般管理》是其最主要的代表作,标志着他的一般管理理论的形成。其主要内容如下:

(1) 从企业经营活动中提炼出管理活动。法约尔区别了经营与管理,认为这是两个不同的概念,管理包括在经营之中。通过对企业全部活动的分析,将管理活动从经营职能(包括技术、商业、业务、安全和会计等五大职能)中提炼出来,成为经营的第六项职能,进一步得出了普遍意义上的管理定义,即"管理是普遍的一种单独活动,有自己的一套知识体系,由各种职能构成,管理者通过完成各种职能来实现目标的一个过程"。法约尔还分析了不同层次管理者的各种能力的相对要求,随着企业由小到大、职位由低到高,管理能力在管理中的相对重要性不断增加,而其他诸如技术、商业、财务、安全、会计等能力的重要性则会相对下降。

(2) 倡导管理教育。法约尔认为管理能力可以通过教育来获得,"缺少管理教育"是由于"没有管理理论",每一个管理者都按照他自己的方法、原则和个人的经验行事,但是谁也不曾设法使那些被人们接受的规则和经验变成普遍的管理理论。

（3）提出五大管理职能。法约尔将管理活动分为计划、组织、指挥、协调和控制五大管理职能，并进行了相应分析和讨论。管理的五大职能并不是企业管理者个人的责任，而是同企业经营的其他五大活动一样，是一种分配于领导人与整个组织成员之间的工作。管理必须强调预见未来。法约尔十分重视计划职能，尤其强调制定长期计划，这是他对管理思想作出的一个杰出贡献。

（4）提出 14 项管理原则：

● 劳动分工：实行劳动专业化以提高生产效率。

● 权力与责任：两者相互联系。

● 纪律：应尽可能明确和公正。

● 统一指挥：组织内的个人只能听从一个直接上级的指挥。

● 统一领导：一个组织为了同一目标的行动，只能是一个领导、一个计划和一个步骤。

● 局部利益服从整体利益：个人和小集体的利益不能超越组织的利益。

● 报酬：应该公平并尽可能公私兼顾。

● 集权：这是组织所必需的，也是组织工作的自然结果。

● 等级制：从基层到高层建立关系明确的权限等级。

● 秩序：组织应规定每个人的岗位，“人皆有位，各称其职”。

● 公平：在组织中应确立公平和公正。

● 个人任期的稳定：组织内的每个人适应自己的工作需要时间。

● 主动性：提高员工工作积极性必须依赖于主动性。

● 集体精神：强调团队协作的需要和维护人群关系的平衡。

法约尔的这些原则对后来的组织结构和组织模式的发展产生了深刻影响。法约尔认为，随着组织规模的扩大和人员增多，必然出现层次和等级系列。管理人员对下属的控制需有一个合理的幅度，即“管理幅度”。法约尔主张比较狭窄的幅度。组织基层，如企业的班组长，可多一些，15 或 20—30 人，其他级别的，一般不超过 6 人。高层管理者忙不过来，可以设置参谋机构来协助。参谋机构研究高层次的计划，提供建议、咨询和支持，同时参谋机构受高层管理者指挥，不能直接指挥下级，以保持指挥的统一性。这其实提出了直线制和职能制的组织原则。

法约尔的一般管理理论是西方古典管理思想的重要代表，后来成为管理过程学派的理论基础，该学派将法约尔尊奉为开山祖师；一般管理理论也是后来各种管理理论和管理实践的重要依据，对管理理论的发展和企业管理的历程均有着深刻影响。因此，继泰勒的科学管理理论之后，一般管理理论被誉为管理史上的第二座丰碑。

1.2.2 人群关系理论

古典管理理论对管理思想和管理理论的发展作出了卓越贡献，并对管理实践产生了深刻影响，但是古典管理理论着重强调管理的科学性、合理性、纪律性，而未对管理中人的因素和作用予以足够重视。基于这种认识,工人被安排去从事固定的、枯燥的和过分具体或简单的工作,成了"活机器"。从 20 世纪 20 年代美国推行科学管理的实践来看,泰勒制在使生产率大幅度提高的同时,也使工人的劳动变得异常紧张、单调和劳累,因而引起了工人的强烈不满,并导致工人的怠工、罢工以及劳资关系日益紧张等。另一方面,随着经济发展和科学进步,有着较高文化水平和技术水平的工人逐渐占据了主导地位,体力劳动也逐渐让位于脑力劳动。这使得西方许多企业感到单纯用古典管理理论和方法已不能有效控制工人以达到提高生产率和利润的目的,对新的管理思想、管理理论和管理方法的寻求和探索成为必要。

与此同时,人的积极性对提高劳动生产率的影响和作用逐渐在生产实践中显示出来,并引起了许多企业管理学者和实业家的重视。在此背景下,"人群关系"理论(human relation theory)应运而生。人群关系理论是行为科学的早期理论,或者说,是行为科学发展的开端。霍桑实验则是人群关系理论产生的基础,该实验历经了 8 年(1924—1932)。人群关系理论代表人物是美国哈佛大学教授 E. 梅奥(Elton Mayo,1880—1949)。E. 梅奥从 1927 年至 1932 年参加了霍桑实验。他在 1933 年出版的《工业文明中的人的问题》一书中对霍桑实验作了总结。

在美国西方电器公司霍桑(Hawthorne)工厂进行的长达 8 年的实验研究——霍桑实验,真正揭开了作为组织中的人的行为研究的序幕。

霍桑实验的初衷是试图通过改善工作条件与环境等外在因素,找到提高劳动生产率的途径。在 1924 年至 1932 年期间,先后进行了四个阶段的实验:照明实验、继电器装配工人小组实验、大规模访谈和对接线板观察工作室的研究。但实验结果却出乎意料:无论工作条件(照明度强弱、休息时间长短、工厂温度等)是否得到改善,实验组和非实验组的产量都在不断上升;在试验计件工资对生产效率的影响时,发现生产小组内有一种默契,大部分工人有意限制自己的产量,否则就会受到小组的冷遇和排斥,奖励性工资并未像传统的管理理论认为的那样使工人最大限度地提高生产效率;而在历时两年的大规模的访谈实验中,职工由于可以不受拘束地谈自己的想法,发泄心中的闷气,从而态度有所改变,生产率相应地得到了提高。

对这种"传统假设与所观察到的行为之间神秘的不相符合",梅奥作出了两点解释:一是影响生产效率的根本因素不是工作条件,而是工人自身。参加实验的工人意识到自己"被注意",是一个重要的存在,因而怀有归属感,这种意识助长了工人的整体观念、有所作为的观念和完成任务的观念,而这些是他在以往的工作中不曾得到的,正是这种人的因素导致了劳动生产率的提高。二是在决定工人工作效率的因素中,工人为群体所接受的融洽性和安全感比奖励性工资有更为重要的作用。

霍桑实验的研究结果否定了古典管理理论,特别是泰勒科学管理对人的假设,表明了工人不是被动的、孤立的个体,他们的行为不仅仅受工资的刺激,影响生产效率的最重要因素不是待遇和工作条件,而是工作中的人群关系。在此基础上,梅奥提出了人群关系的主要观点:

(1) 工人是"社会人",而不是"经济人"。

梅奥认为,人们的行为并不单纯出自追求金钱的动机,还有社会的、心理的需要,即追求人与人之间的友情、安全感、归属感和受人尊敬等,而后者更为重要。因此,不能单纯从技术和物质条件着眼,而必须首先从社会心理方面综合考虑合理的组织与管理。

(2) 企业中存在非正式组织。

企业中除了存在古典管理理论所研究的为了实现企业目标而明确规定各成员相互关系和职责范围的正式群体之外,还存在非正式群体。这种非正式群体的作用在于维护其成员的共同利益,使之免受其内部个别成员的疏忽或外部人员的干涉而造成损失。为此,非正式群体中有自己的核心人物和领袖,有大家共同遵循的观念、价值标准、行为准则和道德规范等。

梅奥指出,非正式群体与正式群体有重大差别。在正式群体中,以效率逻辑为其行为规范;而在非正式群体中,则以感情逻辑为其行为规范。如果管理人员只是根据效率逻辑来管理,而忽略工人的感情逻辑,必然会引起冲突,影响企业生产率的提高和目标的实现。因此,管理层必须重视非正式群体的作用,注意在正式群体的效率逻辑与非正式群体的感情逻辑之间保持平衡,以便管理人员与工人之间能够充分协作。

(3) 新的管理方法在于提高工人的满意度。

个人态度、情绪和士气对工人行为有重要作用。在决定劳动生产率的诸因素中,置于首位的因素是工人的满意度,而生产条件、工资报酬只是第二位的。高的满意度来源于工人个人需求的有效满足,不仅包括物质需求,还包括精神需求。因此,管理人员如何有效行使其职责和发挥其作用就非常重要。企业应采用一种新型的管理方法,来努力提高士气、满足员工需要、加强团队合作等。

1.2.3　管理科学理论

管理科学理论是在 20 世纪 40、50 年代提出的。它着重应用科学的方法研究和解决管理工作中的"物"的问题。管理科学的理论基础是运筹学,注重运用数学和统计方法,将管理决策问题变换成数学模型,利用计算机求出最优解答。这与人群关系理论形成互补,人群关系理论是运用科学的方法研究和解决管理工作中的人的问题。

系统理论是管理科学的进一步发展。系统理论将组织看成是一个开放的社会—技术系统。它要求将组织中的人、财、物进行统一考虑,同时还要考虑组织和环境的相互影响。这种系统理论对行为科学的发展起着重要的指导作用,在本书的有关章节中,将展开阐述系统理论在组织行为管理中的应用。

1.2.4　权变管理理论

权变管理法(contingency approach)是卢萨斯(F. Luthans)等人于 20 世纪 70 年代

提出的。它是系统理论的进一步发展,与一定组织所处的环境及其他变量密切相关。

"没有绝对最好的东西,一切随条件而定",这句格言就是权变管理的核心思想。权变管理理论认为并不存在一种适用于各种情况的普遍的管理原则和方法,管理只能依据各种具体的情境而定。管理人员的任务就是研究组织外部的经营环境和内部的各种因素,弄清这些因素之间的关系及其发展趋势,从而决定采用哪些适宜的管理模式和方法。

权变管理法的提出使许多不同管理理论,如由古典管理理论发展而成的管理过程学派、人群关系学派、管理科学学派等有了统一的基础,成为相互关联的理论系统。根据权变管理理论,各种管理程序的应用,个人或人群行为要素的分析,各种计量或数学方法的支持,均不是万能的,而是有条件的。

权变管理法强调灵活性和适应性,认为没有所谓"放之四海而皆准"的有效管理模式,只有针对具体情况的有效管理模式。它要求管理者从实际情况出发,灵活地处理各项具体管理业务。这样,就使管理者把精力转移到对现实情况的研究上来,并根据对具体情况的具体分析,提出相应的管理对策,从而有可能使其管理活动更符合实际情况、更有效。

权变管理法的应用相当广泛。比如:在组织结构设计中,权变管理理论认为企业的组织结构要与外部经营环境的稳定性、企业产品品种的多寡以及所使用的工艺技术相适应,各种组织结构并无高下优劣之分。在领导方式中,权变管理理论认为没有什么固定的最优领导方式,应当根据领导者的个性、工作任务的性质、领导者拥有的职位权力、组织内的人际关系等具体情况,采用不同的领导方式。这一理论促使组织行为学将人的管理思想推进到一个新的阶段。

1.3 组织行为学的跨学科性

一方面,组织行为学作为管理科学的一个重要组成部分,有其深厚的理论基础;另一方面,组织行为学作为行为科学的直接分支,具有跨学科性。研究组织行为,需要同时应用多种学科理论,主要的有心理学、社会学、社会心理学、人类学、经济学和政治学等。

罗宾斯(S. P. Robbins)从心理学、社会学、社会心理学、人类学和政治学五个学科出发,阐述对组织行为研究的应用范畴,其应用架构如图1.1所示。罗宾斯从组织行为学研究的三个层次——个体、群体和组织着手,在每个层次上又分成若干层次,分析心理学、社会学、社会心理学、人类学、经济学和政治学在对应层次的行为研究分布。除了心理学主要在个体层面的行为研究中有所涉及之外,其他四门学科则在群体和组织的不同层面、不同程度地涉及。罗宾斯对组织行为学多学科性的描述具体而细致,这在他的组织行为学专著中得到了充分体现。美国另一位学者姆林斯(Laurie J. Mullins)从组织行为学的总体角度,研究组织行为学的跨学科性,认为组织行为学研究主要涉及社会

行为科学	贡献	分析单位	产出

心理学 →
学习
激励
个性
培训
个体决策
领导有效性
工作满意
绩效评价
态度评估
行为形成
→ 个体

社会学 →
群体动力
群体规范
群体角色
沟通
状态
权力
冲突

正式组织理论
官僚
组织变化
社会化
→ 群体

社会心理学 →
行为变化
态度变化
沟通
群体决策
群体过程

人类学 →
比较价值观
比较规范
比较态度

组织文化
组织环境
→ 组织系统

政治学 →
冲突
组织内政治
权力

→ 组织行为研究

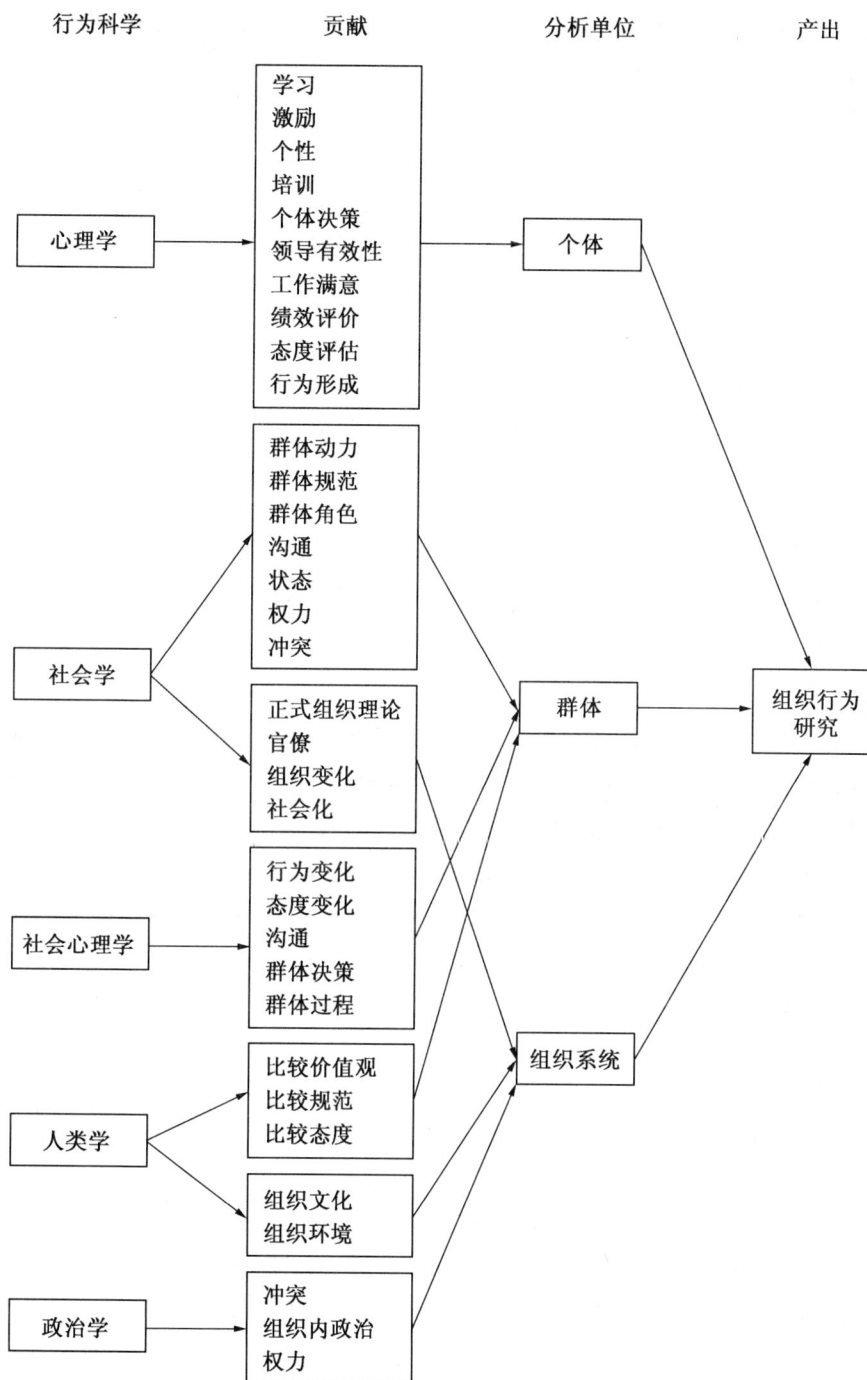

图 1.1　罗宾斯描述的多学科在组织行为学中的应用

学、心理学和人类学的学科,辅之涉及政治学和经济学的研究。这些学科在组织行为学中的应用架构如图 1.2 所示。姆林斯将组织行为学研究系统分成个性系统、社会系统和文化系统,这三个系统又相互交叉。个性系统主要指个体系统,社会系统主要包括群体和组织两个系统,文化系统则与个体系统、群体和组织系统都相关。相应地,三个系统主要涉及心理学、社会学和人类学,辅之涉及政治学和经济学。与罗宾斯相比,姆林斯的这种阐述更加简明易解。

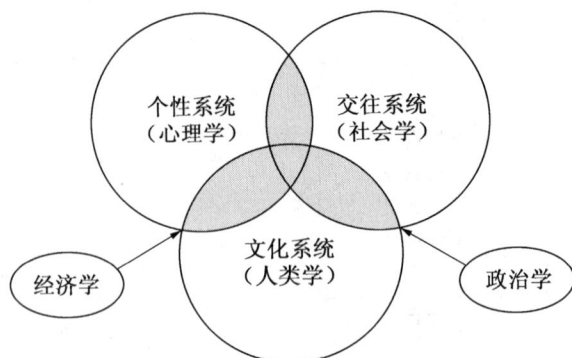

图 1.2 姆林斯描述的多学科在组织行为学中的应用

从罗宾斯和姆林斯对组织行为学研究的跨学科性架构中,我们可知,他们的描述各有特点,前者具体、后者简洁,然而又都是主要从组织行为学的三个不同系统——个体、群体和组织系统分析其跨学科性。

下面,我们对组织行为学研究涉及的多学科作一简要分析。

心理学,广义上研究人的整个行为。在组织行为学中,主要研究组织或群体中的个体行为系统,包括人的个性、知觉、态度、需要和动机等。

社会学,与心理学相对应,它关心由个体组成的社会系统。在组织行为学中,主要研究组织和群体中的社会行为、关系和秩序的维护等。

社会心理学主要研究人际行为。当心理学和社会学各自关注个体和群体行为时,社会心理学则试图将这两种学科结合起来,关注个体在群体中的行为。在组织行为学中,社会心理学涉及理解、评价和改变个体态度、沟通范式和群体决策等领域。

人类学,注重于文化系统。在组织行为学中,它研究个体、群体和组织中的信仰、习俗、意识和价值观等。

政治学,关注在一个政治环境下个体和群体的行为。在组织行为学中,它主要关注组织中的结构性冲突、权力的分配和人们为了个人利益操纵权力的方式。

经济学,关注投入与产出及其效益问题。在组织行为学中,它主要研究人们行为的输入与组织绩效、效益的产出之间的关系。

总之,组织行为学研究涉及多门学科,管理组织行为需要运用多种理论和知识。

1.4　组织行为学的目标与系统

1.4.1　组织行为学的目标

组织行为学研究组织结构中人们的行为,其目标是通过描述、理解、预测、控制和引导组织成员的行为,从而有效地管理组织成员的行为,提升组织绩效。

描述行为,即系统描述人们在不同条件下如何作出行为。能做到这点,管理者就能以共同的语言交流组织中人们的工作行为。

理解行为,即理解人们为什么这么做。如果一个管理者只能谈论员工的行为而不能理解员工行为的原因或动机,那他就会在管理员工的过程中受到挫折。

预测行为,即预测人们将来的行为。理论上讲,一个管理者应当具有预测员工将来可能会做些什么的能力,例如预测哪些员工是高产出的,哪些员工可能会低产出或偷工减料。

控制和引导行为,至少是部分控制组织中员工的行为,并引导组织需要的人的行为。由于管理者负责员工的绩效产出,因此,他们需要对员工的行为、技能开发、团队作用、生产率产生影响作用,需要能够通过他们及员工所作的行为来改进或提高组织绩效。

描述、理解、预测、控制和引导组织成员的行为是一个有机系统,组织行为学通过这个有机系统才能达到其目标。

1.4.2　组织行为管理系统

组织行为学目标需要通过组织行为管理系统来实现,因此,我们有必要对组织行为管理系统作进一步分析。

组织行为学研究的对象是由不同行为层面构成的组织行为系统。在科学技术高速发展的今天,组织处于比以往更为复杂和动态的内外环境中,组织行为受到多种因素的影响。其中影响组织行为的关键因素有四个方面:人员、结构、技术及组织运作环境。这四个关键因素的关系如图 1.3 所示。

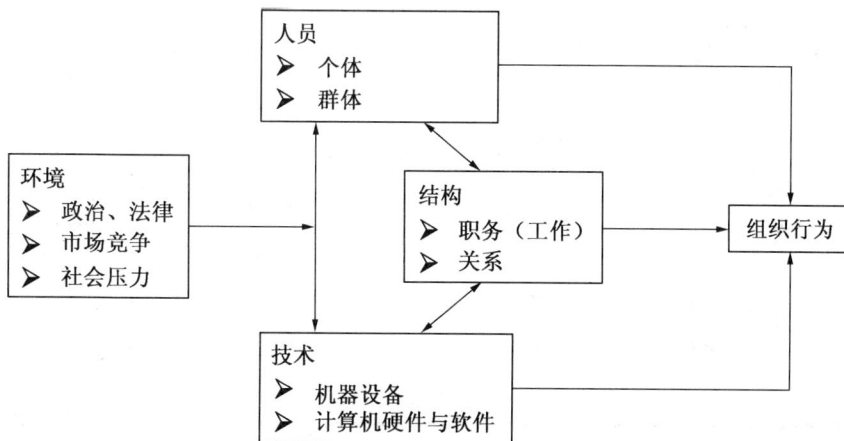

图 1.3　影响组织行为的关键因素

（1）人员因素。人员构成一个组织的社会内部系统。这个系统由个体和群体组成。群体有大群体和小群体，有正式群体和非正式群体。组织中的群体不是固定不变的，而是动态的。人们在一个组织中工作最终是为了达到他们自己的目标。

当今组织中的人员不同于以往组织中的人员。在许多组织中，人员呈现多元化倾向，这包括人员的教育背景、知识、技能、需求、文化乃至种族的多元化。人员多元化对个体、群体和组织行为产生重要影响，对现代管理者提出了新的挑战，要求管理者适应组织中的人员多元化的变化趋势，采用新的管理理念、方法和领导风格，以适应变化的人员构成环境。

（2）结构因素。组织结构设计正式的联系网络和人员的使用方式。不同的职务和岗位的设计都是为了一个共同目标，即实现组织的功能和目标。当今，许多组织为了提高其灵敏度和快速适应市场的能力，正在进行组织重组和组织精简，由传统的高度等级制的组织向扁平化、灵活性的组织转变，建立以团队任务小组为基础的组织。

（3）技术因素。不同组织的产品不同，其技术含量和要求也不同。不同的技术影响组织结构设计和人员配置，进而影响组织行为。随着外部环境的不断变化，技术更新换代的节奏日益加快，促使组织行为系统日趋动态化。

（4）组织所处的外部环境。由于组织是一个开放的有机系统，它不断地从环境中输入信息，包括政治、法律、市场竞争、客户要求和社会压力等，这些信息经过组织的技术、结构和人员环节的互动，又不断向外部环境输出信息，如此循环反复，永不间断。

可见，组织行为受到内外关键因素的影响。管理组织行为在立足组织系统开放性的前提下，对组织三个层面的行为展开管理。组织行为管理是一个复杂系统，我们可称之为"黑匣子"，其模式如图1.4所示。

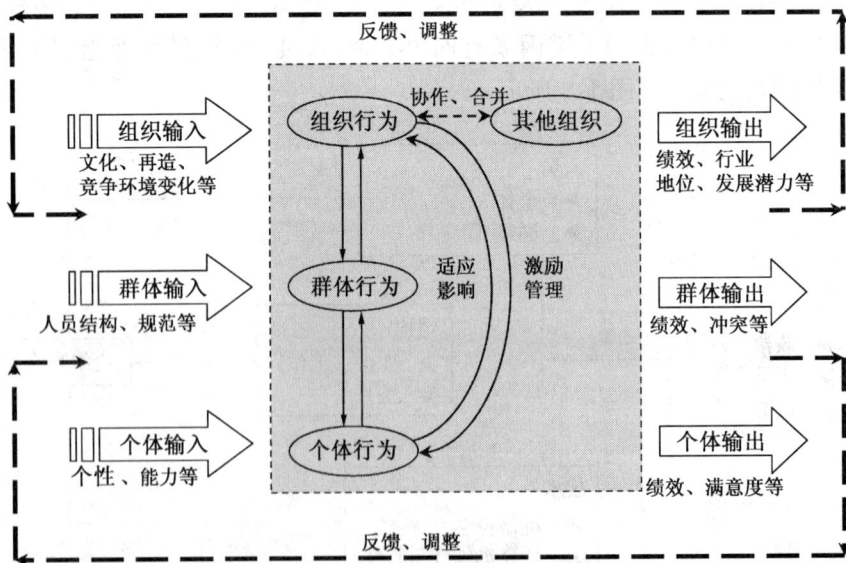

图1.4　组织行为管理"黑匣子"系统

从图1.4中我们看到，组织行为管理"黑匣子"系统中，组织中个体、群体、组织相互影响、相互作用并对整个组织产生影响，这正是组织行为学主要的研究内容。而根据组织行为学原理处理这个系统中输入、输出之间的关系，改变输入，改善输出，以有利于组织的长远发展，则是组织行为管理所需要做的。可见，组织行为管理主要分为两个部分：

第一是"黑匣子"，即特性部分。一方面，要改变输入，首先要确认原有的输入状况，这就需要熟悉个体、群体以及整个组织的行为特性、变动机制。另一方面，组织应该及时跟踪、掌握组织行为研究的新动向，包括理论的突破以及最新的应用方案。

第二部分是循环系统的管理，也就是对输入、输出、反馈的管理。组织需要对"黑匣子"的输入、输出进行管理。这里首先需要注意输入、输出之间的互动关系。这种互动关系是指每个对象的输入，都会同时影响到其他对象的输出。比如在加强部门团队建设的同时，必须注意到它对组织内政治权力斗争可能带来的影响；而对某一部分群体的激励计划，也可能会影响到组织其他群体的态度和绩效。其次要注重对输出的管理。相对来说，这部分更偏向于具有战略性的规划。组织行为学并不是包治百病的灵丹妙药，只有加强对组织未来前景的规划，对未来环境（包括经济形态、社会发展、行业发展前景等）的预计，才能避免组织行为的"输出"无效，避免在"输入"过程中的徒劳。

最后，必须重视反馈这一环节。并不是每一项输入都会产生我们所想要的输出。在"黑匣子"作用的过程中，我们所在意而加以控制的，只是一些主要的影响因素，而在此之外，还存在着一些我们不知道的，或者是难以控制的因素，它们同样会对输出产生效应，使得实际的输出如员工满意度等与我们想象的有差距甚至相差甚远。这就要求我们定期地、不断地把实际输出与理想输出进行对照，以此作为反馈，找出那些最初没有注意到的因素或是其他一些新发生的变化，为新一轮输入更有效地服务。

1.5 本书结构

依据组织行为学目标，结合组织行为管理系统，本书对组织行为学讨论的结构如图1.5 所示。

本书讨论的是组织行为学中的主要内容，而不是组织行为学的全部。在讨论组织行为学过程中贯穿一条逻辑性主线，与行为管理系统相一致，以使读者易读易懂，如图1.5 中所描述。

导论是总体上向读者解释：什么是组织行为学，它是怎样产生的，它有什么特点，它包括哪些主要知识，它面临怎样的挑战等问题。本书在导论篇中，首先讨论组织行为学基本概念、特性、目的与系统；然后紧贴时代脉搏，讨论知识经济及其对组织行为学的挑战；同时结合我国现实，讨论组织中新生代员工行为与管理挑战。

个体是组织中的"细胞"，个体组成群体，群体构成组织。因此，讨论组织必须从个体开始。在个体系统行为篇中，围绕个性与能力、价值观、态度、知觉、归因和动机展开讨论，

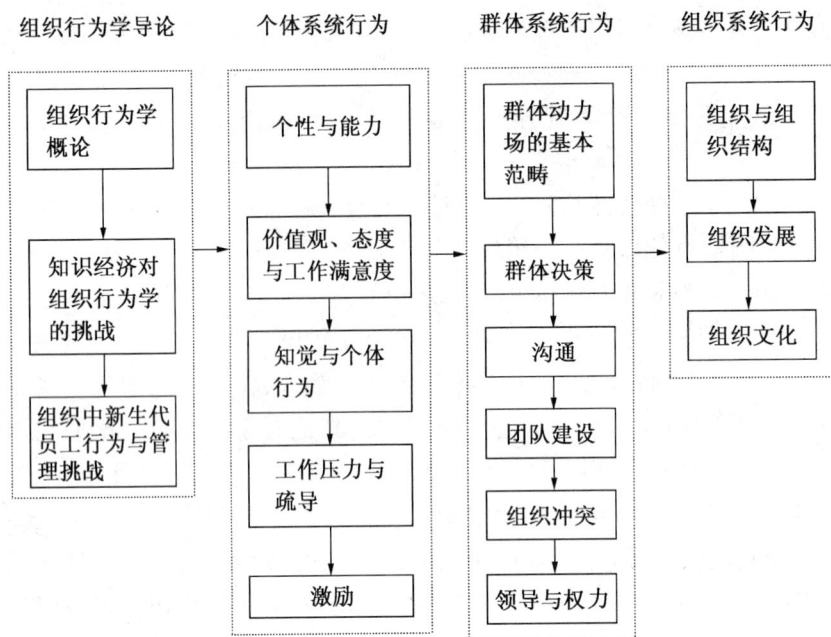

图 1.5　本书对组织行为学讨论的结构

讨论了个体工作满意度、工作压力与疏导及工作激励等主题。

群体虽由个体组成,但又不同于个体。在组织中,个体一旦组成群体,即存在群体动力效应。因此,群体行为是继个体行为之后需要讨论的第二大主题。在群体系统行为篇中,首先讨论了群体动力场的基本范畴,然后依次着重对群体决策、信息沟通、团队建设、组织冲突和领导与权力等主题作了讨论。

在一个组织中,不论是个体还是群体,其行为都是在一定的组织背景下产生和变化的。结构在某种程度上决定人们的行为,一定的组织结构对人们行为的影响非常重要。而组织本身又是一个开放系统,与外部不断变化的环境密切联系。因此,对组织系统的行为的讨论是对组织中行为研究的整合和最高阶段。在组织系统行为篇中,首先对组织和组织结构作了描述与分析,然后对组织发展和组织文化作了较系统的讨论。

总之,本书在讨论组织行为学诸主要问题时,有其明确的内在主线。

本章小结

本章分析了组织行为学与行为科学之间的关系及定义,进一步分析了组织行为学与管理之间的关系,概述了组织行为学特征,阐述了组织行为学产生的主要理论基础,包括古典管理理论、人群关系学派、管理科学理论和权变管理理论,分析了组织行为学的跨学科性,分析了组织行为学的目标,讨论了组织行为管理系统,指出组织行为管理的复杂性和动态性,总体介绍了本书对组织行为学讨论的结构。

复习与思考

1. 如何理解组织行为学与行为科学？它们之间有何关系？
2. 如何认识管理职能、管理者角色与组织行为学的关系？
3. 组织行为学有哪些主要理论基础？它们对组织行为学各产生哪些影响？
4. 如何理解组织行为学的跨学科性？
5. 组织行为学的目标是什么？
6. 影响组织行为的关键因素有哪些？
7. 课堂讨论：哪个图形是"你"？

   这是一个小练习，请你在下列图形中选择一个你认为或感到代表"你"的图形。这个小练习包括以下步骤：

   第一步，思考自己。

   第二步，对图形作出选择。

   第三步，组成小组并讨论：每个人陈述自己的选择及选择理由，小组成员在多大程度上认同？为什么？或者，指导老师在班上请一些同学分别自愿陈述自己的选择及选择理由，班上其他同学在多大程度上认同？为什么？

   第四步，指导老师进行归纳和进一步分析。（提示：指导老师在归纳学生的选择及选择理由的基础上，引导学生认识个体的差异性，包括个性偏好、行为等方面的个体差异性，从而让学生体会到认识人的个性和行为特点对组织行为管理的重要性。）

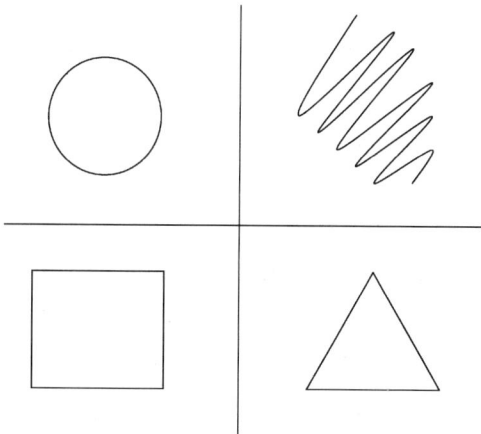

测试练习

组织行为学基本知识测试

本练习包含了关于组织行为学的 20 组陈述。请在每一组陈述中选出你认为最合适的一句陈述，并在该句的标号上画圈。请注意在每一组陈述中只能选择一句陈述。在选择完该陈述后,请在后面的横线上标明你对选择的正确性的确定程度。如果你对选择的正确性十分不确定,请标"1";如果你对选择的正确性有些不确定,请标"2";如果你对选择的正确性有些确定,请标"3";如果你对选择的正确性十分确定,请标"4"。(提示:本练习是测验学生在未系统学习组织行为学之前,对组织行为学的一些基本概念和原理的理解程度。学生在学习完组织行为学后,可再次做此练习,以检验学习组织行为学的效果。)

1. a) 建议主管尽量对其团队中所有成员一视同仁。_____
   b) 建议主管根据其团队成员的特点采取不同的管理行为。_____

2. a) 总的来说,如果一个人制定了有难度的目标,那么个体激励力度大。_____
   b) 总的来说,如果一个人制定了容易完成的目标,那么个体激励力度大。_____

3. a) 组织不能达到其应有效益的主要原因是管理者过于关注管理工作群体而不是个人。_____
   b) 组织不能达到其应有效益的主要原因是管理者过于关注管理个人而不是工作群体。_____

4. a) 以前做过主管工作的主管往往比没有做过主管工作的主管效率高。_____
   b) 以前做过主管工作的主管往往比没有做过主管工作的主管效率低。_____

5. a) 在与工作相关的事务上,管理者应该对其下属完全诚实与公开。_____
   b) 在工作中,只有极少的事务,管理者应该对其下属完全诚实与公开。_____

6. a) 与做好工作的个人激励指标相比,个人的权力需要是一个更好的管理改进指标。
   _____
   b) 与个人的权力需要指标相比,做好工作的个人激励是一个更好的管理改进指标。
   _____

7. a) 如果人们没有做好某件事,下次会更加努力做。_____
   b) 如果人们没有做好某件事,下次便会放弃。_____

8. a) 能否胜任管理者工作很大程度上取决于一个人所受教育的多少。_____
   b) 能否胜任管理者工作很大程度上取决于一个人所具有经验的多少。_____

9. a) 最有效的领导者是那些更强调工作做好的领导者。_____
   b) 最有效的领导者是那些更强调做好人的工作的领导者。_____

10. a) 领导者拥有自己的职位权力是非常重要的。_____
    b) 领导者拥有自己的职位权力不是非常重要的。_____

11. a) 薪酬是决定人们工作努力程度的最重要因素。_____
    b) 人们所从事工作的性质是决定人们工作努力程度的最重要因素。_____

12. a) 薪酬是决定人们对工作满意程度的最重要因素。_____
    b) 人们所从事工作的性质是决定人们对工作满意程度的最重要因素。_____

13. a) 一般而言,一个人的态度导致行为的说法是正确的。_____
    b) 一般而言,一个人的态度是行为理性化的主要原因的说法是正确的。_____

14. a) 满意的员工比不满意的员工的工作效率高。_____
    b) 满意的员工不比不满意的员工的工作效率高。_____

15. a) 认为工作有点熟练的员工喜欢有趣且有意义工作的这一观点很可能是不正确的。_____
    b) 认为工作有点熟练的员工喜欢有趣且有意义工作的这一观点很可能是正确的。_____

16. a) 人们欢迎带来改善的变化。_____
    b) 即使变化会带来改善,人们依然会拒绝它。_____

17. a) 领导者是天生的而不是后天塑造的。_____
    b) 领导者是后天塑造的而不是天生的。_____

18. a) 群体决策优于个人决策。_____
    b) 个人决策优于群体决策。_____

参考文献

Gary, J. J. & F. A. Stark, 1984, *Organizational Behavior: Concept and Application*, A Bell & Howell Company.

Goleman, D., 1995, *Emotional Intelligence*, Bantam Doubleday.

Koontz, K. & O'Donnell, C., 1968, *Principles of Management: An Analysis of Managerial Functions*, 4th edition, McGraw-Hill.

Luthans, F., R. Schonberger & R. Morey, 1976, *Introduction to Management: A Contingency Approach*, McGraw-Hill.

Mullins, L. J., 1996, *Management and Organization*, 4th edition, Pitman Publishing.

Newstrom, J. W. & K. Davis, 1997, *Organizational Behaviour: Human Behavior at Work*, McGraw-Hill Higher Education.

Weber, M., 1964, *The Theory of Social and Economic Organization*, Collier Acmillan.

乔伊斯·奥斯兰、马林·特纳、戴维·科尔布、欧文·鲁宾:《组织行为学经典文献》(第8版),中国人民大学出版社2010年版。

斯蒂芬·罗宾斯、蒂莫西·贾奇:《组织行为学精要》,机械工业出版社2008年版。

斯蒂芬·罗宾斯:《管理学》(第9版),中国人民大学出版社2008年版。

第 2 章　知识经济对组织行为学的挑战

本章关键词

知识(knowledge)	个体(individual)
知识经济(knowledge-based economy)	群体(group)
知识资本(knowledge capital)	组织(organization)
智力资本(intellectual capital)	学习(learning)
人力资本(human capital)	资源外包(outsourcing)
组织行为(organizational behavior)	

　　随着科学技术的不断发展,知识经济时代的日益逼近,人们的工作和生活方式、组织的行为方式都处于变化和变革之中,且这种变化和变革的影响深远而强烈,对组织行为学提出了新的挑战。

2.1　知识经济的概念和特征

　　20 世纪 80 年代,日本人凭着做精、做细、重质量的精神,在家电、汽车制造等传统产业领域取得了世界性的优势,将整个日本经济推向历史高峰,连美国都不得不对它另眼相看。到了 20 世纪 90 年代,美国又凭借其在信息技术产业和其他高新技术产业领域深厚的积累和超前性的理念,重新引领世界经济发展的潮流。审视美、日两国的经济发展历程可以发现,美国正是由于较为准确地把握了知识经济这一新经济形态的脉搏,才取得了无论是结果还是发展速度上的领先。对于全球经济的高增长,科技进步、知识发展的贡献也由 20 世纪初的 5% 左右上升到现代的 60%～70%,并随之迎来知识经济时代。可以说,知识经济时代的到来正是人类历史长河中知识积累的爆发。

2.1.1　知识经济的概念

　　"知识经济"在 20 世纪 60 年代就初现端倪,虽然当时未明确提出"知识经济"的概念,但对未来经济形态却提出了各种相近的看法。例如,20 世纪 60 年代,前美国国家安全事务助理布热津斯基(Z. K. Brzezinski)在《两个时代之间——美国在电子技术时代的任务》一文中提出"电子技术时代"的概念;此后,在 20 世纪 70 和 80 年代,美国著名社会学家托夫勒(A. Toffler)和未来学家奈斯比特(J. Naisbitt)相继提出"后工业经济"和"信息经济"的概念;英国的福莱斯特(T. Forester)也在 20 世纪 80 年代提出了"高技术经济"的概念。可见,人们对未来经济形态的看法有着许多相似之处,并随着时间序列的递增而不断深化和趋于清晰。1996 年,世界经济合作与发展组织(OECD)在《以知识为基础的经济》报告中明确提出"知识经济"的概念,认为知识经济是建立在知识和信息的生产、分配、传播和使用(消费)基础上的经济。

知识资源成为这种新经济形态下首要的生产要素。在传统的农业经济和工业经济中,土地与劳动、资本分别是主要的生产要素,并以开发自然资源带动经济增长;而"知识经济"中,作为无形资产的知识对自然资源起支配作用,成为整个经济的主要生产要素,使得经济在低消耗的基础上实现增长。

高新技术产业成为知识经济的支柱产业。"高新技术"主要指信息科学技术、新材料科学技术、空间科学技术、海洋科学技术、有益于环境的高新技术以及管理科学技术等。这些高新技术也正是"知识"的载体,各相关的产业也即成为经济体系中最为重要的产业,其中信息技术产业则成为知识经济的基石。

2.1.2　知识经济的基本特征

"知识经济"作为时代发展的产物,人们对它的认识和理解也处于不断发展之中。这里就当前知识经济发展概况,并参考一些学者对知识经济的研究,我们对"知识经济"的主要特征概括如下。

1. 知识作为独立的生产要素,成为知识经济发展中起主导作用的要素

知识演变为"知识资本"的形式在新经济中发挥作用。在知识经济时代,"知识"的身份将不止于一个因素,而是成为生产发展的支柱性要素,成为经济增长的决定性要素。据统计,世界经济合作与发展组织(OECD)主要成员国的 GDP 现在有 50% 以上是由以知识为基础的企业创造的。比尔·盖茨(B. Gates)凭着软件、程序、信息等创造了微软神话,充分展现了知识的决定性作用。知识的这种主导性要素作用,还体现为知识本身也成为产品,成为一种独立的知识资本。与工业时代的资本家相类似,知识资本家(又称知本家)可以通过对知识资本的运营,对知识进行加工、处理、传输以及经营,把知识转化为消费的产品如软件、信息、创意等。

2. 在知识经济时代,经济发展的产业结构将实现重大转变

在工业经济中,第二产业是经济发展的主导产业,而随着知识经济时代的到来,第三产业和高新技术产业将取代传统的第二产业而占据经济的主导地位。这体现为第三产业和高新技术产业在产业结构中比例的上升和作用的加强。知识经济中新兴的服务

业和高新技术产业将跨越工业时代的地理、时间限制,降低交易成本,得到高速发展。而知识可被低成本地复制并按边际报酬递增的规律,能使经济增长方式不再是自然资源依赖型的,这样,不仅使经济增长成为可能,而且使经济可持续增长成为可能。工业经济时代的经济增长怀疑论、经济增长极限论将立不住脚。"可持续发展战略"在这种情况下将成为世界各国的选择,同时传统的经济增长方式也会得到修改。

3. 在知识经济时代,"创新"将成为时代的灵魂

在知识经济中,知识产生的速度越来越快,其传播的速度、广度和得以应用的速度也都大大超过以往任何一个时代,这使得经济乃至整个社会的变革非常迅速;而"创新"在这种变革中起着核心作用,引导着变革的方向与步伐。处于知识经济中的企业,其竞争优势很大程度上来源于不断创造新的技术和产品,并在企业内迅速扩散新知识,将其应用于新的技术和产品中。例如,苹果公司(Apple, Inc.)以突破式的创新方式,不断开发出新的产品,坚持产品的差别化优势,iPhone、Mac、iPod 和 iPad 等产品引领尖端电子消费市场,在 2010 年第二季度,苹果市值首超微软。随着创新作用的日益突出,企业管理的重点也将相应地转向对员工的培训和开发,激发他们的创新意识,提高其创新能力,留住拥有知识的创新者等方面。这在今天的许多跨国大公司的实践中得到了体现。

4. 在知识经济时代,经济发展日趋全球化

这主要体现为经营活动的全球性和全球市场的重新洗牌。在知识经济时代,各种"知识"流通的速度和广度大大超过以往各种实物,这带动各种产品、服务以更高的速度在全世界的范围内流通,促使各种经营活动必须从全球的角度来考虑才能赢得竞争优势。比如美国利用印度、中国的高科技人才促进了美国的科学研究和产业的高速发展;再如宝洁、联合利华等跨国大公司利用自身的管理、技术经验等"知识"资源,结合其发源地之外的其他国家的人力、物力资源,极大地扩大了全球市场。一个国家或一个企业,都可以充分利用自己的优势和知识资源,在全球大市场中占有一席之地。而另一方面,这种全球市场的重新定位,不可避免地带来全球利益分配的不公平,走在知识经济时代前列的国家如美国将扩大其领先优势,而一些原本在这方面落后的国家将不得不以消耗更多的不可再生资源来换取发展。

5. 电子商务和互联网将在知识时代大显身手

与经济发展全球化相对应,电子商务和互联网成为经济活动的重要手段,也成为知识经济发展的象征。电子商务是指采用互联网(Internet)、电子邮件(Email)、传真等数字方式,进行商务数据交换。作为电子商务的载体,互联网将得到进一步的发展和应用。电子商务则是商务领域发展的方向,世界各国正以最大努力推进商务电子化的进程。

2.2　知识经济中的组织智力资本

当 Intel、IBM、P&G 等跨国大公司争相招募中国高等学府里的优秀学生的时候,当诸多行业巨头加强其客户关系管理的时候,他们的这些行动在知识经济时代具有非

常重要的价值,因为他们所做的是企业知识资本亦称为智力资本的运作和管理。这种行动,将帮助他们获得在知识经济时代的领先优势!

2.2.1　从知识到智力资本

在工业经济向知识经济转变的过程中,知识对企业组织以及整个经济的作用日益凸显。其作用从与劳动、资本等市场要素融为一体推动经济和社会发展,逐渐发展为一种独立要素,对经济、社会的发展产生作用,"智力资本"或"知识资本"随之形成。智力资本作为物质资本的一个相对概念,指在现有的企业价值评估体系中,有形资产所不能反映的部分,也就是使一个企业组织得以运行的无形资产的总和。在知识经济中,这些无形资产的价值和作用对于整个企业变得越来越重要。

知识向智力资本的转化是知识经济发展的必然结果,也是一个社会经济的运动过程。这种运动过程的实现必须具备以下几个条件:

首先,生产力高度发展是这种转化得以实现的基本条件。

高度发展的生产力特别体现在信息技术、通信技术以及数据处理技术的发展方面,知识在全球范围内的迅速流动,知识的大规模复制和使用,都需要在这些技术高度发展的基础上才能得以实现。只有当全社会的生活水平和教育、科学、文化、卫生发展都达到相当高的程度,才能造就更多高技术、高素质人才,即知识的生产者、传播者、管理者和使用者,知识对经济、社会发展的要素作用才能得到充分显现。而这也正是知识向智力资本转化的前提。

其次,完善的市场体系是知识能够转化为智力资本的关键。

在生产力水平高度发展的基础上,如果没有公允、有序、高效的市场体系,这种转化还是难以实现。如同其他要素市场一样,价格、利率、汇率、税率等市场要素的确立和完善也是知识流通所必需的。高新技术条件下的市场分割和失效同样会使知识市场陷入困境,知识的价值增值、大规模复制与使用也就难以实现。完善的知识要素市场机制的建立,在于通过市场供求变化和竞争实现知识商品的市场价值,同时与其他市场商品形成科学的比价关系,形成合理的价格机制。如此才能为知识资本的成本与报价机制作好准备,为知识向智力资本转化创造条件。

再者,知识转化为智力资本,还需要规范的法律、法规和各种制度作为保证。

知识要素作为生产要素的一种,其所有者、经营者和使用者的权利、义务关系必须通过专门的制度、法律、法规加以规范。由于知识资本与传统的物质资本相比有着诸多不同的特性,比如流动速度加快,保护的难度更大等,相应的制度、法律、法规也必须发生较大的变化。比如在目前的网络经济中,与传统的市场经济相比已经有了许多重大的变化,迫切要求出台各种与互联网形态相适应的新法律、法规,确保新经济进入健康、正常的轨道。

此外,知识要素还必须与其他生产要素进行有效组合,才能有效实现智力资本的转化。

以上这些条件相互制约,相互影响。目前在我国,这些条件尚未完全具备,例如盗版的猖獗,给我国发展水平本来就比较低的软件业造成了很大的负面影响。而盗版问题,与软件市场发育水平及人们的生活水准有关,更与法律法规及社会的知识资本意识有关。

2.2.2 智力资本体系

智力资本作为企业组织的无形资产,表现为多个方面,并构成企业智力资本体系。

尼克·邦迪斯(N. Bontis)博士在 1996 年提出,智力资本由人力资本(human capital)、结构性资本(structural capital)和关系资本(relational capital)构成。人力资本作为创新和战略重整的基础,是公司从员工中得到问题的最佳解决之道的总能力;结构性资本是组织性质的能力,包括组织结构和组织制度;关系资本则是指公司与合作者的关系以及他们的满意度和忠诚度,意味着公司与市场联系的紧密程度。

与此相似,1997 年,斯图尔特(T. A. Stewart)在其撰写的《智力资本:组织的新财富》(*Intellectual Capital：The New Wealth of Organizations*)一书中提出了著名的智力资本 H-S-C 结构,即智力资本的"三模块"。它们是人力资本(human capital)、结构性资本(structural capital)和客户资本(customer capital)。人力资本指的是员工所具有的各种知识和技能的总和,结构性资本指的是企业的组织结构、规章制度和企业文化等,客户资本则是指企业的营销体系、顾客忠诚度等。

布鲁金(Annie Brooking)在其《智力资本——第三资源的应用与管理》(*Intellectual Capital — Application and Management of the Third Resource*)中,提出智力资本由人力资本、市场资本、知识产权资本和基础结构资本构成,即智力资本的"四模块"。企业人力资本是由体现在员工身上的才能和特定的心理素质所构成;市场资本是指公司拥有的、与市场相关的无形资产潜力,主要包括客户和他们的信赖度、销售渠道等;知识产权资本包括公司商业机密、技术专利、产品商标等;基础结构资本是公司骨架和黏合剂,为员工及其工作的联合提供力量和方便,它包括公司管理哲学、公司文化、管理程序、信息技术系统、网络系统等。

事实上,这两种模式并不矛盾。斯图尔特将布鲁金"四模块"中的"知识产权资本"和"基础结构资本"合并为"结构资本"。此"结构资本"包括有形结构资本如专利和商标等,也包括无形结构资本如公司文化和管理哲学等。

在我国,理论界对智力资本的研究内容基本上参照国外的这两种模式,并作了一定的细分。例如,有学者认为将智力资本分为四个部分:市场资产、知识产权资产、人力资产、组织管理资产;也有学者将知识资本划分为五类:人力资本、管理资本、知识产权资本、市场资本、基础资本。

综观国内外学者的研究,对智力资本体系的界定尽管有所差异,但在总体上还是一致的。与布鲁金的"四模块"相比,斯图尔特的"三模块"结构更为简明,并易于区分。因此,本书将智力资本分为:人力资本、市场资本(或客户资本或关系资本)以及结构资本三部分。

人力资本源自企业组织中的人,也就是人员的体力、知识、技能、信息、情感、创新能力的总和。这具体体现为人员的教育经历、专业技能和知识资格、心理能力以及与自身工作有关的知识、能力。它们奠定了对人力资本进行评估、管理的基础。

市场资本源自于企业和市场、客户之间的能为企业创造潜在收益的关系,涵盖了商誉、品牌、营销网络、顾客的满意度和忠诚度等方面。在知识经济时代,信息传播的速度、广度都将大大增长,导致市场竞争更加激烈,企业想要获得市场优势,必须依靠企业、产品在顾客中的信誉来赢得顾客的满意与忠诚。另外与产品性质相适应的营销网络也往往能为企业带来竞争的优势。然而,由于各种市场因素往往难以评估,使得公司的实际价值可能远大于其账面价值。

结构资本包括有形结构资本和无形结构资本两部分。有形结构资本主要指知识产权资本。它是一种权利资本,这种权利受到法律保护。知识产权主要包括版权、专利、商标、商业机密、专利技术和技能等。这部分智力资本主要来自于组织现在或是过去人员的创新活动的结果,通过法律或是各种协定的界定而成为知识产权资本。知识产权资本的价值与其为组织带来的超额利润关系密切,而后者往往随着时间及地点或区域的不同而变化很大,因此,知识产权资本有着很大的不确定性。无形结构资本又称基础结构资本,它指企业组织的组织结构、制度规范、组织文化、组织哲学、管理过程、信息技术系统、金融关系等。它们构成了企业组织的骨架,也是其他各种有形、无形资产的黏合剂。没有合适的基础结构,公司、组织就会变成一盘散沙,各种资源就难以得到充分、有效的利用,公司也就难以提供高质量的产品和服务,难以形成竞争力。

在智力资本架构中,人力资本是智力资本的核心,结构资本既为人力资本发挥作用提供桥梁与工具,又为人力资本所创造。市场资本一方面需要通过人力资本获得,另一方面,一旦形成又对人力资本产生互动作用。同样,结构资本与市场资本之间存在相互依赖与互动关系。这种具有互动效应架构的智力资本则构成企业的竞争优势,如图 2.1 所示。

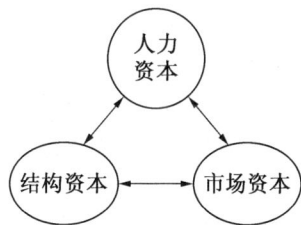

图 2.1　企业组织的智力资本结构

2.2.3　智力资本的运作与管理

随着智力资本的形成和知识成为一种独立的主导性生产要素,在知识经济中,对智力资本进行运作、管理,就成为各个企业组织乃至整个经济的重心所在。

许多企业发展的实践也证实了智力资本是企业获取创新利润、实现快速发展的基础。以索尼公司这个有代表性的现代日本企业为例,其成长与企业智力资本的良好运作有着密切的联系。首先,公司本身就是在创新的宗旨下建立起来的,而创新是企业发展智力资本的最重要的表现;其次,索尼的每一步成长都是技术创新带动的。世界上第一台晶体管收音机、第一台单枪三束彩色电视机、第一台盒式录像机都是诞生在索尼公司。正是因为其不断创新,索尼公司获得了飞速的发展。经过 20 年的时间,索尼已从 1946 年成立时的 19.5 万日元、20 名职工的小企业成为世界一流的高科技企业。

智力资本的运作管理过程与其他各种有形资产的运作管理有着相通之处,都必须在合理评估的基础上,加强积累和发展,达到资产的增值,创造更多的价值。然而,由于两种资产本质上的巨大差异,使得对两种资产的运作管理的手段、方式皆存在着巨大差别。

智力资本的评估是对其进行有效的运作管理的基础。任何组织都必须对其智力资本的现状有着全面、透彻、客观的掌握,才有可能开展其他与智力资本有关的活动。传统的会计业务难以反映组织中的无形资产,即便是近十年来为诸多企业应用的 ABC(基于活动的成本核算法)在将产品成本与材料、财务、人力资源、时间等资源结合方面作出了卓有成效的变革,但也只是揭露了冰山一角,还不能揭示研发、信息系统等包含着的无形资产。可见要做到对智力资本的合理评估并非易事,这通常意味着对现有的会计理论和企业会计制度进行全新的变革,在本来确定性很强的会计制度中渗入不确定性的部分。只有这么做,才能打破企业原有的资产负债表难以反映企业真正价值的现状,实现对智力资本的高效管理。但由于智力资本评估的复杂性和不确定性,目前仍是理论界研究的重点。

瑞典的 Skandia 国际金融与保险服务公司,在智力资本运作管理方面起了先导者的作用。1991 年,Skandia 公司任命爱迪文森(Leif Edvinsson)为智力资本总监,他经过四五年的努力,在 1995 年发布了世界上第一个智力资本年度报表,作为传统财务报表的补充。爱迪文森根据其公司的管理实践认为,智力资本是"对知识的占有,包括被应用的经验、组织技术、客户关系以及为 Skandia 公司带来市场竞争力的专业技能"。Skandia 通过对智力资本的有效管理,展示了其无形资产及其背后隐藏的公司发展潜能。作为该公司智力资本试点的"保险和服务业务"部门的业务,从 1991 年占全公司的 10% 上升到 1998 年的 60%,可谓业绩斐然,这表明对智力资本的有效管理可为公司带来快速的价值增殖。

Skandia 公司智力资本管理实践的突破性来自于智力资本的评估。该公司根据自身的实际情况,建立了智力资本评估模型,此模型又称为 Skandia 公司的"导航器"。通过"导航器",Skandia 公司使隐藏的智力资本显性化。"导航器"看似一个房子,由五个部分组成,如图 2.2 所示。财务部分是房顶,代表公司的过去和现在,主要采用传统会计计量,Skandia 公司设置了 21 个指标,得出积累型、竞争型、比较型、复合型四类数据。顾客部分和过程部分组成了墙壁,顾客部分使用 27 个指标反映顾客类型、顾客忠诚度、顾客角色、顾客支持、顾客成功,过程部分使用 31 个指标反映技术的选择是否合理、供应商的选择是否合理、技术的应用是否合理、管理理念是否有效等方面的内容。而更新和发展部分是公司未来发展的根基,包含了 61 个指标以反映顾客、市场吸引力、产品和服务、战略伙伴、基础设施、员工等情况。人力则是房子的中心，也是公司的核心，使用了 24 个指标来反映领导指数、激励指数和员工满意指数三个方面内容。如此，通过"导航器"，Skandia 公司得出一个完整的包含 164 个指标的智力资本量化评估体系。经过精简和进一步归类，产生由 47 个指标构成的智力资本报表。最后对报表中的各项指数进行加权平均，即得出公司的智力资本评估值。借助"导航器"，Skandia 公司为智力资本的运作管理提供了量化参照。

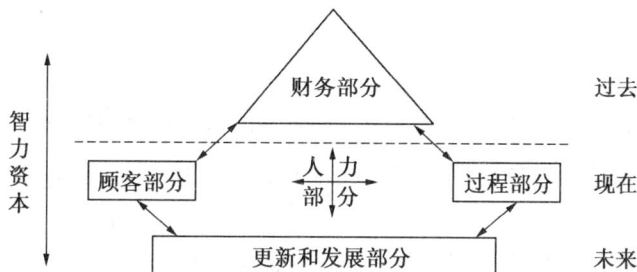

图 2.2　Skandia 公司的智力资本量化评估模型

加拿大管理会计协会结合智力资本的"三模块"，探讨人力资本、组织结构资本以及顾客和关系资本的评估指标，提出人力资本评估指标包含：公司员工的声誉，专业经历的长短，少于两年经历的员工百分比，员工的满意度，提出新建议的员工百分比（包括建议被实施的百分比），每位员工增加的公司价值，每元工资增加的公司价值等指标；组织结构资本评估指标包含：单位研发成本的收益，数据库的建设及更新状况，信息系统的使用和联络量，信息系统服务的满意度，多功能项目团队的数量，产品设计开发的平均时间等指标，用来衡量组织机构运行的效率以及相关的专利、商标、创新能力等内容；顾客和关系资本评估指标包含：业务增长量，回头客销售量的比例，品牌忠诚度，顾客满意度，顾客投诉率，支持者/顾客同盟的数量及其价值等指标，用来量化其资本值。

人力资本作为智力资本结构的核心，美国 Spherion's 人力资本咨询集团公司花费 20 年的时间致力于人力资本价值评估研究，提出了评估人力资本管理的 10 项主要尺度。它们是：

第一，公司要解决的焦点问题，一个还是几个，弄清楚公司的焦点问题，评估就有了直接的导向依据。

第二，人力资本的附加值，这是衡量员工对公司收益作出贡献的基本尺度，也是表明员工对公司和对他们自身的财富价值。

第三，人力资本的投资收益，这是相对于收益创造所支付的员工薪酬比率。

第四，单个成本，每个员工所花费的平均成本，至少是每个员工在六个月中的平均收入。通过单个成本，可知道组织为每个员工所付出的成本。

第五，自愿跳槽率。员工的流失代表企业潜在机会和收益可能性的流失。如果能降低员工跳槽率，则能减少新员工招聘成本，或者能保持高质量的服务。

第六，总体劳动力成本与企业收益之比，这是指劳动力的福利和薪资成本在企业收益中占有的百分比。它表明在企业收益中,企业花费多少来支持劳动力。企业劳动力不仅包括一般的正式合同工,也包括临时工和季节工等。通过此尺度,企业可跟踪劳动力的变化,即劳动力成本与企业收益之间比例的变化。如果企业劳动力成本收益百分比增加,就需要明白是什么原因导致此百分比的增加,是由于劳动力薪资福利的增加导致的,还是由于企业收益降低导致的。弄清楚这些原因,有助于企业采取相应的措施。

第七,薪资与企业收益之比,这是企业直接支付给员工的成本与收益的百分比,与第六条有一些不同,它不包括员工的福利等间接支出,只是指员工工资单上出现的支出。

第八,培训投资因素,这是为了提高个体生产率和满足客户不断增长的服务要求。

第九,开始的时间。企业由于人才短缺,招聘合适的人员是面临的一个严峻挑战。从出现空缺职位到合适人员的填补,这段时间是否能进行有效监督与控制直接影响收益的获得。

第十,收益因素,这是基本的企业人力资本衡量方式。

美国 Spherion's 公司提出的 10 项尺度,实际上是对企业人力资本管理较全面的评价。这些评价指标不同于以往的人力资源评价指标,是针对人力资本的特征而设计的。

国外企业管理咨询公司研究提出的智力资本评估指标对企业智力资本管理具有较重要的参考价值。企业可根据各自情况和特点,设计合适的评估指标,以准确反映企业组织的智力资本。

根据企业智力资本的架构及其特点,我们认为,智力资本评估的一般流程可由以下步骤构成:

(1) 确定评估目标和评估因素。评估目标应力求明确和具体,如果目标不明或缺乏重点,评估过程就可能拖得很长,与智力资本的动态发展难以适应。而如果一开始就要"完美"评估出公司所有的智力资本,那意味着对每一位员工、客户、供应商进行全面的了解和测试,工作负荷太重,目标也难以实现。所以评估范围和评估因素的确定对于找到并解决某个阶段的主要矛盾至关重要,是对各项智力资本"各个击破"的基础。

(2) 选择合适的评估方法。评估方法的选择对于智力资本评估的准确性和有效性的影响无疑是决定性的。不同的评估对象需要用不同的方法来适应。对于市场资本,可以采用客户调查、客户访问、销售数据分析、销售费用分析、市场调查、商业协议审计、竞争优势分析、投资收益分析和成本分析等方法。对于专利、版权、商标等知识产权资本,可以采取市场需求调查、投资回报分析、法律费用的投资回报分析、专业技能调查等方法。而最佳状态调查、投资回报分析、实用性分析、附加值分析、员工调查和评价标准分析等方法则适用于对结构性资本的评估。人力资本的评估则可以使用面谈、专业测试、知识测验、上下级评估、绩效评估等方法。选择评估方法的核心在于能依据公司的具体情况进行,有利于评估工作迅速而准确地完成。

(3) 各项指标的评估与分析。应用选定的评估方法对各项指标进行评估和分析,由此得到所需要的智力资本评估值。

(4) 建立和更新智力资本信息库。得到智力资本的评估值并不是最后的结果。企业的智力资本始终处于动态发展之中,建立并不断更新智力资本信息库就变得尤为重要。

上述的评估流程如图 2.3 所示。

智力资本的评估为智力资本的运作管理奠定了基础,与此同时,加强智力资本的积累和发展,保证组织在需要时拥有所需要的智力资本资源,实现智力资本的增值则是智力资本运作管理的重点和关键所在。

人力资本作为智力资本之源,对于智力资本的积累和发展起到先决性的作用。无论在结构资本、知识产权资本还是市场资本中,都包含着人的因素,必须有相应的人力资本状况相适应。组织的每一个成员都与组织的智力资本相关,都应

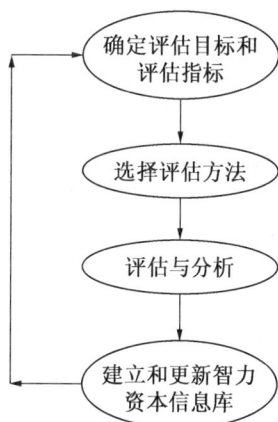

图 2.3　智力资本的评估过程

该了解组织的智力资本发展规划以及相应的自己的应尽职责。人力资本的发展要得以实现,首先要对组织成员的基本业务技能进行分类和评价,使人员的技能、创新能力、管理能力有合理的配置,实现人力资本内部结构的调整。在此基础上,要将人力资本的存量管理和增量管理结合起来,重视对人力资本的增量管理。一方面通过具有吸引力的报酬、公平的晋升机会和为组织成员提供其喜爱的和富有挑战性的工作,使其感受到工作的乐趣并认识到自己对公司的贡献作用,从而提高组织成员的忠诚度,实现人力资本的存量积累;另一方面,组织应增加对成员竞争力的培训的投资支出,使他们具备较强的适合组织发展的学习能力、创新能力和管理技能。通过投资目标、手段及其实施的全面规划与执行,使他们的市场竞争力随着组织的发展而提高。除了组织内部的人力资本外,企业组织还应重视和加强对组织外部人才资源的利用。在服务业迅速发展的情况下,组织外部更为专业化的智力资源将变得更容易获得,对组织的作用也可能更大。组织可以利用这一外部资源达到节约成本、提高效率的目的。咨询机构、外包商或是兼职雇员等都可以帮助组织实现这个目的。

在发展人力资本的同时,组织应着力于营造有利于人力资本发挥其作用的环境和空间——结构性资本。这里包括了几项主要的内容:企业文化、管理哲学的构建与发展,组织再造,管理创新。企业文化和管理哲学是所有组织成员的凝聚力之源。尽管科特(John P. Kotter)指出,在过去的几十年间,许多拥有强势企业文化的组织并没有取得出色的业绩。但这并不能归罪于其公司文化,而往往是因为这些企业没有能按照企业自身的发展情况和竞争环境对原有的企业文化作出相应的变革。而在那些通过企业文化取得巨大成功的公司中,企业文化的作用则尽显无疑,如 3M 公司追求创新的著名而独特的文化,为其赢得了行业领导者的地位。在发展智力资本的过程中,有一些特征将成为许多组织文化的要素,如注重人、注重学习、适度变革等。组织再造已流行于许多跨国大公司中。在知识型组织中,最主要的是要有利于组织内信息的快速流动、知识的传播和共享以及知识价值的实现,适合于变革。在这种要求下,知识型组织的结构趋于扁平化、柔性化。管理创新一方面要求组织进行制度创新,通过制度鼓励学习、鼓励创新和适度变革;另一方面则是组织的信息化。高效、迅捷的信息传播系统是结构性资本

中的重要部分,为组织成员思想、知识的传播奠定物质基础。现在,许多企业都在加快信息化建设的进程。但是问题往往不在于信息系统本身,而在于如何使信息系统得到正确的应用,真正起到有利于其他智力资本发展的作用方面,对此组织往往不能给予足够的重视。这不仅导致组织资源的浪费,更会造成所建立的信息系统因缺乏应用而停滞不前。

对于知识产权资本,涉及保护和发展两个方面。在全球化经济发展的今天,对知识产权资本的保护尤为重要。而要使知识产权资本得到有效发展,大力促进科技成果的及时、广泛应用以及加速科研队伍的建设是两个重要的方面。可以看到,知识产权资本的发展与人力资本、结构性资本等其他智力资本都是紧密相关的。

在市场资本的发展中,发展顾客群和提高顾客忠诚度是市场资本建设的主要内容。无论是哪个方面,都意味着必须加强对顾客行为的影响因素如文化因素、社会因素、家庭因素、心理因素等方面的研究。在这个基础上,组织可以采取各种具体的方法来提升自身形象,包括品牌形象、产品形象等。

智力资本的积累与发展也意味着对组织的过去进行不断的否定,实现创新。德鲁克(Perter Druker)作为较早意识到知识经济的管理学大师,认为在知识社会中,以自我变革管理为目的的实务方法的系统重建是所有组织都面临的最重要的挑战之一。由此可见,组织只有通过不断改进所有活动、不断推广成功经验、持续地进行组织革新等活动,不断地学习,抛弃老化过时的知识,才能在知识社会中取得成功。这正如达尔文所说,能最终生存下来的物种,不一定是最强壮的,也不一定是最聪明的,但一定是对外界作出最迅速的变化的。物种如此,组织亦然。不断创新,否定过去,正是组织对所处环境作出的适应性变化。

可以说,知识资本的积累和发展,既是知识资本运作管理的过程,同时也是目的。组织的知识资本在各方面都得到良好而均衡的发展,其美好的前景也就顺理成章。如果知识资本发展不均衡,或者根本没有得到重视,这个组织势必难以适应知识经济时代的要求,其没落将是必然的。

由上可知,对知识资本的运作管理必将在很大程度上涉及组织行为的管理与变革,尤其是对人力资本的运作管理,在提高员工忠诚度、培养员工敬业度、提高员工学习能力等方面都有大量的工作需要去做,结构性资本的发展也意味着组织结构的变革和完善。

2.3 智力资本对组织行为学的影响

由前所述,加强对组织知识资本的运作管理,发展组织的知识资本,正成为知识经济时代的组织取得竞争优势、确立自身地位的主战坦克,这意味着组织的头等大事正逐渐转移到对知识资本的运作管理上来。从 Skandia 等公司的实践及其获得的收益,到知识资本成为国内外理论界的研究焦点,无不昭示这一重大趋势。而这也正如前文所提及的,这一重大趋势必将给组织行为学领域带来重要的影响与冲击。尤为重要的是,这种影响与冲击不仅仅是单向的,在顺应这种趋势的同时,组织行为学的不断发展也极大地推动着这场管理变革的进程。

经典的组织行为学研究构架是从个体、群体到组织的三个层面。在组织行为学的不断发展中,许多学者在遵循基本架构的基础上不断关注知识型员工激励与发展、创建学习型组织、提倡知识管理等方面。以下就知识经济和知识资本管理对组织行为学的影响与冲击予以讨论。

2.3.1　个体行为还会和你想的一样吗?

我们的目光首先会投向组织成员的个体行为。这一构成组织的基本元素所发生的改变,无疑是其他一系列可能发生改变的基本原因。在这方面,心理学家们已将人剖析得淋漓尽致。在工业经济时代,一些典型的反映员工个性行为特征的理论,比如气质理论和特质理论,学习的操作条件反射理论、社会学习理论,以及激励的需要层次理论、激励—保健理论、ERG 理论、强化理论、公平理论、期望理论等。它们都在一定条件下较好地阐释和概括了组织中个体的一般心理、行为规律,也指导了各种组织的管理实践,发挥了重要作用。

在知识经济时代,组织要充分发展其人力资本,必须首先重视员工思想、行为方式的转变。唯有熟悉并适应这些转变,才能促进人力资本的良性发展。知识经济条件下,关于组织成员的一个最重要的转变就是大量"知识型员工"的出现,他们在组织中将占据主导地位,发挥重要作用,并成为组织发展的主动力。与传统劳动者相比,他们有着许多不同之处:

第一,知识型员工在从事工作的领域内都是"专家",他们不再是传统意义上按命令行事或是按规定办事的员工。凭借其特有的"专家权力",他们拥有对其他人包括其管理者的权威,因而也就拥有更多的工作自主性。这种变化势必会影响到对他们的管理方式的变化,如果还是像管理 20 世纪 60 年代和 70 年代的汽车工人一样,对他们进行等级森严的控制型管理,不仅不能见到次序井然的情景,反而容易引起他们的反感,使工作成效下降。

第二,知识型员工的价值观与传统劳动者相比也将发生变化。在传统的社会中,"成就"总是与金钱、权力、名誉为伴,很多人努力一生,只是为了"五子登科"。而对知识型员工而言,很多人的基本出发点将变为追求自我价值的实现。而这种价值的实现将不再局限于金钱、权力等有限的形式,而是将扩展到获取社会的认同,乃至获取个人内心对自己的认同等。

第三,与价值观的变化相适应,知识型员工的物质、精神需求也将不同于传统劳动者。当经济发展到一定水平,人们的物质需求都将得到很大程度的满足。在这种情况下,精神、感情需求以及有利于其实现价值的发展机会就顺理成章地成为知识型员工的需求重点。

第四,知识型员工对组织承诺将发生变化。在传统的工业社会中,无论是在中国还是其他国家,个人地位和价值在很大程度上都由其所在的组织和职位所决定。失业者不仅没有收入,还往往意味着没有地位,其自身价值也难以得到体现。而知识型员工却能凭借其专业知识和能力,独立于特定的组织之外发挥其所长,实现其价值。

第五,终身学习将成为知识型员工的共识。为了保持个人的竞争力,他们必须不断学习新知识和新技能,以充实自己。

这些员工个体行为的变化对组织行为学直接产生重大影响,尤其表现在对个体行为的激励方面。激励一直是组织个体行为管理的一个重要内容。这些变化的影响主要体现在以下几个方面:

首先,体现为激励理论的发展变化。在历史上,激励理论一直处于发展之中。在中国古代就出现了许多很有见地并行之有效的激励理论,像《孙子兵法》中关于军队的激励理论,诸子百家的理论中也包含许多与激励有关的道理。而西方的需求层次理论、期望理论等激励理论都是在当时社会经济文化条件下发展起来的。时至今日,这些激励理论仍在不同程度上发挥着它们的作用。面对"知识型员工"个体行为的变化,激励理论近年来有了新的发展,也必将有更新的发展。比如科恩(Aflie Kohn)在1993年提出了"内部动力的三个C"——协作(collaboration)、满意(content)和抉择(choice)是使员工受到激励的三种内部动力。可以说,这种理论是基于员工个体追求自我价值实现等价值观的变化而产生的。未来的激励理论也必将着眼于如何更好地揭示当员工的价值观、需求等发生变化时对他们进行激励的机理。

其次,员工个体行为的变化意味着激励内容和方法的变化。对员工个体来说,一是金钱、物质性的激励固然重要,但同时精神方面的激励的重要性也会不断上升。这一点在海尔得到了印证:海尔集团的薪资水平相对于国内许多企业(包括三资企业)并不很高,却能吸引和留住诸多优秀的人才,这正是得力于其大力推行独特的企业文化,举办各种有利于提高员工满意度、忠诚度的活动。而在金钱及其他物质性激励中,员工会更多关注于短期的报酬和分红。这与其对组织的忠诚度的下降趋势是一致的,由于长期归属于某一组织的可能性变小,他们势必更看重短期性质的报酬。二是员工个人会更多关注其自身的发展。这主要涉及两个方面:培训和职业发展道路。培训又分为组织赞助的培训和个人资助的培训,职业发展道路则可以分为组织制定的职业发展道路和个人驱动的职业道路。知识型员工要保持其个人的竞争力,获得其独有的"专家权力",着重于培训与职业发展是理所当然的。对组织来说,出于人力资源战略上的考虑,对员工的激励将更多与组织的未来相联系,而不仅仅像以往那样,总是对员工的激励与员工以往绩效、组织绩效及现状相联系。将员工激励与组织的长远发展目标相联系,员工和组织的命运就联系得更加紧密。只要方法应用得当,对提高员工的组织承诺、工作积极性就会有很大的作用,对关键员工,这种作用尤为明显。在美国众多企业和我国部分企业如华为、上海贝岭等实施的员工持股计划和股票期权激励以及其他形式的股票激励计划,则是这种激励理念的反映。

此外,员工激励的变化还体现为激励目的的变化。在工业经济时代,激励的目的往往集中在如何提高员工的积极性,如何让员工更努力地工作,提高生产率。以这种目的为出发点,发展到极点,就会像运动员服用兴奋剂一般,组织对员工的能力竭泽而渔,从而可能出现马克思一针见血指出的资本家对工人的压榨现象。而在知识经济时代,组织如果单单继续采用这种方法则会给组织人力资本的竞争力造成伤害。要充分发展人力资本,组织必须充分考虑知识型员工的特点,实施激励目的转变。例如,由于知识型员工对组织忠诚度下降,流动性增加等个体特点,以及人力资本的稀缺性,组织对员工的主要激励目的必须转移到如何提高员工的满意度和忠诚度方面。而员工的满意度和忠诚度与顾客的满意度和忠诚度密切相关,即与组织的客户资本紧密相关,这反映出组织必须将提高员工的满意度和忠诚度作为主要的激励目的。至于如何提高员工满意度和忠诚度的方法,也已经从传统的建设组织的使命与价值观以及组织文化发展到向员工咨询和提高员工的决策参与度等。同时,在知识经济下,员工的创新行为和创造力对组织绩效的影响也越来越重要,因此,激发员工的创新性和创造力是激励的另一个重要目的。此外,提高员工的积极性和鼓舞他们的士气以保持组织的高效率仍然是激励的主要目的之一。员工的士气尽管不是生产率提高的唯一直接原因,但反映组织潜在的重要问题,特别是当组织的变革在知识经济时代变得更迅速、发生频率更高的时候,员工自然而然会对工作的稳定性和地位担忧,从而影响他们的士气。有效激励他们,使他们在变革时期仍然保持较高的士气,对组织变革的有效实施具有重要意义。

2.3.2　群体行为会有哪些变化呢?

组织中个体行为发生变化时,由个体组成的群体行为也必然发生相应变化。这种变化首先反映在群体的组成方面。实践和理论早就表明,在组织中一些非正式群体发挥着很大的影响力。而这种影响力往往起源于其成员组成的自发性。组织为了提高工作群体运行的效能,使其员工个体知识资本发挥协同效应,也有着使其成为非正式化群体的趋势。结合知识型员工的行为特点,扩大群体在成员选择方面的自主性,尊重员工的个人选择就更为重要。

其次,知识型员工的个性更为明显,群体中个体差异扩大化,这在一定程度上使得工作群体的凝聚力受到负面的影响,但另一方面,由于知识型员工较高的素质促使其协作意识和能力都比较容易得到提高,从而使员工之间的沟通和协作得到增强,有利于组织的协调发展。这两个方面就构成了一对矛盾,它们的合力决定着组织能在多大程度上发挥工作群体中知识资本的协同效应,从而在多大程度上带来知识资本的增值。

组织中的群体还有一个重要变化,即团队形式在组织中得到越来越广泛的应用。从高级管理层,到技术工程师,到一线工人,莫不如此。团队如此广泛推行的原因,斯蒂芬·P. 罗宾斯认为主要是基于两个方面:一是有利于组织提高运行效率,更好地利用员工的才能;二是有助于管理人员增强组织的民主气氛,提高员工的积极性。而团队本身也在不断地发生变化。如何将团队的潜力发挥到最佳状态,对组织就显得非常重要。员工如果只是专注于自己所做的事情,那整个团队就难以产生 $1+1=3$ 的智力增值效应。而当团队中的成员能进行充分的合作,习惯于从别人那里发展潜能时,他们的创造力往往是令人惊讶的。

与以往相比,随着知识型员工各自知识水平的提高以及协作意识和能力的提高,团队在组成人员、目的、运作过程与规范等方面将变得更加灵活,有更多的选择余地。组织也由此可以更充分地对员工的知识资本进行增值利用。而组建学习型团队,形成有强力自我学习能力的团队,更是为诸多组织所追求。学习型团队的形成,意味着组织在对员工知识资本的利用和发展方面,又有了长足的进步,同时也为形成学习型组织打下了基础。

2.3.3 组织,又会是什么样的组织?

随着组织中个体与群体行为的变化,组织作为有机的运行整体必然会发生变化。知识经济的产生是一种经济形态的变化。一般地说,每一次经济形态的变革,都会导致组织的变革。从宏观来看,现代组织的变革一方面随着经济体制由计划经济向市场经济的转变而发生,另一方面,是随着全球性的知识经济浪潮而向前推进。而从微观来看,在知识经济形态下,企业组织在知识资本的运作与管理中,要充分发展结构性资本,关键在于适时调整组织结构和形态,使之有利于组织知识资本的发展。那么这种变革,究竟是什么样的呢?

就企业组织的形态而言,"越大越好"无疑已经成为工业经济时代的神话,在知识经济时代,往往"大"反而成为组织发展其结构性资本的绊脚石。那些传统的、垂直一体化的组织由于难以管理而正在不断减少。取而代之的,将是一种更为精干的组织,它们往往依靠一种复杂的、能与其内部资源相互补充的外部关系网络,如合资、并购、外包等形式。随着知识经济的到来,合资、并购、外包等运作形式不断激增。由于外包而带来的更低的成本和经营风险、更高的整体经营业绩、更强的竞争优势等优点,因此,受到许多企业的青睐。

随着合资、并购、外包等运作形式的不断增加,企业组织结构出现多元化。在传统的组织结构存在的同时,出现了网络组织、虚拟组织等新兴组织结构,组织结构日趋扁平化,管理层次减少。而组织整体效率的提高,很大程度上需要依赖这种组织结构的变革来实现。因此,组织的发展和变革将比任何时候都显得重要。

就组织的特性而言,由于知识经济时代的组织竞争力将在根本上体现为组织的知识资本,无论对员工个体,还是员工群体,直至整个组织,学习都是发展其知识和知识资本的源泉。学习也就成为企业组织的一个重要特性。只有拥有出色的学习能力,组织才可能拥有最出色的员工和人力资本,才能使组织的流程不断优化,不断创新,效率更高。这也正如彼得·圣吉(P. M. Senge)所提倡的"学习型组织"理念能风靡全球的动因。圣吉指出,在学习型组织中,"人们可以不断拓展他们创造真正期望的结果的能力,新的扩展性的方式得到培育，集体抱负得以释放，而且人们可以不断了解如何共同学习"。有关学习型组织的思想，正如圣吉自己所说，他的贡献只是"大地上的一个界桩"。不管"学习型组织"的概念是否得到一致的认同，但"学习"已成为众多组织文化的重要组成部分。随之，在组织文化中出现一种学习型文化。此外，随着全球化经济的不断发展及企业间的兼并日益增多，跨文化管理和兼并企业中的文化整合也将成为组织文化管理中的重要内容。

由此可见，在知识经济时代，由于整个经济环境的变化，组织中员工个体行为必然发生变化，随之而来的必然是组织中员工群体和整个组织的变化。这些变化正给组织行为学带来影响和冲击，同时也对现代组织行为学提出新的挑战。

本章小结

本章介绍了知识经济的概念及其不同于工业经济的主要特征，分析了知识向智力资本的转化过程及其转化条件、智力资本的体系构成、智力资本的运作与管理，并结合智力资本的产生与特点，分析了它对组织行为的个体、群体和组织三个不同层面的影响和冲击。

复习与思考

1. 什么是知识经济？知识经济有哪些特征？
2. 什么是智力资本？智力资本的管理与物质资本的管理有何不同？
3. 智力资本的产生对组织行为学主要有哪些影响？

参考文献

Bontis, N., 1996, "There's a Price on Your Head: Managing Intellectual Capital Strategically", *Business Quarterly*, Summer, 40—47.

Dzinkowski, R., 2000, "The Measurement and Management of Intellectual Capital", *Management Accounting*, 78, 32—36.

Stewart, T. A., 1997, *Intellectual Capital: The New Wealth of Organizations*, New York: Currency Doubleday.

Watson Wyatt Worldwide, 2000, "Worldwide: Valuing Human Capital", *CMA Management*, March.

Zimmerman, E., 2001, "What are Employees Worth?", *Workforce*, 80, 32—36.

安妮·布鲁金、詹姆斯·S. 伯比顿：《员工激励——如何激发雇员的进取心》，中国标准出版社 2000 年版。

安妮·布鲁金：《智力资本——第三资源的应用与管理》，东北财经大学出版社 1998

年版。

保建云:《知识资本》,西南财经大学出版社1999年版。

彼得·圣吉:《第五项修炼:学习型组织的艺术与实践》,中信出版社2009年版。

弗朗西斯·赫瑞比:《管理知识型员工》,机械工业出版社2000年版。

顾琴轩、黄培清、周铖:《企业智力资本管理中的动态评估》,载《科学学与科学技术管理》2003年第9期。

斯蒂芬·罗宾斯、蒂莫西·莫奇:《组织行为学》(第12版),中国人民大学出版社2008年版。

唐烨:《苹果超越微软的不仅是市值》,《解放日报》2010年6月5日。

汪大海、杨杜、蔡金魁:《新世纪的赢家——知识管理成为时代新支点》,学苑出版社2000年版。

第3章 组织中新生代员工行为与管理挑战

本章关键词

新生代(Generation Y)

新生代员工(Generation Y employee)

"80后"员工(post-80 employee)

"90后"员工(post-90 employee)

独生子女政策(one-child policy)

英雄式领导(heroic leadership)

代际管理(generation management)

价值取向(value orientation)

企业氛围(corporate climate)

在组织中,新生代员工的比例在不断扩大。新生代员工是中国改革开放的"完整产儿",是中国计划生育政策下催生的新一代。他们与"60后"、"70后"员工相比,往往具有鲜明的群体个性与特征。新生代员工行为管理是组织行为学面临的又一个新挑战。

3.1 新生代与新生代员工

3.1.1 新生代及其成长环境

新生代,也称年轻的一代,在英语中被称为"Generation Y"。在美国,人们将出生在1980年与1995年之间的人称为"Y一代"。在我国,新生代通常是指在20世纪80、90年代出生的一代人。这一代人是伴随着我国经济改革开放、计划生育政策的推行、计算机以及互联网的普及而成长起来的一代。这个群体多为独生子女,他们享受到随经济不断发展而带来的物质文明的成果,对企业和商业社会有了较早的认识。而互联网快速普及则让这一代接触到了大量的来自不同社会的文化和知识。同时,他们也遇到了许多父辈年轻时不曾遇到的新问题,譬如社会流动加剧、结构转型、分化明显、多元文化冲突等,这种特殊的时代背景造就了他们与其他时代的人在个性、价值取向、人生观方面有许多不同特征。

在新生代成长的影响因素中,后天环境较先天因素更为重要。正如唯物辩证法所述,内因是事物变化发展的依据,外因是事物发展变化的条件,外因通过内因起作用。在新生代成长过程中,主要受到政治、经济、社会文化、科技、家庭等宏观和微观因素的影响,这些外部环境作用于新生代群体,使他们形成了与其他时代的人截然不同的特征。

1. 新生代成长的政治环境

政治环境包括一个国家的社会制度、执政党的性质、政府的方针、政策、法令等。我国的政治体制改革从1978年起步,新生代也正是在这种变革中出生和成长。我国原有的政治体制脱胎于革命战争年代,初建于新中国诞生之际,形成于社会主义改造时期,与计划经济体制相适应,又在大规模的阶级斗争和群众运动中不断得到强化。至1986年9月,中共中央成立了政治体制改革研讨小组,随后召开的中共十三大对此进行了全面部署。中共十三大报告提出:实行党政分开,进一步下放权力,改革政府工作机构,改革干部人事制度,建立社会协商对话制度,完善社会主义民主政治的若干制度,加强社会主义法制建设。政治改革的长远目标,是建立高度民主、法制完备、富有效率、充满活力的社会主义政治体制。1992年10月,中共十四大提出:政治体制改革的目标是以完善人民代表大会制度、共产党领导的多党合作和政治协商制度为主要内容,发展社会主义民主政治。这一时期的政治体制改革在实践中也有很多新进展,例如促进政企分开,加强法制建设,推进基层民主等。1997年9月召开的中共十五大第一次确立"法治"概念,明确提出"依法治国,建设社会主义法治国家"的目标,明确了今后政治体制改革的主要任务是"健全民主制度;加强法制建设;推进机构改革;完善民主监督制度;维护安定团结"。

因此,新生代成长的政治环境可概括为三方面特点:首先,政治稳定。新生代从未经历战火纷飞、硝烟四起的年代,也不曾体验"文革"时期极端的政治气氛,取而代之的是中国整体的政治局势稳定、和平,这有利于新生代身心的健康成长。其次,法制逐步健全。随着各种政策、法律、法规的颁布和实施,新生代的法律意识不断增强,他们比以往任何时代的人都更关注平等和人权。第三,民主政治增强。中共十四大提出发展民主政治之时,在新生代中,出生在20世纪80年代初的年轻人已接近青春期,世界观和价值观开始逐渐形成。在这样一种外部政治环境影响下,新生代易形成追求民主平等、张扬个性、蔑视权威的个性特征,表现出推陈出新、不拘一格的形象。

2. 新生代成长的经济环境

首先,计划经济向市场经济转变。中共十一届三中全会以来,邓小平对社会主义市场经济问题作出了一系列精辟论述,尤其是1992年南方谈话,对社会主义能不能搞市场经济、如何搞市场经济,作出了前瞻性表述:(1)计划和市场都是经济手段,而绝不是区分社会主义制度和资本主义制度的本质特征。(2)能否把社会主义与市场经济结合起来,这是关系到社会主义发展以至命运的根本性问题。(3)要不要搞市场经济,判断的根本标准是"三个有利于"——是否有利于发展社会主义社会的生产力,是否有利于增强社会主义国家的综合国力,是否有利于提高人民的生活水平。(4)社会主义要赢得与资本主义相比较的优势,就必须大胆吸收和借鉴资本主义发达国家一切反映现代化生产规律的市场经济经营方式和方法,包括证券、股市等等。在此之后,中共十四大明确提出了经济体制改革的目标是要建立社会主义市场经济体制。在这样的背景下,个体经济、中外合资、外商独资等形式不断涌现,打破了计划经济的单一形式,极大地提高了中国整体的经济发展水平和综合国力。

其次,经济全球化。一般来说,经济全球化是指商品、劳务、技术、货币、资本在全球大量流动,使各国经济紧密联系,日益互相依赖的经济现象。自20世纪90年代以来,经济全球化趋势正在迅速发展。在现代信息技术的催化作用下,资本、技术、劳动力等生产要素的流动和配置,以越来越大的规模在全球范围内展开,各个国家的经济被越来越深地卷入统一的世界市场体系,国家与国家的相互依存达到了前所未有的广度和深度。随着改革开放和社会主义现代化建设的深入发展,处于经济全球化浪潮中的中国,与世界经济的整体联系日趋紧密。开放的国内外经济环境给新生代的价值观带来了重要影响,使他们思维日益开阔、头脑更为灵活、愈加重视实务和经济价值。

3. 新生代成长的社会文化环境

首先,教育环境。从教育的时间来看,新生代较早进入幼儿园、学前班,随后接受小学、初中、高中、大学等不同阶段的教育,因此,这一群体的文化水平普遍较高。从教育的内容来看,课程的设置日臻完善,不仅包含数学、语文等基础性知识,还包括历史、地理、化学、物理等多门学科的内容,尤其加大了外语和电脑的学习比重,为新生代知识体系的完善及与国际接轨提供了可能。从教育的方式上看,新生代的老师早已改变了板书的单一授课方式,取而代之的是图文并茂的教科书、丰富的声像资料、设备完善的实验室及多媒体教学手段等等。从教育的最终目的看,新生代大多接受的是应试教育。读书的主要目的是高分,这使得他们在学习过程中往往忽略非智力因素等综合素质的培养,容易出现"高分低能"的现象。

其次,多元化的价值观。随着政治、经济、社会等领域的深刻变革,人们的生活方式在不断变化,社会形成了多元化的价值取向。商品输出的背后是先进的商品文化和强势思想价值观的输入,外来的思潮叩击本土的文化体制。在兼收并蓄的环境中,新生代可以坚持那些他们认为正确的信念或立场,而无需按照任何统一的标准行事,个人意志由此得到较充分的表达,以往的边缘文化和价值观也受到了前所未有的关注。

4. 新生代成长的科技环境

随着人类历史的发展,当今社会生活中到处是科技发展的成果。不管人们是否有所意识,科学技术已经深深地影响了人们的日常生活,在经济社会的发展中扮演着不可或缺的角色。21世纪以来,科学技术,尤其是计算机网络技术、电子信息技术的飞速发展,为人们的生活提供了太多的资讯和便利。新生代正是在这种便捷条件下成长的一代,无论遇到何种问题,谷歌或百度等搜索引擎都能为他们提供大量的信息,这使得他们习惯于在网络上寻找解决方案,无形中减少了和他人沟通交流的机会。不仅如此,飞速发展的科学技术还为各种产品带来了更为人性化、个性化的设计与功能,一定程度上满足了新生代追求新奇、渴望张扬个性的心理需求,这种心理也正是在与外界环境的不断交互中得到强化。

5. 新生代成长的家庭环境

新生代成长的家庭环境包括家庭结构、出生顺序、父母的观念、职业、文化水平、对子女的态度等方面。

首先,家庭结构。新生代是 1979 年中国计划生育政策实施以后出生的人群,他们大多数是独生子女。家庭结构发生很大变化。这种变化兼具有利和不利两种影响:有利之处在于,新生代可以独占所有物质资源和父母的关爱,而无需和其他兄弟姐妹分享,因此,拥有更为优越的物质生活条件;而不利之处也由此产生。在新生代中,许多人缺少吃苦精神,思考问题易主观臆断而忽略他人感受,因此,"娇生惯养"成为人们对新生代的第一印象。

其次,父母的影响。新生代的父辈中许多人没有接受高等教育的机会,自然而然将希望寄托在下一代身上,将大量时间、金钱和精力投入到了子女的学业上,希望由下一代来实现自己未实现的梦想。这样的教育方式使得新生代过分重视学习成绩,综合素质的培养相对被忽视,实践或动手能力较差。另外,新生代的父母大多成长在众多兄弟姐妹的环境中,本身对于独生子女教育没有任何可以参考的经验,只是本能地给予下一代最好的物质生活,相对而言缺乏对其精神世界的关注。在这种关爱甚至是溺爱的环境中,新生代容易形成脆弱的心理,难以接受批评或质疑,自尊心往往过于强烈。

3.1.2 新生代员工及其特征

伴随新生代的成长,在组织中,新生代员工的比例在不断增加。如今,新生代员工正在成为创造社会财富的生力军。在新生代员工群体中,"80 后"员工渐成职场主力。根据《中国统计年鉴》,在 1980—1989 年之间出生的人约为 2.04 亿。按照 22 岁左右大学毕业这个年龄计算,"80 后"中那些接受高等教育的一部分人也大多已完成高等教育而走入职场并渐成主流。"80 后"中的第一批人在 2010 年正式步入"而立之年"。智联招聘的职场调查表明,其中三成 1980 年出生的职场人已经担任主管以上管理岗位,在企业中发挥越来越重要的作用。相比"80 后"的新生代员工,进入职场的"90 后"员工目前相对较少,许多还在接受不同程度的学历教育。

在当前企业组织内部,往往会出现"四代同堂"或"五代同堂"的现象:"50 后"、"60后"、"70 后"、"80 后"或"50 后"、"60 后"、"70 后"、"80 后"及"90 后"。"50 后"员工正在逐步退出职场,"90 后"员工尚未成主流。在当前组织中常见的现象是:"60 后"当高管,"70 后"是中层,"80 后"是基层主管或员工。由于成长在不同时代,不同代际员工往往具有各自特点。"60 后"员工的特点是比较负责任,如果跟他们讲梦想、理想,他们可能会激动地去做好工作,甚至不计报酬;"70 后"员工倾向于讲究公平,做事要有报酬,这个报酬不一定要很多,但一定要有;到了"80 后"员工那里,公平是必需的,但除了公平,他们往往还要好的感觉,如果感觉不好,可能给再多的钱也不太想做。现实中一个有趣的说法:60年代"头抵头"、70 年代"背靠背"、80 年代"脸贴脸"。意思是说:20 世纪 60 年代出生的员工大多有责任心,有理想,埋头苦干;70 年代出生的员工大多有压力,有焦虑,肩负重担;而80 年代出生的员工大多以快乐为导向,注重个人意愿,喜欢频繁跳槽,热衷旅游消费。不

论是"同堂"现象还是不同代际现象,新生代员工在组织中已形成一道独特的风景线。概括而言,新生代员工具有以下主要特征:

1. 更为现实的就业观

新生代员工的职业方向选择往往出于自我的考虑,即选择自己认为有意义的工作。可能不同阶段会有不同诉求,刚开始是为了锻炼,后来是为了赚钱,再后来是为了可持续的发展,等等。他们在选择工作的时候更多地考虑现实的东西。相对长期回报,他们更倾向短期回报。他们重视货币性收入,偏向经济型价值观,并注重生活品质。许多新生代员工不希望因为繁忙的工作而牺牲自己与亲友相聚的机会,或者牺牲自己在休闲、爱好、社交、教育等方面的享受与追求。此外,他们也不太关心职场政治,例如不太关心公司高层的人员变动,不会主动留在办公室加班,也不会特意与上司的家属搞好关系等。

2. 多变的工作观念

传统的工作观念认为员工应对企业忠诚,企业应为员工提供工作保障。而新生代员工往往持有多变的工作观念,他们中的许多人对组织忠诚度的概念较淡薄,归属感也不强,更倾向于对自我职业发展或者自我生活方式的忠诚。对许多新生代员工来说,忠诚的定义是在公司干一天,就要替公司说话、替公司做事、维护公司的利益,至于什么"从一而终"则是不太可能接受的。他们往往把自己与企业想象成一种比较简单的雇佣关系,如果感觉不快乐或者认为没有满足自己的期望,就倾向于跳槽。工作在他们看来,更多的不是为企业,而是为他们自己的职业生涯,为自己的成就,或者为在退休时有一份不错的养老待遇。他们不再委曲求全于一个岗位、一个老板、一个机会或一个专业,实际上这种较高频率的选择是他们对"自由"的内涵和外延赋予新的认知和定义。

据《广州日报》于 2010 年 2 月 15 日刊登的《"80 后"生存现状大调查》一文称:有54.5%的"80 后"曾有过跳槽的经历。其中,有三次以上跳槽经历的,占 23.7%。而46.8%的人"现在就有跳槽的打算";从没有跳过槽的"80 后"占 45.4%;只有 12.2%的人打算在现在的单位干到退休。这反映出"80 后"群体普遍受到"青鸟综合征"的困扰,即具体表现为:总是对自己现状不满,频繁跳槽,找不到适合自己的职位,总认为"理想在别处",就像童话《青鸟》中总也找不到理想的那只青鸟,只是一直不停地奔跑。同时,调查还显示,虽有高达 67.85%的受访者对自己的生活水平感到不满,考虑转换环境。但因为生活经济压力,敢于作出跳槽行为的仍属少数。

3. 相对聚焦的工作动机

新生代员工的工作动机相对聚焦而分明。2007 年,大度咨询有限公司与忙否网(mangfou.com)联合对工作在北京 CBD 万达广场地区的"80 后"员工做了抽样调查。该调查对象为 1980—1985 年出生的"80 后"员工,调查为期 10 天,共完成 1 000 余份问卷,有效问卷为 1 000 份。根据该抽样调查结果,大度咨询公司和忙否网联合发布了一份《"80 后"上班族生态调查报告》。在调查受访者为什么工作的问题时,发现:20.6%的受访者认为工作是赚钱养活自己的工具,30.1%的受访者觉得工作只是生活的一部分,49.3%的受访者认为是成就自我、实现价值。也就是说,在这次抽样调查中,有50.7%的受访者缺乏工作成就感的动机,认为工作很难将事业与工作结合,难以在工作中实现自我价值。正由于这种相对人群的工作成就感的欠缺,调查进一步发现受访者的工作激情的不足,有58.4%的受访者觉得上班比较闲,也没觉得充实,反而觉得有点烦。其中14.7%的受访者觉得工作很没劲,有9.2%的受访者感到压抑,更有8.2%的受访者已经处于忍耐和麻木的状态。由于调查人群集中于工作0—5年阶段的"80后"上班族,总体上处于工作适应状态,反映出处于这一工作阶段的"80后"上班族工作不够积极主动的心态;同时调查也具有一定的局限性,难以反映处于其他工作阶段的"80后"上班族的工作动机及相应的工作激情状态。对于那些工作成就感较强的新生代员工,通常强烈期望得到社会和组织的认可,倾向于具有挑战性的工作,把攻克难关看作一种乐趣、一种体现自我价值的方式。他们期望得到更好的发展机会、更高的待遇、弹性化的工作岗位、持续的学习机会,重视企业是否公平地对待自己,而且希望自己对时间和精力的投入马上见到成效。也许新生代员工与年长员工在某些需求上是相似的,但不同的是,新生代员工会更主动、更直接地向组织提出自己的要求。

4. 看重平等和自由,心理易波动

新生代员工由于其成长的社会政治环境、文化环境、经济环境乃至家庭环境的特殊性,往往具有很强的自尊心和自我意识,渴望表现自己,也渴望获得外部的认可,进而产生较强的平等意识和自我维权意识。他们往往不会因为职务级别而尊重自己的上司或公司前辈,甚至有时会藐视权威,对于以往那种层层逐级上报的沟通体制也大多不屑一顾。他们更看重上司是否具有良好的个人修养与领导能力,更看重上司能否帮助自己获得职业发展的机会。新生代员工更向往平等和尊重的工作环境,而不是家族式、命令式的管理文化。由于看重自由和自主,他们往往不喜欢循规蹈矩或较刻板的工作,讨厌重复性的工作,倾向于从事有挑战性的工作,或者有趣味性或被认为有意义的工作。在工作中,大多表现为思维活跃、视野开阔、少有束缚,崇尚效率和价值,做事更为灵活。在很大程度上,他们是任务导向的,但前提是他们认同企业所分配的任务,并认为这些任务是重要的或有意义的。同时,大多数新生代员工心理承受能力不强。他们的心理容易波动,自制力和自我管理能力较弱,容易接受他人认可或表扬,但往往经不起批评。当他们的意愿无法表达,或者被外界否定后的郁闷情绪得不到正常途径宣泄时,往往容易采取过激的行为发泄不满。另外,由于新生代员工大多数是独生子女,从小缺乏与人合作、共同生活的经历,在工作中也往往缺乏耐心,与不同背景员工打交道的能力也不够强。

3.2 新生代员工行为管理遭遇的问题与挑战

3.2.1 新生代员工行为管理遭遇的问题

如何有效管理新生代员工,采用传统的管理模式已不再适合。在组织中,新生代员工行为管理遭遇的冲突主要表现在以下几方面:

1. 英雄式领导方式与新生代个体化倾向遭遇冲突

当前,大多数企业的主要领导者是"50后"、"60后"出生的人群,其中"60后"更占多数。由于"60后"成长的年代是一个崇尚英雄、劳模和榜样的年代,而受"文革"的冲击或影响相对很少,又逢我国高考制度的恢复实施,其中一些人凭借自己的努力通过高考,接受了高等学校的正规教育。"60后"往往讲理想、讲激情、讲责任。以"60后"为代表的领导者的管理哲学是以"英雄式领导"为主流。2010年中国三星研究院(www. seri-china. org)在对国内多家企业的最高领导的一项调查中,在回答"哪些人对你的管理理念形成的影响最大"这个问题时,被访人提及最多的是曾国藩、胡雪岩、康熙和柳传志等。英雄式领导(heroic leadership)往往具有突出的领导气质,能在重要时刻展现威信,同时,也往往具有高高在上的个人主义色彩。

新生代员工成长环境与"60后"、"50后"截然不同。这一代人的成长正好是我国开始进行改革开放的时期,对企业和商业社会有了较早的认识,互联网的快速普及让这一代人接触到了大量的来自不同社会的文化和知识,同时这一代人又大多为独生子女。这样的成长年代和社会环境造就了新生代员工的基本特征呈现个体化倾向。他们注重追求个人兴趣目标和价值实现,维护自我权利,淡化权威和权力,厌恶规则约束,自我意识强,同时做事又更为灵活,心态开放。

以英雄式领导方式管理新生代员工,必然与新生代员工的个体化倾向产生冲突。典型事件则是2006年在互联网上广传的"史上最牛女秘书"事件(详见本章后的案例分析栏目),秘书PK老板,打破了职场上一切由老板说了算的传统习惯。

现实中, 位"60后"的领导曾这样评价"70后"、"80后"、"90后"的员工。他说,如果我给员工一个很难完成或者员工不想做的工作,那么"70后"员工大部分是从团队和服从的角度思考,表示"工作有困难,但我希望和某某合作一起完成";"80后"的员工大部分会从个人角度思考,找各种理由推脱,拒绝完成工作;而"90后"的员工则更直接,"我不喜欢干"或"我不想干"。遇到这样的不同代际员工对同一工作的不同态度,"60后"领导往往就认为:新生代员工忠诚度缺失、缺乏责任心或不够敬业。其实,并不完全如此。这在一定程度上表明:新生代已经具有一定的民主思想,追求平等,反感管理者高高在上,对权威也敢于挑战,对于命令式的领导方式接受度不高。这类现象并非仅仅出现在受过高等教育或生活在城市的新生代员工身上,新生代农民工也会表现出相似的变化。新生代员工的灵活性、开放性、适应性及较高的学习能力在当今不断变革、创新的时代是企业的重要资源。新生代员工的"个性化"并不绝对是缺点,关键是企业如何引导和管理。在管理中尽可能避免带上太强的领导者个人色彩,根据对象特征改变英雄式、权威式领导风格而多采用参与式、授权式的领导风格,以提高领导力。

2. 新生代员工与前辈员工工作价值取向及工作态度的差异问题

前面讨论的英雄式领导方式与新生代员工个体化倾向遭遇的冲突,实际上主要因两者价值取向差异而触发。由于新生代员工成长环境的特殊性,他们的价值观受到中西方文化的共同影响,更为复杂和多元。与前辈员工相比,新生代员工的价值取向更倾向于个人追求,如图3.1所示。传统的价值观倡导员工以组织目标为核心,"为了大我、牺牲小我",这已经不再符合新生代员工的价值取向。新生代员工将自己与企业的关系看作更简单的雇佣关系。华为的"床垫文化"、富士康的"半军事化管理"在面对新生代员工时出现了一些以前未出现的问题,其中一个主要原因就是这些管理方式强调对组织规则的遵守,忽略了新生代员工个体的价值取向和需求。

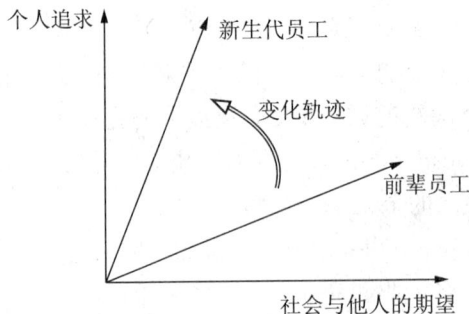

图 3.1　新生代员工与前辈员工价值取向的差异

　　新生代员工由于更在乎个人的感受或追求的价值取向,因此,在组织中,与前辈员工相比,他们更可能表现为对组织忠诚度不高,较频繁跳槽,但对自己的职业生涯或生活方式有更多承诺。新生代员工更注重个人目标的实现,往往不愿意为了企业目标牺牲自身利益。例如,"60后"、"70后"员工往往可以先干活后计回报,而"80后"则更可能先讲条件再干活。

　　在这种价值取向下,新年代员工倾向于接受具有弹性的、突出个人风格的工作方式,团队合作意识相对较弱。对成功,他们往往有自己的解读方式,工作动因也相对聚焦而分明,或者与生活融为一体,看作生活的一部分,或者看作是赚钱的途径,或者是为获得成就感、实现自我价值。他们中许多人的职场观念是"工作并快乐着"。如果不快乐或者不符合自己的意愿,就难以"将就"下去,很可能就会辞职不干。顾琴轩、王莉红、孙朱迪、许彦妮(Gu, et al., forthcoming)实证研究发现:"80后"员工的工作满意度普遍强于职业满意度对组织承诺和流动意向的显著影响,并发现职业满意度对工作投入没有显著的正向影响,而工作满意度对工作投入产生显著的正向影响。

3.2.2　新生代员工行为管理的挑战

　　在新生代行为管理中碰到的冲突与差异问题,对于新生代员工行为的管理提出了更为严峻的挑战。从组织行为角度而言,这种挑战主要表现为以下三方面:

　　1. 领导与管理方式的挑战

　　在当前许多组织中,处于核心领导层的是"50后"和"60后",尤以"60后"为代表。如前所述,在领导方式方面,已遭遇英雄式领导与新生代员工个体化的冲突。除了英雄式领导,其他相关的如权威式领导、专制式领导、家长式领导等也会在新生代员工管理中遭遇不同程度和不同形式的冲突。另外,在管理层之间,也将面临不同代际的领导和管理方式的冲突。在组织中,处于较高层的大多是"50后"和"60后",处于中基层的大多是"70后","80后"也不断成为其中一部分。在不同年代和环境成长起来的管理者,其领导偏好和管理风格也必然不同。针对新生代员工的个体化特征,如何切实转变领导和管理方式,提高领导力和管理有效性,这将是新生代员工行为管理的一个重要挑战。在此挑战中,如何形成"立体沟通网"则起着关键作用。不论是领导者还是管理者,都需要注重与新生代员工的沟通机制与沟通渠道的建立,保持员工与企业高层的畅通沟通渠道,确保高层、中基层管理者和普通员工随时互通信息和交流思想,做到"沟通无层级"、"沟通无时限"。特别是高层沟通要有目的、有意识地"垂直"深入到基层普通员工。直线领导与人力资源职能部门的沟通、员工之间的彼此沟通要互补,形成"立体沟通网"。沟通内容可包括入司前应聘沟通、入职前导向沟通、试用期间跟踪管理沟通、转正沟通、工作异动沟通、定期考核沟通、定时管理约谈、离职面谈、离职后沟通管理等方面;沟通方式可包括短信、OA 留言、Email、网上员工论坛、MSN、QQ 群、面谈沟通、工作午餐、会议、文件等多种形式。通过"立体沟通网",实行开放式管理和参与式管理,淡化等级,以确保平等和健康的新生代员工关系,并促使新生代员工最终认同企业的目标愿景与管理模式,进而提高领导力和管理有效性。

2. 企业价值观与员工价值取向整合的挑战

企业价值观是企业文化的核心组成部分,服务于企业组织的经营战略目标的实现。在"四代同堂"、"五代同堂"的组织中,如何将企业价值观与不同代际的员工价值取向特别是与新生代员工价值取向进行整合,是新生代员工行为管理的一个主要挑战。具体来说,即如何遵循市场经济条件下员工价值体系特点打造企业文化和核心价值观,然后,以企业核心价值观引导和整合员工价值取向,提高员工特别是新生代员工对组织和工作的忠诚度,降低跳槽率。

作为企业的决策者在向新生代员工发出"忠于企业"召唤时,应该多问几个为(凭)什么:凭什么让员工"忠于企业"? 员工为什么要"忠于企业"? 为什么不努力把"忠于企业"与"忠于职业"相整合? 不刻意追求员工对企业忠诚,但追求他们对工作有所承诺,并努力在企业内为员工提供更多的职业发展机会和平台,让他们在工作岗位上获得成就感,以此提高员工的忠诚度。

在如何有效整合企业价值观与新生代员工价值取向的过程中,针对前面所述的新生代员工与前辈员工价值取向的差异问题,有几个方面需要特别注意。首先,新生代员工的工作动机引导和塑造问题。动机是推动一个人达到某一目标而采取行动的内驱力,在很大程度上决定一个人在无人监督条件下的工作状态。新生代员工具有追求个人目标的价值取向,管理者要试着建立或打造他们的工作价值取向和动机,并使其符合组织和工作要求。要让员工学会在工作中扮演不同的角色,并努力使其与自身的角色分开。其次,帮助新生代设计自我形象和提高社会角色认知问题。自我形象是对自我认知的结果,是个人对自身的评价和看法。新生代员工往往存在自我认知的偏差。合理地为新生代员工设计自我形象,增加他们对工作的使命感和重要意义的认知和认可,缩小自我认识与自我角色的差异,有利于他们树立更符合企业的价值观。同时,新生代员工缺乏社会角色的认知,喜欢用自己认为对的方式做事,甚至他们也不了解合作的重要性,往往在强调团队精神的组织喜欢体现强烈的个人色彩,并在其中努力体现自己与众不同的价值。为此,组织管理者必须明确强调什么在组织内是对的,什么在组织内是不合适甚至是错的,并可采用换位思考和假想组织变革等游戏等来加强他们对组织的认可,充分灌输组织的开放性,让他们深入了解到自己的行为对组织的影响。

3. 既符合企业管理基本原则又适合新生代员工的企业氛围营造的挑战

企业氛围与企业文化既密切相关又不相同。企业文化侧重于组织成员共享的观念或理念层次,而企业氛围更多是企业文化的具体表现形式,对员工工作行为和态度的影响更为紧密。"工作并快乐着"是新生代员工在职场典型的工作观念。新生代员工大多喜欢弹性的工作方式,喜欢平等、宽松、尊重、开放的工作环境。如何有效营造既符合企业管理基本原则又适合新生代员工的企业氛围,是新生代员工行为管理中的又一个主要挑战。通常,适合新生代员工的企业氛围的营造,不能在违背企业管理基本原则的基础上进行,而是应该在强化基本管理职能的前提下,将企业氛围作为一个重要的辅助工具,运用到新生代员工的管理上。

当适合新生代员工的企业氛围不与企业文化和管理体制冲突时,可以直接通过必要的手段营造企业氛围;当企业文化与管理体制与想要营造的企业氛围相冲突时,应该借此机会改善企业管理理念,提升组织的管理层次,进而营造企业氛围。通过营造企业氛围管理新生代员工,是管理手段的一种方式,但比传统的管理手段要更具灵活性,并且强制性较低,容易为新生代员工接受。同时,通过营造企业氛围管理新生代员工比传统的管理手段更具弹性空间,即便偶有招致新生代员工的反感或者不服管理,也可以通过刚性的规章制度进行弥补修正,还可以通过适当改善企业气氛,缓和新生代员工反感引致的偏激发泄行为。

本章小结

本章以我国企业员工结构成分的变化为切入点,讨论新生代员工行为与管理挑战。首先,对我国改革开放后成长起来的新生代群体及其成长环境进行了分析;然后,聚焦组织中的新生代员工,分析了新生代员工的主要特征。在此基础上,进一步分析了新生代员工行为管理中遭遇的主要问题及面临的挑战。

复习与思考

1. 如何认识新生代的成长环境?
2. 新生代员工有哪些主要特征?如果你属于新生代员工,在你身上体现了哪些特征?
3. 英雄式领导方式与新生代员工个体化倾向遭遇冲突的原因主要有哪些?
4. 新生代员工与前辈员工在价值取向上的差异会导致哪些结果?

5. 新生代员工行为管理中面临哪些主要冲突？

案例分析

史上最牛女秘书

瑞贝卡(Rebecca)无论如何也没有想到,她对老板罗克(Loke)一封指责邮件的回复,会引起如此轩然大波,并使她一夜成名,被网民封为"史上最牛女秘书"。

事件起因与过程

罗克为 EMC(总部设在美国的全球最大的网络信息存储商)大中华区总裁,统管 EMC 设在中国的运营业务。罗克在 IT 领域拥有 20 年以上的工作经验,曾任职于 IBM、西门子、甲骨文公司,具有丰富的高层管理经验。罗克是新加坡人,并拥有新加坡国立大学工商管理学位。

2006 年 4 月 7 日晚,罗克回办公室取东西,到门口发现自己忘记带钥匙。而此时他的秘书瑞贝卡已下班。罗克试图联系却未果,非常恼怒。数小时后,罗克还是难抑怒火,于是,在次日凌晨 1:13,罗克通过内部电邮系统用英文发了一封措辞严厉的"指责邮件",告诫她下次要在确保其服务的主管无事后,方能离开。罗克同时将这封邮件抄送给了公司的其他几名高管。

罗克发给瑞贝卡的邮件如下(原文为英文):

> 瑞贝卡,这个礼拜二我刚告诉你,想东西、做事情不要想当然,今天晚上你就把我锁在门外,我要的东西都还在办公室里,问题就在于你以为我随身带了钥匙。从现在起,无论是午餐时段还是晚上下班后,你要跟你服务的每一名经理都确认无事后才能离开办公室,明白了吗?（原文英文为:Rebecca, I just told you not to assume or take things for granted on Tuesday and you locked me out of my office this evening when all my things are all still in the office because you assume I have my office key on my person. With immediate effect, you do not leave the office until you have checked with all the managers you support—this is for the lunch hour as well as at end of day, OK?）

瑞贝卡,她从学校毕业后工作时间虽不长,但 EMC 公司已经是她的第二个雇主,之前在 IBM 公司工作。收到罗克这样言辞激烈的谴责邮件的两天后,即 4 月 10 日下午 1:48,瑞贝卡用中文致信罗克,并抄送 EMC 中国所有员工。瑞贝卡的回复邮件如下:

> 罗克,首先,我做这件事是完全正确的,我锁门是从安全角度考虑的,北京这里不是没有丢过东西,一旦丢了东西,我无法承担这个责任。
>
> 其次,你有钥匙,你自己忘了带,还要说别人不对。造成这件事的主要原因都是你自己,不要把自己的错误转移到别人的身上。
>
> 第三,你无权干涉和控制我的私人时间,我一天就 8 小时工作时间,请你记住中午和晚上下班的时间都是我的私人时间。

第四,从到 EMC 的第一天到现在为止,我工作尽职尽责,也加过很多次的班,我也没有任何怨言,但是如果你们要求我加班是为了工作以外的事情,我无法做到。

第五,虽然咱们是上下级的关系,也请你注重一下你说话的语气,这是做人最基本的礼貌问题。

第六,我要在这强调一下,我并没有猜想或者假定什么,因为我没有这个时间也没有这个必要。

她的这份答复邮件,从 EMC 内部流出,并在短短的一周内,迅速传遍了几乎中国所有的知名外企。4 月 25 日,北京某平面媒体对此事做了报道。该报道立即被全国各媒体转载和各门户网站转帖,并成为各个论坛热议的头条。有网友戏称该事件为"邮件门",足以与布什的"情报门"事件"媲美"。

事件被曝光对当事人的影响

邮件被转发出 EMC 后不久,罗克就更换了秘书,瑞贝卡也离开了公司。瑞贝卡没有料到邮件会被转发出去,更没有料到会变成现在这样子。瑞贝卡一夜成名,但这种局面并不是她愿意看到的。她甚至都不愿回忆那两天的经历,并说:"这只是我和 EMC 之间的事,跟别人没关系。"

离职后,瑞贝卡曾无奈地表示:"这件事传得太广了,我都找不到工作了。"问及她和总裁是否有个人恩怨,得到的答复耐人寻味:"不要推断我和他的事,我根本不认识他。"受伤害的显然不止瑞贝卡一人。事件被曝光后,有网友贴出了罗克的简历和工作业绩,其中不乏人身攻击的言语。5 月 9 日,几大网站均贴出了题为"EMC 公司大中国区总裁罗克离职"的报道,报道称"据 EMC 公司内部人士透露,罗克离职的消息已经在昨天在公司内部宣布,美国总部专门派人来调查过相关的事件,罗克的继任者目前还没有宣布"。无论罗克离职与否,事件中的当事方都没有赢家。

也许,在该事件中,EMC 公司损失的是在华的声誉,而罗克和瑞贝卡受到的则是职业生涯的伤害。这是一场只有输家的 PK。

相关人士对事件现象的反应和解读

女秘书 PK 老板的事件发生后,不论是在网络世界还是在线下的现实中,都引起广泛轰动。许多外界人士从不同方面对此事件现象做出反应和解读。这里,摘编几段以作分享。

面对大中华区总裁的责备,一个秘书应该怎样应对呢? 曾在 GE 和甲骨文公司工作多年的资深人士 Y 先生认为:"正确的做法应该是,同样用英文写一封回信,解释当天的原委并接受总裁的要求,语气注意要温婉有礼。同时给自己的顶头上司和人力资源部的高管另外去信说明,坦承自己的错误并道歉。"

在一家公司做秘书的 Lin 说:"我能理解瑞贝卡受的委屈,可是她的确做错了。并说:如果瑞贝卡只是一个普通员工,我原谅她,也佩服她的反抗精神,可是她做的是秘书,这个岗位要求她不应该做出这种事情来,她的行为有违她的职业素养。因此,只能说瑞贝卡不是一个合格的秘书。另外,在网上力挺瑞贝卡的人,我想应该没有人是做过秘书的。"

在一家公司担任管理者的 Q 先生明确表示:他同情瑞贝卡,但不支持。作为秘书,瑞贝卡显然欠缺应有的职业素养。老板这么做确实有点过分,可以不满意这老板,但如果在所在公司传播这种情绪就非常不负责任了。不爽可以走人,但是在公司一天就应承其职,特别是秘书身为重要部门的人员,更应该知道什么事能说什么事不能说。瑞贝卡身为总裁秘书,在某种程度上代表公司高层的形象,现在做出这种把自己与老板间的恩怨外传的事情来,说真的是太不负责任了。哪怕是离开公司,也同样应为老东家的机密事件负责,这是基本的职业素养。瑞贝卡显然不具备做秘书的基本素质,找不到工作也是必然的,没有人愿意聘请这种不可靠的员工。

在外企环境中,通常做法是:中方职员出于礼貌,在回复上司的英文邮件时,一般也应选择英文。瑞贝卡用中文回复英文邮件的做法被认为"是两种文化的故意对抗"。EMC 新加坡公司的一位职员 Robin 在中国的一个 IT 论坛上说:"以一个总裁秘书的职业素养,不可能毫无背景就突然用中文回复这样尖锐的邮件。"一直在外企工作的 Jane 认为:在外企,中西文化差异一直都存在。她说:"以前我们这里发生过中国人越级告状的事,但国外总部派专人来处理的结果,还是中国人走人。"因此,她认为,适应不同文化的管理方式应该是进入外企的中国人的必修课,当然,外企管理者也不能忽视因文化差异而产生的冲突。

企业文化研究专家 D 先生认为:一封邮件在短短几天内转发了数千人,让全国的外企圈子都知道了,这从一个方面反映一些职场人士的一种心态或情绪。他说:"每一个转发邮件的人内心都在欢喜,仿佛骂的是自己的老板,而在网上发出'解气'、'真牛'的附和。"同时,他认为:瑞贝卡反应有点过激,她违反的是明规则而不是潜规则。也许当时她觉得这种做法十分过瘾,其实相当不职业的,她今后找工作会遇到麻烦,因为谁会要一个喜欢破坏明规则的人呢?一封邮件抄送那么多人,这种方式必然造成不和睦。难道没有其他方式可以沟通吗?这种方式对当事人没有任何好处,职场中也无人会接受这种方式。另外,对瑞贝卡个人来说,经历了这一事件,她个人也会有许多反思,以后在职场中的表现可能会有变化或变得成熟。

思考题

1. "史上最牛女秘书"事件发生的主要原因有哪些?
2. 你如何看待瑞贝卡回复老板罗克的邮件方式和内容?对此有何建议?

参考文献

Cennamo, L. & D. Gardner, 2008, "Generation Differences in Work Values,

Outcomes and Person-Organization Values Fit", *Journal of Managerial Psychology*, 23, 891—906.

Qinxuan Gu, Lihong Wang, Judy Y. Sun and Yanni Xu, 2010, "Understanding China's Post—80 Employees' Work Attitudes: An Explorative Study", *Journal of Chinese Human Resource Management*, 2, 74—94.

大度咨询:《80 后上班族生态调查报告》,http://net. chinabyte. com/40/7529540. shtml,2007 年 9 月 2 日访问。

马可佳:《"英雄式领导"VS 个体化新生代》,《第一财经日报》2010 年 5 月 20 日。邱敏、李颖:《"80 后"生存现状大调查》,《广州日报》2010 年 2 月 15 日。

伍晓奕:《新生代员工的特点与管理对策》,载《中国人力资源开发》2007 年第 2 期。

周正伟:《构建符合新生代员工要求的企业氛围》,http://www. cjol. com/main/ArticleResource/view_new. asp?articleId=32130,2007 年 9 月 2 日访问。

周青:《新生代企业团队成员特点对企业管理模式的挑战与对策探索》,http://www. rhs. com. cn/Learn/details. shtml?id=778&kind=3,2007 年 3 月 30 日访问。

第 2 篇
个体行为

第4章 个性与能力

本章关键词

个性(personality)

个体差异(individual difference)

特质(trait)

能力(ability)

外向(extroversion)

内向(introversion)

大五人格特质(big five personality factor)

控制倾向(lotus of control)

外控(external lotus of control)

内控(internal lotus of control)

自尊(self esteem)

自我监控(self-monitoring)

A 型人格(type A personality)

B 型人格(type B personality)

心理测验(psychological test)

智力(intelligence)

认知(cognition)

情绪智力(emotional intelligence)

创造力(creativity)

投射技术(projection technique)

加州心理量表(California Psychology Inventory；CPI)

艾森克人格问卷（Eysenck Personality Questionnaire；EPQ)

卡特尔 16 种人格因素问卷(Sixteen Personality Factor Questionnaire，16PF)

梅耶—布里格斯行为类型问卷（Myers-Briggs Behavior Types Inventory；MB-TI)

明尼苏达多相人格调查表(The Minnesota Multiphasic Personality Inventory；MMPI)

个性和能力是个体差异的重要心理因素,也是影响组织内个体行为的关键变量。因此,理解个性和能力,并懂得如何测量个性和能力,以及个性、能力与工作行为表现之间的关系,则是管理组织内个体行为的基础。

4.1 个性

4.1.1 个性概述

1. 个性的界定

在日常生活中,我们常常这样来评价一个人:这个人对待工作勤勤恳恳、一丝不苟;

为人处世正直诚恳、热情助人；谦虚谨慎、严于律己、自信自重等等。诸如正直、诚恳、勤奋、坚强、勇敢、谦虚以及懒惰、虚伪、狡猾、自私、粗心等词语都是个体个性特征的表现。每个人都有这样或那样一些个性特征，这些个性特征互相结合成一个整体，就构成了一个人的个性。关于个性的概念，心理学家们从不同的角度来定义，奥尔波特(G. W. Allport)在 20 世纪 30 年代探讨了有关个性的定义，发现学者们对个性的定义有 50 多种，说明个性的概念具有多义性。目前我们一般把个性理解为一个人的整个心理面貌，它是指个体身上特有的、经常而稳定地表现出来的各种心理特征的总和。

个性概念描述的内容不仅仅限于心理和行为的差异，它还包括人们之间的共性。因为有了共性，人们的行为才有可能预测，根据预测进行统一管理。从另一方面看，正是因为独特性，人的行为又有难以预测的方面，这就给组织对个人行为的管理带来了巨大挑战。管理人员不能成功管理下属，是因为他们常常掉入两个陷阱。第一，他们常常忽视个性差异，不假思索地认为所有人都是一样的，而且都和自己一样。第二，管理人员常常怀有各种各样的偏见，例如男性和女性如何，年老的人和年轻人怎样等等。

2. 个性的形成

个性的形成受遗传和环境因素的影响，是在遗传和环境相互作用的过程中形成的。

(1) 遗传。遗传因素指由遗传基因决定的因素，它是个性发展的自然前提。人的个性特征在很多方面可以从染色体上的基因分子结构得到解释。先是由父母把遗传基因传给后代，然后在后天环境的影响下，人的个性才获得发展。近年来由于基因工程的发展，许多研究证实了遗传和个性之间确实存在相当密切的关系，如智力、敏感性、语言、数学、音乐等才能都与遗传有关。还有研究结果表明，神经系统的某些遗传特征可能影响到某些个性的形成，加速或延迟某些行为方式的产生和发展。研究发现，母亲的某些心理病理症状与儿童的胆小、退缩的性格特征有关。例如，母亲患有恐惧失调和旷野恐惧症或焦虑和抑郁，她们的孩子胆小、退缩的比例明显高于其他孩子。由此可见，遗传因素对人个性的形成是有影响的。

(2) 环境。环境因素指个体成长过程中的外部因素，包括当时的社会、文化、政治、经济背景，家庭社会经济地位，父母教养方式，朋友和社会群体的互动，它是决定个性的主要因素。儿童接受社会的教化，获得社会允许的观念、行为方式、态度和价值观念，在社会实践活动中，这些态度和行为方式经过长期强化，逐渐形成了稳固的态度体系和与之相应的行为方式，从而表现出一个人的个性特征。我们可以从成长中的个体身上观察到相应的方面，如勤奋、礼貌、独立、合群等。比如，起初，由于事物的新奇性引起了儿童对它的兴趣，或者是由于家长和老师的鼓励和督促，儿童以认真细致的态度完成了任务，后来，由于儿童不断受到的强化作用，他逐渐就能认真细致地做所有的事情了。这样，"认真细致"这种态度和行为方式逐渐被概括化和定型化，成为人的个性特征。研究发现，中国儿童胆小、退缩的程度比美国儿童高，胆小孩子的比例也比美国儿童多。这种不同国家儿童胆小、退缩特性之间的差异，在一定程度上也说明了社会环境对个性的影响。美国父母认为开朗大方、好交往的行为比害羞、胆怯行为更合乎社会需要，而中国的妈妈则认为儿童要顺从、听话。这也许是美国儿童胆大、进取的比例高于中国儿童的原因之一。

总之,个性是在遗传和环境的交互作用过程中发展起来的。遗传决定了个性发展的可能性,而环境和教育则决定了个性发展的实际水平。在遗传决定的发展潜力范围之内,个性发展的各个方面表现出不同的水平。

3. 个性的基本特点

个性具有整体性、独特性、稳定性和社会性的特点。首先,个性具有整体性。个性是一个统一的整体结构,在任何人身上,孤立的个性特征是不存在的,它们总是有机地结合在一起,构成人的整个心理面貌。个性是由各个密切联系的成分所构成的多层次、多水平的统一整体。个性又具有独特性。正如世界上没有两片完全相同的树叶,世界上也没有两个个性特征完全相同的人。由于遗传和环境的影响,每个人总具有不同于别人的个性特征,正因为如此,我们才能把不同的人区分开来。个性的稳定性是指个性是在长期的家庭、学校、社会环境下,受内外因素相互影响潜移默化形成的心理特征,一旦形成就不易改变,是长期的、持续的、稳定的心理特征。个体偶尔表现出来的那些心理特征并不能表征他的个性。但个性的稳定性只是相对的,个性具有可塑性。由于人的本质是一切社会关系的总和,个性的本质特征是由人的社会关系决定的,因此个性具有社会性。个性的社会性是指个性的形成在受生物因素制约的同时,更受社会因素的影响。事实表明,即使是同卵双生子,如果生活在不同的家庭和社会条件下,他们的个性特征往往也会大相径庭。

4.1.2　个性的分类

我们经常按照个性把人分为几种类型。当一个人的个性趋向定型的时候,在客观条件相似的情况下,往往会对某种环境刺激做出相似的反应,即表现出某种类型的行为。因此,对一个人个性类型的了解,不仅可以说明他现在的行为,也可以预见和把握他未来的行为。

关于个性类型的理论,主要有类型论和特质论两种。类型论强调将个体划分为不同类别,这些类别往往是独立的、不连续的,并用特定术语描述特定的个性类型。特质论则强调个体的多种不同特质,认为个体是由多个特质要素构成。特质的来源可能是遗传的也可能是获得的。下面分别介绍这两种理论。

1. 类型论

个性类型是指在一类人身上所共有的某些个性特征的独特结合。按照一定的原则和标准把个性加以分类,并用特定的术语描述特定的类型。许多心理学家试图划分人的个性类型,但是由于个性结构的复杂性和研究观点的不同,对个性的分类很难有一个统一的划分。下面是几种常见的个性类型。

(1) 外向型与内向型。

在生活中,我们常常发现,由于每个人个性的不同,他们在学习、工作和生活中各个方面的表现也不相同。例如,有的人爱交朋友,他们对人热情,愿意帮助人,兴趣广泛,爱发议论,也爱热闹,很有"人缘"。他们对待集体活动也比较热心,独立性较强,遇到问题自己解决,喜怒哀乐溢于言表。而有的人喜欢安静,他们朋友不多,常常独来独往,喜欢一个人做事情,看起来比较孤独。他们的言语不多,显得有些"沉闷"。干事情时则小心谨慎,经常一个人沉思,推理能力比较强,但是到了一个新环境,适应起来比较慢。这两类人的个性显然是不同的。前者的个性属于"外向"型,而后者的个性则是"内向"型。

外向和内向的分类方法是由瑞士心理学家荣格(C. G. Jung)提出来的,他根据个体心理活动倾向于外部还是内部,把人的个性分为外向型和内向型。外向型的人,心理活动倾向于外部世界,通常表现为关心外部的事物,感情流露在外,活泼,开朗,善于交际,当机立断,不拘小节,独立性强,容易适应环境的变化。内向型的人,心理活动倾向于内部,通常表现为做事谨慎,深思熟虑,沉静,孤僻,交际面窄,反应缓慢,适应环境的能力比较差。英国心理学家艾森克(H. J. Eysenck)也对外向型和内向型特点作了描述,如表4.1所示。除了以上内向、外向的典型性格外,还兼有外向和内向特点的中间型性格。在实际生活中,绝大多数人都属于中间型性格。

表 4.1　艾森克对外向型和内向型特点的描述

外向型特点	内向型特点
1. 总是注意外界所发生的事情,追求刺激,敢于冒险; 2. 无忧无虑,随和,乐观,爱开玩笑,易怒也易平息,不假思索地行动; 3. 有与别人谈话的需要,好为人师,容易冲动; 4. 喜欢变化,有许多朋友; 5. 善于交际,不喜欢独自学习。	1. 倾向于事先计划,三思而后行,严格控制自己的感情,很少有攻击行为; 2. 性情孤独,内省,生活有规律; 3. 对书的爱好甚于对人的交往,除亲密朋友外,对人总是冷漠,保持一定的距离; 4. 很重视道德标准,但有些悲观; 5. 安静,不善交际。

(2) 个性的机能类型。

英国心理学家培因(A. Bain)和法国心理学家李波特(T. Ribot)根据理智、情绪、意志三种心理机能在个性结构中何者占优势,把人的个性分为理智型、情绪型和意志型。比如,一个人的理智超出情绪和意志而占优势,他就是理智型的人。这三种不同类型的人的表现是不同的。理智型的人通常以理智来支配自己的行为,他们处事比较冷静,能深思熟虑地处理问题;情绪型的人言行易受情绪的控制,凭感情办事,不善于冷静思考,情绪体验深刻;意志型的人行为目标明确,勇于克服困难,行动积极、果断,自制力强。生活中我们不难发现各种个性类型的人,他们常常会在同一件事上有不同的表现。另外,还有一些人的个性处于混合型,比如理智—意志型、情绪—意志型等。

(3) 独立型与顺从型。

美国心理学家威特金(H. A. Witkin)根据个体独立性的程度,把人的个性分为独立型和顺从型。独立型的人通常表现为:独立程度高,善于独立地发现问题、分析问题和解决问题,有坚定的个人信念,不易受外界事物的影响,能独立地作出判断,遇事比较有主见,但容易固执己见,有时喜欢把自己的意见强加于人。顺从型的人表现为：依赖性比较大，容易受环境的暗示，没有主见，对别人的意见常常不加分析地全盘接受，缺乏果断性，不善于适应紧急情况。

（4）DISC。

DISC 是由四个英文词的首字母组成：D—Dominanc，意为支配；I—Influence，意为影响；S—Steady；意为稳健，C—Compliance，意为服从。

DISC 是一种"人类行为语言"。DISC 的核心理念可以追溯至古希腊时期的"医学之父"希波克拉底（Hippcrates）。他是最早以四种不同元素来诠释个体行为模式的人。希波克拉底以四种体液（humours）：血液质、黄胆汁质、黏液质和黑胆汁质为基础，提出多血质、胆汁质、黏液质、抑郁质四种类型的基本气质。DISC 类似于四因素分类方式。

美国心理学家马斯顿（W. M. Marston）在其 1928 年发表的《正常人之情绪》（*The Emotions of Normal People*）一书中提出了 DISC 理论，用以解释人的情绪反应。该书首次尝试将心理学从纯粹的临床应用向外延伸，应用于一般人身上。

人有四种基本的性向因子，这些性向因子以复杂方式组合在一起，构成每个人独特个性。马斯顿发现行事风格相似的人会显现相似行为。这些复杂的行事风格是可辨认、可观察的正常的人类行为，而这些行为也会表现为一个人处理事情的特定方式。

DISC 中每一个维度的特征描述如下：

D 型个体的主要特征：大胆、爱冒险、果断、坚持、喜欢控制、干劲足、独立、自信。不太顾及别人的感受，显得没有耐心、易怒，不太善于与别人进行感情交流，可能缺乏圆滑和变通。

I 型个体的主要特征：有魅力、自信、有说服力、热情、鼓舞人心、乐观、情感丰富而外显、好交际、容易获得别人信赖和好感。可能表现为过多的言语、不太现实和不注意细节。

S 型个体的主要特征：待人和气、悠闲、平和、亲切、有耐心、热诚、情绪稳定、善解人意、感情内藏、乐于倾听。可能会犹豫不决、比较冷淡。

C 型个体的主要特征：有分析力、谨慎、谦恭、善于发现事实、敏感、深沉、有耐心、严谨。容易情绪低落，过分自我反省、挑剔。

值得提出的是，现实中许多人的个性不是单一的，而是复合型的，比如 DSC 型、SI 型、CS 型等，具有多种特征。

2. 特质论

"特质"（trait）一词基本上可理解为"特性"，它是指一个人所具有的带有一贯性和倾向性的心理结构。人们对特质的共同看法是：个性是由个体的一组特质组成的，特质是构成个性的基本单位，特质决定个体的行为；人的个性特质在时间上具有稳定性，在空间上具有普遍性；对个性特质的了解可以预测个体的行为。

个性特质的理论很多，每种理论所包括的特质数量不同，特质性质也各异。一些是对自然语言作语义分析而获得的个性维度，另一些是基于理论构想和实证研究所建立的个性结构。传统的个性特质理论主要包括：奥尔波特的特质论、卡特尔的 16 因素理论和艾森克的三因素模型。特质论发展到今天，"大五"理论占据了统治地位。

（1）奥尔波特的特质论。

美国心理学家奥尔波特（G. W. Allport）是特质理论的创始人。他认为，特质是一种神经心理结构，这种神经心理结构除了能对刺激产生行为外，还能主动地引导行为。它使许多刺激在机能上等值起来，使反应具有一致性。如，具有谦虚特质的人，在不同的情境中会作出类似的反应：和领导一起工作——留意、小心、顺从；访友——文雅、克制、依从；遇见陌生人——笨拙、尴尬、害羞；同伴给予赞扬——不露面、不愿为人注意。奥尔波特将人的特质分为共同特质和个人特质。共同特质（包括表现特质和态度特质）是同一文化形态下群体都具有的特质，它普遍存在于每个人身上，是一种概括化的个性倾向。个人特质则为个人所独有，代表个人的个性倾向，是表现个人的真正特质。奥尔波特还进一步把个人特质分为首要特质、重要特质和次要特质，其中最重要的是首要特质，它在个性结构中处于支配地位，代表着整个人格。

（2）卡特尔的特质论。

特质论发展到20世纪40年代受因素分析法等的影响，必须着重回答两个问题：一是决定个性的是哪些特质，二是用什么方法来测定这些特质。美国心理学家卡特尔（R. B. Cattell）在这两个方面作出了贡献。卡特尔主要用因素分析法来研究个性，他把个性特质分为表面特质和根源特质。表面特质是指经常发生的，从外部可以直接观察到的各种行为表现。卡特尔认为共有35个表面特质。他进一步对这35个表面特质进行因素分析，得出16个根源特质。根源特质是隐藏在表面特质后面的并且制约着表面特质的特质，是个性的基本因素。例如，某个人在日常生活中表现出好强、固执、自负、武断的特点，这些都是个性的表面特质。通过因素分析，我们发现这些特质之间有很高的相关度，实际上有某个共同的因素在起作用，这个因素就是"恃强性"这一根源特质。卡特尔还编制了16种人格因素测验来测试人的个性，这16种根源特质的名称及其解释如表4.2所示。

（3）艾森克的特质论。

艾森克以个体在生理和气质维度上的差异为基础，提出了互相垂直的个性的三个基本维度：外向—内向、神经质（又称情绪性）和精神质。他认为这三个因素已能充分、全面地说明个性的总体。艾森克又根据外向—内向和神经质这两个相互垂直的维度，将人的个性划分为四种组合类型：稳定外向型、稳定内向型、不稳定外向型和不稳定内向型。每一种组合类型都包含八种个性特质，并与传统的四种气质类型（多血质、黏液质、胆汁质、抑郁质）相对应。艾森克的个性二维模型得到许多心理学家的认同。

在类型和特质的关系上，艾森克认为，特质是观察到的个体的行为倾向的集合体，类型是观察到的特质的集合体，即把个性类型看作某些特质的组织。许多心理学家认为，艾森克对类型和特质的关系处理得相当出色。他在对个性进行广泛研究的基础上，提出了个性的层次模型，即把人的行为分为：类型、特质、习惯性反应和特殊性反应四个水平，如图4.1所示。艾森克还根据三因素模型构建了他的艾森克个性问卷（EPQ），该量表在个性测量和评鉴中得到了广泛应用。

表 4.2　卡特尔的 16 种根源特质

因素	特质名称	得　分　含　义	
		低分者特征	高分者特征
A	乐群性	孤独、冷淡、缄默	外向、热情、容易相处
B	聪慧性	迟钝、智力较差、学识浅薄	聪明、智力较好、富有才识
C	稳定性	情绪不稳定、容易激动、烦恼	情绪稳定、平静、能面对现实
E	恃强性	谦逊、顺从、随和、慎重	好强、固执、自负、武断
F	兴奋性	严肃、谨慎、寡言	轻松、兴奋、健谈
G	有恒性	权宜敷衍、优柔寡断	有恒负责、做事尽职
H	敢为性	畏怯退缩	冒险敢为
I	敏感性	理智、注重实际	敏感、感情用事
L	怀疑性	信赖、随和、轻信	怀疑、刚愎、固执
M	幻想性	现实、合乎成规	幻想、自我陶醉
N	世故性	坦白直率、天真、朴实	精明能干、世故、机灵
O	忧虑性	安详、沉着、自信	好担心、自责、忧虑
Q_1	激进性	保守、服从传统	有实验精神、自由、激进
Q_2	独立性	依赖、随和	自立、足智多谋
Q_3	自律性	矛盾冲突、不顾大体	知己知彼、自律严谨
Q_4	紧张性	松弛宁静、心平气和	紧张困扰、激动挣扎

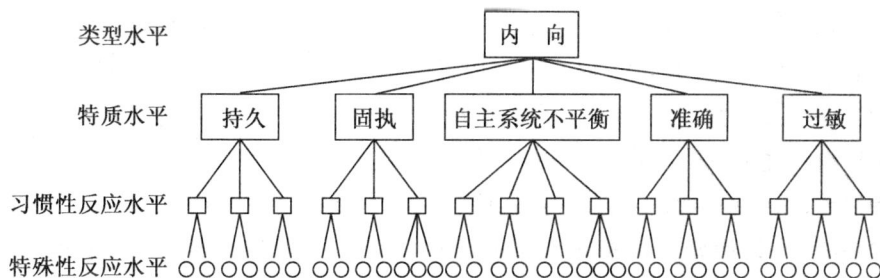

图 4.1　艾森克个性层次模型

（4）五因素模型。

自 20 世纪 80 年代以来，在个性领域逐渐兴起了一种新的特质理论，称作五因素模型（five factor model，简称 FFM），又称"大五"（Big Five）个性理论。"大五"理论的研究取得了令人瞩目的进展，其稳健性在自我报告和他人评定、词汇研究和问卷测量、各种样本以及不同文化背景和不同分析方法的大量研究中得到验证，已被众多心理学家认为是个性结构的最好范型。"大五"理论有两种研究取向，即词汇研究和问卷研究。

词汇研究是在词汇假设的基础上，对个性特质描述词作语义分析和因素分析，以确立基于世俗概念的个性维度。词汇研究假定：大多数的个性特质都会编码到自然语言中去。高尔顿（F. Galton）第一个提出词汇假设的观点，但具有开创性意义的词汇研究工作是奥尔波特等对英语语言所做的深入研究。他们经过长期的研究指出：在某一社会中,长期使用的所有语言应该能包含描述生活在这一文化中的人的所有特点的词语。他们从《韦氏新国际词典》选出描绘人类行为差异的词共 17 953 个,分成四大类,即:描述稳定个性特点的术语;带有明显社会评价色彩的术语;描述人的表情和情绪状态的术语;描述人类行为和活动以及躯体动作的术语。其中表示稳定个性的特质术语是 4 504 个。卡特尔对这组术语进行聚类分析,把个性术语缩减成 35 个特质变量,用斜交转轴获得了 16 个主要个性因素。其中的前 5 个因素后来被认为与大五因素具有一定的对应关系。在往后的一段时间里,也就是个性五因素模式还处于确认阶段时,多数研究者都是从这 35 个变量出发并得到相一致的结果。诺曼(W. T. Norman)在 20 世纪 60 年代运用奥尔波特和卡特尔的方法,将英语字典中约 18 000 个描写个体行为特征的词语加以归类,并应用统计分析方法归类成不同特质类型。戈德堡(L. R. Goldberg, 1981)以诺曼的研究方法和研究结果为基础,提出五因素模型这个名称,这也意味着五因素模式的发展进入了一个新的阶段。"大五"最早由戈德堡提出,它们分别是宜人性(agreeableness)、情感澎湃(surgency)、才华出众(intellect)、情绪稳定性(emotional stability)、尽责性(conscientiousness)。戈德堡对五因素的研究主要集中于个性描述词汇分类的方法学研究,对采用不同词表、不同数据来源(评定方式)、不同因素抽取方法、不同因素旋转方法得到的结果进行了分析比较;并讨论了五因素的具体含义,同时也参加了一些其他语言或国家本土化性格分类体系的研究工作。

基于问卷的五因素研究是通过个性心理学家的理论构想以及对个性文献的分析归类,经实证研究获取基于科学概念的个性维度。这方面研究的代表人物当首推考斯塔(P. T. Costa)和麦格雷(R. R. McCrae)。他们自 20 世纪 80 年代以来对五因素模型进行了广泛和深入的研究,于 1989 年提出五因素模型,并编制了五因素测量问卷 NEO PI-R 个性量表,每个维度量表设置了 6 个测量特质水平的层面量表,以后又对该量表进行修订。考斯塔和麦格雷提出的五因素的主要内容如下:

神经质(neuroticism):也称情绪稳定性(emotional stability),这是从两个不同的方向来命名的,神经质则情绪稳定性低。包括焦虑,生气敌意,沮丧,敏感害羞,冲动,脆弱。

外向性(extraversion):包括热情,乐群,支配,忙忙碌碌,寻求刺激,兴高采烈。

开放性(openness):包括想象力,审美,感情丰富,尝新,思辨,不断检验旧观念。

宜人性(agreeableness):包括信任,直率,利他,温顺,谦虚,慈悲。

尽责性(conscientiousness):包括自信,有条理,可依赖,追求成就,自律,深思熟虑。

这五个因素的首个字母可组合为 OCEAN,意味着"大五"系统的广泛代表性。维度水平的测量可提供对个体行为倾向的广泛描述,特质水平的测量则可帮助了解一些更具体、更特异的个性特征,两者相互补充。

个性的"大五"因素理论提出以后,在心理学领域产生了巨大的影响。它影响到了心理语言学、跨文化心理学及行为学和管理学等领域,在解释个性特质、个体行为等方面有重要意义。作为一种个性结构理论,它经过许多心理学家反复的研究,达成共识。

特别指出的是,许多研究表明:大五个性维度和工作绩效有积极的密切关系,它可用于选拔、培训和评估员工。巴里克和莫恩(Barrick & Mount，1991)对 117 项研究、涉及从事多种职业的 23 994 名对象进行的综合分析表明："外向性"因素在经理和销售员中具有预测效度；"情绪稳定性"因素对警察和技术工人样本的工作绩效有一定作用；"宜人性"因素在经理和警察样本中表现出效度；"尽责性"因素则对所有职业的人员都具有较强的预测作用；而"开放性"因素只对经理样本具有一定的作用。在大五维度中，尽责性与工作绩效、培训绩效关系最为紧密。麦克丹尼尔等人(McDaniel et al.，1994)研究发现：就服务业而言，宜人性和情绪稳定性对工作绩效的预测效度为 0.50，由此可见宜人性和情绪稳定性的个性特质对服务工作从事人员的工作绩效的重要性。另外，大五维度还与个人职业成功有关。塞伯特和克莱默(Seibert & Kraimer，2001)研究发现：外向型(一个热情的个性)与晋升、薪酬水平和职业满意度积极相关，神经过敏(低情绪稳定性)与低职业满意度相关。乔治和周京(George & Zhou，2001)研究发现：大五中的开放性和尽责性两维度会与一些工作情景因素相互作用而影响个体创新行为，如果个体员工得到主管的积极反馈，而工作目标不太清楚或者完成工作目标的方法不确定时，开放性会对创新行为产生积极影响；如果主管严密监督，而从同事那里得到的信息不正确，或者得不到同事的支持，或者工作在一个消极的环境中，这时，尽责性则会对创新行为起消极作用。

4.1.3　个性形成理论

个性形成理论试图对个性的实质、个性的形成以及个性的表现作出系统的阐述。这里简要介绍主要的个性理论观点。

1. 埃里克森的个性形成理论

埃里克森(E. H. Erikson)的个性形成理论受弗洛伊德精神分析学的影响，但他在相当程度上背叛了经典的心理分析理论。一方面，他同弗洛伊德一样，认为个性是由本我、自我和超我三个部分构成，其中本我是个性的原动力。另一方面，他更强调自我的重要性，认为自我是个人适应社会环境的保证，是个人本体意识同一性的源泉。

埃里克森的重要贡献之一是他创建了一个庞大的个性发展模型，称之为"心理社会性发展"模型。他用这个模型来解释和说明人个性的发展，并把这一发展过程扩大到人的一生。埃里克森将个性的发展过程分为 8 个阶段，认为每个阶段都存在一种心理社会危机。如果每阶段的危机能得到正常的解决，就会增强自我的力量，使个性得到健康发展；反之，如果危机解决失败，就会阻碍个性的发展。因此，每个阶段的任务就是完成各阶段的个性积极品质，避免由于发展的危机而带来消极品质。

埃里克森个性发展的 8 个阶段以及每阶段主要形成的对立的个性品质是：

(1) 感觉期(出生—1.5 岁)：信任～不信任。

(2) 肌肉期(1—3 岁)：自主～羞怯。

(3) 运动期(3—5 岁)：主动～内疚。

(4) 潜伏期(6—11 岁):勤奋～自卑。

(5) 青春期(12—18 岁):认同～混乱。

(6) 青年期(18—25 岁):亲密～疏离。

(7) 成年期(25—50 岁):创生～停滞。

(8) 成熟期(50 岁—晚年):自我整合～失望。

埃里克森的个性理论对我们认识个性的实质、形成和表现有着很大的启发作用。

2. 行为主义个性学习理论

严格的行为主义理论把个性看作是环境影响的产物,而相对地忽视了个体本身在个性塑造中所起的作用,认为个性用刺激、反应和强化这些术语就可以得到解释。行为主义的个性观认为:个性和行为基本上是由个体所处的外部环境塑造的;个性是外显反应和内隐反应的总和,这些反应是由个体被强化了的历史结果引发的;人之所以存在个体差异,是因为他们有着不同的被强化的经历。由此可见,行为主义理论实质上是把个性等同于行为,认为个性是通过环境条件作用的强化形成的具有个人独特性的行为模式。

3. 班杜拉的社会学习理论

美国心理学家班杜拉(A. Bandura)以学习理论为基础,补充以人自身的能动作用,强调人与社会环境的相互作用,提出了行为主义的新流派——社会学习理论。这种理论采纳了认知论的一些原理,认为人的个性特征与其他心理现象一样,是以学习的方式获得的,这种学习的历程包括模仿、认同和强化。

模仿学习又称替代性学习,是榜样的观察学习和仿效过程,说明人能通过观察、模仿习得新的行为模式。榜样包括现实生活和符号两种。认同是学习行为的内化过程,是深一层次的模仿。个体对榜样的行为经过模仿而转化为认同之后,习得的行为就成为其个性的一部分了。在观察学习中,强化和行为的结果相联系。如果对行为的结果给予肯定,个体就会反复地去行动;反之,个体就不再行动。强化可以通过替代性强化来完成。替代性强化是指个体通过观察对榜样的强化所引起的行为的变化。

社会学习理论看到了认知因素在个性发展中的作用,主张个性和行为的意义是不同的。它拒绝了经典行为主义的环境决定论的观点,着眼于认知和强化两方面,强调个体、环境、行为三因素之间的复杂交互作用。所以,社会学习理论又被称作交互作用论。

4.1.4 个性与工作行为

1. 个性与工作匹配

个性代表一个人独特的心理行为和兴趣模式,它们主要在未成年期形成。一旦成型,它们就决定了个体喜欢什么和不喜欢什么。例如,有人喜欢科学研究,而有人则讨厌研究工作,有人喜欢没有结构性的创造性工作,另外一些人则喜欢高结构性工作,例如记录档案。

由于个性反映个人兴趣,在从事符合个人兴趣的工作时,个人会表现得精力充沛、充满热情,与别人讨论自己喜欢的工作也会兴趣盎然。

在个性与工作匹配问题的研究中,代表人物当首推美国心理学家霍兰德(J. L. Holland)。霍兰德以个人偏好和兴趣为基础将职业分为六类:现实型(realistic,简称 R)、研究型(investigative,简称 I)、艺术型(artistic,简称 A)、社会型(social,简称 S)、管理型(enterprising,简称 E)和常规型(conventional,简称 C)。

(1) R 型:喜欢技术和身体活动,乐于使用手、工具从事建造、修理、种植以及一些户外活动,不喜欢教育、治疗、自我表达等与人打交道的活动。突出特点包括稳定、现实、坦诚、自立。适合的典型职业群包括机械师、工业设计师、电子工程师、牙医助理、花匠、职业运动员等。

(2) I 型:喜欢解决抽象问题,乐于独自工作,喜欢观察、学习、探究、解决问题,喜欢科学领域。不喜欢重复性活动,不喜欢与人一起工作。突出特点包括善于分析、独立、好奇和精确。适合的典型职业群包括海洋生物学家、心理学家、化学家、化学工程师、经济学家、系统分析师、数学家、生物学家等等。

(3) A 型:喜欢提出创意,乐于运用自己的智慧进行创新和创造,不喜欢结构性工作环境,不喜欢遵守规则,不喜欢身体活动。突出特点包括想象力丰富、理想化、有创造性、感悟能力强、善于表达。适合的典型职业群包括音乐创作、戏剧表演、室内装饰、哲学研究、建筑、广告、设计、新闻报道等。

(4) S 型:喜欢助人,乐于和人一起工作,喜欢传递信息、启发别人、帮助、训练、培养、治疗等活动,不喜欢机械和身体活动。稳定特点:合作、善解人意、乐于助人、世故、喜欢社交、有道德感。适合的典型职业群包括护理、教育、人事管理、社区工作、教育心理学、职业咨询、心理咨询等。

(5) E 型:喜欢影响他人,乐于和人一起工作,对他人施加影响,领导和管理别人,不喜欢精细性工作,不喜欢高度集中精力的智力活动,不喜欢系统性的活动。突出特点包括善于劝说、精力充沛、喜欢支配、野心勃勃、轻佻。适合的职业群包括管理、地产、零售、宾馆服务、国际关系、市场、销售、政治、法律、公共管理。

(6) C 型:喜欢数据和细节,乐于与文字和数字打交道,喜欢按照详细的指导完成工作。不喜欢不确定性,不喜欢没有结构的工作环境,不喜欢没有系统性的活动。突出特点包括有秩序、自我控制、有责任心。适合的典型职业群有会计、秘书、商业管理、投资、计算机编程等。

这六种职业类型组成一个六边形,如图 4.2 所示。六边形上彼此相邻的职业个性拥有相似的特征,比如 R、I 和 A 型喜欢独自完成工作,而 S、E 和 C 型则更喜欢通过与他人交往完成工作。A 型和 I 型喜欢运用脑力从事非结构性的活动。

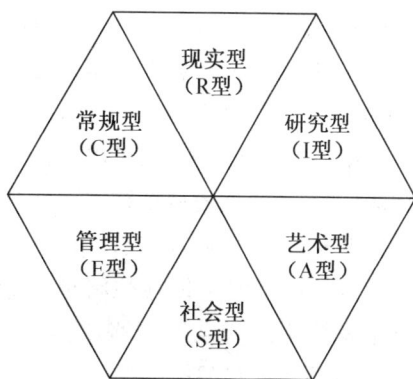

图 4.2 六种职业个性

S 型和 E 型喜欢语言为主的活动,喜欢群体活动,喜欢与人打交道。C 型和 R 型喜欢结构性明确的工作环境,喜欢有明确的角色定位和期望标准。

六边形对角线两端的个性类型几乎没有任何相同点。例如,S 型和 R 型是相反的:S 型喜欢与别人一起工作,R 型却喜欢独自工作;S 型不喜欢与机器打交道,而 R 型却喜欢与机器和工具打交道;S 型喜欢群体社交活动,而 R 型则喜欢一个人看看电视或者独自从事户外活动。

六边形上职业个性类型之间的距离大小,反映出不同职业个性之间相似或者相异的程度。距离越近,两个类型就越相似,反之亦然。例如,R 型和 I 型相邻,它们就有很多相似性,拥有相同的特征。虽然两者也有差异,但是,这种差异远不如 I 型和 E 型之间的差异大。

2. 个性与工作行为表现

(1)自我监控。自我监控指个人根据外部情境适当调整自身行为的能力,是较新近的研究成果,备受人们关注。高自我监控者对外界环境敏感,能够根据环境的变化适时调整自己行为,熟练表现出相应的角色行为,并能够实现不同角色之间的灵活转换。低自我监控者几乎在所有环境中都表现出自己一贯的和真实的行为方式,他们的行为表现出高度一致性,很多情况下不能适应环境的要求。

在现实中,高自我监控和低自我监控都可能受到批评。高监控者由于常常根据周围的环境来改变自己的自我表现,因而有时被称为反复无常的人。另一方面,低监控者常常因为只顾自己,对别人漠视而遭到批判。自我监控并不是一个二选一的命题,而是一个关于程度的问题,是有关自我表现范式的相对高或低的问题。因此,如同其他个性差异一样,没有好与坏或对与错的问题,而是一个多样化的问题,需要管理者的充分理解。

关于自我监控与工作行为表现之间的关系,研究结果表明,高自我监控者更能够关心他人的言行,行为表现更能够适应不同情境和文化要求,能更好地胜任领导岗位。另外,研究发现:高自我监控者比低自我监控者可能会拥有更多的内部和外部提拔机会。

(2)控制倾向。个人的归因模式(关于归因的概念和相关理论请参考"知觉与个人行为"一章)具有稳定性,个体会习惯性地将行为成功或失败的原因归结为个人内部的因素或者归因于外部因素。前者被称为内控者,后者被称为外控者。

一般来说,内控者在工作中更积极主动,在工作中成功的机会更多,工作满意度更高,抱怨少。这是因为,由于内控者认为成败的原因在于自身,自己能够控制局面,因而在工作中更加努力,高动机水平促进了工作成功。同时,内控者可能反对管理者密切监督他们的工作,偏爱从事高主动性和低服从性的工作。此外,由于内控者相信他们的努力会带来绩效,因此,内控者可能更喜欢像绩效薪资或销售佣金这样的报酬激励。

而外控型的个体往往将成败结果归因于环境因素,如运气或命运等,因而在工作中发挥主观能动性不够,更愿意去做那些需要高服从性、高结构性的工作,并需要得到更多的指导。直接参与也能够鼓励外控者的态度和表现。

(3)内向与外向。荣格关于个性内向和外向的概念描述了个体如何与外部世界和内部世界打交道。每个人都有自然倾向于外部世界或者内部世界的偏好。在自己偏好的世界中生活会让人精力充沛,而在相反的世界中生活则使人感到疲惫不堪。内向和外向的含义远远超出人们日常所理解的腼腆和健谈。外向者把注意力和能量集中于外部世界,他们寻找别人以感受人与人之间的相互作用。外向者经常,而且是自然而然地被外部的人和事物吸引。因为外向者需要通过感受来了解外部世界,因而会更多趋向于参加外部活动。外向者喜欢成为活动的焦点,容易被人接近,更容易结识陌生人。内向者的注意力和能量集中于内心世界,他们的多数活动都是精神上的。内向者偏好小范围的社交活动,要么是一对一的,要么是小群体的。他们避免成为注意的中心,比外向者更为沉默。外向带给人的是广博,而内向带给人的是专深。通常,外向者对许多事物感兴趣,但不肯花时间做深层次的研究;内向者没有太多的爱好,但他追求深层的了解。

研究表明,任何工作的顺利完成都需要某种程度的内向和外向,极端的外向和内向都会妨碍任务的执行。所幸的是,极端内向和极端外向的个体为数极少,大多数人都在两个极端中间。综合了许多研究结果之后,人们发现,在管理、激励、领导等工作,以及需要高度灵活性的工作当中,外向型的个体表现更好,而在信息处理、复杂脑力劳动、简单重复工作、创造性工作当中,内向型的人有更优秀的表现。

(4)自尊。自尊是一个人对自己的评价,以及个人对自己的喜爱程度。自尊在很多方面都影响个人行为。自尊与职业和任务的选择有关。自尊高的人倾向于选择风险性高、社会地位高和非传统性的职业,喜欢选择难度高的任务,设置较高的目标。自尊高的个体更加重视目标的实现,不大受别人意见的影响,决策和行动更坚决。在不利的工作条件下,比如在工作压力、冲突、低水平的管理、恶劣的工作条件下,高自尊的人比低自尊的人受到的干扰更少。一般来说,高自尊的人不大会迎合别人,而且工作满意度较高。

培养和维持人们自尊的并不是他人如何对待自己,而是自己在面对生活中的挑战时如何应对,即人们所作的选择及所采取的措施。布兰登(N. Branden, 1998)提出了支持人们自尊的六个支柱。这六个支柱如表4.3所示。在自尊和支持自尊的行为之间,有互惠的因果,也就是说,良好的自尊行为同样也是良好的自尊表现。

表4.3 布兰登的自尊六支柱

支 柱	主 要 内 容
有意识地生活	积极并充分地参与到你所从事的活动中,以及与你有互相影响的人中间。
自我接受	不要对自己的想法和行为过于苛刻和挑剔。
承担个人责任	对于你人生中所作的决定和行为承担全部的责任。
有自己的主张	当与别人共事时,有信心并且主动去维护自己的意见,不要为了让别人接受或是喜欢而屈服于他们的意愿。
有目的地生活	有明确的短期和长期目标与现实计划来掌控自己的生活
有个人诚信	忠于自己的承诺和价值观

（5）A型人格与B型人格。A型人格的个体总是希望在最短的时间内做更多的事情，他们说话、走路、做事速度快，总是试图同时做很多事情，闲不住，总觉得事情的进度太慢，不耐烦。B型人格则很少有时间上的紧迫性，充分享受休闲时间、享受生活，从来不会为了实现高水平目标而不惜代价。最优秀的销售员常常是A型人格，而高级管理人员往往是B型人格。这是因为，A型人格追求的是数量，而忽视了质量，很少抽出时间来进行创造性思考。

4.2　能力

观察和研究表明，人的各种能力是各不相同的。以人的感觉能力为例，炼钢工人的辨色能力很高，他们能非常精确地辨别出浅蓝色的细微差别；在呼伦贝尔草原上奔驰的鄂温克族牧民，他们的嗅觉和味觉特别发达，只要闻或尝一下草的味道，就能判断牧草的营养价值；而长期从事医疗工作的内科医生，他们对音量的感受性特别高，借助于听诊器，他们就能感知心肺的噪音和纯音强度的变化，判断内脏器官的活动状况，从而对病情作出正确的判断。

4.2.1　能力的概述

1. 能力的界定

能力是指人们能够胜任某种任务和活动的条件，特别是掌握知识和技能的程度、速度方面所必备的个性心理特征。能力具有两种含义，其一是指实际能力（actual ability），即现在已经具备的和表现出来的能力；其二是指潜在能力（potential ability），即以后可能发展的能力，它是各种实际能力展现的可能性。

任何活动都是复杂的、多方面的，因此要完成某种活动往往需要多种能力的结合。比如，学习活动需要观察力、理解力、记忆力和抽象概括能力等，企业管理需要组织协调能力、人际交往能力、语言表达能力等。如果一个人具备完成某种活动所必需的各种能力，那他就能胜任这方面的工作，表现出从事这种工作的才能。

2. 能力与知识、技能

能力和知识技能是不相同的。首先，能力是为顺利完成某种活动而在个体身上经常、稳固地表现出来的心理特征，因此，从形成上看，它是在个体身上固定下来的概括化的东西。一个人的知识、技能虽然也是巩固了的概括体系，但它们与能力概括化的性质不同。知识是人类社会历史经验的总结，是对客观现实相应经验的概括。技能是由于练习而巩固了的行为方式，是相应行为方式概括的结果。而能力是调节行为和活动的相应心理过程概括化的结果。它既不是这些经验系统本身，也不是这些行为方式本身，而是对这些经验材料进行加工的活动过程的概括化，是调节这些行为方式的心理活动的概括化。其次,正是由于能力和知识、技能概括化的程度不同,在迁移的程度上看,能力迁移的范围较广,知识和技能迁移的范围较窄。第三,从生理机制和发展特点来看,知识、技能的生理机制是暂时神经联系系统和动力定型,而能力的生理机制是暂时神经联系在形成和巩固过程中所表现出来的某种特性。知识和技能在相当大的程度上可以随着年龄的增长不断积累和提高,而能力在人的一生中随着年龄的增长有一个形成、发展、衰退的过程。

能力和知识、技能又有着密切的联系。一方面,知识、技能的掌握是以一定的能力为前提的,能力是掌握知识、技能的内在条件和可能性,它制约着掌握知识、技能的速度和难易、巩固程度。另一方面,知识、技能的掌握又能使能力得到提高。但两者的发展不是完全一致的。能力水平相同的人不一定具有相同水平的知识、技能;相反,具有相同水平知识、技能的人,他们的能力也不一定相同。

3. 能力的个别差异

由于遗传和环境、教育等因素的影响,个体表现出能力上的差异。能力的个体差异主要表现为以下三个方面:

(1) 能力水平的差异。人与人之间能力的发展水平存在差异。全人口的智力差异表现为从低到高许多不同的层次。智力在整体上是常态分布的,即两头小,中间大。大部分人的智力属于中等水平,只有少部分人的智力超常或低常。

(2) 能力类型的差异。这是个体能力在质上的差异。人们在知觉、表象、记忆、言语、思维等方面存在类型上的差异。例如,在知觉方面,有的人属于分析型,有的人属于综合型,有的人属于分析综合型;在表象活动和记忆方面,有的人属于听觉型,有的人属于视觉型,有的人属于运动型,还有的人属于混合型;在言语和思维方面,有的人属于生动的思维言语型,有的人属于逻辑联系的思维言语型,也有的人属于中间型。这些都是人们在能力类型上表现出来的差异。

(3) 能力表现早晚的差异。能力的发展有早有晚。有的人"早慧",少年时期就才华横溢。如,我国唐代的王勃在少年时就著有《滕王阁序》;宋代的黄庭坚 7 岁作牧童诗;李白 5 岁通六甲,7 岁观百家。另外也有"大器晚成"的情况。如,齐白石 40 岁才显露出绘画才能,摩尔根 60 岁才发表了基因遗传的理论。但很早或很晚发展能力的人只占极少数。大多数人的能力发展集中在某一阶段,一般认为,30—45 岁是人智力的最佳年龄阶段,也是成才的黄金时期。

4.2.2 能力的分类

根据不同的维度,我们可以对能力进行不同的分类。常见的分类方法有以下几种:

1. 一般能力和特殊能力

从能力的倾向性上,我们可以把能力分为一般能力和特殊能力,这是最常见的一种分类方法。一般能力也称普通能力,它是指在多种基本活动中所表现出来的共同能力,是人们从事大多数活动所必需的最基本的能力。一般能力也就是我们通常所说的智力，观察力、注意力、记忆力、想象力、思维力等都是一般能力。一般能力是有效掌握知识和顺利完成活动必不可少的心理条件，即使是最简单的活动，也离不开这种一般能力。特殊能力则是人们成功完成某种专门活动所必需的能力，如绘画能力、音乐能力、数学能力、管理能力等。特殊能力在特殊的活动领域内发挥作用，是完成某种专业活动必不可少的条件。

2. 认知能力、操作能力和社交能力

从能力的功能上，我们可以把能力分为认知能力、操作能力和社交能力。

认知能力是人们在认知活动中所表现出来的学习、研究、理解、概括和分析的能力；操作能力是在操作性技能基础上发展起来的能力，包括劳动能力、运动能力、艺术表现能力、实验操作能力等等。认知能力和操作能力之间没有明显的界线，不能截然分开。社交能力是人们在社交活动中表现出来的能力，如组织管理能力、语言表达和感染能力等。

3. 模仿能力与创造能力

从创造的程度上，我们可以把能力分为模仿能力和创造能力。

模仿能力是指仿照他人的言行举止以使自己的行为方式达到和被模仿者相同的能力。模仿能力能使个体从被模仿者那里学会应付生活事件，从而为以后独立、创造性地解决问题提供基础。心理学家班杜拉认为，模仿能力是人学习所必需的一种重要能力，人的许多行为都是通过模仿获得的。创造能力是指产生新思想，发现和创造新事物的能力。它是成功完成某种创造性活动所必需的条件。新颖性和独创性是创造能力区别于模仿能力的主要特征。

4. 认知能力和元认知能力

从认知的对象上，我们可以把能力分为认知能力和元认知能力。

认知能力是指人在客观世界的认知活动中表现出来的个体接受、加工和运用信息的能力。认知能力的活动对象是认知信息。元认知能力是指个体对自己的认知活动进行认知的能力。元认知能力的活动对象是元认知本身，即个体对自己内心的认知活动进行认识、体验和监控。比如个体能对自己记忆英语单词的过程进行认识、评价和监控。

4.2.3 能力结构的理论

能力是一系列心理特征的综合，因此能力具有一定的结构。能力的结构理论主要说明能力是由哪些因素构成的，这些因素之间的关系以及能力的形成与发展变化等问题。分析能力的结构能够帮助我们了解能力的本质，为合理设计能力的测验，科学有效地制定培养能力的方法、内容和原则提供重要的依据。下面，我们介绍几种主要的能力结构理论。

1. 智力的双因素理论

英国心理学家斯皮尔曼(C. E. Spearman)在 20 世纪初用因素分析的方法,对大量可能与能力有关的因素进行分析后,提出了能力的二因素理论。这种理论认为,能力是由一般因素 G 和特殊因素 S 构成的。一般因素 G 在智力结构中是第一位的和最重要的因素,它基本上是一种推理能力。特殊因素 S 与各种特殊能力相对应,每个具体的因素 S 只参与一个特定的能力活动。特殊因素主要有五类:口语能力、数算能力、机械能力、注意力、想象力。另外还可能存在第六类:智力速度。斯皮尔曼认为,完成任何一种作业都需要一般能力因素 G 和某种特殊能力因素 S 共同来承担。比如,空间认知能力是由 G 和 S_1 构成的,计算能力是由 G 和 S_2 构成的。

斯皮尔曼还用 G 因素和 S 因素来解释测验之间的相关度。他认为,正是由于 G 因素的存在,不同测验之间才存在一定的相关度;也正是由于 S 因素的存在,不同测验的结果才没有完全相关。

2. 群因素理论

美国心理学家瑟斯顿(L. L. Thurstone)反对斯皮尔曼强调一般智力的二因素说,认为任何智力活动都是由彼此不相关的许多首要因素共同起作用的。1938 年,他用自己创设的多因素斜交分析法,把人的智力分解成 7 种平等的基本心理能力:计算能力(N)、言语理解能力(V)、词语流畅性(W)、记忆能力(M)、演绎推理能力(R)、空间知觉能力(S)和知觉速度(P)。

瑟斯顿还根据他的理论编制了一套测验。按照他的理论,这 7 种基本能力的测验结果应该是毫不相关的。但测验的结果与他的设想相反,各种能力之间都存在不同程度的正相关。他的测验正证实了一般能力 G 的存在。

3. 智力的三维结构理论

智力的三维结构理论是由美国心理学家吉尔福特(J. Guilford)于 1959 年提出的一种关于能力结构的构想,如图 4.3 所示。吉尔福特否认一般因素 G 的存在,认为应该把一般智力活动所共有的操作方式、操作的内容、操作的结果或产品作为智力的三个维度,并提出了各维度上的变量,操作有 5 种,内容有 4 种,产品有 6 种。智力的第一个维度是操作,即思维的方法,包括认知、记忆、分散思维、辐合思维和评价 5 种;智力的第二个维度是内容,即思维的对象,包括图形、符号、语义、行为 4 种;智力的第三个维度是产品,即把某种操作应用于某种内容的结果,包括单元、门类、关系、系统、转换、含蓄 6 种。这样,三个维度互相结合,共可以确定出 120 种智力因素。1971 年,吉尔福特又将内容中的图形分为视觉和听觉两部分,使智力分解为 150 种因素。

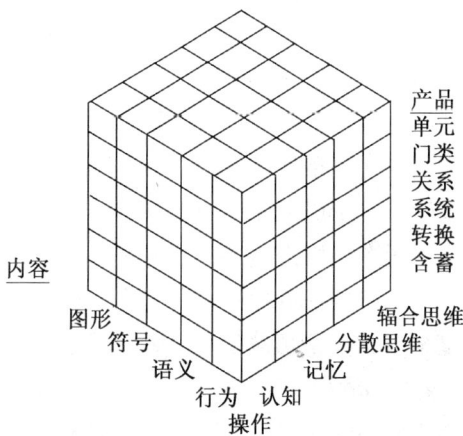

图 4.3 智力的三维结构理论

根据这一模型,吉尔福特再去寻找每一个具体的因素,现在已经找到了一百多种,预计最终会发现 150 种智力。

4. 层次结构理论

英国心理学家阜南(P. E. Vernon)认为,能力是按等级层次组织起来的。他把斯皮尔曼的一般因素 G 作为最高层次;第二层是言语教育能力和机械操作能力两大因素群;第三层是小因素群,言语教育能力包括言语理解能力、数量、创造等,机械操作能力包括空间能力、手工操作、机械信息等;最后一层是各种特殊因素,也就是斯皮尔曼的 S 因素。阜南理论是对斯皮尔曼二因素论的发展,在 G 和 S 因素之间加入了两个层次。

5. 流体智力和晶体智力理论

卡特尔(Cattell)和霍恩(Horn)认为,智力主要由两种因素组成,一种是流体智力,一种是晶体智力。流体智力主要是先天的、不依赖于文化和知识背景而对新事物进行学习的能力,如思维的敏捷性、反应的速度、注意力、知觉的整合能力等等。晶体智力主要是后天习得的、与经验和文化知识的积累有关的能力。它大部分属于从学校中学到的那些能力,代表了过去对流体智力应用的结果以及学校教育的数量和深度。知识的广度、判断力、词汇和计算方面的能力等都属于晶体智力。流体智力和晶体智力的发展趋势是不同的。流体智力随着人年龄的增长在成年期达到高峰后就逐渐衰退,而晶体智力在人成年以后不仅不会衰退,而且还继续增长,要到 60 岁以后才逐渐衰退。

6. 情绪智力

情绪智力(emotional intelligence),有时也称为情商(emotional quotient,EQ),是一种认识和调控情绪的能力。它最早由美国心理学家萨洛维(P. Salovery)和迈耶(J. D. Mayer)于 1989 年提出,属于发展心理学范畴。情绪智力是智力能力研究的扩展。

心理学终身成就奖获得者戈尔曼(D. Goleman)在 1995 年出版《情绪智力》(*Emotional Intelligence*)一书,在全球掀起了一股强劲之风,也使得情商一词变得广为人们知晓。戈尔曼认为:情绪智力包含自制、热忱、坚持,以及自我驱动、自我鞭策的能力。他基于萨洛维的观点,认为情绪智力主要包含五个方面:

(1)了解自我。个体能够察觉自己某种情绪的出现,观察和审视自己的内心体验,察觉情绪动态变化。它是情绪智力的核心。(2)自我控制。个体调控自己的情绪,使之适时适度地表现出来。(3)自我激励。个体依据活动的某种目标,调动和激发自己积极情绪的能力。(4)他人意识。个体设身处地理解他人情绪。这是了解他人需求和关怀他人的先决条件,戈尔曼用同理心(empathy)来概括这种能力。同理心是同情和关怀的基础,具有同理心的人常能从细微处体察出他人的需求。(5)人群技能。个体适当管理他人的情绪,调控他人情绪反应的技巧。

戈尔曼将情绪智力实务化工作引向企业组织中,帮助企业组织中的个人、团队乃至整个组织改善情绪智力,提高绩效。他在 1998 年出版的《情商实务》(*Working with Emotional Intelligence*)一书中,分别揭示情绪智力在个人、人际和组织三个层面所体现出来的不同能力,以及怎样培养和利用这些能力实现个人职业和企业组织的目标。2002 年,戈尔曼在与博亚特兹斯(R. Boyatzis)及麦基(A. McKee)合著出版的《最根本的领导力:情商的威力》(*Primal Leadership*:*Realizing the power of emotional intelligence*)一书中,研究情绪智力对有效领导的重要性。他们从对世界级企业的分析中发现:情绪智力已成为一种关键的领导能力。企业领导人能够使用一定的流程,长期评估、开发和维持自己的情绪智力,鼓舞和激励员工,在团队和组织中培育引起共鸣的领导力,以提高企业绩效。同时,他们还强调发挥情绪智力的方式,针对不同领导情景,灵活采用不同领导方式。研究表明:80%—90%的领导的成功取决于情绪智力。

4.2.4 能力与工作匹配

能力是完成工作的必要条件,当能力与工作相匹配时,工作绩效才能够得以提高。否则,无论工作积极性有多高,也无法取得良好绩效。能力与工作取得良好匹配的另外一层含义,还包括能力不能超出工作要求太多。如果出现大材小用的情况,工作绩效可能不会有问题,但是员工不能施展个人才能,不能取得更高水平的薪酬,工作满意度降低。

4.3 个性与能力的测量

4.3.1 个性的测量

个性是人心理面貌的重要方面,通过它可以更好地分析推测人的内部心理活动,解释外显的行为表现。在管理工作中,为了更好地发挥团队的作用,使群体成员很好地合作,我们必须了解成员的个性;为了使工作和工作者相匹配,我们也必须了解工作者的个性和兴趣。因此,对个性的测量就成为管理工作中的一个重要问题。最常用来测量个性的心理测验是自陈法与投射法。

1. 个性自陈量表

自陈量表是让受测者个人提供关于自己人格特征的报告,它是测量个性最常用的方法。自陈量表的基本假设是,只有受测者最理解自己,因为每个人都可以随时观察自己的心理和行为表现。个性自陈量表一般以问卷的形式出现,其中的项目选于个性理论中有关个性结构和内容的描述,要求受测者自己根据测验的要求,对自己的个性进行有组织的描述和判断。个性自陈量表在种类上很多,我国常见的有明尼苏达多相个性调查表(MMPI)、加州心理量表(CPI)、卡特尔16种个性因素问卷(16PF)、艾森克个性问卷(EPQ)、梅耶—布里格斯行为类型问卷(MBTI)等。

(1)明尼苏达多相个性调查表。

明尼苏达多相个性调查表(The Minnesota Multiphasic Personality Inventory;MMPI)是由美国明尼苏达大学的哈兹威(S. R. Hathawag)和莫肯利(J. C. Mckinley)于1940年

制定的。该量表适用于 16 岁以上的人群,主要用于精神病人或心理障碍者的诊断,也用于对正常人的个性进行评定。量表共有 566 道是非选择题,其中有 16 个项目是重复的,让被试根据自己的情况作出"是"或"否"的回答。在内容上,量表的项目分为一般健康、一般神经状况、运动和协调动作、家庭婚姻、职业关系、教育关系等 26 类。在结构上,量表分为 4 个效度量表和 10 个临床量表。效度量表包括:疑问分数、说谎分数、效度分数、修正分数,是用来检测被试回答时是否小心、误解题意、作假,有无特殊反应以及接受测验的态度。临床量表包括:疑病症(Hs)、抑郁症(D)、歇斯底里(Hy)、精神病态性偏倚(Pd)、男性化—女性化(Mf)、妄想狂(Pa)、精神衰弱(Pt)、精神分裂症(Sc)、轻躁狂(Ma)和社会内向性格(Si)。

MMPI 已经被广泛地应用于个性的鉴定、心理疾病的诊断和治疗、心理咨询以及人类学、心理学、医学等领域的研究工作中。其缺点是项目的内容太多,测试所需的时间太长,使用起来比较困难。

(2) 加州心理量表。

加州心理量表(California Psychology Inventory;CPI)是由美国加利福尼亚大学的高夫(H. G. Gough)于 1951 年设计出版的,1987 年和 1996 年分别进行了修订。该量表是 MMPI 的发展。MMPI 侧重于测量行为失常的人,CPI 则主要用于行为正常的成人,可以个别施测,也可进行团体测验。修订后的 CPI(第 3 版)项目数由最初的 480 项减到 434 项,要求被试作出"是"或"否"的回答,并产生 20 个量表分数。其中 3 个是效度量表,用来评定被试接受测验的态度,分别是:安宁量表(well-being, Wb),检测被试"装坏"的反应;好印象量表(good impression, Gi),检测被试"装好"的反应;社会性量表(communality, Cm),检测被试的回答是不是易被大家接受的回答。其他 17 个量表测量了支配性、社交能力、自我接受、责任性、社会化、自我控制、适应的成就、独立的成就、同情心和独立性等个性维度。

跨文化研究表明,CPI 在探索种族之间的个性差异方面是有效的。另外,CPI 包含了人际关系的重要内容,它不仅能测量被试现在的个性特征,用于人员选拔等方面,而且还能对被试以后的学业成绩、犯罪倾向和职业发展进行预测。

(3) 卡特尔 16 种个性因素问卷。

卡特尔根据自己对个性特质进行因素分析得到的 16 个因素,编制了 16 种个性因素问卷(Sixteen Personality Factor Questionnaire,16PF)。16PF 英文原版共有 A、B、C 三个复本,于 1956—1957 年相继出版,每本各 187 题。中文版是 1979 年由美籍华人刘永和引进国内的,现在已成为使用非常普遍的一种个性测验。16PF 的内容多是人们日常生活行为的描述或简单的想象、推理,整个测验完整地体现了 16 种个性特质。测验的每个项目各有 A、B、C 三个选项,分别可得 0、1、2 分,让被试根据自己的实际情况作出选择。聪慧性量表的题目有正确答案,每题答对 1 分,不对 0 分。记分时一般采用模板计出每个因素的原始分,再转化成标准分,并描记到剖析图上。16 种个性因素的名称及得分高低的解释见表 3.2。

16PF 问卷不仅能明确地描述被试的 16 种基本个性特质,还能根据相应的公式得出形容个性类型的 4 个次元因素:适应与焦虑性、内向与外向性、感情用事与安详机警性、怯懦与果断性。这些次元因素是用几个基数的标准分按一定的加权公式来计算的,例如:怯懦与果断性 =（4E＋3M＋4Q$_1$＋4Q$_2$－3A－2G）÷10。

16PF 问卷在教育、临床医学、工商业以及政府部门等方面都得到了广泛的应用,特别在人才选拔、就业指导和心理咨询方面有着较高的使用价值。

（4）艾森克个性问卷（EPQ）。

艾森克个性问卷（Eysenck Personality Questionnaire；EPQ）是以艾森克的个性特质理论为指导编制的。EPQ 分为成人问卷和青少年问卷（7—15 岁）两种,目前的修订版本较多,项目一般在 100 个左右。问卷的内容多是个人的喜好和一些生活行为及生理或情绪体验等,要求被试根据自己的情况作出"是"或"否"的回答。如果被试的回答和构想的答案相符记 1 分,不符记 0 分。整个问卷按照四个量表记分:内外向量表（E）、情绪稳定性量表（N）、精神质量表（P）和效度量表（L）。E 量表测试个性的内外倾向,分数高表示个性外向,分数低表示个性内向。N 量表的两极是情绪稳定和神经过敏。分数高的人往往焦虑、抑郁、情绪反应强烈,分数低的人情绪反应缓慢且轻微、稳重、性情温和。P 量表表示心理变态情绪,它并非指精神病,它在所有人身上都存在,只是程度不同而已。高分的人可表现为孤独、难以适应环境的变化、感觉迟钝、与他人不友好等。L 量表测验被试的掩盖倾向,即测量不真实的回答水平。

（5）梅耶—布里格斯行为类型问卷。

梅耶—布里格斯行为类型问卷（Myers-Briggs Behavior Types Inventory；MBTI）是普遍应用的个性评价工具。该问卷由 100 个项目组成,共包括了 4 个双极维度或偏爱:外向—内向、思维—感受、感知—判断、领悟—直觉。这 4 个维度分别表明了人们获得与运用能量的方式、收集与获得信息的方式、决策的方式以及组织生活的方式,共组合成了 16 种个性类型,如表 4.4 所示。

研究表明,直觉思维型是成功企业家具有的个性特征之一。在我国,研究表明,"外向—直觉—思维—领悟"和"外向—感知—思考—领悟"类型的管理者与其他类型的管理者相比,在任务绩效和周边绩效上比较高;而当前大多数管理者表现为"内向—感知—思考—判断"和"外向—感知—思考—判断"的个性类型,他们比较关注具体的、职责内的任务,在周边绩效和组织绩效上比较低。

（6）NEO 个性调查表。

NEO 个性调查表（NEO PI-R）是由与五因素联系最密切的两个研究者考斯塔和麦格雷（Costa & McCrae）经 15 年的研究后根据其理论模型发展而成,是现有测量五大个性因素最有影响的量表之一。该量表提供了 5 个主要的个性维度或范畴的分数:神经质（N）、外倾性（E）、经验的开放性（O）、宜人性（A）、尽责性（C）。由于每个维度各有 6 个特质,量表还提供了 30 个特质分数。NEO PI-R 量表开始是对正常成人样本中老年人的纵向研究,后来扩大到临床、就业和大学样本。NEO PI-R 量表分自我报告形式（S 型）和观察者报告形式（R 型）,R 型包括以第三人称描述的与 S 型相同的 240 个项目。两种形式都有成年男女常模,另外 S 型还有大学年龄的男女常模。NEO PI-R 量表假定

表 4.4　MBTI 16 种组合的个性类型

类　型	主　要　特　点
内向—领悟—思维—判断（ISTJ）	严肃、安静,依靠专注和认真获得成功;做事实际,条理性强,注重事实,有较强的逻辑性;值得依赖,有能力承担责任。
内向—领悟—感受—判断（ISFJ）	安静、友好,责任感强,做事谨慎,会尽全力工作以履行职责;做事细致认真;待人忠诚,为别人着想。
内向—直觉—感受—判断（INFJ）	依靠毅力、创新性和做事的欲望获得成功;喜欢辩论,责任感强,善于为他人着想,严格按照公司宗旨办事。
内向—直觉—思维—判断（INTJ）	富有创造力,有自己的见解;多疑、挑剔、独立性强;意志坚决,较为倔强。
内向—领悟—思维—感知（ISTP）	经常是冷静的旁观者,安静、保守、善于分析;对客观原理及机械事物的运作方式、运作原理比较感兴趣;缺乏幽默感。
内向—领悟—感受—感知（ISFP）	沉默、友好、敏感、善良、谦逊,不喜欢与人争吵;是个忠实的追随者;通常为能完成任务而感到欣慰。
内向—直觉—感受—感知（INFP）	喜欢学习,善于思考,对语言和个人事务较感兴趣;往往承担过多的任务并要想方设法来完成;对人友好,但往往过分投入。
内向—直觉—思维—感知（INTP）	安静、保守、呆板;喜欢理论性、科学性学科;非常爱思考,很少参与闲谈或参加晚会,兴趣面很窄。
外向—领悟—思维—感知（ESTP）	务实、无忧无虑、随遇而安,对事物往往有一点迟钝或不太敏感;最擅长于处理能被分解或综合的现实问题。
外向—领悟—感受—感知（ESFP）	外向、温和、宽容、友好、善于调节气氛;喜欢运动和手工制作;擅长于记忆而不善于掌握原理。
外向—直觉—感受—感知（ENFP）	热情、活泼、聪明、想象力丰富,擅长于做自己感兴趣的事;才思敏捷。
外向—直觉—思维—感知（ENTP）	行动敏捷、聪明,擅长于做很多事,可能会为了逗乐而与人争执不休;擅长解决难题,但往往会忽视一些常规问题。
外向—领悟—思维—判断（ESTJ）	实际、务实,是天生的技工或商人;对自己认为无用的东西一概不感兴趣;喜欢组织和参加活动。
外向—领悟—感受—判断（ESFJ）	热情、健谈、时髦、责任心强,是个天生的合作伙伴;做事需要与人协调;受到鼓励时行为能达到最优;对抽象思维和机械事物不感兴趣。
外向—直觉—感受—判断（ENFJ）	反应敏捷、责任心强,通常很在乎他人的看法;世故、时髦,对褒贬很敏感。
外向—直觉—思维—判断（ENTJ）	热情、坦诚、有决断力、富有领导才能,擅长思考推理和交谈;有时实际能力会强于自己所做的承诺。

被试都是诚实和合作的。1992 年,考斯塔和麦格雷修改并精简了 NEO 人格调查表,由 60 个题项构成。该量表广泛被理论研究者和实践者参考或应用。我们对该量表英文版作个别适当修改后改编为容易理解的中文版量表(见本章后"测试练习"部分)。

以上介绍了几种具有代表性和广泛应用的个性自陈量表。个性自陈量表采用问卷的形式,让被试自己表达关于自身或环境的感受,不掺杂主试的主观印象,有利于我们了解被试意识中的隐含行为,揭示其真实的个性特点。另外,个性自陈量表记分比较客观,施测比较方便,易于整理,对主试的要求也不高。但个性自陈量表也有缺陷,它的测验结果是否可靠与被试是否坦率真诚地作答有关,也与被试对测验题目的理解能力有很大关系。另外,由于个人行为随时间有所变化,个性自陈量表在测验结果的稳定性上比能力测验差。

2. 个性投射测验

投射测验又称投射技术,它是向被试提供一些没有结构的刺激情境,让被试不受限制,自由地反应,然后分析反应的结果,推断被试的个性结构。它的假设是:个体对外界刺激的反应都是有原因的,是可以预测的;个体当时的心理状况、过去的经验和未来的企望对刺激的知觉和反应的性质和方向都有很大的作用;人的个性是一个不可分割的有机整体,其结构大部分是受内部的心理组织或潜意识支配的,个体无法凭意识来说明自己(自陈法),但当他面对一种模糊的刺激情境时,却可以把隐藏在潜意识中的欲望、需求、动机冲突等不自觉地表现出来。因此,为了测验个性,就必须创造一个能使潜意识内容得以发挥的测验条件,由此便产生了个性投射测验。

根据被试的反应方式,众多投射测验可以分为联想法、构造法、完成法、选排法和表达法五种。其中最常使用的投射测验主要有罗夏墨迹测验和主体统觉测验。

(1) 罗夏墨迹测验。

罗夏墨迹测验是最流行的投射技术之一,它是由瑞士的精神病学家罗夏(H. Rorschach)创造的,最早的描述见于 1921 年。该测验的材料是 10 张左右对称的墨迹图片。其中 5 张做成黑灰色,2 张另外添加了少许的鲜红色,另外 3 张由几种淡而柔和的色彩组成。典型的测验是主试按次序向被试每次出示一张图片,让他回答墨迹可能代表什么。然后记录被试的言语反应以及反应时反应持续的时间、抓取图片的位置、自言自语、情绪反应、行为表现等。在 10 张图片出示完毕后,主试再对被试就每一墨迹作联想的部分进行系统地提问。在测验的记分和解释上,测验主要关心被试反应的内容以及它们形式上的特点,如反应的位置、决定因素、反应的从众性。反应的内容是指被试把墨迹看成什么,是动物(或动物的某一部分)、人(或人的某一部分)、自然景色还是其他什么东西。反应的位置是指每次引发被试联想的墨迹的相应的部位,是整个墨迹、局部、细节、空白处还是几个部分的组合。决定因素是指决定被试反应的因素是什么,是形状、颜色、阴影还是运动(被试会把图片理解为代表运动的物体)。从众性是指被试的反应是与一般人相同的,还是具有独特性的。然后根据这些反应对被试作出定性的解释。如,对"整体"的反应和理性思维相联系,对"颜色"的反应和情绪相联系,对"人的运动"的反应和想象与幻想相联系。最后根据测验多方面的结果作出综合的解释。

罗夏墨迹测验主要用于精神医学的临床诊断方面。此外,由于该测验不受语言文字的限制,因而被广泛地应用于人格发展和跨文化研究。

(2) 主体统觉测验。

主体统觉测验(thematic apperception test;TAT)是另一个著名的人格投射测验,它是由美国哈佛心理诊所的默里(H. Murray)和同事于 1935 年创制的。与墨迹技术相比,TAT 提供了更结构化的刺激,并要求更复杂和经过意义组织的言语反应。该测验全套共有 30 张意义模糊的黑白图片和 1 张空白的卡片,按男、女、男孩、女孩分为四组,每组各 19 张图片和 1 张空白卡片。图片的内容以人物和景物为主。施测时,每次给予被试 1 张图片,要求被试根据图片编故事,说明图片中表现的是怎么一回事,为什么会造成那种情况,以后会有什么结果等等,要求故事越生动、越戏剧化越好。每张图片约需 5 分钟,测验完毕后和被试谈话一次,以深入了解和澄清故事的内容。需要说明的是,那张空白卡片呈现给被试时,要求被试先想象卡片上有一张图片,将这张想象的图片描述出来,然后再编成一个故事。

TAT 的基本假设是,个体对图片所编的故事与其生活经验有着密切的联系。故事的内容有一部分是受对图片知觉的影响,但想象的部分包含着个体意识和潜意识中的内容。当个体在编故事时,就会不自觉地将内心隐藏的冲突和欲望穿插在故事情节中,借故事中人物的行为宣泄出来。因此对被试编的故事加以分析,就可以了解其心理的需求。

在测验结果的解释上,主试根据对被试编的故事进行分析的结果来解释测验。默里把这种分析分为 6 种:主角本身、主角的动机倾向和情感、主角的环境力量、故事的结果、故事的主题、兴趣和倾向。如,默里认为,故事中的主角或英雄人物是被试的化身。

对于 TAT 的价值是毋庸置疑的,它不仅已被广泛地应用于人格的研究,而且研究也证实了 TAT 测验的临床使用价值,比如用作评定心理病态的程度和防御机制的使用等传统用途,以及评定问题解决技能等的新用途。

关于投射测验的评价,我们认为,与自陈量表相比,大部分投射测验不显示测验的目的,测验内容的掩饰性好,答案无对错之分,因而会避免或减少被试因防范准备而作出的虚假反应,揭示被试内心深处的矛盾,从而对人格作出综合、完整的探讨。另外,由于投射测验不受语言文字的限制,它的适用范围非常广泛,从儿童到成人,从有文化的人到文盲都可以使用,还可用于跨文化研究。投射测验的缺陷是:评分缺乏客观的标准,难以量化;测验的信度和效度难以确定;大部分投射测验缺乏充分的常模,往往根据经验对测验的结果加以解释;测验的原理复杂深奥,必须由经过专门训练的人员主持测验;与其他的测验相比,被试的反应更易受测验实施情境的影响。

4.3.2 能力的测量

能力的测量就是确定个体能力的广度和发展的水平,是评定个体能力的重要手段。

能力的测量已被广泛地用于鉴别个体的智力、选拔专业人才、诊断心理疾病、检验智力的结构理论等方面。按照能力的种类,我们可以把能力的测量分为智力测验、特殊能力测验和创造力测验。

1. 智力测验

智力测验又称为一般能力测验。目前常见的和影响比较大的智力测验主要有以下几种:

(1) 斯坦福—比纳智力量表。

斯坦福—比纳智力量表是由美国斯坦福大学的心理学家推孟(L. M. Terman)根据比纳—西蒙量表修订而来的。该量表出版于 1916 年,并分别于 1937 年、1960 年、1972 年进行了修订。当前的第 4 版斯—比量表(SB—Ⅳ)是一个经过最大规模修订后的产物。该量表适用的范围是从 2 岁的儿童到成人。在内容上,SB—Ⅳ量表的范围大大拓宽,不像早期形式中主要以语言为主。全套测验由 15 个分测验组成,用来测试 4 个主要的认知领域:言语推理(包括词汇、理解、挑错、言语关系)、抽象/空间推理(包括图形分析、临摹、矩阵推理、折纸和剪纸)、数量推理(包括数量、数字系列、列出等式)、短时记忆(小珠记忆、句子记忆、数字记忆、物体记忆)。每个类型的项目按难度由低到高的顺序排列,但 4 个领域的 15 个分测验是混合起来施测的,以保持被试的兴趣和注意力。由于其中的某些分测验只适合于某一年龄阶段的被试,所以施测时被试不是完成所有的 15 个分测验。一般而言,完整的成套测验包括 8—13 个分测验,这取决于被试的年龄及其在以前测验中的成绩。

在测验结果的计算上,1960 年斯—比量表接受了韦克斯勒的计算方法,把比率智商改为离差智商。测验记分时先计算出每个分测验的原始分,再根据常模表,把原始分换算成标准年龄分数,从而得到每个分测验的标准分。同样也可得到每个认知领域的标准分数和整个量表的综合标准分。

(2) 第 3 次修订的中国比纳量表。

自比纳—西蒙智力测验在世界上广泛传播以来,中国的心理学家就尝试把它介绍到中国来。1982 年吴天敏先生对陆志韦第 2 次修订的比纳测验进行了第 3 次修订并把它称为《中国比纳测验》。

该测验共有 51 个题目,在类型上分为语言文字、数字、解图和技巧 4 类,适用于 2—18 岁的被试。作者还从 51 题中抽出 8 题,组成《中国比纳测验简编》。施测时,应根据被试的实足年龄确定测验起点题目,从起点题目开始测验。被试每通过 1 题记 1 分,连续 5 题失败就结束测验。最后将测验的得分与被试所在年龄组的补给分(从指导书中查出)相加,得出测验的总分,再根据总分与被试的实足年龄在指导书中查出被试的智商。

(3) 韦克斯勒量表。

韦克斯勒(D. Wechsler)编制的智力量表由 3 个分量表组成:一个成人量表,一个学龄前儿童量表,一个学龄儿童量表。目前经过修订后的各种版本是:韦克斯勒学龄前及学龄初期儿童智力量表——修订版(WPPSI-R, 1988),适用于 3—7 岁 3 个月的儿童;韦克斯勒儿童智力量表第三版(WISC-Ⅲ,1991),适用于6—16岁11个月的儿童;韦克斯勒成人智力量表——修订版(WAIS-R,1981),适用于16—74岁的成人。

这三个量表都是由言语量表和操作量表构成,每个言语或操作量表包括5—7个分测验。整套韦克斯勒量表共有17个分测验,其中有8个分测验(5个言语分测验和3个操作分测验)是三个量表共有的。因此,当被试完成整个测验后可以得到以下分数:每个分测验的分数、言语量表分数、操作量表分数和全量表分数。施测时,言语分测验和操作分测验是交替进行的。测验的结果采用离差智商表示。

(4)瑞文逻辑推理测验。

瑞文推理测验是由英国的心理学家瑞文(J. C. Raven)于1938年编制的,全称是瑞文标准推理能力测验(SPM)。该测验是一种非言语型的团体智力测验,广泛地适用于儿童、青少年和成人群体。

瑞文推理测验共有60个题目,每个题目都是由处于上方的一张大图形和大图下面的6张小图构成,大图上有一块空白,要求被试从6张小图中找出最适合填充在大图空白处的一张图。测验的题目共分为5组,每组12题。A组测试知觉辨别能力和知觉想象能力;B组测试类同、比较和图形组合;C组测试比较和推理;D组测试系列关系、比拟与图形组合;E组测试互换、交替等抽象推理能力。测验评分方法是答对1题记1分。瑞文推理测验能有效地测出被试的一般智力因素,并具有跨文化、跨年龄、跨不同智力水平的优点,但由于测题都是图形,测验的形式过于单一。

(5)考夫曼量表。

考夫曼量表编制于20世纪80年代和90年代早期,是个别施测的临床工具。该量表包括考夫曼儿童评定成套测验(Kaufman Assessment Battery for Children, K-ABC)、考夫曼青少年和成人智力测验(Kaufman Adolescent & Adult Intelligence, K-AIT)以及考夫曼简短智力测验(Kaufman Brief Intelligence,K-BIT)。

K-ABC适用于2岁半到12岁半的儿童。该测验的重点放在信息加工上,用特定的方法来区分同时加工和系列加工。前者包括7个分测验,后者包括3个分测验。另外,该测验还包括一个成就量表,由评定阅读、算术、词汇知识、一般常识等方面的6个分测验组成。因此,K-ABC最后将得出4个综合分数:系列加工、同时加工、心理加工组合(前两个加工的联合)和成就等分数。这些综合分数都是平均数为100,标准差为10的标准分。

K-AIT适用于11岁到85岁的被试。该测验旨在将霍恩和卡特尔提出的流体智力和晶体智力理论与其他关于成人智力的各种观点结合起来。因此,测验包括了一个晶体量表(Crystallized Scale)和一个流体量表(Fluid Scale)。前者测量学校教育和文化适应中获得的能力,后者测量解决新问题的能力。从这两个量表中各取3个分测验,加上从4个指定的分测验中任意抽取的1个分测验,就组成了扩展的成套测验,用于测试被怀疑为神经损伤的个体。

K-BIT是个别施测的快速评定智力机能水平的工具,适用于4岁到90岁的被试。

该测验分为言语分测验和非言语分测验,前者包括 45 个表达性词汇项目和 37 个定义项目,后者包括 48 个矩阵。测验最后可得出言语分数、非言语分数、综合分数。测验结果用离差智商来表示。

(6) 多维能力倾向成套测验。

多维能力倾向成套测验(Multidimensional Aptitude Battery;MAB)是能力测验的一种新形式。该测验初次出版于 1984 年,后来对测验的施测程序、常模和手册等进行了修订。MAB 是一种团体测验,适用于智力正常的青少年和成人。它旨在评定如同韦克斯勒成人智力量表——修订版(WAIT-R)一样的能力倾向。MAB 包括言语量表和操作量表,各由 5 个分测验组成,这 10 个分测验如下:言语包括常识、理解、算术、类同、词汇;操作包括数字符号、图画补缺、空间关系、图片排列、物体匹配。测验最后将 10 个分测验的原始分转化成标准分,可以得出言语分数、操作分数和全量表的离差智商。

整体来说,编制 MAB 采用的心理测量程序具有很高的技术含量,它的每一个步骤都经过十多年的广泛研究所证实。另外,研究证明,虽然 MAB 与 WAIT-R 之间没有共同的项目,但 MAB 的每个分测验分数以及言语总分、操作总分和全量表总分都与 WAIT-R 相应的分数之间有很高的相关度。

2. 特殊能力测验

特殊能力测验是用来测定个体从事某种专业活动具有的特殊潜在能力。常见的特殊能力测验有以下几种:

(1) 文书能力测验。主要有普通文书能力测验和计算机程序编制与操作能力测验。前者主要测试被试的文书速度和准确性、数字能力及言语能力等,后者主要是对计算机程序员和操作员的能力倾向进行测试。

(2) 机械能力测验。包括对工具应用的理解、零部件的操作、动作的灵巧性、空间关系的知觉和机械关系的思维等能力的测试。

(3) 心理运动能力性向测验。主要是对被试的简单反应时、选择反应时、手指灵活性、臂手协调能力、手眼协调能力、操作能力等方面的测试。

(4) 视觉能力测验。主要测试视觉的正确性、判断空间关系的正确性、对颜色的辨别能力、两眼视线的控制力等方面。

(5) 音乐能力测验。主要是对音乐表达能力、听觉辨别能力、音乐动觉等的评估和测试。如,听觉辨别力主要是从音高、音响、音色、节奏、音调记忆等方面来评估。

(6) 美术能力测验。主要对被试的美术欣赏和创造能力进行评估和测试。

(7) 飞行能力测验。用于选拔飞行员和对飞行员进行分类,包括空间定向、认读理解、仪器理解、机械理解、速度确定、计算推理、手指灵活性、选择反应时等多方面能力的测试。

3. 创造力测验

创造力是指产生新的有用的想法的能力。创造力与发散思维具有密切的关系,由于发散思维具有流畅性、变通性和独特性的特点,目前的测验大都把创造力的操作定义看作是发散思维的能力,即测试被试对规定刺激产生大量的、变化的、独特反应的能力。下面介绍几种创造力的测验。

(1) 加利福尼亚大学测验。

该测验是由美国南加利福尼亚大学的吉尔福特和他的同事编制的,主要用以测量发散思维,适用于中学水平以上的被试。测验的项目包括:词语流畅、观念流畅、联想流畅、表达流畅、非常用途、解释比喻、效用测验、故事命题、推断结果、职业象征、组成对象、略图、火柴问题、装饰。其中前10个测验需要言语反应,后4个测验则使用图形内容。例如:组成对象测验是利用给定的图形(如三角形、圆形等)画出指定的物体或形象(如灯、人脸、小丑);推断结果测验是列举一个假定事件的不同结果,如让被试回答"假设人们不需要或不想睡眠会出现什么情况?",根据回答的总数和独特性分别记录被试流畅性和独创性的分数;表达流畅是要求被试写出每个词都以指定字母开头的四词句,如"K-U-Y-I",答案可能是"Keep up your interest."或是"Kill useless yellow insects."等。测验的结果主要从流畅性、变通性和独特性来记分。

(2) 托兰斯创造性思维测验。

该测验是由明尼苏达大学的托兰斯(E. P. Torrance)编制的,是另一个著名的创造力测验,适用于幼儿到研究生的被试。为了消除被试的紧张情绪,托兰斯把测验称作"活动"。测验的内容共分三套,包括12个分测验。第一套是言语的创造性思维测验,共包括7项活动,从流畅性、变通性和独特性三个方面记分;第二套是图画的创造性思维测验,包括3项活动,从流畅性、变通性、独特性和精致性四个方面记分;第三套是声音和词的创造力测验,包括2项活动,从独特性来记分。整个测验可以得到一个总的创造力指数,代表被试创造性思维的水平。

(3) 芝加哥大学创造力测验。

该测验是由美国芝加哥大学的盖策尔斯(J. W. Getzels)和杰克逊(P. W. Jackson)于20世纪60年代初编制的。测验的内容包括以下五项:词汇联想、物体用途、隐蔽图形、完成寓言、组成问题。如,隐蔽图形是从复杂的图形中找出一个隐蔽在其中的简单图形。

创造力测验是心理测验发展的一个新动向,符合时代发展的需要,但目前的创造力测验还处在探索阶段,还存在理论和方法上的问题。如,关于发散思维和创造力的关系,我们认为,创造力是一个复杂的多维结构,发散思维只是创造力的一个主要成分,并不是它的全部。研究证实了创造力同智力、学业成就、人格特征等非智力因素有一定的关系。但目前的大多数创造力测验只是从发散思维的三个特性来测试创造力,这不免有欠缺之处。另外,创造力测验的信度和效度有待进一步提高。

本章小结

本章围绕两个重要的个人变量:个性和能力,分析了个性的概念,包括个性的形成和特点；介绍了个性的主要分类理论和个性形成理论；分析了个性与工作行为的关系；分析了能力的概念，包括能力与知识、技能的关系及能力的个体差异；分析了不同类别的能力；介绍了能力结构理论；介绍和讨论了个性与能力测量的主要方法。

复习与思考

1. 什么是个性？怎样对个性进行描述？
2. 请解释个性差异是怎样形成的？个性可以改变吗？
3. 个性对组织行为有什么影响？
4. 测量个性有哪些主要手段？
5. 什么是知识、技能、智力和能力？它们之间有什么关系？
6. 能力的个体差异表现在哪些方面？
7. 人的能力是怎样形成的？
8. 测量能力有哪些主要手段？
9. 个性测验和能力测验的不足是什么？

案例分析

被精简的企业人员

上海美淘贸易公司是一家国资纺织品贸易公司，拥有 1 000 多名员工。随着国内外市场竞争的不断加剧，近年来，公司效益连年滑坡。公司为了增强其竞争能力，决定进行人员精简，以降低人力成本，提高工作效率。以下是该公司被列入精简对象的部分员工的典型心态与表现。

进出口四处孙处长，年满 55 周岁，其心情是复杂的。一方面为公司业务的发展做了多年大量的工作，使公司的地毯业务从无到有，从有到大，自己的付出和心血得到了丰厚的回报，得到了公司全体员工的认可，不舍得离开公司及合作多年的同事，并且原以为可工作到 60 岁，现在突然要离岗了，心中感到莫名的失落。另一方面，自己的许多业务伙伴、朋友早就劝自己成立公司单干，并且如果成立公司，收入一定会比现在高得多。夕阳无限好，不充分享受，以后一定会后悔，正好可以趁此机会自己发展，总比到 60 岁再自己干好得多。所以决定离岗，但是心中又有种被迫无奈、被人推出的感觉。大多数员工觉得让孙处长回家了，对公司实在是个很大的损失，但又知道在中国的环境下是不能搞特殊的，否则就变成了特例。

进出口二处白副处长，年龄 52 岁，自我感觉良好，但人送外号：二百五。前些年业务做得还可以，双向选择成了副处长，但是管理能力、业务能力实在太差，群众呼声罢免强烈。但公司从来没有免职的先例，都是派一个处长，把他挂起来而已。近两年贸易连续出现问题，公司领导早就有心停其贸易权。这次工作年限 28 年就是为他定的，他刚好够条件，只是毕竟干了28年了，让其待岗多少有点不忍心。他自己开始还满怀信心提个正处，后经人提醒才意识到事情的严重性，立即向人事处交了离岗退养申请，并被批准。现已在外找了一份工作，自感春风得意。大多数职工却认为，他为公司留下了个大包袱，却甩手走人，余下的问题还得别人去解决，太便宜他了。

进出口四处业务员小李，五年前外语学院毕业来到公司做业务，这几年虽也干个不停，但不知是努力不够，还是机缘不好，几年来一事无成，自知面临待岗境遇，牢骚不断："来了公司五年，没有老业务员当师傅带自己，公司也没有给过任何培训的机会，到了公司就被放了羊，现在要裁员，早干什么去了，早做点工作，让大家都能干点事，公司也不会有今天。"嘴上虽然这么说，心中却是另一种想法，早就想换个环境了，自己是学外语的，又在大公司干过，学历、资历都算良好，到外边三资企业找个工作应该不成问题，收入也决不会比现在低，只是不知道公司给自己的住房提供的补贴是否要收回。如果不收，正好借此机会闯荡一番，不是改革，还舍不得这个安乐窝呢！公司大多数年轻人都对小李看好，能走就走，再过几年准比我们留在公司强。小李最后终于待岗了，不过宣布待岗的第二天，就去某法国公司上班了。

储运处处长助理老刘，转业军人，48岁了，工作勤勤恳恳、扎扎实实，保持着军人作风，但是最大的毛病是对不平事、对看不顺眼的事就憋不住，就提出来，所以常常让主管的副总、处长难堪。尽管已符合28年工龄的条件，但自己与大部分同事都觉得还年轻、身体又好、工作也无可挑剔，所以没有提交退养申请。可是到各部门聘任的时候却落选了，面临待岗。公司副总考虑到具体情况，就去做处长的工作，但处长坚决不要此人，由于用人权在处长，所以副总也无奈，只好劝老刘申请退养并经管理班子同意可补特批。但是老刘对此却愤怒异常，心中不服，下决心要争口气，就是不退养，看公司最后如何处置。最后，老刘还是待岗了，但是大多数人都认为，应尽早给老刘安排一个工作岗位。

公司的小车队孙师傅，42岁了，原来曾给前任总经理开过专车，当过车队长。但是换了刘总以后，一朝天子一朝臣，不开专车，也从车队长的位子下来了，与新上来的车队长积怨甚深。这次改革前，新队长就放出口风：姓孙的是不可能留在车队的。孙师傅心里也有预感，但是不以为然，你让我待岗，总得有理由吧，你是看技术呢，还是看这些年的工作呢？技术上没说的，这些年先进证书一大堆了，再说车队还有好几个临时工、集体工呢，我总是正式职工吧。但是与老刘一样，孙师傅最终也待岗了，心中苦恼万分，精神状态一落千丈。由于开了二十年的车，没干过别的工作，又没有学历，对别的岗位很难适应，再上岗的可能性甚微，不知如何维持下去。

思考题

1. 案例中5位员工各自主要有哪些个性特点？
2. 这些员工的个性与其行为之间关系如何？

测试练习

你的自我监控倾向如何?

说明:在诚实的自我评估中,判断以下各陈述,以正确(T)或错误(F)来表示,然后参考评分表。

_____ 1. 我想我是表演自己,为了给别人留下好印象或是取悦他们。

_____ 2. 在一群人之中,我很少是引人关注的核心。

_____ 3. 在不同的情境,面对不同的人时,我总是表现得不同。

_____ 4. 我不会为了取悦某人或是赢得他们的喜欢而改变我的观点(或我的做事方式)。

_____ 5. 我想过做一个表演者。

_____ 6. 我不善于根据不同的人和不同的情境来调节自己的行为。

_____ 7. 在聚会中,我总是让别人说笑话和讲故事。

_____ 8. 在公众场所我总是觉得有点尴尬,不会表现出我应有的平静。

_____ 9. 我可以看着任何一个人的眼睛,一本正经地说着谎话(如果是为了一个合适的目的)。

_____ 10. 当我实在不喜欢某些人时,我可能假装很友好。

评分表:按以下每个答案记一分:

1. T;2. F;3. T;4. F;5. T;6. F;7. F;8. F;9. T;10. T

得分:_____

1—3＝低自我监控

4—5＝比较低自我监控

6—7＝比较高自我监控

8—10＝高自我监控

思考与讨论

1. 你的个人得分与你本人的符合程度如何? 为什么?

2. 请结合你的经历,举例说明对自我监控倾向的认识。

测一测你的大五人格

请阅读下面的每个句子,判断句中的描述符合你个人的程度,请选择1—6来表示你认为的符合程度,数字越大表示越符合。答案无对错之分,不需咨询他人的意见,请尽量按照你的实际情况回答。1表示非常不同意,2表示不同意,3—4表示略不同意与不能确定的区间,5表示同意,6表示非常同意。

题　　项	认同程度					
1. 我不是一个充满烦恼的人。	1	2	3	4	5	6
2. 我喜欢有很多朋友。	1	2	3	4	5	6
3. 我喜欢花时间幻想,去探索其中可能实现的东西。	1	2	3	4	5	6
4. 我努力有礼貌地对待遇到的每个人。	1	2	3	4	5	6
5. 我保持自己的东西整洁。	1	2	3	4	5	6
6. 我经常感到自己不如别人。	1	2	3	4	5	6
7. 我很容易笑。	1	2	3	4	5	6
8. 一旦我发现做某事的合适方法,就会一直用下去。	1	2	3	4	5	6
9. 我很少与家人或同事起争执。	1	2	3	4	5	6
10. 我善于督促自己,以便按时做完事情。	1	2	3	4	5	6
11. 当我处于巨大压力下,有时会感到精神崩溃似的。	1	2	3	4	5	6
12. 我不认为自己特别无忧无虑。	1	2	3	4	5	6
13. 我对在艺术和大自然中发现的图案感到好奇。	1	2	3	4	5	6
14. 很少有人觉得我自私或以自我为中心。	1	2	3	4	5	6
15. 我不是一个做事有条不紊的人。	1	2	3	4	5	6
16. 我很少感到孤单或忧郁。	1	2	3	4	5	6
17. 我很喜欢与他人交谈。	1	2	3	4	5	6
18. 我相信让学生听有争议的演讲只会使其困惑。	1	2	3	4	5	6
19. 我宁愿与人合作,而不愿与人竞争。	1	2	3	4	5	6
20. 我努力尽责完成分派给我的所有工作。	1	2	3	4	5	6
21. 我经常感到紧张及心神不定。	1	2	3	4	5	6
22. 我喜欢待在热闹的地方。	1	2	3	4	5	6
23. 诗情画意常常对我有吸引力。	1	2	3	4	5	6
24. 我有时会挖苦他人。	1	2	3	4	5	6
25. 我有一套清晰的目标,并有序地朝着目标努力。	1	2	3	4	5	6
26. 有时我感到自己完全没有价值。	1	2	3	4	5	6
27. 通常我更喜欢单独做事。	1	2	3	4	5	6
28. 我喜欢尝试新奇的外来食物。	1	2	3	4	5	6
29. 如果受到别人无礼对待,我会尽量原谅,让自己忘记这件事。	1	2	3	4	5	6
30. 在专心做一件事之前我会浪费不少时间。	1	2	3	4	5	6
31. 我很少感到害怕或焦虑。	1	2	3	4	5	6

（续表）

题　　　项	认同程度					
32. 我经常觉得自己充满活力。	1	2	3	4	5	6
33. 我会感知到不同环境对自己情绪变化的影响。	1	2	3	4	5	6
34. 我认识的大多数人都喜欢我。	1	2	3	4	5	6
35. 我努力完成我的工作目标。	1	2	3	4	5	6
36. 我常常因他人对待我的方式而生气。	1	2	3	4	5	6
37. 我是一个乐观、兴致盎然的人。	1	2	3	4	5	6
38. 我认为在对不常见问题做决定时,应遵从权威观点。	1	2	3	4	5	6
39. 有些人认为我冷漠又精于算计。	1	2	3	4	5	6
40. 当我做了承诺,通常我能贯彻到底。	1	2	3	4	5	6
41. 当事情变得糟糕时,我经常觉得沮丧。	1	2	3	4	5	6
42. 我不是一个乐观主义者。	1	2	3	4	5	6
43. 我在阅读诗歌或欣赏艺术品时,有时会感到兴奋或惊喜。	1	2	3	4	5	6
44. 在态度上,我是一个固执而不妥协的人。	1	2	3	4	5	6
45. 有时我不能做到我应有的可靠或可信。	1	2	3	4	5	6
46. 我很少悲伤或沮丧。	1	2	3	4	5	6
47. 我的生活是快节奏的。	1	2	3	4	5	6
48. 我没有什么兴趣思索宇宙规律或人类本性。	1	2	3	4	5	6
49. 我通常会努力细心和体贴。	1	2	3	4	5	6
50. 我总能完成工作,是个有成效的人。	1	2	3	4	5	6
51. 我经常感到无助,并希望有人来解决我的问题。	1	2	3	4	5	6
52. 我是一个很活跃的人。	1	2	3	4	5	6
53. 我对许多事物都很好奇,充满求知欲。	1	2	3	4	5	6
54. 如果我不喜欢某一个人,我会让其知道。	1	2	3	4	5	6
55. 我好像总不能够将事情安排得有条理。	1	2	3	4	5	6
56. 有时我羞愧得只想躲起来。	1	2	3	4	5	6
57. 我宁愿我行我素,也不想领导他人。	1	2	3	4	5	6
58. 我经常喜欢思考,把玩理论或抽象的观念。	1	2	3	4	5	6
59. 如果必要,我愿意操纵别人来达成我的目的。	1	2	3	4	5	6
60. 对所做的每件事,我都努力做得最好。	1	2	3	4	5	6

大五人格维度	题项序号	各题认同程度选项	计分
神经质	1, 6, 11, 16, 21, 26, 31, 36, 41, 46, 51, 56（反向记分题：1, 16, 31, 46)		
外向性	2, 7, 12, 17, 22, 27, 32, 37, 42, 47, 52, 57（反向记分题：12, 27, 42, 57)		
开放性	3, 8, 13, 18, 23, 28, 33, 38, 43, 48, 53, 58（反向记分题：8, 18, 38, 48)		
宜人性	4, 9, 14, 19, 24, 29, 34, 39, 44, 49, 54, 59（反向记分题：24, 39, 44, 59)		
尽责性	5, 10, 15, 20, 25, 30, 35, 40, 45, 50, 55, 60（反向记分题：15, 30, 45, 55)		

评分参考：维度得分在 12—24 之间，不具有或极少具有该维度所描述的特征；维度得分在 25—35 之间，较少具有该维度所描述的特征；维度得分在 36—48 之间，该维度所描述的特征表现不明朗，有待进一步观察；维度得分在 49—59 之间，部分具有该维度所描述的特征；维度得分在 60—72 之间，较多或非常明显具有该维度所描述的特征。

注：基于 Costa & McCrae(1992)量表做适当改编。

思考与讨论

1. 在大五人格五维度中，根据你的得分情况，思考并表述你当前所具有的大五人格的主要特征。

2. 根据你当前具有的大五人格特征，你认为自己适合做什么类型或特征的工作才更可能作出高绩效？

参考文献

Barrick, M. R. & M. K. Mount, 1991, The Big Five Personality Dimensions and Job Performance: A Meta-analysis, *Personal Psychology*, 44, 1—26.

Branden, N., 1998, *Self-Esteem at Work: How Confident People Make Power Companies*, San Francisco: Jossey-Bass.

Costa, P. T. & R. R. McCrae, 1992, *Revised NEO Personality Inventory and NEO Five-Factor Inventory*, Odessa: Psychological Assessment Resources.

George, J. M. & J. Zhou, 2001, "When Openness To Experience and Conscientiousness are Related to Creative Behavior: An Interactional Approach", *Journal of Applied Psychology*, 86, 513—524.

Goleman, D., 1995, *Emotional Intelligence: Why It Can Matter More Than IQ*, Bantam Books.

Goleman, D., 1998, *Working with Emotional Intelligence*, Bantam Books.

Goleman, D., R. Boyatzis, & A. Mckee, 2002, *Primal Leadership：Realizing the Power of Emotional Intelligence*, Perseus.

Marston, W. M., 2007, *Emotions of Normal People*, Read Books.

Salovey, P., & J. D. Mayer, 1989, "Emotional Intelligence", *Imagination, Cognition and Personality*, 9, 185—211.

McDaniel, M. A., D. L. Whetzel, F. L. Schmidt, & S. Maurer, 1994, The Validity of Employment Interviews：A Comprehensive Review and Mela-analysis, *Journal of Applied Psychology*, 79, 599—616.

Seibert, S. E. & M. L. Kraimer, 2001, The Five-Factor Model of Personality and Career Success, *Journal of Vocational Behavior*, 58, 1—21.

Snyder, M. & S. Gangestad, 1986, On the Nature of Self-Monitoring：Matters of Assessment, Matters of Validity, *Journal of Personality and Social Psychology*, 51, 125—139.

顾海根:《心理差异与教育》,学林出版社 2002 年版。

卢家楣、魏庆安、李其维:《心理学基础理论及其教育应用》,上海人民出版社 1998 年版。

罗伯特·克赖特纳、安杰洛·基妮奇:《组织行为学》(第 6 版),中国人民大学出版社 2007 年版。

王重鸣:《管理心理学》,人民教育出版社 2000 年版。

杨锡山:《西方组织行为学》,中国展望出版社 1986 年版。

叶奕乾、何存道、梁宁健:《普通心理学》,华东师范大学出版社 1991 年版。

郑日昌:《心理测量》,湖南教育出版社 1987 年版。

第 5 章　价值观、态度及其主要形式

本章关键词

价值观（values）　　　　　　　　　工具价值观（instrumental values）

职业价值观（occupational values）　认知失调（cognitive dissonance）

态度（attitude）　　　　　　　　　组织承诺（organizational commitment）

工作满意度（job satisfaction）　　　工作投入（job involvement）

终极价值观（terminal values）

价值观可以视为个人行为选择的终极原因。员工的工作选择和对工作行为的选择都以价值观为基础。态度是建立在认知基础之上的行为和情感准备，是直接影响行为的心理变量。工作满意度是态度的一个特殊形态，全面反映一个人对工作环境相关因素的基本满意情况。价值观、态度和工作满意度的实质是什么，如何形成的，与工作绩效有什么关系，以及通过何种途径进行测量并加以管理，是本章要讨论的问题。

5.1　价值观

5.1.1　价值观的定义

价值观是一种观念，是人们衡量自己行为与目标时的参照点与选择标准。人们接触某一事物时，会赋予这一事物一定的价值，并将外在事物转化为自己内部的价值观念。人总是不断按照自己的价值标准对周围事物进行评价，如对幸福、平等、自由、宗教信仰、政治制度、社会风气、功名利禄、自尊、诚实等因素进行评价，以判断事物的是非、善恶、重要性等。这些因素在人的心目中又会有主次轻重之分，久而久之，形成一个庞大的价值观念体系。这一价值观念体系是决定人们工作态度、工作期望和行为方式的心理基础。

5.1.2　价值观的形成

人的价值观是伴随着人的成长逐步积累形成的。一个人从出生起，就生活在一定

的社会环境中,家庭生活、学校教育、朋友交往、电视、报纸等都会对个人价值观念的形成产生影响,因而人们形成的价值观念体系各不相同,对周围事物的评价也会呈现出个体差异性。

个体的价值观念体系并不是一成不变的。随着经济地位的变动、生活条件的改善,人们的世界观和人生观会发生变化,价值观念体系也会随之改变。比如从前人们穿衣服时提倡"新三年,旧三年,缝缝补补又三年",强调衣服要经久耐穿,体现了中国人崇尚节俭的价值观,而如今,随着人们生活水平的普遍提高,服饰方面已越来越讲求品牌知名度、面料舒适度和款式潮流化,提倡追随流行时尚,这就反映出人们在着装上价值观的改变。个体的价值观念体系虽然会随生活的变迁而发生变化,但有些基本的观念,一旦形成,却具有相对的持久性和稳定性,对个体的行为长期起着指导作用。例如,一个年轻时就崇尚节俭、强调应该把钱花在刀刃上的人,到了老年也不太可能过于铺张,因为他对自己想过什么样生活的想法是非常一致的。这一点对于企业管理相当重要,因为员工在进入企业之前有着各自不同的经历和体验,形成了不同的价值观,并带着这些价值观加入组织,了解了员工的价值观,则能有效地引导员工的行为向组织期望的方向发展。

5.1.3　价值观在组织中的作用

价值观影响人的态度,进而影响个人的行为,它对群体行为和整个组织行为的影响也就显而易见了,这种影响最终体现在组织的经济效益和社会效益上。

在同一组织中,员工的价值观各不相同,有的人注重工作带来的成就感,强调工作岗位所提供的广阔发展空间,有的人看重金钱报酬,认为薪金最能体现工作岗位的价值,有的人则更重视权力地位。各式各样的价值观会导致不同的人在面对同一事物时,产生不同的行为。例如,组织制定出一项新的规章制度,员工们由于价值观念不同,看待这项规章制度的态度就不一致,采取的行动也会不同。认为这项规章制度合理的人会认真贯彻执行这一新规定,认为这项规章制度不合理的人会拒不执行或消极抵制这一新规定。而这两种截然相反的行为,对组织目标的实现起着完全不同的作用,因而组织在选择自己的信念目标时,要综合考虑和平衡各方面的价值观。对一个企业而言,来自各方面的要求可能都不相同,如顾客要求产品价廉物美,投资者要求增加盈利,员工要求增加薪资福利,政府要求企业创造出更多的财政收入,我们在制订组织目标时,就要全面考虑,兼顾各方面的利益。

很多著名大企业成功的经验之一,就是有自己明确的价值观,有共同的信念,自始至终都贯彻这个信念。其中最具有代表性的是 IBM 公司,曾任该公司总裁的小托马斯·沃森(Thomas Waston)在他 1963 年出版的《企业与信念》一书中论述企业核心价值观的作用,他把这种核心价值观称为"信念"。小托马斯·沃森这样评价信念的作用:"我认为,公司成功与失败之间的真正区别常常可以归结成下面这个问题,即它在多大程度上使雇员巨大的力量和才能发挥了出来。它采取了什么行动来帮助雇员相互找到共同的目标。……在新旧人员不断更替、形势不断变化的漫长发展过程中,它怎样才能维持这一共同目标和方向感呢?……我认为答案就在于我们所说的信念的力量及其对雇员的吸引力。……我毫不怀疑地认为,任何公司要想存在下去并不断取得成功,就必须有一套可靠的信念,并把这套信念作为政策和行动的前提。另外,我认为,公司成功的最重要的单个因素便是遵守这套信念。……必须永远把信念作为政策、行动和目标的前提。后者不能违背信念,否则必须改变。"

还有许多企业也和 IBM 公司一样,有着自己的核心价值观。比如,福特公司的信念是:人是力量的源泉,产品是"我们努力的最终目的",利润是必要的工具和衡量成就的尺度,起码的诚实与正直;迪斯尼公司的核心价值观是:不许悲观失望,对工作细致入微,不断创造,永远保持迪斯尼公司的"神奇"形象;3M 公司的共同信念是:创新,绝对正直,尊重个人进取心和个人发展,包容诚实的错误;海尔集团的核心价值观是:真诚到永远。这些成熟的价值观不会随着外在环境的改变而变化,甚至不随市场的变迁而变化,而一直指导着企业的发展方向。

在当前经济快速发展的条件下,一个成功的经营管理者必须非常重视员工的价值观及其对企业经济效益和社会效益的影响,一方面要使组织的管理方式适应员工普遍的价值观,另一方面要在组织中培植和贯彻共同价值观和共同信念,以推动企业和整个社会经济的共同发展。

5.1.4　价值观的分类

尽管人们的生活经历不同,价值观也各有差异,但也显示出一些共性,即有些人的价值观会具有相似之处,可以归于同一类型。

行为科学家格雷夫斯(C. W. Graves)对组织内各级各类人员做了大量调查,就他们的价值观和生活情况进行分析,按照表现形态的不同,把价值观归纳概括为下列 7 个等级:

第一级,反应型。这种类型的人往往并没有意识到自己和周围的人是作为人类而存在的,总是按照自己的基本生理需求作出反应,而不考虑其他条件。这种人类似婴儿,不过十分少见。

第二级,部族型。这种类型的人有较强的依赖性,服从权威与传统习惯,并喜欢处于友好而专制的集体中。

第三级,自我中心型。这种类型的人是典型的个人主义者,比较自私,为了获得自己希望的利益而愿意不择手段,服从权力。

第四级,坚持己见型。这种类型的人难以接受不同的意见,希望别人与自己之间有更多的一致性,喜欢任务明确的工作。

第五级,玩弄权术型。这种类型的人喜欢通过操纵别人和控制周围的事物来达到自己的目的,喜欢影响别人,向往地位和权势,追求成就感和进步感。

第六级,社交中心型。这种类型的人十分重视人与人之间的和睦与友爱,看重工作群体的和谐关系,强调被人喜爱以及良好的人际关系甚于自己的发展,注重人与人之间关系的平等。

第七级,存在主义型。这种类型的人能容忍不同的意见与观点,喜欢具有创造性、无拘无束的工作,喜欢接受挑战,强调自己的成长和发展,对于金钱和职位的晋升不是很看重,并敢于批评僵化的政策体制等问题。

这个等级序列发表后,有学者采用它对美国企业进行了调查研究,结果发现,一般企业成员的价值观分布在第二级到第七级之间,管理人员多分布在第四到第五级,但有逐渐被第六和第七级类型的人取代的趋势。

美国心理学家奥尔波特(G. W. Allport)和他的助手曾对人的价值观进行过研究,他们把人的价值观分为六种类型:

(1) 艺术型:这一类型的人以感受事物的美为最大价值;

(2) 经济型:经济型的人以谋求利益为人生最高价值;

(3) 权力型:此种类型的人以掌握权力和利用别人为最大价值;

(4) 社会型:该类型的人以帮助别人和人际协调为最高价值;

(5) 宗教型:这种类型的人以超脱的生活和满意的体验为人生最高价值;

(6) 理论型:此类人以知识真理和探求事物的本质为人生最大价值。

他们通过测量个体的价值观偏好,以分析不同群体价值观偏好的差异性。研究发现成功女性与男性经理的偏好接近,而与学院普通女性的偏好显然不同。

米尔顿·罗克奇(M. Rokeach)设计了罗克奇价值观调查问卷,它包括两种价值观类型:

第一种类型,终极价值观。这种价值观类型是指一种期望存在的终极状态。它是一个人希望通过一生来实现的目标,包括18项具体内容:舒适的生活(富足的生活)、振奋的生活(刺激的、积极的生活)、成就感(持续的贡献)、和平的世界(没有冲突和战争)、美丽的世界(艺术与自然的美)、平等(兄弟情谊、机会均等)、家庭安全(照顾自己所爱的人)、自由(独立、自主的选择)、幸福(满足)、内在和谐(没有内心冲突)、成熟的爱(性和精神上的亲密)、国家的安全(免遭攻击)、快乐(快乐的、闲暇的生活)、救世(救世的、永恒的生活)、自尊(自重)、社会承认(尊重、赞赏)、真挚的友谊(亲密关系)、睿智(对生活有成熟的理解)。

第二种类型,工具价值观。这种价值观是指偏好的行为方式或实现终极价值观的手段。它也包含18项具体内容:雄心勃勃(辛勤工作、奋发向上)、心胸开阔(开放)、能干(有能力、有效率)、欢乐(轻松愉快)、清洁(卫生、整洁)、勇敢(坚持自己的信仰)、宽容(谅解他人)、助人为乐(为他人的福利工作)、正直(真挚、诚实)、富于想象(大胆、有创造性)、独立(自力更生、自给自足)、智慧(有知识的、善思考的)、符合逻辑(理性的)、博爱(温情的、温柔的)、顺从(有责任感、尊重的)、礼貌(有礼的、性情好的)、负责(可靠的)、自我控制(自律的、约束的)。

除了上述的一般价值观之外,在组织中,通常与工作相关的价值观被称为职业价值观。职业价值观，在英文文献中，通常以"occupational values"或"vocational values"来表示，有时也称之为工作价值观（work values），它表明一个人通过工作所追求的目标是什么。职业价值观通常反映人们对待职业的一种信念和态度，或是人们在职业生活中表现出来的一种价值取向。在现实中，由于个人的年龄、阅历、教育状况、家庭影响、兴趣爱好及身心条件等不同，人们对各种职业有不同的评价，这些评价形成个人的职业价值观，并影响个人对具体职业的选择。

美国著名心理学家休普（D. E. Super）于1962年明确提出了职业价值观的结构理论，将职业价值观划分为三类：一是内在价值，指与工作本身有关的一些因素；二是外在工作价值，指与工作本身性质无关的一些因素；三是外在报酬。在1970年，休普根据自己的理论编制了广为接受的职业价值观量表（work values inventory，WVI）。在该量表中，职业价值观被分为15种：智力刺激、利他主义、审美主义、独立自主、创造力、成就动机、经济报酬、声望、权力、安全、与主管关系、同事关系、环境、多彩多样、生活型，由45个项目构成。

埃利舒等人（Elizur, D., Borg, I., Hunt, R. & Beck, I., 1991）基于不同文化的大样本调查研究提出职业价值观的三个可能维度：认知性维度、感情性维度、工具性维度。认知性职业价值观包含晋升、反馈、成就、地位、工作兴趣、能力和独立性等；情感性职业价值观包含同事关系、自尊、互动和与上级的关系等；工具性价值观包含收入、安全、方便、工作环境等。

基于休普及国内外学者对职业价值观的理论研究，结合访谈和1 500多份问卷抽样调查，我们提出以下13种类型的职业价值观（该价值观的测试见本章的测试练习）：

（1）利他主义：为他人着想，追求为大众的幸福和利益尽自己一份力量。

（2）审美主义：不断追求美的东西，得到美感的享受。

（3）智力刺激：不断进行智力开发，动脑思考，学习和探索新事物，解决新问题。

（4）成就动机：期望不断取得成就，不断得到领导和同事的赞扬或不断实现自己想做的事。

（5）自主独立：充分发挥自己的独立性和主动性，按自己的方式、想法去做，不受他人干扰。

（6）社会地位：从事的工作在人们心目中有较高的社会地位，从而使自己得到他人的重视与尊敬。

（7）权力控制：获得对他人或某事的管理或支配权，能指挥和调遣一定范围内的人或事物。

（8）经济报酬：获得优厚的报酬，使自己有足够的财力去获得自己想要的东西，使生活过得较为富足。

（9）社会交往：与多种多样的人交往，建立比较广泛的社会联系和关系，包括与知名人士结识和交往。

（10）安全稳定：不管自己能力如何，在工作中期望有一个安稳的局面，不会因为奖金、加薪、调动工作或领导批评等而提心吊胆或心烦意乱。

（11）轻松舒适：将工作作为一种消遣或享受的形式，追求比较舒适、轻松、优越的工作条件和环境。

（12）人际关系：与一起工作的大多数同事和领导关系融洽，一起工作时感到愉快、自然。

（13）多彩多样：希望工作的内容时常变换，使工作和生活丰富多彩，不单调枯燥。

5.1.5　企业管理价值观

企业管理价值观是对企业管理好坏的总评价和总看法，它是企业管理工作的出发点。一般而言，企业管理价值观主要有最大利润价值观、企业价值最大化价值观、企业价值—社会效益最优化价值观三种类型。

1. 最大利润价值观

这种类型的价值观认为利润代表着企业新创造的财富，利润的增加就是企业财富的增加，因而，企业的决策行为和管理方式都必须服从创造最大利润这一根本出发点，并以此作为评价企业经营管理的唯一标准。最大利润价值观是一种比较古老的价值观，是 18 到 20 世纪初最具代表性的观念，有些企业甚至至今仍坚持这一价值观。但事实上，这种价值观有较大的局限性。其局限性主要体现在：首先，没有考虑利润的获取时间和货币的时间价值对利润的影响；其次，没有考虑利润与资本投入额之间的关系，不利于企业提高经济效率；再次，没有考虑利润与所承担风险之间的关系，会促使管理层优先选择高风险高回报的项目，一旦不确定因素导致不利后果，容易使企业受困。

2. 企业价值最大化价值观

从 20 世纪 20 年代开始，随着经济快速发展，企业规模不断扩大，投资金额越来越高，投资者越来越分散，企业的所有权与经营权也逐渐分离，财产所有者与企业经营者之间慢慢形成一种新的代理委托关系，一种新的企业管理价值观也随之兴起。这种新型的观念就是企业价值最大化价值观，又叫股东财富最大化价值观。此观念的核心思想就是企业经营者必须综合考虑到各方面的利益关系，并进行协调，以企业资产的保值增值作为企业发展的基础，以企业价值最大化为企业发展的最终目的。

3. 企业价值—社会效益最优化价值观

这种价值观兴起于 20 世纪 70 年代。企业生产经营的目标与社会利益在多数方面是相同的。例如：企业面向市场，生产消费者需要的产品，满足人们的生活需求；企业自身发展，组织规模扩大，提供了就业机会；企业为求更好地生存，改进技术，提高生产力，促进科技的进步等。但有些企业为了获得更多的利益，有时会生产伪劣产品，危害公众健康或破坏环境等。因此，企业活动必须在法律法规与道德规范的约束下，充分兼顾企业价值和社会效益，实现二者的最优化，这就是企业价值—社会效益最优化价值观。

5.2 态度

5.2.1 态度的概念

态度是个人对某一对象作出的评价和行为倾向。对象的范围很广,可以是人、物、组织;也可以是事件、制度;还可以是表达事物的概念和理论等,总之所有的社会存在物都有可能成为态度的对象。在日常生活中我们谈到态度时总是会有对象指向的,会明确地指出具体的对象,而不会笼统地说某人有什么态度,如员工甲对上司表示欣赏、员工乙对工作感到不满意等。

人们的态度可能是赞成或反对、喜欢或厌恶,并伴随相应的行为倾向。它反映了个人对某些事物的感受。例如一个人说"我喜欢学习"时,就是在表达自己对学习的态度。同时态度也受到个人背景和经验的影响,个人生活中的重要人物如父母、朋友、工作群体成员等强烈地影响着态度的形成,进而成为决定个人行为的一个主要因素。

组织行为学讨论的主要是工作态度,奥瑞里(O'Reilly)曾提出过一个以"情感"为基础的工作态度的定义,认为工作态度可典型地定义为"对工作环境因素的积极与消极的评价",工作满意度和组织承诺就是引起人们广泛兴趣并被广泛深入研究的工作态度形式。

5.2.2 态度的构成

态度是一个心理学概念,了解态度的心理成分有助于理解态度的内容。

态度有三个基本成分:认知成分、情感成分和行为意向成分。

认知成分是指个人对于态度对象的认识、理解和评价。

情感成分是指个人对某一对象的情感体验,比如喜欢或是反感、爱戴或是憎恶、欣赏或是蔑视等,情感成分是态度的核心成分。

行为意向,是个人对某对象的行为反应准备状态。这种状态决定个人对某对象的行为反应是靠近还是逃离。

个人首先获得关于某对象的知识,根据对它的了解作出评价,在此基础上产生相应的情感反应,并由情感驱动决定行为反应是靠近还是逃离。例如,某员工了解到部门经理有渊博的知识、谈吐幽默、平等待人,由此对他产生好感,并喜欢和他聊天、交换意见,愿意与他共事。

态度的构成成分并不是孤立存在的,在功能上也不是独立的。一个人对人或事的观点、情感和意向都是交互作用的。

5.2.3　态度与行为

态度具有相对稳定性和一致性，这是人的行为具有一致性的基础。所以态度可以作为对行为进行预测的依据。因为人总是会自动地在各种态度之间以及态度与行为之间寻求一致性。这意味着，人们会自行调和其分歧的各种态度，以同样的方式对相同的事物作出反应。如果一个人对某个人或物采取一种态度，他就具备了作出行为反应的基础，即使对从来没有接触过的事物或者人也是如此。

但是，态度与行为之间并非是简单的一一对应关系。

在较早的研究中，认为态度与行为之间是因果关系，态度为因，行为为果，也就是个人的态度倾向决定他所做的事情。日常生活中的一些现象也反映了这种因果关系。比如"人们因为喜欢读小说才读小说，因为不喜欢某人而避免与他交往"。但仔细考虑一下，我们又能说"人们因为读小说才喜欢读小说、因为避免与某人交往而不喜欢某人"。这种说法不对吗？好像也符合事实。所以，这种因果关系的结论后来被推翻了。

20世纪60年代末期，大量调查报告及研究结果证实：态度与行为之间通常不存在简单直接的联系。而且研究还表明，态度与行为通过一些中介变量而体现出一定的相关性。

第一个中介变量是社会压力对行为方式的限制。尽管这种行为方式与他的态度并不一致，但社会压力能强迫个人按照一定的行为方式活动。例如，某人认为改进管理方式会促进工作效率的提高，但在决策时如果大部分管理者都持否定的态度，这个人也不得不在行为上与大家保持一致。

另一个中介变量是态度与行为的具体性。态度、行为越具体，越是针对特定的事物，态度与行为的相关程度就越高。比如"赞成环保"是一种一般性的态度，但"反对使用一次性筷子"则是一种具体的态度，持前一种态度的人不一定就同意后一种观念，但坚持后一种观念的人则会付诸实践，体现出态度与行为的一致性。

5.2.4　态度转变及其理论

1.态度的转变

态度是在个体生活中经过学习逐渐形成的，一般而言态度具有稳定性，它一旦形成后，便成为人们个性的一部分，影响整个行为，所以要改变态度，并不像一般的学习那么简单。但态度也不是一成不变的，它会随着外界条件的变化而变化，从而形成新的态度。

态度的转变包括方向的转变和强度的转变，前者如刚开始讨厌某样事物（如互联网）后来却慢慢地喜欢上它，后者如从开始阶段的对某人的好感慢慢发展到爱上他。当然，方向与强度有关，从一个极端到另一极端，既有方向的转变又有强度的转变。

态度能否转变依赖一定的条件,具体来说,下述条件都会不同程度地影响到态度转变的方向或强度:

(1) 两种态度之间距离的大小。

态度变化的难易受到前后两种态度之间距离的大小影响,一般来说,两种态度之间的距离越大,转变越不容易。

(2) 态度转变过程是否与活动相关。

要转变某人的态度,最好能引导其参与相关的活动。特别是那些内化为价值观的深层次的态度,要促使其转变更有赖于一定的活动参与。时下流行的体验式学习就是通过强调让学员亲自参与活动,在活动中促成某些根深蒂固的观念加以改变,以达到学习的目的,这种通过活动加以改变态度的方式特别适合于俗称为"洗脑子"的态度转变。

(3) 团体的规定。

人们都处于一定的团体中,团体中的规则、习惯、制度都可以有效地改变个人的态度。通过团体规定的制约作用促成人们转变某些不符合组织要求的态度是各类组织经常采用的管理方法。

(4) 宣传的影响。

宣传对态度的转变总体上是有效的,但其效果大小受到多方面因素的影响,如宣传者的权威、宣传内容、宣传的组织方式、宣传的媒介等。

2. 态度转变的理论

(1) 认知失调理论。

在态度的研究成果中,与组织行为学最相关的发现就是个人会自觉地在行为与态度之间以及各种态度之间寻求一致性。社会心理学家费斯廷格(L. Festinger)以他的"认知失调理论"很好地解释了这一点。一旦个人的认知与其态度出现了不一致或个人的态度与其行为出现了矛盾,就会产生一种心理上的不适感。事实上,任何形式的不一致都会产生这种不适感。这种不适感又会反过来促使当事人试图消除两者之间的差异,进而消除因不协调而产生的不适感。简言之,个人会试图降低认知失调产生的不适感。

毫无疑问,个人无法避免这种不协调状态,总会在不同时刻不同环境下由不同的原因导致各种各样的认知失调。比如,你知道应该拾金不昧,但你把在路上捡到的钞票塞进了自己的口袋;你明知说谎是不对的,但仍然欺骗了别人。这样的例子简直不胜枚举。人们是怎样应付这种不协调的呢? 方法当然是各不相同,不过,调节这种不平衡的迫切程度却由以下三种因素决定:导致失调的因素的重要性;当事人认为自己对这些因素的影响有多大;失调可能带来的后果。

造成失调的原因不太重要,现状也无足轻重,改变这种不平衡的压力则比较小。若造成失调的因素十分重要,当事人就会有迫切调节这种不平衡的需要。而且,当事人如果觉得失调的原因是外部环境条件,如台风、暴雨等天灾,人力不可控因素,或者是上级的命令以及规定等外在原因,也就是作外部归因,会在一定程度上减轻当事人自己的责任,减少失调的压力就比个人自发行为所带来的不协调要小。另外,如果失调带来的收益或报偿很丰富,也会成为一种合理化的理由,从而产生平衡,认知失调的压力也不会很强烈,例如高奖酬会减少不协调所产生的紧张程度。

人们通常会采用什么样的办法来解决这种认知失调的问题呢?答案不外乎是改变行为、改变态度或寻找其他中介影响因素来降低不协调程度。我们举个例子来说明。李先生是一家化工厂的厂长,他坚信任何企业和个人都应该保护大气环境,不应该做破坏大气质量的事。但是很不幸,他的工作使他处于一种非常矛盾的境地:为了工厂的利益而制订的决策违背了他对于大气污染的态度。他知道,如果将工厂的废气直接排放到空气中能使他的工厂获得最大经济效益(当然,只是一种假设,假设这种排放是合法的),那么他该怎么办呢?这里,李先生显然面临着认知失调,而且这些因素都相当重要,李先生不可能忽视这种失调。他只好采用一定的办法解决这个问题。可供选择的方法有这样一些:第一种办法就是李先生改变他自己的行为,停止向大气中直接排放废气。第二种方法是他认为这种不协调的行为并不太重要,以此来降低失调程度。他会觉得自己处在工厂决策者的位置上,必须考虑工厂的生存问题,必须考虑工厂的经济利益,把工厂的利益置于社会利益之上。第三种方法是李先生改变他自己的态度,转而认为污染空气并不是不可原谅的错误。第四种方法是寻找其他的影响因素来降低这种不协调,李先生认为自己工厂生产的产品,其社会效益要大于空气污染对社会造成的损失。

认知失调理论在组织中有助于预测员工的态度和行为改变的倾向性。比如由于工作的需要要求员工去做违背他态度的事,这就需要他们改变自己的态度,而使态度与行为相一致。这种不协调越大,在被重要性、奖酬等因素影响之后,降低不协调的动力也就越大。

(2)平衡理论。

平衡理论是心理学家海德(F. Heider)于1958年提出的态度转变理论。在海德看来,个人有平衡、和谐的需要,一旦在认识上产生不平衡或不和谐,就会导致心理上的紧张或焦虑,从而促使他(她)的认知结构向平衡与和谐的方向转化。总的来说,人们喜欢的是平衡、和谐的关系,不喜欢失衡的状况发生。

海德认为,在社会生活中,个人与他人建立的大部分关系是通过某些事件形成的。由于态度总是与认知联系在一起的,因而态度的转变在海德看来主要就是认知的转变。设认知主体为P,他人为O,事件为X,这三者构成了一个环状系统,被称为P-O-X三角。海德认为,当认知主体P在同一单元内与他人O对某个事件X的看法一致时,其认知体系便呈现平衡状态。如现有认知主体为张民(某公司产品开发部的项目主管),他人为李海(张民的同事,项目顾问)与某个开发项目X。张民主张开发项目X,如果张民通常认同李海的意见,而李海也主张开发项目X,则在张民的认知体系中就处于平衡状态,但如果李海不赞成开发项目X,张民的认知体系就产生不平衡状态。不平衡的结果会引起内心的不愉快或紧张。为了消除这种不平衡状态,张民要么认同李海的看法,而放弃自己的主张,要么想法说服李海,让李海转变看法。不管哪一种方式,都产生态度转变的问题。

为了更好地理解平衡理论,以三角形图示关系来进一步形象描述认知主体 P 与他人 O 及事件 X 如何在平衡与失衡之间转换的关系。以符号"+"表示正面的关系,如喜欢、赞成等,用符号"-"表示负面的关系,如不喜欢、反对等。这样就形成了 8 种关系模式。按照海德的理论,判断三者关系是否平衡,其依据为"平衡的结构必须是三角形三边符号相乘为正,不平衡的结构必须是三角形三边符号相乘为负",如图 5.1(a)和 5.1(b)所示。这样,在 8 种关系模式中,就有 4 种是平衡的结构,4 种是不平衡的结构。

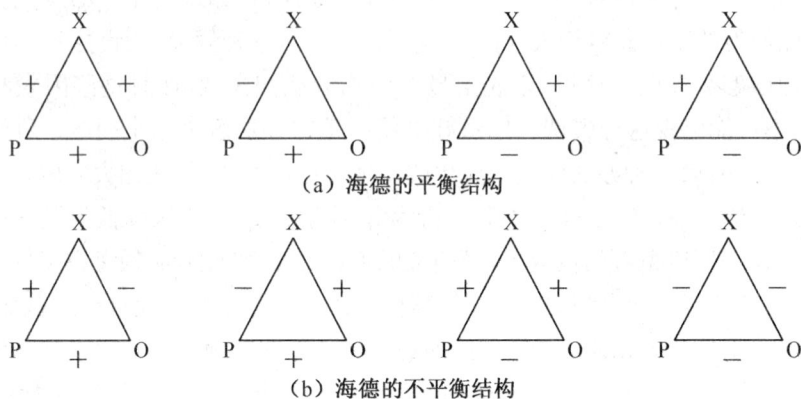

（a）海德的平衡结构

（b）海德的不平衡结构

图 5.1

海德的平衡理论提示我们,对人的认知、态度、人际关系都不应孤立地了解和评价,要在事物的相互关系中认识和掌握它们。两个人之间的态度、情感要想取得一致,需要双方对有关的对象取得一致意见和看法。

5.3 工作满意度

5.3.1 工作满意度的概念及其影响因素

1. 工作满意度的概念

工作满意度(job satisfaction)及随后讨论的组织承诺(organizational commitment)是工作态度的两种主要类型,因其在组织活动中的重要性而得到关注并被加以研究。所谓工作满意度(有时也被称为工作满意感)是指个人对自己所从事工作具有的积极情感的程度。一般来说,个人的工作满意度越高,意味着此人对自己的工作持有积极的态度、有较多的正面评价,总体上喜欢他的工作。

工作满意度是产生于人们的工作之中的。拥有较高的工资、与同事关系好、对工作有兴趣,在这种条件下工作的员工比在不具备这些特征的条件下工作的员工更容易产生较高工作满意度。

工作满意度还是生活满意度的一个组成部分。员工工作之余环境的性质会间接地影响他或她对工作的感情。类似地,既然工作是很多员工生活的重要组成部分,工作满意度会影响到员工日常生活的满意度。因而,管理者不仅需要关注员工工作和目前的工作环境,而且需要关注员工对生活其他组成部分的态度。

工作满意度与人力资源管理中经常会提及另一重要概念"员工满意度"在含义上应该稍有差别,但这两者之间显然又有极为密切的联系。在人力资源管理等课程中一般把员工满意定义为"员工通过对组织可感知的效果与他的期望值相比较后所形成的感觉状态",而把员工满意度则定义为"员工接受组织的实际感受与其期望值比较的程度(员工满意度＝实际感受/期望值)"。

如果要对工作满意度与员工满意度这两个概念进行区分比较,可以认为工作满意度是员工满意度的一个子概念,后者的范畴更大。因为员工满意度的态度对象是组织,而工作满意度的态度对象是工作。但在企业等组织形态中,工作显然是员工组织生活的最主要部分,因而员工满意度必然包含对工作的满意度评价。

2. 工作满意度的重要性

对组织管理者和员工来说,工作满意度都是一个值得关注的重要概念。对于管理者来说,关心员工的工作满意度是因为担心不满意会带来工作的低效率和员工的高流动率;对员工来说,关心工作满意度是因为工作本身是其主要的生活内容,员工要求从这一过程中得到愉悦的享受,获得个人生活的满足。

研究表明,工作满意度的重要性主要表现在以下方面:

首先,有确凿证据表明不满意的员工经常缺勤,并且更可能辞职。我们考察了满意与逃避行为关系的证据。这些证据是相当清楚的,证明了满意的员工流动率和缺勤率都很低。

其次,有证据证明,满意的员工更健康而且更加长寿;关于工作满意度的一个经常被忽视的维度是工作满意度与员工身体健康之间的关系。多项研究显示,对自己的工作不满意的员工可能导致身体疾病,从头痛到心脏病。一些研究甚至表明,工作满意是一种比躯体生理状况和吸烟能更好地预测寿命的指标。这些研究认为,不满意不仅仅是一种心理现象。由不满意导致的压力将显著增加患心脏病和其他类似疾病的可能性。对管理人员来说,这意味着即使满意感不导致流动率和缺勤率的降低,员工满意感的目标本身也可能是合理的,因为它减少了由于心脏病或脑溢血带来的医疗费用和过早失去有价值员工的可能性。

另外,员工对工作的满意度还能够影响到他们工作之外的生活。当员工愉快地从事他们的工作时,这将改善他们工作之外的生活。相反,对工作不满意的员工可能把这种消极态度带到家里。对工作的满意自然会给社会中的每一个成员带来益处。满意的员工更可能是满意的公民。通常这些人对生活持有一种更积极的态度,他们使社会拥有更多心理健康的公民。

3. 工作满意度的影响因素

每个员工都具有不同的价值观,对组织的态度各异,对工作岗位也持各种不同的看法和期望,而这些价值观、态度、期望又反过来影响员工与工作间的关系。所有这一切,最终都会影响员工的工作满意度。仔细分析一下，这些因素主要体现在以下几个方面：

（1）工作性质。有研究表明，工作性质是影响工作满意度最为重要的原因之一。对员工而言，工作性质对工作满意度的因素主要表现在三方面：其一，工作本身是否具备一定的挑战性。个体如果能成功地完成带有挑战性的工作任务，往往会增加个人的满意感受。其二，工作的适度变化。过分单调的工作易使人厌倦，过多变化的工作易使人紧张，只有保持适度变化的工作才能带给人最大的满足感。其三，工作的自主权。如果员工的一切行动都受到管理监督，他们既不能选择工作的方法，也不能选择工作的进度，一切都是管理者说了算，员工将会产生极大的不满意感。

（2）报酬。在影响工作满意度的诸多因素中，报酬同样起到非常重要的作用。因为报酬能够满足员工的许多需求。员工通过工作获得报酬，可以间接满足其生活方面的许多需求，如购买生活必需品以满足物质需求、进行文化娱乐消费以满足精神需求等。某种意义上，报酬也是个人工作成就和社会地位的象征，个人通过报酬体验到了一定的工作成就感、获得了一定的社会地位，这些反过来又会提升其工作满意度水平。

（3）晋升。在管理制度相对健全的组织中，员工获得职位的晋升能够极大地调动其工作积极性，增加其工作满意度水平。因为，在组织中的晋升意味着带来更多的管理权力、拥有更大的资源配置权限，工作内容也会有所变化，工作报酬也会随之得到提升。上述在工作性质和报酬中分析到的影响工作满意度的因素均能在晋升中得到体现。

（4）领导的管理方式。组织领导的管理方式也是影响员工工作满意度的一个重要因素，管理者若能做到以员工为中心，处处尊重和关心下属，在众多问题的决策上实行员工参与管理，则员工将对管理者以及他所从事的工作表现出较高的满意度水平。

（5）工作中的人际关系。许多工作都强调团队合作，即使在部分分工非常明显的工作中，人际关系也是影响员工工作满意度的一个重要因素，这是因为人都有交往的需要、爱的需要、寻求归属的需要。友好和谐的人际环境，融洽的同事关系，都能在不同程度上提高员工的工作满意度水平。

（6）工作条件。主要指工作中的物理条件，如办公环境、办公设备的配置情况、办公的便利程度等，这些工作条件若能较好地与员工的需要相匹配，就能够增加员工的满意度水平。另外，良好的工作条件也是促成个人与组织目标顺利达成的重要因素，工作目标的顺利实现自然能使员工产生满意感。

除此之外，年龄等变量也会对员工的工作满意度产生影响。研究表明，年龄与工作满意度之间存在比较稳定的一致性关系。对男性来说，在中年以前工作满意度水平直线上升，然后出现一个平稳期，50岁以后又出现上升趋势。对女性而言，则不存在中年的稳定期。关于受教育程度对工作满意度的影响，表面的数据研究结果似乎支持工作满意度与受教育程度之间存在一定的正相关，但当将其他因素考虑进去，比如受教育程度更高的人有较高的工作报酬要求，则工作满意度与受教育程度之间的正相关就不存在了。

再者，新的研究发现：工作满意度还受外在环境的影响。边齐（E. C. Bianchi, 2013）研究发现：在经济衰退阶段进入职场的工作者，比起经济繁荣期进入职场的工作者在职业生涯中,普遍拥有较高的工作满意度。原因可能在于:这些在经济情势严峻时期踏入职场的新员工,会更加珍惜得来不易的工作机会且心存感激。即便他们在职场上已占有一席之地或者外部经济已复苏,但这个观念仍可能深植在他们心中,而让他们更愿意在同一工作单位或岗位上长久耕耘;相对地,在经济繁荣时期进入职场的员工,因为机会较多,视一切为理所当然,较难以满足现状,不断地在追求最理想的工作。

　　这个有趣的新研究发现对组织中人才管理具有重要启示意义。现实中,多数企业在面对经济衰退时,往往首先想到的方案是节省成本及缩减人员。然而,危机入市或许是更好的人才选择时机。在经济不景气之时,不但劳动市场有更充足的优质人力可供选择,而且,此时进入用人单位的员工对工作满意度和稳定性也相对较高。因此,企业无须花费太多心思在留才问题上,而是如何甄选与鉴识所需人才。

5.3.2　工作满意度与工作绩效的关系

　　最能引起管理者及员工兴趣的是工作满意度与工作绩效之间的关系。最初的理论假设是较高的工作满意度会带来较高的工作绩效。然而许多研究表明,工作满意度与工作绩效间并不存在简单而直接的联系。

　　布雷菲尔德(A. H. Brayfield)和克洛克特(W. H. Crockett)于 1955 年曾通过调查研究指出,"没有什么证据表明员工的工作态度和工作绩效之间存在着任何简单的、可以觉察的关系"。而其他学者如阿瑞等人的研究结果指出高水平的工作满意度并不能反映高水平的工作绩效,同样,满意度也不是高绩效的结果。而赫兹伯格(F. Herzberg)和毛斯纳(B. Mausner)则研究指出"人们经常提到的积极工作态度有利于提高生产率"。

　　1972 年,格林(C. N. Greene)对有关争论作综合述评时提出,关于工作满意度与工作绩效之间的关系实际上存在三种主要观点:

　　(1)满意感为因。此观点出现最早,20 世纪 30 年代的"人际关系学派"即提倡此观点,认为只要提供良好的条件,员工自然干劲倍增。虽然后来有实验证明了工作满意感强,职务吸引力大,缺勤与离职便少,但未能获得工作满意度与工作绩效之间存在因果关系的证据。

　　(2)绩效为因。劳勒(E. E. Lawler)和波特(L. Porter)认为工作绩效不同会带来不同的报酬,进而产生不同的满意度水平。

　　(3)第三变量为因。切尔林顿(D. L. Cherrington)等人认为,工作满意度与工作绩效两者同为另一变量——第三变量的函数,即工作满意度与工作绩效之间并无固有关系,是按现有绩效支付的奖酬才既导致了后一阶段的高绩效,又诱发了高满意度。他们的实验发现,获得与其工作绩效相当的奖酬的被试在随后工作中的绩效要远高于未按绩效高低支付奖酬的实验被试。例如,不给一位绩效较差的被试以任何奖酬,他表现为怨言很多,满意度不高,但后来的工作绩效却提高了;但对另一绩效也较差的被试给付一定的奖酬后,他表示很是满意,然而随后的绩效却未见改善。实验表明,排除奖酬影响后,工作满意度与随后的工作绩效没有任何相关性,说明满意感不能改变随后的工作绩效。

现在可以肯定的是,工作满意度与工作绩效之间的关系极其复杂,不存在单一的关系。尽管如此,但有几点结论如今已得到证明:满意感虽不能直接带动绩效的改善,但可降低缺勤率与离职率;按现有绩效的高低发放相应的奖酬,也肯定能改善随后的绩效。这样,借助这些已弄清楚的规律,管理者就可实现既改进绩效也提高员工工作满意度的目标。

5.3.3 工作满意度的测量与评价

新世纪管理理念中的一个巨大的变化就是,管理者从"让员工服务于企业利润"转向"为员工服务"。因为只有尊重关怀员工,提高员工的工作生活质量,员工才能对企业忠诚和认同,乐于付出额外的努力,创造更大的价值。而满意度评价是最能体现这种思想,并帮助企业管理者实现上述理念的桥梁。所以,重视并科学有效地测量员工的工作满意度,已经成为现代企业管理的重要内容和手段。

如果我们了解了员工的工作满意度,一方面可以明确企业管理中存在的问题究竟是什么,更为重要的是,根据存在的问题,系统地去解决问题,并通过再次的满意度评价,观测情况是否得到了改进。另一方面,满意度调查结果可以起到预防的作用,它是诊断组织管理现状最为重要的"温度计"。它可以监控企业绩效管理的成效,比如,可以及时预知企业人员的流动意向,如果改进及时,措施得当,就能够预防一些人才流失的情况发生。结合上面的分析,可以看到工作满意度评价的作用主要体现在四个方面:帮助企业进行诊断,影响企业的未来绩效,保障员工的心理健康,提高员工的工作质量。目前,工作满意度已成为许多跨国大企业管理诊断的评价标准。如诺基亚、朗讯每年都要花巨资投入这项工作,作为年度的绩效考核指标之一。通过主管人员对结果的分析,帮助领导层更好地了解员工的基本满意状况:如最满意和最不满意的方面是什么,组织在哪一方面最需要改进,什么因素才能起到激励作用等等。因此,工作满意度已成为组织中一种早期警戒的指针,为企业人力资源管理决策提供重要的依据。

1. 工作满意度的测量方法

工作满意度是人们对工作环境的主观反应,故也是一种态度衡量的方法,测量的方法有印象方法(impressionistic method)、指导式的面谈(guided interview)、非指导式的面谈(unguided interview)、结构式问卷法(structured questionnaire)、非结构式问卷法(unstructured questionnaire)。不管采取什么测量评价方法,一般都会涉及测量评价的指标(维度)问题,因为尽管工作性质因工作种类的不同而差别很大,但大多数工作都有一些共同的维度,可以用来描述工作满意感的变化。组织行为学中的大量研究都涉及工作满意度的维度问题。据粗略的统计,这种维度在 5 到 20 个之间,大多数研究采用 10 个左右的维度。在具体的研究应用中究竟采用多少维度、什么维度,要根据工作性质和研究应用目的而定。美国组织行为学家洛克(E. A. Locke)对工作满意度的维度作了归纳和分类,其结构如表 5.1 所示。

表 5.1 员工工作满意度评价的主要维度

类 别	维 度	维 度 说 明
一、事件或条件		
1. 工作	工作本身	内在兴趣、活动多样、挑战性、学习机会、成功机会、对流程控制
2. 奖励	报酬	数量、公平性、依据合理性等
	晋升	机会、公平性、依据合理性等
	认可	表扬、赞誉、批评等
3. 工作背景	工作条件	时间长短、休息多少、设备、空间宽敞、气温、通风、公司地址等
二、人物		
1. 自己	自己	价值观、技巧、能力等
2. 单位内其他人	领导	管理风格、管理技能、行政技能等
	同事	权力、友好态度、合作互助、技术能力等
3. 单位外其他人	顾客	技术能力、友好态度等
	家人	支持、对职务的理解、对时间的要求等
	其他	按职位划定,如学生、家长、选民等

从事实际的调查研究时,由于问卷法是最易于施测与衡量的量化工具,所以衡量工作满意度大多数采用问卷方式进行。下面介绍的测量工具就是问卷法经常应用到的调查问卷(或量表)。

2. 工作满意度的测量工具

(1) 工作描述指标问卷(job descriptive index,简称 JDI)。

本问卷由史密斯(Smith)等人编制而成。可衡量员工对工作本身、薪酬、晋升机会、直接上司和同事状况等五个维度的满意度,而这五个维度满足分数的总和,即代表整体工作满意度的分数。每一维度列有四条描述短句(如"同事状况"维度,列有"讨厌"、"工作认真"、"聪明能干"和"很难说"这四条),要求被试采用"√"、"×"、"?"三种符号来回答每条短句描述该维度工作满意感的确切程度,三种符号分别表示"同意"、"不同意"与"难以置评"三种回答。此问卷简明扼要,通用性强,又抓住了能全面评价工作的五个主要方面,适合于了解员工对自己工作的总的评价与态度。

JDI 的特点是不需要受测者说出内心感受,只就不同维度(题数不一定相同)找出不同的描述词,由其选择即可,因此,对于受教育程度较低的受测者也可以容易地回答。同时,由于本问卷在美国作过反复的研究,发现施测效果良好,受到许多学者的一致推崇。国内学者采用 JDI 问卷者也很多,约有 80% 以上的研究者均采用此量表作为工作满意度的衡量工具,所获得的效果亦受到非常好的评价。

(2) 明尼苏达满意度问卷(Minnesota satisfaction questionnaire,简称 MSQ)。

本量表是由维斯(D. J. Weiss)等人于 1967 年编制而成。量表分为短式(short-form)及长式(long-form)两种。短式问卷包括三个分量表 21 道题目,可测量工作者的内在满意度、外在满意度及一般满意度;长式问卷则有 100 道题目,可测量员工对 20 个工作维度的满意度及一般满意度。这 20 个分量表分别测量如下维度:

- 个人能力的发挥;
- 成就感;
- 能动性;
- 公司培训与自我发展;
- 权力;
- 公司政策及实施;
- 报酬;
- 部门和同事的团队精神;
- 创造力;
- 独立性;
- 道德标准;
- 公司对员工的奖惩;
- 本人责任;
- 员工工作安全;
- 员工所享受的社会服务;
- 员工社会地位;
- 员工关系管理和沟通交流;
- 公司技术发展;
- 公司的多样化发展;
- 公司的工作条件和环境。

MSQ 的特点在于对工作满意度的整体性与各个维度都给予了完整的测量和评价,但是缺点在于 100 多道题目,受测者是否有耐心和够细心,在误差方面值得商榷。因此国内的学者选用此套测量工具时,多半采用短式问卷。

(3) 工作满意度指数(index of job satisfaction)。

本量表是由布雷菲尔德(A. H. Brayfield)等于 1951 年编制而成。主要衡量工作者一般的工作满意度,亦即综合满意度(overall job satisfaction)。

(4) SRA 员工调查表(SRA employee inventory)。

本量表又称 SRA 态度量表(SRA attitude survey),是由芝加哥科学研究会编制而成。包括 44 个题目,可测量工作者对 14 个工作维度的满意度。

(5) 工作诊断调查表(job diagnostic survey,简称 JDS)。

本量表是由海克曼(J. R. Hackman)等于 1975 年编制而成,可测量工作者一般满意度、内在工作动机和特殊满意度(包括工作安全感、待遇、社会关系、督导及成长等维度);此外,还可同时测量工作者的特性及个人成长需求强度。

(6) 工作满足量表(job satisfaction inventory)。

本量表是由海克曼及其合作者编制而成,可测量受测者对自尊自重、成长与发展、受重视程度、主管态度、独立思考与行动、工作保障、工作待遇、工作贡献、自订工作目标与方式、友谊关系、升迁机会、顾客态度及工作权力等13项衡量满意度的因素。

3. 工作满意度调查的步骤

许多公司从来没有做过类似工作满意度的调查,理由不外乎是高层主管不支持、人力不足没空做、听同行说浪费金钱而无效果等。究其原因是不了解如何实施工作满意度的调查。因此专家提出了企业调查工作满意度的六大步骤,供有意实施的企业参考:

(1) 配合公司经营的方向。

企业的经营理念与企业愿景,是每个员工一致追求的目标,为了达成这个使命,必会制定年度营运的目标,以及随之展开的方针,进行所谓目标管理(management by objective,简称 MBO)的计划。决策者常常是根据过去的经验或资料,去预测未来的成长,关于现在组织内部员工感受到的情况,却少有主管能够有具体的掌握。因此工作满意度调查的起点,目的应是辅助公司策略的规划或策略的执行,针对今年营运目标的重点,选择某些工作维度,调查员工的支撑程度,让上级了解公司内部人力资源现况,成为制定或弹性调整决策的参考依据。

(2) 结合人力资源战略规划目的。

配合公司经营的方向,结合人力资源战略规划的目的,也是在做工作满意度调查时需要考查的。人力资源部门在公司内虽属支持性角色,但需承接公司的战略,着手公司的人力资源规划,达成以供给与需求为主轴的动态均衡规划。对于公司的"供给面",固然要顾虑到资方的变量如薪资政策、人员工作盘点、人事制度等,然而针对员工的"需求面",也要发掘劳方不同的需求差异如职业生涯道路(career path)、福利与保健、离职意愿等,尤其是不同工作性质的部门,供需之间可能有更显著的差异。

人力资源部门面临组织生命周期(life cycle)的消长,也需拟定影响重大的人力资源战略,如薪资结构的调整、内部导师制度导入、自助式福利方案选择、退休优惠方案或教育培训体系的建构等重大人力资源议题。从事人力资源工作者,除取得高级主管的强力支持,若能将工作满意度的调查事先结合人力资源战略规划,放出风向球以观察员工反应,并进一步掌握公司关键人物的信息,收集到更多解决方案,人力资源战略的运作就会越顺利。

(3) 决定调查的维度与相关变量。

人力资源部门配合公司经营的方向与结合人力资源战略规划的目的,可以从塞绍尔(S. Seashore)等的工作满意度前因与后果的架构,选取目前最需要了解的因素,如"环境变量"的组织气候、主管领导类型、"个人属性"的员工价值观、受教育程度等影响工作满意度的因素,进行测量和交叉分析,呈报数据化的工作满意度信息。此时需要理清的是当初的调查目的,符合目前公司的需求,提出几个可行方案,建议最具成本与效益的调查方式。

(4) 慎选调查的时机。

工作满意度的调查最常遇到的是员工以工作太忙的缘故,不愿意配合填写问卷,解决的关键在于是否选对了时机。以下是几个建议的时机：

- 战略规划、目标管理的开会前夕。
- 年度绩效评估的前夕。
- 组织面临扩张或缩编的调整。
- 处理完一批大订单之后的生产淡季。
- 公司欲建立企业识别体系（CIS）或明确的公司文化时。
- 经理于公开场合支持人力资源部门的问卷调查之后。

（5）数据的分析与解释。

数据本身是不会说话的，收集的工作满意度数据，通常需要计算机统计工具的辅助，如 SAS、SPSS 等应用软件。根据工作满意度调查的目的，设定变量之间的关系，经编写合适的程序后，就可以快速获得有用的统计数据，如叙述性的统计资料与推论性的统计资料。这些数据再经人力资源部门分析，以图、表和数字解释的方式，就能获得有用的工作满意度信息。

（6）信息反馈与循环再利用。

工作满意度的信息除了作反馈决策的参考，另外也可保留至来年作年度差异分析的再利用，了解各个维度的变化情形，此时也可看出每年的策略制定对公司内部的评估有无落差。另外如价值观的调查，也可以尝试建立公司常模，比较求职应聘者的价值观侧面图是否合适本公司的价值观，作为招聘选拔员工的测量工具。

5.4 组织承诺

5.4.1 组织承诺的概念与意义

1. 组织承诺的定义

组织承诺（organizational commitment）指组织成员对该组织的忠诚程度，是工作态度的另一种主要形式。它最早由美国社会学家贝克（H. S. Becker）于 20 世纪 60 年代提出。他把组织承诺看成是员工随着其对组织投入的增加而不得不继续留在该组织的一种心理现象。20 世纪 70 年代以来，组织承诺引起许多社会学家、组织行为研究者以及管理者的重视。研究者们从不同角度和途径界定并研究组织承诺，但归结起来主要有三种途径。第一种是交换的途径，即强调员工对组织的依赖和不愿离开组织是由于自己在时间、金钱、精力等方面投入太多或担心失去组织提供的待遇和福利等原因；第二种是情感的途径，即强调组织承诺是个人对组织的一种态度或肯定性的内心倾向，是个人对某一特定组织感情上的依附和参与该组织的相对程度；第三种是整合的途径，即认为交换的或情感的研究途径都没有整体考虑决定个体对组织的依赖或组织成员去留行为的全部相关因素，强调从交换和情感等多种因素研究组织承诺。

2. 组织承诺的维度结构

组织承诺的概念经历了一个从单维向多维发展演变的过程。早期的研究者多把它看作一个单一的结构,如以贝克为代表的认为员工对组织的经济依赖,或者以莫迪(R. T. Mowday)和波特(L. W. Poter)等为代表的认为员工对组织的感情依赖,都是单维度研究组织承诺。1984 年,梅耶和阿伦(Meyer & Allen)对前人的研究结果进行了全面分析,并在此基础上进行整合,将贝克提出的组织承诺命名为"持续承诺",将波特等人提出的组织承诺命名为"情感承诺",从而提出组织承诺的二维模型,并编制了"情感承诺量表"和"持续承诺量表"。1990 年,梅耶和阿伦在综合其他学者研究的基础上又对组织承诺的二维结构进行了修正。把社会学家维纳(Y. Wiener)重视规范的思想吸收进组织承诺的结构,形成了组织承诺的三维结构,即情感承诺、持续承诺和规范承诺,并综合成为组织承诺的三维量表。组织承诺的三维结构是影响最为广泛的模型,大量研究在验证这一模型的普适性,同时也得到大量的实证研究的证实。

"情感承诺"(affective commitment)指个人认同与参与一特定组织的强度,对组织目标及价值的信念与接受,为组织努力的意愿及停留于公司的意愿。员工对组织所表现的忠诚及工作的努力,主要是由于对组织有深厚的感情,而非物质利益。

"持续承诺"(continuous commitment)是个人为了不失去已有的位置和多年投入所换来的福利待遇而不得不继续留在该组织内的一种承诺。持续承诺应该包括两个方面:员工所知觉到的离开组织所带来的损失和知觉到的可选择工作机会的缺少。

"规范承诺"(normative commitment)是指个人与组织价值的一致或对组织的责任态度。个体在社会化的过程中,不断地被灌输和强调这样一种观念或规范:忠诚于组织是会得到赞赏和鼓励的一种恰当行为,以至于在个体内心中产生顺从这种规范的倾向。同时从组织那里接受利益或好处也会使员工内心中产生一种要回报的义务感。

员工的情感承诺表示员工想要和组织持续雇佣关系,高水平情感承诺的员工想要留在组织(want to do so);持续承诺涉及员工离开组织的一种成本认知,高水平持续承诺的员工认为必须留在组织(need to do so);而规范承诺则反映员工持续雇佣关系的责任感情,高水平规范承诺的员工感觉他们应该留在组织(ought to do so)。

张勉、张德和王颖(2002)采用协方差结构方程模型对该三因素模型在中国企业员工中的适用性进行考察,发现三个量表均表现出可接受的会聚与区分效度。

3. 组织承诺的管理意义

组织承诺作为一种工作态度形式,反映员工对所在组织的一种依赖和忠诚。它对组织管理具有重要意义。研究表明:组织承诺对工作绩效有重要影响,组织承诺越高,工作绩效往往也越高。研究还发现:组织承诺对缺勤率、怠工、离职意向等都具有重要影响。莫迪等人的研究发现低组织承诺者离职率普遍较高,组织承诺与缺席率以及人事变动率显著负相关。另外,许多实证数据还表明,组织承诺对自愿离职意向具有较强的预测力。

5.4.2 组织承诺的影响因素

组织承诺的影响因素与工作满意度的影响因素有相似之处，但又不完全相同。相似性主要表现在影响因素包括三大方面，即个体因素、工作特征因素和组织特征因素，但具体的影响因素和影响程度都可能不同。

1. 个体因素

个体因素一般包括：年龄、学历、在本组织的工龄、性别、婚姻状况、职位、离职次数等。

(1) 个人年龄会影响组织承诺。梅耶和阿伦研究发现年长的员工更有可能对企业产生情感承诺，原因包括对自己的工作更满意，在组织中的职位更高，在"认知上"为自己留在企业进行辩护等，因此，年龄越高，组织承诺往往越高。

(2) 学历会影响组织承诺。教育程度越高，组织承诺往往越低。这可能是受教育程度高的个体，其工作机会也多，不太可能抱定一个职位或企业。或者，教育程度越高，组织越难提供交易平衡的足够报酬，因而影响组织承诺。莫迪等人研究认为，个人受教育程度越高，其期望值越高，使企业难以满足其期望。

(3) 组织工龄会影响组织承诺。研究发现，在本组织工作的年资越高，对组织的忠诚度也越高。

(4) 性别和婚姻会影响组织承诺。研究表明，女性员工的情感承诺高于男性员工；已婚员工的组织承诺高于未婚员工。

另外，从事工作所需知识的稀缺性、职位高低、离职次数及个人职业倾向等也都可能影响组织承诺。研究者对个体变量因素与组织承诺关系的研究结果不尽一致，但总体上，个体变量对组织承诺具有很大的影响。

2. 工作特征因素

影响组织承诺的工作特征变量包括：工作自主性、挑战性、回馈性与工作完整性等。梅耶和阿伦研究发现工作挑战性、工作角色的明确性、上司与下属的良好关系等都会积极影响情感承诺。另有研究发现，工作自主性与组织承诺呈正相关，工资报酬、工作升迁机会等也会对情感承诺产生积极影响。

3. 组织特征因素

影响组织承诺的组织特征变量包括组织支持、组织可依赖性、公平性、团队精神和组织文化等。研究表明，组织程序性公平对组织承诺有显著影响，分配公平对组织承诺有显著的预测作用。依据互惠规范和交换理论，如果员工感觉到组织对他关心、支持和认同时，员工就会有很好的表现。研究表明，员工感知到来自组织的支持越大，则情感承诺越高。另外，人力资源管理实践（如绩效评估、晋升政策、薪资和福利制度等）也会影响员工的情感承诺。承诺型的人力资源管理实践会产生高水平的员工情感承诺。

除了以上影响因素之外，工作满意度对组织承诺具有较独特的影响作用。工作满意度与组织承诺呈现显著正相关,两者之间具有相互作用。许多研究发现工作满意度引起组织承诺的变化,验证了工作满意度是组织承诺变化的前因。但也有一些研究表明,组织承诺是影响工作满意度的重要因素,认为组织承诺引起工作满意度。另有一些研究表明,工作满意度影响组织承诺,组织承诺又反作用于工作满意度,并发现工作满意度对组织承诺的影响强于组织承诺对工作满意度的影响。

5.5 工作投入

5.5.1 工作投入的定义与维度

工作投入(job involvement)最早由洛达哈(T. M. Lodahl)和克基纳(M. Kejner)在 1965年提出,指个体对其工作的心理认可程度,或工作在个人自我印象中的重要程度。

卡奴勾(R. N. Kanungo,1982)对工作投入的内涵作了进一步界定。他认为"个人可能投入到特定的工作中"与"个人对一般工作都会产生工作投入"是不同的。前者称为工作投入(job involvement),代表个人对当前工作的信念,以及工作可以满足其当前需求的程度;后者应称为一般工作投入(work involvement),指一般工作的价值对个人生活的重要性。因此,他把工作投入定义为个人对当前工作的一种心理认知或信念状态,并呈现为单一构面。

卡恩(W. A. Kahn,1990)从员工自我在工作中扮演的工作角色角度,认为工作投入是工作过程中员工自我与其工作角色之间的结合,是员工个体扮演其工作角色过程中,在生理、认知和情感方面展现的自我状态。卡恩将工作投入分为生理(physical)、认知(cognitive)和情绪(emotional)三方面的投入。生理投入指个体在履行工作角色时生理上的卷入;认知投入指个体在履行工作角色时认知上的高度活跃及唤醒状态,清楚意识到自己在特定工作情境中的角色和使命;情绪投入指个体在履行工作角色时保持自己与他人(如同事和上级)的联系以及对他人情绪情感的敏感性。在卡恩看来,自我与工作角色处于一个动态的相互转化过程中。当工作投入较高时,个体将自己的精力投入于工作角色行为中,并在工作角色中展现自我。相反,当工作投入较低时,个体则将自我抽离于工作角色之外,以回避工作角色所需要的绩效,并有可能产生离职意愿。

马斯拉齐(C. Maslach)、萨弗立(W. B. Schaufeli)、雷特(M. P. Leiter)(2001)通过与工作倦怠相比较来界定工作投入。他们认为工作投入与工作倦怠处于一个三维连续体的两极。其中,工作投入以精力(energy)、卷入(involvement)和效能(efficacy)为特征,与工作倦怠的三个维度:枯竭(exhaustion)、讥诮(cynicism)和专业效能缺乏(lack of professional efficacy)直接相对立。工作投入高的个体具有一种精力充沛的感觉,对工作角色认同度高,能有效地进入工作状态。这种界定将工作投入划入"积极"的范畴。相反,工作倦怠则位于连续体的消极一端。

萨弗立等人(2002)基于已有研究,将工作投入定义为一种与工作相关的积极的情绪与认知状态。这种状态具有持久性和弥散性特点，而不是针对某一特定目标、事件或情境。工作投入是一种积极体验，体现在工作中的高能量水平和强烈的认同感，精力专注。萨弗立等人认为：工作投入的结构包括活力（vigor）、奉献（dedication）和专注（absorption）三个维度。活力指个体具有充沛的精力和良好的心理韧性，自愿为工作付出努力而不易疲倦，并在困难面前能够坚持不懈；奉献指个体具有强烈的意义感、自豪感以及饱满的工作热情，能够全身心地投入工作中，并勇于接受工作中的挑战；专注的特点表现为个体全神贯注于工作中，并以此为乐，感觉时间过得很快而不愿从工作中脱离出来。

不同学者从不同角度和侧重点对工作投入概念进行不同界定。这有助于我们从多个角度、多个侧面认识工作投入的概念内涵。同时，尽管不同学者对工作投入有不同界定，但基本上有一个共同点，即都认为工作投入发生于当前工作中，并与个体的工作行为或角色活动密切相关。

与卡奴勾的观点一致，我们认为：工作投入是个体对当前工作的一种心理认同或信念状态，将工作表现视为个人价值观的反映。

5.5.2　工作投入的影响因素与结果

总体而言，工作投入的影响因素包括：个人因素、工作情境因素以及个人因素与工作情境因素互动作用。工作投入的结果体现为员工的工作满意度、工作绩效、离职率、旷工率和成就感等。图5.2所示的是工作投入的前因与结果模式。

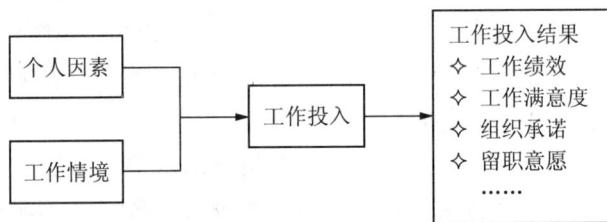

图 5.2　工作投入的影响因素与结果

1．工作投入的影响因素

（1）人口特征因素。

已有学者对个体的性别、年龄、受教育程度、婚姻状况、工作年限等因素进行了实证研究，得出了不太一致的结论。其中，对性别的研究观点尤其值得关注。根据传统的性别角色社会化假设，男性的工作投入程度可能高于女性。传统文化对男女两性也有不同的认知，女性的性别社会化角色往往造成女性工作投入比男性低，因为女性社会化角色的工作、家庭双重负荷可能影响其工作投入。而男性往往以工作来体现其成就，女性则以家庭为依靠。由此，男性的工作投入程度往往比女性高。然而，也有研究表明：从事专业性工作的女性，即使她们结婚生子，面对工作和家庭的双重角色的压力，在工作投入方面与男性也并无显著差异。

（2）个性特质。

个性特质可能对工作投入产生影响。诸如 A 型人格、内外控性格、成就动机、高层次需求等往往对工作投入产生作用。研究表明：人格坚韧性（personality hardiness）与工作投入存在显著正相关；神经质（neuroticism）、外倾性（extraversion）和灵活性（mobility）都会显著影响工作投入，高工作投入者具有低神经质、高外倾性和高灵活性的特点。

（3）心理状态。

卡恩（1990）认为工作投入主要受到心理安全、心理意义以及心理可获得性三种心理状态的影响。心理安全反映个体对自己利用内外部资源以完成工作任务，并在此过程中表达真我，而无须担心负面后果的一种信念；心理意义涉及个体对工作目标的价值及其与自己的理想或标准的关系的评价和判断；心理可获得性是指个体相信自己拥有必要的生理、认知和情绪资源以便履行特定的工作角色。

（4）身份认同。

身份认同（identity）是对主体自身的一种认知和描述。布利特（Britt，2003）研究表明：如果个体身份认同的某些方面与其所在的工作领域相关，即使在不利的工作条件下，个体也能保持高水平的工作投入；相反，如果个体的身份认同中没有任何一个方面与自己的工作相关，则不利的工作条件会显著降低其工作投入水平。

（5）工作特征。

工作特征作为一种情境因素，对工作投入产生重要影响。特别对知识型员工来说，工作自主性、工作重要性、工作技能多样性的工作特征可以提高员工的工作投入程度。另外，个体心理状态对相关工作特征因素与工作投入之间关系具有中介作用。例如，工作丰富性、工作资源可获得性可通过心理安全、心理意义、心理可获得性对工作投入产生积极影响。

（6）其他工作情境因素。

除了工作特征因素，还有其他工作相关的情境因素影响工作投入。例如，明确的绩效指导、可获得的工作资源、同事间的鼓励、主管支持、公平感、个体与工作相匹配性等因素都有利于个体的工作投入。而人际消耗及冲突则对工作投入产生负面影响。

2．工作投入结果

工作投入对个体工作态度、行为和绩效都会产生影响。已有研究表明：工作投入与工作满意度、组织承诺、留职意愿呈现显著正相关，与离职意愿呈现显著负相关。其中，工作投入主要正向影响整体性工作满意度。盖洛普公司的研究发现：与工作投入低的组织成员相比，工作投入高的组织成员，其工作满意度更高。

工作投入与员工组织公民行为（organizational citizenship behaviour）和主动性行为（proactive behaviour）往往具有直接关系。组织公民行为是指有益于组织，但在组织正式的报酬体系中没有得到明确或直接确认的行为。如果员工的工作投入高，组织承诺往往也比较高,这会对其组织公民行为产生积极影响。另外,工作投入与个体主动地采取行动、追求学习目标等主动性行为也存在显著正相关。

工作投入通常能提升工作绩效,或者与工作绩效密切相关。科勒(R. T. Keller,1997)采用纵向研究方法,以科研人员和工程师为研究对象,发现:组织承诺与工作绩效并没有显著关系,但工作投入与工作绩效显著相关。

高水平的工作投入不仅对个体工作态度、行为和绩效产生积极影响,而且能提升个人所在的团队或组织的效能。盖洛普公司的研究表明:员工工作投入与顾客满意度、生产力、利润率以及单位总体绩效都存在显著正相关,而与事故发生率存在显著负相关。

本章小结

本章分析了价值观的内涵、形成及作用,介绍了不同类型的一般价值观和职业价值观,讨论了企业管理价值观的主要类型;阐述了态度的概念、构成及态度与行为的关系,介绍了态度转变理论;阐述了工作满意度的概念及重要性,工作满意度的影响因素及与工作绩效之间的关系,介绍了工作满意度测量的主要方法和工作满意度的调查步骤。阐述了组织承诺的概念及管理意义,分析了组织承诺的影响因素。阐述了工作投入的定义和维度,分析了工作投入的影响因素与结果。

复习与思考

1. 什么是价值观?价值观在组织中的作用是什么?
2. 什么是职业价值观?职业价值观主要有哪些类型?
3. 什么是态度,员工的态度为什么重要?
4. 态度是怎样形成的,又是如何转变的?
5. 什么是工作满意度?影响工作满意度的因素有哪些?
6. 什么是组织承诺?影响组织承诺的因素有哪些?
7. 工作满意度与绩效有什么关系?
8. 什么是工作投入?工作投入的影响因素和结果有哪些?

案例分析

张大民的职业人生

张大民在高中毕业时考取了一所大专学校。但是,只读了一年半就退学了。他退学后找了一份工作。他的第一份工作是在工厂里做学徒工,跟师傅学习制造变压设备。张大民发现他对曾经工作的第一个企业很不适应。车间主任严厉监督制造变压设备的工人,这些工人多数是从郊区来的,不大容易管理。他们对工作态度消极,对企业毫无感情。厂长总是要求车间管理人员对工人要狠一点,再狠一点,他说,对这些刁民,就要严加管束。有一次,一个 50 岁的老工人艰难地搬一个大箱子,车间主任站在他身后,声色俱厉地斥责,说他做事情太慢了。张大民非常不喜欢那个环境,除了没有人情味,很多人对车间主任阿谀奉承。做学徒不到半年,张大民就从那个工厂逃走了。

后来,张大民被一个下海的亲戚找去帮忙,请他去做会计。理由是张大民读书时数学特别好,脑子清楚。而且,老板亲戚说,他们有血缘关系,比别人值得信赖。事实证明亲戚老板的眼光不错,张大民很快就学会了如何处理账目,把所有工作做得有条有理。老板对张大民也不错,给他优厚的待遇,还给他介绍了一个漂亮姑娘做女朋友。张大民的情感生活过得很充实。可是好景不长,张大民又有了新的烦恼。他觉得,虽然现在的工作得心应手,老板对他也够意思,可是,他越来越厌烦自己的工作,整天跟数字打交道太没有意思了。过了两年,张大民终于下定决心辞职了。

张大民的第三份工作是做老板的亲戚介绍的。他得知张大民希望做管理人员,就请朋友帮忙给安排了一个基层管理职位,担任了一个生产班组的小组长。站在自己理想事业的起点上,张大民踌躇满志。他工作非常努力,成绩也不错。在工作中,他表现出良好的分析判断能力、对人的洞察力和优秀的劝说才能。不过,张大民也慢慢显露出一些个性方面的不足。他不喜欢待在那个狭小的工作场所,他喜欢到处走动,和其他部门的人聊天,结识了很多人。他还自由散漫,不喜欢受一些规章的约束。后来,车间主任开始抱怨张大民的表现。恰好,车间主任的抱怨被销售部经理听到。销售部经理对张大民这个人有所了解,觉得他是做销售的一块好料。所以,他提出把张大民调到销售部。经过销售部经理的劝说,张大民接受了调动工作的建议。他的职业生涯又一次出现了转折点。

销售工作让张大民充分体验到工作的乐趣。在工作中,他可以自由自在地按照自己的方式安排工作,有机会接触各种各样的人,向用户推荐优秀的产品,跟客户建立良好的私人关系。

张大民的好日子过了一年有半,企业遇到了一系列的困难,其中的困难之一是老产品积压严重。有关领导集体讨论对策,制定了一系列奖励办法,要求努力把积压的产品推销出去。销售部经理向大家传达了公司的决定,也给张大民安排了具体销售任务。然而,张大民拒绝完成任务。他说,他跟客户的关系很好,这种良好的关系是建立在充分的信任和诚信的基础上的。他拒绝向客户兜售即将过时的产品。他说,如果他欺骗了客户,他与客户的关系就会受到损害,这是他不能接受的。经理提醒张大民,说按照他的销售工作能力,完成销售任务没有任何问题。如果完不成任务,不仅拿不到奖励,还会有经济惩罚措施。张大民说,他不在乎,他无论如何也不会为了奖金去伤害自己的客户。

无奈之下,销售经理拿出了自己的撒手锏。他警告张大民,如果他继续拒绝执行任务,就会将他的表现记录在案,作为将来是否晋升张大民的一个评价因素。这下戳到了张大民的"七寸"。通过努力获得晋升,成为一名管理人才,是张大民的梦想。经理的警告使他左右为难。他既不愿意蒙骗客户,又不愿意影响个人的发展前途。张大民陷入了痛苦之中。

思考题

1. 在不同工作环境中,张大民的工作满意度不同,这种不同是由哪些因素造成的?
2. 张大民的价值观、工作满意度怎样影响其工作行为和绩效?
3. 张大民在进退两难的情境中会作出怎样的选择?

测试练习

你的职业价值观是什么?

说明:表中有表明工作特征的52道题目,这些特征对你重要程度如何? 每个题目都有5个选项,A—很重要,B—重要,C——一般,D—不重要,E—很不重要,相应计分为5,4,3,2,1。请根据自己的实际想法,在题目后面圈出相应字母,每题只能圈出一个选项。

序号	题目	重要程度				
1	工作需要经常解决新的问题。	A	B	C	D	E
2	工作可以增加他人的幸福感。	A	B	C	D	E
3	工作可获得高工资或高奖金。	A	B	C	D	E
4	工作内容有变动的机会。	A	B	C	D	E
5	在工作范围内可以自由发挥。	A	B	C	D	E
6	工作能得到同学、朋友羡慕你。	A	B	C	D	E
7	工作会给自己带来艺术美感。	A	B	C	D	E
8	能够成为工作团队的一分子。	A	B	C	D	E
9	工作是稳定的。	A	B	C	D	E
10	不必一直做同样的工作。	A	B	C	D	E
11	在工作中能与许多不同的人打交道。	A	B	C	D	E
12	工作时间适度,很少加班。	A	B	C	D	E
13	工作能使自己不断获得成功的感觉。	A	B	C	D	E
14	拥有管理他人的职权。	A	B	C	D	E
15	在工作中,可以自己做主。	A	B	C	D	E
16	通常不会失业的工作。	A	B	C	D	E
17	知道自己做得不错的工作业绩。	A	B	C	D	E
18	工作需要经常外出、参加各种活动。	A	B	C	D	E

（续表）

序号	题　　目	重要程度				
19	即使这份工作没有了,公司也会有其他的工作。	A	B	C	D	E
20	工作能使世界更美好。	A	B	C	D	E
21	在工作中,没有人常来干扰自己。	A	B	C	D	E
22	可以获得加薪。	A	B	C	D	E
23	工作要求较高的智慧。	A	B	C	D	E
24	工作需要发挥领导能力。	A	B	C	D	E
25	工作环境中有足够的休闲等设施。	A	B	C	D	E
26	工作有可能结识许多行业的知名人物。	A	B	C	D	E
27	在工作中能与同事、上级建立良好关系。	A	B	C	D	E
28	在别人眼中,所做的工作很重要。	A	B	C	D	E
29	在工作中经常接触到新的事物。	A	B	C	D	E
30	工作中可以帮助别人。	A	B	C	D	E
31	在工作中可以尝试做多种不同的事情。	A	B	C	D	E
32	工作受到他人尊重。	A	B	C	D	E
33	工作中能有一位给自己公平待遇的老板。	A	B	C	D	E
34	工作会使许多人认识自己。	A	B	C	D	E
35	拥有舒适干净的工作环境。	A	B	C	D	E
36	工作中能为他人服务,让他人感到满意,自己也高兴。	A	B	C	D	E
37	可以计划并安排其他人的工作。	A	B	C	D	E
38	工作需要思维敏捷。	A	B	C	D	E
39	薪酬能够维持良好生活。	A	B	C	D	E
40	在工作中,不受他人制约。	A	B	C	D	E
41	工作可创造出具有吸引力的产品。	A	B	C	D	E
42	如果干这份工作,不太会轻易被调动。	A	B	C	D	E
43	工作中能拥有一位通情达理、体谅下属的主管。	A	B	C	D	E
44	能看到自己的工作成效。	A	B	C	D	E
45	工作中要求提出新的想法或建议。	A	B	C	D	E
46	工作能使自己感觉到帮助他人。	A	B	C	D	E
47	工作成果常能得到上司、同事或社会的肯定。	A	B	C	D	E
48	在工作中,更愿意做"鸡头",不愿做"凤尾"。	A	B	C	D	E
49	所做的工作经常被报刊、电视等提及,在人们看来很有地位。	A	B	C	D	E

（续表）

序号	题　　目	重要程度				
50	工作有可观的加班费、保健费或其他额外收入。	A	B	C	D	E
51	工作比较轻松，精神上也不紧张。	A	B	C	D	E
52	工作需要和影视、戏剧、音乐、美术、文学等艺术打交道。	A	B	C	D	E

评分：

类　　型	题目序号	各题的选项	计　　分
利他主义	2，30，36，46		
审美主义	7，20，41，52		
智力刺激	1，23，38，45		
成就动机	13，17，44，47		
自主独立	5，15，21，40		
社会地位	6，28，32，49		
权力控制	14，24，37，48		
经济报酬	3，22，39，50		
社会交往	11，18，26，34		
安全稳定	9，16，19，42		
轻松舒适	12，25，35，51		
人际关系	8，27，33，43		
多彩多样	4，10，29，31		

参考：如果在一个维度上得分 4—9，表示几乎不重要；得分 10—13，说表示中等重要；得分 14—17，表示较重要；得分 18—20，表示很重要。

思考与讨论

1. 你得分最高的三种职业价值观分别是什么？得分最低的三种职业价值观分别是什么？

2. 最高与最低的测评结果与你本人的符合程度如何？请解释。

参考文献

Allen，N. J. & J. P. Meyer，1990，"The Measurement and Antecedents of Afective，Continuance and Nonnative Commitment to the Organization"，*Journal of Occupational Psychology*，63，710—720.

Bianchi，E. C.，2013，"The Bright Side of Bad Times：The Affective Advantages of Entering the Workforce in a Recession", *Administrative Science Quarterly*, 58, 1—37.

Britt, T. W., 2003, "Aspects of Identity Predict Engagement in Work under Adverse Conditions", *Self and Identity*, 2, 31—45.

Elizur, D., Borg, I., Hunt, R. & Beck, I. M., 1991, "The Structure of Work Values: A Cross Cultural Comparison", *Journal of Organizational Behavior*, 12, 21—38.

Graves, C. W., 1970, "Levels of Existence: An Open System Theory of Values", *The Journal of Humanistic Psychology*, 10, 131—154.

Kahn, W. A., 1990, "Psychological Conditions of Personal Engagement and Disengagement at Work", *Academy of Management Journal*, 33, 692—724.

Kanungo, R. N., 1982, "Measurement of Job and Work Involvement", *Journal of Applied Psychology*, 67, 341—349.

Keller, R. T., 1997, "Job Involvement and Organizational Commitment as Longitudinal Predictors of Job Performance: A Study of Scientists and Engineers", *Journal of Applied Psychology*, 82, 539—545.

Lodahl, T. M. & M. Kejner, 1965, "The Definition and Measurement of Job Involvement", *Journal of applied Psychology*, 49, 24—33.

Maslach, C., W. B. Schaufeli & M. P. Leiter, 2001, "Job Burnout", *Annual Review of Psychology*, 52, 397—422.

Meyer, J. P. & J. N. Allen, 1984, "Testing the Side Bet Theory of Organizational Commitment: Some Methodological Considerations", *Journal of Applied Psychology*, 69, 367—371.

Mowday, R. T., R. M. Steers & L. M. Porter, 1982, *Organizational Linkage: The Psychology of Commitment*, Absenteeism and Turnover, San Diego: Academic Press.

Newstrom, J. W. & K. Davis, 2001, *Organizational Behavior-Human Behavior at Work*, McGraw-Hill.

Rollinson, D., A. Broadfield & D. J. Edwards, 1998, *Organizational Behavior and Analysis*, Addison Wesley Longman Inc..

Schaufeli, W. B., M. Salanova, V. Gonzalez-Roma & A. B. Bakker, 2002, "The Measurement of Engagement and Burnout: A Two Sample Confirmatory Factor Analytic Approach", *Journal of Happiness Studies*, 3, 71—92.

Super D E., 1970, *Manual for the Work Value Inventory*, Chicago: Riverside Publishing Company.

Sweeney, P. D. & D. B. Mcfarlin, 2002, *Organizational Behavior*, McGraw-Hill.

Szilagyi, A. D. & M. J. Wallace, 1990, *Organizational Behavior and Performance*,

Scott，Foresman and Company.

Wiener，Y.，1982，"Commitment in Organizations：A Normative View"，*A Cademy of Management Review*，7，418—428.

顾琴轩、田相庆、王莉红：《职业倾向对组织承诺与留职意向影响研究》，载《工业工程与管理》2008 年第 5 期。

上海市教育科学研究项目（B08005，主持人顾琴轩）：《基于职业生涯发展的高校毕业生就业指导研究报告》，2011 年 1 月。

张勉、张德、王颖：《企业雇员组织承诺三因素模型实证研究》，载《南开管理评论》2002 年第 5 期。

第6章 知觉与个人行为

知觉(perception)

错觉(perceptual illusion)

晕轮效应(halo effect)

对比效应(contrast effect)

刻板印象(stereotyping)

首因效应(primacy effect)

归因(attribution)

基本归因错误(fundamental attribution er-
ror)

自我服务偏见(self-serving bias)

自我实现预言(self-fulfilling prophecy)

很多科学家研究人的行为有一个基本假设：人是理性的。人对自然界和社会的认识是行为的基础。人对自然和社会的认识有一定的规律，主观认识应该符合世界的本来面目，然而，人的认识常常会偏离真实，出现认知偏差。如何认识认知规律，减少或者避免认知偏差，从而间接地提高组织有效性，是本章讨论的主要内容。

6.1 知觉的概念与特征

6.1.1 知觉的概念

知觉是个体通过感官获得刺激，并对刺激信息作出解释的过程。知觉的结果是对环境的理解。环境对行为的影响，是通过人的知觉实现的。人们看到的和所理解的世界，其实并不是世界的本来面目，而是个人对世界的解释。所以，人的行为是建立在人的知觉基础之上的。在工作和生活当中，人们的观念和行为有很大的不同，这些个人之间的差异，有很大部分原因在于人们对自然世界和社会现实的理解不同。

有一个狗和猫的故事。狗举起它的前爪，想和猫一起玩耍。但是，在猫的眼里，举起前爪表示敌意。猫很生气，就把耳朵贴在脑袋后面。然而，在狗看来，耳朵贴在脑袋上就表示顺从。猫对狗已经有了很大的敌意和愤怒，但是狗对此一无所知，反倒认为猫对自己是顺从的。在组织管理中，很多情形和这个故事颇为相似。所以，了解人如何理解世界，了解不同个体对世界理解的差异，对于组织行为管理相当重要。

知觉从感觉开始。人的感觉器官接受来自环境的刺激，对刺激的个别属性作出反应,这就是感觉。比如感到颜色、亮度、硬度、味道、声音等等,都是感觉的范畴。大脑将事物的个别属性综合起来,作出全面、综合的反应,这就是知觉。知觉不是将事物的个别属性简单相加,而是反映个别属性之间的独特关系。20 世纪 70 年代以来,心理学家们用信息加工的观点描述知觉过程,认为知觉是接受信息和评价、处理信息的过程。主体在杂乱无章的环境信息当中进行选择、过滤、组织、归类,理出其中的关系,并赋予它们意义。

劳德(R. Lord)提出了一个四阶段知觉模型,如图 6.1 所示。这个模型把人的大脑当作一个信息处理系统,从信息加工的角度解释知觉发生的过程。该模型还能够识别影响知觉的因素,对知觉发生偏差的现象进行描述。

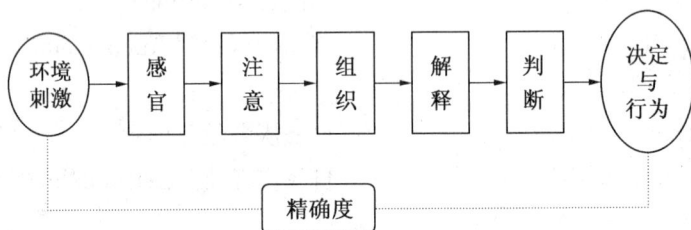

图 6.1　知觉过程模型

在环境中的刺激影响个人的判断和基于判断的行为之前,环境刺激的信息经过四个不同阶段:注意、组织、解释和判断。第一个阶段是注意,这是知觉过程的起点。人的感官从环境中接受大量的信息,但是,人的信息加工能力是有限的,只能对其中很小的一部分进行加工。在注意阶段,感官接触到的信息被过滤。结果,只有很少量的信息被允许进入人的信息加工系统,进行进一步的加工。因此,注意阶段的作用相当于一个过滤器。尽管经过过滤,进入第一阶段之后的信息仍然十分复杂。在第二阶段,信息被进一步简化。杂乱的信息被组合成比较有意义的模块,这样就使信息加工的要求变得比较简单。在第三阶段,个人会给这些信息赋予一定的意义,并试图确定这些信息对自己来说意味着什么。到最后一个阶段,相应的信息被用来作出个人行为决策。

在知觉过程中,信息加工有两种基本方式:控制加工与自动加工。所谓控制加工是有意识的加工过程,自动加工则是无意识的加工过程。举例来说,在绩效面谈的过程中,部门经理倾听下属作一年来的工作陈述,在听的过程中会做一些记录。在这里,做记录是对信息的控制加工。与此同时,经理还会知觉到下属的非言语行为,比如下属避免与自己眼光接触,表情严肃,或者有怨恨的情绪等等。尽管经理在当时没有非常清楚地意识到这些非言语行为,也没有做记录,但是,这些信息仍然会通过自动加工进入大脑。这些没有书面记录的信息同样会影响经理对下属的判断和评价。由于类似的信息加工是自动进行的,所以,经理并没有意识到这些信息的确影响了他或她的判断。

6.1.2　知觉的特征

知觉有四个特征:选择性、理解性、整体性、恒常性。

1. 知觉的选择性

人在感知客观世界时,总是有选择地把其中某个或者某些人、事物或事件作为知觉的对象,这些事物处于心理活动的中心,而其他知觉到的内容则成为知觉的背景。也就是说,人的知觉是有选择性的,在当前的环境中,人会不自觉地将一部分环境内容纳入注意的中心。当人的注意中心从一个对象转向另外一个对象时,原来的知觉对象就成为了知觉的背景或者背景中的一部分,而原来知觉背景中的一部分内容则成为知觉的对象。例如,在沟通过程中,对方说话的声音会成为知觉的对象,而周围人群的活动和交谈是知觉背景。如果注意转移到周围人的活动上,那么,与我们谈话的人的声音则变成了知觉背景中的一部分。图 6.2 可以帮助理解知觉对象和背景之间的关系。

图 6.2　人脸还是花瓶

2. 知觉的理解性

在知觉过程中,人不是机械被动地记录知觉对象的特点,而是试图从记忆中获取一些知识经验,力求对知觉对象做出解释,使知觉对象具有一定的意义,知觉过程的终点是对知觉对象的理解。这就是知觉的理解性。知觉的理解性可以用图 6.3 来说明。

（a）老妇还是少女　　　　　　（b）不可能图形

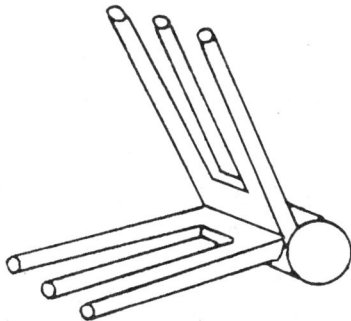

图 6.3　知觉的理解性

3. 知觉的整体性

人的知觉系统有高度整合的能力,把个别属性、个别部分综合成一个整体。在知觉过程中,人常常不是孤立地知觉一个个单独的刺激物,而是将这些刺激物作为一个整体,反映事物的整体和关系。这就是知觉的整体性。在知觉过程中,整体和部分的关系相互依存、可以转换。在图 6.4 上半部分中,左右图形的组成元素完全相同,但是圆点的空间关系不同,我们的知觉结果也不相同。知觉反映元素,更是对关系的反映。

MOUSE   CLOUD

图 6.4　知觉的整体性

另一方面,人对个别成分或部分的知觉,也受整体的影响。我们能够识别出图 6.4 下半部分两个单词中残缺不全的字母,就是因为前后字母组合在一起提供了整体性的线索。

4.知觉的恒常性

当知觉的客观条件在一定范围和程度内改变时,人的知觉结果仍然能够保持基本稳定,这就是知觉的恒常性。知觉的恒常性表现在很多方面,比如形状恒常性、大小恒常性、颜色恒常性等。

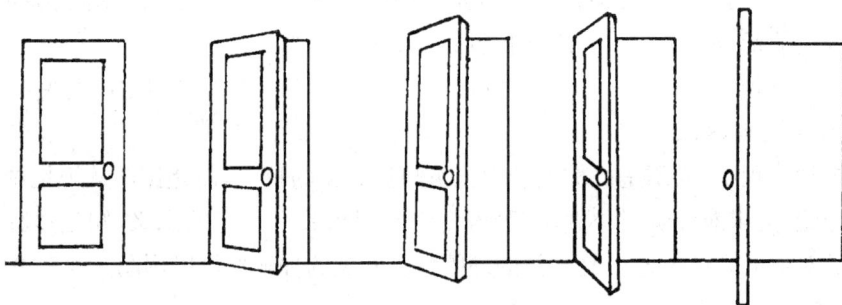

图 6.5　知觉恒常性示意图

(1)形状恒常性。当人从不同角度观察同一物体时,物体在视网膜上成像的形状不断变化。但是,我们并没有知觉到物体的形状发生了改变,认为物体的形状仍然保持原来的样子。这就是形状的恒常性。

(2)大小恒常性。物体在眼睛上成像的大小随着人和物体的距离远近而发生变化,但是,由于环境还提供物体远近的线索,人对物体大小的知觉印象基本固定不变。这是大小恒常性。

(3)亮度恒常性。当照明条件改变时,在人的知觉当中,物体的相对明亮程度保持不变,叫做亮度恒常性。例如,我们看到冬天的雪在白天和黑夜都是白的,看黑色的煤在白天和黑夜都是黑的。从物体反射的光量来说,煤块在白天的光反射量比雪在夜间光反射量多出几万倍,但是,我们仍然把黑夜看到的雪知觉为白的,而把白天看到的煤知觉为黑的。

6.2 影响知觉的因素

6.2.1 知觉主体

个体特点对知觉内容的选择有很大影响。有的专家认为,每个人看到的世界,其实是他或她的内心。这种说法虽然有绝对化之嫌,但的确说明个人主观因素在理解世界的过程中有很重要的作用。个人特点对知觉的影响发生在知觉过程的不同阶段。这些特点包括个人需要、知识经验、个性、情绪状态、价值观等。

(1)个人需要。人最迫切的需求是什么,会影响个人对知觉对象的敏感程度和解释。一个准备跳槽的员工对招聘广告更加敏感,而一个饥饿的人更容易嗅到饭菜的香味。在这些情况下,内部需要显然降低了主体对外界刺激的感知阈限。另外一个有趣的实验则说明内部需要如何影响人对刺激物的解释。实验有两组被试,一组被试处在正常状态,另外一组被试处于极端饥饿状态。向两组被试呈现模棱两可的图像,发现饥饿的被试更多地把图形解释成食品。比如,把月牙形的图形识别为香蕉,把圆形的图形识别为馅饼或者月饼等。

(2)知识经验。一个人所具备的知识经验不但影响对知觉环境内容的选择,而且影响对知觉内容的解释。在组织当中,管理者和员工都会对自己比较熟悉的问题给予较多的关注,认为自己所擅长的问题是最重要的。心理学家迪尔伯恩和西蒙(Dearborn and H. A. Simon)曾经做过一个研究,让经理人员阅读一家企业的资料。他们当中有人负责销售,有人负责生产,还有人负责会计。要求这些人看完资料后写出该企业存在的关键问题。结果发现,每个人写出的问题,大多跟他们的业务有关,并没有反映企业的全貌。

(3)个性。个性使人以某种固定、习惯化的方式对外部刺激作出反应,在知觉过程中,个性同样影响知觉偏差。在场依存性实验中,让被试判断一个物体是否处于垂直状态,场依存型的人会比较多地参考环境当中的线索,比如墙壁、门框、吊灯等,而场独立型的人则较多依靠自己身体的线索,比如地球引力的作用。在很多情境中,个性当中的场独立/场依存维度极大影响个人对环境刺激的知觉。在知觉过程中,场独立型的人更多地依靠自身的主观因素,而场依存型的人则多半依赖外部线索作出知觉判断。在管理环境中,场独立型的人较少依赖他人作出判断,更能够独立地与他人打交道,而且,他们也似乎更清楚不同个人和不同角色之间的差异。

6.2.2 知觉对象

知觉对象的特点会影响人注意的程度,因而比较容易把具备某些特点的对象选择作为知觉的对象,而把其他作为知觉的背景。知觉对象的特点正是通过这种方式影响知觉的内容。这些特点包括对象的大小、强度、对比、发生频率、运动、新异性等。知觉对象的特点对知觉的影响发生在知觉过程的第一个阶段。

(1) 大小。物体越大,越容易被知觉到。工人很容易知觉到庞大的机器设备,同时比较容易忽视小小的螺丝刀、操作手柄等体积很小的物件。

(2) 强度。强度指外部刺激给个人影响的大小,强度大的物体或者刺激容易抓住人的注意。例如,在车间里大声喊叫就比正常说话的声音容易引起注意。这是因为前者对人感官的作用强度更大。

(3) 对照。与背景形成强烈反差的事物,或者与预期差距较大的事物,容易被当成知觉对象。所谓"万绿丛中一点红","鹤立鸡群",都是指背景和对象之间的强烈对照关系。

(4) 运动。在视野范围之内的事物,静止的往往被知觉为背景,而运动的事物则被视为对象。在战场上,移动目标很容易被发现并受到打击。在社交场合,四处走动的人更容易引起大家的注意。商家之所以用霓虹灯做广告,也是利用了它的运动特点。

(5) 重复发生。一个现象重复发生,容易引起人的注意。广告重复播出,就可以成为消费者注意的目标。一个员工上班总是迟到,会引起主管的关注。

(6) 新奇性。一般情况下,我们对日常生活和工作中经常发生的事情习以为常,视而不见。但是,如果发生很少见的事情或者现象,同样容易吸引人们的注意。

其他特点,比如连续图形、好的图形等,都容易成为知觉的对象。

图 6.6　连续图形和好的图形

6.2.3　环境

事物或者事件发生的环境影响人的知觉。在原始森林中遇到狮子、老虎等凶猛的动物,人会产生极度恐惧的情绪,而在动物园笼子中的老虎和狮子却不会让人感到恐惧,就是因为环境因素发生了变化。

6.3　自然知觉

6.3.1　自然知觉的类别

自然知觉是对自然对象的知觉,自然知觉包括空间知觉、时间知觉和运动知觉等。

1. 空间知觉

空间知觉是人对物体的空间关系的反应。空间知觉包括形状知觉、大小知觉、深度知觉和距离知觉、方位定向。

（1）形状知觉。形状是物体所有属性中最重要的属性。人们要认识世界，就必须能够分辨物体的形状。形状知觉是视觉、触觉、动觉协同活动的结果。

（2）大小知觉。人对物体大小知觉的印象取决于物体在视网膜上成像的大小和知觉到的物体距离。对物体的知觉大小与前者成正比，与后者成反比。

（3）深度知觉和距离知觉。深度和距离知觉能够知觉物体的三维特性。提供深度和距离知觉线索的因素包括眼睛水晶体的调节和双眼辐合等感觉器官肌肉线索，对象重叠、线条透视、空气透视、相对高度、结构级差、运动视差、运动透视等单眼线索。最后，双眼视差是深度和距离知觉的重要线索。

（4）方位定向。这是人对物体的空间关系、位置和对个体自身所在空间位置的知觉。方位定向是各种感觉协同活动的结果。

2. 时间知觉

时间知觉是对客观事物和时间的连续性、顺序性在人脑中的反应。由于时间只有在事件进行之后才能作出估计，因此，知觉时间必须通过各种媒介间接进行。时间知觉的依据包括自然界周期变化、肌体节律性的活动和计时工具。

（1）自然界周期变化。自然界节律变化有日出日落、昼夜交替、四季变化以及月圆月缺等，这些是人估计时间的重要依据。

（2）肌体节律性的活动。人体的活动，很多有规律性，例如心跳、脉搏、进食到饥饿的时间、觉醒和睡眠等等，人们可以根据身体组织的这些节律性活动判断时间。身体组织节律性活动也称为生物钟，它给人提供了时间顺序和时间连续性方面的信息。

（3）计时工具。日历、手表、钟表等计时工具，可以使人对时间作出准确估计。

影响时间知觉的因素包括感觉通道的性质和态度及性情等。

（1）感觉通道的性质。在判断时间准确性方面，听觉最好，触觉其次，视觉较差。

（2）一段时间内事件发生的数量和性质。在确定的时间内，事件发生的数量越多，性质越是复杂，个体对时间的估计就越短；而事件的数量越少，性质越简单，人们对时间的估计则越长。但是，在回忆往事时，人们对时间的记忆与当时的估计是相反的。

（3）态度和兴趣。人对自己感兴趣的事物，会觉得时间短暂，相反，对枯燥无味甚至厌恶的事情，则觉得时间漫长。

3. 运动知觉

物体的运动特性直接反映在人脑中，被人察觉，就是运动知觉。运动知觉对人的行为意义重大。比如球类运动员需要判断球的距离、速度，卡车司机必须估计其他车辆的驾驶速度和与自己的距离等。

在一定时间和空间条件下，人们在静止的物体间看到了运动，或者在没有连续物体移动的地方看到连续的运动。这种对运动的知觉称为似动现象。例如，我们在快速行驶的车辆上，知觉到路旁的树木在向后运动；多个光点按照一定时间间隔和时间距离相继呈现时，我们会看到一个光点向其他光点的位置运动。

6.3.2 自然错觉

在日常生活和工作中,人们对一个简单自然物的知觉,也不一定符合客观,会出现偏差,不能反映物体的真实面貌,这就是自然错觉。下面是心理学中常见的自然错觉。

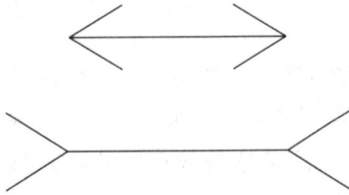

（1）缪勒—莱依尔错觉。两条线等长,如果一条直线的两端加上向外的两条斜线,另一条直线的两端加上向内的两条斜线,那么前者就显得比后者长,如图6.7所示。

图 6.7 缪勒—莱依尔错觉

（2）垂直—水平错觉。两条等长的直线,一条垂直于另外一条线的中点,那么,垂直的直线看起来比水平的直线要长,如图6.8所示。

（3）月亮错觉。月亮刚刚升起的时候显得大,而当升到半空的时候显得小。

（4）海林错觉。两条平行线,在线条图形的背景上,看起来并不平行,如图6.9所示。

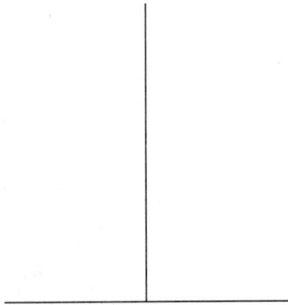

图 6.8 垂直—水平错觉

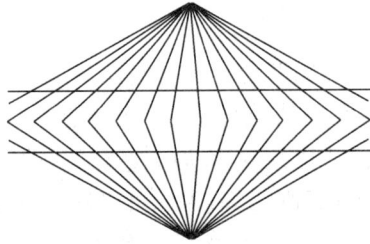

图 6.9 海林错觉

（5）奥伯逊错觉。正方形和圆形在线条的干扰下,看起来正方形不是正方,而圆形也不是真正的圆,如图6.10所示。

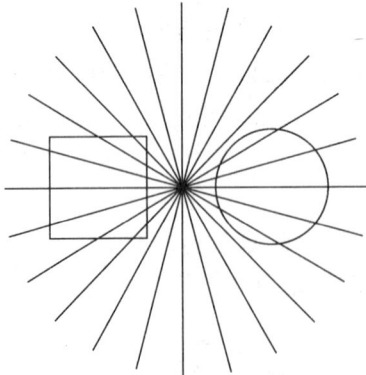

图 6.10 奥伯逊错觉

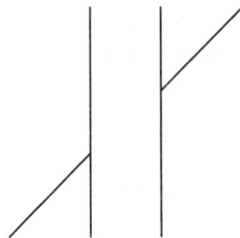

图 6.11 波根多夫错觉

（6）波根多夫错觉。一条直线被两条平行线切断为两个部分,这两个部分看起来不在一条直线上,如图6.11所示。

（7）爱因斯坦错觉。正方形在许多环形曲线背景上,正方形的四条边看起来是弯曲的,如图 6.12 所示。

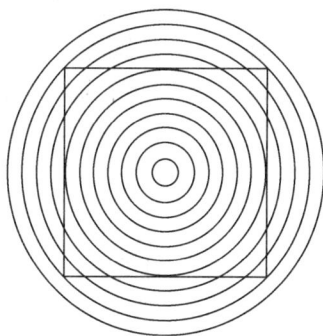

图 6.12 爱因斯坦错觉

图 6.13 佐尔纳错觉

（8）佐尔纳错觉。一组平行线,在一些附加线条的影响下,看起来是不平行的,如图 6.13 所示。

6.4 社会知觉

6.4.1 社会知觉的类别

社会知觉是对社会对象的知觉。包括对他人的知觉、对人际关系的知觉、对社会角色的知觉以及对自己的知觉。在组织行为学中,与自然知觉相比,社会知觉受到更多关注。因为管理环境中的行为主要以社会知觉为基础。但是,相对自然知觉而言,社会知觉更复杂。其原因在于,自然物的属性和特征相对稳定、持久和直观,而社会存在物的特点更隐蔽和易于变化。

1. 对他人的知觉

对他人表情的知觉。人内心的情绪、态度、需求和思想活动通常通过人的外在表情表现出来。通过外在表情的知觉,就可以察觉他人内在的心理活动,了解他人的态度、愿望以及人格特点,从而获取关于他人的知觉印象,并调整自己的行为。表情的表现主要有面部表情、言语表情和体态表情。

（1）面部表情通过面部不同区域肌肉的运动变化来表现。人的六种主要面部表情主要通过额眉、眼—脸、鼻颊—口唇等三个区域的肌肉运动来实现,人对他人表情的知觉也是以这些肌肉运动为线索的。通过对人们面部肌肉运动变化的基本模式的了解和掌握,就可以比较有效地去判断一个人的面部表情及其变化,并进一步据此推测和判断其内心的心理活动。

（2）言语表情是通过语音、语调、语速、节奏等变化表现出来的。情绪愉快时,语言轻快；情绪紧张时，语音中经常夹带杂音、声音不连贯。言语表情的变化能充分表现人的期望、动机、态度、情绪状态和个人特点等。

（3）体态指人的身躯和肢体各部位的表现形态，例如点头、摇头、手臂垂立、紧抱双臂等，它们的表现能够表达和反映个人的心理活动、心理状态和态度等。

（4）对他人行为方式的知觉。一个人处理问题和待人处事的行为方式是对他人知觉的重要内容，也是反映一个人深层心理结构及人格特征的重要依据。了解一个人做什么、怎样做，对于正确认识和评价此人，形成关于此人的准确知觉印象，都很有帮助。

2. 对自我的知觉

人们在生活和工作中经常要了解自己，自我知觉是对自我的了解。在自我知觉中，人会按照某种标准来衡量和评判自己。衡量评判自己的标准来源于人的理想自我或对自我的某种期望水平。如果知觉到的自我符合或基本符合标准，个体会感到满足。但通常知觉到的自我是不符合标准的，这会导致自我批评，甚至是自我嫌恶，产生不愉快的体验。

（1）态度的自我知觉。一般来说，心理学家认为人通过自省认识自己的态度，然而还有另外一种解释：由于人的内部线索很弱而且模糊，人必须通过观察自己的外显行为推测内心态度。在自由选择的前提下，自己的行为是态度的反映。例如，一个人毫不犹豫地自愿为灾民捐款，事后回忆起来，他会觉得自己是个富有同情心的人。只要行为是自愿作出的，个人就会据此判断自己的态度。这种观点得到了实证研究的支持。

（2）情绪的自我知觉。人们能够认识自己的情绪体验，尤其是像快乐、悲伤、愤怒等基本的情绪。在很多情况下，人们并不能为自己的情绪体验贴上一个恰当的标签。一个人在情境不佳时，他往往难以分辨清楚自己是悲伤还是愤怒，或者是其他情绪。这时，就需要认知作出解释。生理唤醒是情绪体验的基础，认知决定情绪体验的性质。

6.4.2 主要的社会错觉

人对社会对象的知觉并不总是能够如实地反映客观，会由于种种原因发生偏差，比如错误理解别人的动机，不正确地评价他人的工作业绩等等。下面介绍社会知觉领域常见的几种错觉。

1. 首因效应

首因就是我们日常生活中所说的第一印象。首因效应则是指，在社会知觉过程中，最先的印象对人的认知具有非常重要的影响。例如某人初次面试就给面试官留下了良好的印象，这种印象会在后面的几轮面试中左右面试官对他的评价。由于首因效应的存在，使得人们对他人的认知表现出这样的倾向：即当人们只获取了有关他人的少量信息时，就试图对此人没有表现出来的特征进行推理、判断，以期形成有关他人的统一、一致的印象。或者说，当形成对某人的第一印象时，在后来的认知过程中，就用最初获得的印象来解释这个人所有的行为举止。

社会心理学家卢钦斯(A. S. Luchins)做了一个著名的实验,验证首因效应的存在。实验材料是两段文字材料,这两段文字描述的是同一个人,一段描述这个人是外向的,另一段文字则描述这个人是内向的。要求实验对象按照不同顺序阅读这两段材料。结果发现,先阅读的材料内容决定了阅读者对这个人的评价。

2. 近因效应

近因是时间上离现在最接近的印象。近因效应指最近的印象对人的认知具有重要影响。比如,年底绩效考核就快到了,某员工因为过于疲劳将操作工具损坏。尽管他这一年来的表现还是不错的,但是,部门主管给他的总体评价却很不理想。这就是近因效应的作用。

在对他人的认知中,同时存在首因效应和近因效应,究竟哪种效应会占据主导地位呢? 社会心理学家认为,哪种效应占据主导地位,主要取决于信息的熟悉度和连续性。如果关于某个人的信息是连续的和熟悉的,近因效应占据主导地位;假如关于某个人的信息是不连续的和不熟悉的,则首因效应起主导作用。社会心理学家还认为,知觉主体的价值观也会有影响。也就是说,在一般条件下,比较重要的事件会在评判一个人的知觉中占据主导地位,而知觉顺序则退居次要地位。

3. 对比效应

当刺激物与环境或者与知觉的其他目标形成鲜明对比时,这种由对比形成的差异往往被人为夸大,这就是对比效应。对比效应的存在告诉我们,人对一个对象的评价不是孤立的,常常受到先后发生或者同时存在的事件或人物的影响。例如,在面试中,如果某个应聘人前面出现几个平庸的求职者,一般来说,这个求职者可能受到较高的评价;相反,如果前面几个求职者优秀,则后面一个求职者往往得分较低。出现这种情况的原因在于,评价主体受到前面知觉对象的影响,降低或者提高判断标准,抑或会降低或者提高对应聘者的期望。

4. 相似错误

知觉主体容易接受与自己相类似的对象,而对与自己有较大差异的对象抱有偏见。相似的特点包括教育背景、兴趣、爱好、地缘、个性等等。在绩效评价和面试中,与主试官或者绩效评价人有相似特点的会受到更好的评价,而其他人则遭到贬低。

5. 晕轮效应

晕轮效应又称光环效应,是指知觉主体对一个人的特点形成好的或者坏的印象之后,就倾向于据此推论该人其他方面的特征。就像月轮或者晕轮是月光的扩大或泛化一样,知觉对象的某个特点会被知觉主体放大,故被称为晕轮效应。与首因效应和近因效应不同,晕轮效应不强调时间上的先后影响,而是强调知觉对象的特点之间同时影响。前苏联心理学家包达列夫曾经做过一个著名实验,验证晕轮效应的存在。实验向两组大学生出示同一个人的照片,并告诉第一组被试,照片上是一个恶贯满盈的罪犯,告诉第二组被试,照片上的人是一个大科学家。结果,第一组被试对该人的评价是:深陷的眼窝,表明他心中的仇恨,突出的下巴,表示他犯罪到底的决心。第二组的评价则完全相反:深陷的眼窝,表示他富有智慧,突出的下巴,表明他在科学研究道路上不断前进的毅力。在组织当中,晕轮效应就像一个只有一个小孔的眼罩,它让人看不到他人身上其他的特点。例如某员工从来没有上班迟到和旷工的现象,上级主管给他的绩效评价一直是优秀。实际上,该员工的工作态度虽好,但他的工作业绩实在一般。该员工超乎常人的上班准时这一特点被放大了,或者说,他的优点就像一个耀眼的光环,掩盖了他平常一般的工作结果。

6. 刻板印象

人们对某类人形成概括和固定的看法,这种看法就是刻板印象。人们常常表现出许多心理和行为方面的相似性,比如同一民族或者居住在同一地区的人有大致相同的风俗习惯、个性特征和行为方式,职业、年龄、性别等相同的人,在思想观念、态度和行为方式等方面也有接近的方面。比如北方人比较豪爽、不拘小节,南方人比较细心、待人无微不至;做老师的喜欢对人说教,政治家喜欢唱高调等等。

刻板印象有积极作用,也有消极作用。在积极方面,刻板印象可以帮助人们很快地形成对人的知觉印象,因为刻板印象中总是有一些合理的和真实的成分。这样可以简化人们的社会知觉过程。在消极方面,由于刻板印象有一成不变的特点,所以,刻板印象很容易造成对人的成见,形成对人不正确的认识。例如在绩效评价中,管理者很容易给老年员工的创造性这个维度评低分,而给年轻人的评价则比较高。其实,很多老年员工非常富有创造性。由于刻板印象有较高的稳定性,很难随时间变化而发生变化,因此,它往往会阻碍人们接受新事物。

7. 期望效应

预先的期望会抑制对事件、事物和人的认识。知觉过程对信息的选择和对知觉对象的解释都会偏向知觉主体预期的方向。在信息线索模棱两可的情况下,期望效应则发挥很大的作用。即使知觉线索没有发生太大模糊,期望效应仍然对知觉发挥影响。

期望效应的另外一个方面是自我实现的预言,也称皮革马利翁效应。当一个人被期望有良好的表现时,他常常真的表现出所期望的行为。相反,当一个人被预言有不良行为时,这种预言也经常变成现实。心理学家对这种现象有两种解释,其一是观察者专注预期中发生的行为,忽略和预期不相一致的行为。这种对信息选择的系统偏向使得对行为的评价发生偏差。其二是知觉对象感受来自重要人物的期望,从而影响动机因素,带动行为表现向预期方向发展,从而使预言变成现实。

6.4.3 克服社会错觉

出现社会错觉的第一类原因是人对知觉对象的真实信息获取不足或者不够准确。根据知觉的信息加工观点,人在某一个时间只能关注一个知觉对象。因此,欲获取知觉对象更详细和更准确的信息,必然需要付出更多的精力。提高信息准确性的一个办法是增加观察的频率。例如主管人员增加对下属工作行为的观察,从而搜集更多下属工作业绩的信息,提高对下属工作绩效评价的准确性。在面试中,主试官在短短几分钟就形成对求职者的印象,并把这种印象当作对应聘者的准确认识。在随后的面谈过程中,对应聘者提供的更多信息心不在焉,从而导致不正确的评价。所以,专家们建议不要过早下结论,应当在面试的整个过程中认真倾听应聘者的谈话,避免所获信息的偏差。

提高知觉准确性的第二个方法是保证所获信息对知觉对象真实状况的代表性。如果观察者以随机取样的方式观察知觉对象,则能提高知觉准确性。假如上级主管只在特定时间和特定地点观察下属工作,或者只在出现问题时才出现在工作现场,那么,他对下属工作的知觉信息不能代表全部。而且,上司的出现,往往会影响下属的行为,这就使得上司所获得的知觉信息更加偏离真实情形。为了克服由于信息获取导致的知觉偏差,企业可以使用电子监控手段观察工作现场,这些先进的技术手段受到许多公司的青睐。使用计算机信息监控手段的原因主要源自两个方面,第一,主管人员的确需要有关员工工作行为的直接信息,特别是那些注重行为过程和安全性的工作环境(例如银行储蓄柜台);第二,国外关于雇员解雇和绩效纠纷引起的诉讼案件增加,也是促使雇主采用此类设备的原因。

最后,由于主管方面的原因,观察者对知觉信息进行取舍,常常关注与自己的期望相一致的信息,忽视那些与自己期望不相一致的信息内容。所以,有意识地让自己对那些不符合个人期望、信念的信息给予特别注意,也是克服知觉信息偏差的一个途径。

信息不准确或不具代表性的另一个原因在于人的记忆特点。由于人的记忆系统对最初和最近信息的印象深刻,而登记在漫长时间链条上中间位置的信息内容倾向于变得模糊不清。

一个耐人寻味的现象是,在招聘评价过程中,应聘者表现良好,但是在实际工作中,该员工的表现平庸。也就是说,招聘评价中获得的信息,并没有真正代表他的实际工作能力。评价者获得的信息不具有代表性,是片面的。在这里,知觉主体对信息采集的偏差是通过有意识的安排获得的。这个失败的例子说明,招聘选拔的情境设计不够科学,情境诱发应聘者的行为表现没有代表性。

社会错觉的第二类原因是个人对知觉信息过分简化。由于人的信息加工能力有限,个体使用内部结构或图式对信息加以组织就成为现实的选择。人借以对信息加以组织的"脚本"或"刻板印象"是导致知觉信息简化的根源所在。因而,提醒个体意识到自己的刻板印象或者脚本,可以帮助克服信息过分简化。另外,如果个体在知觉过程中能够放弃刻板印象或者固有的脚本,也是不错的选择。如果一个人必须与其他社会群体打交道,他可以增加对该社会群体的接触,使自己的刻板印象或者脚本变得更加丰富、细化、准确,与某社会群体的真实状况相吻合。研究表明,专家与新手的一个差异就在于,专家大脑中有关世界的脚本更加具体、详细和准确。如果人们获得了对一个陌生社会群体的经验,那么,他对组织中有关现象的理解就会更加趋于客观真实。除了个人努力之外,有组织的努力包括有计划的公司培训,以促进对不同社会群体的了解。在员工队伍走向多元化的今天,跨文化培训成为企业组织的一项重要工作。

社会错觉的第三类原因是认知启发,包括表征性启发和获得性启发。

表征性启发是人根据当前信息或事件与一般认为的典型信息或事件的相似程度进行判断。例如第一次会见客户，经过简单交流，发现他注重清洁、语言丰富、内向、衣着朴素。这时，你会将他的信息与一些职业的典型特征进行比较，看他在多大程度上与这些职场中的人相类似。如果你感觉他和一般研究人员相类似，就会判断他是一位研究人员。这时所使用的方法就是表征性启发。表征性启发常常是准确的，但是，某个特定个体的特征经常与所在群体中的其他成员大不相同。比如研究人员也可能打扮时髦、能歌善舞。在这种情况下，表征性启发就会导致判断失误，导致社会认知偏差。克服表征性启发失误的方法是对那些与典型特征不一致的信息给予特别关注。

人根据某种信息在记忆里提取出来的难易程度进行判断。也就是说，容易回忆起来的信息是更可能发生的。这种认知策略就是获得性启发。获得性启发可以帮助判断事物发生的频率，因为经常发生的事情容易回忆起来。但是，这种启发很容易产生偏差。例如，新闻媒体对飞机失事报道很多，而对火车事故报道较少。结果，人们形成一种印象，认为飞机不如火车安全。

6.5　归因

通过知觉过程，人对他人或自己的行为与相关事实获得基本了解。在此基础上，人类往往会探究行为背后的原因是什么，这就是归因。归因对工作行为和管理决策有重要影响。

人的外在行为表现，其背后的原因分内因和外因两种。

内因指内在原因，即为个人所拥有、直接导致其外在行为表现的品质或特征，包括个人的个性、情绪、动机、需要、能力、努力水平等。这些特点存在于个体，并通过外在行为表现出来。因此，人的内部特点通过行为表现出来，反过来，人的内部特点也通过外在行为来观察。正是由于外在行为和内在特点的这种关系，人们才有可能对一个人行为背后的内在原因进行推测和分析。

外因指外在原因，外因属于环境，包括外界条件、情境特征、其他人的影响等等。这些特点不属于个人，不是个人可以控制的因素。

内因和外因对人的行为表现所起的作用不同，但两者之间相互作用。一般而言，内因是行为表现的动因，外因是行为表现的条件，两者共同制约人的行为。人们在对一个人行为背后的原因进行推论时，实际上要断定行为背后的主要原因是外因还是内因。

6.5.1　凯利的归因模式

在归因理论中，凯利(H. Kelly)提出的三维归因理论影响最大。凯利根据共变原则提出了一个试图全面解释归因过程的理论。在凯利的理论中，行为的原因有可能来自三个方面,即行为者主体、行为指向的对象和行为发生的环境,归因就是要在这三者中找出能够说明行为发生的主要原因。

凯利认为,人们在生活和工作中主要是根据对上述三方面原因进行比较来判断行为背后的真实原因的。他据此提出了归因所依据的三个原则:

(1) 一致性原则。将行为主体的行为和他人的行为相比较,看他的行为表现是否与众不同。相同,则一致性高,不同,则一致性低。

(2) 一贯性原则。将行为主体的行为根据时间和空间的不同来进行对比,如果行为的发生在时间上和空间上具有稳定性,则一贯性高,反之,则一贯性低。

(3) 差异性原则。看行为主体的行为表现是否因行为对象而异。如果行为主体的某种行为表现因事而异或因人而异,则差异性高,反之则差异性低。

根据凯利的观点,导致行为的原因就存在于这三个方面。因此与行为原因相联系的三种特征的组合也只有三种情形才有意义:

组合一:一致性低,一贯性高,差异性低,即与众不同,一贯如此,不因人而异或因事而异,这种情况下,行为的原因在行为者自身,属于内因。

杰克是生产部经理,他批评了操作工人汤姆。他几乎批评过所有的操作工人(差异性低),其他人没有批评过汤姆(一致性低),他经常批评汤姆(一贯性高)。结论是:杰克是一个坏脾气的生产部经理。

组合二:一致性高,一贯性高,差异性高,即与别人的行为相同,总是如此,因人而异或因事而异,这种情况下,行为的原因在行为所指向的对象身上,属于外因。

汤姆上班迟到。他经常迟到(一贯性高),别的员工多数都迟到(一致性高),他做其他事情很少迟到。结论:因为工作枯燥、人际关系不良或者其他原因,导致上班成为让人讨厌的事情。

组合三:一致性低,一贯性低,差异性高,即行为表现与众不同,偶尔为之,因人而异或因事而异,这种情况下,行为的原因在于环境中的因素,属于外因。例如:杰克是生产部经理,他批评了操作工人汤姆。他很少批评其他操作工人(差异性高),其他人没有批评过汤姆(一致性低),他几乎没有批评过汤姆(一贯性低)。结论是:杰克批评汤姆,可能是由于特殊的客观情况。

6.5.2　维纳的三维归因理论

心理学家维纳(B. Weiner)认为,人们对自己的成功和失败主要归因于四个方面因素:努力、能力、任务难度和机遇。这四个因素可以根据内外因、稳定不稳定和是否可以控制三个维度分类。其中,努力和能力属于内因,任务难度和机遇属于外因;能力和任务难度属于稳定因素,努力和机遇属于不稳定因素;努力是可以控制的,而任务难度和机遇则不可以控制。维纳的归因模式如表 6.1 所示。

表 6.1 维纳的归因模式

归因因素 \ 归因维度	努 力	能 力	任务难度	机 遇
内外因	内 因	内 因	外 因	外 因
稳定性	不稳定	稳 定	稳 定	不稳定
可控性	可 控	—	不可控	不可控

人们对工作成功和失败的归因模式对随后的心理感受和行为反应有很大影响。表6.2 汇总了人对自己行为的归因模式和相应的心理与行为反应。

表 6.2 人们对工作成功和失败的归因模式和相应的心理、行为反应

行为结果 \ 归因模式	成 功	失 败
能力、努力	满意、自豪	挫折、无助
任务难度、机遇	幸运、感激	不满、敌意
能力、任务难度	工作努力	降低努力
努力、机遇	积极性提高/降低	积极性可能提高

在绩效管理中,管理人员对下属的成功与失败也会作归因分析,管理人员对下属工作归因的结果直接影响指向下属的管理措施,如表 6.3 所示。

表 6.3 管理人员对下属工作的归因结果及其管理措施

行为结果 \ 归因结果	成 功	失 败
能力	赞扬、认可、奖励	培养、辞退
努力	赞扬、认可、奖励	批评
任务难度	增加任务难度	降低任务难度
机遇	—	同情、支持

6.5.3 归因偏差

归因理论对行为归因过程的解释有一个基本假设:人的归因活动总是按照理性的、有逻辑的方式进行。然而,人们的归因行为并非总是纯粹理性的,也不符合严密的逻辑,这就使人对行为的归因出现偏差。一旦出现偏差,那么人对行为原因就会作出错误的解释和说明。

在归因失真时,尽管人们有充分的证据对他人作出客观评价,但还是倾向于过低估计外部因素的影响,而高估内部或个人因素的影响。这种现象,被称为基本归因错误。例如,当下属业绩不理想时,经理通常把业绩不良归因于下属工作不努力,而较少从自己的领导方式或者工作条件中寻找原因。

对于基本归因错误有两种解释。第一种解释是,行动者和观察者着眼点不同。行

动者对于自身的行为很难作深入观察,于是,把行为的原因归于外部。相反,观察者把注意力集中于行动者及其内在因素。第二种解释是,行动者与观察者信息来源不同。旁观者由于对行动者过去的行为方式了解较少,就假设行动者当前的行为方式与过去是一致的,于是归因于行动者的内在因素。克服基本归因错误的一个方法是换位思考。

个人对自己的行为进行归因时,则常常把成功的原因归于自己的能力和努力,把失败的原因归于外部因素。这种归因偏差,被称为自我服务偏见。贝特曼(Bettman)和威兹(Weitz)的研究说明了这种倾向。他们研究了150家公司的年度报告,结果发现,不理想的组织绩效更可能被归因于外部因素,比如利率太高、气候不好、市场疲软等,而理想的组织绩效则倾向于被归因于内部因素,例如市场开拓活动、新产品开发和新技术引进等等。自我服务偏见属于动机型知觉偏差,自我卷入程度越高,偏差越是明显。

归因偏差因人而异。高自我接受的人不大会将消极因素投射到其他人,因而较少使用自我服务归因偏向。既然归因受主观因素的影响,将不同个体对同一对象的评价加以比较,是个不错的主意。由于参与比较的评价者获取的信息不同,因而具有不同的脚本或刻板印象时,尤其能够减少归因偏差。正是出于这方面的考虑,360度考评成为众多公司的选择。对同一个雇员的评价不仅仅来自上级主管,还有同事评价、客户评价等。

本章小结

本章分析了知觉的定义、特征及知觉影响因素,介绍了自然知觉类别与自然错觉表现,分析了社会知觉类别与社会错觉表现,讨论了克服社会错觉的方法,介绍了归因的主要模式,分析了归因偏差现象及其主要原因。

复习与思考

1. 什么是知觉?知觉的过程与特点是什么?
2. 知觉主体的特点、知觉对象和情境因素是怎样影响知觉的?
3. 什么是自然错觉和社会错觉?
4. 管理工作的哪些环境容易发生社会错觉?如何克服社会错觉?
5. 什么是归因?人们归因的规律是什么?
6. 不同归因模式对管理者和员工的行为有什么影响?

案例分析

李茜的经历

李茜出生在北方的一个农家。由于生活艰难,父母很早就让李茜退学了,觉得女孩子读书没有什么用处。后来,在远房亲戚的劝说和资助下,李茜才重新得到了读书机会。靠聪明的天资和刻苦勤奋,李茜学习成绩优异,高中毕业后考取了省城一所大学读金融专业。

大学的学习生活并不轻松,李茜除了努力学习功课,还要打工挣学费和生活费。她很少买时髦的衣服和化妆品,也难得参加同学的各种聚会。她有两个关系不错的同学,也都是从农村来的穷孩子。尽管周围的同学对她挺友好,但是,她还是觉得有些不自在,觉得别人对她太关照了,似乎小心翼翼地,怕伤了她的自尊心似的。在与周围同学友好的交往中,她也感觉到另类的眼光。有一次,她清楚地听到同宿舍的人模仿她带有口音的普通话。

除了打工,李茜把所有精力都投入到学习中去。她所有专业课都是优,赢得了同学的尊重和老师的赞许。此外,她还拼命学习英语,在省城高校英语演讲比赛中,她获得了唯一的一等奖。有人觉得不可思议:她的普通话口音那么明显,发音也不准确,怎么英语就说得那么地道呢?

毕业后,她来到向往已久的上海,进入一家国有银行信贷部工作。除了李茜和张美霞,信贷部其他员工都是上海本地人。上海人的精明、时尚和友好给李茜留下了深刻的印象。不过,由于她不太能听懂上海本地话,以及一些习惯和观念的差异,李茜感觉自己难以融入上海人的小圈子。

在上海工作半年之后,李茜跳槽到一家外资银行。由于表现出色,后来被派到国外接受培训。在培训项目中,她可以接触到从出纳到贷款等银行业务和运营管理的所有方面。她几乎去过银行设在新英格兰的所有分支机构。两年的培训项目结束后,她做了当地一家支行的经理助理。

在这家分行,担任较高层次管理职务的有两个亚洲人,不过李茜是所有管理层当中唯一的女性。在接受培训的过程中,李茜就感到有些不自在,尽管她的表现很优秀。好在参加培训项目的还有其他3个亚洲人,她能够从他们那里得到支持和安慰。她当时就琢磨,当项目结束后,希望能够和他们当中的人在一起工作。

李茜的老板是55岁的路博达,新英格兰本地人。他对李茜很友好,花很多时间帮助李茜的工作。李茜觉得,他花在自己身上的时间似乎太多了。而且,李茜感觉老板像对待小孩子一样照顾自己。

李茜向朋友诉苦说,她对银行里发生的事情感到气愤和沮丧。她说,几乎所有的事情都存有偏见,她不得不跟偏见进行斗争。老板让保罗承担更多的职责,让他独立会见客户。李茜和他的资历、接受的培训差不多,可是,她每次接待客户,老板都要亲自陪同。

有一天,李茜正在使用走廊上的复印机,老板的秘书在大厅里跟别人聊天,秘书说,她刚刚剪了头发,太难看了,又短又难看,和Lily(李茜)的一样。李茜很生气,幸好当时她背对着大厅,那些人看不到她的表情。

李茜说,现在,路博达正在影响她的进步。李茜曾经找老板谈过一次。路博达说,他希望在所有方面,尽可能多地帮助李茜。李茜向他抱怨说,他没有把她和其他员工公平对待。他好像对她特别不放心。她说:"你总是在帮助我,可是,你从来不放手让我自己去做。"

路博达说："我总是努力地帮助公司的新人,我并没有对你另眼相看,也许,你有点太敏感了。你觉得,我会因为你是亚洲人,或者你是女性而歧视你吗?"

"我觉得不公平,"李茜说,"保罗和我一起进公司,可是他比我承担了更多的工作职责,这是为什么呢?"

"Lily,你是个聪明人,"路博达很和蔼地说,"你知道没有绝对的公平。在有些工作上,保罗比你承担了更多的职责,但是,在有些工作分配上,你比保罗承担了更多的职责。我要考虑员工的特点,尽量让每个人做他最擅长的事情。"

"可是,事实却是,保罗的工作更多在前台,我的工作更多在后台。这样安排的结果是,他会得到更多晋升机会,而我的晋升机会就很少。"李茜问,"这难道是公平的吗?"

"并非如此,"路博达回答说,"你的职业发展不会受到影响,你和保罗承担不同的职责,你们需要获得不同的工作经验。我们银行业有自身的特点,我们必须获得客户的信任,为了达到这个目的,就要把最优秀的职员放到相应的位置上,否则,我们无法与其他银行竞争。我希望最合理地运用所有的资源促进企业和雇员的发展。记住,你必须运用自己的才能,尽最大可能为公司作出贡献,同时促进个人职业发展。我的决策没有性别偏见,更没有种族歧视。如果你在我的位置,我相信,你也会这样做。"

思考题

1. 路博达对李茜的能力有什么错觉?这种错觉怎样影响李茜在工作中发挥自己的潜力?

2. 职业生涯中的玻璃天花板是否由知觉偏差造成的?为什么?

测试练习

你的年龄刻板印象如何?

说明:以下有7个陈述句,在你认为是对的句子前填写0分,在你认为是错的句子前填写10分。

_____1. 员工的生产率随着年龄的增大而下降。

_____2. 年老员工,企业为之付出的成本更高。

_____3. 年老员工更难相处。

_____4. 年老员工在工作上走下坡路,直到退休为止。

_____5. 年老员工容易出事故或缺勤。

_____6. 年老员工可以退休,因为他们有经济保障。

_____7. 再培训年老员工,花费更高,因为他们以后能为公司工作的时间比一般员工短。

评分:计算你的总分,分值越高,你对员工的年龄刻板印象越少。上面的所有陈述句都是错误的。

思考与讨论

1. 你认识的年老员工有哪些人?举出一到两人,思考他们的工作质量如何?他们是否符合上面列出的 7 个刻板印象?符合程度如何?

2. 你认为能从年老员工那里学到哪些东西?

参考文献

Cascio,W. F.,1991,*Applied Psychology in Personnel Management*,Prentice Hall Inc..

Certo,S. C.,2006,*Supervision:Concept and Skill-Building*,5th edition,McGraw-Hill,Irwin.

Dessler,G.,1997,*Human Resource Management*,Prentice Hall Inc..

Mathis R. L. & J. H. Jackson,1994,*Human Resource Management*,West Publishing Corporation.

Schermerhorn,J. R.,J. G. Hunt & R. N. Osborn,2000,*Organizational Behavior*,John Wiley & Sons Inc..

罗伯特·克赖特纳、安杰洛·基妮奇:《组织行为学》(第 6 版),中国人民大学出版社 2007 年版。

唐·荷尔瑞格等:《组织行为学》,东北财经大学出版社 2001 年版。

叶奕乾、何存道、梁宁建:《普通心理学》,华东师范大学出版社 1997 年版。

章志光、金盛华:《社会心理学》,人民教育出版社 1997 年版。

第7章　工作压力与疏导

本章关键词

工作压力（work stress）　　　　　　角色冲突（role conflict）

应激源（stressor）　　　　　　　　工作负荷（work load）

生物反馈（biofeedback）　　　　　　个人生活事件（personal life event）

咨询（counseling）　　　　　　　　心理健康（mental health）

非指导性咨询（nondirective counseling）　身心疾病（physical mental illness）

社会支持（social support）　　　　　焦虑（anxiety）

角色模糊（role ambiguity）　　　　　抑郁（depression）

　　压力始终与工作相伴。工作压力是怎样形成的，影响工作压力的因素有哪些，工作压力对组织和个人的作用有什么后果，都是组织管理中值得关注的问题。采取措施，妥善应对员工的工作压力，是组织和个人应该共同努力的目标。

7.1　工作压力的概念

　　当个人意识到有需要解决的重要问题，而又不确定自己的能力和资源是否能够解决问题时，会体验到紧张不安、焦虑等不愉快的情绪。这种情绪体验被称为工作压力。

　　在工作环境中，压力的心理成分有三个组成部分。第一个成分是知觉到的挑战。压力产生于主体和客体之间的相互作用，也就是人对环境因素的评价。例如，企业即将进行一系列改革措施，当改革制度没有出台时，员工私下纷纷猜测，不知道改革会给自己带来什么样的结果，压力就随之产生。

　　第二个成分是所面临问题或者挑战的重要性。压力产生的关键原因之一是所面临问题的重要性。压力产生于关心，关心是因为重要。在上例中，企业即将出台的改革政策如何，对于一个即将离开企业的员工来说，已经不重要了，事不关己高高挂起。所以，对他来说，没有任何压力可言。

　　第三个成分是不确定性。人总是对环境作出评价，以便确定问题得到解决的可能性。评价的结果在两个极端都不会产生压力。如果问题能够轻而易举解决，当然没有压力；假如问题根本不可能得到解决，此时产生的情绪体验应该是绝望而不是压力。研究结果表明，压力最大的情形，发生在个人能力和所要解决问题复杂程度相接近的时候。原因就在于,难度水平和能力越是接近,结果就越不确定。正是这种结果预期的不确定性,导致压力的产生。

国外一项研究可以较好地说明工作压力产生的情况。这项研究的对象是棒球队员。研究者对好球队和差球队的队员进行测量,测量指标是队员的压力水平。一般人的直观假设是,两个球队相遇,三流球队的压力水平会比较高,因为他们输球的可能太大了。测量结果表明,在这种情况下,三流球队的压力水平很低,因为结果的不确定性很低。队员知道,他们不可能击败实力远胜于他们的一流球队。另一方面,当一支三流球队和其他三流球队比赛时,情绪压力达到相当高的水平。

此外,不确定性问题有积极和消极两种可能的结果。如果所面临的挑战被看作是一种机会,不但不会导致压力情绪,还将激发迎接挑战的愉快和激情。

压力情绪体验伴随一系列独特的心理、生理和行为表现。

(1)生理反应。呼吸和心跳速度加快,身体调动最大能量以供身体产生最大程度的努力。脑电波活动水平提高,使大脑处于最大程度运转状态。同时,人的听觉和视觉在短时间内变得更加敏锐。压力状态下的生理反应还有血液循环加快,皮肤电波动,腺体分泌变化等。在压力来临的时候,生理变化对个体生存是相当重要的,它对于个体应付紧急情况具有生存价值。但是,在今天,这些生理状况在很多时候已经失去了其适应价值,而变成适应不良的症状,特别是当个体长期处于压力状态时,尤其如此。

瑟尔耶(H. Selye)把机体对长期压力的反应分为三个阶段。第一个阶段是警觉期,在这个时期,机体意识到威胁的存在。不管这种威胁是生理的还是心理的,上述生理症状都会出现。第二个阶段是阻抗期,这个阶段,个体对由威胁产生的压力已经适应,第一阶段表现出来的症状消失。第三阶段是衰竭期。持续承受威胁性刺激之下,人的适应性贮存全部耗尽。这时,人被自身防御作用伤害,导致适应性疾病。

(2)心理反应——焦虑。焦虑类似条件性害怕。处在焦虑中的人总是担心可怕的或有害的事情将要发生。遇到人身伤害事故会感到害怕,总是担心可能会遇到人身伤害则是焦虑。焦虑是不愉快的心理反应,具有消极诱因价值。当焦虑出现时,人会受到激发去摆脱它。如果预见的威胁可能发生,就会设法避开它。长期压力造成的焦虑会伤害健康的心理和行为。

(3)行为反应模式——对抗或逃避。个人对环境中的威胁进行评价,当判定个人能力可以应对,就会作出对抗反应,试图消除压力来源。当个人判断自己的能力难以应付可能的威胁,会设法从威胁环境中逃脱。

7.2 有关情绪与工作压力的理论

7.2.1 詹姆斯—兰格理论

美国心理学家詹姆斯(W. James)和丹麦生理学家兰格(C. Lange)分别于 1884 年和 1885 年提出内容相同的情绪理论。根据这个理论的解释,压力发生时的植物神经活动和一系列身体变化导致压力情绪。先有生理变化,然后才有压力情绪体验。当一个压力刺激物作用于感官时,立即会引起身体或者内脏活动的变化,激起的神经冲动传到中枢神经系统,就产生压力情绪。所以,哭泣引起悲伤,打斗导致愤怒,战栗带来恐怖,微笑让人愉快。总之,詹姆斯—兰格理论认为,情绪性的情境刺激引起生理反应,生理反应导致情绪体验。

7.2.2　认知评价理论

20 世纪 60 年代初,美国心理学家沙赫特(S. Schachter)和辛格(J. Singer)通过实验证明认知因素,也就是个体对身体生理状态变化的解释,是构成情绪经验的主要原因。

参加实验的大学生分为三个小组,给三组被试注射同一种药物,并告诉所有被试注射的是一种维生素,目的是为了研究该维生素对视觉的影响作用。被试不知道,注射的药物实际上是肾上腺素,该药物使被试处于一种情绪激动状态。给三组被试的指导语是不同的。给第一组被试的指导语是:注射后会出现心悸、手颤抖、脸发烧等现象。而这正是身体对肾上腺素的反应。给第二组被试的指导语是:注射药物后,身体会发抖、手脚发麻,没有其他反应。对第三组不给任何指导语。然后,三组被试各分为两个部分,分别进入两个事先设计好的环境中休息。第一种情境是惹人发笑的滑稽场景,第二种情境让人感到愤怒。结果发现,第二组和第三组的被试,在愉快情境中体验到愉快情绪,在愤怒情境中体验到愤怒情绪。但是,第一组被试没有体验到愉快或者愤怒的情绪。实验结果表明,生理反应是情绪产生的基础,人对生理反应的认识和解释决定最终的情绪经验。

7.2.3　评定—兴奋理论

美国心理学家阿诺德(M. B. Arnold)于 20 世纪 50 年代提出情绪的评定—兴奋学说。该理论认为,刺激情境并不直接决定情绪的性质,从情绪性刺激出现到情绪产生,要经过主观评价过程。因此,情绪产生的模式是:情绪刺激—评定—情绪。同样的情绪性刺激,由于主体对它的评价不同,就会产生不同的情绪反应。评价的结果有三类:有利、有害和无关。相应的反应就是积极的情绪、消极的情绪或者漠不关心。

7.2.4　情绪产生的认知评价综合模型

拉扎勒斯(R. S. Lazarus)发展了阿诺德的学说,将认知评价扩展为评价、再评价的过程,形成了情绪的认知评价综合模型。他认为,这个过程由筛选信息、评价、应付冲动、交替活动、身体反应的反馈,以及对活动后果的知觉等环节组成。在综合模型中,第

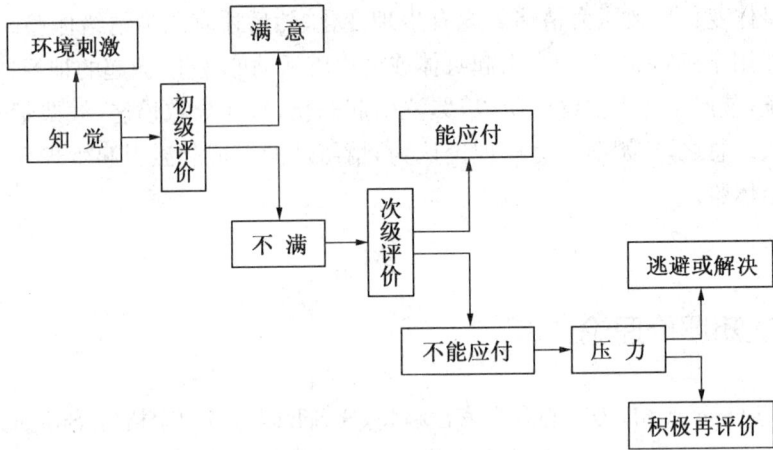

图 7.1　情绪压力产生的综合

一个环节是知觉,主体知觉到外部环境中的刺激。第二个环节是初级评价,人对知觉到的刺激作出判断。积极的评价导致满意感,一次知觉过程就结束了。如果评价是消极的,则导致不满意的感觉。然后,人对刺激进行次级评价,判断是否有能力应付这个给自己带来不满意的刺激。如果人感觉到自己能够轻而易举地解决这个问题,则评价过程结束。如果人感觉到自己没有足够的能力解决问题,则会产生压力。压力会驱动个人采取行动消除问题,所采取的行动有两类,一类是行为反应,另一类是认知反应。行为反应的目的是去除压力源,或者离开压力源所在的环境。如果行为反应不大可能奏效,承受压力的个人则会对自己的目标、个人的价值观等重新作出调整,以适应当前的情境。

7.3　压力源

7.3.1　技术—物理环境

大量证据表明,诸如温度、湿度、噪声、清洁度、照明、空间大小、工作内容没有规律等工作环境的物理特征有可能引发员工不良情绪反应。研究证明,温度太高或者太低除了影响员工的工作绩效,还会影响工作态度。有关研究进一步证明,对于正在完成中的某种工作任务,有最佳照明度要求;而且,员工的不满,往往与工作场所照明不足或者过分明亮有关。此外,像工作场所的清洁状况、是否存在健康安全的威胁、工作物理环境的舒适度等都会影响员工对工作任务的看法和主观感受。如果糟糕的工作物理环境不能得到改善,员工的消极情绪会与日俱增。

物理环境的另外一个重要特征是工作活动对体力方面的要求。在生产技术高度发展的今天,这个因素往往会被忽略。一方面,我们看到自动化生产设备正在大大减轻对体力的要求,另一方面,我们还要看到,由于经济或者技术方面的原因,还有很多工作活动无法自动化。而且,即使在实现自动化的生产条件下,仍然有一些对体力的特殊要求。因此,工作对体力的要求给员工造成的疲劳和身体的不舒适带来的压力,也应当在我们的考虑范围之内。

7.3.2 社会环境

组织政策、组织文化、上级管理者的行为作风、群体内气氛、人际互动的网络等等,一起构成工作场合的社会环境。社会环境中的这些重要因素都会成为工作压力的来源。

组织政策和组织文化为员工提供了一个宏观心理环境。政策导向和组织文化所倡导的价值观和行为方式是否能够为员工所认同,组织政策和处理问题的方式是否重视员工的价值,是否尊重员工,是否重视员工的发展,把员工的利益和企业的利益结合起来,都影响员工工作压力水平。如果组织社会环境不理想,员工必然对企业缺乏忠诚,同时,员工个人也承受很大的心理压力。

如果上级主管和同事通过提供帮助让员工胜任个人工作,实现有价值的目标,他们便成为员工社会心理支持的来源。假如上级主管把下属视为对立面,处处挑剔或刁难,或者同事之间互相拆台,那么,上级主管和同事就成为员工工作压力的来源。而上级和同事的互相支持则会为员工提供一个很好的心理缓冲。在一个压力环境下,良好的社会支持可以缓解心理压力。情感上的关心和支持能够使紧张更易于忍受。如果一个人无依无靠,又面临离婚、配偶死亡或者严重的疾病时,则环境中紧张刺激的损害更大。而家庭和朋友的支持会使压力强度减小。当众人一起分担压力情境时,压力事件就易于被忍受。社会共同面临的灾难,诸如洪水、地震、飓风、战争等常常使人的优良品质得到发扬。而且,当大家共同对抗压力事件时,个人反倒感觉不到很大的压力了。

7.3.3 工作负荷与时间要求

市场竞争加剧和工作节奏变快,使工作人员有一个共同的感受,那就是需要做的事情太多,可以支配的时间太少。当工作负荷不断加大,对某个岗位角色的期望太多或者太高,超过个人承受能力时,工作人员的能力就无法胜任岗位工作的要求,或者无法胜任临时任务的要求。这种情况被称为角色超载。角色超载或者"工作过于辛苦"是一个主要的压力来源。

与工作负荷有关的另外一个因素是工作要求的最后期限。工作任务的安排通常有完成的最后期限要求,这种最后期限的制约可以有效地管理员工的工作行为,同时也使个人处于较大的压力之下。

有趣的是,没有任何工作负荷的人也会产生压力。多数人都有过无所事事的经历,在这种情况下,个体会感受到一种压力,并在压力驱动下寻找事情来做。

7.3.4　任务复杂程度

任务复杂程度极高或者极低的情况都能够导致压力产生,但这两种情况比较少见。一般来说,比较复杂和丰富的工作使员工产生有意义感,而简单重复的工作则让员工厌烦。赫兹伯格(F. Herzberg)的研究结果也证明了这一点。因此,由工作任务复杂度导致的心理压力主要来自于简单机械的工作。简单重复的工作与低工作满意度、迟到、旷工、辞职等联系在一起。

工作设计的简单乏味还会导致一些工作绩效的下降。比如对于安全检查人员、核电站操作员、复杂仪器机械操作工等工种,员工需要保持高度警觉,持续监控仪器设备,而需要操作的内容又非常简单。所以,这一类工作乏味至极,由此产生的厌倦情绪使操作人员精力不集中,而心不在焉的工作状态将导致事故的发生。

7.3.5　任务的重要性

让员工了解并认同工作任务的价值是必要的。根据员工的价值观和个人兴趣来判断,如果工作任务的结果和完成工作任务的过程都无关紧要,员工会觉得工作没有任何意义和价值,会产生强烈的无意义感。久而久之,不但使员工丧失工作积极性,还会给个人带来消极的精神负担。

7.3.6　工作角色模糊与角色冲突

岗位角色表明整个组织分工的情况。如果某岗位的职责不明确,工作关系的各方面对该角色的期望没有明确界定,角色模糊的情况就存在。另外,工作绩效标准不确定,工作成功与失败的奖励和惩罚标准不明确,同样会导致角色模糊的情况。角色模糊现象的存在使承担角色的员工无所适从,承受由"不确定性"带来的压力。

常见的角色冲突有两种情况。第一种情况是来自不同方面对同一角色期望之间的分歧。例如,上层管理者可能要求对上班迟到的员工进行严厉的处罚,而一般员工可能希望对迟到的员工宽容一些,要考虑员工个人的特殊需要。第二种情况属于个体同时承担的几种角色之间的冲突。比如,在绩效考评过程中,主管要对下属的工作表现进行评价打分,从而决定员工得到的相应奖励或者惩罚。此时,主管的角色是裁判。但是,在绩效评价过程中,主管还要跟下属就目前的绩效表现进行沟通,从而发现绩效不佳的原因,制订改进工作绩效和提升个人发展的计划。这时,主管的角色是教练。主管承担的裁判和教练的双重角色是矛盾的。

7.3.7 职业发展

与职业发展有关的紧张刺激包括职业是否稳定和有保障、职业发展的前途是否明朗、升迁的机会、提高个人能力的进修机会等。当前机构重组、裁员、技术迅速发展、知识爆炸对人知识更新的要求等等，都会给员工职业发展产生重要影响，给员工带来压力。

7.3.8 个人生活事件

工作之外的事件与工作中承受的压力之间有密切关系，因为我们无法总是把工作紧张刺激和非工作紧张刺激区分得非常清楚。另一方面，工作中的压力会削弱应付生活紧张事件的能力，反之亦然。管理人员和员工都会感觉到，很多压力可能产生于他们个人生活中的紧张性刺激。对人产生影响的紧张性生活刺激是由重大变化造成的。这些变化包括离婚、婚姻危机、家庭成员的去世、经济困难、生病、婚外怀孕等等。

根据霍姆斯（Holmes）和拉赫（Rahe）的研究，不同生活应激事件给个人带来的压力水平不同。从生活变化的角度测量紧张状态，把生活事件按次序分类排列，从最为紧张的情况到程度最轻的情况，如表7.1所示。

表7.1 个人生活压力事件

生 活 事 件	生活变化分值	生 活 事 件	生活变化分值
丧偶	100	儿女离家	29
离婚	73	与亲戚的纠纷	29
分居	65	杰出的个人成就	28
坐牢	63	妻子开始参加工作或失去工作	26
近亲亡故	63	学业的开始或结束	26
自己受伤或患病	53	生活条件的改变	25
结婚	50	个人生活习惯的修正	24
来自工作的烦恼	47	与上级主管的纠纷	23
婚姻的调解和恢复	45	工作时间或工作条件的改变	20
离职	45	居所的改变	20
家庭成员的健康变化	44	转学	20
怀孕	40	娱乐活动的改变	19
性障碍	39	宗教活动的改变	19
家庭人口增加	39	社会活动的改变	18
营业的重新调整	39	睡眠习惯的改变	16
财产情况的变化	39	住在一起的家庭成员的改变	15
亲密朋友病故	37	饮食习惯的改变	15
改行	36	休假	13
和配偶争吵	35	较轻的违章违法	11
职务改变	29		

7.3.9　个人特点

压力还可能来自内心。同样面对一些紧张性刺激,有人会感受到压力,而另外一些人则可能持无所谓的态度。个性特点也许能够解释员工感受压力并对此作出反应的差异。一个稳定自信的人可能会比较好地处理各种紧张性刺激,而一个紧张和自我怀疑的人处理相同刺激的时候可能会面临更多困难。对一个具体的个人来说,压力的产生可能存在情境特殊性。也就是说,这个人可能对其中的一种紧张性刺激产生反应,而对另外一种刺激没有类似的反应。

例如,A 型人格(type A personality)比较能克服生活和工作中的压力事件。A 型人格典型特征是:

(1) 很强的抱负和雄心壮志;

(2) 情绪容易波动;

(3) 好斗、敏捷、进取;

(4) 运动、走路、吃饭等的节奏都很快;

(5) 觉得工作进展速度太慢,不耐烦;

(6) 总是试图同时做两件以上的事情;

(7) 习惯做艰苦紧张的工作。

7.4　工作压力的影响

7.4.1　工作压力对个人的影响

1. 压力与生理健康

长期较重的压力不仅使人精神衰竭,而且会危害个人的身心健康。压力能引起植物神经和内脏活动变化。当这些变化持续发展,以致造成病理性改变时,就会发生心身疾病。和压力有关的心身疾病大致包括心血管系统疾病、消化系统疾病、呼吸系统疾病、皮肤病、神经系统疾病等。

研究表明,冠心病已经成为人类的第一杀手,而压力与冠心病有很显著的关系。社会心理压力、精神紧张、噪音、吸烟、环境污染等工作环境因素都是引发冠心病的重要诱因。另外,原发性高血压病和压力也很有关系,经常激动、冲动、追求完美、苛刻等行为特点与高血压病有密切关系。

与压力有关的消化系统疾病主要有消化性溃疡、溃疡性结肠炎、神经性厌食、神经性呕吐等。胃溃疡与压力的关系最为密切。胃溃疡是由于盐酸过度分泌在胃或十二指肠里层所产生的一种损伤(一个小洞)。在消化过程中,盐酸和各种酶相互作用以便把食物分解成为可被身体利用的成分。当盐酸分泌过量时,盐酸最后侵蚀保护胃壁的黏膜层,同时造成一些损害,许多因素可以增加盐酸分泌,而心理紧张显然是其中之一。

用猴子作为被试的一个经典实验可以证明压力会引起溃疡。一对猴子同时各自坐在椅子上,时间为好几个小时。有一个电击装置可以随时对两只猴子施加电击。然而,其中一只猴子(被称为执行猴)如果按下它前面的杠杆,则电击装置在 20 秒内便不再起作用。如果执行猴在两次按压杠杆之间的时间没有超过 20 秒,两只猴子都将免遭电击。当执行猴因为不注意或者疲劳未能及时反应时,两只猴子都会挨电击。因为实验中两只猴子都接受同一电击,由电击产生的物理损害对它们是相同的。但是,只有那只执行猴出现溃疡。合理的解释是,要求它在恰当的间隔内作出反应的连续警惕性会引起持续的紧张状态,从而导致溃疡。一般来说,责任重大的岗位员工容易患溃疡。或者,要求苛刻而又变化无常的老板也会使下属诱发溃疡。与紧张压力有关的呼吸系统疾病大体包括支气管哮喘、过度换气综合征、神经性咳嗽等。属于皮肤心身疾病的有精神性皮炎、瘙痒症、湿疹、斑秃(脱发)、牛皮癣、多汗等。与压力有关的神经系统疾病有紧张性头疼、偏头疼、抽搐、书写痉挛等。

跟压力相关的身心健康问题还有背疼、头疼以及脑部疾病。较新的医学报告显示,多数癌症病人都有高度精神压力的症状,这促使医学人员怀疑压力可能是造成癌症的原因之一。

最后,严重的压力可能损害有机体的免疫反应,降低有机体抵抗细菌和病毒的能力,从总体上损害人的健康。总之,工作压力会导致各种健康问题,给个人带来极大负担。

2. 压力与心理健康

除了身体疾病,压力还会导致精神健康问题,比如神经衰弱、焦虑症、强迫症、恐惧症、抑郁症等,都与压力有关。其中,尤其以神经衰弱、焦虑症和抑郁症表现突出。

(1)神经衰弱。神经系统的两大重要活动是兴奋和抑制,如果大脑神经长期处于过度紧张状态,引起兴奋和抑制的功能失调,就出现神经衰弱症状。在临床上,神经衰弱的表现有很容易兴奋、容易发怒、容易疲劳、容易衰弱、经常失眠、头疼、情绪低落、注意力不集中、记忆衰退、感情脆弱、全身无力等等。神经衰弱严重干扰正常的工作和生活,给个人带来极大的痛苦。

(2)焦虑症。焦虑症是对并非客观存在的威胁作出的紧张,恐惧等情绪反应,同时伴有植物性神经系统症状和身体运动的不安。焦虑症的主观体验有:心跳加剧、呼吸困难、疲惫眩晕、四肢僵硬麻木、莫名的恐惧、想要逃脱的强烈愿望(逃避不喜欢的环境或者事物)、身体疼痛、吞咽困难、哆嗦、颤抖、发热、恶心、感觉自己要发疯或将失去控制、对自己或者周围的事物有不真实的感觉。

下面是典型的焦虑症状,如果同时有 4 条符合,就可以视为焦虑症:

● 气短或者情绪激动

● 眩晕,感觉不适或晕厥

● 心脏剧烈跳动或心跳加快

● 哆嗦或颤抖

- 出汗
- 憋气
- 恶心或不正常的担心
- "非本人"或"非现实"感
- 麻木或疼痛感
- 脸发热或寒战
- 胸口疼或不舒服
- 害怕死亡
- 害怕自己会发疯或行为失去控制

（3）抑郁症。根据统计数据，抑郁症在西方社会是名列第三位的常见疾病，仅次于心脏病和风湿病。随着社会发展，竞争加剧，工作、生活压力加大，患病人数呈不断上升趋势。有人预言，抑郁症将成为21世纪的第一大疾病。抑郁症的表现有生理方面的，例如没有病理原因的头疼、背疼、四肢疼痛，心理方面的表现有心情不好、认为生活没有价值和意义、消沉、沮丧、对未来绝望、精神不振、对新鲜事物缺乏好奇心、没有性欲。抑郁症严重干扰工作和生活，很容易使人产生自杀念头并付诸行动。

7.4.2　工作压力对组织的影响

1. 工作满意度

研究表明，影响工作满意度的主要因素有工作性质、报酬公平、工作环境和工作关系等。当个人感到工作没有任何意义和价值，缺乏挑战性，工作极端无聊，工作满意度会降低。相反，如果工作太有挑战性，超出个人能力，也会降低满意度。总之，工作压力太大或者太小都会导致员工的工作满意度降低。工作环境中的噪音、污染、高温，缺乏关怀的组织气氛，矛盾重重的人际关系，都给员工带来压力，导致工作满意度降低。

2. 医疗保健成本

工作压力可能严重影响员工身体健康。企业面临为员工健康负责的压力，其中包括承担医疗保健的部分费用。在过去几十年当中，员工福利大幅度增长，其中有相当一部分支出用在医疗保健和保险方面。此外，企业还要对长期工作压力下产生的伤亡事故和疾病负责。其中，由于工作压力导致的精神疾病在迅速上升。随着中国劳动法规的完善和劳动者自我保护意识的觉醒，在可以预见的将来，企业将为工作压力导致的心理疾病付出经济代价。

3. 缺勤与辞职

工作压力除了带来直接的经济损失，还会产生间接损失，这种损失主要体现在员工的缺勤和辞职。工作压力是员工缺勤的主要原因之一。有关研究表明，员工缺勤给公司造成的损失相当可观。研究还证明，员工离职给企业造成的生产率损失、重置成本以及其他相关损失也是一个很大的数字。威廉（W. R. Wilhelm）的研究表明，原惠普公司一个中层经理离职造成的重置成本就高达 40 000 美元。假如离职员工的生产率超过平均劳动生产率,由于该员工的离职造成的生产率下降将非常显著。另外,该员工可能还是整个团队中的领导,或者是重要的团队成员,他的离职还会带来其他负面效应,比如团队缺乏核心人物,或者,失去原来的客户等等。

4. 工作绩效

工作压力既可以帮助提高工作绩效,也可以破坏工作绩效。工作压力对工作绩效的作用是积极还是消极,取决于压力水平的高低。一定水平的工作压力对维持较高的绩效表现是必须的。这是因为,当工作压力水平很低,甚至没有工作压力的时候,工作没有任何挑战性,情绪唤醒水平很低,员工很容易思想开小差、走神,工作绩效在低水平徘徊。当工作压力水平过高的时候,情绪唤醒处于一个很高的水平,员工的注意力就会集中在紧张情绪上,只有很少精力能够集中在工作任务本身,工作绩效表现也会下降。所以,工作压力水平和工作绩效之间的关系呈倒 U 形,如图7.2 所示。

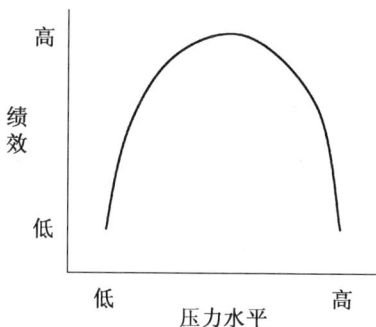

图 7.2 压力与绩效之间的关系

5. 经济赔偿

国外一些法律认为,压力失调是一种与工作有关的疾病,甚至认为它就是工伤,因而可能会成为员工向雇主索赔的根据。国外已经有不少员工因为在工作场所受到暴力攻击、骚扰或者其他不愉快的情形向雇主索赔并获得成功,赔偿金额达到数百万美元。

7.5 工作压力的预防与疏导

个人和组织都对工作压力及其产生的后果很重视。对于管理工作压力,个人和组织有很多选择:可以选择预防和控制压力产生的根源,也可以选择逃避压力,还可以选择适应工作压力。第一种策略从根本上消除或者减轻工作压力,第二种策略采取眼不见心不烦的方法,让自己远离工作压力环境和压力因素,第三种策略则使用各种方法,减轻由工作压力带给个人的不良感受和症状。

7.5.1 工作压力的预防

考虑到可能产生的工作压力可能有不良的后果,个人和组织事先作出积极安排,尽量避免长期工作压力过大。根据工作压力产生的心理机制和常见的工作应激来源,个人和组织可以采取以下措施,预防产生过度工作压力。

(1) 树立正确的人生观和积极的态度。

(2) 加强学习,提高能力。

(3) 进行有效的计划和时间管理。

(4) 养成良好的生活和行为习惯。

(5) 保持生活—工作平衡。

(6) 科学安排工作、任务和工作环境。

(7) 建设支持性社会网络、良好的社会心理环境和企业文化。

(8) 科学确定劳动负荷。

(9) 提高员工参与度,增强员工对工作任务的认同度。

(10) 设计弹性工作时间和休假等有助于保持员工良好情绪状态的工作制度。

7.5.2　规避工作压力情境

1. 工作与人的良好匹配

研究表明,不同的人对不同的刺激情境的情绪反应是不一样的,人工作压力的紧张性情绪体验具有情境特殊性。也就是说,员工可能对一种情境的反应比较激烈,而对其他情境则没有类似的反应。所以,在分配工作时,要考虑员工的特点安排适合的工作环境。有一个典型的例子,有一位海军士兵,从前是哈佛大学的学生,因为无法忍受学业的压力而退学。后来参加海军。驾驶飞机从军舰上起落被一般人认为是很危险的高压力工作,但是,他却没有感觉到任何压力。后来退伍,他又返回哈佛大学学习,但是仍然不能适应学习压力,后来再次退学。把员工安置到合适的岗位上,可以减轻或避免适应不良的情绪压力。

2. 工作轮换

工作轮换是把员工暂时从一个工作岗位换到另外一个工作岗位上,从目前的工作压力中解脱出来。工作轮换的方法主要是考虑工作的特殊要求,可能使一般员工都无法持久、持续地承受由工作压力导致的紧张情绪。一些在特殊岗位工作的员工,只能在该岗位上工作一段短暂的时间,比如一个小时、两个小时,然后再换到另外一个岗位。因此,这些员工需要频繁地在一个岗位和另外一个岗位之间进行轮换。

3. 休假

休假是暂时从压力情境中解脱的办法,属于情绪应对策略中的逃避措施。休假期间,由于暂时脱离了压力情境,精神获得释放。而且,身体和情绪状态的改善可以提高人对压力的耐受能力。

7.5.3　控制情绪反应和压力症状

1. 体育锻炼

"借酒消愁愁更愁",喝酒和服用兴奋剂或毒品等,对缓解压力和不良情绪的作用是暂时的,过后的情况可能会更糟糕。还有人在情绪紧张时避开人群独处,效果往往适得其反。心理健康专家向人们推荐的第一种有效应付紧张情绪的方法是体育锻炼。专家说,这是改变坏情绪的最好方法。现代医学还不清楚锻炼缓解消极情绪的机理,只是从理论上推断,当身体消耗大量能量时,有助于减轻压力和使人情绪愉快。而且专家的研究证据显示,连续步行 10 分钟,便能增加能量释放的水平,从而减轻压力至少一个小时。在各种运动当中,缓解压力的最好运动当属有氧韵律操。有的企业就为员工举办韵律操学习班,并举行韵律操表演比赛。还有的企业组织员工徒步旅行、滑雪旅行等体育活动。有些规模比较大的企业,还专门为员工提供体育锻炼的场所和设施,以及与体育锻炼有关的免费服务。

研究证明,体育锻炼能够很好地减轻由于工作压力带来的各种症状,释放由紧张的工作产生的紧张情绪。除了鼓励员工积极参加体育锻炼之外,有的企业还设法让员工放弃一些消极的紧张应对行为,比如吸烟、喝酒、暴饮暴食、发脾气等。

2. 社会支持网络

在同样的工作环境条件下,有人体验到严重的压力,是因为缺乏一个温暖的人际关系网络,他们的生活是孤独的,与周围的世界隔离开来。成就动机特别强烈的个体,独立性很强的人,或者不善于与人交往的人,常常不能与朋友和同事建立起亲密的人际关系。缺乏亲密的感情交流,在压力情境中很容易体验到愤怒、焦虑孤独等情绪。

社会支持网络可以很好地解决这一类问题。所谓社会支持网络指的是由一些个体组成的人际关系网络,在这个网络中,经常有互助性的活动和人际交往,在交往和活动中,员工的重要的心理需求得到满足,从而达到增强抵抗压力、缓解紧张情绪的效果。

企业建立社会支持网络,最常见的方法是团队建设,其中包括人际关系技能等一系列训练。通过团队建设,让员工建立起亲密的人际关系。社会支持网络可以包括同事、上司、下属、家庭成员、朋友等,而支持性活动的形式则可以采取多种多样的方式来进行。在社会支持网络中,社会支持以四种方式得到体现:

第一是工具性支持。某员工因为个人情绪原因影响了工作,同事会帮助他把工作做好,保证他能够按照要求完成任务。

第二是信息支持。员工遇到难以解决的问题时,同事或者上司会提供帮助问题得到解决的重要信息。

第三是评价性支持。在员工应付情绪问题的过程中,旁观者给员工提供反馈信息,让他知道他的努力正在取得成效,从而达到帮助的目标。

第四是情感支持。周围的人向陷入情绪困境中的人表示理解、支持、同情、关怀,花时间陪伴他谈心、散步等等。

3. 放松训练

在情绪紧张时,人的肌肉会绷紧。放松技术的主要目的是消除主要肌肉群的紧张感,包括手、胳膊、背部、脖子、脸部、脚和踝肌等。放松技术包括全身放松、深呼吸、平和的内部心理表象等。在放松的过程中,被试体验由上而下的全身肌肉放松,伴随以深呼吸,同时想象自己处在一个令自己感到非常舒服和宁静的处所,想象其中的景色、声音、可能的触觉、气味等等,从而加强放松效果。放松训练需要有一个安静舒适的场所,环境的布置简洁、令人愉快,最好有令人精神放松的背景音乐。

4. 生物反馈

生物反馈是帮助人们控制紧张状态的颇有前途的技术。在生物反馈训练中,被试接受自己生理状态的某些信息(反馈),然后试图改变这种状态。例如,在学习控制紧张性头疼的过程中,电极放置在前额上,任何肌肉活动都可能被电子仪器探测、放大,并以听觉信号反馈给被试。在肌肉收缩时,信号(或声音)的强度上升,在肌肉放松时则强度下降。通过学习控制声音的音高,个体学会保持肌肉的松弛。经过4—8周的生物反馈训练后,被试学会辨认紧张如何出现,同时不用机械的反馈也能减轻这种紧张。

给人印象更深刻的是自助神经系统的生物反馈。像心率和血压这样的活动,过去传统的看法是自主的,不能由人的主观意识来控制。现在的实验证明,正常人能学会改变这两种活动。其中的一种方法是监视血压变化,并让被试观看血压情况的图表,同时教会被试放松各部位的肌肉群。教会被试收缩肌肉(例如紧握拳头、绷紧腹肌)和放松肌肉,注意两者在感觉上的不同。从脚和踝肌开始,经过整个身体,一直到控制颈部和面部的肌肉,人们可以学会改变肌肉的紧张度。

5. 心理咨询

(1)心理咨询的概念。心理咨询是咨询员与有情绪或心理问题的来访者之间的双向交流活动,通过双方的交流,帮助来访者更好地应付心理、行为或情绪问题,从而提高心理健康水平。心理咨询的实质是沟通,通过思想、观念和感情的交流,咨询员帮助来访者更好地应付问题。

(2)咨询者。咨询工作可以由专业人员来主持,也可以由非专业人员主持。人力资源管理专业人员、部门经理或者主管、有情绪问题者的朋友或者同事、企业内部的医生,都可以充当咨询员的角色。咨询工作的高度保密性可以使来访者敞开心扉谈论自己工作和生活中的问题。

(3)咨询工作内容。在咨询过程中,咨询员可以向来访者提供建议,告诉应该做什么,不应该做什么;提供支持,让来访者建立自信和勇气以面对个人遇到的问题;向来访者传达对其问题的理解和共鸣,提供可能帮助解决问题的信息;帮助来访者把压抑在心中的情绪释放出来;帮助来访者理清思路,建立更加现实和有逻辑性的思维,消除不合理的观念;鼓励并帮助来访者采取改变措施,设置值得追求的目标,为现实目标制订合理的方法、程序、步骤等。

(4)心理咨询的类型。心理咨询可以简单地分为两大类,第一类是指导性咨询,第二类是非指导性咨询。

指导性咨询包括倾听来访者诉说个人遇到的问题,决定应该给予什么样的指导建议,决定来访者应当做什么和不应当做什么。指导性咨询主要是给予建议。但是,建议的可行性究竟如何,以及来访者是否真正采取所提供的建议都很有疑问。因此,在指导性咨询的过程中,咨询的其他方面,包括释放情绪、建立信心等功能就比较重要。当然,如果来访者赞同咨询者提供的建议,可能会很有帮助。

非指导性咨询的重点在于让来访者谈论、分析所碰到的问题,他自己的感受等等,而给予建议则不是很重要。这种方法也被称为"以患者为中心的咨询"。咨询的中心在于来访者,而不是咨询员。在咨询过程中,咨询员运用倾听的技能和诱导的技巧,让来访者倾诉和分析自己的问题。对咨询员来说,接受来访者的观点和感受,而不是对他们进行评论和判断。在非指导性咨询中,问题解决的方法是来访者自己归纳出来的,而不是由咨询员提供的。

(5)心理咨询的步骤。心理咨询是一个自然发展的过程,但也需要遵守一定的步骤。国内外关于心理咨询的步骤和阶段都有不同的划分方法,一般认为整个咨询过程可以划分为五个步骤:

① 开端:热情接待、建立初步的咨访信任关系。当来访者登门的时候,咨询人员应热情地对他表示欢迎,并简要地说明心理咨询尊重个人隐私等原则。告诉他们在这里可以对自己的问题畅所欲言,咨询员会对其严格保密,对于他们心理上的困难也会尽力给予帮助。咨询员简要的说明和热情而自然的态度,有助于使来访者消除初次见面的陌生感,使他们的紧张情绪得以松弛,以建立咨访双方的相互信任关系。

② 了解问题:掌握来访者的意图和所存在的心理问题。通过来访者的自述,了解他的基本情况和存在的心理问题。基本情况包括来访者的姓名、性别、年龄、职业、家庭及社会文化背景等问题,这有助于分析其心理问题产生的社会背景。另外,通过来访者的自述和必要的询问,弄清他当前究竟被什么问题所困扰,问题的严重程度如何,问题持续有多久了,问题产生的原因,他本人对此有无明确的意识,等等。

③ 分析诊断:辨明来访者问题的类型、性质和严重程度,以便选择帮助的方法。根据对来访者言谈举止的观察,从来访者的主诉中获取有关心理状况的信息和资料,在谈话中通过咨询人员在关键问题上的深究和询问,澄清事实,掌握真实情况。在此基础上进行分析和判断,对来访者心理问题的性质、产生的原因、严重程度等方面进行正确的评估,从而考虑给予什么方式的指导和帮助。需要时可辅以心理测验。

④ 帮助指导:与来访者共商对策,以求解决问题。这是咨询过程中最有影响力的一个环节。咨询者根据分析诊断的结果,以一种或数种治疗的理论为指导,通过分析、解释、指导、训练等方式来影响来访者。来访者积极参与,产生理解、领悟、模仿、学习等新的认知方式和行为方式,向目标方向取得积极的改变。

⑤ 结束:结束咨询谈话,讨论下一步的安排。咨询进入尾声,如果咨询谈话比较成功,来访者可能主动谈出自己的感受,告知自己的收获和下一步的行动计划。对此,咨询人员应积极给予鼓励和支持,进一步增强其战胜困难的信心。咨询一般需多次进行,要约定下次谈话的时间,并说一些期盼和祝愿的话。

(6)心理咨询的方法。会谈是心理咨询的基本形式和手段。会谈分为倾听性会谈和影响性会谈。

倾听性会谈主要包括:

① 聆听:专心听取来访者对求询问题的叙述。

② 询问:咨询员通过询问,更加确定和深入地掌握来访者求询的内容。

③ 鼓励:通过言语表情、动作表情和体态表情来表达对来访者求询问题的重视、兴趣、接受和理解,给来访者以心理支持,强化其诉说动机。

④ 释意:正确地诠释或意译来访者所述的内容,以澄清或印证来访者所表达的含义,使咨访双方达成共识。

⑤ 感受反应:通过自己的体验,用情绪性的语词来表达来访者隐藏在叙述内容中的自己未清楚意识到的内心感受。

影响性会谈主要包括:

① 解释:对来访者叙述的内容进行有说服力的剖析,以扩展来访者的释言,调整思路,使其重新得到新的领悟。

② 引导:引导来访者对求询问题产生正确的认知,以激发其自行解决问题的动机。

③ 指导:针对问题指点示意来访者应该做什么、如何做,以解决问题。

④ 劝告:针对求询问题直接向来访者提供合理的思考方法,并在此基础上自行作出处理决策的具体建议。

⑤ 暗示:用含蓄的方法间接地引导提示来访者,以改变来访者异常的心理状态和行为。

⑥ 自我揭示:通过坦率地表达个人的感觉或经历和经验,来引导来访者心理的自我开发,以进一步全面地获取信息。

⑦ 反馈:针对来访者的求询问题表达自己的看法和想法,引导和启发来访者从更新的角度,以更开阔的视野重新审视自己的心理问题。

⑧ 逻辑推论:根据来访者提供的信息,通过逻辑推论得出一定的结论,使来访者了解自己的思维模式和行为方式对解决求询问题可能造成的影响。

本章小结

本章分析了工作压力的概念,简要介绍了有关情绪与工作压力的主要理论,从技术—物理环境、社会环境、工作和任务、个人职业发展、个人生活事件及个人特点等方面分析了工作压力源,分析了工作压力对个人与组织的影响,讨论了工作压力的预防与疏导及其方法。

复习与思考

1. 什么是工作压力,工作压力是如何产生的?
2. 工作压力的主要来源有哪些,它们为什么会使人产生工作压力?
3. 压力过度对身体和心理有哪些不良影响?
4. 工作压力过大对组织有哪些伤害?
5. 怎样应对工作压力?

案例分析

匆匆忙忙又一天

刘尉是沿海某市科委下属的一家事业单位的主管,负责某市科技园和创业中心的各项具体业务。为了今后的职业发展,刘尉还在 M 大学上 MBA 在职研究生班。

一天,刘尉像往常一样,早晨 6 点半起床,洗漱完毕,便下楼买早点,回来正好妻子和 7 岁的儿子起床,一家人吃完早餐,刘尉匆匆用自行车送儿子上学。离开学校,刘尉赶紧乘车去市预算外资金管理局,上午 8 点在该管理局门口和同事小蔡汇合。两人由财政局的一位熟人介绍,和预算外资金管理局的负责人和经办人洽谈有关本单位的预算外资金管理问题。离开预算外资金管理局,9 点半,刘尉乘车去市计委,向基建科和重点项目办公室咨询创业中心扩建工程立项问题。由于项目建议书必须由有资质的机构制作,刘尉又来到市工程咨询院,了解和洽谈委托的具体内容。上午 11 点,刘尉回到市科委向分管领导汇报具体情况。12 点 15 分,刘尉在市科委附近的一家小餐馆吃了一碗大排面,然后乘公交车去远在开发区的单位上班。

在公交车上,刘尉倍感疲惫,竟然睡着了,差一点下错站。下午 2 点赶到单位。这时候,单位领导已着急等着和刘尉商议工作。同时,MBA 班的同学来电话,通知下学期毕业论文申报导师和英语过关考试的事。3 点半,刘尉召集有关人员开会,讨论和布置单位预算外资金管理的具体问题。4 点半,刘尉终于空闲下来,正准备思考一下人力资源管理课程的作业内容,又有外单位人员进门来洽谈业务。5 点 20 分,快到下班时间,同事老梁来找刘尉,告诉他以前的同事于新雨从美国回来探亲,晚上 6 点约好在"烧鹅仔"聚会。刘尉赶紧和妻子联系,妻子告诉他,她晚上也要出席一个工作宴会,刘尉必须在 7 点 30 分回家照看儿子。刘尉心不在焉地参加了聚会,喝了几杯酒,主食没吃就匆匆回家。辅导完孩子的功课,刘尉筋疲力尽。妻子回来不满地说,脸色怎么这么难看,胡子几天都没有刮一下,头发也乱乱的。刘尉带着 MBA 功课毫无进展的遗憾,简单洗漱一下就入睡了。

思考题

1. 刘尉产生工作压力的原因有哪些?
2. 刘尉应该如何处理来自工作中的压力?

测试练习

你的工作压力感如何?

说明:请回想一下你在过去一个月内有否出现以下描述的情况。如果从未发生,则计 0 分;如果偶尔发生,则计 1 分;如果经常发生,则计 2 分。

1. 觉得手上工作太多,无法应付。
2. 觉得时间不够,总要分秒必争。例如走路和说话的节奏都很快。
3. 觉得没有时间消闲,终日记挂工作。
4. 遇到不顺心的事,很容易会发脾气。
5. 担心别人对自己工作表现的评价。
6. 觉得上司和家人都不赞赏自己。
7. 担心自己的经济状况。
8. 有头痛或胃痛或背痛的毛病,难以治愈。
9. 需要借烟酒或药物或零食等来抑制不安的情绪。
10. 需要借助安眠药才能入睡。
11. 与家人或同事在一起时,容易发脾气。
12. 与人交谈时,打断对方的话题。
13. 上床后还会牵挂很多事情,难以入睡。
14. 工作太多,不能每件事做到完美。
15. 当空闲时轻松一下也会觉得内疚。
16. 做事急躁、任性,但事后会感到内疚。
17. 觉得自己不应该享乐。

评分:0—10 分:工作压力程度低但可能显示生活缺乏刺激,个人做事的动力不高。
11—15 分:工作压力程度中等,虽然某些时候感到压力较大,仍可应付。
16 分或以上:工作压力偏高,应反省一下压力来源和寻求解决办法。

思考与讨论

1. 你的得分与你本人的符合程度如何? 请解释。
2. 你的工作压力感如何? 通常你是如何处理工作压力的?

参考文献

Kirkcaldy, B. D., C. L. Cooper & A. F. Furnham, 1999, "The Relationship between Type A, Internality-Externality, Emotional Distress and Perceived Health", *Personality and Individual Differences*, 26, 223—235.

Lim, V. K. G. & T. S. H. Teo, 1999, "Occupational Stress and IT Personnel in Singapore: Factorial Dimensions and Differential Effects", *International Journal of Information Management*, 19, 277—291.

杰勒德•哈格里夫斯:《压力管理》,中国社会科学出版社 2001 年版。

马剑虹、梁颖:《管理者工作压力高阶因素结构分析》,载《应用心理学》1997 年第 12 期。

第8章 激励

激励(motivation)   期望值(expectancy)
绩效(performance)   公平(equity)
能力(ability)   目标设置(goal-setting)
需要(need)   股票(stock)
动机(motive)   股票期权(stock option)
驱动力(driving force)   虚拟股票(phantom stock)
保健(hygiene)   报酬(reward)
满意(satisfactory)   知识型员工(knowledge worker)
效价(valence)   知识经济(knowledge-based economy)
工具性(instrumentality)

　　管理,实质上是"通过他人达成组织的目标"。而员工的能力和天赋不能直接决定他对组织的价值,其能力和天赋的发挥很大程度上取决于动机水平的高低。因此,激励员工是组织管理者的关键任务之一。

8.1 激励的概念

8.1.1 激励的重要性

　　激励作为组织管理者的关键任务之一,其重要性主要表现在三方面:
　　(1) 受过激励的员工总是主动寻找将工作做得更好的方法。
　　对一个受过激励的高层管理者来说,他会不断地思考和制定更适合公司的新战略;对一个受过激励的普通员工来说,他会不断地寻找将本职工作做得更好的方法。当人们积极寻找将工作做得更好的方法时,通常就会把工作做好。这是激励对员工工作态度的影响。
　　(2) 受过激励的员工一般重视工作质量。
　　对一个受过激励的高层管理者来说,他会经常为了一个报告花更多时间用于搜集和分析数据。同样,对一个受过激励的普通员工来说,他会更多地关注他的工作质量。

(3) 受过激励的员工,其生产率一般要比缺乏工作热情的员工高。

在20世纪中叶,美国哈佛大学教授威廉·詹姆士(William James)就提出相似的观点。詹姆士研究发现:在没有激励而只是按时计酬的情况下,人的能力一般只能发挥20%～30%,而通过激励,人的能力一般可发挥到80%～90%,最高可发挥110%。

总之,激励对员工的工作行为直接产生作用,也就是对员工的工作绩效有影响作用。工作绩效与激励和能力之间的关系通常以下列函数式表示:

$$工作绩效 = f(能力 \times 激励)$$

以 P(performance)代表绩效,以 A(ability)代表能力,以 M(motivation)代表激励,即公式可写为:

$$P = A \times M$$

例如员工甲、乙两人的比较:员工甲:A = 0.8,M = 0.3,则 P = 0.24;另一员工乙:A = 0.6,M = 0.8,则 P = 0.48。

由此可见,员工的能力和天赋不能直接决定他对组织的价值,一个人的工作积极性的激励,对工作绩效和组织受益都非常重要。

8.1.2 激励及其相关术语的定义与关系

激励,在过去半个多世纪中,许多理论学者对激励作了界定。总的来说,这些定义认为激励是行动的一种导向和持续,它涉及人们为什么选择一种行动以及为什么即使在面对困难的情况下仍会持续其行动。

让我们先看一下几个代表性的定义:

1955年,琼斯(M. R. Jones)认为:激励涉及行为是怎样发端,怎样被赋予活力而激发,怎样延续,怎样导向,怎样终止的,以及在所有过程进行的当中,该有机体呈现出何种主观反应。

1964年,阿特金森(J. W. Atkinson)指出:激励是此时此刻对行动的方向、强度和持续性的影响。

同年,弗鲁姆(V. Vroom)对激励的描述是:它是一个过程,这过程主宰人们在多种自愿活动的备选形式中所作出的选择。

1982年,米切尔(T. R. Mitchell)在评述激励的有关定义的基础上,提出激励有四个主要特点:

(1) 激励是一种典型的个体现象。现实中,每个人都是独特的、与众不同的,所有的激励理论都要求根据个体的独特性采取相适应的方法。

(2) 激励通常是一种意向。激励是对员工行为控制的一种影响,是对一种行动选择的努力。

（3）激励是多元的。激励是多方面的。在激励中，有两个重要因素，一是人们的行为是由什么激发的，二是人们选择行为的个体动力是什么。

（4）激励的目的是预测行为。激励不是行为本身，但它涉及行为，是影响个体选择行为的内力与外力。

米切尔根据激励的特点，认为激励是个人想要和选择行使一定行为的程度。

总之，激励是代表行为的方向、范围和持续期，个人的激励程度表明实现其特定行为的积极性大小。

为了对激励含义作进一步了解，需要对与此相关的需要、动机及其同行为的关系作一分析。

需要，是行为的原动力。心理学认为：需要来自个人生活或心理上的某种缺乏。从体内平衡这一意义上讲，当生理或心理上感到不足或缺乏，即出现了某种不平衡。需要总是对客观要求的反映，有其物质性和生理性的基础。

人们的需要多种多样，少数是属于先天的本能性，大多数是后天的，特别是工作背景下的需要一般都是受外界环境的影响而产生。因此，人的需要可以诱发和引导。

动机是行为的直接动力和原因。它是一种力求达到需要的满足，消除这种不足状态的内在驱动力和意图。

需要与动机两者既密切相关又有区别。需要是动机来源、基础和始发点，动机是人们行为的直接原因。换言之，有需要并不一定产生行为，只有在外界环境中遇到能够满足需要的目标时，需要才转化成动机，促使人们采取行为。而需要一经满足，便失去动机源泉的功能，也就失去行动活力。因此，需要的动态不满是行为激励的根源。就此意义而言，对人们的需要应不断加以引导，使之处于一种需要得到满足又产生新的需要的动态持续的过程。

现实中，在需要、动机和行为之间存在错综复杂的关系，同一动机可引起不同的行为，同一行为也可以是由各个不同的动机所引起的。心理学家弗洛伊德（S. Freud）认为：动机好比一座水中的冰山，一部分动机显现于外，而在水表面下的动机就不明显。因而对于人的行为和动机要作深入细致的分析，要慎重，切忌简单草率，尤其要注意不能从行为来臆断动机。

一般而言，人们在一定的外界环境下受到诸如诱因或引导的"刺激"，会产生一种不安和紧张的心理状态，即需要状态，而当所处环境中出现能够满足需要的目标时就转化为动机，产生满足需要的行为。行为有两种结果，一种是行为满足需要，但此时又会产生新的需要，又处于心理紧张状态；另一种是行为没有满足需要，同样处于心理紧张状态。因此，需要、动机与行为的关系可用图 8.1 表示。

需要、动机与行为的关系也是激励的基本依据。激励的根本内涵是个体为了满足某种需要或期望而努力实现某个目标的驱动过程。因此，激励的基本模式可表达为如图 8.2 所示。

激励的基本模式告诉我们，在激励中要明白什么是人们的需要和期望，什么是行动驱动力，怎样影响人们在工作中的行为和绩效。在现实中，激励是一个复杂的问题，它

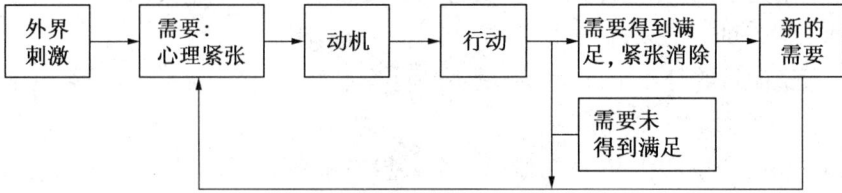

图 8.1 需要、动机与行为的关系模式

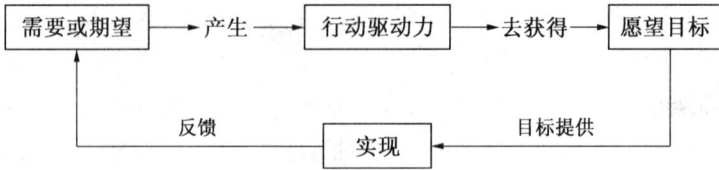

图 8.2 激励的基本模式

受到许多变量因素的影响。个体的需要或期望不断变化,满足其需要或期望的行动方法也不断变化。因此,激励是非常个性化和情境性的管理问题。

8.2 主要激励理论

在过去的半个多世纪中,国外理论学家提出了许多有意义的激励理论。这些激励理论都在不同程度和角度研究了激励的实质,探讨了如何有效地激励人们的工作行为。尽管任何一个激励理论都不可能完全正确,总有这样或那样的不足,但是都有助于理解人们在一定情况下的一定行为,有助于理解和评价如何有效激励员工的工作行为。

通常,激励的研究方法是通过了解人们内心的认知活动而进行的。不同的认知激励理论主要划分为两类:内容性激励理论(content motivation theory)和过程性激励理论(process motivation theory)。

内容性激励理论试图解释那些真实的激励员工努力工作的具体东西。这些理论研究识别人们的需要及为了满足这些需要所追求的目标。内容性激励理论研究的重点是何种需要激励人们努力工作。

过程性激励理论试图识别激励的动态变量之间的关系。这些理论研究人们的行为如何被激发、引导和延续。过程性激励理论研究的重点是激励的真实过程。

下面,对这两种代表性理论分别进行简要介绍与分析。

8.2.1 内容性激励理论

代表性的内容性激励理论主要有:马斯洛的需要层次理论、奥尔德弗的 ERG 理论、赫兹伯格的双因素理论和麦克利兰的权力、亲和、成就理论。

1. 马斯洛的需要层次理论

对激励进行较系统的研究起始于马斯洛(A. H. Maslow)的研究工作。1943 年,他发表了《人的激励理论》一文,从此开始他的个体开发和激励理论的研究。马斯洛提出需要层次理论(hierarchy of needs theory),他将人类的多种需要归为五种。这五种需要是一个系列等级性的结构,具体内容包括:

(1) 生理需要(physiological needs):包括饥饿、干渴、栖身、性和其他身体需要。

(2) 安全需要(safety needs):保护自己免受生理或心理伤害的需要。

(3) 社会需要(love needs):包括爱、归属、接纳和友谊。

(4) 尊重需要(esteem needs):内部尊重因素,如自尊、自主和成就;外部尊重因素,如地位、认可和关注。

(5) 自我实现需要(self-actualization needs):一种追求个人能力极限的内驱力,包括成长、发挥自己的潜能和自我实现。

马斯洛认为当任何一种需要基本上得到满足后,下一个需要就成为主导需要。如图 8.3 所示,个体顺着需要层次的阶梯前进。从激励的观点来看,这种理论认为,虽然不存在获得完全满足的需要,但那些获得基本满足的需要也不再具有激励作用。所以,如果你要激励某个人,根据马斯洛的需要理论,你需要知道他现在处于需要层次的哪个水平上,然后去满足这些需要及更高层次的需要。

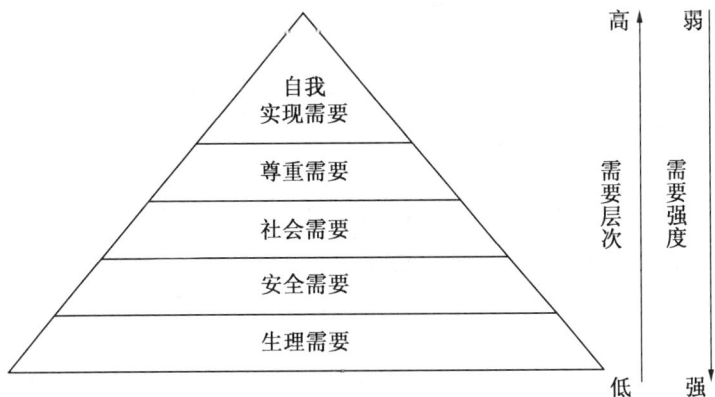

图 8.3　马斯洛的需要层次理论

马斯洛把五种需要分为高层次和低层次。生理需要和安全需要是较低层次的需要(lower-order needs);社会需要、尊重需要和自我实现需要是较高层次的需要(higher-order needs)。区分这两个层次需要的前提是:较高层次的需要侧重于从内部使人得到满足,较低层次的需要侧重于从外部使人得到满足。这五种需要有高低之分,也有强弱之分。马斯洛认为人们对较低层次的需要感受较强,对较高层次的需要感受却较弱。

后来马斯洛还修改了他的某些观点,认为个人自我实现的需要得到一定满足后,往往是增加而不是削减了这种需要;又认为高层次需要也可能在低层次需要被长期剥夺或压抑后出现,即产生跳跃式的需要,代替了过去所主张的只有低级需要充分满足后才可能发生高级需要的看法。

总的来说,马斯洛的需要层次理论对激励的管理方法以及满足个体需要的组织设计产生了积极影响,同时为认识人们的不同需要和不同层次的需要提供了一个理论框架,对工作激励的评价提供了有益的基础。

但另一方面,我们也必须充分认识到马斯洛需要层次理论的局限性。这些局限性与工作激励相联系,引起不少争议和看法,主要表现在以下几点:

(1) 在现实中,人们并不一定通过工作来满足这些需要,包括较高层次的需要,人们也可通过生活的其他领域来满足这些需要。因此,管理者需要对员工的私人和社会生活进行全面了解,而不仅仅局限于对员工的工作行为的了解。

(2) 对较低需要的满足与较高层次需要出现的时间次序的争议。针对这一争议马斯洛在后来的理论中作了相应的修改。

(3) 个体的差异性意味着人们需要的多样性。在不同的情境下或具有不同的价值观,人们会有不同的需要。人们寻求需要满足的方式也是多样的,即使对于相同的需要如尊重需要,不同的人其满足方式也不同。

(4) 马斯洛将满意看作是行为激励的主要结果,但是满意并不一定会改进工作绩效。

2. 奥尔德弗的 ERG 理论

1969 年,奥尔德弗(C. P. Alderfer)对马斯洛需要层次理论作了修改,将马斯洛五个需要层次压缩成三个需要层次,即生存需要(existence needs)、关系需要(relatedness needs)和成长需要(growth needs),简称 ERG 理论。生存需要指一切生理需要和物质需要;关系需要指人与人之间相关的、联系的需要,包括安全需要、社交需要和尊重需要;成长需要指提高和发展人自身的需要,包括开发自我表现潜力、自我表现尊重和自我实现的需要。

与马斯洛理论不同,ERG 理论并不强调需要的层次性。也就是说,在较高需要产生之前,并不一定要在较低需要满足的基础上。但与马斯洛理论相似的是,较低需要满足后,其强度会减弱。

另外,ERG 理论认为,当较高层次的需要受到挫折后,会产生倒退现象,更加看重较低层次的需要。如图 8.4 所示。奥尔德弗曾指出,如果一个人的关系需要受到挫折,那他会更关心自己的工资、工作条件和福利待遇等。明确这种倒退现象对研究工作行为很有意义。在管理中,如果下属因为工作性质没有足够的个人发展机会,下属的成长需要受到挫折,那么,管理者就应该更多地为下属提供满足其生存和关系需要的机会,以激发其积极性。

3. 赫兹伯格的激励—保健理论

激励—保健理论(motivation-hygiene theory)由心理学家赫兹伯格(Frederick Herzberg)提出。他本着这样的信念:个人与工作的关系是一种基本关系,他对工作的态度在很大程度上将决定其成败。

20 世纪 50 年代后期,赫兹伯格在美国匹兹堡(Pittsburgh)地区的不同行业,选择

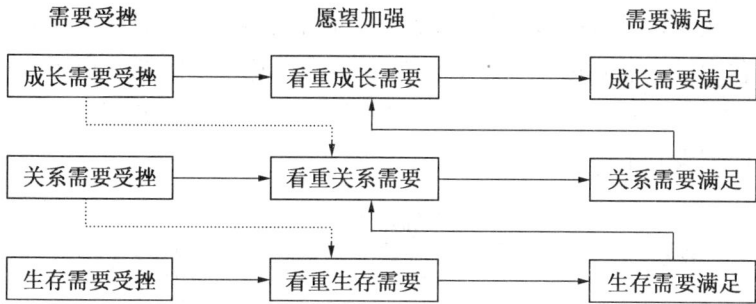

图 8.4 奥尔德弗的 ERG 理论

203 名会计师和工程师作为研究对象,采用"关键事件法"(critical incident method),进行调查访问。调查的问题是:人们想从工作中得到什么。他让人们详细描述他们感到工作异常好和异常坏时的情形。这些回答被制成表并加以分类。赫兹伯格在调查中发现的影响工作态度的因素如图 8.5 所示。

从经过分类的回答中,赫兹伯格研究得出,人们对工作满意时的回答和对工作不满意时的回答大相径庭。某些特征总是与工作满意有关(图 8.5 中右边的因素),包括工作富有成就感、工作成绩得到认可、工作本身、责任大小、晋升、成长等。当被调查者对工作满意时,他们倾向于把这些特征归于自己。而其他因素与工作不满意有关(图 8.5 中左边的因素),包括公司政策及行政管理、监督、与主管的关系和工作条件等。当他们不满意时,他们倾向于抱怨这些外部因素。

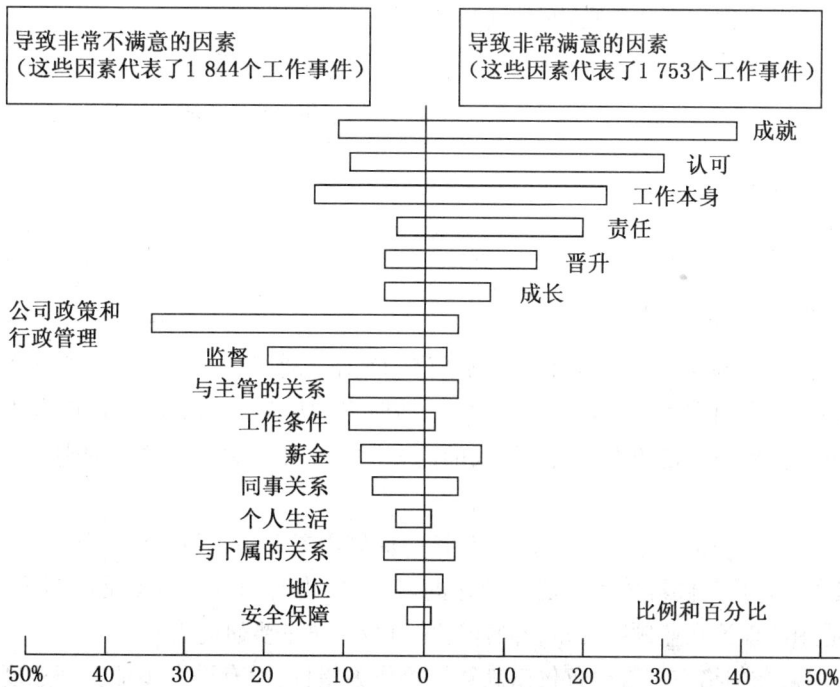

图 8.5 满意因素与不满意因素比较

167

赫兹伯格认为,统计资料表明满意的对立面不是不满意,不像通常人们认为的那样。消除工作中的不满意因素并不必然带来工作满意。如图 8.6 所示。赫兹伯格认为,这一发现表明了一个二元连续统一体的存在:"满意"的对立面是"没有满意","不满意"的对立面是"没有不满意"。

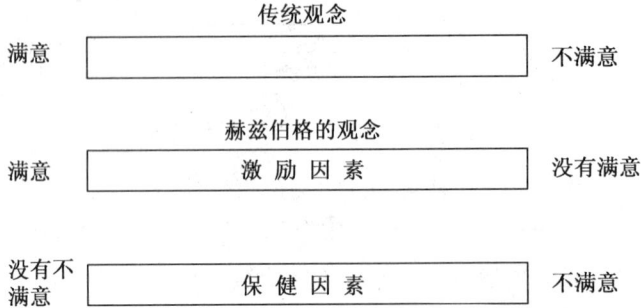

图 8.6 传统满意观与赫兹伯格满意观的对比

根据赫兹伯格的观点,带来工作满意的因素和导致工作不满意的因素是不相关的或截然不同的。因此,管理者若努力消除致使工作不满意的因素,可能会带来平静,却不一定有激励作用。他们能安抚员工,却不能激励他们。因此,赫兹伯格把公司政策、监督、人际关系、工作环境和薪水这样的因素称为保健因素。当具备这些因素时,员工没有不满意,但是这些因素也没有给他们带来满意。如果我们想在工作中激励人们,赫兹伯格提出,就要强调成就、认可、工作本身、责任和晋升,这些激励因素是内部奖励,往往能给员工以很大程度的激励,而且其激励作用是持久性的。

赫兹伯格的两种因素与工作满意的关系,可通过表 8.1 来进一步表明。

表 8.1 赫兹伯格的两种因素与工作满意的关系

状态　　因素	激励因素	保健因素
具有 缺乏	满意 没有满意	没有不满意 不满意

赫兹伯格的理论与前面所讲述的马斯洛和奥尔德弗的需要理论有着内在关系。赫兹伯格的理论有内在激励与外在激励之分,马斯洛和奥尔德弗的需要理论有需要层次高低之分。但赫兹伯格的内外激励与人的需要层次有相同之处。这三种理论的关系如图 8.7 所示。

人们对赫兹伯格的理论提出了异议,认为保健因素并不是没有激励作用,特别是薪水等,其激励作用是随群体的特征而变化的,赫兹伯格所调查的对象是白领阶层,在白领阶层适用的理论在蓝领阶层是否同样适用有待于进一步研究。

此外,赫兹伯格在调查时仅仅以满意与否作为指标,没有进一步证实满意度与生产率的关系。由于工作满意与生产率之间没有直接的因果关系,工作满意度高并不一定生产率高,相反,工作满意度低并不一定生产率低。人因为种种原因,可以在不满意的

马斯洛需要层次理论	奥尔德弗的ERG理论	赫兹伯格的双因素理论
生理需要	生存需要	保健因素
安全		
社会需要	关系需要	
尊重需要	成长需要	激励因素
自我实现需要		

图 8.7　赫兹伯格的理论与马斯洛、奥尔德弗的需要理论之间的关系

条件下实现高生产率。因此，赫兹伯格理论的可信度受到怀疑。

但尽管如此，赫兹伯格的双因素理论提出的内在激励观点，即从工作本身或工作取得的结果激励员工的积极性，具有积极意义。随着人们的基本生活需要普遍得到满足，这种内在激励的重要性显得越来越重要。同时，赫兹伯格的双因素理论也为组织中的工作再设计起到积极作用。工作的扩大化和丰富化最初是以"双因素理论"为理论基础，而后得到进一步的发展。

4. 麦克利兰的权力、亲和、成就理论

美国哈佛大学教授麦克利兰(D. C. McClelland)是研究动机的心理学家。他从 20 世纪 40—50 年代开始对人的需要和动机进行研究。

在麦克利兰之前，精神分析学派和行为主义学派的心理学家对动机进行了研究。以弗洛伊德(S. Freud)为代表的精神分析学派用释梦、自由联想等方法研究动机，他们往往将人们的行为归于性和本能的动机，而且他们的研究方法和技术很难得出有代表性的结果，可重复性差，无法得出动机的强度。行为主义者用实验的方法研究动机，使得动机的强度可以测量，但是他们用动机实验研究动机，把动机定义得过于狭窄，主要集中于饥、渴、疼痛等基本生存的需要上，没有区分人的动机与动物的动机。麦克利兰认为他们对动机的研究都带有一定的局限性，他注重研究人的高层次需要与社会性的动机，强调采用系统的、客观的、有效的方法进行研究。他的研究主要受到了美国心理学家莫瑞(N. A. Murray)的需要理论及其研究方法的影响。莫瑞提出了人的多种需要，并且编制了主题统觉测验(thematic apperception test，TAT)进行测量。

在此基础上，麦克利兰提出了权力、亲和、成就理论。他认为个体在工作情境中有三种重要的动机或需要：权力、亲和和成就三种基本需要。

权力需要(the power motive)：影响或控制他人且不受他人控制的需要。

亲和需要(the affiliative motive)：建立友好亲密的人际关系的需要。

成就需要(the achievement motive)：争取成功希望做得最好的需要。

麦克利兰认为，具有强烈的成就需要的人渴望将事情做得更为完美，提高工作效率，获得更大的成功，他们追求的是在争取成功的过程中克服困难、解决难题、努力奋斗的乐趣，以及成功之后的个人的成就感，他们并不看重成功所带来的物质奖励。个体的成就需要与他们所处的经济、文化、社会、政治的发展程度有关，社会风气也制约着人们

的成就需要。

麦克利兰发现,高成就需要者具有的特点是:他们寻求那种能发挥其独立处理问题能力的工作环境;他们希望得到有关工作绩效的及时明确的反馈信息,从而了解自己是否有所进步;他们喜欢设立具有适度挑战性的目标,不喜欢凭运气获得的成功,不喜欢接受那些在他们看来特别容易或特别困难的工作任务。高成就需要者事业心强,有进取心,敢冒一定的风险,比较实际,大多是进取的现实主义者。

高成就需要者对于自己感到成败机会各半的工作,表现得最为出色。他们不喜欢成功的可能性非常低的工作,这种工作碰运气的成分非常大,那种带有偶然性的成功机会无法满足他们的成就需要;同样,他们也不喜欢成功的可能性很高的工作,因为这种轻而易举就取得的成功对于他们的自身能力不具有挑战性。他们喜欢设定通过自身的努力才能达到的奋斗目标。对他们而言,当成败可能性均等时,才是一种能从自身的奋斗中体验成功的喜悦与满足的最佳机会。例如,假设一个人的面前有1袋豆子和5个靶子。他的任务是要用豆子击中靶子。靶子一个比一个远,因此一个比一个更难击中。靶子A很容易击中,只有一步之遥。你如果击中,会得到2美元。靶子B稍远一些,约有80%的人能击中,报酬是4美元。靶子C报酬是8美元,约有一半的人可以击中。很少有人可以击中靶子D,但如果击中报酬是16美元。最后,如果击中靶子E,报酬为32美元,但几乎没有人能够做到。他会选择哪一个目标试一试?如果他选择靶子C,则他很可能就是一个有较高成就需要的人。

权力需要指影响和控制别人的一种愿望或驱动力。不同的人对权力的渴望程度也不同。对权力需要较高的人喜欢支配、影响他人,喜欢对别人"发号施令",注重争取地位和影响力。他们喜欢具有竞争性和能体现较高地位的场合或情境,他们也会追求出色的成绩,但他们这样做并不像高成就需要的人那样是为了个人的成就感,而是为了获得地位和权力或与自己已具有的权力和地位相称。权力需要是管理成功的基本要素之一。

亲和需要就是寻求被他人喜爱和接纳的一种愿望。高亲和动机的人更倾向于与他人进行交往,至少是为他人着想,这种交往会给他带来愉快。高亲和需要者渴望友谊,喜欢合作而不是竞争的工作环境,希望彼此之间的沟通与理解,他们对环境中的人际关系更为敏感。有时,亲和需要也表现为对失去某些亲密关系的恐惧和对人际冲突的回避。亲和需要是保持社会交往和人际关系和谐的重要条件。

麦克利兰通过主题统觉测验来测量个体的动机。他对莫瑞的主题统觉测验进行了修改,增强了其客观化程度,并使之适合于团体测验。例如,使用投影仪向一组被试呈现图画,让他们根据图画写出故事;有的时候,也使用句子来代替图画。麦克利兰和他的同事将实验的方法与主题统觉测验相结合,首先通过实验唤起所欲测量的动机,然后在主题统觉测验的故事里看实验唤起动机对故事内容的影响。麦克利兰对主题统觉测验的评分也不像莫瑞那样采用一套临床的计分系统,而是采用一种简单化的计分方法,即将故事的特征分成一些类别,看看各个类别的特征在被试的故事中是否出现。这一方法使得计分更为系统化和客观化了,但却忽略了故事中的一些复杂特征。麦克利兰认为使用主题统觉测验方法和使用问卷方法测量的是两种基本不同的人格特征。问卷方法测量的是被试者的认知而不是自发表现出来的动机。因此他认为主题统觉测验的方法更适合测量内隐的、潜意识中的动机。由此我们可以看出,麦克利兰的贡献不仅在于提出一个重要的动机理论,而且在于他发展了研究和测量动机的方法。

在大量研究的基础上,麦克利兰对成就需要与工作绩效的关系进行了十分有说服力的推断。首先,高成就需要者喜欢能独立负责、可以获得信息反馈和中度冒险的工作环境。他们会从这种环境中获得高度的激励。麦克利兰发现,在小企业的经理人员和在企业中独立负责一个部门的管理者中,高成就需要者往往会取得成功。其次,在大型企业或其他组织中,高成就需要者并不一定就是一个优秀的管理者,原因是高成就需要者往往只对自己的工作绩效感兴趣,并不关心如何影响别人去做好工作。再次,亲和需要与权力需要和管理的成功密切相关。麦克利兰发现,最优秀的管理者往往是权力需要很高而亲和需要很低的人。如果一个大企业的经理的权力需要与责任感和自我控制相结合,那么他就很有可能成功。最后,可以对员工进行训练来激发他们的成就需要。如果某项工作要求高成就需要者,那么,管理者可以通过直接选拔的方式找到一名高成就需要者,或者通过培训的方式培养自己原有的下属。

麦克利兰的动机理论在企业管理中具有重要的应用价值。首先,在人员的选拔和安置上,测量和评价一个人动机体系的特征对于如何分派工作和安排职位有重要的意义。其次,由于具有不同需要的人需要不同的激励方式,了解员工的需要与动机有利于合理建立激励机制。再次,动机是可以引导和激发的,因此可以引导和提高员工的成就动机,以提高生产率。

因此,麦克利兰认为,在上述三种需要中,成就需要处于核心地位。在一个企业中,成就需要高的人越多,企业的发展和成长就越有保障,劳动生产率就越高。同样,一个国家,拥有成就需要的人越多,就越兴旺发达。

8.2.2　过程性激励理论

代表性的过程性理论主要有期望理论、亚当斯的公平理论和洛克的目标设置理论。其中,期望理论包括弗鲁姆的期望理论、波特—洛勒的期望模式等。

1. 期望理论

对工作激励的期望理论进行最早研究的是美国心理学家和行为科学家弗鲁姆(V. H. Vroom)。1964 年,弗鲁姆在其《工作与激励》一书中提出了期望理论。

期望理论的基本假设是:人之所以能够从事某项工作并达成组织目标,是因为这些工作和组织目标会帮助他们实现自己的目标,满足自己某方面的需要。

弗鲁姆的期望理论模式是围绕效价(valence)、工具性(instrumentality)和期望值(expectancy)三个变量建立起来,因此,又称为 VIE 理论。

效价,指个体对某一目标或结果效用价值的评价或感受。它是目标或结果对个体的吸引力,或者说是个体对目标或结果的偏爱程度。效价的范围在−1和1之间。同一种目标、同一种结果对不同的人,其效价是不同的。有人认为该目标或结果对自己很重要,效价为正值,最大效价为1;有人认为该目标或结果对自己无意义,效价为0;有人认为该目标或结果对自己不利,效价为负值。只有效价为正值,对个体才有激励作用,个体才会为该目标或结果而努力。一般而言,效价越高,其激励作用也越大。

工具性,是与效价有关的另一个变量。目标或结果的效价来自于其工具性。它导致一阶结果与二阶结果之间的显著差异。一阶结果与绩效相关,二阶结果与需要相关,通过一阶结果的达成而获得。大多与需要相关的结果取决于绩效而不是付出的努力。通常,人们得到的回报是来自他们获得的绩效,而不单单是努力。就此意义上说,一阶结果被认为是二阶结果的工具或手段。

期望值,是个体根据自己经验对所采取的行为将达到某一目标或结果的可能性的估算,即对目标或结果达成的概率估算。当人们选择行为作出努力时,不仅考虑目标或结果效价,同时还考虑目标或结果获得的可能性。它的数值在0和1之间。如果个人肯定某种行为不会获得预期目标或结果,则概率为0,如果个人肯定某种行为一定会获得预期目标或结果,则概率为1。一般而言,概率越大,其激励作用也越大。

根据弗鲁姆的三个因素,可将弗鲁姆期望理论的基本模式描述为如图8.8所示。

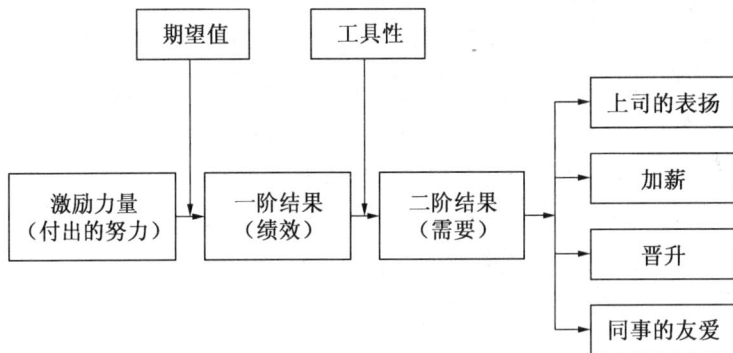

图8.8　弗鲁姆期望理论的基本模式

弗鲁姆的期望理论认为:如果一个人确定了某一特定的目标,同时预期其行动有较大可能达到该目标的情况下,才会被充分激励起来,进而采取行为达到预期目标。换言之,效价与期望值结合决定个人行为的激励,这就是激励力量。用公式可以表示为:

$$M = V \times E$$

其中,M代表激励力量(motivation force),V即效价(valence),E即期望值(expectancy)。在此关系式中,效价和期望值两个要素中只要有一个为0,其激励力量即为0。

弗鲁姆的期望理论辩证地提出了在进行激励时要处理好三方面的关系,这些也是调动人们工作积极性的三个条件。第一,努力与绩效的关系。人们总是希望通过一定的努力达到预期的目标,如果个人主观认为达到目标的概率很高,就会有信心,并激发出很强的工作力量;反之如果他认为目标太高,通过努力也不会有很好绩效时,就失去了内在的动力,导致工作消极。第二,绩效与回报的关系。人总是希望取得成绩后能够得到回报,当然这个回报也是综合的,既包括物质上的,也包括精神上的。如果他认为取得绩效后能得到合理的回报,就可能产生工作热情,否则就可能没有积极性。第三,回报与满足个人需要的关系。人总是希望自己所获得的回报能满足自己某方面的需要。然而由于人们在年龄、性别、资历、社会地位和经济条件等方面都存在着差异,他们对各种需要要求得到满足的程度就不同。因此,对于不同的人,采用同一种回报办法满足其需要的程度不同,能激发出的工作动力也就不同。这三方面管理可以用下面的关系式表现出来:

个人努力 —关系1→ 取得绩效 —关系2→ 组织回报 —关系3→ 满足个人需要程度

对弗鲁姆期望理论的应用主要体现在激励方面,这启示管理者不要泛泛地采用一般的激励措施,而应当采用多数组织成员认为效价最大的激励措施,而且在设置某一激励目标时应尽可能加大其效价的综合值,适当加大不同人实际所得效价的差值,加大组织期望行为与非期望行为之间的效价差值。在激励过程中,还要适当控制期望概率和实际概率,加强期望心理的疏导。期望概率过大,容易产生挫折,期望概率过小,又会减少激励力量。而实际概率应使大多数人受益,最好是实际概率大于平均的个人期望概率,并与效价相适应。

值得一提的是,弗鲁姆不仅深入研究组织中个人的激励和动机,率先提出了期望理论的模式,而且对领导风格也有深入的研究。

在 20 世纪 60 年代后期,波特(L. W. Porter)和洛勒(E. E. Lawler)发展了弗鲁姆的期望理论,提出波特—洛勒期望模式,如图 8.9 所示。

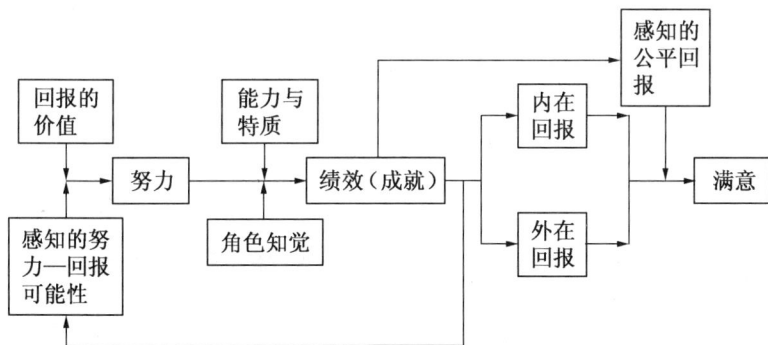

图 8.9 波特—洛勒期望模式

波特—洛勒期望模式不再局限于弗鲁姆的激励动力,而是将绩效作为一个整体来考虑。波特和洛勒指出,激励动力(即个体付出的努力)并不直接产生绩效,它受到个体能力和特质及个体的角色认知的影响。同时他们引进报酬这一干涉变量,并认为激励动力、满意和绩效是三个独立的变量,它们之间是一种间接关系,其间受到多种因素的影响。

在波特—洛勒期望模式中,回报的价值与弗鲁姆期望理论中的效价相似。人们希望从工作中获得多种回报。回报的价值取决于人们对回报的期望程度。

感知的努力—回报可能性与弗鲁姆期望理论中的期望值相似。它是个体对一定结果(即回报)的期望,而一定结果取决于个体付出的努力。

努力即个体努力工作的程度,与激励动力相似。它与个体的工作成绩没有直接关系。努力程度取决于回报价值与感知的努力—回报可能性之间的互动作用。

对于能力与特质,波特和洛勒认为努力并不直接产生绩效,它受到个体的能力与特质的影响。个体的智力、技能、知识、个性和培训经历等因素会影响个体的工作绩效。

角色知觉是个体看待其工作和选择其角色的方式。角色知觉会影响产生绩效的行为导向和水平。

绩效不仅取决于个体付出的努力,也取决于个体的能力、特质和角色知觉的影响作用。如果一个人缺乏合适的能力和特质,或没有正确的角色知觉,即使付出再大的努力,也不会获得良好的绩效。

回报是期望的结果。回报有内在回报和外在回报之分。内在回报来自于个体本人,包括个体对成就、责任的感受和认知,相当于赫兹伯格的激励因素。外在回报来自于组织和他人,包括薪水、工作条件和管理,类似于赫兹伯格的保健因素。波特和洛勒认为,相比于外在回报,内在回报更易于产生与绩效相关的工作满意感。

感知的公平报酬,这是个体感受的他应该公平获得的回报水平。大多数人都深深感知他们应该获得与工作要求和贡献相当的回报。

满意,它不同于激励。它是一种态度,是个体的一种内在状态。满意既取决于个体获得的实际回报,也取决于个体对其工作绩效所得到回报的感知。如果实际的回报小于个体感到的应该得到的回报,个体就会觉得不满意。因此,满意的体验来自于实际的回报等于或大于个体所预期的回报。

总之,波特—洛勒期望模式认为:更常见的情况是工作满意取决于工作绩效,而不是工作绩效取决于工作满意。工作满意只是通过反馈到回报的价值而影响工作绩效。满意随着回报的获得,一般会影响回报的价值。同时,工作绩效导致回报,会增强努力与回报的关系。

波特—洛勒期望模式探讨了工作激励的复杂性,阐明了激励的复杂过程。"回报的价值"、"感知"和满意等都因人、因时、因地而异,比较符合现实情况和激励过程。另外,此理论特别有助于理解管理中的组织绩效(如生产指标、工作任务)和个人回报(金钱、认可、成就)之间的关系。

2. 激励的公平理论

激励的公平理论,是美国行为科学家亚当斯(J. S. Adams)于 20 世纪 60 年代在其《社会交换中的不公平》《激励与工作行为》等著作中提出的。该理论侧重于研究人们与他人比较的报酬或待遇的公平感受,研究工作报酬或待遇的合理性、公平性及其对员工工作积极性的影响。该理论是基于交换理论,即人们期望所得的回报是他们的贡献或投入的交换。因此该理论的基本观点是:当一个人做出了成绩并取得了报酬以后,他不仅关心自己所得报酬的绝对量,而且关心自己所得报酬的相对量,即与他人所得报酬的比较。他要进行与他人的比较来确定自己所获报酬是否合理,比较的结果将直接影响他今后工作的积极性。与他人的比较称为横向比较,即他要将自己获得的回报(包括金钱、工作安排以及获得的赏识等)与自己的"投入"(包括受教育程度、所作努力、用于工作的时间、精力和其他无形损耗等)的比值与组织内其他人作社会比较,只有相等时他才认为公平,如下式所示:

$$OP/IP = OC/IC$$

其中 OP 表示自己对所获报酬的感觉;OC 表示自己对他人所获报酬的感觉;IP 表示自己对个人所作投入的感觉;IC 表示自己对他人所作投入的感觉。

然而,在现实中人们的比较通常有三种情况:相等、大于和小于。上述表达式可改为:

$$\frac{OP}{IP} \xleftarrow{\quad} \underset{较}{比} \xrightarrow{\quad} \frac{OC}{IC}$$
$$（相等？大于？小于？）$$

如果员工发现比较的结果是相等,他就感到公平合理,产生满意感,并调动其工作积极性。如果员工发现前者小于后者,他就感到不公平和不满意,心理上处于紧张不安的状态,一般采取消极行为平衡心态,无法调动积极性。如果员工发现前者大于后者,心理上也会产生不安的感觉,他可能要求减少自己的报酬或在开始时自动多做些工作,久而久之他会重新估计自己的技术和工作情况,终于觉得他确实应当得到那么高的待遇,于是产量便又会回到过去的水平了。但这同时会给他人带来更多的负效应,会使他人感到不公平,挫伤积极性。

当一个员工感到不公平时,他会采取多种行为消除这种不公平感,通常采取的行动有:

(1) 自我安慰,阿 Q 精神。员工平衡自己的心态——比上不足,比下有余,仍旧一如既往地工作。

(2) 改变比较对象。员工力求平衡自己的不公平感受。

(3) 对自己采取措施。通常有三种情况:第一种是努力提高自己的所得,或找领导评理,寻求提高所得,或若是计件制则要求提高单件价格或多做些;第二种是降低自己的付出,采用磨洋工等消极行为;第三种是既争取增大付出,又争取增大所得。

(4) 对对方采取措施。想办法降低他人的工作所得。

(5) 摆脱。离开所处的不公平环境。

对公平理论,一方面,我们应该看到其提出的基本观点是客观存在的,另一方面,我们也必须看到公平本身是一个相当复杂的问题,这主要有以下几个原因:

(1) 公平与个人的主观判断有关。上面公式中无论是自己的或他人的投入和回报都是个人感觉,而一般人总是对自己的投入估计过高,对别人的投入估计过低。

(2) 公平与个人所持的公平标准有关。上面的公平标准是采取贡献率,也有采取需要率、平均率的。不同的公平标准会产生不同的公平感。

（3）公平与绩效的评价有关。绩效评价指标和评价方法是否合理、科学，绩效评价者是否公正、客观，这些都将影响绩效评价的有效性。如果绩效评价本身不合理，就不可能产生公平感。

从亚当斯的激励公平理论中，我们可获得这样几点启示：首先，影响激励效果的不仅有报酬的绝对值，还有报酬的相对值。其次，公平与人们的主观感受相关，在激励过程中应注意对激励对象的引导和沟通，使激励对象树立正确的公平观。再次，激励应力求公平，使等式在客观上成立，力求提高和完善企业组织的管理水平，在企业中营造一种公平合理的气氛，促使员工产生公平感。

3. 目标设置理论

20世纪60年代后期，行为学家洛克（E. A. Locke）提出目标设置理论，认为指向一个目标的工作意向是工作激励的主要源泉。洛克接受期望理论中提及的感知的价值概念，他提出：感知价值提高情感与愿望的体验，人们努力达成目标以满足情感与愿望。目标引导人们的行动与反应，指导工作行为和绩效，并产生结果或反馈。洛克认为：目标的难度与个人对目标获得的忠诚度这两个方面决定个体的努力程度；具有明确目标的人们，其绩效高于那些没有目标或者只有空泛的"尽力做好"要求的人们；接受困难目标的人们，其绩效高于那些接受容易目标的人们；具有工作反馈的人们，其绩效高于那些无反馈的人们。洛克目标设置理论可用图8.10来表示。

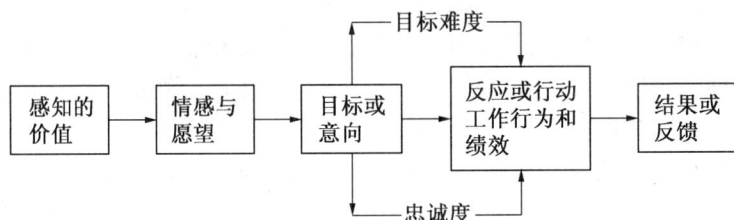

图 8.10　洛克目标设置理论的描述

继洛克提出目标设置理论后，国外有许多理论学者研究验证目标设置与绩效的关系。尽管有学者得出一些相左的观点，但是绝大多数的研究都认同和支持洛克理论和目标设置的激励效应。后来，洛克补充指出：目标设置理论更适合看作是一种激励技巧，而不是一种正规理论。但不管怎样，目标设置理论为工作激励和绩效改进提供了一种有用的方法。

目标设置理论具有重要的实践意义，设置适当的目标，激发人的动机，达到调动人的积极性的目的。结合期望理论认为，个体对目标看得越重要，实现的概率越大，其激励作用也越大。因此，设置目标要合理、可行，要与个体的切身利益密切相关，需要设置总目标与阶段性目标。总目标可使人感到工作有方向，但达到总目标是个复杂过程，有时使人感到遥远或渺茫，影响人的积极性。因此要采取"大目标，小步子"的方法，把总目标分成若干个阶段性目标，通过实现几个阶段性目标来实现总目标。阶段性目标可以使人感到工作的阶段性、可行性和合理性。为充分发挥目标激励作用，应用目标设置理论时需要注意以下几点：

（1）个人目标与组织目标一致。组织的目标与个人的目标可能平衡一致，也可能发生偏向。如果出现偏向，就不利于调动个人的积极性，不利于组织目标的实现。只有使这种偏向趋于平衡，即组织目标向量与个人的目标向量间的夹角最小，才能使个人的行为朝向组织的目标，在个人那里产生较强的心理内聚力，为完成组织目标而共同奋斗。

（2）目标设置既有挑战性又有现实可行性。目标的难度要适当，宜于激发进取性，要做到树上的果子悬到"跳一跳够得着"的程度。过高了力所不及，过低了不需努力，轻易得到，都不能收到良好的激励效果。

（3）目标的内容要具体明确。能够有定量要求的目标应当更好，切忌笼统抽象。

（4）目标的时间上，既要有近期目标，又要有远期目标。只有远期目标，易使人产生渺茫感，只有近期目标，则使人目光短浅，其激励作用也会减少或不能长久维持。

（5）目标可以由管理者或员工设置，或者由管理者和员工共同设置。但一般而言，由员工参与的目标更易于产生高绩效。

（6）目标设置离不开反馈环节，完善、准确和及时的反馈与高绩效相关。反馈是检验目标的实施情况和改进目标的一个必要手段。

8.3 工作设计的激励

应用工作设计来激励员工，这是通过改变一项具体工作的内容或过程，以提高工作满意度和绩效。工作设计的激励方式是努力改进员工的情感和态度的反应，除了改善如缺勤、流动、绩效等一系列行为结果，还包括工作满意度和内在激励。这里讨论三种关键的激励方式：工作扩大化、工作丰富化及一种称之为工作特征模式的权变方法。

8.3.1 工作扩大化

工作扩大化（job enlargement）首次应用于 20 世纪 40 年代后期，是为了解决人们对单调和过于专门化工作的抱怨。工作扩大化通过结合比较有难度的专门化工作，以此来增加员工的工作多样性，因此又被称为水平加载工作。

8.3.2 工作丰富化

工作丰富化（job enrichment）是基于赫兹伯格理论的应用。特别是，工作丰富化要求调整工作，以便员工有机会感受成就、认可、刺激性工作、责任和进步。通过垂直加载的方法将以上这些特征加入工作中。垂直加载包括给员工更多的责任，而不是给他们额外的相同难度的工作（水平加载）。

8.3.3 工作特征模式

哈克曼(J. R. Hacman)和奥德汉姆(G. Oldham)对工作特征模式的提出起到重要的作用。研究人员努力探寻怎样建构一项工作才能使员工受到内在激励。当一个人努力工作的动机不是源于外在因素(例如激励性工资或老板的赞赏),而是由于工作出色而产生内在的积极感受,转而更加努力地工作,这时就产生了内在激励。这些积极的感受能产生自我感知的激励循环。如图 8.11 所示,内在工作激励由 3 种心理状态决定,即感受工作意义、感受对工作结果的责任和对工作活动所产生结果的认知。而这 3 种心理状态由 5 种核心工作维度引发,正如图 8.11 中所示。这种方法的目标是,通过设计具有图 8.11 中的 5 种核心工作特征的工作,来促进提高内在激励。在核心工作维度与内在激励的关系中受到知识和技能、成长需要的强度等在因素调节作用。一般来说,核心工作维度是在所有工作中不同程度所发现的共同的工作特征,它们依次是:

技能多样性(skill variety):为了完成多种任务,工作要求个体使用不同技能和能力的程度。

任务同一性(task identity):工作对个体完成完整的或条块分明的工作的要求程度。换句话说,一个人从头至尾生产一件产品或执行一项计划,并看到明显的结果,那么任务认同性就高。

任务重要性(task significance):在组织内部或外部,一项工作对其他人生活的影响

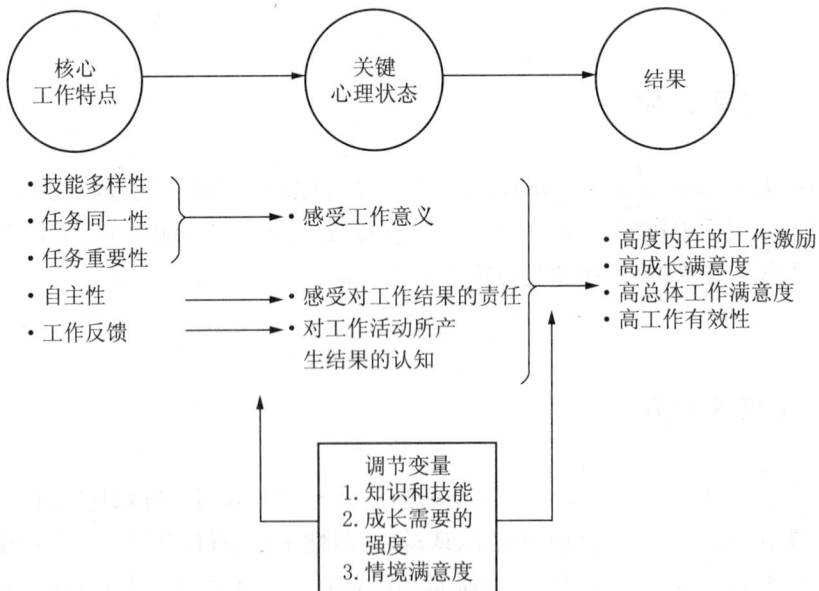

图 8.11　工作特征模式

程度。

感受工作职责(例如,相信一个人对工作结果负责)由自主性的工作特征获得。自主性(autonomy)是在员工安排和决定完成工作的进度和程序时,感受自由、独立和判断力的程度。

最后,反馈的工作特征会使员工对工作结果产生认识。工作反馈(feedback)是关于工作执行情况,一个人得到直接和清楚的信息反馈的程度。

8.4 股权激励

从激励理论到实践,报酬作为激励的一个重要手段,在新经济时代中增加了新的内容。股权作为一种基于权益的长期报酬形式,对企业员工,特别是组织中的人力资本承载者具有独特的激励作用。

8.4.1 股权激励的意义

20 世纪 60 年代初,"人力资本之父"舒尔茨(T. W. Schultz)提出:人力资本指体现在人身上的技能和知识的存量,它是通过教育、培训、保健等投资而形成的。随着全球化市场经济和知识经济的不断发展,人们对人力资本的重视程度在日益增强,对人力资本的认识也不断深化和丰富。现代管理大师德鲁克(P. F. Druker)认为,知识工作者是"资本",因为知识工作者拥有他们自己的生产工具——他们的头脑。布鲁金(A. Brooking)和斯图瓦特(T. S. Stewart)等智力资本理论研究者认为:现代企业的智力资本一般由人力资本、结构资本和客户资本(亦称关系资本)构成,其中人力资本是智力资本中的一个核心资本。在企业,人力资本承载者主要是两种人,一是职业经理人,二是专业技术人员。在现代社会,企业内部竞争力的提高,知识和技术的创造、利用和增值,越来越需要通过依存于人这一主体中的人力资本来实现。

在企业中,人力资本承载者具有较强的流动意愿,由追求就业终身饭碗转为追求终身就业能力。对个体而言,流动是人的内在需求,追求人的价值增值。然而,对企业而言,人才的频繁流动则意味着人力资本的流失,特别是关键人力资本的流失,则给企业带来深重危机。

随着全球化经济的不断发展,人才的跨国流动加剧,企业面临的竞争更激烈。如何有效地吸引和留住企业人力资本是我国企业管理的核心任务。

报酬,作为企业吸引、保留和激励员工的重要工具,如何依据人力资本的特点,设计与之相适应的报酬体系,是企业有效管理人力资本的关键,也是知识经济发展的必然要求。

传统的报酬体系是以年度性的短期激励为主,但这种报酬体系对人力资本承载者激励的局限性越来越明显。依据管理、技术等要素参与企业收益分配的现代分配理念，突破以短期激励为主的传统报酬体系，结合股权等形式的长期报酬，采用短期与长期激励结合的复合性报酬体系，是企业吸引、保留和激励人力资本承载者的有效方法。

8.4.2　股权激励的主要类型及方式

股权激励来源于欧美国家，兴起于 20 世纪中期，80 年代以后在西方大公司中流行起来。在国内，目前股权激励从初期试点探索逐步迈向深入推广过渡阶段。相对于其他激励方式，股权激励具有力度大、时效长的重要特点。股权持有者与公司形成以产权为纽带的利益共同体，分享公司的经营成果并承担公司的经营风险。因此，股权激励计划是一种基于股权的激励约束机制。这种分配制度是一种长期激励性报酬，具有多种类型及方式。通常，股权激励方案主要有四种类型，每一种类型中又具有多种方式。

第一种是给予公司实际权益利益的奖励方案或认购方案，即股票持有计划。这种类型的主要方式有限制性股票（restricted stock）、绩效股（performance shares）、管理层收购（management Buyout）等。

限制性股票是专门为了某一特定计划而设计的激励机制。所谓限制性股票是指股票持有者对股票的拥有权受到一定条件限制。股票激励对象在获得限制性股票时，通常不需要付钱或者付钱很少而购买，但他们在限制期内不得随意处置股票，如果激励对象在这个限制期内辞职或被开除了，股票就会因此而被没收。公司采用限制性股票的目的是激励被激励者特别是高级管理人员将更多时间和精力投入于公司战略目标和业务中。从国外股权激励实践来看，在限制性股票计划的设计中，其限制性主要体现在两个方面：一是获得条件；二是出售条件。方案都是依照各公司实际情况来设计的，具有一定的灵活性。从获得条件来看，国外大多数公司是将一定的股份数量无偿或者收取象征性费用后授予激励对象，而在我国《上市公司股权激励管理办法》（试行）中，明确规定限制性股票要规定激励对象获授股票的绩效条件，这就意味着在设计方案时对获得条件的设计只能是局限于该上市公司的相关财务数据及指标。从禁售条件来看，国外的限制性股票激励方案会考虑实施激励方案的公司的不同要求和不同背景，设定可售出股票市价条件、年限条件、绩效条件等，很少有独特的条款。而我国明确规定了限制性股票应当设置禁售期限（规定很具体的禁售年限，但也可以根据上市公司要求设定其他复合出售条件）。

绩效股票激励方式，指公司在年初确定一个合理的年度业绩目标，如果激励对象经过卓有成效的努力后，在年末实现了公司预定的年度业绩目标，则公司给予激励对象一定数量的股票，或奖励其一定数量的奖金来购买本公司的股票。绩效股票在锁定一定年限以后才可以兑现。因此，这种激励模式是根据被激励者完成绩效目标的情况，以普通股作为长期激励形式支付给激励对象的激励机制。从本质上讲，绩效股票是一种"奖金"延迟发放,但它弥补了一般意义上的奖金的缺点,具有长期激励的效果。一方面,绩效股票与一般奖金不同,它不是当年就发放完毕,还要看今后几年的绩效情况;另一方面,如果企业效益好,其股价在二级市场会持续上涨,就会使激励效果进一步增大。绩效股票激励模式的优点主要是:(1)能够激励被激励者,特别是像公司高管人员这样的被激励者努力完成绩效目标。为了获得股票形式的激励收益,激励对象会努力去完成公司预定的绩效目标;激励对象获得激励股票后便成为公司的股东,与原股东有了共同利益,会倍加努力地提升公司绩效,进而获得因公司股价上涨带来的更多收益。(2)具有较强的约束作用。激励对象获得奖励的前提是实现一定的绩效目标,并且收入在将来逐步兑现;如果激励对象未通过年度考核,出现有损公司行为、非正常调离等,激励对象将受风险抵押金的惩罚或被取消激励股票,退出成本较大。(3)绩效股票符合国内现有法律法规,符合国际惯例,比较规范,经股东大会通过即可实行,操作性强。(4)激励与约束机制相配套,激励效果明显,且每年实行一次,因此,能够发挥滚动激励、滚动约束的良好作用。绩效股票激励模式的缺点主要体现在两方面:一是公司的绩效目标确定的科学性很难保证,容易导致公司高管人员为获得绩效股票而弄虚作假;二是激励成本较高,有可能造成公司支付现金的压力。绩效股票激励模式只对公司的绩效目标进行考核,不要求股价的上涨,因此比较适合绩效稳定型的上市公司及其集团公司、子公司。

管理层收购,指公司管理层利用借贷扩容资本或股权交易收购其经营公司的行为,属于杠杆收购方式中的一种。管理层收购的当事人可获得公司股权分红收益,同时更侧重公司的控制权。在国外,企业实施管理层收购往往不是以施行股权激励为目的,更多是解决家族企业接班更替问题和企业收购兼并中的问题。但在我国特定的国情和实践背景下,管理层收购则成为解决国有企业所有者缺位和国有经济战略收缩的有效途径,成为我国企业实践股权激励的主流模式。管理层收购模式的优点在于:(1)通过收购使企业经营权和控制权统一起来,管理层的利益与公司的利益也紧密地联系在一起,经营者以追求公司利润最大化为目标,极大地降低了代理成本;(2)管理层收购使管理层有可能获得大量的股权收益,长期激励作用十分明显。管理层收购模式的缺点是:(1)收购需要大量资金,若处理不当,会导致收购成本的激增,甚至付出巨大代价;(2)收购后若不及时调整治理结构,有可能形成新的内部人操纵。

第二种是不直接给予公司权益利益而是给予接受公司权益利益的选择权利方案,即股票期权(stock option)。1952年美国辉瑞(Pfizer)公司首次实施股票期权。1974年期权制得到美国联邦与州法律的认可,开始飞速发展。全美实行期权计划的公司已超过45%,全球前500家大工业企业中绝大多数企业对高级管理人员实行期权制度。股票期权是指企业参照当前企业股票的市场价,授予其经营者在一定时期内(国外一般为3~10年),以预定行权价格购买一定数量份额的公司股票的选择权利。股票期权的实施是一个系统,它主要涉及6个方面,即股票来源、授予条件、授予数量、行权价格、行权时间和考核监督,如图8.12所示。

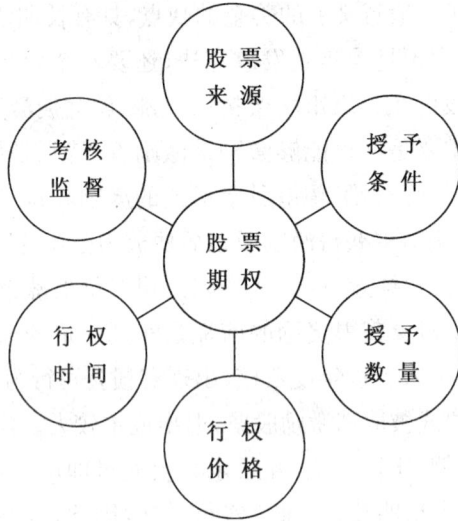

图 8.12　股票期权要素

股票期权持有者在行权以前没有任何收益,在行权时,如果股票价格上升,股票期权持有者可获得股票市场价与预定行权价的价差收益;在行权时,如果股票价格下跌,股票期权则失去价值,股票期权持有者会选择放弃行权。其过程如图 8.13 所示。

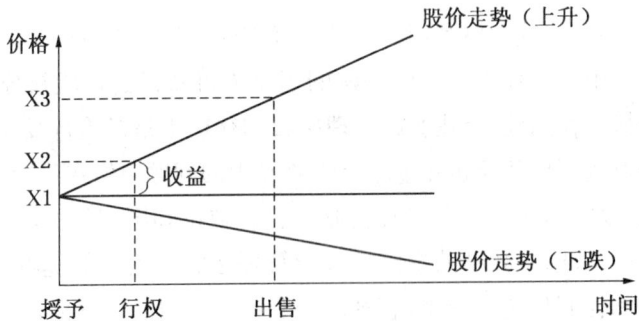

图 8.13　股票期权选择过程

需要指出的是:持股与期权是两个不同的概念,美国学者桑特(Wm. G. Sander)认为两者激励作用的程度或效果不同。他研究认为:对持股者来说,将其分享的利益和股票收益直接联系起来,有积极的一面,但也有消极的一面。股价上涨,他们受益;股价下跌,他们受损。股票期权拥有者在股价上涨时和股东一起获利,但如果授予期权以后股价下跌,他们则不会遭受损失。因为当股价等于或是低于股票期权执行价时,没有哪个股票期权拥有者会执行他的期权。如果股价一直低于期权执行价,那么,这种期权激励作用就是零。可见,持股和期权在股价上涨的时候都会给其拥有者带来利益,但只有持股才会给持股者带来真正的利益损失。因此,期权被认为是缺少惩罚"大棒"的具有激励性的"胡萝卜"。可见,一方面,期权不可能代替持股,它们只能是一种互补;另一方面,两者又不是绝对地不相容,期权的实现即可以转变为持股形式,引入期权的概念也就扩大了潜在的持股份额。作为两种不同类型的激励手段,它们又有各自不同的形式。

第三种方案通常是根据公司价值（股价）效益，给予提高现金收入但不给予实际股票权利，如虚拟股票（phantom stock）、股票增值权（stock appreciation rights，简称 SARs）等。

虚拟股票，作为一种延迟支付的有效手段得到较广泛的应用。在虚拟股票方案中，被授予者根据双方达成的协议，在公司业绩达到双方商定的标准，公司股票价格在一定期限后高于规定的价格，或者其他使得公司股东价值增加的事实出现时，得到一笔现金回报。在这个方案中，被授予者拥有一个账户，在合同条件成立时，公司通过增加此账户中的金额来完成对被授予者的奖励。在这个过程中，被授予者并不拥有股票的所有权，因此也就没有与所有权相关的其他权利，比如投票权等。虚拟股票的实质是一种契约。因此虚拟股票的设计和实施具有很大的弹性。比如进行奖励的标准可以根据企业和市场等不同情况而作出不同的规定；对被授予者进行奖励的时候可以用现金形式，也可以用现金、保险和股票等不同形式的组合；虚拟股票可以有一定的等待期，也可以没有等待期。虚拟股票不同于直接持股，也不同于拥有股票选择权的股票期权，它的所有者并不真正拥有股票，对原有的公司资本结构不会产生稀释作用。直接持股像持股计划、管理层收购及限制股等，它们的所有者直接拥有股权，则直接影响公司资本结构。股票期权的所有者，虽不直接拥有股权，但一旦选择行权即拥有了股权，同样影响公司资本结构。在市场低迷、股价下跌时还必须通过授予更多的股票来达到相当原来的激励水平。随着授予的股票越来越多，对股东利益的稀释作用也越来越大，当这种稀释作用超过了股东对实行股票期权所期望得到的收益时，他们就会反对这种做法。这时，企业就不得不从那些被授予者手中回购一些股票来减少这种稀释作用。

股票增值权方式，指公司授予激励对象一种权利，如果激励对象努力经营企业，在规定的期限内，公司股票价格上升或公司业绩上升，激励对象就可以按一定比例获得这种由股价上扬或绩效提升所带来的收益，收益为行权价与行权日二级市场股价之间的差价或净资产的增值。激励对象不用为行权支付现金，行权后由公司支付现金，或股票和现金的组合。股票增值权模式的优点在于：（1）这种模式简单易于操作，股票增值权持有人在行权时，直接对股票升值或绩效提升部分予以兑现；（2）这种模式审批程序简单，无需解决股票来源问题。股票增值权激励模式的缺点是：（1）激励对象不能获得真正意义上的股票，激励的效果相对较弱；（2）在我国，由于资本市场的弱有效性，股价与公司绩效关联度不大，以股价的上升来决定激励对象的股价升值收益，可能无法真正做到"奖励公正"，起不到股权激励应有的长期激励作用，相反，还可能引致公司高管层与庄家合谋操纵公司股价等问题；（3）股票增值权的收益来源是公司提取的奖励基金，公司的现金支付压力较大。

第四种方案是根据公司变化的利润或资产收益而不是公司价值（股价），给予现实利益回报但不给予任何实际股票权利的方案，如绩效单元计划（performance units）或延期支付计划（deferred payment program）等。

绩效单元方式与前面提及的绩效股票方式基本相同，只是价值支付方式有差异。绩效单元的受让人得到的是现金，而不是股票。相比而言，绩效单元减少股价的影响。绩效单元支付的是现金，并且按考核期期初市盈率计算的股价折算现金。在绩效单元方案里,激励对象的收入是现金,除了有期初市盈率这一价格影响的痕迹外,不再受到股价的其他影响。绩效单元方案的不足是:其长期激励效果比绩效股票方式差些。

延期支付方式,指公司在为激励对象设计一揽子薪酬收入计划中,有一部分属于股权收入,但股权收入不在当年发放,而是按公司股票公平市场价折算成股票数量,并存于托管账户,在规定的年限期满后,以股票形式或根据届时股票市值以现金方式支付给激励对象。延期支付方式体现了有偿售予和逐步变现,以及风险与权益基本对等的特征,具有比较明显的激励效果。这种激励方式的优点是:(1)把激励对象的一部分薪酬转化为股票,且长时间锁定,增加了其退出成本,促使激励对象更关注公司的长期发展,减少激励对象的短期行为,有利于长期激励,留住并吸引人才;(2)这种模式可操作性强,无需证监会审批;③激励对象部分奖金以股票的形式获得,具有减税作用。延期支付激励方式的主要不足是:股票二级市场具有风险的不确定性,激励对象往往不能及时地将薪酬变现,从而影响其激励力度。

8.5 知识型员工的激励

随着科学技术和知识经济的不断发展,一方面,企业组织中的知识型员工越来越多,另一方面,知识型员工作为企业人力资本的承载者,在现代企业经营中所起的作用也越来越大。知识型员工作为一种特定的员工群体,如何结合其需要和工作特点充分发挥其积极性,也就成为知识型员工管理的一个重要内容。下面,结合知识型员工的特点及我国企业知识型员工激励的问题,探讨知识型员工激励的方法。

8.5.1 知识型员工的定义与特点

管理大师德鲁克(Peter Druker)首先提出了知识型员工的概念,他将知识型员工描述为那些掌握和运用符号和概念、利用知识或信息工作的人。国际著名的安达信咨询(Anderson Consulting)公司在长达数十年的新经济研究中,提出知识型员工是具备智力输入、创造力和权威来完成工作的群体。不论从德鲁克还是安达信咨询公司关于知识型员工的概念,都可得出:知识型员工是追求自主性、个性化、多样化和创新精神的员工群体,从倾向和职业上说,主要从事脑力劳动而不是从事物质生产的员工群体,该群体主要由专业技术人员、管理人员及具有一定专业技能的辅助型专业人员等构成。

一般而言,知识型员工具有以下的一些特点。

1. 独立性、自主性较强

知识型员工由于具有专门的知识、技术和技能,对知识拥有相对的垄断权,因此,他们倾向拥有一个自主的工作环境,强调工作中的自我引导,一般不愿意受制于物、约束于人甚至上司的遥控指挥。同时,这种独立、自主性也表现在对工作场所、工作时间方面的灵活性要求,以及对宽松的组织气氛等方面的要求。

2. 学习欲望强烈、具有较强的学习能力

知识型员工为了保持其能力和价值,需要不断地学习,更新自己的知识。为了与他人互相交流信息,共享知识,这就需要组织创造一个良好的学习环境。

3. 劳动复杂化,劳动过程难以监控

知识型员工从事的不是简单重复性的工作,而是在易变和不完全确定的系统中充分发挥个人的资质和灵感,具有创造性。同时,他们的工作主要是思维性活动,劳动过程往往是无形的,并可能发生在任何时间和任何场所,加之工作并没有确定的流程和步骤,固定的劳动规则并不存在,劳动过程难以监控。此外,知识型员工的工作往往需要组成工作团队来完成任务,劳动成果多是团队智慧和努力的结晶,这对衡量个人的绩效带来难度。

4. 较强的成就动机

与一般员工相比,知识型员工从他们的工作中获得了许多内部满足感,更在意自身价值的实现,并强烈期望得到社会的认可。他们并不满足于被动地完成一般性事务,而是尽力追求完美的结果。因此,他们更热衷于具有挑战性的工作,把攻克难关看作是一种乐趣,一种体现自我价值的方式。

5. 蔑视权威、崇尚平等

知识型员工知道自己的知识对于公司营运的重要性,因此,他们不再从传统的职位角度去评价个人的价值和能力,他们可以独立于组织之外而获得聘用,实现个人价值,建立个人的声誉和地位。正是由于他们具有某种特殊的技能,往往可以对上司、同僚和下属产生影响,并需要一个平等公正的环境。

6. 流动意愿强、频率高

知识经济对传统的雇佣关系提出了新挑战,资本雇用劳动这个定律受到质疑。因为在知识经济时代,资本不再是稀缺的经济要素,知识取代了它的位置,长期保持雇佣关系的可能性降低了。因此,知识型员工可能对组织的忠诚度较低,而更多地忠诚于他们的专业,工作投入远高于组织承诺。如果待遇不公或者收入及其他方面未达到他们的期望值,他们很可能就自谋出路。

8.5.2　企业知识型员工激励存在的问题

在现实中,由于不少企业没有充分认识到知识型员工的特点或作用,在知识型员工的激励方面,走入了误区。这主要表现在以下几方面。

1. 认为知识型员工与一般员工没有什么区别,在管理上一视同仁

在一些企业,甚至是高科技或者知识型企业中,管理者对知识型员工的概念或意识模糊。许多管理者还没有意识到他们具有特殊的心理和行为规律,更没有明确意识到对他们管理的重要性。因此,在管理上,往往采用传统的方法,导致大批知识型员工得

不到真正的激励,其积极性自然得不到发挥,有些知识型员工甚至因此对企业不满而变成企业的负资源。

2. 认为只要有高工资、高福利,就能吸引知识型员工

基于这种认识,许多企业纷纷打出了高工资、高福利的双高策略,以为只要有了高工资、高福利,就能吸引知识型员工。事实上,他们最多只做对了一半,双高策略确实吸引了一批知识型员工,但是并没有吸引后留住。这时,企业并不去分析员工跳槽的真正原因 ,而是简单地归结为工资低,于是,为了减少员工跳槽,就只好再增加工资。这种恶性循环令企业苦不堪言,但效果却不显著。

3. 对跳槽过分敏感,谈跳色变,措施失当

知识型企业中员工流动率比一般企业偏高,已经是客观的事实,企业正确的做法应该是想办法提高对高层次人才的吸引力,使流入的知识、能力和素质大于流出的知识、能力和素质,通过员工流动,使企业素质得到提高。但是,我国的许多企业在解决员工跳槽问题上,却走进了误区,他们把跳槽看成是员工的背叛或者是自己管理的失败而表现出过分的敏感,有的甚至采取扣押金、扣档案等做法,最后,人没留住,关系恶化,企业信誉度和形象都受到影响。

4. 对知识型员工工作动机缺乏深刻了解

企业领导者和管理者在管理理念上、在思想深处,仍然把知识型员工看作传统的打工者,因此,只重视员工物质需求的满足,在精神需求方面,仍然停留在尊重、理解等层次。总之,把知识型员工假设为完全为自己的利益而工作的人。对知识型员工内心深处对事业、组织的责任感和理想追求,以及由此形成的工作动力,缺乏深刻理解,因此在管理手段上形成巨大的盲区。

5. 对知识型员工的工作方式有误解

知识型员工一般具有较强的自主意识与参与意识,对当权者的服从观较弱,工作上有想法就想说出来。一些领导者对他们的这种工作方式并不认同,甚至有所误解,认为他们爱提意见,难以管理,导致管理态度和管理行为的错位。

6. 忽略知识型员工的职业生涯规划

一些企业对知识型员工学习和自我发展的要求往往置之不理,不重视学习机会的提供,更不懂得对知识型员工而言,学习、培训也是重要的管理手段,因此忽视知识型员工的职业生涯规划。

以上这些误区或偏差,虽没有涵盖现实问题的全部,但已经足以表明我国企业目前在对知识型员工的管理与激励中存在的问题。分析问题根源,寻求解决方案,是每一个追求卓越管理的企业的理智选择。

8.5.3 知识型员工激励的必要性

由于知识型员工的工作具有知识性、创新性和灵活性等特征,知识型员工的激励就

尤其必要。知识型员工激励的必要性主要表现为以下几方面。

1. 激发知识型员工的创新能力

创新性劳动是知识型员工价值的最大体现。通过将蕴涵于知识型员工头脑里的个人技术、经验和判断等未编码的知识在企业和团队里进行充分的沟通、交流、共享和扩散，最终形成团队或企业的产品和服务或者企业可编码的知识。这其中的每个环节都充满知识型员工富有创新的劳动。知识型员工的这种创新能力是企业的无价之宝，企业利润增长的源泉，也是企业的核心竞争力。最大限度激发知识型员工的创新能力，是知识型员工激励的最大挑战。

2. 有效防止知识型员工的负面行为

知识型员工的工作努力程度关系到企业的生存与发展。因此，面向知识型员工的激励应提高知识型员工的工作努力程度，防止负面行为的产生。对于知识型员工来说，其负面行为主要有两种情况：一种是知识型员工的怠工、不愿创新等消极行为；另一种是知识型员工通过积极活动，有意泄露公司的技术设计、商业机密等有损公司利益的行为。在设计激励制度的时候，应充分考虑到知识型员工的负面行为可能导致的后果：泄露重大技术诀窍和商业秘密，使企业错过或痛失有利商机等。知识型员工的工作热情和努力的程度以及他们对企业的忠诚构成了知识型企业的核心能力，直接影响到知识型企业的生产率和利用率。

3. 尽可能降低管理成本，克服不可测性

对员工进行严密监控以保证他们不偷懒、不欺骗需要相当高的监控成本。而有效的激励应该做到尽可能降低监控成本，保证员工的工作努力及相应的组织绩效。

知识工作的不可测性以及知识型员工和管理者在信息占有上的不对称性是激励知识型员工的制度设计需要考虑的两个问题。当一个系统分析员对企业经济运行情况非常关心并进行认真分析时，谁也无法排除他正在为竞争对手收集商业信息的可能；当一个软件程序设计员工作的时候，谁也无法排除他会在企业系统程序里埋下今后导致企业系统程序瘫痪的逻辑炸弹；当企业高层管理者得知竞争对手最新上市的产品与自己公司处于试制期的产品非常相似时，他根本不能确知这项产品中是否有他们公司外泄的关键技术。这些都要激励制度能够真正激发知识型员工内在的工作热情和自觉性，唤起他们献身工作的强大动力。通过激励，降低监控成本，从而最大限度地降低因信息不对称所带来的管理风险和管理成本。

4. 确保品质低劣的知识型员工无法进入

品质低劣的知识型员工一旦进入企业，很可能发生所谓的劣币驱逐良币的行为，导致企业整体工作人员素质低下，工作效率下滑，严重的可能威胁到企业的生存。因此，合理的激励制度应该能够起到筛选作用，分辨良莠，能够将低劣者拒之门外。

5. 有效降低优秀知识型员工的流失率

在关键专业人才日益短缺、培训成本不断上涨、关键知识型员工对企业的影响力不断加深的情况下，关键专业人才的流失对企业来说可能是致命的。因此，企业为了保证企业绩效，需要运用各种激励手段吸引和留住人才，降低他们的流动意愿和实际流

失率。

可见,在现代企业中,充分激励知识型员工,调动其工作积极性,并做到吸引和保留企业关键知识型员工,已变得非常必要和迫切。

8.5.4 知识型员工激励的基本方法

知识型员工激励的重要性和知识型员工本身的特点及其工作的特点,决定了对于知识型员工不可能采用传统的激励方式。在对知识型员工激励的过程中应该把握以下几种基本方法。

1. 对组织知识创新进行激励

实现知识创新是知识型企业管理知识型员工的最终目的。因此企业的激励过程应该有利于这一目标的实现。要实现组织知识创新,关键在于组织隐性知识的使用和转化。将那些存在于员工个人头脑中的高度个性化、情境化和难以表达与沟通的知识、技术和经验等加以充分使用,并使其转化为显性知识。从数量上看,显性知识只占人类知识的一小部分。个人知识是企业知识的基本源泉,但对企业而言,重要的是组织知识创新,而不仅仅是个人的知识创新。

因此,激励创新的基本通道是通过激励让知识型员工个人的隐性知识在组织内部实现充分的交流、沟通、共享和扩散,将个人知识转化为组织知识,进而转变为企业的竞争优势,这是企业长盛不衰的根本保证。相互学习和知识共享是实现隐性知识向显性知识转化的有效途径,因此,应该激励组织内的相互学习。

有创新能力的公司往往会认识到不同的员工具有不同的思维习惯,例如左脑型员工与右脑型员工思考问题的方式就很不相同。为了达到产生知识创新的目的,激励制度的设计中需要鼓励不同类型员工的沟通与交流,例如安排左脑型和右脑型员工一起聚会、旅游等,这样可以增加他们相互学习和交流的机会,有利于创新思想的产生。

2. 激励要体现知识的价值

随着社会的发展,知识在经济生活中的地位越来越重要。以斯图尔特(T. A. Stewart)等人为代表的学者提出的智力资本论强调知识是资本的重要构成,现代企业特别是高科技企业中最重要的资本将不再是传统的物质资本,而是智力资本。因此,对知识型员工的激励应该体现知识的价值。对知识型员工实行知识资本化激励制度,首先有利于克服知识型员工与企业所有者之间信息不对称的弊端,防止知识型员工的短期行为和负面行为,最大限度避免优秀人才的流失。其次,实现知识资本化可以激励知识型员工创新能力的发展,特别是有利于核心技术人员潜心研究专业技术,增强企业和组织的核心竞争能力。第三,建立知识激励制度,对企业资本规模的迅速扩大和知识资产的升值与规模的扩大均具有巨大的推动作用。对知识型员工实行股权激励制度是体现知识价值的一种激励方法。企业可以按照知识型员工的贡献大小和工作年限,对知识型员工的股权给予差别对待。在国外企业中,实行股权制度已相当普遍,并且也充分体现了知识的价值。例如微软公司利用这一制度,在从 1986 年其股票公开上市起的十几年时间里,已经造就了 3 000 多名百万美元的富翁。

3. 注重精神激励,但不要忽视物质激励

一般来说,知识型员工在现代社会里收入处于较高的层次,因此他们提供的很可能是向后弯曲的劳动供给曲线,即在经济收入达到一定层次后,在努力工作以赚取更多的工资与闲暇之间他们更愿意选择闲暇。因此,对于知识型员工的激励不能一味金钱至上,还应该根据知识型员工的需要特点,注意精神激励的作用。

对于知识型员工来说,他们往往有强烈的事业心和成就动机,希望能够解决问题并得到同事和上司的认可,希望在自己的专业领域有所建树。在知识型员工看来,提升专业领域的成就、名声和荣誉是物质利益之外的强烈愿望。这种专业方面的成就和实现动机,是知识型员工努力工作,致力组织知识创新的持久动力。

此外,对于作出贡献的知识型员工给予通报表扬、记功、授荣誉勋章,以此作为对他们能力的一种肯定,也是非常有效的一种方法。在产品和工艺改进、设备更新中,使用发明者或创新者的姓名以示奖励,对知识型员工也是一种很大的激励。例如,海尔有启明焊枪、召银扳手、日出支架等,就是采用这种方法。科学研究中的以发现者的姓名给定理冠名的传统也激励了一代又一代科学工作者努力工作。

当然,由于我国目前的国情,物质生活水平还不是很丰富,在实行精神激励的同时不能忽略了物质激励,它是精神激励的基础。据有关调查,目前我国国有企业的知识型员工仍然把提高收入作为首要的激励因素,占总访问人数的48.12%,远远高于美国的7.07%。这表明,至少在现阶段我们还不能忽视物质激励的巨大威力。

4. 实行情感激励

中国文化有重情轻利、重义轻利、知恩图报的传统,至今仍然对人们的行为产生深刻的影响,对深受中国传统文化影响的知识型员工更是如此。正确运用情感激励,可以有效培养知识型员工的忠诚和认同感。对于知识型员工来说,最有效的情感激励是对他们自身的尊重与肯定,对他们工作的理解与支持,对他们生活的关心与体贴。由于知识型员工的劳动本身是一种创新性劳动,具有常人难以理解的困难、快乐与痛苦。因此,如果知识型员工的上司和组织能够做到先员工之忧而忧,后员工之乐而乐,那么,可得到员工的忠心和认同。随着知识型员工越来越成为公司最具有战略意义的资源,公司所有者和管理者会越来越注重对他们的情感激励。但成功的关键在于充分认识知识型员工的价值,充分尊重他们的劳动,在点点滴滴上时时刻刻善待他们。

总之,在知识经济时代,企业成功的关键在于实现企业知识创新。因此,设计有效的激励制度和方法,对企业知识的载体——知识型员工进行有效的激励就成为现代企业管理中至关重要的一环。

本章小结

本章从激励概念、理论到实践展开讨论。首先,介绍了激励的基本概念,包括激励的意义分析,激励与需要、动机等相关术语的界定及其与行为关系分析,并由此得出激励的基本模式。然后,较系统地介绍和分析了代表性的工作激励理论,包括内容性激励理论和过程性激励理论。在此基础上,结合新经济下报酬激励的发展和变化,集中于股权这一长期激励形式进行分析,讨论了股权对企业组织人力资本激励的重要性,股权激励的主要类型及方式。最后,针对企业知识型员工队伍不断壮大及其在企业经营发展中的作用日益凸显的现状,描述了知识型员工的定义和特点,分析了目前一些企业在知识型员工激励中存在的问题,并分析了知识型员工激励的重要性和迫切性以及知识型员工激励的基本方法。

复习与思考

1. 如何理解激励、需要、动机与行为之间的关系?
2. 内容性激励理论主要有哪些内容? 你是怎样理解这些理论的?
3. 过程性激励理论主要有哪些内容? 你是怎样理解这些理论的?
4. 股权激励主要有哪些类型?
5. 股票期权与虚拟股票有何不同?
6. 怎样认识知识型员工的特点?
7. 如何对知识型员工进行有效激励?

案例分析

杨先生与小李

杨先生是一家公司的销售部经理。最近参加了一次管理培训。回到公司之后,杨先生决定对销售部进行改革。这时,正赶上年末工作总结讲评,要发年终奖金了。杨先生认为工作成绩最突出的就是小李,小李是中专生,聪明能干,工作积极又肯吃苦,还爱动脑筋,于是杨先生与小李进行了一番谈话。

杨先生首先强调了小李这一年的贡献,特别表扬了小李的成就。然后他们细致讨论了明年怎么能使小李的工作更有趣、责任更重、也更有挑战性等等,甚至还确定了考核他明年成绩的具体指标(这些都是杨先生从管理培训班上新学到的激励方法)。最后,杨先生说:"这回年终奖,你跟大伙儿一样,都是那么多。"

小李听后大怒,他蹦跳起来说:"什么? 就给我这么一点? 说了一大堆好话,到头来我就值那么一点? 表扬又不能当饭吃,把你的话收回去吧!"杨先生一下呆了,不知所措。

思考题

杨先生的问题出在哪里? 你对杨先生有何建议?

谢君的变化

谢君是上海 GY 通信股份有限公司的通信系统维护工程师。5 年前谢君从上海 H 大学毕业进入该通信公司工作,那时该通信公司正处于快速发展阶段,其员工待遇在国有企业中属偏上水平。与谢君一同进入该公司的共有 5 名大学生,其中有两位分别来自复旦大学和上海交通大学。谢君所学的是计算机专业,一进公司就被安排在自动寻呼中心工作。他的工作岗位是系统维护,工作内容是对自动寻呼系统、计算机及网络系统提供技术支持和日常维护。谢君虽然毕业于非重点大学,但他在大学四年级时通过了全国计算机专业人员技术资格与水平考试,获高级程序员水平证书(相当于工程师)。部门领导得知他在计算机方面有一定水准后,另外还安排他做一些软件开发项目。在这一年中,谢君除了做好本职工作(系统维护)外,还开发了不少通信软件,其中一个软件还获公司软件竞赛一等奖。谢君自尊心较强,特别希望得到别人对其水平的承认,因此,开发软件虽然较辛苦,但谢君还是干得津津有味,每开发完一个软件,谢君总有一种成就感。

时间飞快,转眼间一年过去了。一年的实习期满,谢君转正了,被评为助理工程师。当谢君刚拿到这张由市里统一颁发的职称证书时,心里充满着喜悦。公司对青年人才有一条破格聘用的政策,即助工可以破格聘为工程师,工程师可以破格聘为高工。谢君心想,虽然破格高聘在待遇上并没有提高,但如能被聘为工程师说明公司对自己能力的承认,自己在这一年里工作很努力,又有国家颁发的证书,被破格聘用应很有希望。然而不久后,谢君得知自己仍被聘为助工,心中很是失望。几天后,在公司的通报文件中,谢君发现与自己同时进公司的毕业于复旦、交大的两位助工被破格聘为工程师,并且还发现自己的部门经理被破格聘为高工。谢君心里顿时感到一阵刺痛,心想,自己做的不少,水平也不比名牌大学的毕业生差,为什么结果却不一样?

后来,谢君了解到,破格聘用是由部门经理推荐的,如果部门没有推荐,公司是不会聘用的,而且在公司中一贯就存在着只重毕业学校牌子而不重人自身的实际能力的倾向。此时,谢君心里除了失望外,还有气愤,情绪极为低落。事后,谢君心想,气也没用,公司不聘就不聘,我有高级程序员证书,国家都已承认我的水平了,公司的,我也不稀罕。心里这样想着,谢君的气也渐渐平了。可过了不久,另一件事的发生又使谢君遭受一次打击。谢君所在的公司是一家提供通信服务的公司,本来在这样的公司中申请一个工作用的手机根本就是小事一桩,因为只要部门领导向上申请就行了。谢君进公司后向部门领导申请"工务机"即工作所用的手机,可等了一年多,虽经多次申请也未见动静,后来一打听在其他部门工作的与他同时进公司的同事半年前就发了工务机。谢君猜一定是部门经理根本就没有申请,一气之下,谢君自己花钱买了手机。经过这两件事后,谢君对部门经理极为不满,工作积极性大打折扣,但领导毕竟是领导,他布置的工作还是要做。谢君虽然心中不满,但对领导布置的软件开发任务还是接受,只是积极性、主动性已大不如前。谢君是这样想的,虽然领导对自己根本就不关心,甚至存心打压,但自己毕竟在其手下工作,不便与他公开矛盾,再说开发软件虽然辛苦一点,但项目奖还有好几百元,看在钱的份上就算了。不知不觉,又过去了两年多,随着市场竞争的日益激烈,公司的效益开始下滑,由于公司是上市公司,为维持其作为绩优股的地位,保持公司的利润,公司对劳动成本大量削减。其结果就是奖金减少,随着奖金的降低,谢君的工作积极性也随之降低。他心想,现在奖金越来越低,我开发软件这么辛苦,奖金却比其他同事也高不了多少,不值得。渐渐地,谢君对开发软件的热情越来越低,甚至开始讨厌做项目了。一次,部门经理找到谢君,要其开发一个通信软件,由于此软件是提供增值功能,而原来系统并未提供此功能软件包,故需要对系统中各通信协议详细研究,再作软件开发,因此工作十分复杂,其工作量相当于重新开发一个系统。谢君心想项目奖金又不多,而这个系统又这么复杂,工作量太大不值得。虽然经理答应再给他派一个人手,谢君还是回绝了,经理很是气愤:"这是我给你的任务,你怎么可以拒绝。"谢君反驳说:"我的工作是系统的维护工作,而不是软件开发。软件开发不是我的本职工作,我只要干好我的本职工作就行了。帮你开发软件是帮忙性质的,我并没有这个责任。再说,做项目要自愿,哪有强迫的。"此后,部门经理与谢君关系僵化,谢君的月奖金也随之下降。开始谢君非常气愤,后来想想:"反正也没多少,要扣就扣,我以后上班就混混算了。"现在谢君上班工作马马虎虎,牢骚满腹,对公司的感情也越来越淡,准备跳槽。原来对他印象不错的同事都说,他这是怎么啦?

思考题

1. 结合谢君的变化,讨论人的行为与动机、需要之间的关系。
2. 该公司在对员工激励方面存在哪些问题?

测试练习

激励你的工作因素是什么?

说明:什么样的工作对你有吸引力? 将以下12条工作因素由1到12依次排序,排在第1的因素是你认为最重要的,排在第12的因素是你认为最不重要的。

_____ 1. 工作有趣且有意义

_____ 2. 不错的薪水

_____ 3. 制定重要决策的职权

_____ 4. 舒适的工作环境,比如优雅时尚的办公室

_____ 5. 喜欢的同事

_____ 6. 与主管关系融洽

_____ 7. 清楚了解部门目标、公司目标及绩效要求

_____ 8. 对做好工作给予赞赏与认可

_____ 9. 学习新技能的机会

_____ 10. 有声望的头衔或职业

　　　　　11. 晋升的机会
　　　　　12. 安全感

思考与讨论

　　1. 在你目前从事的工作中包含上述哪些激励因素？

　　2. 如果你是一名部门主管,希望在工作中获得上述因素中的哪些激励因素？为什么？

参考文献

Gray, J. L. & F. A. Starke, 1984, *Organizational Behavior: Concepts and Applications*, A Bell & Howell Company.

Herzberg, F. M. & B. B. Synderman, 1959, *The Motivation to Work*, Chapman and Hall.

Locke, E. A., 1975, "Personal Attitudes and Motivation", *Annual Review of Psychology*, 26, 457—480.

Mitchell, T. R., 1982, "Motivation: New Directions for Theory, Research and Practice", *Academy of Management Review*, 7, 80—88.

Mullins, L. J., 1996, *Management and Organization*, Pitman Publishing.

Porter, L. W. and E. E. Lawler, 1968, *Managerial Attitudes and Performance*, Irwin.

Sanders, Wm. G., 2001, "Behavioral Responses of CEOs to Stock Ownership and Stock Option Pay", *The Academy of Management*, 44, 493—511.

陈清泰、吴敬琏:《股票期权激励制度法规政策研究报告》,中国财政经济出版社2001年版。

陈卓勇、吴晓波:《股权激励的不同类型及其运用》,载《改革》2000年第3期。

范云龙、袁云峰:《知识型员工激励的实证研究》,载《中央财经大学学报》2002年第2期。

顾琴轩、王春:《股票期权对经理人激励效应及其问题研究》,载《上海交通大学学报》2002年第3期。

顾琴轩、王春:《虚拟股票:民营企业留住关键员工的新诀窍》,载《人力资源》2003年第1期。

顾琴轩、傅一士、贺爱民:《知识共享与组织绩效:知识驱动的人力资源管理实践作用研究》,载《南开管理评论》2009年第2期。

吴叔平、虞俊健:《股权激励:企业长期激励制度研究与实践》,上海远东出版社2000年版。

张望军、彭剑锋:《中国企业知识型员工激励机制实证研究》,载《科研管理》2001年第11期。

第 3 篇
群体行为

第 9 章　群体动力的基本范畴

本章关键词

群体(group)　　　　　　　　　　凝聚力(cohesive)

群体发展(group development)　　生产率(productivity)

正式群体(formal group)　　　　人际关系(interpersonal relation)

非正式群体(informal group)　　社会测量(sociometry)

群体压力(group stress)　　　　基本人际关系倾向(fundamental interper-

从众行为(conformity)　　　　　　　sonal relation orientation)

群体规范(group norms)

　　一旦几个个体形成一个群体,即会产生互动作用,形成一个动力场,对群体中的个体行为发生影响,并产生群体行为。德国心理学家勒温(K. Lewin)借用物理学中磁力场的概念,提出"力场"(force-field)的理论。该理论认为:人的行为动向取决于内部力场(个人本身)和情境力场(所处环境)的相互作用,而内部力场的张力是最主要的决定因素。其行为公式是:

$$B = f(P, E)$$

式中,B 表示行为,f 表示函数关系,P 表示个人,E 表示环境。

　　勒温的"力场"理论最初只用于研究个体行为。1933 年,他迁居美国后,又运用"力场"理论研究群体行为,提出"群体动力"的概念。所谓"群体动力"就是指群体活动的方向,而研究群体动力就是研究影响群体活动动向的各种因素。勒温认为,群体行为同样取决于内部力场和情境力场的相互作用。

9.1　群体的概念与类别

9.1.1　群体的界定

　　"物以类聚,人以群分",这是自然界的普遍现象。人是社会的人,而社会又是由形形色色的群体组成的。因此,人总是生活在一定的群体中,最常见的群体莫过于以血缘关系结合起来的氏族、家庭一类的群体,但这不是组织行为学研究的对象。在马路边,因一件新鲜事而临时聚集的一群人,这也不是组织行为学研究的群体。组织行为学研究的群体是指组织中由两人以上组成、为了达到共同的目标、相互作用并相互依赖而形成的集体。它通常具有以下几个特点:

(1) 群体中的每个成员相互依赖和影响,心理上意识到其他成员的存在;

(2) 成员感知他们是一个群体,具有共同的身份特征;

(3) 群体成员同享群体的规范;

(4) 成员担当各自的角色,以实现共同的目标或谋求共同的利益。

与群体相似的一个概念是团队。从广义上说,团队是群体的一种形式。在现代企业管理中,工作群体与团队已被看作成功企业的“建筑砖块”,如委员会、任务小组、产品开发小组、自我管理小组等都是当今组织的特征。但两者又不尽相同。相对于前面界定的群体而言,团队是由技能互补的少数人员构成,这些人为了一个共同的目的,设立具体的绩效目标和共同工作的途径与方式。群体与团队之间的显著差异在于,群体的绩效是由它的成员以个体形式作出的,而团队绩效既包括以个人形式作出的绩效,也包括成员共同参与的、被称为集体的工作成果。也就是说,团队成员作出的贡献要大于个体贡献的总和。

9.1.2　群体发展阶段

如果我们观察一下一个新群体的形成和建立,就会发觉群体并不是一下子就成为一个成熟的、能充分发挥功能的群体。群体要有效地发挥功能,需要经历一个发展过程。在讨论群体发展阶段之前,让我们先看一个简单的例子。

假设有一支自发组建的业余足球队,队员是由各地足球业余爱好者构成,互相之间也不熟悉,在第一次会议上,队员自我介绍,彼此才有所了解。然后,在原有的基础上开始分配角色。这种角色最初尚不能完全确定,只是一个雏形,例如对谁打前锋、后卫等等的分工。对于群体如何运转也进行了规定,如什么时间开始集训,集训多长时间等等。这时形成了初步的操作规则。一旦基本的操作规则初步确定了之后,由于足球队是自发产生的,群体成员为争取在群体内有一个良好的位置和所希望的角色而开展活动或竞争。有些人认为自己能成为有效的领导者,例如队长,他们会为类似的有吸引力的角色和位置而展开竞争,有时甚至会发生严重的冲突。如果足球队顺利地产生了成员都认可的队长,调整好并确定了角色和任务,对如何互相配合,如何开展进攻和防守都有了明确的规定,该队就具有了战斗力,碰到问题也能妥善解决。这时,群体对其成员的吸引力就有了增强。但如果该足球队不能产生成员都认可的队长,不能建立团队认可和遵循的规范,该自发足球队就可能解散。如果该足球队在成员认可的队长的带领下,经过几场业余足球比赛并获得胜利,就会士气大振,群体的凝聚力也大为增强,群体意识也得到巩固。当业余足球队赛完了一个循环赛,大家认为已没有必要继续存在,那么,该足球队便会停止活动或解散。上述自发足球队的发展历程其实是大多数群体都会经历的发展阶段。

群体发展阶段一般由形成阶段、震荡阶段(不稳定阶段)、规范阶段、执行阶段(高效工作阶段)和解体阶段(休止阶段)构成。

形成阶段,是群体发展的第一阶段。在此阶段中,成员相互认识,他们寻找、建立成员能够知道的、可接受的基本行为准则。此时,成员会感到一些茫然,不知道在群体中如何行动和适应群体。成员在摸索、熟悉这个环境,并表现出小心谨慎、态度友好。当成员感觉到是这群体的一分子时,此阶段结束。

震荡阶段,是群体发展的第二阶段。在此阶段,成员在心理上虽然接受了群体的存在,但群体内部冲突激烈。成员经常会抵制群体领导者的控制和约束;群体成员表现出互相戒备或不友好,领导权的竞争也引起冲突。如果不能解决这些冲突,群体会就此解散。当群体内部出现了明确的领导层时,此阶段结束。

规范阶段,是群体发展的第三阶段。在此阶段,群体开始建立各种条例和标准,包括群体行为规范;成员接受不同的意见,分享信息;群体开始表现出凝聚力,成员对群体有一种强烈的认同感和身份感。因为规范的形成涉及形成一种共同的、大家公认的倾向,群体内形成一种"我们"的情感。如果有关群体如何运转的规则得以更充分和更完满地建立,那么,在处理群体所面临的种种问题时,成员间就有一种共同的责任感和意识。当成员对群体行为规范达成共识时,此阶段结束。

执行阶段,是群体发展的第四阶段。在此阶段,群体的结构完全功能化,并得到认可,成员们开始履行自己的职责和相互合作。群体成为成熟的群体。群体的主要精力集中在如何完成具体的任务和工作上,通过这些任务和工作的完成,从而达到共同的目标。通常,在达到目标方面,在这一阶段会有较大的进展。只要群体在达到他们的目标方面取得了相对的成功,该群体就会继续存在,并能得到巩固和发展。

解体阶段,是群体发展的第五阶段。此阶段的出现一般有两种情况:一种情况是因为群体的所有目标都实现,群体成员没有理由再待在群体之中,这样,群体便进入瓦解阶段;另一种情况可能是因为关键成员离开,或者发生剧烈的又无法解决的冲突,或者是长期以来在群体的目标方面达不成一致等因素,导致群体瓦解。不论是哪一种情况,此时群体关注的首要问题不是高水平的工作绩效,而是如何做好群体解体及其善后工作。在此阶段,群体成员的反应也会各异,有人陶醉于群体的成就之中,有人却为失去原有的群体而产生失落感。

对群体发展的 5 个阶段,我们可用图 9.1 来形象而概括地描述。

值得注意的是,尽管上述五个群体发展阶段代表了群体一般所经过的历程,但是也有例外。这是因为每一个群体有其自身的特点,一个群体的发展过程可以综合上述的几个阶段,或者省略其某个阶段。

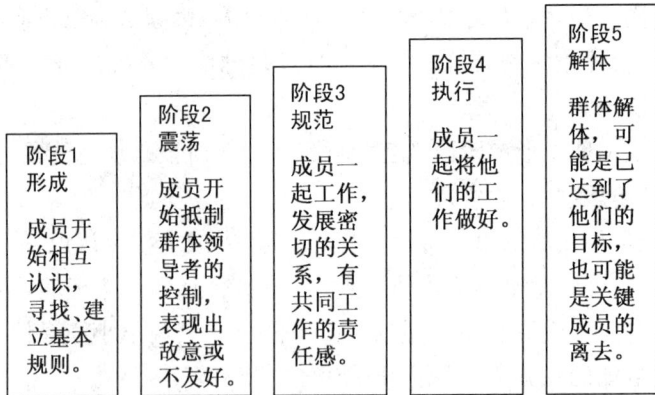

图 9.1　群体的动态发展过程

9.1.3　群体的类别

在组织中,以不同的角度和标准划分,会有不同种类的群体。这里阐述的是群体的主要几种类别。

1. 实属群体与参照群体

根据群体成员身心归属方式,群体有实属群体与参照群体之分。所谓实属群体,是指个体实际归属的群体,即个体参加的群体。所谓参照群体,是指个体在心理上归属的群体,这种群体也称标准群体或榜样群体。个体将这种群体的规范、标准、价值观作为自己行动的参照和学习的榜样。一个员工可有多个参照群体。例如工程经理既接受自己的工程人员的职业及相关标准,同时也参照一个或多个相关群体的职业及相关标准。参照群体是以采用榜样学习、奖励和惩罚或行为制裁等方式,不断引导和督促其成员,以使成员遵从规范。常言道,榜样的力量是无穷的。企业中设立的如"质量信得过班组"、"产品零缺陷班组"等,都是作为企业中其他群体的一种参照群体。

2. 大群体与小群体

根据群体规模的大小,群体有大群体和小群体之分。大小群体是相对的。这种划分方法的一个主要标准是考察群体中的成员是否有直接的接触和交往。如果有这种直接的接触和交往,则划分为小群体,反之,则称之为大群体。群体规模的大小会对群体行为产生重要的影响,这可以从以下几个方面来分析:

首先,群体规模与工作效率有着密切的关系。在完成任务、采取行动方面,小群体(7 人左右)比大群体效率高。

其次,群体规模与解决问题的有效性有密切关系。一般而言,在解决问题方面,大群体(12 人以上)比小群体效果好。信息量大有利于准确有效地解决问题。

另外,群体规模与成员责任心也有着密切的关系。群体规模的扩大会导致责任的扩散,进而导致个人责任心的降低,出现"搭便车"、"随大流"等现象。

3. 正式群体与非正式群体

正式群体与非正式群体是群体中最常见的划分形式。正式群体,是指组织结构设计中明确规定并据此组织起来的各个群体,如班组、车间等。而非正式群体则是组织未明文规定,也没有正式结构的一种群体。这种群体通常是成员为了满足社会交往的需要,或是出于对共同利益、观点、兴趣和爱好的追求而在工作环境中自然形成的联盟,是个人与社会关系的自然联系网络。

组织中,正式群体与非正式群体的进一步主要分类如图 9.2 所示。在正式群体中,又可分为从事管理工作的群体和执行工作或任务的群体,前者如董事会、管理决策小组等,后者如车间和工段等。在非正式群体中,又可分由兴趣、爱好或利益形成的群体和由友爱、情谊形成的群体。

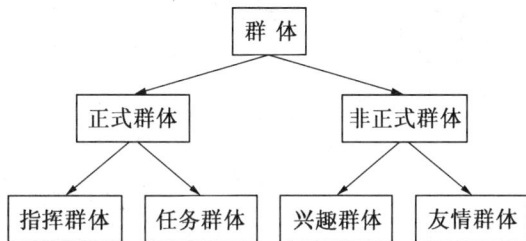

图 9.2　正式群体与非正式群体的进一步主要分类

需要指出的是,非正式群体作为组织中的一种常见而独特的群体,随着知识经济的不断发展,组织成员的知识含量越来越高,它对组织的影响也越来越大。在此,我们以较多的篇幅对它作一详细介绍。

(1) 非正式群体的研究来源。

对非正式群体的研究起源于 20 世纪 30 年代由哈佛大学心理学教授梅奥(E. Mayo)主持的,对美国芝加哥西部电器(Western Electric)公司所属的霍桑工厂进行的心理学研究,即广为人知的"霍桑实验"(Hawthorne experiments)。

作为一家制造电话交换机的工厂,霍桑工厂在当时具有较完善的娱乐设施、医疗制度和养老金制度,但工人们的工作积极性却十分低下,有较多的不满情绪,因而生产情况十分不理想。为找出原因,美国国家研究委员会组织研究小组开展实验研究。实验分为四个阶段。

第一阶段:从 1924 年 11 月至 1927 年 4 月,该研究小组进行了照明实验。其假设是"提高照明度有助于减少疲劳,使生产效率提高"。之所以提出这一假设,是因为根据当时占统治地位的劳动医学的观点,认为导致工人生产效率低下的因素是疲劳和单调感等。可是经过两年多实验发现,照明度的改变对生产效率并无影响。具体结果是:当实验组照明度增大时,实验组和控制组都增产;当实验组照明度减弱时,两组依然都增产,甚至实验组的照明度减至0.06瓦时,其产量亦无明显下降;直至照明减至如月光一般、实在看不清时,产量才急剧降下来。研究人员面对此结果感到茫然,失去了信心。从1927年起,以美国哈佛大学梅奥教授为首的一批心理学工作者将实验工作接管下来,继续进行。

第二阶段：从1927年4月至1929年6月的福利实验。实验目的总的来说是查明福利待遇的变换与生产效率的关系。但经过两年多的实验发现，不管福利待遇如何改变（包括工资支付办法的改变、优惠措施的增减、休息时间的增减等），都不影响产量的持续上升，甚至工人自己对生产效率提高的原因也说不清楚。后经进一步的分析发现，导致生产效率上升的主要原因有两个，一是参加实验的光荣感，实验开始时6名参加实验的女工曾被召进部长办公室谈话，她们认为这是莫大的荣誉，这说明被重视的自豪感对人的积极性有明显的促进作用；二是成员间良好的相互关系。

在前两轮的实验基础上，研究者在工厂中开始了访谈计划。此计划的最初想法是要工人就管理当局的规划和政策、工头的态度和工作条件等问题作出回答，但这种规定好的访谈计划在进行过程中却大大地出乎意料，得到意想不到的效果。工人想就工作提纲以外的事情进行交谈，工人认为重要的事情并不是公司或调查者认为意义重大的那些事。访谈者了解到这一点，及时把访谈计划改为事先不规定内容，每次访谈的平均时间从30分钟延长到1～1.5个小时，多听少说，详细记录工人的不满和意见。访谈计划持续了两年多，期间，工人的产量也大幅度提高。原来，工人们长期以来对工厂的各项管理制度和方法存在着许多不满，无处发泄，访谈计划的实行恰恰为他们提供了发泄机会。发泄过后工人们心情舒畅，士气高涨，使产量得到提高。

最后，梅奥等人选择了14名男性工人在单独的房间里从事绕线、焊接和检验工作。对这个班组实行特殊的工人计件工资制度。实验者原来设想，实行这套奖励办法会使工人更加努力工作，以便得到更多的报酬。但观察的结果发现，产量只保持在中等水平上，每个工人的日产量平均都差不多，而且工人并不如实地报告产量。深入的调查发现，这个班组为了维护他们群体的利益，自发地形成了一些规范。他们约定，谁也不能干得太多，突出自己，谁也不能干得太少，影响全组的产量，并且约法三章，不准向管理当局告密，如有人违反这些规定，轻则遭受挖苦谩骂，重则遭受拳打脚踢。进一步调查发现，工人们之所以维持中等水平的产量，是担心产量提高，管理当局会改变现行奖励制度，或裁减人员，使部分工人失业，或者会使干得慢的伙伴受到惩罚。这一实验表明，为了维护班组内部的团结，可以放弃物质利益的引诱。研究人员由此提出了"非正式群体"的概念，认为在正式的组织中存在着自发形成的非正式群体，这种群体有自己的特殊的行为规范，对人的行为起着调节和控制作用，同时，加强了内部的协作关系。

霍桑实验表明，人是社会的人，是作为复杂社会关系的一员而存在。那种认为金钱是刺激积极性的唯一动力的想法是不符合实际的，人的积极性产生于和谐有益的社会关系，一个人的思想、情绪和行为，无时无刻不在受着周围人的影响。

生产条件的变化固然影响着劳动者的生产热情，但生产条件与生产效率之间并不存在着直接的因果关系。同时，生产条件也并非是增加生产的第一要素。改善劳动者的士气（态度）及人与人之间的关系，使人们心情愉快地工作并对自己的工作感到满足，这才是增加生产、提高效率的决定性因素。工人所要满足的需要中，金钱只是一部分，大部分的需要是感情上的慰藉、安全感和归属感。

（2）非正式群体的作用。

非正式群体既有积极的作用也有消极的作用。其积极的作用主要表现为以下几方面：

其一，非正式群体往往与正式群体交融在一起，共同组成完整有效的系统。正式群体的计划和政策都是预先制订的，难免缺乏灵活性，在动态发展的环境里不能处理所有问题，特别是突发事件；此时，自发而又灵活的非正式关系却可以更好地满足这些要求。

其二，非正式群体能够缓解管理负荷。如果管理者知道非正式群体与其协同工作，他们就不会感到必须检查每个人的工作，以确保每件事都井井有条。如果确信员工会采取合作的态度，他们会更乐于下放权力，可见，非正式群体对管理者的支持可以促进协调与合作，提高生产率。

其三，非正式群体能满足员工的社会需求。它帮助成员保持联系，提供成员之间交流沟通的渠道，进一步了解工作，理解周围发生的事情。通过这种非正式的交往，员工能缓解精神压力，使员工产生一种归属感和安全感。因此，非正式群体能提高员工的满意度，降低离职率，同时也为工作群体带来满意感与稳定性。

如果组织凝聚力强，群体成员对公司忠诚度高，则非正式群体的这些益处更易体现。但是，非正式群体的优点同时也可能是隐患所在。也就是说，它在帮助完成一个行为的同时也能破坏它。例如，当群体的一部分在传播有用信息时，另一部分可能正在散播谣言。一个非正式群体可能积极或消极地改变其情绪状态。一个工作群体可以欢迎、接纳并帮助新员工，使之感觉良好，在工作中取得成绩；相反，同是这一群体，它还可以抵制、扰乱、排斥其他员工，给他们造成失意并导致辞职。在大多数非正式群体里，正、负两种效应同时存在。

非正式群体的消极作用主要表现为以下几方面：

首先，非正式群体一般会阻拦变革。群体由于其自身的特点，容易变得过于维持现状，认为现在好的将来也不会差，因而成为变革的拦路石。例如，甲工作一直比乙工作级别高，那么，即使条件改变使甲工作更为轻松，他也将继续他的高级别和高报酬。如果过去在专制式管理下需要限制生产力，那么，群体会认为现在依然需要，即便管理已变为参与式的。与此相似，虽然非正式群体可以不必拘泥于墙上的图表，但它们要受限制于习惯、风俗及文化等。

其次，非正式群体可能会与管理层产生抵触。由于非正式群体不直接受控于管理者，它所依赖的"权威"是社会系统。管理只能不时地影响它，这在很多情况下可能会对管理提出挑战，会使管理行为复杂化。

第三，非正式群体产生的员工之间、群体之间的矛盾会给组织带来危害。当员工更多地将思想与精力都用于相互对立和冲突时，非正式组织中的矛盾冲突及自私自利强大到足以降低工作激情和满意度时，生产力的低下是可想而知的，这时，组织和成员都会遭受严重损失。

第四，非正式群体是造成员工从众心理的一个重要原因（这将在后面的章节具体讨论），非正式群体的作用在员工日常生活中占了相当大的比重，以至于他们并不意识到它的存在,因此他们也就不知道非正式群体所施加的强大压力是为了使他们遵从已设定的生活规律。群体的联系越密切,这种影响就越大。

(3)非正式群体的管理。

在正式群体中,尽管管理者有权对下属员工发号施令,要求他们在紧促的时间内完成指定任务,但是如果这个任务的限定完成的期限非常紧张,那"命令"也许无法产生满意的结果,甚至会滋生下属员工的不满情绪。相反,如果能够妥善地运用与非正式群体的良好关系,获得群体成员的理解与支持,那么困难的目标则仍有可能实现。所以,千万不要忽视非正式群体对其成员的凝聚力和号召力,这往往决定着管理能否有效实现。非正式群体的管理途径有以下几点:

一是关注并掌控核心连接者。如何才能有效地获取非正式群体的信任呢?这取决于管理者能否迅速而有效地找到非正式群体的切入口。尽管非正式群体的组织比较松散,但群体中总有一些扮演重要角色的人物。他们又被称为核心连接者(central connector)。研究发现,如果管理者能够有效地关注并掌控核心连接者,则非正式群体的效率也能相应得到提高。

核心连接者是在非正式群体中连接最多人的关键人物。通常这个人并不一定是组织管理结构指定的管理者或负责人,但他和群体中大多数人都有相对密切的联系,因而是管理者首先应该关注的对象。图9.3比较形象地描述了非正式群体中的核心连接者与其他成员的关系。在图9.3中,B是所有成员中,与其他成员有着密切往来最多的人,因而是非正式群体中的核心连接者,尽管A是群体中组织任命的正式领导,但他并非是非正式群体中的核心连接者。

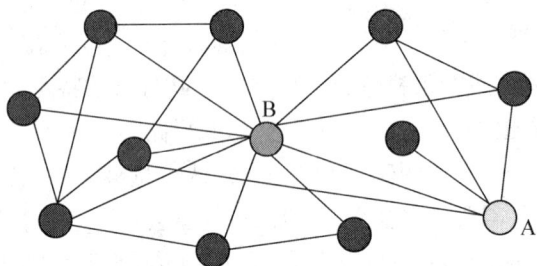

图9.3　非正式群体中的核心连接者

二是培育正式群体与非正式群体的共同利益。非正式群体可能引发角色矛盾的问题。员工可能希望既要满足群体的要求又要满足管理层的要求,而这两类要求经常在一定程度上相互冲突。对员工有益的未必也对组织有益:工间休息也许很有益,但若员工上、下午额外花十五分钟进行社交活动,生产率就会降低,给组织和消费者带来损失。而避免角色冲突行之有效的方法是精心培育与非正式群体的共同利益,非正式群体与正式群体的利益结合得越紧密,满意度与生产率也就越高。

三是影响和引导非正式群体。由于正式群体与非正式群体毕竟有所差别,完全的和谐、团结是达不到的。

非正式群体在组织中的作用与地位如此微妙,管理者既不能创建非正式群体,也不能废除它们,同时也没有必要这样做。管理者应该具备与之共处并能对之施加影响的能力,这就要求管理者在接受并且理解非正式群体的同时,借助组织文化和有关机制及政策采取影响非正式系统的行动,尽可能将非正式群体的利益与正式群体的利益结合在一起。

正式群体与非正式群体最理想的结合是占有统治地位的正式系统伴随着健康发展的非正式系统。前者用以保证目标统一,后者则用以维持凝聚力和团队精神。换句话说,非正式群体可以强大到起支持作用,但绝不能强大到占主导地位。

9.2 群体行为的主要特征

9.2.1 社会从众行为

1. 群体压力与社会从众行为

社会从众行为的发生与群体压力有密切关系。群体存在群体压力,这种压力一般是由人们心理感受到的难以违抗的力量。特别是在群体成员与群体中多数人的意见或行为不一致时,明显感受到来自群体的一种压力。为了减轻这种心理压力,则会产生与他人的趋同行为。

群体压力不同于权威命令。前者是多数人的意向,非强制性的,但在心理上往往难以违抗。后者由上而下,明文规定,强制性的。群体压力对成员的影响力有时反而要强于权威命令。

当个体发现自己的行为或意见与群体不一致的时候,通常会感到心理紧张,促使其与群体趋于一致。这种群体成员企和群体中的多数人行为相一致的现象,称为社会从众行为。确切地说,从众是指个人的观念与行为由于群体的引导或压力,而向与多数人相一致的方向变化的现象。

社会心理学家阿希(S. Asch)于1951年曾经做过一个有关从众问题的实验。实验材料是18对卡片,每对左边的一张卡片有一条线段,右边卡片有三条不同长度的线段,其中有一条同左边卡片上的等长,如图9.4所示。被试坐在一群人当中,辨认哪两条线段一样长。在正常情况下,绝大多数被试都能作出正确的判断,错误概率小于1%。但是,当实验者安排一些辅助实验人员混入被试者队伍,并故意作出错误的判断时,被试就开始显得犹豫不决,甚至怀疑自己的判断能力了。这样连续试验了几组,统计结果表明,有37%的被试放弃了自己原来的正确判断而顺从了群体的错误判断。75%的被试至少有一次屈从了群体压力,作了从众的判断。由此看来,产生从众行为的原因是群体压力。当个体行为与众不同时,就会感到群体压力,而个体又不愿意受到孤立;当个体的行为与别人一致时,就会产生"没有错"的安全感,于是就产生了很多人都采取与群体内多数人保持一致意见的现象。阿希实验还表明,即使在问题情境非常明确的情况下,个人仍会因群体压力产生从众行为。

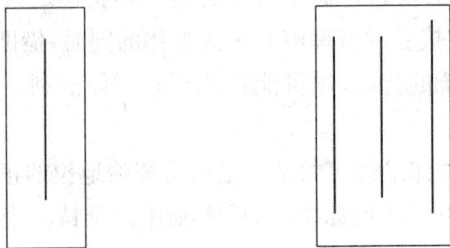

图 9.4　阿希实验的卡片举例

可见,个人在面对群体压力时普遍存在从众心理。一般而言,从众是个人适应生存的必要方式,从众可以帮助一个人很快适应一个陌生的环境,使人快速地融入一个新的群体中。当一个人的观念和行为与群体和社会倾向的多方面保持一致时,他的心理与团体和社会是和谐统一的,这种和谐统一有利于保持一个人的心理健康,因而对个体的生存具有积极的意义。

2. 影响从众行为的因素

从众行为作为一种社会心理现象,它的产生有其深刻的心理原因。人是具有社会性的,任何一个人都要生活在一定的社会群体中,都想让自己得到社会和群体的承认,为此作为个体总想让自己的思想和行动与自己认可的群体一致起来,这种趋群心理是产生从众行为的根本原因。当然,从众现象在个体身上的表现是不尽相同的,因为它要受各种因素的制约或影响。这些影响因素可归纳为情境因素和个人因素两大方面。

(1) 情境方面的因素主要有以下几点:

群体的声望或地位。如果群体在社会或组织中是为人们所认同并使大家乐于参加的群体,个人在此群体中容易从众。

群体成员的成分。如果群体成员的地位与能力多数高于自己,则个人容易放弃己见,顺从大众。

群体的氛围。如果群体不容忍成员坚持己见,对从众者则予以奖赏,就会强化个体的从众行为;如果个体处于专制、独裁的群体中,则容易从众;如果个体处于宽容、民主、平等的群体里,则不易从众;如果个体处于凝聚力高的群体中,则容易从众。

问题的性质。如果群体成员面对的问题复杂、不确定性高,判断又缺乏标准时,个体容易从众。

(2) 个人方面的因素主要有以下几点:

智力高低程度。一般智力低者易受群体的压力的影响,从众者较多。

情绪稳定状况。胆小、焦虑多、意志弱者,容易从众;反之,情绪稳定,不易波动的人,一般不盲从。

自我意识。个体自我表现意识强、自信心高者,不易从众;反之,自卑感强者则容易从众。

人际关系依赖程度。看重周围的人际关系,依赖他人者,易受别人的暗示而从众,反之则不易从众。

价值观的影响。重视秩序与权威，或墨守成规、喜息事宁人者，易从众。

成员个体在群体外的社会关系。如果成员个体在群体外有较强的社会关系网络，或者具有常言的社会背景者，则不易从众。

3. 从众行为的表现类型

从从众行为的影响因素分析来看，从众行为的产生是一个复杂现象。根据阿希的实验结果，一般有三种情况：一是确实将多数人的错误判断看成是正确的，因而是表面从众；二是因为对自己的判断缺乏自信，没有充分把握才从众，以求心安，这种情形占大多数；三是尽管相信自己的判断没有错误，但由于不愿意标新立异或者怕人讥讽，因此采用从众行为，但内心仍保留自己的判断，这是一种"权宜的从众"。

由此可见，从众行为有表面与内心之分。表面的又可分为从众与不从众两种，内心的也可分为从众与不从众两种。对同一个人而言，这内外两个层面的反应并不都是协调一致的。因此，从众行为的表现可分为四种类型：

第一种：表面从众，内心也从众。说明个体的认识、态度、行为与群体是一致的，没有半点勉强。此时，个体心理上没有冲突，群体与个体间的关系处于平衡状态。

第二种：表面从众，内心拒绝。这是出于群体的某种"压力"，被迫地从众，通常是权宜从众或假从众。此时，个体心理上出现不协调的状态。为了维持内心的均衡，个体可能会调整心态，变为容纳或至少不反对的状态。

第三种：表面不从众，内心却从众。这多发生在个人因身份、地位存有顾忌，不便公开表态的时候，此时个体虽然表面不从众但不会有反从众的行为。

第四种：表面不从众，内心也反对。这种人具有某种信念和倔强的个性，确信群体的看法和行动是错误的，这是一种不妥协的反从众行为。

9.2.2 群体规范

1. 群体规范的含义

不同社会有不同的行为规范和准则，不同的组织和群体也同样如此。群体规范是由群体成员们建立的行为准则，或是指群体对其成员适当行为的共同期望。它规定的不是群体成员的一举一动，而是规定群体对其成员行为的可以接受或不能容忍的范围。

群体规范有正式规范和非正式规范之分。所谓正式规范指存在于正式群体中，并且往往是用正式文件明文规定，由上级或群体中其他成员监督执行的，如各种规章制度、守则等，违背者要根据情节轻重，由正式群体给予批评、警告或处分等。非正式规范不是明文规定的，而是成员中约定俗成的、默契信守的行为标准，如同事之间礼貌用语、着装习惯、闲谈内容等等。这种规范虽然不是正式规定的，但被每个成员意识得到，并自觉遵守。如果违背它往往会受到舆论的谴责或他人的冷淡。非正式规范不仅存在于非正式群体中，而且也存在于正式群体中。非正式规范可能和正式规范一致，也可能不一致。例如，学校正式规定的午饭时间是 12 点，但人们习惯于 11 点 45 分就去食堂了。

可见,通常人们的行为与非正式规范的联系比与正式规范的联系更为紧密,这是因为非正式规范与人际关系有密切的联系,人们不愿意为了遵守正式规范而与多数人不同,或得罪他人。因此,在一个群体中,如果存在与正式规范不一致的,甚至完全相反的非正式规范,那时,正式规范很可能就会成为一纸空文。因此管理人员应该注意群体的规范,特别是非正式规范是否与组织目标一致,并及时影响控制可能出现的负面规范,使成员的行为与组织的期望保持一致。

2. 群体规范的功能

群体规范的建立和发展受许多因素的影响,主要包括个体特征、群体构成、群体的任务、物理环境、组织的规范、群体的绩效等。一般来说,群体规范具有以下几种功能:

(1) 群体支柱的功能,即维持、巩固和发展群体的功能。

(2) 评价准则的功能,即群体成员以规范作为评价他人和自己言行是非的标准。

(3) 对群体成员的约束功能,即规范告诉成员什么情境下应该怎样行为,不应该怎样行为,成员必须按照规范行为。

(4) 惰性功能,即群体规范有保守的功能。群体规范有制约成员行为,使成员言行标准化,划一整齐,因此对一切偏离规范的行为都要限制,并且将其重新规范进来。这种作用体现为多数成员对偏离规范的成员采取排斥的态度。但是群体规范代表的是群体,反映的是中等水平,即不论是特别先进或特别落后都被视为异端,都受到排斥,这可能导致群体出现打击先进的现象。因此,这种惰性功能,是群体规范一经形成的另一面。

然而,行为学家和心理学家曾做过多次实验,发现作为群体规范,其对成员态度和行为的效果和个别建议、劝说是完全不一样的。美国行为学家勒温(K. Lewin)在 20 世纪 40 年代曾经就群体规范对改变人的行为和态度的有效性进行了一系列的实验研究。例如,他曾将刚生孩子的母亲作为实验对象。当她们离开产院回家时,要求给婴儿吃鱼肝油和橘子汁,有两种宣传方法:一种是由医生个别劝导,告诉产妇为了婴儿的健康,每天要给孩子吃鱼肝油和橘子汁;另一种是医院向产妇规定,回去以后要给孩子吃这两种食品。一个月以后作了检查,发现后者全部照办,效果明显要比医生个别劝导要大。可见,群体规范对其个体行为和态度的影响是很大的。

3. 群体规范的形成方式

群体规范通常是在群体成员掌握使群体有效运作所必需的行为过程中逐步形成的。一般形成的方式有:群体成员所作的明确的陈述,该成员一般是群体的领袖或是具有类似影响力的人员;群体历史上的关键事件,通常也是群体制定某重要规定的起因;群体内部出现的第一个行为模式,往往会成为群体今后的期望。

当然,群体的规范不可能涉及每一种可能的情况,通常,群体制定的都是对群体的成长、发展有重要影响的规范。这些规范或者能够促进群体的生存,增加成功的机会;或者增加群体行为的可预测性,即对群体成员的行为具有一定的可控性;或者能够减少群体成员中的摩擦、不满,协调人际关系;或者能够使群体成员更加认同群体的价值观,增强成员的归属感等。

9.2.3　群体凝聚力

群体凝聚力是分析群体内部作用时需要了解的一个重要概念。它是指成员在群体内团结活动和拒绝离开群体的一种吸引力,也是群体成员对群体的一种向心力。成员之间的相互吸引力越强,成员对群体越忠诚,越有可能遵循群体规范;同时也说明群体目标与个人目标越一致,这个群体的凝聚力越强。

1. 群体凝聚力的影响因素

心理学家霍曼斯(G. C. Homans)在 20 世纪 50 年代提出了群体组成的四要素理论。他认为,任何一个群体都是由活动、相互作用(即信息沟通和行为响应)、思想情绪(即群体成员的态度、感受、意见、信念、思维过程)以及群体规范四种要素组成的系统。群体凝聚力的高低与群体的特征和所处的环境有很大关系。行为科学家认为影响群体凝聚力的要素有 8 种。这 8 种要素如图 9.5 所示。

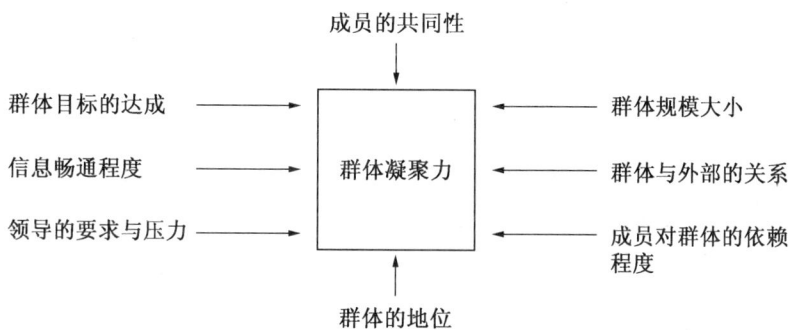

图 9.5　影响群体凝聚力的要素

(1) 成员的共同性。

态度、价值观的相似性有助于发展和谐的人际关系,这就是人们常说的有共同语言。共同性如共同的背景、共同的兴趣和爱好、共同的目标、共同的利益等。成员的共同性越多,群体的凝聚力就越大。其中,共同的目标和共同的利益是至关重要的。成员的这种共同性将使其成员感到愉快,从而有助于增强凝聚力。在完成共同目标的过程中,相互依赖有助于成员增强凝聚力。目标与行动的彼此独立性将导致成员间的独立、疏远与竞争,从而导致凝聚力的下降。

(2) 群体规模的大小。

群体成员要相互交往和相互作用。这样的机会越多,就越容易凝聚。一般来说,小规模的群体要比大规模的群体更具有凝聚力。正因为如此,在大群体中,人与人之间的直接交往将由于人数的增多而变得困难,使大多数人之间的交往局限于一小群朋友之中,这部分人就构成了一个小群体。一个大规模的群体由若干个小群体构成,这些小群体可能是正式群体,也可能是非正式群体,群体成员之间也可能发生交叉。

（3）群体与外部的关系。

如果群体与外界越隔离、越孤立，外部对群体的压力越大，则群体的凝聚力就越大。另外，从群体的进入难度来看，一个排他群体的凝聚力较强。如果一个新成员经过严格选拔并付出了相当的代价后才加入群体，他就重视这个代价从而珍惜这个来之不易的成员资格，进而增强对群体的认同。

（4）成员对群体的依赖程度。

个人参加群体，是因为他觉得群体能满足其一些需求，或经济的、或社会的、或心理的。如群体能满足成员的主要需求，则群体就有吸引力。群体越能满足个体需要，即个体处处得依赖群体，则群体凝聚力就越大。

（5）群体的地位。

在一个组织中，各个群体有不同的等级。群体的地位等级是由各种因素决定的，对有光荣称号，或有较高技术水平，或富于挑战性工作，或有较多经济报酬，或有较多晋升机会，或有较多自由而不受太严厉监督的群体，其凝聚力一般较大。

（6）群体目标的达成。

群体目标的达成情况会对成员产生影响。如果一个群体能高效率地达到预期目标，会提高成员的身价，成员会因为是其中的一员而感到自豪，该群体的凝聚力也就较大。

（7）信息的畅通程度。

一个凝聚力高的群体，其内部一定是信息相互畅通，坦诚公开。因此，信息越畅通的群体，凝聚力越大；而肃静沉闷的大办公室，分散在一条长装配线上工作的小组，噪音大的工厂，由于信息不畅通会降低凝聚力。

（8）领导的要求与压力。

在许多组织中，领导方式对群体凝聚力有很大影响。例如领导越强调成员应遵守组织规定，群体的凝聚力也就越大。这种由于领导要求而产生的凝聚力可以是短期的也可以是持续的现象。又如，在某些情况下，对于一个松散的、凝聚力低的群体，当企业领导制定的一项政策或制度被群体成员认为会对他们的工作产生威胁时，群体成员为了应对威胁，会增强凝聚力，团结为一个整体。

2. 群体凝聚力与生产率

研究表明，在一般情况下，凝聚力高的群体，其生产效率要高于凝聚力低的群体。但是凝聚力与群体效率的关系相当复杂，我们不能简单地说凝聚力高就好。从管理的角度来看，群体凝聚力高不一定对群体有利，也就是说，群体凝聚力高其群体生产效率不一定高。首先，凝聚力高既是高生产率的起因，又是其结果；其次，两者关系受制于群体的态度与群体所属组织目标的符合程度，这种符合程度，美国管理学家罗宾斯又称之为绩效规范。

群体凝聚力与群体生产率是相互影响的。一方面，群体成员之间的友好关系有助于降低紧张情绪，提供一个顺利实现群体目标的良好环境。另一方面，群体顺利地实现群体目标，群体成员作为成功群体的一分子的感觉，会有助于提高群体成员对群体的忠诚感,促使群体凝聚力的增强。例如,球队教练总喜爱讲:"这个队没有个人";"我们同生死,共命运"。这种观点是群体态度与群体目标的一致性。

凝聚力与群体生产率的关系取决于群体的态度与群体所属组织目标的符合程度。两者的关系可用图 9.6 来表示。如果群体的凝聚力很强,而群体的态度与所属组织目标的符合程度又很高,那么群体生产率就很高,表现为高产出、高质量,群体员工积极合作等。但如果一个群体的凝聚力很高,但其态度却与群体目标背道而驰,则群体生产率就低。如果群体凝聚力低,但与群体目标的符合程度较高,则群体的生产率处于中等水平。如果群体凝聚力及群体态度与组织目标的符合程度都很低,则对群体生产率没有什么影响。

群体凝聚力

	高	低
高	生产效率 大幅提高	生产效率 中等提高
低	生产效率降低	对生产效率 无明显影响

群体态度与其正式目标的一致程度

图 9.6　凝聚力与群体生产率的关系

群体凝聚力的影响因素及群体凝聚力与生产效率的关系告诉我们,当企业为了提高生产效率而加强凝聚力建设时,必须注重这些方面。在市场经济不断发展的今天,如何使员工持久地忠心耿耿地为企业工作,是企业日益关注和重视的问题。

上海某进出口公司建立的一项有创意的凝聚力工程——用一张"职工荣誉卡""套牢"员工的心,具有启发意义。

该公司从浦西来到浦东落户后,按有关政策,员工工资奖金可以上浮;全公司又有40 多人到 16 家联营企业挂职,获得了一笔可观的津贴;另外,还有其他一些合法收入。公司从这 3 笔财源中拿出一大部分建立了职工荣誉基金。理论上讲,这笔基金每时每刻都在增加,公司还把它进行再投资,越滚越大。公司规定,这笔基金每个人都有份,但不搞大锅饭,各工种按员工贡献大小拉开差距。对第一线的创汇者来说,为公司创造效益的多少与个人荣誉基金的多少成正比。

这笔分到每个员工名下的基金,员工平常不能动用,只有在员工遇到子女读大学、家属生病等大事时才能提取使用。正常情况下,这笔基金与公司共同成长,只要公司兴旺,员工就有奔头。到员工荣誉退休时,这笔数目可观的荣誉金,就全部划归个人了,这是员工为公司辛劳一辈子的回报。但要是谁中途离开公司,荣誉金他就没份了。即可谓"一卡在手、一生相随",牢牢套住员工的心。

在这项工程中,该公司强调员工与公司目标的共同性和一致性,同时又重视群体绩效规范对公司生产效率提高的影响作用。

9.3 人际关系与群体成员关系

群体之所以称为群体,是因为其成员的行为不断处于相互影响、相互作用的动态过程中,与其他成员的关系即群体中人际关系的和谐与否是决定一个群体是否有效健康的重要因素。因此,对群体中人际关系的研究非常必要。

9.3.1 影响人际关系的因素

人际关系是复杂而动态的,群体中个体与个体之间存在各种差异,诸如思考方式的差异,决策方式的差异,利用时间方式的差异,工作速度的差异,谈话交际方式的差异,处理情感问题方式的差异,对待压力方式的差异,对冲突意见处理方式的差异等等。而这些差异又总是与个体的个性、经历和学识等相关。要在有各种差异的群体成员之间建立和谐稳定的人际关系,首先需要明确影响人际关系的主要因素。根据实践经验,影响人际关系的主要因素有以下几个方面。

1. 距离的远近

这通常指物理距离。在群体中,个体之间的空间距离越接近,双方相互接触的机会就多,容易熟悉对方,也容易成为知己,尤其在交往的早期阶段更是如此。这就是所谓的"近水楼台"效应。当然,个体之间的物理距离有一定的限制条件,当物理距离过于接近,超过了人们心理可接受的距离时,物理距离的作用就会适得其反。另外,在现代社会中,随着科学技术的不断发展,人们生活和工作节奏的不断加快,物理距离对人际关系的影响逐渐降低,人格因素的影响则逐渐增强,尤其是当双方关系紧张时,空间距离越接近,人际关系越消极。

2. 交往的频率

与空间距离相似,群体中个体之间交往越频繁,互相的交流就越充分,理解就越多,就越容易建成融洽的人际关系。反之,交往和沟通越少,人际关系就越容易产生隔阂或生疏。

3. 人生和工作经历的相似性

群体成员如果在人生和工作经历方面有较多的相似性,如年龄、性别、学历、成长和生活环境、工作经历等相似性越多,越容易产生亲近感,共同交谈的话题也越多,并容易产生共鸣。反之,成员如果在人生和工作经历方面有较多的差异性,在群体中也容易产生"代沟"现象。

4. 价值观、兴趣和爱好的相似性

价值观、兴趣和爱好的相似性,与人生和工作经历相似性所起的作用相似,容易相互吸引和产生亲近感,而且作用也较持久,常说的"志同道合"就是这个道理。反之,则会出现"志不同,道不合"的现象。

5. 利益、需要、性格的互补性

群体尤其是非正式群体能够实现群体成员需求的相互满足。当成员的需要及期望正好成为互补关系时,就会产生较强的吸引力。同样,性格的互补也是如此。例如,脾气暴躁的人,往往喜欢与有耐心的人相处,双方的关系一般更为协调。在群体中,各人的特点如果适合对方的需求,则各得其所,容易形成一种互补优势或效应。

9.3.2　基本人际关系倾向分析

基本人际关系倾向(fundamental interpersonal relations orientation,FIRO),是美国心理学家舒尔茨(W. C. Schultz)于 1955 年研究提出的一种人际关系理论,并在 1958 年和 1967 年两度发展和修改此理论。

该理论的提出是基于如下假设:人是社会的人,不能脱离群体而单独生活,在群体中人们通过语言、思想、感情等互相影响。人们生活在社会中,不但在衣食住行等生理方面的需求必须依赖别人的协助才能获得满足,在社会与心理的需求方面,也必须依靠别人的反应。生活在社会中的个体,必须与自然界建立一种平衡的关系,同时也必须取得社会关系的平衡,即人际关系的平衡。人际关系的不协调会导致许多冲突与矛盾。

在一个正式群体中,有时会看到这样的现象:某公司的正经理和副经理在工作能力上都很强,但常常在工作中产生摩擦,不能很好地配合和协作。正、副经理往往各自固执己见,谁也不服谁。正经理认为,副经理应听从他的领导,执行他的指示;副经理认为,正经理对其负责的工作并不完全清楚,没有必要受他支配。两人各执己见,因而影响工作的有效进行。这种问题的解决,通常是从规范两位经理各自的工作职责和加强两位经理的团队意识和合作着手,而往往忽视了对两位经理在人际关系倾向方面的分析和由此采取的协调方法。

在现实中,一个群体内常会发生各种不平衡的现象,如对领导者不满意,争权夺利或争名夺利,个人欲望不能满足等。对这些问题的解决往往是头痛医头、脚痛医脚,就事论事。其实,许多问题是由于人际关系不协调而造成的。

舒尔茨的研究表明,在人际交往中,每个人出于动机、知觉内容及思想、态度的不同,会有特定的人际关系的基本倾向。

舒尔茨将一个人的复杂的人际关系需求分为三种类型,每一种类型都反映一种人际关系的基本倾向。这三种人际关系需求如下:

(1) 容纳(inclusion)的需要,即希望与别人建立并维持相互容纳的和谐关系的需要或欲望。与此需要有关的人际行为特征有交往、沟通、容纳、归属、参与等。与其相反的人际反应特质有孤立、退缩、疏远、排斥、单干、独处、忽视等。

(2) 控制(control)的需要,即希望与别人建立并维持在权力和影响方面的需要或欲望。与此需要有关的人际行为特征有运用权力和权威、影响、控制、支配、超越和领导别人。与其相反的行为特质有受人支配、追随他人、拒绝权威、忽视秩序。

(3) 情谊(affection)的需求,即希望与别人亲近、建立感情的需要或欲望,一般表现为两个人之间的关系,在企业组织中较少公开显露。与此需要有关的人际行为特征有喜爱、亲密、同情、友好、热心、照顾等。相反的行为特质有冷淡、厌恶、憎恨等。

在此基础上,舒尔茨将这三种需求的行为表现划分为主动和被动两个维度。所谓主动,即自己表达出来的行为,用 E 来表示;而被动则是指期待别人的行为,用 W 来表示。这样,就产生 6 种基本人际关系倾向即:容纳动机表现的行为主动和行为被动;情谊动机表现的行为主动和行为被动;控制动机表现的行为主动和行为被动。6 种基本人际关系倾向如表 9.1 所示。

表 9.1　六种基本人际关系倾向

需要 ＼ 表现	主动(E)	被动(W)
容纳　(I)	主动与他人交往	期待他人接纳自己
控制　(C)	支配他人	期待他人领导自己
情谊　(A)	对他人表示亲密	期待他人对自己表示亲密

$$FIRO = (E^I、W^I、E^C、W^C、E^A、W^A)$$

不同的人际反应特质并不是都能相互适应的。舒尔茨将适应—不适应归纳为三种类型,即交往适应、发受适应和互惠适应。

交往适应是建立于容纳、控制或情谊的相互表示的基础上。有人喜欢与他人进行大量的交往,而有些人则既不愿被动接受交往也不愿主动交往。如果两个人相互交往,并且都需要有高或低的交往率,他们则是相互适应的;如果两人中一个要高的交往率,而另一个要低的,则是一种不相适应的现象。

发受适应表示主动者与被动者相互作用的关系。如果一方是需要控制并支配他人的,另一方是顺从的,则他们是互相适应的。相反,如果两个人都需要控制,则不能互相适应。当然,需要注意的是,主动者的活动应该符合被动者的需要。

互惠适应指如果一个人要求另一个人向自己表示很深的情谊,而另一个人做了,这两个人在情谊的范围内就互相适应;反之对方没有表示足够情谊,另一个遭受挫折,则是不相适应的。

舒尔茨认为,相适应的群体要比不相适应的群体更为有效,可见,了解群体成员的相互适应性,有助于群体成员更好地组合与选择,提高群体的有效性。

人际反应特质因人而异,每个人的反应特质有其稳定性和一贯性。稳定性指在一段时间中持续不变,一贯性指在各种有关情况下保持同样反应。要了解个人的人际反应特质,可以从其实际行为反应加以观察,也可以用问卷测试的方法加以衡量。舒尔茨设计的称为 FIRO-B 的问卷共有 54 个问题,要求被测者回答,然后打分,以此来分析一个人在 6 种基本人际关系方面的倾向性。

采用问卷对被测者进行测试,在被测者回答以后,可将问卷答案归纳成三类,打分是从 0 到 9 共 10 个等级,一共得出 6 个分数,即容纳需要的主动(E^I)、容纳需要的被动

(W^I)、控制需要的主动(E^C)、控制需要的被动(W^C)、情谊需要的主动(E^A)、情谊需要的被动(W^A),将评定的分数绘到如图 9.7 的图表中,即可进行分析。

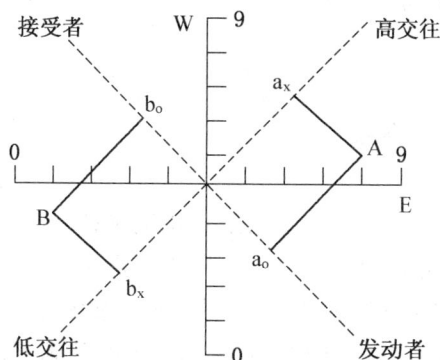

图9.7 人际反应特质的分析

在图 9.7 中,横轴表示主动(E)的程度,纵轴表示被动(W)的程度,均为 10 个等级(0～9),评分由问卷测量得出。两条斜虚线说明两种不同类型的适应性——"发受适应"和"交往适应"。每一个个体可按其得分在 FIRO-B 中的斜虚线上标出,然后进行分析。

发受线:如果一个人的得分落在右下部分的线段上,表示此人倾向控制和支配别人,而不愿受人支配。这种人可称之为"独裁者—反叛者"。在左上部分的线段上的人则恰好相反,是顺从者,需要别人告诉他怎么工作。

交往线:当一个人的得分落在右上部分的线段上时,他表现出许多亲密待人的行为并希望别人也这样对待他,称为"高交往";反之,则为"低交往"型,他既不愿意给人以情谊,也不愿接受他人的情谊。

舒尔茨认为,在发受线上,对于控制与被控制、支配与被支配的特质,是一种"异性相吸"现象。一个人要支配人,另一个人愿意被支配,这两个人在同一个群体内相互关系就会是协调的、适应的。而在交往线上,则是"人以群分"现象。如果两个人都喜欢交往,喜欢有亲密的关系,或者两个人都不喜欢交往而宁愿留在家中看书,则这两个人也是相互适应协调的。

我们可举例来进一步说明。如果 A 的得分是:$E^C = 8$,$W^C = 5$;B 的得分:$E^C = 1$,$W^C = 4$。在图上标出 A、B 两点,每一点都可以就两条斜线作出两个分量,如图 9.7 中所示,得到 $a_x a_o$、$b_x b_o$。

从图 9.7 中可以看到,A 和 B 的交往适应的程度与 a_x 和 b_x 的距离成正比,即线段越短,说明两个人越具有相似的交往倾向。如果距离较大,说明 A 喜欢交往,而 B 喜欢独处,两人交往方面的倾向很不适应。

A 和 B 的发受适应的程度与 a_o 和 b_o 同中点的距离差成反比。如果这两段距离完全相等,则为最好的适应情况,A 要支配人,B 愿意被支配。

对 A、B 两人的分析结论是:他们在群体中的角色是可以适应的。A 希望居于有权力、负责任的位置,而 B 则甘心成为下属,接受支配与控制。这两人在与人交往上则具有不同的倾向，不相适应。

可见，了解人际反应特质，有助于对人与人之间可能发生的交互反应作出预测，并能相应作出正确处理，避免或减少摩擦。

9.3.3　群体成员关系分析

群体成员关系分析法，亦称社会测量法，它由美国社会心理学家及精神病学家莫雷诺(J. L. Moreno)于1934年研究提出。这一方法主要用于研究群体成员之间人际关系和人际相互作用的模式。该方法的基本假设是，所有群体都存在一定程度的相互作用，使得群体成员在不同程度的积极或消极的人际情感的基础上形成一种非正式组织；这种相互偏爱或疏远的关系会明显地影响群体的士气和效率。在应用此方法时，应注意它的基本假设。

行为科学认为，一个人的行为主要取决于其主观的认知判断，即认为谁喜欢或排斥他，别人对他持有何种感情和态度，以及群体中谁与谁是相互吸引或排斥的。这种主观认知称为人际关系的认知，它比客观的事实更能影响人与人的实际交互作用。在日常生活中，如果没有被某人所喜爱和接纳的客观事实，就不太可能有"某人喜欢我"的主观认知。不真实的主观认知，将导致对人际关系的错误判断从而在人际交互作用中遇到困境。人际沟通联系是获得正确人际关系信息所不可缺少的过程。善于开放沟通，观察自己并体会别人，有助于使管理者的主观认知接近客观事实。

莫雷诺认为，人们在与别人交往时，首先考虑的问题是对方对自己的态度，是肯定、接纳还是否定、排斥。这种肯定、接纳或否定、排斥的态度是决定人际关系的关键。群体成员关系分析法一般采用访谈和调查表方式，要求群体成员思考与其他成员的人际关系，并将其分为"肯定、接纳"、"否定、排斥"和"不关心"或"不选择"三类而进行分析。在群体成员关系中，可能存在以下一些现象：

● 社交网络(social networks)，指在一群特定的个体之间存在的系列特殊联系。

● 簇(clusters)，指存在于社交网络中的群体。

● 规范性簇(prescribed clusters)，指存在于社交网络中的正式群体，如一些部门、车间和工段。

● 自发性簇(emergent clusters)，指存在于社交网络中的非正式群体，如一群相同兴趣爱好者等。

● 结合体(coalitions)，指存在于社交网络中为了达到某个特定的目的而暂时结合在一起的几个个体所组成的簇。

● 小集团(cliques)，指存在于社交网络中的彼此之间友谊关系更长久的非正式群体。

● 明星(stars)，指存在于社交网络中其他个体与其关系最密的那个人。

● 联络人(liaisons)，指存在于社交网络中联系两个或更多的簇，但自己却不属于其中任何一个簇的人。

● 桥梁(bridges),指存在于社交网络中属于两个或更多的簇,从而起到联结的作用。

● 孤立者(isolates),指存在于社交网络中却与其他成员没有联系的人。

对群体中成员关系现象分析的常用方法主要有矩阵分析法和图解分析法。

1. 群体成员关系矩阵分析法

通常是将群体中的成员进行编号,并按照编号将群体中的每个人所作的选择填入事先设计好的矩阵表格中。一般而言,矩阵表格数与选择指标相一致,换言之,有几个指标问题,通常就设计几张矩阵表格。肯定、接纳的选择用"+"表示,否定、排斥的选择用"－"表示,没有选择或不关心的选择用"0"表示。

现举例来描述群体成员关系矩阵分析法。在一个 8 人的小组中,最近要举行一次联谊性的郊游活动,要求小组成员回答:"你喜欢与小组内谁一起外出郊游活动? 请选择 2～3 人。"将小组成员的选择结果以矩阵表格形式统计,如表 9.2 所示。

表 9.2　群体成员关系矩阵表举例

谁选择 ＼ 选择谁	A	B	C	D	E	F	G	H	总　计
A		+	+						+2
B	+		+						+2
C	+	+							+2
D		+							+1
E		+				+			+2
F					+		+	－	+2,－1
G		+	+	+					+3
H									0
总计	+2	+5	+3	+1	+1	+1	+1	－1	

表 9.2 的统计表明:B 得到的选择或肯定最多,是这个小组最受欢迎的人,可称是该小组中的"明星";A、B、C 三人相互选择,关系密切,可能是这个群体中的一个"小集团";E 和 F 互相接近,E 又倾向于 B,因此 E 可担当 B 与 F 的联络者,但他们与其他成员的关系很少,别人对他们不太关心;H 可能是一个孤立的人员,除了 F 对 H 排斥外,其他人对 H 都不关心;E 和 D、F 和 D、E 和 G 等彼此不关心。

2. 群体成员关系图解分析法

图解分析法,亦称指向图分析法。指向符号"↔"表示成员双方相互肯定、接纳,是一种双向选择,"→"表示成员一方肯定、接纳,是一种单向选择。上例中的 8 人小组的郊游问题,可用群体成员关系图来表示成员选择的结果,如图 9.8 所示。A、B、C 三人之间的关系,B 在小组中的"明星"地位,E 和 F 的互相接近,H 相对的孤立境况,以及其他成员的关系,可在图中一目了然。群体成员关系图可以形象而有效地识别群体中每个个体与其他成员的关系,有助于了解个体在群体中的社会地位、领导力、适应性以及成员彼此间肯定、接纳或否定、排斥的心理。这种分析方法可以帮助管理者决定人员的工作分配,使管理者能确认出群体的领导人。

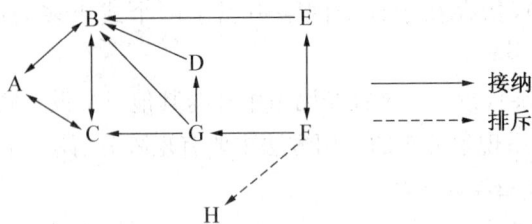

图 9.8　群体成员关系图解分析

本章小结

　　本章从组织行为学角度描述了群体的概念、发展阶段和主要类别;分析了群体行为的几个主要特征,即社会从众行为、群体规范、群体凝聚力、人际关系和群体成员关系;分析了群体凝聚力的影响因素及群体凝聚力与生产率的关系;并在分析人际关系一般影响因素的基础上,介绍了基本人际关系倾向和群体成员关系的理论与应用分析方法。

复习与思考

1. 什么是组织行为学研究的群体? 它有哪些发展阶段?

2. 如何区分群体的主要类别?

3. 什么是社会从众行为? 请举例说明。

4. 有哪些影响个体社会从众行为的因素?

5. 群体中为什么需要建立群体规范?

6. 你如何理解群体凝聚力与生产率之间的关系?

7. 请结合舒尔茨的基本人际关系倾向理论,分析你个人特定的基本人际关系倾向。

8. 什么是群体成员关系分析法? 如何应用群体成员关系分析法?

案例分析

AA 公司的一次工潮

　　AA 公司原本是一家效益比较好的制造型企业,但从 2002 年末起,由于行业内竞争的加剧,企业市场份额不断受到竞争对手的挤压,同时单件利润也在不断下滑,工厂也频频出现开工不饱和的现象。由于工作不饱和,上班时间可以随处看到工人聚集在一起闲聊。

　　在 AA 公司中,工人的平均年龄达到了 42 岁,40～60 岁之间的占据了一半,40～50岁间的工人是主流群体,30 岁以下的年轻工人所占比例很低。另外,工人的整体技能较差,中级技术以下的工人占据了绝大部分,这些工人在劳动力市场上的竞争力较低,这也会促使工人们不愿意流动。加上以往公司效益一直较好,工人们更安于现有的工作单位。这些工人在一起工作的时间长了,也就形成了一些松散的非正式群体。不过,这些非正式群体以前也从来没有对管理层产生什么威胁,或发生什么负面影响,因此,管理层并没有在意这些松散的非正式群体。

到2003年的9月,AA公司面临的形势更加严峻。面对这种情况,管理层决定采取措施降低成本,提高企业的竞争力。其中包括减少年终奖金额,逐步降低工人的单件效益奖金,以及夏季的降温费由原来的按月发放改为按实际工作日发放等。正当管理层逐步将这些措施一一实施的过程中,少数的基层员工突然对管理层的措施提出了异议,很快这种异议在工人中获得广泛的反响和支持。在管理层对这种突然的发难还没有反应过来的时候,大部分工人同时自行停止了工作,并出现在最高管理层的面前,集体提出了谈判要求……

由于管理层对事件缺乏必要的准备和充分的认识,所以在突发事件中,最高管理层陷入孤立,最后在事件的解决中公司不得不作出巨大的让步。这次严重的事件不但在当地对公司的声誉造成了十分严重的负面影响,也使企业在经济上蒙受了巨大损失。

思考题

1. AA公司的非正式群体为什么会导致工潮?
2. AA公司为了避免工潮的再发生,应如何预防非正式群体的消极作用?

测试练习

你的基本人际关系倾向行为(FIRO-B)如何?

说明:请根据你的实际情况,选出一个最适合你自己实际情况的答案,包括行为频率与人数情况,并将所选答案的编号填入每条陈述句左边的空格内。

☐ 1. 我希望与人在一起。
    (1)从不 (2)很少 (3)偶然 (4)有时 (5)多次 (6)经常

☐ 2. 我让别人来决定该做什么。
    (1)从不 (2)很少 (3)偶然 (4)有时 (5)多次 (6)经常

☐ 3. 我参加社会团体。
    (1)从不 (2)很少 (3)偶然 (4)有时 (5)多次 (6)经常

☐ 4. 我试图与人们建立密切关系。
    (1)从不 (2)很少 (3)偶然 (4)有时 (5)多次 (6)经常

☐ 5. 如果有机会我想参加社交组织。
    (1)从不 (2)很少 (3)偶然 (4)有时 (5)多次 (6)经常

☐ 6. 别人对我的行为可能产生很大影响。
    (1)从不 (2)很少 (3)偶然 (4)有时 (5)多次 (6)经常

☐ 7. 我努力参加非正式社交活动。
(1) 从不　(2) 很少　(3) 偶然　(4) 有时　(5) 多次　(6) 经常

☐ 8. 我努力与别人建立密切的个人关系。
(1) 从不　(2) 很少　(3) 偶然　(4) 有时　(5) 多次　(6) 经常

☐ 9. 我试图让别人成为我计划的一部分。
(1) 从不　(2) 很少　(3) 偶然　(4) 有时　(5) 多次　(6) 经常

☐ 10. 我让别人控制我的行为。
(1) 从不　(2) 很少　(3) 偶然　(4) 有时　(5) 多次　(6) 经常

☐ 11. 我努力让自己生活在人群中。
(1) 从不　(2) 很少　(3) 偶然　(4) 有时　(5) 多次　(6) 经常

☐ 12. 我努力跟别人亲密些。
(1) 从不　(2) 很少　(3) 偶然　(4) 有时　(5) 多次　(6) 经常

☐ 13. 如果人们聚在一起做什么事时,我就想加入进去。
(1) 从不　(2) 很少　(3) 偶然　(4) 有时　(5) 多次　(6) 经常

☐ 14. 我很容易被别人牵着走。
(1) 从不　(2) 很少　(3) 偶然　(4) 有时　(5) 多次　(6) 经常

☐ 15. 我努力避免孤独。
(1) 从不　(2) 很少　(3) 偶然　(4) 有时　(5) 多次　(6) 经常

☐ 16. 我努力参与社会活动。
(1) 从不　(2) 很少　(3) 偶然　(4) 有时　(5) 多次　(6) 经常

☐ 17. 我努力跟人们友好相处。
(1) 没有人　　　　(2) 一两个人　　　(3) 少数人
(4) 有些人　　　　(5) 许多人　　　　(6) 大多数人

☐ 18. 我让别人来决定做什么。
(1) 没有人　　　　(2) 一两个人　　　(3) 少数人
(4) 有些人　　　　(5) 许多人　　　　(6) 大多数人

☐ 19. 我与他人的个人关系淡漠。
(1) 没有人　　　　(2) 一两个人　　　(3) 少数人
(4) 有些人　　　　(5) 许多人　　　　(6) 大多数人

☐ 20. 我让别人做主。
(1) 没有人　　　　(2) 一两个人　　　(3) 少数人
(4) 有些人　　　　(5) 许多人　　　　(6) 大多数人

☐ 21. 我努力与别人建立亲密关系。
(1) 没有人　　　　(2) 一两个人　　　(3) 少数人
(4) 有些人　　　　(5) 许多人　　　　(6) 大多数人

☐ 22. 我的行动会受别人的强烈影响。
(1) 没有人　　　　(2) 一两个人　　　(3) 少数人

(4) 有些人　　　　　(5) 许多人　　　　　(6) 大多数人

☐ 23. 我主动与他人亲近。
(1) 没有人　　　　　(2) 一两个人　　　　　(3) 少数人
(4) 有些人　　　　　(5) 许多人　　　　　(6) 大多数人

☐ 24. 我让别人控制我的行动。
(1) 没有人　　　　　(2) 一两个人　　　　　(3) 少数人
(4) 有些人　　　　　(5) 许多人　　　　　(6) 大多数人

☐ 25. 我对别人不热情。
(1) 没有人　　　　　(2) 一两个人　　　　　(3) 少数人
(4) 有些人　　　　　(5) 许多人　　　　　(6) 大多数人

☐ 26. 我容易受别人影响。
(1) 没有人　　　　　(2) 一两个人　　　　　(3) 少数人
(4) 有些人　　　　　(5) 许多人　　　　　(6) 大多数人

☐ 27. 我努力与别人保持密切的个人关系。
(1) 没有人　　　　　(2) 一两个人　　　　　(3) 少数人
(4) 有些人　　　　　(5) 许多人　　　　　(6) 大多数人

☐ 28. 我喜欢受到别人邀请。
(1) 没有人　　　　　(2) 一两个人　　　　　(3) 少数人
(4) 有些人　　　　　(5) 许多人　　　　　(6) 大多数人

☐ 29. 我喜欢别人以亲近的态度和私人的身份与我交往。
(1) 没有人　　　　　(2) 一两个人　　　　　(3) 少数人
(4) 有些人　　　　　(5) 许多人　　　　　(6) 大多数人

☐ 30. 我努力对别人的行动产生大的影响。
(1) 没有人　　　　　(2) 一两个人　　　　　(3) 少数人
(4) 有些人　　　　　(5) 许多人　　　　　(6) 大多数人

☐ 31. 我喜欢别人邀请我加入他们的活动。
(1) 没有人　　　　　(2) 一两个人　　　　　(3) 少数人
(4) 有些人　　　　　(5) 许多人　　　　　(6) 大多数人

☐ 32. 我喜欢别人对我亲近些。
(1) 没有人　　　　　(2) 一两个人　　　　　(3) 少数人
(4) 有些人　　　　　(5) 许多人　　　　　(6) 大多数人

☐ 33. 我跟别人在一起时,会试图做主。
(1) 没有人　　　　　(2) 一两个人　　　　　(3) 少数人
(4) 有些人　　　　　(5) 许多人　　　　　(6) 大多数人

☐ 34. 我希望别人在他们的活动中算我一份。
(1) 没有人　　　　　(2) 一两个人　　　　　(3) 少数人
(4) 有些人　　　　　(5) 许多人　　　　　(6) 大多数人

☐ 35. 我喜欢别人跟我疏远些。
   (1) 没有人　　　(2) 一两个人　　　(3) 少数人
   (4) 有些人　　　(5) 许多人　　　(6) 大多数人

☐ 36. 我试图让别人按我的意愿行事。
   (1) 没有人　　　(2) 一两个人　　　(3) 少数人
   (4) 有些人　　　(5) 许多人　　　(6) 大多数人

☐ 37. 我喜欢别人请我加入他们的讨论。
   (1) 没有人　　　(2) 一两个人　　　(3) 少数人
   (4) 有些人　　　(5) 许多人　　　(6) 大多数人

☐ 38. 我喜欢别人友好地对待我。
   (1) 没有人　　　(2) 一两个人　　　(3) 少数人
   (4) 有些人　　　(5) 许多人　　　(6) 大多数人

☐ 39. 我喜欢别人跟我保持距离。
   (1) 没有人　　　(2) 一两个人　　　(3) 少数人
   (4) 有些人　　　(5) 许多人　　　(6) 大多数人

☐ 40. 我跟别人一起时，会努力成为首领。
   (1) 从不　(2) 很少　(3) 偶然　(4) 有时　(5) 多次　(6) 经常

☐ 41. 我喜欢受到别人的邀请。
   (1) 从不　(2) 很少　(3) 偶然　(4) 有时　(5) 多次　(6) 经常

☐ 42. 我喜欢别人对我亲近些。
   (1) 从不　(2) 很少　(3) 偶然　(4) 有时　(5) 多次　(6) 经常

☐ 43. 我努力让别人完成我要他们做的事。
   (1) 从不　(2) 很少　(3) 偶然　(4) 有时　(5) 多次　(6) 经常

☐ 44. 我喜欢别人邀请我加入他们的活动。
   (1) 从不　(2) 很少　(3) 偶然　(4) 有时　(5) 多次　(6) 经常

☐ 45. 我喜欢别人对我疏远些。
   (1) 从不　(2) 很少　(3) 偶然　(4) 有时　(5) 多次　(6) 经常

☐ 46. 我试图对别人的行为产生大的影响。
   (1) 从不　(2) 很少　(3) 偶然　(4) 有时　(5) 多次　(6) 经常

☐ 47. 我喜欢别人在他们的活动中算我一份。
   (1) 从不　(2) 很少　(3) 偶然　(4) 有时　(5) 多次　(6) 经常

☐ 48. 我喜欢别人以亲近的态度与我交往。
   (1) 从不　(2) 很少　(3) 偶然　(4) 有时　(5) 多次　(6) 经常

☐ 49. 我跟别人在一起时，会试图做主。
   (1) 从不　(2) 很少　(3) 偶然　(4) 有时　(5) 多次　(6) 经常

☐ 50. 我喜欢别人邀请我加入他们的活动。
   (1) 从不　(2) 很少　(3) 偶然　(4) 有时　(5) 多次　(6) 经常

☐ 51. 我喜欢别人跟我保持距离。
(1) 从不 (2) 很少 (3) 偶然 (4) 有时 (5) 多次 (6) 经常

☐ 52. 我试图让别人按我的意愿行事。
(1) 从不 (2) 很少 (3) 偶然 (4) 有时 (5) 多次 (6) 经常

☐ 53. 我跟别人在一起时,由我决定做什么。
(1) 从不 (2) 很少 (3) 偶然 (4) 有时 (5) 多次 (6) 经常

评分:在下表中,将你的实际反应的编号与给出的答案编号做比较。如果你自己的实际反应与所给出的答案相一致,在该道题目的题号前打钩。然后,数一下你打了几个钩,并把结果填在相应的空格上。例如,第一列为主动容纳,共有9个题项,将这9个题项中的打钩数加起来,填写在第一列相应下方的空格内,用同样方式计算其他基本人际关系倾向行为的得分。

主动容纳(E^I)		主动控制(E^C)		主动亲近(E^A)	
题目	答案	题目	答案	题目	答案
1	(6)(5)(4)	30	(6)(5)(4)	40	(6)(5)
3	(6)(5)(4)(3)	33	(6)(5)(4)	8	(6)(5)
5	(6)(5)(4)(3)	36	(6)(5)	12	(6)
7	(6)(5)(4)	41	(6)(5)(4)(3)	17	(6)(5)
9	(6)(5)	44	(6)(5)(4)	19	(3)(2)(1)
11	(6)(5)	47	(6)(5)(4)	21	(6)(5)
13	(6)(5)	50	(6)(5)	23	(6)(5)
15	(6)	53	(6)(5)	25	(3)(2)(1)
16	(6)	54	(6)(5)	27	(6)(5)
E^I		E^C		E^A	

被动容纳(W^I)		被动控制(W^C)		被动亲近(W^A)	
题目	答案	题目	答案	题目	答案
28	(6)(5)	2	(6)(5)(4)(3)	29	(6)(5)
31	(6)(5)	6	(6)(5)(4)(3)	32	(6)(5)
34	(6)(5)	10	(6)(5)(4)	35	(2)(1)
37	(6)	14	(6)(5)(4)	38	(6)(5)
39	(6)	18	(6)(5)(4)	40	(2)(1)
42	(6)(5)	20	(6)(5)(4)	43	(6)
45	(6)(5)	22	(6)(5)(4)(3)	46	(2)(1)
48	(6)(5)	24	(6)(5)(4)	49	(6)(5)
51	(6)(5)	26	(6)(5)(4)	52	(2)(1)
W^I		W^C		W^A	

思考与讨论

1. 在小组或小型班级中,摆出各人的得分,找出小组(班级)成员之间的基本人际关系倾向行为的差异。

2. 讨论小组(班级)成员在课堂内和课堂外的哪些表现反映了他(她)的得分?又有哪些行为没有反映他(她)的得分?

3. 讨论小组(班级)成员在基本人际关系倾向行为的差异性如何影响群体活动的有效性?

参考文献

Cross, R. & L. Prusak, 2002, "The People Who Make Organizations Go or Stop", *Harvard Business Review*, 80, 105—112.

Ivancevich, J. M. & M. T. Matteson, 1993, *Organizational Behavior and Management*, 3rd edition, Irwin Inc..

郭卜乐:《霍桑实验简述》,http://www.zgxl.net/cptoday/manage/rbgl/hssy.htm。

郭林霞:《20世纪人力资源管理经典理论回顾》,http://www.ccw.com.cn/htm/work/hr。

刘宗粤:《从众现象的成因及特征》,载《社会》1998年第10期。

罗伯特·克赖特纳、安杰洛·基妮奇:《组织行为学》(第6版),中国人民大学出版社2007年版。

罗锐韧、曾繁正:《组织行为学》,哈佛商学院MBA教程系列,红旗出版社1997年版。

斯蒂芬·罗宾斯、蒂莫西·贾奇:《组织行为学》(第12版),中国人民大学出版社2008年版。

王重鸣:《心理学研究方法》,人民教育出版社1990年版。

杨锡山:《西方组织行为学》,中国展望出版社1986年版。

第 10 章　群体决策

群体决策(group decision-making)　　　群体凝聚力(group cohesiveness)

个体决策(individual decision-making)　自我效能(self-efficacy)

决策战略(decision-making strategies)　　群体效能(collective efficacy)

决策过程(decision-making process)　　头脑风暴法(brainstorming technique)

问题分析(problem-analysis)　　　　德尔斐法(Delphi technique)

备选方案(alternative solutions)　　名义群体法(nominal-grouping technique)

群体思维(group think)　　　　　电子会议(electronic meetings)

组织中许多决策,尤其是对组织人事和活动有较大影响的决策,一般都是由群体决定,通过采用委员会、领导小组、工作组、审查组、研究小组或其他类似形式制定决策。群体决策作为一种特殊的群体行为,有其特定的行为内涵与表现。

10.1　决策概述

管理的本质是决策,当管理者履行计划、组织、指导、协调和控制等管理职能时都需要决策。决策通常指管理者为了达到一定目标,在掌握充分信息并对有关情况进行系统分析的基础上,用科学的方法拟定并评估各种方案,从中选出合理方案的过程。

10.1.1　决策类型

决策有多种类型,从不同角度区分有不同类型的决策,但一般从以下几个角度分析决策类型。

1. 从决策的基本内容看,有问题决策也有机遇决策

在管理中遇到计划的与实际的不一致时,管理者就面临问题决策;当没有问题压力而是存在做什么事情对组织或人员有益的机会时,就面临机会决策。然而,在很多情况下,管理者面对的是问题决策。

2. 从决策结果的预测程度看,有确定性决策、风险性决策和不确定性决策

确定性决策指在一定范围或条件下,管理决策者掌握有关决策的确切信息,确切了解有多少选择方案,每种选择方案的本质、结果等。这种情形在管理决策中并不经常出现。一般地说,在组织基层的管理决策,其确定性程度高,越是高层的管理决策,其确定性程度越低。

风险性决策,指决策者不能确保选择一个既定方案的结果一定出现,但在风险性条件下,决策者能清楚地界定决策问题,列出很多但不是全部的选择方案,并制定选择方案的评价方法。在决策有风险的情况下,要求运用概率分析进行决策。在管理决策中,有些可以根据客观概率作出决策,但在更多的情况下,只能根据主观概率作出。这包括直觉、群体讨论或其他技巧和方法。大多数管理决策都是在有风险的情形下作出的,不管是根据客观概率还是主观概率,都需要进行数据搜集和分析,并运用专门方法进行决策。

不确定性决策,指在一定情形下,管理决策者甚至不能清楚界定决策问题或可能的解决方案,不能得出选择方案的结果可能性。这是因为决策者没有掌握决策的任何信息,或者决策问题从未遇到过。不确定性决策往往发生在高层管理层的决策中,特别是那些在实践中从未遇到过的决策中。

在不确定性条件下,搜集更多的信息很重要。如果不了解决策结果的可能性,应采用工作小组评价其他公司已经面临类似问题的经验,或者采用头脑风暴法等探讨和提出解决方案。

在不少管理学著作中,将不确定性决策与风险性决策归于一类。但我们认为,虽然两者都属于决策结果预测不确定,但两者的程度不同,面对的情境也不同。因此,区分两者更有利于对决策的理解和掌握。

3. 从决策的复杂程度及有无既定程序可寻方面看,有程序性决策和非程序性决策

程序性决策指按预先规定的程序、处理方法和标准对管理中经常重复出现的问题进行决策。也就是说,决策可以程序化到呈现出重复合理性的状态,可以程序化到制定出一套处理这些决策的固定程序,以至每当它出现时,不需要再重复处理它们。程序化决策要解决的问题有清楚地解决问题的方式、方法、手段和路径。例如,生产工人操作机器,有详细的操作说明书指导操作行为,对于常规故障的排除也有具体说明。生产工人在解决这些问题时的决策就属于程序化决策。当需要解决的问题没有先例可循,或者解决问题没有固定的模式可以沿袭,抑或解决问题的方式方案需要有很大的灵活性,程序性决策就无能为力了。这时需要启动非程序性决策。

非程序性决策指为解决不重复出现或独一无二的新问题所进行的决策。非程序性决策要求决策者发挥创造性和想象力。例如,判断一个企业员工流失率过高的原因是什么,并采取有针对性措施的决策,没有先例可以遵循,虽然有分析员工流失率过高的概念、理论和技术手段,但是,管理者需要根据企业的具体情况灵活应用。

4. 从决策主体看,有个体决策与群体决策

个体决策即决策者是单个人。个人因素影响决策过程,主要有两个方面,一是个人

对问题的感知方式,二是个人的价值系统。

群体决策指决策者可以是几个人或一群人甚至是整个组织的所有成员。群体决策受到群体因素的影响。群体因素是群体本身特有的心理现象,它是普遍存在于各个群体成员头脑中反映群体社会关系的共同心理状态与心理倾向。

5. 从决策的问题形式和涉及的时限看,有战略决策与战术决策

战略决策指确定组织的活动方向和内容,解决"去干什么"的问题,是根本性决策,面对未来较长一段时期内的活动,实施效果影响组织的效益和发展。

战术决策指在既定方向和内容下确定具体的活动方式,解决"如何干"的问题,是执行性决策,是具体部门在未来较短时期内的行动方案。它是在战略决策指导下制定的,是战略决策的落实,其实施效果则主要影响组织的效率与生存。

10.1.2　一般决策战略

在决策制定中,有两个重要因素影响管理决策者。一是决策者对结果与原因的确信度,例如,两个决策者完全相信或不相信 X 产生 Y 的结果。这种因果关系是决策的一个关键因素,它表现在影响决策者对选择方案的制定及其选择。

另一个重要影响因素是:决策者对组织追求的决策目标的认同。通常从认同到不认同有一个很宽的范围。例如,在产品开发的决策中,市场部认同产品的多样化,以吸引更多的顾客,而生产部则认同产品的集中化,以充分利用生产设备和提高生产率。

这两个因素的结合就形成一个矩阵结构,它表明决策制定的四种战略,如图 10.1 所示。

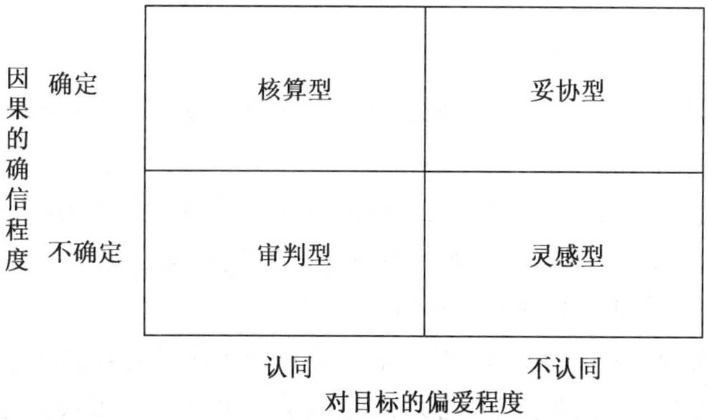

图 10.1　一般决策战略

当管理决策者确信选择方案的因果关系,并认同组织追求的目标,其决策战略是一种推导核算型,即认准某个目标,充分运用掌握的信息,确信选择方案的结果而进行决策;如果管理决策者不确信选择方案的因果关系,但认同组织追求的目标,其决策战略是一种审判型;如果管理决策者确信选择方案的因果关系,但不认同组织追求的目标,

其决策战略是一种妥协型;如果管理决策者既不确信选择方案的因果关系,又不认同组织追求的目标,其决策战略是一种灵感型,即凭直觉、经验和创新进行决策。

不同情形下,管理决策者会采取不同的决策战略。由于组织所处环境的复杂性和动态性,管理决策者往往会采用混合性的决策战略。

10.1.3 决策过程

决策是一个过程,它由一系列的活动构成。美国管理学家、诺贝尔经济学奖获得者赫伯特·西蒙(H. A. Simen)认为管理决策由四种活动构成,即情报活动、设计活动、抉择活动、审查和评价活动。情报活动:找出制定决策的理由,即探寻环境,寻求需要决策的条件;设计活动:找到可能的行动方案,即创造、制定和分析可能采取的行动方案;抉择活动,在各种行动方案中进行比较、抉择;审查活动:对已进行的抉择进行评价。这里,西蒙阐述了决策的主要步骤。

通常,决策过程分为三个阶段:问题发现和分析阶段、决策制定阶段和决策实施阶段。

1. 问题发现和分析阶段

问题指应有状况与实际状况之间的差距。发现问题即观察实际情况与应有情况的差异性,研究组织活动中存在的不平衡,着重思考"组织在何时何地已经或将要发生何种不平衡",这种不平衡会对组织产生何种影响;不平衡的原因是什么,其主要根源是什么;针对不平衡的性质,组织是否有必要改变或调整其活动的方向与内容。决策者必须获得所有必需的信息,信息必须准确可靠。决策者根据所获得的信息分析与理解当前的问题。

2. 决策制定阶段

此阶段包括明确决策目标、拟定问题解决的备选方案、评价问题解决的备选方案和选择最佳方案等几项活动。

(1)在明确决策目标时,要注意确立最低目标与理想目标,明确多元目标间的关系,限定目标的正负面效果和保持目标的可操作性。决策目标是根据所获信息进行逻辑推论的结果,并能够用客观标准进行评价测量。

(2)在拟定问题解决的备选方案时,需要注意选用科学有效的决策方法。根据理性决策模型,当问题被界定清楚之后,必须设法拟定尽可能多的解决问题的方案,然后在可能的方案中寻找一个最佳方案。研究表明,管理者在拟定问题解决方案时,常常从过去经历过的方法中寻找当前问题的解决办法。这时有不同的情形。第一种情形是简单模仿其他公司或者个人采取的方法;第二种情形是将很多企业或个人的解决方案加以检查,并根据当前问题进行裁剪,选择可能的解决途径;第三种情形是对优秀企业进行研究,然后拷贝它们的最佳做法。例如模仿其他企业的物流管理、财务管理、客户关系管理等等。这种方法被称为"基准法"。虽然模仿不当容易产生诸多问题,但实际上,很多企业都从基准法获得巨大帮助,比如,施乐公司、AT&T、惠普和 IBM 等著名企业都是基准法的受益者。在搜寻问题解决方法的过程中,除了向别人的经验学习,决策者还可以向咨询专家求助。咨询顾问有一整套解决问题的标准方案,决策者可以要求咨询顾问提供一个解决方案,也可以要求提供几个备选方案,从中加以选择。

如果当前问题是常规问题,参考其他管理者、其他企业和咨询顾问的经验显然是高效率的选择。然而,一些问题是前所未有的,没有成功的经验可以借鉴,或者由于企业的具体情况不同,因时过境迁,别人的经验已无法借鉴,就需要决策者发挥创造性和想象力,发现解决问题的全新方案。在实践中,管理人员常常利用已有的经验解决问题,一个原因是企业管理中遇到的问题多数是常规性问题;第二个原因是,创新方案有风险,结果难以预料,管理人员不愿意承担失败的风险;第三方面的原因是决策的紧迫性,管理者没有足够的时间进行创新。无论如何,缺乏创新常常是企业发展缓慢的重要原因之一。

(3)在评价和选择方案时,决策者需要运用价值观和一些判别标准对备选方案的结果好坏作出评价,主要包括:方案实施所需的条件是否已经具备,建立和利用这些条件需要组织付出何种成本;方案实施能给组织带来何种长期和短期的利益;方案实施中可能遇到的风险及活动失败的可能性。理性决策的目的是为了实现经济利益最大化,尽可能降低可能的风险。此外,企业伦理还表现在决策的社会收益和成本。方案的评价和选择不一定必然按照理性的方式展开,影响理性评价和选择的因素包括:缺乏一致性、手段—目的关系模糊和环境复杂性。

其一,缺乏一致性。理性决策的一个前提条件是,在问题的界定、决策和决策目标之间有清楚的逻辑关系。然而,这一条件难以完全得到满足,在大型组织中尤其如此。不同个人、群体和部门都按照自己的方式给工作目标排出优先顺序,对于需要解决的问题究竟是什么,解决问题后应该达到何种状态的看法也大相径庭。再加上企业组织中的政治行为,使得一致性缺乏的情况显得更加突出。

其二,手段—目的关系模糊。理性决策要求穷尽所有可能的选择方案,这在实际工作中难以实现,什么行动导致什么后果,常常伴随出人意料的情况。真实工作决策带有不确定性,意外情况的出现使得手段和目的之间的关系难以预测。这种情况在非程序性决策中尤其明显,管理者缺乏相应的经验作出明确判断。此外,决策者通过发散性思维发现的问题解决手段,受到社会、法律、道德等方面的局限,选择范围趋于狭窄。

其三,环境复杂性。理性决策假设方案实施后能够将实际效果与预期效果进行比较,在很多情境中,这一假设不成立。由于商业环境复杂多变,决策之外,有很多其他因素左右最终的结果。在这样的环境当中,难以预见决策行动与结果之间的关系。

因此,决策者需要对各种可能结果的收益、风险、风险发生的概率作出综合评价。方案的最终选择视结果的收益高低、风险大小以及风险发生概率的组合方式来确定。决策者以及决策的组织者要注意统筹兼顾,关注反对意见,具有决断的魄力。

3. 决策实施阶段

在决策实施阶段,包括行动计划、方案的实施和实施跟踪、反馈和控制等活动。将所决定的方案付诸实施是决策过程中的重要一环,应注意做好的工作有:制定相应的具体措施,保证方案的正确执行;确保有关方案的各项内容为参与实施的人充分接受和彻底了解;运用目标管理方法把决策目标层层分解,落实到每一个执行单位和个人;建立重要工作的报告制度,以便随时了解方案进展情况,及时调整行动。

10.1.4 决策的影响因素

影响管理决策的主要因素有组织外部环境、组织文化、以往的决策、决策者对风险的态度和决策的时间长短。

外部环境对管理决策的影响表现在:环境的特点影响着组织决策的频率、内容和组织的活动选择;环境中的其他行动者及其决策也会对组织决策产生影响;对环境的习惯反应模式影响着组织的活动选择。

组织文化对管理决策的影响表现在:组织文化制约着包括决策制定者在内的所有组织成员的思想和行为;组织文化通过影响人们对改变的态度而对决策起影响和限制作用;组织文化是构成组织内部环境的主要因素。

以往的决策对管理决策的影响表现在:以往的决策对目前的决策的制约影响,主要受它们与现任决策者的关系的影响。

决策者的风险态度对管理决策的影响表现在:愿意承担风险的决策者,通常会未雨绸缪,在被迫对环境作出反应以前就采取进攻性的行动,并会经常进行新的探索;不愿意承担风险的决策者,通常只会对环境作出被动的反应,事后应变,他们对变革、变动表现出谨小慎微的态度。

决策的时间对管理决策的影响表现在:如果时间紧迫,必须迅速作出决策,在一定程度上影响信息的搜集和深入的讨论;如果时间比较充裕,可更多注重决策的质量,提高决策的有效性。

10.2 群体决策与个体决策

如前所说,群体决策和个体决策是从决策主体角度划分的两种类型。当许多管理决策采用群体方式制定时,一个基本问题是:群体决策与个体决策相比,哪种形式作出的决策更好?

10.2.1 群体决策与个体决策特点比较

一般而言,群体能比个人作出更好的决策。这是指群体决策优于平均的个人所作的决策,但不包括杰出个人所作的决策。要具体确定何种决策方式更有效,取决于衡量决策效果的不同标准。表 10.1 从速度、正确性、创造性和冒险性等不同角度对这两种决策方式作了比较。

表 10.1 群体决策与个体决策的比较

衡量指标	个 体 决 策	群 体 决 策
速度	快	慢
正确性	较差	较好
创造性	较大(相对于任务结构不明确或需要创新的工作)	较小(相对于任务结构明确、有固定执行程序的工作)
冒险性	因个人的个性、经历而异	若群体成员,特别是领导者富有冒险性,则趋于冒险性;反之则不然。

从表 10.1 可知,群体决策与个体决策各有特点,两种决策方式对解决不同的问题、任务和决策目标各有所长。

10.2.2 个体决策与创造性解决问题

在实际管理决策中,尽管基层管理者涉及的程序性决策比较多,中高层管理者遇到的非程序性决策较多,但总的来看,多数决策都是程序性决策和非程序性决策的混合体。因此,在决策过程中发挥创造性,对于正确决策十分重要。

与群体决策相比,个体决策往往具有较大的创造性,特别是对任务结构不明确或需要创新的工作更容易发挥创造性。

研究表明,绝大多数人都拥有创造力这种宝贵的资源,尽管程度不同。一项以学生为被试的调查发现,1%的人有非凡的创造力,10%的人有较高的创造力,60%的人有一点创造力。因此,管理者在决策中要学会使用自己的创造力,创造性地解决问题。

影响个体创造性解决问题的因素包括原型启发、克服功能固着、克服心理定势、发散思维与聚合思维等。

1. 原型启发

人们受到一个物体或者事件的启发,将其中的规律应用到其他方面,从而解决了问题,被称为原型启发。听诊器的发明,就是受到物体可以传播声音的原型启发,而飞机的发明,是受到飞鸟的启发。

2. 克服功能固着

人们把某种功能赋予某种物体的倾向称为功能固着。例如盒子是装东西的,笔是写字的,砖头是建房子的等等。功能固着容易使人的思维陷入一个固定的套子,看不到物体的其他功能。打破功能固着,发现某种物体的其他用途,往往是解决问题的突破口。例如,天花板上垂下两根绳子,要求人将两根绳子结在一起。但是,由于两根绳子间距离大,人抓住一根绳子,就抓不住另外一根。解决办法是把桌子上的老虎钳当钟摆使用,拴到一根绳子下端,然后左右摆动起来,问题就迎刃而解。假如认为老虎钳只能夹东西用,想不到它可以用来做钟摆,这个问题就无法解决。

3. 克服心理定势

有时,人们在解决了一系列问题之后获得了经验,形成了习惯化解决问题的模式,当问题发生变化时,习惯化解决问题的模式就不再有效,甚至导致失败。这也是用老经验解决新问题的经理们遇到的共同困境。

4. 发散思维与聚合思维

发散思维又叫求异思维、分散思维、辐射思维,是指从一个目标出发,沿着各种不同途径去思考,探求多种答案的思维。这种思维的主要特点是求异和创新。思维的变通性、流畅性和独特性是发散思维的主要特点。聚合思维是求同思维或者集中思维,是指把问题所提供的各种信息聚合起来,朝着同一个方向得出一个正确答案的思维。其主要特点是求同。发散思维为发现解决问题的新途径提供了可能,聚合思维则保证从可能的方案中找出最佳的解决途径。发散思维和聚合思维对于创造性解决问题都是必不可少的。

10.2.3 群体决策的优势与不足

一般而言,群体决策比个体决策更具优势的情境有四种:对某一特定任务,群体中信息、经验和方法的多样化对最后的决策十分有利;决策结果能否有效实施,取决于成员对它的认同与接纳程度;强调群体成员的参与,建立互相尊敬而非服从权威的群体氛围;在完成任务时,各成员之间需要互相依赖、互帮互助。

群体决策的这种情境适应性源于群体决策本身的优势与不足。群体决策作为一种决策方式,既有其优势,也有其不足。

1. 群体决策的优势

(1)提供更多的有用信息和知识。群体中成员的不同知识背景可以使群体拥有个人难以具备的创造性、多种经验和不同的决策观点,"三个臭皮匠抵一个诸葛亮"指的就是集思广益的力量。

(2)提出更多的候选方案。群体拥有更多数量和种类的信息,并允许大家参加决策过程和发挥能动性,因此能从多个角度提出不同的备选方案,使考虑更周密、方案更全面,为正确决策奠定基础。

(3)提高对最终解决方案的接受程度。决策的有效性除了取决于决策质量外,还取决于决策的可接受性。在现实管理中,有些决策在作出最终选择后却以失败告终,这其中可能很大程度上由于人们没有接受制定的解决方案。但如果让受到决策影响或实施决策的人们参与了决策的制定,他们一般不会违背自己参与制定的决策,甚至会鼓励他人也接受这项决策,从而有利于决策的有效执行。

(4)提高决策的合法性。群体决策的制定过程是与民主观念一致的,通常,人们会觉得群体制定的决策比个人制定的决策更合法。如果拥有全权的个体决策者不与他人磋商,则会使人感到决策是出自于个人的独裁和武断。

2．群体决策的不足

（1）时间较长。如果决策的质量是以速度为标准,那么个人决策更为优越,这是因为以反复交换意见为特征的群体决策过程,同时也是花费时间的过程。群体组建包括成员选择等都需要花费时间,另外,决策群体形成之后,成员之间的讨论和沟通也都需要占用时间。

（2）屈服群体压力。一些成员在表达意见时可能屈从群体压力以取得表面的一致。这种一致可能会抑制不同的观点,削弱创新精神,挫伤少数派的积极性,并最终影响决策的质量。

（3）受少数人的左右。群体中如果有个人或少数成员的职位、经验、相关问题的知识掌握、自信心、语言技巧等具有十分明显的优势,那么,这个人或少数成员可能就具备发挥其优势、驾驭群体中其他人的能力与机会。而其他群体成员因受他人影响,使最终的群体决策结果受少数成员的影响较大。另一种更严重的情况是,群体被少数几个低水平的成员控制,则群体的效率就会受到消极影响。

（4）责任不清。由于决策是由群体方式作出,因此,群体成员共同分担决策的责任,但对最后的结果并没有明确指定责任承担者,这可能产生的现象是:群体中每个成员负有的责任被淡化,表面上看,人人有责,实际上,人人都可推卸责任,从而影响决策的效率与质量。

可见,在管理决策中,如何发挥群体决策的优势而回避其不足,非常重要。

10.2.4　群体决策中情境性影响因素

在群体决策过程中,存在一些情境性影响因素,它们在一定程度上会影响群体决策优势的发挥。

这些情境性因素主要包括以下几点。

1．成员的年龄和职位

有关研究表明:如果群体成员的年龄较大、职位较高,其决策的正确性较好,但决策速度较慢,最优秀的成员个体所作的决策好于群体。反之,如果群体成员的年龄较轻、职位较低,其决策的正确性要差些,但决策速度较快,群体决策效果高于个体决策。

2．群体规模

韦伯等综合了若干研究实验的结果,归纳得出规模过大或过小的群体,都不能有效地运用群体决策的方法。一般而言,人数在 5～11 的中等规模群体的群体决策较有效。其中,5 人或 7 人的群体在一定程度上又是最有效的,这是因为 5 和 7 都是奇数,可避免不愉快的僵局;而群体适合沟通的规模又能让不善辞令的成员积极参与讨论。

3. 群体成员的座位安排

群体成员的不同座位安排,对决策也会产生影响。这种影响主要来自于成员对座位距离的心理感受。当人们在群体中面对面进行讨论,准备决策时,座位的排列方式通常有两大类型,一种是突出组长,即组长就座于比较醒目、突出的位置,类似于教室里讲台上老师与讲台下学生的模式;另一种则是不突出组长,成员的座位分布比较均匀。研究表明,在后一种座位安排模式下,群体的决策质量较高,决策所花时间较短,各成员更容易达成一致或默契。国外学者以三人、四人和五人为例,研究了突出组长与不突出组长的两大类型的座位安排,如图 10.2(a)、图 10.2(b)、图 10.2(c) 与图 10.3(a)、图 10.3(b)、图 10.3(c)所示。

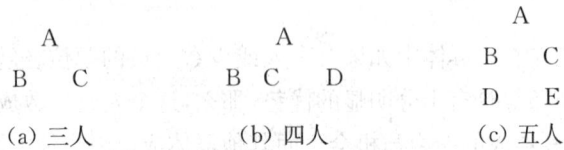

```
        A                    A                      A
    B       C            B   C   D              B       C
                                                D       E
    (a) 三人              (b) 四人                (c) 五人
```

图 10.2　突出组长的座位安排

```
        A                 A   B                      A
    B       C            C   D                  B       C
                                            D               E
    (a) 三人              (b) 四人                (c) 五人
```

图 10.3　不突出组长的座位安排

10.3　群体思维

群体思维(groupthink),在我国又被称为小群体意识。它是群体决策中常见的一个现象。所谓群体思维,是指在群体决策过程中,成员片面地、过分地追求一致的现象和倾向。具有这种倾向的群体,由于其对维持群体一致的关注程度高于作出最佳决策的关注程度,因此,就可能阻碍群体对解决办法和行动方案作出准确评价,进而导致错误的决策。

10.3.1　贾尼斯的群体思维模式

群体思维的术语,最初由美国学者贾尼斯(I. L. Janis)于 1972 年提出。贾尼斯用此术语来表达在高度一致性群体中的成员的思维模式。在这种群体中,成员将群体的凝聚力和一致性凌驾于任何事情之上,以至于忽略了合理的选择方案,并因为群体内压力而导致思维效率、现实分析的客观性及道德判断的准确性降低。贾尼斯对群体思维模式进行了详细阐述,其基本模式如图 10.4 所示。

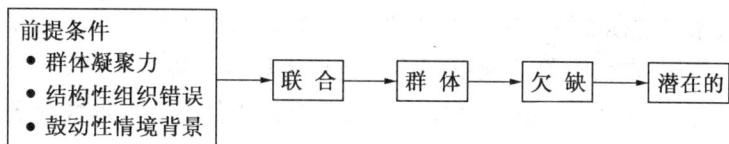

图 10.4　贾尼斯群体思维模式

在贾尼斯模式中,群体思维的特有作用表明,除了通常的人为错误以外,高度凝聚的群体强调同步、一致的倾向可能是产生错误判断的一个主要原因。正如贾尼斯所述:决策群体成员间的友善和群体意识越强烈,独立的分析思考就越容易被群体思维所取代,并可能产生反对群体的非理性或破坏性的行为。贾尼斯认为,群体思维的主要前提条件是群体凝聚力达到较高水平。当一个凝聚力较高的群体作决策时,决策过程就有较大缺陷。但群体凝聚力是群体思维产生的必要条件,不是充分条件。

10.3.2　贾尼斯群体思维模式的发展

自贾尼斯提出群体思维模式后,国内外学者从不同角度和程度探讨了群体思维。我国学者将群体思维形象地翻译为小群体意识,同样强调群体凝聚力是小群体意识产生的重要原因,提出小群体意识形成的三个前提条件——群体凝聚力、群体与外界隔离和群体领导对倾向方案的推动,并提出小群体意识模式,如图 10.5 所示。

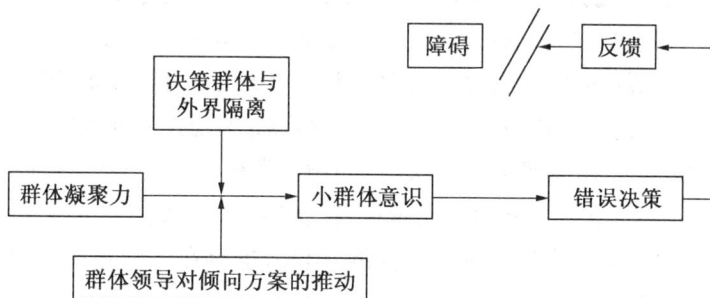

图 10.5　国内学者提出的小群体意识模式

该模式认为,凝聚力强的团队,如果决策群体与外部隔离并且群体领导人出于个人的喜好倾向于某方案时,小群体意识就发生了,在这种意识下,群体限于少数几个方案的讨论,又不能很好地听取反面意见,压制了成员的创新精神,因此,群体的最终决策很可能是拙劣的,会对绩效造成损失。另外,由于反馈渠道不通畅,错误也不能得到及时的修正。

相对而言,国外对贾尼斯群体思维理论的研究更具批判性。在 20 世纪 70 年代后期,美国学者开始对群体凝聚力是群体思维产生的前提条件提出质疑,进入 20 世纪 90 年代以来,美国学者对此提出了更多的质疑。派克(W. W. Park)在回顾了已发表的 16 篇关于群体思维的研究论文后指出,研究群体凝聚力对群体思维作用的学者,在研究凝聚力这一先决条件过程中经常遇到方法性问题；并提出群体凝聚力无论是单独或是与其他变量交互作用，在大多数情况下都不影响群体思维。阿达格(R. J. Aldag)和富勒(S. R. Fuller)指出，凝聚力在群体思维中起到重要作用甚至是数据性显著作用的论断并未得到足够的支持，并进一步指出，凝聚力的主要作用未被证实。特洛克(P. E. Tet-lock)和他的同事考察了群体思维模式中各因素的相关性，群体凝聚力与追求一致性之间，鼓动性情境背景和追求一致性之间都不存在明确的相关性；结构性建模分析没有发现群体凝聚力或鼓动性情境背景与追求一致性之间的因果关系；相反，组织的结构和程序错误则是主要的前提条件。这一发现与关于群体领导的影响和领导风格的研究结果一致。在此基础上，特洛克和他的同事提议将群体凝聚力与鼓动性情境背景从群体思维模式中剔除，这一建议支持了其他学者提出的群体凝聚力和鼓动性情境背景既不是群体思维的必要条件也不是充分条件这一观点。

美国学者提出以感知的群体效能变量，从理论与经验上取代群体凝聚力和鼓动性情境背景。群体效能的概念来源于自我效能的概念。感知的群体效能是社会认知理论中的一个关键元素。自我效能指对完成某一特定任务的能力判断。更准确地说，自我效能是基于特定任务的自信。

美国学者班杜拉(A. Bandura)对自我效能作了较系统的研究，他将自我效能描述为"人们"对于其组织和执行达到指定目标的所需能力的判断，所涉及的并非个人具备的技能，而是对应用技能完成任务的判断。并指出，效能的概念可以延伸到群体甚至是国家的范畴。他将感知的群体效能定义为"群体对其组织和执行一组行动达到指定目标的共同能力的信念"。换言之，群体效能是关于群体成功完成某项任务能力的共同信念。研究表明，自我效能能影响目标的设定、活动的选择、投入的努力、分析策略以及对应行为的持续性。群体效能的信念也会产生类似的作用。群体效能会影响人们对未来目标的追求，影响人们管理资源的方式、计划及战略的制定，影响人们投入的群体努力等。群体效能的感知与群体绩效正相关，正如积极的个人效能感知能促进个人绩效一样。总而言之，人们对群体效能的判断越积极，就越能取得成功。因此，感知的个人和群体效能在行为过程中的作用通常是正面的，但是，也存在一些相反情况。例如，在已经开始一系列将导致失败的行为时，保持对这两种效能的信念将适得其反。成员会坚持这一错误行为，并无视其对结果的破坏作用。研究表明，强烈的效能信念，将导致对失败行为不断升级的忠诚度，至少是在个人分析的层面上。然而，从理论上分析，两类效能信念都能够导致对错误的坚持，因为感知的个人与群体效能都会在个人或群体行为不能产生理想结果时支持人们坚持不懈的意志。

感知的群体效能如果过于强烈也会产生负面影响，导致过于自信以及最终的绩效很差。群体思维的症状之一就是对群体产生战无不胜的错觉，这种过分的乐观使成员们冒险过度。群体思维可能反映了成员不切实际的群体效能感知。

感知的群体效能与一致性追求相关。高群体效能会大大增强群体追求一致性的压力。群体成员对群体效能的感知与大多数成员或领导对方案的赞同或支持相关。具备高群体效能的群体存在出错的潜在危险，并不由于成员出于保持群体的一致性而不愿意表示反对意见,而是因为他们相信获得大部分成员或领导支持的决策是正确的决策。明兹伯格(H. Mintzberg)在 1975 年曾得出类似的研究观点。他发现,管理人员在实际决策时,往往很少根据系统的、有序的或理性的模式,而是在选择时忽略分析过程。例如,在分配决策资源时,"批准项目的常用方法是挑选人而不是挑选提案。管理者倾向于批准由他信任的人所递交的项目"。可见,在决策形成过程中高群体效能的感知显示了对群体高度的信任。

基于对群体效能的分析和研究,美国学者怀特(G. Whyte)修改了贾尼斯群体思维的模式,如图 10.6 所示。

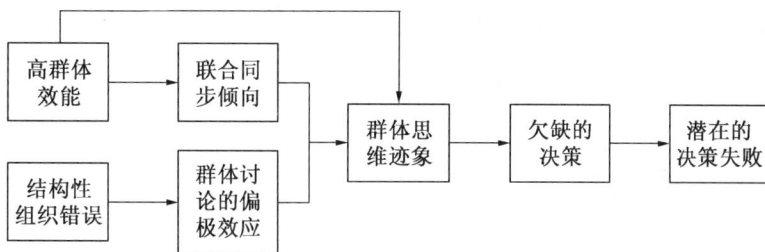

图 10.6　群体思维重造模式

怀特认为,提出的新模式试图像贾尼斯群体思维模式那样,预测决策失误及群体思维的各种迹象。但在新模式中,群体凝聚力和情境压力不是导致群体思维的必要条件,而是将群体效能作为群体思维的前提条件,并对决策的失误负关键的责任;同时仍然认为组织结构性错误是其中的一个前提条件,没有组织结构性错误,即使群体效能很强,群体思维也未必会发生。组织结构性错误则导致群体讨论的偏极效应,也是群体思维的前提条件。在一定程度上看,以群体效能取代群体凝聚力来解释群体思维的产生更具积极意义。

10.3.3　群体思维的表现与回避

群体思维有多种表现,主要有:

(1) 大部分群体成员会产生盲目乐观的错觉,把自己的群体看成是不可战胜的,是不会犯错误的,因而敢于冒大的风险。

(2) 忽视或不考虑与当前群体的观点不一致的意见。

(3) 对持怀疑态度的人施加压力。

(4) 试图文饰群体决策中的失误,造成表面上"一致通过"的错觉,视不发言者为默认,将弃权作为赞成。

(5) 盲目坚持群体自定的道德标准,认为自己的群体不仅是正确的,而且在道义上也是优越于其他群体的或其他人的,把不赞成群体观点的人看成是不辨是非的,邪恶的,或低一等的。

在群体决策中应尽量避免群体思维。通常可以尝试以下几种方法:

首先,群体应鼓励成员公开质询和提出怀疑,要求参与者尽可能清晰和合乎逻辑地提出自己的看法。群体领导者应赞赏不同的意见,必要时还应扮演鼓吹反对观点的角色,促使成员对所有可供选择的候选方案进行详细讨论。

其次,可把群体分成小组,让小组先对问题进行独立的讨论,这样,小组容易考虑到问题的各个方面,而任何最后的决定,应在讨论小组的建议的基础上形成。

最后,一旦达成了某种决策,应当有第二次讨论的机会,在第二次讨论时,要求成员表达任何对决策的意见,这样有助于减轻群体成员对于遵从和一致的压力。由于可能产生新的想法和批评意见,因而会抵制群体思维的产生。

10.4　群体决策方法

决策方法一般有定量与定性两类,定量的如决策树等,定性的如头脑风暴法、德尔斐法等。群体决策作为决策的一种形式,其决策方法可以是定量的也可以是定性的,但应用较多的是定性方法,其中具有代表性的有头脑风暴法、德尔斐法、名义群体法和电子会议法。美国学者 S. P. 罗宾斯从观点的数量、观点的质量、社会压力、财务成本、决策速度、任务导向、潜在的人际冲突、成就感、对决策结果的承诺和群体凝聚力等方面,对这四种方法的决策效果作了总体评价,如表 10.2 所示。可见,每种方法各有其优势与不足。下面,我们对这些群体决策方法作一具体介绍。

表 10.2　群体决策方法的效果评价

	头脑风暴法	德尔斐法	名义群体法	电子会议法
观点的数量	中等	高	高	高
观点的质量	中等	高	高	高
社会压力	低	低	中等	低
财务成本	低	低	低	高
决策速度	中等	低	中等	高
任务导向	高	高	高	高
潜在的人际冲突	低	低	中等	低
成就感	高	中等	高	高
对决策结果的承诺	不适用	低	中等	中等
群体凝聚力	高	低	中等	低

10.4.1　头脑风暴法

在群体决策中,由于群体成员心理的相互作用与影响,易屈从于权威或大多数人的意见。为了保证群体决策的创造性、提高决策质量,采用合适的群体决策方法非常重要。头脑风暴法(brainstorming technique)是可以考虑的一个典型方法。

头脑风暴法是让成员开动脑筋、敞开思想、畅所欲言的一种群体决策方法,能够克服影响创造性方案产生的从众压力。采用头脑风暴法组织群体决策时,要集中有关成员召开专题会议,主持者明确向所有参与者阐明问题,说明会议的规则,尽力创造融洽轻松的气氛。主持者一般不发表意见,以免影响会议的自由气氛,由专家们自由提出尽可能多的方案。

头脑风暴法应遵守的原则如下:

(1)无批评或评价。对成员提出的各种意见、方案,不允许任何批评或评价,只是当场记录所有方案,不作结论,是一种产生设想或意见的过程,认真对待任何一种设想,不管其是否适当和可行。

(2)鼓励各抒己见、自由鸣放。创造一种自由的气氛,让成员就某一问题,在一定时间内进行无拘无束的讨论,激发参加者提出各种想法。

(3)追求数量。意见越多,产生好意见的可能性越大。

(4)探索取长补短和改进方法。除了鼓励成员提出自己意见外,还鼓励成员对他人已经提出的设想进行补充、改进和综合。

为提供一个良好的创造性思维环境,充分发挥头脑风暴法的作用,确定合适的参加者人数和时间非常重要。经验证明,小组规模以 10~15 人为宜,会议时间一般以 20~60 分钟为效果最佳。同时,选择和组织合适的参加者也是关键。头脑风暴小组的成员选取应考虑以下几点:

(1)所有参加者都应具备较高的联想思维能力。有时某个人提出的设想,可能正是其他准备发言的人已经思维过的设想。其中一些最有价值的设想,往往是在已提出设想的基础上,经过"头脑风暴"迅速发展起来,或者是对两个或多个设想的综合设想。

(2)参加者如果相互认识,应从同一职位(职称或级别)的人员中选取,领导人员不应参加,否则可能对参加者造成某种压力。

(3)参加者如果互不认识,可从不同职位(职称或级别)的人员中选取。这时不应宣布参加者的职称,不论成员的职称或级别的高低,都应同等对待。

(4)参加者的专业应力求与所论及的决策问题相一致,这并不是参加者的必要条件,但是,成员中应包括一些学识渊博,对所论及问题有较深理解的其他领域的专家。

(5)头脑风暴法的主持工作,应由对决策问题的背景比较了解并熟悉头脑风暴法的处理程序和方法的人担任。头脑风暴法主持者的发言应能激起参加者的思维"灵感",促使参加者感到急需回答会议提出的问题。通常在"头脑风暴"开始时,主持者需要采取询问的做法,因为主持者很少有可能在会议开始的 5~10 分钟内创造一个自由交换意见的气氛,并激起参加者的踊跃发言。主持者的主要活动是在会议开始阶段,一旦参加者被激发起来,新的设想就会源源不断地涌现出来。这时,主持者只需根据"头脑风暴"的原则进行适当引导。

头脑风暴法产生的观点或设想,是参加成员集体创造的成果,也是每个成员的智慧相互作用的总体效应。头脑风暴法作为方案或意见产生的过程,发言量越大,意见越多样化,所论问题越广越深,产生有价值设想的概率就越大。头脑风暴小组提出的设想都要由专人简要记载或记录在磁带上,便于下一阶段的讨论与分析。通常,对头脑风暴法产生的设想需要进行系统化处理。系统化处理程序主要包括:对所有提出的设想编制名称一览表;有常用术语说明和设想的要点;找出重复的和互为补充的设想,并在此基础上形成综合设想。

需要指出的是,头脑风暴法仅是一个产生意见或设想的过程,就最后方案的形成而言,不如接下来要介绍的几种方法来得更为直接和快速。

头脑风暴法的有效性取决于参加者能否自由地表达各自的观点,并继续思考、表达更多的新观点。然而,在面对面的头脑风暴法中,参加者的思维可能因为他人的发言而受到干扰,出现思路停滞,或当表述的观点是对当前实践的批评或成员的相关上级主管在场时,成员可能会因为某些顾虑而对其观点有所保留,从而使头脑风暴法效率大大降低。

10.4.2 德尔斐法

德尔斐法(Delphi technique)是一种定性预测的、背对背的群体决策咨询方法。它不需成员正式出席会议,一般通过匿名的通讯联系,群体成员各自充分发表自己的观点,然后以系统的、独立的方式综合他们的判断。它可以避免面对面的来自于成员的影响和压力,克服为某些权威左右的不足,提高预测的可靠性。

德尔斐法的主要目的是通过一系列精心设计的问卷获取专家成员的一致意见。德尔斐法最大的特点是匿名、反复的知识启发、去除差异、提倡群体反馈,这些都是有效的群体决策所必需的要素。与其他计划和预测方法不同的是,德尔斐法的目标不是获得唯一的答案或者达成共识,而是从专家组中获取尽可能多的高质量方案以提高决策水平。

德尔斐法最早由美国兰德(Rand)公司研究提出。在 1950 年到 1963 年之间,兰德公司进行了一系列的德尔斐研究实验。实验表明,德尔斐法既可以作为预测研究工具也可以作为学习工具。当专家组成员是战略决策者时,德尔斐法成为群体的预测工具,确保在界定环境和资源限制下得出最理性的战略。作为合作性的学习练习,德尔斐法包含的理念是群体的整合力量大于各部分力量的总和,因而鼓励团队合作和群体决策。此外,德尔斐法使个人更倾向于为项目的最终成功而努力。有控制的反馈和匿名的交流使专家组成员能够不断调整各自的看法而不必公开宣布,因此鼓励他们更大胆地发表个人观点而不是小心翼翼地提出制度化的观点。德尔斐法在 20 世纪 60 年代开始广泛应用。

德尔斐法在具体应用中,其操作的主要步骤如下:

(1) 建立特别小组作为主持机构,选定征询意见对象的群体成员名单,一般是专家名单；

    (2) 确定问题,即就判断或预测内容拟出若干征询的问题；

    (3) 将征询的问题邮寄给各成员,让他们对征询的问题发表书面意见；

    (4) 将这些意见集中到主持机构,进行统计、归纳和分析；

    (5) 将统计结果反馈给各成员；

    (6) 主持机构再请成员提出意见或方案；

    (7) 重复(4)、(5)、(6)三步,直到获得大体一致的意见。

德尔斐法作为一种独特的群体决策方法,有其优势,也有其不足。德尔斐法的优势主要表现为以下几方面：

(1) 德尔斐法通过结构化的、非直接的方法,能够快速有效地获得与群体学习相关的回应以及拥有知识、权威及洞察力的专家对未来的预测。德尔斐法能很好地把握复杂问题通常具备的众多互相影响的变量和多维度的特点,这些都是科学分析的必要元素。它也记录了专家组提供的事实和意见,同时避免了如群体冲突和个人主导等面对面讨论可能产生的不足。

(2) 德尔斐法是处理开放性、创造性问题的有效工具之一。它鼓励通过独立思考逐渐形成群体的解决方案,特别适用于缺乏历史数据或者民族或社会的矛盾凌驾于经济或技术问题之上的情况。

(3) 相对其他方法而言,德尔斐法的组织和管理成本较低。它避免了召集主管人的费用,又获得了来自各方面的主要信息。

(4) 德尔斐法是为数不多的能够在各个时间跨度,包括短期、中期和长期,都拥有比较稳定的正确率的预测工具之一。

因此,德尔斐法是技术和工业预测的常用方法,据估计,大约90%的技术预测和研究都是基于德尔斐法。

另一方面,德尔斐法也有其不足,主要表现为：

(1) 德尔斐法在实际操作中容易出现概念及方法的不完善、执行不正确、问卷设计不合理、专家挑选不当、不可靠的结果分析、低价值或大相径庭的反馈信息和对多轮问卷回答缺乏一致性等。

(2) 通常,专家只有通过大量相同的实验才能获得真正的主观概率,而这一要求与德尔斐法是不相容的,因为德尔斐法的每一轮征询的内容是对前一轮的综合和补充。

(3) 德尔斐法是否应该以群体共识的达成为终结点还有待进一步的研究。因为专家能够故意提供希望的结果或影响未来的决策。

(4) 德尔斐法缺乏可靠的标准来区分专家与非专家,同时也缺乏足够的证据来表明专家的判断比非专家的判断更可靠,以及群体的观点必然优于个人的观点。关于德尔斐法的讨论也常常陷于认识论的分类、概率判断的本质以及科学方法的问题。特别有待讨论和关注的问题有：确定个人评分系统；每个成员为预测所做准备的形式；开发将个人评分融合为群体评分结果的方法；解决结构相关的问题,包括如实揭示和组织安排等。

此外，德尔斐法的某些优点同时也表现为其缺点，例如，匿名和反馈固然有其优点，但也可以导致个人的让步而不是真正意义上的群体共识。又如，德尔斐法的有些变量在很大程度上限制了专家回应的范围，因此影响专家组成员意见的有效性。

10.4.3 名义群体法

名义群体法（nominal-grouping technique）在决策制定过程中限制群体成员的讨论，故称为"名义群体"。一方面像传统会议一样，群体成员必须出席，另一方面成员又是独立思考，充分发表各自观点。名义群体法遵循以下步骤：

（1）成员组成一个群体，主持人向成员公布需要决策的问题，并要求每个成员花10～20分钟独立地将自己对决策问题的看法或意见写在纸条上。

（2）10～20分钟以后，每个成员将自己的想法告诉群体，然后一个接一个地向大家说明自己的想法，直到每个人的想法都表达完并记录下来为止（通常记在一张活动挂图或黑板上）。

（3）待所有的意见记录下来以后，对每一条意见进行讨论，并作出评价。

（4）每个成员再独立地对各种想法或意见排出次序。

（5）根据成员对意见的排列次序的投票情况，予以集中统计，排在第一位的意见，一般被定为决策意见。

这种方法的主要优点在于，使群体成员正式聚集在一起，但又不限制每个人的独立思考，而传统的会议方式往往做不到这一点。

10.4.4 电子会议法

电子会议法（electronic meetings）是将传统会议与尖端信息技术相结合的一种最新的群体决策方法。它是利用软件环境和互联网，使身处世界各地的会议参加者得以在虚拟的空间中共享信息，浏览会议文件，讨论议题。最早的电子会议系统是指在专网上的电话会议，只有声音，没有图像；后来发展到专网上的电视电话会议系统，既有声音，也有图像；现在则发展到基于开放 PC 平台的多媒体视频电视会议，既有声音，也有图像，与会各方还能共享电子白板、各种数据，真正实现多媒体互动功能；未来它还将朝"虚拟会议"的方向发展，不同地方的与会人员不仅能通过屏幕看到对方，而且还能感觉到好像是在同一个会议室开会。可见，可视会议具有很强的交互性，类似于真实生活中的会议，因为与会者可以看到对方的表情并对各种身体语言作出反应。除可视会议外，电子邮件交流、卫星转播、网络转播等，都作为电子会议的主要形式被各大公司广泛应用。

电子会议借助现代信息技术，是一种虚拟性会议，它一般包括以下一些环节：

（1）成员登录及资料更新。参加会议的成员通过 URL（统一资源定位器），输入电子会议召开的网址，以及用户名及密码即可登录网络。同时网络上的资料能够一直保存，让成员可以便捷地在非会议时段上网浏览。同时，网上资料也可以随时更新，这是电子会议的一大特色所在。

（2）浏览会议内容。应用网络导航，浏览者可以根据不同的会议内容分类，如"摘要"、"工作中心"、"消息版"等等，按图索骥，方便地找到所需材料。另外，关键词搜索引擎和索引可以让使用者根据不同的需求搜索相关资料。

（3）网络信息。因特网上呈现的信息主要是文本文件和图片，例如，电子海报，供参考、讨论或出版的研究报告等。此外，还可以通过产品演示推广企业的产品与服务，通过文本或音频方式进行演讲，并收集登录访问者的问题形成互动。网络信息主要用超文本链接标示语言编制，包括文本、表格、数据、图表和其他多媒体格式（如三维影像）以及其中的链接。然后，信息被转化成适当的格式（如对于图像文件，转化为可交换的图像文件，即 GIF），并通过文件传送协议传到会议组织者。尽管这对于习惯了传统方式会议的准备者而言增加了不少工作量，但是日益发展的各种工具将使这些工作越来越易于操作。

（4）交流机制。在电子会议中心的会议室里，与会者能够实时地与其他成员交流意见，也可以选择单独与某一成员交流，如"密语"。成员可以在消息版上留言或查看其他成员的留言以保持沟通，同时利用社会交互空间也可以进行非正式的交流。另外，也可以汇总各种意见，形成正式的报告，然后张贴供会议代表或其他未能参加会议者查看。

电子会议的优点主要有：成员参与方便，避免了不必要的空间转移带来的成本与时间消耗，同时，可支持多任务同时进行，并可与其他计划兼容；会议的组织与实施井然有序，讨论及决策结果清晰，并可以借助丰富的表达工具准确传达出与会者的信息。会议的参与成本较低，随着软硬设施的进一步完善，电子会议将日趋便利、高效。

此外，电子会议利用现代计算机及网络技术，能够使各地的成员通过终端与其他成员交流观点。主办者将问题显示给决策参与者，他们把自己的回答打在计算机屏幕上。一旦有新的观点产生，软件将全部观点随机排列后显示在每人的屏幕上，从而有效地克服了传统面对面决策法的主要障碍。其他成员的评论和支持票数也都能通过计算机快速统计显示。

电子会议的缺点主要在于"虚拟"的真实含义。尽管电子会议在某种意义上实现了实时会议，但是在实现复杂而丰富的互动上始终存在缺陷。此外，相对群体决策的其他方法，电子会议的成本也较高。

本章小结

本章围绕群体决策讨论了决策的一般概念，包括决策的含义、主要类型、一般决策战略、决策过程及决策影响因素；总体比较了群体决策与个体决策的差异，分析了群体决策的特点及影响群体决策的情境因素；较系统地分析了群体思维，包括群体思维术语及其模式的提出到群体思维理论与模式的发展；介绍了群体决策的几种主要方法，其中包括随现代信息技术发展而产生的电子会议方法。

复习与思考

1. 决策有哪些主要类型？
2. 如何理解决策过程？
3. 群体决策有哪些优势与不足？它与个体决策有何不同？
4. 影响群体决策的情境主要有哪些因素？
5. 什么是群体思维？如何理解群体思维模式及其发展？
6. 群体决策主要有哪些方法？这些方法各有什么特点？

测试练习

成员对群体决策参与如何？

说明：该练习是对群体中的少数不同意见、群体决策参与度及群体满意度的了解。对每个题目，请根据你自己以往或现在参与的群体项目，用右边列出的等级数字圈出最能代表你的感觉的答案，1＝非常不同意，2＝不同意，3＝不确定，4＝同意，5＝非常同意。然后，计算少数不同意见、决策参与度和群体满意度的各自得分。

1. 在我的团队里，个人会不认同另一个人的意见。　　　　1 2 3 4 5
2. 在我的团队里，有成员不认同大多数人的意见。　　　　1 2 3 4 5
3. 在我的团队里，成员会表达他们对大多数人意见的
　　不同看法。　　　　　　　　　　　　　　　　　　　　1 2 3 4 5
4. 在我的团队里，我能自然地表达自己对多数人意见的
　　不同看法。　　　　　　　　　　　　　　　　　　　　1 2 3 4 5
5. 在我的团队里，成员不会立即认同其他人的意见。　　　1 2 3 4 5
6. 作为团队一员，对如何履行工作，我有真正的发言权。　1 2 3 4 5
7. 在我的团队里，大多数成员都有机会参与决策。　　　　1 2 3 4 5
8. 为了使每个成员都有机会参与决策，我们对团队进行
　　了设计。　　　　　　　　　　　　　　　　　　　　　1 2 3 4 5
9. 我对我的团队感到很满意。　　　　　　　　　　　　　1 2 3 4 5
10. 我愿意与这个团队一起做另一个项目。　　　　　　　　1 2 3 4 5

计算得分：

少数不同意见(加总 1，2，3，4，5 的所有得分)：＿＿＿＿＿＿＿

决策参与度(加总 6，7，8 的得分)：＿＿＿＿＿＿
满意度(加总 9，10 的得分)：＿＿＿＿＿＿

评分标准：
低的少数不同意见＝5—15
高的少数不同意见＝16—25
低的决策参与度＝3—8
高的决策参与度＝9—15
低的满意度＝2—5
高的满意度＝6—10

思考与讨论
1. 你所在群体中的少数不同意见的程度如何？
2. 如何看待少数不同意见的不同程度？它与决策参与度和满意度的关系如何？

参考文献

Aldag, R. J. & S. R. Fuller, 1993, "Beyond Fiasco: A Reappraisal of the Groupthink Phenomenon and A New Model of Group Decision Processes", *Psychological Bulletin*, 113, 533—552.

De Dreu, C. K. & M. A. West, 2001, "Minority Dissent and Team Innovation: The Importance of Participation in Decision Making", *Journal of Psychology*, 86, 1191—1201.

Gary, J. J. & F. A. Stark, 1984, *Organizational Behavior: Concept and Application*, A Bell & Howell Company.

Gupta, U. G. & R. E. Clarke, 1996, "Theory and Applications of the Delphi Technique: A Bibliography (1975—1994)", *Technological Forecasting and Social Change*, 53, 185—211.

Hardy, B. & D. Sweet, 1996, "Virtual Conference", *Trends in Cell Biology*, Vol. 6, Sep.

Mintzberg, H., 1975, "The Manager's Job: Folklore and Fact", *Harvard Business Review*, 53, 49—61.

Park, W. W., 1990, "A Review of Research on Groupthink", *Journal of Behavioral Decision Making*, 3, 229—245.

Tetlock, P. E., R. S. Peterson, C. McGuire, S. Chang & P. Feld, 1992, Assessing Political Group Dynamics: A Test of the Groupthink Model, *Journal of Personality and Social Psychology*, 63, 403—425.

Whyte，G.，1998，"Recasting Janis's Groupthink Model：The Key Role of Collective Efficacy in Decision Fiascoes"，*Organizational Behavior and Human Decision Processes*，73，185—209.

斯蒂芬·罗宾斯：《管理学》（第9版），中国人民大学出版社2008年版。

斯蒂芬·罗宾斯、蒂莫西·贾奇：《组织行为学》（第12版），中国人民大学出版社2008年版。

西方管理科学：《西蒙的管理决策学派》，www. 3rd56. com/jingtai/glzh/guanlililun/ximeng. htm。

杨锡山：《西方组织行为学》，中国展望出版社1986年版。

第11章　沟通

本章关键词

沟通（communication）　　　　　体语（body language）

信息（information）　　　　　　　反馈（feedback）

编码（encode）　　　　　　　　　倾听（listening）

解码（decode）　　　　　　　　　沟通网络（communication network）

媒介（media）　　　　　　　　　　沟通视窗（Johari window）

障碍（barrier）　　　　　　　　　相互作用分析（interaction analysis）

　　随着信息技术的不断发展，知识与技术的更新日益频繁，人们的工作压力也越来越大。组织中人与人之间的沟通和交流就变得非常重要。据有关研究，企业管理人员80％的时间是花在沟通上。

11.1　沟通的意义与模式

　　沟通指意义的传递与理解，即将一个人或组织的意思和观念传递给他人并让他人理解。在心理学中，沟通是动物界的一种普遍现象。人类的沟通不同于依靠天然神经机制实现沟通的动物，它主要通过后天学习得来的语言、文字、符号、动作等，并应用随技术发展不断出现的现代化通讯设施，不断提高沟通的效率。组织行为学着重研究组织中的人际沟通，不仅包括组织和工作的沟通，还包括人的情感、态度、思想和观点的沟通。

11.1.1　沟通的意义

　　一个工作群体或团队，要能高效完成组织的任务和目标，其成员之间的沟通更为重要，它是一切分工和合作得以开展的基础。有效的沟通，不仅能够加强成员对群体的认同感与忠诚度，还能帮助组织解决矛盾，处理工作中的难题。信息及时、顺畅的传递，是当今强调效率的工作管理理念得以实现的保障。

　　具体而言，沟通的意义表现在以下几方面：

（1）沟通是组织决策的基础。现代管理理论告诉人们,管理的核心即是决策。而决策的过程实际上是对信息的搜寻、控制与管理的过程。毫无疑问,决策的合理性、正确性和科学性很大程度上依赖于决策者所掌握信息的多寡。

（2）沟通有助于组织的协调与控制。通畅的沟通能够协调组织各部门、群体各成员之间的工作内容,处理分歧与矛盾;同时,及时的信息反馈能使组织及时调整其战略、政策,以适应不断变化的情况。

（3）沟通能促进人际关系的和谐相处。沟通的过程是信息从一个人或一些人传送到另一个人或另一些人的过程,这种人与人之间互动的过程可以把许多独立的个人、群体连接起来,成为一个整体,从而为建立良好的人际关系提供了基本前提。

11.1.2　沟通的一般模式

沟通必须具备三个要素:信息发送者(信息源)、信息接受者和所传递的信息内容。由发送者将信息内容传递给接受者,这就构成了思想、观念、想法或事实、现象等交流的过程。信息沟通的过程可分为 5 个步骤:

（1）信息发送者获得了某些观点、想法或事实、现象,并有传送出去的意向。

（2）发送者通过某种方式将所要发送的信息表达出来,即编码。或以言词来表达,或以非语言方式来表达。

（3）根据信息表达的方式,寻找适合的传送媒介传递到接受者一方。

（4）当接受者通过传送媒介接收到信息后,对信息进行"解码",接受者通过自己的主观理解将信息"还原"成发送者的观点、想法等。

（5）接受者在理解发送者的信息后,进行思考、判断,并将这一信息反馈给发送者,从而开始新一轮的沟通。

在沟通过程中,每个环节都可能受到各种干扰,既有主观干扰也有物理干扰。图11.1 所示的是沟通的一般模式。

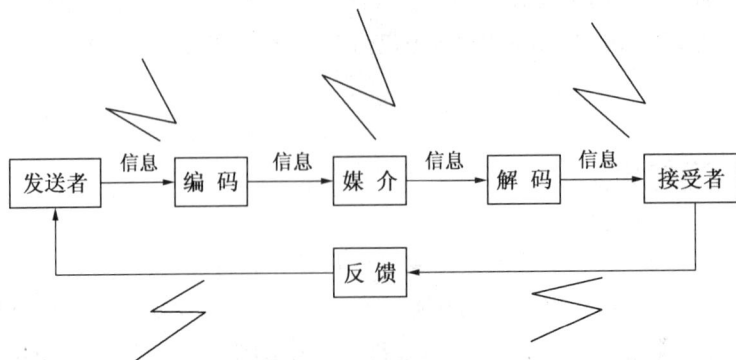

图 11.1　信息沟通的一般模式

11.2　沟通的方式与网络

11.2.1　沟通的方式

沟通方式有多种多样,从不同的角度划分,就有不同的沟通方式。一般的划分角度有沟通媒介、沟通的组织性质和沟通有无反馈等方面。

1. 从沟通媒介角度划分有口头沟通、书面沟通、非言语沟通及电子媒介沟通等方式

(1) 口头沟通方式。

口头沟通是信息传递的主要方式之一,发言、讨论和小道消息等都是口头沟通的常见方式。口头沟通方式的优点是传递和反馈直接、简便、快速,但是如果信息经过多人传递时,信息失真的潜在可能性就大,因为每个人都以自己的方式理解和解释信息。另外,口头沟通的信息难以保留和核实。

(2) 书面沟通方式。

书面沟通方式包括备忘录、内部刊物、公告栏、传真等利用文字或符号传达信息的方式。书面沟通方式具体而直观,信息持久并且可以随时核实,不易出现信息失真的情况。此外,与口头沟通方式相比,书面沟通传达的信息因为准备较充分而更具逻辑性及条理性。当然,书面沟通方式所花费的时间较长,同时,反馈也不如口头方式快速而有效。

(3) 非言语沟通方式。

上述两种沟通方式主要通过言语方式传递信息,而非言语沟通方式是指借助人的身体语言(又称"体语")或装饰、着装等符号来传递信息,如一个人点头表示同意的信息,一个女青年的穿着鲜艳而时髦,向人们传递她喜欢接受新事物的信息。"体语"在非言语沟通中起着非常重要的作用,它包括手势、坐姿、走相、表情、神态及其他身体动作。

在沟通中,体语一般与言语相一致,若不一致时,体语则能更真实地反映人的内心世界。因此,对于接受方而言,对非言语沟通方式表达的信息应特别关注。

(4) 电子媒介沟通方式。

当今时代是信息时代,电信技术空前发展,各种电子设备成为信息传递的重要媒介。如电子会议、互联网交谈(Internet meeting)、电子邮件(E-mail)交流等。电子媒介沟通方便、迅速,不受时空限制,但安全性受到影响,同时需要沟通者双方懂得计算机的基本知识,以及需要具备相关电子设备等。

2. 从沟通的组织性质角度划分,有正式沟通和非正式沟通两种方式

(1) 正式沟通方式。

这是组织内规章制度所规定的沟通方式,遵循组织结构的设置路径。根据沟通的方向,又可分为自上而下、自下而上和水平的沟通方式。

自上而下的沟通方式,又称下行沟通,是指从较高的组织层次向较低的组织层次进

行的沟通。通常,这种方式用于上级向下级传达组织目标、规章制度、工作程序,或者向下属指派工作任务、提供下级工作绩效的反馈、指出工作中需要注意的问题等。

相反地,自下而上的沟通方式,又称上行沟通,则是指从较低的组织层次向较高的组织层次进行的沟通。通过这种沟通方式,员工向上级提供反馈,汇报工作进度,并告知当前存在的问题。但是如果信息的上传经过多个层次,往往也会使信息的许多细节在传递过程中丢失。上级应鼓励下级积极向上反映情况,只有上行沟通渠道通畅,上级才能掌握全面情况,作出符合实际的决策。上级应通过多种渠道如与下属座谈、设立意见箱、建立定期的汇报制度等,确保上行沟通通畅。

所谓水平沟通,指同一级别的部门或成员之间进行的沟通。由于水平沟通通常能节省时间、促进合作,因而保持同一级别的沟通,也是减少部门或成员之间误解、冲突的一个重要手段。

正式沟通的优点主要是,沟通的信息比较真实、准确;但缺点是,沟通速度缓慢,经过逐级执行,容易延误时日。

(2) 非正式沟通方式。

在组织中,除了正式沟通之外,还存在大量的非正式沟通,这种无须经由管理层批准或认可,不受等级结构限制的交流往往比正式沟通更需引起关注。这种非正式沟通方式最典型的表现形式就是"小道消息"。由于小道消息的传递都是非正式的,比较难以查询信息来源,组织中的每个人都有可能成为小道消息的发送者和接受者;并且,由于小道消息中大量夹杂着谣言,对真实信息的夸张与扩大等,因而会对组织产生较大的负面影响。小道消息的产生通常源自于组织信息的不透明,员工的抵触情绪等,因此,要消除小道消息的消极影响,可以从改善组织信息渠道入手,多用正式沟通渠道代替小道消息的传播。

3. 从沟通有无反馈角度划分,有单向沟通和双向沟通两种方式

(1) 单向沟通。

在沟通中,信息发送者与接受者的地位不变,一方只发送信息,另一方只接受信息而不给予信息反馈,称为单向沟通。如作报告、讲演、发指示等都是单向沟通。单向沟通一般速度较快,但准确性较低。

(2) 双向沟通。

在沟通中,信息发送者与接受者的地位不断变化,发送信息、接受信息、反馈信息,多次往复,称为双向沟通。如交谈、协商、谈判等都是双向沟通。双向沟通比单向沟通准确性高,信息接受者对自己的判断比较自信;但双向沟通比单向沟通速度要慢,并容易受到干扰,信息发送者感到有心理压力,条理性也差。

11.2.2　沟通的网络

在组织内,各种沟通途径可以组成各种结构形式,这种结构形式称为沟通网络。不

同的沟通网络与沟通有效性有一定关系。主要的沟通网络结构有链型、星型、环型、全通道型和"Y"型五种,如图 11.2 所示。

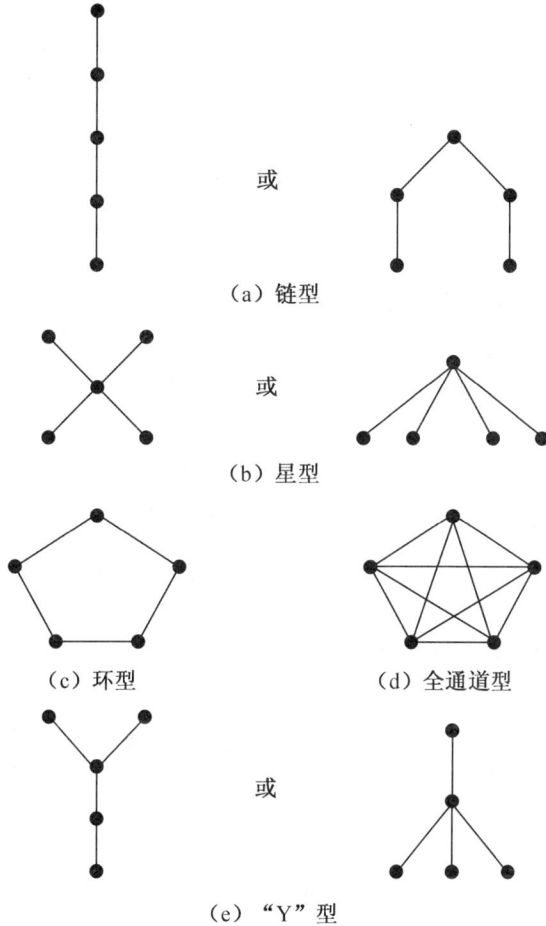

（a）链型

（b）星型

（c）环型 （d）全通道型

（e）"Y"型

图 11.2 沟通的网络

1. 链型

如图 11.2(a)所示,链型沟通方式的信息传递遵循正式的命令系统,往往以逐级传递的方式进行。在组织中,最常见的应用莫过于直线式上下级间的信息传送。这种结构传送的通路十分清晰,不存在分支通路;但对位于两端的成员而言,这种方式,信息经过的层次越多,花费的时间越多,信息失真的可能性也越大。因此,上级的指示经过各管理层的层层"诠释"与"理解",下级的反馈经过各中层的"提取"和"归纳",往往都易出现偏差。

2. 星型

如图 11.2(b)所示,星型网络结构呈现一种发散式的方式,位于交汇点处的人员往往占据着举足轻重的地位,网络中所有的人员通过他才能与别人沟通。通常,该结构的核心人员由该群体中的领导者担任,所有成员都可以第一时间与领导者取得沟通,因而决策的效率较高。并且,由于信息经过的传送环节比链型要少,因此,传送的时间也大大缩短。但是这种结果过度强调了领导者的作用,可能会导致整个群体的士气比较低落。

3. 环型

如图 11.2(c)所示,在环型结构中,所有成员都仅与相邻的两人保持沟通。相对而言,这种结构中的每个成员所处的地位相当,成员的士气与满意度都较高。但对于非相邻成员的沟通,必须通过多级的中转,传送的速度以及信息的可靠性都会随之降低。当群体中人数较多时,这种方式的效率会变得非常低。

4. 全通道型

如图 11.2(d)所示,群体中的每个成员都可以自由地与其他成员进行沟通,而不需经过任何中间环节。群体中没有中心人物,各成员地位平等,群体士气很高。并且,由于沟通的通路选择多,成员可以在第一时间直接与目标接受方沟通信息,因而信息的传送快速而有效。这种自由充分的沟通方式特别适合于解决需要群策群力的复杂问题。

5. "Y"型

如图 11.2(e)所示,Y 型结构类似于星型与链型结构的结合,即位于节点上的成员掌握的信息相对其他成员而言多,占有比较重要的地位,一些成员必须经由他才能与群体中的其他成员联络;另一些成员则按照类似链型的层层方式,进行沟通。

表 11.1 从沟通速度、准确性、突出领导者和成员士气等方面对 5 种网络进行了评价。事实上,每种沟通网络结构都有其优点与不足,没有一种网络在任何方面都是最好的。对于管理者而言,关键的问题是根据不同的沟通目的来选择合适的沟通网络。

表 11.1　沟通网络与评价维度

沟通网络 评价维度	链型	Y 型	星型	环型	全通道型
速度	中	中	快	慢	快
正确性	高	高	高	低	中
突出领导者	中	中	高	无	无
士气	中	中	低	高	高

11.3　沟通相关理论

国外理论学家研究提出的与沟通相关的理论,对改善沟通方法和提高沟通效果有重要意义。这里,主要介绍沟通视窗和相互作用分析理论。

11.3.1　沟通视窗理论

20 世纪 50 年代,加州大学的勒夫特(Joe Luft)和英厄姆(Harry Ingham)两位学者提出了 Johari 沟通视窗的概念。他们研究发现,在人际交往和沟通中,人们的性格特征可分成四个部分,即开放的自我、隐蔽的自我、不自觉的自我和不可知的自我,如图 11.3 所示。

	我知	我不知
你知	Ⅰ 开放的自我 (open area)	Ⅱ 不自觉的自我 (blind area)
你不知	Ⅲ 隐蔽的自我 (hidden area)	Ⅳ 不可知的自我 (unknown area)

图 11.3　Johari 沟通视窗

在 Johari 沟通视窗中,开放的自我指对外公开的那部分性格特征,通常表现为个人优势与劣势的形式,即我知你也知的部分。隐蔽的自我指自我了解,但却不愿意公开与他人分享的这部分性格特征,即我知你不知的部分。不自觉的自我指别人观察到但当事人自己并没有意识到的性格特征,这些性格有积极的也有消极的,会影响他人对待当事人的态度与行为,是我不知你却知的部分。不可知的自我指无人知晓的性格特征,即我不知你也不知的部分,尽管不为人感知,这部分的性格特征依然存在,并且最终将影响人际关系,其存在的原因可能是当事人从未展露个人性格的方面,或者下意识地将其深藏在内心。

Johari 沟通视窗揭示的现象广泛存在。在一个新群体成立之初,由于成员之间互不相识,开放的自我(Ⅰ部分)占的比例很小,这时,群体间只有很少的自由交流。但随着群体不断发展与成熟,沟通的增多,开放的自我部分迅速扩大,同时隐蔽的自我部分(Ⅲ部分)也相应缩小,这是因为成员之间逐渐建立起了相互信任的氛围,因而就不需要过多隐瞒或否认自己的想法与感受。不自觉的自我部分(Ⅱ部分)由于当事人"只缘身在此山中"的缘故,其缩小可能需要稍长的时间。而通过不断的学习、交流,尤其是通过培训等方法,可以使不可知的自我部分(Ⅳ部分)的比例发生变化,但毫无疑问的是,这部分的变化将会花费更长的时间。而且,这些隐藏的部分对个人人际关系处理的影响比我们所想象的可能要大得多。

在 Johari 视窗中,各部分大小的变化遵循一定的规则,主要有:

(1) 任何一部分的改变都会影响到其他部分。

(2) 在人际交往中,要隐藏、否认或不感知某种行为都会消耗能量。

(3) 威胁会降低感知的程度,而共同信任则能增加感知程度。

(4) 强迫进行感知是不合理的,并且通常是收效甚微的。

(5) 互相的学习表明发生了使开放的自我部分扩大而其他部分缩小的变化。

(6) 如果群体中自由活动的范围大,则有助于成员间的合作,因为这可以使成员间能够分享各种资源与技能。

(7) 开放的自我部分所占比例越小,则群体中的沟通越薄弱。

(8) 对于不可知的领域,虽然大家都有好奇心,但出于习惯或恐惧的原因,并不去深究。

(9) 敏感性意味着认可隐蔽的自我部分、不自觉的自我部分、不可知的自我部分中行为的隐蔽方面,并尊重他人的类似行为。

(10) 通过亲身经历了解群体的运作过程,可以帮助群体及成员个人扩大感知范围。

同样,在一个组织的群体之间,Johari 视窗的原理也同样适合。开放的自我部分(Ⅰ部分)是指群体成员及其他群体了解的该群体的行为、动机等;隐蔽的自我部分(Ⅲ部分)指群体自身了解,但对其他群体保密的部分;不自觉的自我部分(Ⅱ部分)则指群体本身未能感知,但其他群体则了解的行为;不可知的自我部分(Ⅳ部分)则是群体本身及其他群体都没能意识到的行为。同样,这些部分也会随着群体发展阶段的不同而发生变化。

沟通视窗表明,组织成员努力的目标是不断扩大开放的自我部分(Ⅰ部分),以使群体之间和个人之间的沟通与关系更为自由与开放。而这种努力也会导致其他三部分即不自觉的自我部分、隐蔽的自我部分和不可知的自我部分(Ⅱ、Ⅲ和Ⅳ)范围不同程度地缩小,通常隐蔽的自我部分缩小最多,不自觉的自我部分次之,不可知的自我部分的缩小最少,如图 11.4 所示。开放的自我部分的扩大意味着群体成员的威胁性或恐惧性更少,更能共享技能与资源完成某一任务。并且,隐蔽部分的缩小,也意味着由于隐蔽行为而消耗的能量也相应减少。由于群体成员的需求所受的限制减少,其工作满意度和对群体的认同感与参与度也可能会大大提高。

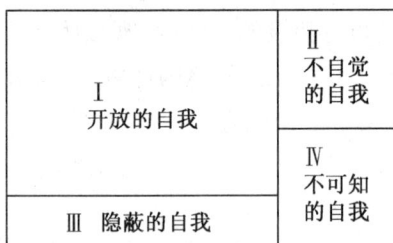

图 11.4 Johari 沟通视窗的变化

11.3.2 相互作用分析理论

相互作用分析是加拿大理论学家贝恩(E. Berne)于 20 世纪 60 年代在其《大众游戏》一书中研究提出的,着重分析人们在交往中所处的心理状态。它是一种促进信息沟通、提高人际交往能力的理论。国外企业在培训管理人员和员工的人际交往和沟通能力时,经常将此作为培训的理论方法。

1. 三种自我心理状态

相互作用分析理论认为,人们在交往和沟通中都不同程度地存在三种心理自我状态,即父母状态、成人状态和儿童状态。

父母状态(parent,P)以权威和优越为标志。通常表现为控制人、教诲人等。当一个人心理状态中"父母"心理占优势时,他的行为表现为凭主观印象办事、独断专行。沟通中常用的语言是"你应该……"、"你必须……"、"你不能……"等。

成人状态(adult,A)以客观和理智为标志。当一个人心理状态中"成人"心理占优势时,他的行为表现为待人接物有理有节,理智冷静和注重事实。沟通中常用的语言是

"我个人认为……"、"你认为怎样……"等。

儿童状态(child，C)以情感和感觉为标志。当一个人心理状态中"儿童"心理占优势时,他的行为表现像儿童那样,有时感情冲动,有时又听从他人或任人摆布。沟通中常用的语言是"我猜想……"、"我想要……"、"我不知道……"等。

以上三种自我心理状态,隐藏在每个人的潜意识中,但是,三种自我心理状态在每个人身上组合的比例是不一样的,并构成人的性格的组成部分,在一定条件下,会不自觉地表现出来。

对组织中的管理人员而言,三种自我心理状态比重不同,就会有不同的行为表现。通常,三种自我心理状态有六种组合,每一种组合及其相应的性格与行为表现如表 11.2 所示。

表 11.2　管理人员三种自我心理状态的六种组合

PAC	性 格 表 现
高低高	喜怒无常,难与共事,个人支配欲强,有决断,喜欢被人歌颂捧场和照顾。
高低低	墨守成规,照章办事,家长作风,养成下属的依赖性,是早期工业时代的经理人物,现在不合潮流。
低低高	稚气,对人有吸引力,爱寻求友谊,凭感觉、想象进行决策。
低高低	客观,重视现实,工作刻板,待人较冷淡,难与共事,别人不愿与他谈心。
高高低	容易将父母心态过渡到成人心态,若经过一定的学习和经验积累,可成为成功的管理者。
低高高	理想的管理者,将成人和儿童的特点结合在一起,对人对事都能做好。

2. 交往沟通

交往通常是人们之间的相互作用,包括言语和非言语的信息交流。在现实中,人们的交往沟通主要有互应性沟通与交叉性沟通。互应性沟通能使沟通融洽而顺利进行,使双方获得所要获得的信息。交叉性沟通则使沟通打断,无法进行沟通。

(1) 互应性沟通。

互应性沟通指两人之间的信息交流属于互应关系,包括平行和非平行之间的互应关系。像父母与父母之间、成人与成人之间、儿童与儿童之间,这是平行的互应沟通。像父母与儿童之间、父母与成人之间、成人与儿童之间,这是非平行的互应沟通。如图 11.5 所示。

在图 11.5(a)父母—父母互应沟通中,举例,甲:"产品质量管理必须加强,这样才能提高生产效益。"乙:"我一贯强调产品质量非常重要,否则我们会失去客户的信任。"

在图 11.5(b)成人—成人互应沟通中,举例,甲:"王经理,这次人员晋升主要考虑哪些方面?"乙:"我认为,人员的工作绩效和品行是非常重要的。"

在图 11.5(c)儿童—儿童互应沟通中,举例,甲:"我想,即使我迟到两次,头儿也不一定记得,到时不会影响我的出勤奖。"乙:"我猜,你头儿也会对你这样做。"

在图 11.5(d)父母—儿童互应沟通中,举例,甲:"对任何工作都应该认真、负责。"乙:"是的,我会这样做。"

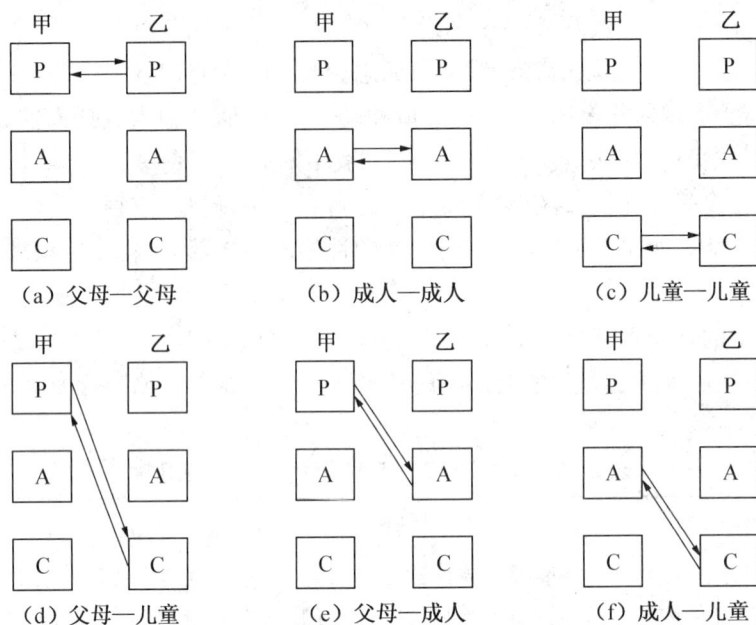

图 11.5 互应性沟通

在图 11.5(e)父母—成人互应沟通中,举例,甲:"我公司的产品质量一定要想方设法提高。"乙:"我认为,现在产品的原材料质量问题亟待解决,这是影响产品质量提高的主要因素。"

在图 11.5(f)成人—儿童互应沟通中,举例,甲:"你这个月的任务完成得怎样?"乙:"我不知道,我担心任务完不成。"

(2) 交叉性沟通。

交叉性沟通指两人的交往沟通中没有认同的起始和终止的心理状态,彼此不能获得预期反应,结果导致交流困难甚至争论。交叉性沟通的主要类型如图 11.6 所示。

在图 11.6(a)AA—PC 交叉沟通中,举例,甲:"你工作中如果有什么需要我帮助的,你可告诉我,我会尽力的。"乙:"得了,你自己的事还没有做好呢!"

在图 11.6(b)AA—CP 交叉沟通中,举例,甲:"我认为,如果我们组成一个团队来完成这个任务,效果会更好些,你看是不是?"乙:"我不知道,我自己的事情还忙不过来。"

在图 11.6(c)PC—PC 交叉沟通中,举例,甲:"今天你应该加点班。"乙:"你少指使我,你又不是领导。"

在图 11.6(d)CP—CP 交叉沟通中,举例,甲:"你的报告许多地方需要修改,我都不愿再看了。"乙:"那你就不要看好了,我拿回去,你自己写吧。"

从互应性沟通和交叉性沟通分析中可知,人们在交往沟通中不同的自我心理状态会直接影响沟通的效果,进而影响人际关系。因此,在交往沟通中,认识沟通双方不同的自我心理状态,有意识地调整合适的心理状态,必要时进行针对性的培训,对增强沟通技能、提高沟通有效性有重要意义。

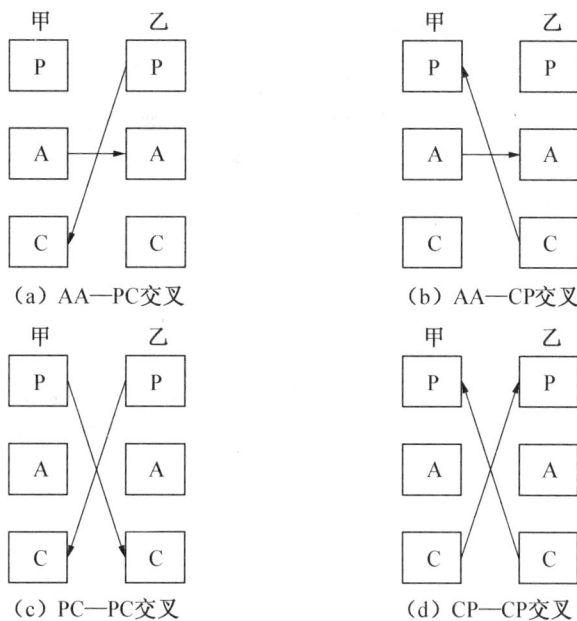

（a）AA—PC交叉   （b）AA—CP交叉

（c）PC—PC交叉   （d）CP—CP交叉

图 11.6　交叉性沟通

11.4　提高沟通的有效性

影响沟通有效性的因素有很多，有情境因素、个性或主观因素，还有沟通的方式和方法因素等。为了提高沟通的有效性，首先需要弄清楚沟通可能会遇到哪些障碍。

11.4.1　沟通障碍

沟通从信息编码、发送、解码、接收到反馈，每一环节都可能存在"噪音"或受到干扰，阻碍信息的有效沟通。沟通障碍主要有三种类型：个人障碍、物理障碍和语义障碍。

1. 个人障碍

个人障碍（personal barriers）包括由于人们的感情或情绪、知觉、理解和接受能力、价值观或不良的倾听习惯而产生的沟通障碍，也包括人们在受教育程度、经验或经历、种族、性别、社会经济地位及其他方面的差别引起的沟通障碍。在信息沟通中，感情就像是知觉的过滤器，看到的和听到的实际上都是感情上愿意接受的东西，所以沟通实际上是由期望所引导的。个人障碍又与人们之间的心理距离（psychological distance）有关。如果一个人对另一个人的说话方式很反感或心不在焉，就会导致两人之间的心理距离。另外，人们所沟通的实际上是对客观事实的解释，而不是客观事实本身。如果沟通双方的知觉比较近似，沟通就会更为有效。

2. 物理障碍

物理障碍(physical barriers)指在人们沟通环境中存在的障碍。一个典型的物理障碍是突然出现的干扰噪音盖过了说话的声音。其他物理障碍包括人和人之间的距离、墙或干扰无线电信号的静电。当物理干扰出现时,人们通常会意识到,并会采取措施予以补救。通过生态控制(ecological control),可以使物理障碍转换为积极因素——传递者使环境发生改变从而影响接收方的感受和行为。比如说,整洁的环境,开放式的办公环境等都会影响来访者的知觉。

沟通双方要维系适当的物理距离。这种对空间距离的研究被称为空间关系学(proxemics)。物理距离是相对的,它与不同文化背景下人际空间的不同行为感受有关。因此,了解和观察有关如亲密关系、朋友关系、工作关系或陌生人等不同关系的空间距离十分重要。

3. 符号语义障碍

语义学(semantics)是有关语言含义的科学。几乎所有的沟通都是符号的沟通,是使用有特定含义的符号(文字、图画和动作)实现的。这些符号必须被接受者解码和解释。语义障碍(semantic barriers)是由我们沟通所使用的符号自身的局限性而产生的。符号通常都有多种含义,我们在沟通时需要从中选择一种含义。有时我们会选择错误或偏差的含义从而导致误解,这样还可能会导致感情障碍,使沟通更加困难。

当具有不同文化背景的人进行沟通时,语义障碍造成的问题就更加严重。沟通双方不仅要能够理解对方语言的字面含义,还必须在特定的情境下解释词句以及它们被表达的方式,如语音、语调以及相应的非语义姿势等。正在形成的全球经济一体化,对管理者提出跨文化沟通的挑战。

当我们依据自己的假设而不是客观事实来解释一个符号时,我们是在进行某种推断。推断是大多数沟通必不可少的。我们无法避免它,因为我们不可能等到所有的沟通内容都成为事实时才接受它。但是,推断可能造成对信息的错误理解,必须对它们进行仔细的评估。一旦产生怀疑,就要及时地搜寻更多的信息。

11.4.2 沟通技巧

如何克服存在沟通障碍的重重阻挠,达到有效沟通的目的,这取决于沟通者能否运用一些有效的沟通技巧。常用的沟通技巧包括以下几方面。

1. 在沟通中,使用简洁、明确、易懂的语言

简单而明确的语言能够使听者更容易把握说话者的主题,避免歧义的产生以及由于语言层次不同而产生的沟通障碍。

2. 在沟通中,应尽量控制情绪,保持冷静而理智,特别在遇到矛盾或冲突的沟通中

如果双方怒气冲天,情绪激动,则任何合理的要求、建议都可能丧失其应有的效果,

甚至带来麻烦。情绪能使沟通双方无法进行客观的理性思维活动,而代之以情绪化的判断,使沟通被阻碍,信息被严重扭曲。

3. 在沟通中,积极倾听

沟通是一种双向的交流过程,特别在口头沟通方式中,既包括自己观点的表述,又包括对对方观点的倾听与理解的过程。积极的倾听有助于了解全部信息,相互改善关系,从而解决问题;同时,积极倾听可以鼓励他人,帮助讲话者廓清思想。然而,在现实中,对于许多管理者而言,做一个好听众远比做一个好的演说家要难得多。倾听是一种十分重要但又不易被掌握的沟通技巧。因此,开发积极倾听的技巧非常重要。

积极倾听,是对信息进行主动的搜寻,它不同于被动地面对信息和信息传递者。从生理学角度分析,倾听对个体的消耗很大,在倾听过程中,个体必须集中全部注意力,并对获得的信息进行整理与思考。国外有人分析,正常的语速是每分钟 150 个词汇,而倾听的接受能力则高达每分钟 1 000 个词汇。巨大的差值使大脑能够有充足的时间进行思考。但即使大多数人都具备倾听的生理基础,也并不是所有的人都是成功的倾听者。

尽管倾听技巧不易掌握,但通过学习与开发,倾听技能却能够得到大幅度提高。罗宾斯(S. P. Robbins)提出,积极倾听有四项基本要求:专注、移情、接受和对完整性负责的意愿。

专注,即积极倾听者要精力非常集中地听人所言。人的大脑容量能接受的说话速度,是人们一般说话速度的 6 倍,那么在大脑空闲的时间里,积极的倾听者在干些什么呢? 他应该关闭分散注意力的念头,积极地概括和综合所听到的信息,并留意需反馈的信息内容。

移情,即积极的倾听者要把自己置于说话者的位置,努力理解说话者想表达的含义,而不是自己想理解的意思,要从说话者的角度调整自己的所见所闻,使自己对信息的认知符合说话者本意。

接受,即积极的倾听者要客观地、耐心地倾听说话者所说的内容,而不应即刻作判断。事实上,说话者所言常常会引起听者分心,尤其是对于所说内容存在不同看法时,聆听者可能在心里阐述自己的看法或反驳所闻之言,这样一来就会漏掉余下的信息。此刻,能否将他人言语听下来,而把自己的判断推迟到说话人的话说完之后,是对积极倾听者的挑战。积极的倾听者应该做到豁达大度、兼收并蓄。

对完整性负责的意愿,即积极的倾听者要千方百计地从沟通中获得说话者所要表达的信息。这就要求在倾听内容的同时要倾听情感。尤其是管理者在倾听下属说话时,要有诚意,少摆架子,形成一种相互信任、支持下级工作的良好作风,使下属愿意倾吐肺腑之言。否则,就会影响说话者,从而得不到真实的信息或得不到真实而完整的信息。

另外,内斯特罗姆(J. W. Newstrom)和戴维斯(K. Davis)研究提出了改善倾听的 10 条指南。它们是:

● 自己不再讲话——自己说得越多,意味着倾听越少。

● 让说话者无拘束——尽量少的条条框框可以使说话者尽情表达信息。

● 向说话者显示你是要倾听他的讲话——这可以鼓励说话者,向其表明其所表达的信息是有价值的。

● 克服心不在焉的现象——心不在焉显然与积极倾听是不相符合的。

● 以设身处地的同情态度对待谈话者——还原说话者要表述的真正意思。

● 要有耐心。

● 复述——复述既有助于正确理解说话者的意思,又能使说话者相信你正在认真倾听他的发言。

● 与人争辩或批评他人时要平和宽容。

● 提出问题——有助于正确理解意思,并表明你正在认真倾听。

● 自己不再讲话。

其中第一条和最后一条是最重要的,两条内容一样,以示强调。

4. 在沟通中,巧妙使用非言语信号

任何口头沟通都包含有非言语信息,如果口头信息与非言语信息协调一致,则会彼此强化。对倾听者而言,非言语信号主要有三个:第一,使用积极的目光接触。通常,说话人会通过观察听话者的眼睛判断其是否在倾听。因而,与说话人进行积极的目光接触,不仅可以使你集中精力,还可以鼓励说话人。第二,展现赞许性点头和恰当的面部表情。赞许性点头、恰当的面部表情与积极的目光相配合,都能向说话人表明你在认真倾听,都是能够实现有效倾听的非言语信号。第三,避免分心的举动。在倾听时,注意不要进行如看表、心不在焉地翻阅文件、拿着笔乱写乱画等行为。这是没有集中精力聆听的表现,由此很可能遗漏一些说话者想传递的信息,同时,这些举动也是对说话人的不尊重,使人有话也不想再说下去,欲言却止。

同样,对说话者而言,适当使用非言语信号,如手势、声调、眼神和表情等也能增强说话的效果。

5. 运用有效反馈的技能

从沟通模式中可知,反馈是对信息接受情况的核实、检验和补充的重要环节。在反馈中,应注意以下几方面:

(1)反馈的内容强调具体的行为和表现,而不是一般或抽象的东西。

(2)反馈是针对工作的反馈,而不是有关人,避免对人评头论足。

(3)反馈是有目的的反馈,在反馈中,始终围绕主题,而不要分散话题。

(4)把握反馈的良机,保持反馈的及时性。

(5)反馈要确保沟通双方理解,必要时,让接受者复述反馈内容,以判别对方是否真正理解。

(6)反馈接受者的缺点、差错时,要强调接受者可控制或能接受的方面,特别要指出如何改进方面,并使之处于可控制的范围。

6. 修饰必要的衣着装扮

在沟通中,沟通者双方着装得体、大方,让自己和他人的感觉舒服,有助于营造当时沟通的氛围。如果说话人着装得体,会让聆听者觉得对方尊重自己,而且加深对此次沟通内容的重视程度。

7. 注重彼此之间的空间位置关系

社会心理学实验证明,人与人之间的空间位置关系,会直接影响彼此的沟通过程。不同的空间位置对沟通者具有不同的沟通影响力。例如,演讲者在讲台上面的演讲和在讲台下面的发言所引起的作用是不同的,高高的讲台本身具有某种权威性。

8. 正确选择适合于所传递信息的沟通媒介

在沟通中,由于某些原因,沟通者无法直接面对面进行沟通,为了使信息及时并准确地传递到接收方,信息发送方就得借助适当的沟通媒介。但所传递信息的内容是不同的,沟通者在选择沟通媒介时,要非常慎重,如果选择不当,沟通媒介不但保证不了信息的准确传递,而且会导致沟通过程的误解甚至是冲突,从而影响沟通的效果。在现代生活中,沟通者有许多沟通媒介可供选择,如电话、传真、网络等。

9. 选择合适的沟通场合

沟通者的个性、沟通内容和目的往往是不同的,为了实现有效的沟通,沟通者必须选择合适的沟通环境。如果对方是个严肃的人,且沟通内容是正式的信息,那么最好选择正式的场合如办公室等;如果对方比较随意,且沟通内容并非正式的信息,那么可以选择非正式的场合,使彼此很快融入良好的沟通环境。

10. 重视自我沟通

一个人要学会与人沟通之前,首先要学会与自己沟通,能够对自己的地位、能力、个性特点、价值观、形象等方面进行客观的定位。然而现实生活中,人们往往容易忽视这一点。沟通者无论是在快乐的时候,还是在悲伤的时候,都要调整好心理状态,使自己更加自信、积极地投入到沟通中。这也正是我们常说的"要说服他人,首先要说服自己"。

11.5　电子化信息时代的沟通

随着信息技术的不断发展,通过电子媒介的沟通日益增多,因特网/内部网/外部网、电子邮件、视频会议和电子通勤的广泛应用,正在不断影响和改变计算机化的工作场所的沟通方式和管理。

11.5.1　因特网/内部网/外部网

因特网是由独立操作但又互相连接的计算机组成的全球性网络。它连接 200 多个国家、超过 140 000 个子网。因特网连通一切：从企业、政府和大学里的大型主机，到我们家庭和办公室的个人电脑。

内部网其实就是组织内部的私人因特网。内部网设有防火墙能阻止外部因特网使用者接触到内部信息，这样做是为了保护公司文件的安全性和私密性。

外部网是内部网的延伸，它连接内部员工和有选择的客户、供应商或其他战略伙伴。例如，福特汽车公司（Ford Motor Company）有连接世界各地经销商的外部网。福特公司设立外部网是为了支持汽车销售和服务以提高客户满意度。

因特网、内部网、外部网的主要好处是：能提高员工搜集、创造、管理、发布信息的能力。然而，这些系统的有效性则取决于组织如何建立、管理内部网和外部网，以及员工如何使用得到的信息。由于信息本身不能解决任何问题，如果公司内部网成了堆放杂乱信息的垃圾场，员工会发觉他们掉进了信息的汪洋大海，则会降低沟通的有效性。因此，组织对内部网和外部网的有效使用和管理，则变得非常关键。

另一方面，员工可能会在工作时间，利用因特网、内部网、外部网做工作无关的私事，例如，网上购物或为个人搜索信息，或者收发个人邮件，从而降低工作效率。一些公司开始使用电子监控软件追踪员工行为，以彻底驱除网虫。2001 年，美国管理协会的一项研究表明，美国约 80％的大公司会检查员工使用电子邮件、因特网和电话的情况。一些公司对那些滥用因特网或电子邮件的员工则采取解雇或其他惩罚措施。

11.5.2　电子邮件

电子邮件，也叫 E-mail，它是使用内部网/因特网传送计算机生成的文本或文件。在全世界，使用电子邮件的数量在不断增加。在组织中，电子邮件也正在成为员工工作沟通的主要方式。

电子邮件主要有以下四个优点：

1. 电子邮件减少向大批员工发布信息的成本。

2. 电子邮件是增进团队合作的手段。它让员工能快速向在另外一层楼或其他一幢楼里，或在其他国家的同事发送消息。

3. 电子邮件减少了和打印、复制及纸张分发有关的时间和成本。

4. 电子邮件提高灵活性。对使用手提电脑的员工来说尤其如此，因为他们随时随地能登录电子邮件系统。

电子邮件由于其以上四大优点，使它正在成为领先的沟通媒介。但与此同时，电子邮件也有其缺点，主要表现为以下四点：

1. 收发邮件会浪费大量时间和精力，也可能妨碍员工完成更重要的工作任务。

2. 电子邮件系统本身不完善或低效，例如，有时不能发送附件较大的信件，或者在大量群发邮件时，会被视为"垃圾邮件发送者"而被屏蔽在系统之外等。

3. 信息超载，人们喜欢给别人发更多消息，由此可能造成信息超载，邮件泛滥，如发送垃圾邮件、低级笑话等。

4. 降低组织凝聚力。有研究表明，电子邮件使用的增加与面对面互动的减少及整个组织沟通程度的下降有关。一些员工会觉得，随着电子邮件数量的增加，部门的凝聚力和联系都在减少。人们之间的"分离感"可能是由电子信息取代了每日面对面的互动而引起。

11.5.3　视频会议

视频会议，也叫电话会议，使用计算机以及视频、音频连接让在不同地点的人们可以看到、听到对方并与对方交谈。这使得不同地点的人们不用出差就能举行会议。

视频会议能大大减少组织的差旅费。许多组织设立配有摄像机的专门视频会议室或电话间。现在越来越多的设备可以让人们把摄像头或麦克风连在电脑显示器或者办公桌上。员工不需要离开办公室或者隔间就能进行长途会议或参加培训课程。

但另一方面，在视频会议中，成员之间的互动性减弱，会议组织者对所有成员的观察、协调和监控都会受到影响。

11.5.4　电子通勤

电子通勤是在异地通过某种形式的信息技术，如无线设备、传真机、用解调器同公司电脑相连的家用电脑等，完成任务的工作方式。它较适用于要求精力集中、较少受打扰，并需要用电脑工作、写作或者用电话的工作。

电子通勤的优点主要表现为：

1. 减少资本支出。如根据美林证券和IBM的报告，这两家公司让员工在家工作降低了成本费用。

2. 提高员工工作的灵活性和自主性。员工可以根据个人实际情况，安排工作时间或工作计划。

3. 降低员工流动率。一些员工喜欢电子通勤，因为这有助于他们解决工作与家庭的冲突。美林证券的员工流动率在实施在家工作项目后显著下降。

尽管电子通勤是满足一些员工需求的尝试，但它需要调整，并不是适用于每个人的。许多人喜欢办公室环境里的社会情谊，这些人可能不愿意电子通勤。另一些人缺乏在家办公所需的自我激励，可能影响工作效率或质量。另外，电子通勤也并不适用于任何工作。

本章小结

本章分析了沟通在现代组织管理中的意义及沟通的一般模式,从沟通媒介、沟通的组织性质和沟通有无反馈等方面,描述了沟通的不同方式,分析了五种代表性的沟通网络,并评价其优点与不足,介绍了沟通的两种相关理论:沟通视窗与相互作用理论,分析了沟通中存在的障碍,并结合存在的障碍和有关理论,探讨了提高沟通有效性的技巧。最后,讨论了电子化信息时代的主要沟通方式,包括这些沟通方式的优点与不足。

复习与思考

1. 谈谈你对沟通一般模式的理解。
2. 沟通主要有哪些方式? 各有什么特点?
3. 你对沟通网络有何认识?
4. 结合你的个人经历,谈谈你对沟通视窗的理解?
5. 互应性沟通与交叉性沟通各有哪些主要类型?
6. 结合你的个人情况,谈谈你经常采用的是何种沟通类型(指互应性沟通与交叉性沟通)? 为什么?
7. 沟通通常存在哪些障碍? 你认为应如何克服?
8. 你对电子化信息时代的沟通有哪些体会? 请举例说明。

案例分析

老 张 与 晓 梅

老张是一家食品加工厂的包装车间主任,晓梅是该车间新来的操作贴标签机器的工人。晓梅刚犯了一个错误,包装流水线上的产品换了,她却没有换上相应的标签轴筒。老张找晓梅谈话:

老张:"你怎么可能让这种事发生! 我跟你说过,而且要你特别当心。"

晓梅:"那时我以为当流水线上的产品要换时,我会从打包工那里得到信号,可他什么也没跟我讲。"

老张:"哎呀,我说的'打包工',指的是打包机。干我们这行的,时间久了,谁都知道'打包工'就是打包机。当换产品时,它的红灯就亮了。"

晓梅:"我大概误解了你的意思。不管怎么说,那天你跟我讲这事时,我为我父亲急得要命,他正在医院里开刀。说真的,我一点没想到贴错标签会惹出这么大的麻烦。"

思考题

老张传达给晓梅的信息不清楚是由哪些因素引起的?怎样才能避免?

精华电气公司

精华电气公司是隶属于欧洲一家大公司的小型制造型公司。公司生产电子元件,产品由母公司向零售大超市或分销商销售。5年前其年销售额是1 000万美元,现已经增长到3 500万美元。精华电气公司有两家工厂,一家在宾夕法尼亚州,另一家在马萨诸塞州。宾夕法尼亚州的工厂相对较新,其产量是马萨诸塞州工厂产量的3倍。马萨诸塞州工厂建得较早,拥有较大的整修过的厂房,建筑古老,机器陈旧。然而,公司总部在马萨诸塞州工厂,公司总裁坚持让这两个工厂共同生产。

为了应对公司的扩大和发展,需要聘用更多员工。然而,公司没有组织制定培训制度和方式等。在公司工作时间长的员工知道自己的工作任务,从而基本上通过其日常工作带动公司的运行。但在人事精简期间,许多老员工突然离开公司,由于缺乏书面规定的程序规则来指导留下的员工及替代离职员工的新员工,信息真空因此产生。

公司发展过程中遭遇的另外一个重要问题就是员工跳槽。一份来自行政管理部门的报告表明:两年前聘用的人员中40%离开了公司,而留在公司的人员中,有90%的人都有不同的任务。在流失的员工中,很多人都身居重要岗位,他们的流失对公司的各个层次都产生影响。图1和图2分别是公司和马萨诸塞州工厂的组织结构。

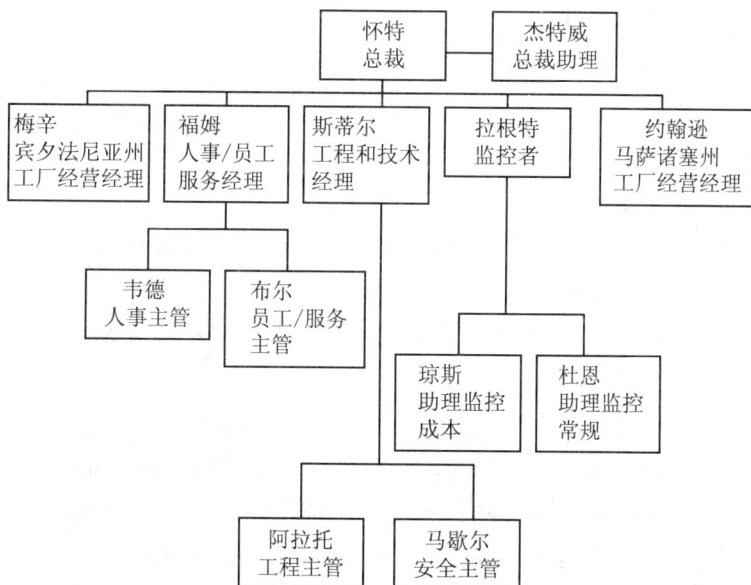

图1 精华公司组织架构

公司总裁威廉姆·怀特(William White),来得克萨斯州达拉斯的LTV公司。当初被招聘为马萨诸塞州工厂的经营经理。当精华公司前老板将公司出售给欧洲总公司时,怀特当选总裁。第二年,他就创建了宾夕法尼亚州的工厂。

约翰逊
工厂经营经理

巴巴特
销售经理

坎贝尔
生产经理

舒尔茨
质量监控经理

圣约翰
客户服务经理

傅兰雅
维修经理

尼尔森
工厂助理经理

贝克
公司助理经理

格里恩
经理助理

沃特
电子监控者

曼恩
常规监控者

利特
晶体管监控者

夏普
电路板监控者

施莫尔
晶片监控者

伏尔
阴极射线管监控者

柯恩斯
晶体管监控者

鲁恩爵
晶片监控者

斯蒂文斯
阴极射线管和木板监控者

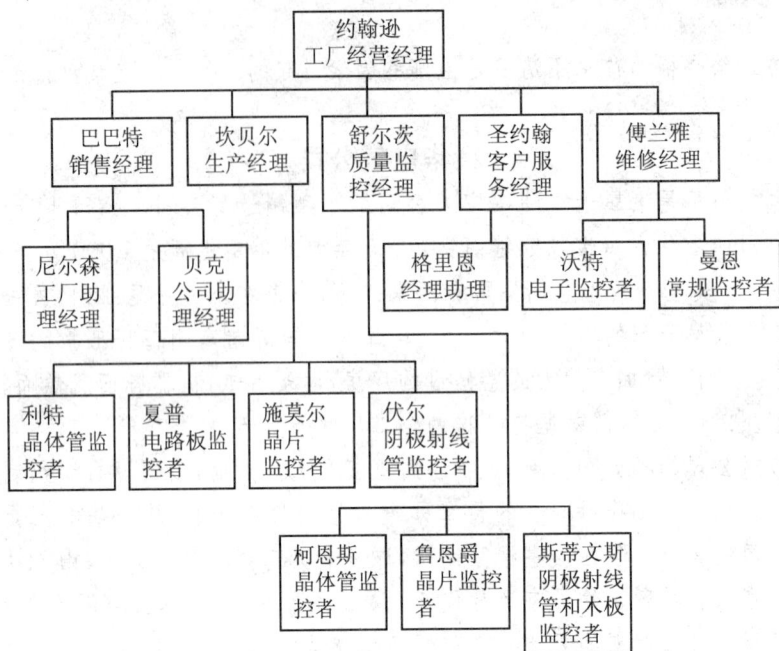

图2 马萨诸塞州工厂组织架构

作为总裁,怀特提出了六项经营哲学,其构成要素如下:

1. 优先考虑产品质量和客户服务。

2. 改进员工的工作环境。

3. 尽可能地交流、联系和参与。

4. 尽可能地减少组织结构层次,并控制官僚机构的膨胀。

5. 思考和评估我们公司的组织形式。

6. 争创公司的最优绩效。

升为总裁后,怀特提升原生产经理彼特·约翰逊(Peter Johnson)为工厂经营经理。怀特告诉约翰逊要学习运作一个工厂并尽自己所能应对工厂的变革。他同时指出:以后随着新工厂项目的运作,约翰逊应该减少产量。但是怀特认为这只是暂时的。为了长远打算,怀特特别提醒约翰逊要注重公司的经营哲学。

在怀特任工厂经营经理时,他提出了日常工作会议制度,参会的人员有:销售经理保罗·巴巴特(Paul Barbato),生产经理布莱恩·坎贝尔(Brian Campbell),质量监控经理伊丽莎白·舒尔茨(Elizabeth Schultz),工程主管大卫·阿拉托(David Arato),安全主管马丁·马歇尔(Martin Massell),人事主管珍妮·韦德(Jane Wieder),客户服务经理迈克尔·圣约翰(Michael St. John),以及辅助监控人员哈维·琼斯(Harvey Jones)。

当约翰逊上任后,他决定继续日常工作会议制度。一天,在会议上讨论完公司的问题后,公司决定让各条生产线的职能人员都参加日常工作会议。下面给出了一个典型会议的范例。

彼特·约翰逊:好,各位,现在是9:00,我们开始开会吧。大家都知道我们的议程了,所以我们先从安全主管开始吧。

马丁·马歇尔(安全主管):好的,彼特,我有许多事情讲。首先,我们应该反馈维护过程。隔天维护人员冲洗墙壁时,水会渗漏到电线里。没有人知道这个事情,最后,星期五开始渗入,然后冒烟。

彼特·约翰逊:好,我们会将维护过程反馈给你,还有其他事吗? 马丁?

马丁·马歇尔:我们发现工厂叉式升降机操作工操作时过快,我们发个备忘录告诉他们放慢速度。

大卫·阿拉托(工程主管):为什么我们不把碎块放在地板上呢,这样他们就不会操作过快了。

马丁·马歇尔:是,我们正在考虑这件事。我们可以这样做,但是我们要评估一下成本,而且只有维护人员才能替我们做这个事。

彼特·约翰逊:顺便问一下,维护人员的代表来了吗? 好吧,我必须联系一下欧文·傅兰雅(Irving Fryer,维修经理)。还有其他事吗,马丁?

马丁·马歇尔:嗯,我昨天忘记告诉你装卸码头已经清理完毕。我们不会再有什么问题了。顺便问一下,布莱恩,你的确就码头溢出的东西和欧文联系过了吗?

布莱恩·坎贝尔(生产经理):嗯,我忘记告诉你了,彼特,欧文说我们必须关掉接近石油漏洞的 1 号机器和 6 号机器。我之前已在处理了。

彼特·约翰逊:布莱恩,我希望你和我优先处理这件事情。这件事情对我们的生产影响很坏,是不是?

布莱恩·坎贝尔:影响不是非常糟糕,我们应该能在周末处理好这件事情。

彼特·约翰逊:下面该客户服务部门了,迈克尔。我们现在和总公司进展得如何?

迈克尔·圣约翰(客户服务经理):这方面没有什么新的信息要讲。我们正在宣传,还没有接到日本的订单,但是总公司的员工都能理解。他们虽不高兴但能理解。嗯,保罗,你们现在有足够的晶体管应对下周二的订单吗?

保罗·巴巴特(销售经理):是的,迈克尔,我昨天已经给你发过备忘录了。

迈克尔·圣约翰:对不起,我忙于接待欧洲的来访人员,所以早晨没机会打开电子信箱。

彼特·约翰逊:迈克尔,这些人安排好了吗? 为了让他们在这里过得舒服些,我们能帮你做些什么?

迈克尔·圣约翰:不用了,一切都安排好了。

彼特·约翰逊:好的。我们看一下员工关系吧,珍妮?

珍妮·韦德(人事主管):我想介绍一下培训工程公司的两位客人。大家知道,我们在忙于最后的短期培训计划。在上星期管理者/员工会议上,各部门的代表达成了一个协议。你们知道的,这个会议一月一次。有趣的是,会议中最大的遗憾就是会议室多了一个空余的椅子。(笑。)访问车间的备忘录已经准备好了,彼特,给你。还有,彼特,由于公司年度联欢会,我们不得不按预定日期工作。我不知道 7

月是否能完成。

迈克尔·圣约翰：7月看起来不是很合适。因为我们8月初有澳大利亚的订单，我们会超时很多。我们能把这事挪到6月吗？

哈维·琼斯(助理监控者)：不要忘了我们是在6月修改的预算。(会议继续在讨论年度公司联欢会的最佳日期，讨论了15分钟。)

珍妮·韦德：另外，请把对方的身份、地址等情况通知我们，我们必须记录最新情况。还有，请讨论一下员工可以购买公司小车的事宜，销售通过摇号系统来完成。

大卫·阿拉托：这个问题我们有备忘录吗？

珍妮·韦德：是的，在这个周末我们就制出一份。

彼特·约翰逊：让我们看一下质量控制问题，伊丽莎白？

伊丽莎白·舒尔茨(质量控制经理)：过了这个周末，这两部机器就被淘汰。欧文和布莱恩也知道这个事了。在我们处理IBM公司的订单之前必须将这个问题澄清。我还注意到上次装载黄金的船中有其他的金属。保罗，你能查一下看看到底是什么原因吗？

保罗·巴巴特：有多少额外的金属？

伊丽莎白·舒尔茨：我们没有对那些金属进行检查，但是看起来100磅中有5盎司吧。

保罗·巴巴特：那看起来并不是很多。

伊丽莎白·舒尔茨：嗯，这只是我们的估计。我会调查一下的。

彼特·约翰逊：好的。伊丽莎白和保罗要调查此事。现在让我们看一下生产情况。

布莱恩·坎贝尔：上周一，我们生产了3 000个晶体管。1号机器、2号机器和8号机器生产了300个，2号机器和4号机器坏了，剩余的产量由其他的机器生产。星期二，我们必须改产控制数据所需的大型整合电路板。我们要停工2个小时改换机器。6号机器和7号机器生产了5 000个电路板的20%。1号机器继续生产小型的晶体管芯片，2号和5号机器生产其余的整合电路板。(就在此时，有两个人起身走了出去。)星期三我们转回到所有的机器都生产电路板。不巧的是，2号机器坏了一整天，由于要维修，7号机器补了上来。我们共生产了2 700个晶体管。3号、5号和8号机器约完成了60%的工作。(一些人开始打呵欠。)星期四我们仅仅生产了1 000个晶体管，我们不得不暂停生产，转而开始为数字装备公司生产阴极射线管。我们为数字公司生产了500个线管。3号、4号和5号机器为数字装备公司所要的产品所使用，1号、2号和8号机器继续用于晶体管的生产。7号机器坏了。星期五我们有半天的时间，早晨我们停工，所以只生产了100个晶体管和22个射线管。

彼特·约翰逊：布莱恩，你们本周能否在规定的时间完成订单余下的任务？

布莱恩·坎贝尔：我不知道。我认为我们应该告诉哈里·布朗(Harry Brown，是这家订单单位的代表。)

彼特·约翰逊：由于哈里休假，所以很难联系到他，但是我会努力跟他联系的。如果联系不到他，我们就按照前面说的做，我们承担这个后果。好，看看还有谁要发言。

保罗·巴巴特：没有了。

布莱恩·坎贝尔：大卫，我想和你说一下转换生产装备的问题，还有我们是否能设计一个好的斜坡呢。

大卫·阿拉托：好的。

伊丽莎白·舒尔茨：彼特，会后我可否和你讨论一下人事问题？

马丁·马歇尔：我仅仅是想让大家知道我们的机器井中存在的问题，那就是当围绕机器井灌装混凝土时，有些混凝土滑进去了，这要花费一些时日清理。

珍妮·韦德：保罗，跟我说说玛莉·伯恩斯坦（Mary Bernstein，一名员工）的问题。

迈克尔·圣约翰：我仅仅是想让你们知道我们可能得到德国人的一个大订单。

哈维·琼斯：以下人员还没有汇报他们被免薪水的情况。（他列出了12个名字。）记得这是珍妮三个星期前的备忘录。

彼特·约翰逊：布莱恩，下个星期我想和一个大学的几个人一起去旅行。我会给你打电话并安排这些事情的，好吗？会议很成功。明天我们同一时间、同一地点再见。

思考题

1. 怀特的经营哲学是否在日常工作会议中体现？

2. 在约翰逊主持的会议中，每个参会人员是否都展示自己的主见？哪种互相分析的自我陈述明显？

3. 参会人员的任务是什么？如何提升会议的质量？

罗经理与沈主管

　　T公司是一家正处于转制过程中的国有企业。生产管理处的罗经理的顶头上司李副总经理刚才把他叫去，要他跟手下的沈可谈谈他近来的工作表现和态度问题，必须明确地向沈可说清楚，这是最后一次警告，若再无行动改进，就要采取断然手段与组织措施，免去他的科长职务了。沈可是生产管理部生产计划科的一名主管。其实，老李和老罗都认为沈可这人是很有才能的。如果他能解决自己的表现和态度，是要考虑提拔他当副经理的。老李和老罗都认为，沈可有能力，又年富力强，应当尽量挽救沈可。

　　沈可应招来到罗经理办公桌前，老罗开门见山地说："沈可，你们科这两个月的工作相当糟糕呵。看来你对一切人和事全都抱消极态度。这种情况必须马上制止才行。沈可，你知道，我是一贯器重你的，总是为你好。可是你要是自己不愿帮自己，我就无能为力了。跟你一起干的人向我告了你这么多的状，我再装作听不见是不行了。他们说你对工作态度消极、不负责任，对下属工作也漠不关心。我们公司的管理人员必须有积极的态度和认真的责任心，要以身作则才行。我知道你对那几个家伙看不顺眼，认为他们根本没有能力做好他们的工作。你一直提议让这些人转岗或下岗，但由于多种原因，组织一时不能接受你的提议。作为主管，你还得做好团结工作，让他们做些力所能及的工作。这关系到你在公司的前途问题。我想与你谈谈……"

思考题

现在假设你是老罗信得过的老友，他如今来求你帮他出出主意。老罗说沈可对他的谈话没有建设性的回应。他脸色阴沉，一言不发。只是在老罗说："我这可是为了你好呵，沈可"时，他才反唇相讥似地回敬说："是，谢谢领导的关心。"

老罗该怎样应付沈可的事，有几种策略。你会建议他采取哪一种？

策略一：老罗，我看你总的方法基本上是正确的，只是你说的还是太婉转了一点，不够有力。沈可这家伙可是个茅坑里的石头——又臭又硬，唯一能让他真把这当一回事的办法，就是得声色俱厉，给他个下马威。要不然，给他控制了谈话，占了主动，他就会振振有辞，来一大堆话反驳你。

策略二：老罗，你批评人的工作，就是让人家产生抗拒心理。你劈头盖脸地给人家损上一顿，这会在感情上造成多大伤害呀，而是否有效果是很值得怀疑的。你如果把气氛松弛一下，口气婉转一点，会更有效得多。一开始先闲聊点别的（如"你家里这阵好不？马上要来足球赛了，你去看不"什么的）。然后谈点他过去工作中曾做出的成绩，把坏消息平衡一下。最后再提批评，但还得让沈可谈谈他可能有的想法和感觉。结尾是保证你愿意给他帮助，请他随时想来再谈谈就来好了。

策略三：老罗，为了不使沈可反感，产生抗拒情绪，你应避免对他的工作和态度作出直接评价。你可以让他先对他自己个人的和他负责的那科室的工作准备一份自我鉴定，再预约一个时间让他来向你谈谈他的自我评价。在他谈的过程中，你注意找出哪些方面沈可自己认为没达到期望水平。然后你再利用这些方面作为机会，鼓励沈可拟出克服缺点的具体计划。

策略四：你可能觉得某种策略比上述三种策略更有效，请描述这种策略并解释为什么你认为它更高明。

测试练习

你的倾听技能如何？

说明：下面陈述反映了人们听别人说话时的各种习惯。对每条陈述，请根据你本人的实际情况，在量表中选择一个数值表示你同意或不同意的程度，1＝非常不同意，2＝不同意，3＝不确定，4＝同意，5＝非常同意。记住，答案没有对错之分。完成调查后，把

17项的分数加总和,然后把它记录在空白处。

1. 当听别人说话时,我会走神或思考其他事情。 1 2 3 4 5
2. 我不会思考总结说话者传达的想法。 1 2 3 4 5
3. 我不会用说话者的体语或者语调来帮助理解所听到的
   内容。 1 2 3 4 5
4. 在上课时,更多的是听事实而不是所讲内容。 1 2 3 4 5
5. 我不听枯燥的讲话。 1 2 3 4 5
6. 关注讨厌的讲话者,对我来说很难。 1 2 3 4 5
7. 在某人说完某件事之前,我就能判断对方所说的是否
   合适。 1 2 3 4 5
8. 当我觉得说话者没什么有趣的可说时,我就不听了。 1 2 3 4 5
9. 当讲话者拿我很看重的事情或问题开玩笑时,我会变得
   激动或沮丧。 1 2 3 4 5
10. 当讲话者用冒犯的语句说话时,我会很生气。 1 2 3 4 5
11. 当听别人讲话时,我不会花太多精力。 1 2 3 4 5
12. 即使我没在听,我也假装在关注讲话者说话。 1 2 3 4 5
13. 当听别人讲话时,我容易分神。 1 2 3 4 5
14. 我否定或忽视与我想法、感觉相左的信息或评论。 1 2 3 4 5
15. 我不会找机会怀疑我的倾听技巧。 1 2 3 4 5
16. 在讲座中,我不关注所用的视听辅助设备。 1 2 3 4 5
17. 当提供小本子时,我也不在上面做笔记。 1 2 3 4 5

总分_____
评分标准:
17—34＝良好的倾听技巧
35—53＝中等的倾听技巧
54—85＝欠佳的倾听技巧

思考与讨论
1. 你是否认同自己的倾听技能的测评结果? 为什么?
2. 你会采取哪些措施来提高自己的倾听技能?

参考文献

Anderson, A. & A. Kyprianou, 1994, *Effective Organizational Behavior: A Skills and Activity-Based Approach*, Blackwell Publishers.

Boje，D. M.，"Johari Window and the Psychodynamics of Leadership and Influence in Intergroup Life"，http：//cbae. nmsu. edu/～dboje/503/johari _ window. htm.

Famous Models，"Johari Window"，http：//www. chimaeraconsulting. com/johari. htm.

Kreitner，R. & A. Kinicki，2004，*Organizational Behavior*，6th edition，McGraw-Hill/Irwin.

贝特·德克：《沟通的艺术——在日常工作中实现人际的影响》，中山大学出版社2001年版。

方爱华：《世纪工商管理革命(第三代管理)——知识经济时代工商管理导论》，企业管理出版社1999年版。

卢盛忠、余凯成、徐昶、钱冰鸿：《组织行为学》，浙江教育出版社1993年版。

罗伯特·克赖特纳、安杰洛·基妮奇：《组织行为学》(第6版)，中国人民大学出版社2007年版。

斯蒂芬·罗宾斯、蒂莫西·贾奇：《组织行为学》(第12版)，中国人民大学出版社2008年版。

约翰·M. 内斯特罗姆、基思·戴维斯：《组织行为学》，机械工业出版社1998年版。

第 12 章　团队建设

团队(team)　　　　　　　　　　　团队角色(team roles)

团队建设(team building)　　　　　管理团队(management team)

团队工作(team work)　　　　　　研发团队(R&D team)

自我管理型团队(self-managed team)　虚拟团队(virtual team)

团队规范(team norms)

　　继 20 世纪 80 年代组织文化(organizational culture)概念产生并盛行之后,团队(team)及团队工作(team work)日益成为企业组织管理的重要内容,也是企业组织不断提高工作效率的一种主要方式。随着团队作用的不断凸显,团队工作方式正被越来越多的企业所采用。许多世界著名的跨国公司如 GE、AT&T、HP、3M、得州仪器、爱默生电子公司、强生公司、摩托罗拉公司等都以团队工作作为它们的主要运作形式。

12.1　团队的概念

12.1.1　团队定义

　　如前章节所述,团队与群体相似,但却是两个不同概念。卡曾巴赫(J. R. Katzenbach)和史密斯(Douglas K. Smith)将团队定义为:"由少数有互补技能、愿意为了共同的目的、设立业绩目标和工作方法、相互承担责任的人们组成的群体。"换言之,团队主要是一个绩效的执行单位,是一个不同于个人或整个组织的绩效单位。绩效既是一个团队存在的原因,又是其存在的结果。任何一个组织使用团队这个结构形式,其根本目的都是为了提高组织的绩效,团队的整体绩效要大于团队各成员个人绩效之和,这是团队的基本特征,也是团队与一般工作群体的本质区别所在。团队作为一种结构形式在正式组织中的地位比较独特,一般不会在组织的正式结构中被明确标写出来,但它却作为一个绩效单位在运作,其存在可能是临时的,也可能是长期的。

　　具体而言,团队包括以下基本要素:

273

(1) 互补的技能。真正的团队必须具有互补的、完成团队目标所必需的技能组合,这些技能要求通常有三类:①技术性或智能性的专业技能。一个常见的产品开发项目团队可能包括技术开发人员、市场营销人员、财务人员、法律顾问等具备多种专业技能的人员,具备这些技能的团队通常比简单随机组合的工作群体更能顺利完成产品开发和推广任务。②解决问题的技能和决策的技能。除专业技能以外,成员还必须能够及时洞察团队的问题,并解决这些问题;面对团队的机遇与挑战,成员需要具备作出正确决策的技能。③人际关系的技能。团队成员之间的有效沟通与良好的人际关系是团队形成共同目的、产生共鸣的前提。同时,解决实际问题也依赖于人际关系技能。这些技能包括:承担风险,善意的批评,客观公正,积极倾听等。需要指出的是,尽管人际关系技能是团队必须具备的,但在组建团队时,容易出现过分强调专业技能的现象。

(2) 为了共同的目的和绩效目标。团队的目的和绩效目标是相互联系的。一个共同的、有意义的目的能确定团队的基调和方向,而具体的绩效目标则是这个目的的构成部分,并有助于团队内明确的交流。同时,绩效目标的可实现性也促使团队保持持续高昂的士气。

(3) 使用共同的方法。团队的共同方法包括经济、管理和社会的各个方面,这些方法决定团队成员应该如何工作才能达到预定的目标。形成共同方法的核心在于如何能把个人的技能与提高团队业绩联系起来。团队形成共同方法的过程,通常是团队成员达成共识、明确分工的过程。

(4) 相互承担责任。团队成员相互承担责任是团队区别于个人及工作群体的重要特征。明确的分工与共同的目标使成员在行动上达成一致,而对责任的共同承担又促使成员成为利益相关者。

(5) 人数不多。团队的人员规模具有一定的特征,它更接近于经验法则。现有团队大多都在 2～25 人之间,其中,以 10 人左右居多。规模过大的团队由于成员过多,造成管理与协调的困难。

依据团队的基本要素,我们可从目标、协同配合、责任和技能四个方面对工作团队与工作群体作一比较,如图 12.1 所示。

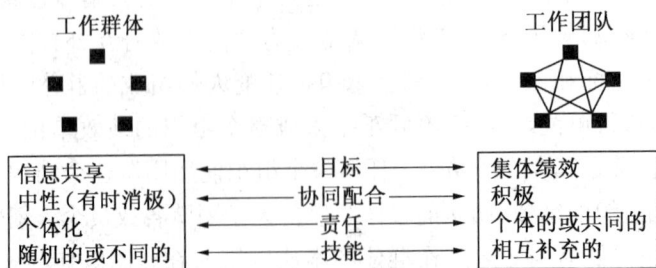

图 12.1　工作团队与工作群体的比较

12.1.2　团队规范

团队,作为一种特殊的群体,同样具备一定的规范,但与一般群体规范又有所不同。一般的群体规范都以成员在组织中的工作为前提,其共同的价值观应该与他们各自的工作相一致。因此,有时群体规范对于组织中的成员可能没有多少帮助,甚至,群体规范可能与个人价值观出现不一致。

对于共同承担任务、具有共同绩效目标的工作团队而言,其价值观并不以个人独立工作为假设,而是包含了成员对团队贡献的思想。团队作为一个整体而运作,如同一个人的身体,各个器官的功能各不相同,并没有哪个重要,哪个不重要,各器官只有协同工作,才能达到目的。

换言之,个人的工作都被视为会对他人的工作产生直接的影响与作用。团队规范的主要内容表现为:

(1) 以任务为焦点,强调成员的工作效率与认真、负责的态度,并据此进行奖惩。

(2) 互相信任,坦诚表达自己的想法、意见与问题。当产生分歧时,不是将分歧压制平息,而是让团队成员共同讨论,在公开的场合与诚恳的氛围中进行沟通,最终达成一致。

(3) 认可和赞赏他人的价值。由于团队对知识和技能多样性的需求,团队要求成员互相认可他人的价值,并积极吸收有益建议来完成任务。

12.1.3　团队类型

在组织中,团队有多种类型,但常见的主要有四种,即问题解决型团队、自我管理型团队、多功能型团队和学习型团队。

1. 问题解决型团队

在 20 世纪 80 年代,团队刚刚产生,大多数团队的形式都很相似,这些团队一般由来自同一个部门的 5～12 个员工组成,他们每周聚会几个小时,讨论如何提高产品质量、生产效率和改善工作环境等问题。我们把这种团队称为问题解决型团队(problem-solving team)。如图 12.2 所示。

问题解决型团队应用最广的是质量小组。这种工作团队由职责范围内的员工及主管人员组成,人数一般在 8～10人。他们定期聚会,讨论所面临的质量问题,调查问题的原因,提出解决问题的建议,并采取一些有效的行动。

在问题解决型团队里,成员主要就如何改进工作程序和

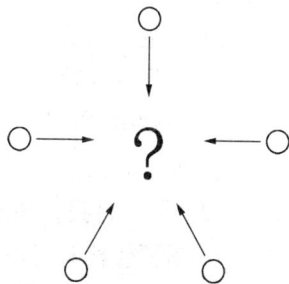

图 12.2　问题解决型团队

工作方法,互相交流看法或提出建议。这种团队有时不能根据这些建议单方面采取行动,因此,在调动员工参与决策的积极性方面,尚有不足。

2. 自我管理型团队

自我管理型团队(self-managed team),也称依靠自我或自我指导的团队。它不仅注意问题的解决,而且执行解决问题的方案,并对工作结果承担责任,如图 12.3 所示。自我管理型团队通常由 10～15 人组成,被赋予相当的自主权。一般而言,成员责任范围包括控制工作节奏和进度、决定工作任务的分配、安排工间休息等。完全自我管理型团队甚至可以挑选自己的成员,并让成员相互进行绩效评估。这样,主管人员的重要性就下降了,甚至可以被取消。

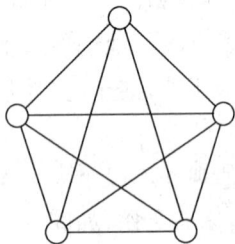

图12.3 自我管理型团队

在自我管理型团队中,每个成员都不构成正式组织结构中的"岗位"或担任特定的"职务",他们仅仅在团体中各自扮演一定的"角色",这个角色不是组织在聘用员工时由工作合同、职务说明书、岗位规范明确规定的,而是团队根据各人的天赋、特长、爱好、技能自觉地经过整合形成的。因此,团队能面对不断出现的新问题,以合作精神来处理与商议解决这些问题的途径与方法。而各个成员都以团队目标为导向,打破了以前的诸如"岗位责任制"、"承包任务制"等框框,这样看似不及分工,其职责不够规范、考绩不够系统的团队合作,解决问题的途径却往往要比发自正式组织的行政指令快而有效。

在自我管理型团队中,团队成员学习多种相关技艺,掌握了多种才艺,成员们就能灵活地从一个领域转到另一个领域,从一个任务转到另一个任务,他们供职何处往往取决于哪里最需要他们,他们共同就工作进程、资源需求和任务分配等进行讨论和决策。随着成员们的积极进取,他们承担更多以前由经理承担的工作,花在团队会议上的时间也大大增多。自我管理型团队形成的开始阶段,成员们通常负责一些小事,比如内务工作和安全培训;随后,他们转向管理自己的考勤,安排加班和休假计划,选择并考核团队员工,培训同事,同主要客户直接打交道;随着经验的不断增多,自我管理型团队可以超越操作性的事项,着手改进群体的任务安排,设计一套新的奖励体制,并为扩大自我管理型团队计划提供建议等。

研究表明,自我管理型团队有其优势,也有其不足。自我管理的优势主要表现在以下几点:

(1) 增进了员工的工作灵活性。

(2) 工作分类减少,操作效率提高。

(3) 缺勤率、离职率降低。

(4) 群体忠诚度和工作满意度提高。

与此同时,自我管理的不足主要包括:

(1) 需要较长时间建立自我管理型团队,经常需要跨年度才能形成。

(2) 自我管理型团队需要较高的培训投资。

(3) 工作循环可能导致早期的低效率。

（4）一些员工可能不能适应这样的团队结构，它一般需要工作成熟度较高的员工构成。

自我管理型团队是一种团队合作和参与方式，作为组织正式运作的一种方式，得到来自于组织的强有力的支持。同时，需要注意的是，个人主义的文化价值观、受劳动合同保护的固定工作分工、经理们对失去权力和工作威胁的意识等在一定程度上也会产生阻碍作用。

3. 多功能型团队

多功能型团队（cross-functional team），是为了完成某项任务，由来自同一等级、不同工作领域的员工组成。如图 12.4 所示。

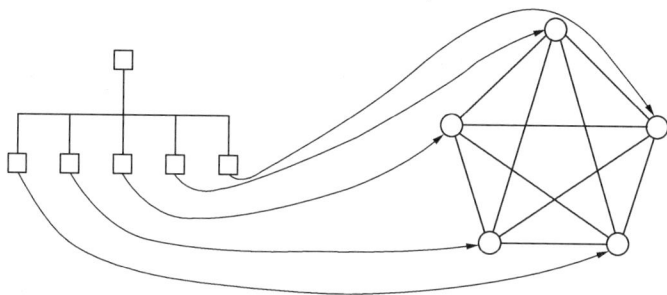

图 12.4　多功能型团队

多功能型团队的兴起是在 20 世纪 80 年代末。当时，著名的汽车制造公司如丰田、尼桑、本田、宝马、通用汽车、福特、克莱斯勒等都采用了多功能型团队来完成复杂的项目。

多功能型团队能促使组织内不同领域的员工之间交换信息，激发新的观点，解决面临的新问题，协调复杂的项目。同时，多功能型团队的形成又不能一蹴而就，在其形成的早期阶段往往需要消耗大量的时间，团队成员需要学会处理复杂多样的工作任务，在成员之间，尤其在不同背景、经历和观点的成员之间，容易产生冲突，需要不断地沟通。

4. 学习型团队

在信息技术和知识经济不断发展，经济全球化迅猛推进的背景下，企业组织如果要生存、要发展，它的学习速度就必须快于（至少等于）外界环境变化的速度，也就是说，比它的竞争对手有学得更快、更好的能力，才是该企业唯一属于自己的优势。

学习型团队作为学习型组织（learning organization）中的细胞，是 20 世纪 90 年代产生的一种新概念。学习型团队也可以说是"进化式团队"，它要求团队对巨变的外部环境具有很强的学习能力、适应能力和进化能力。全球畅销书《第五项修炼》的作者彼特·圣吉（Peter Senge），曾被美国《商业周刊》推举为当代最杰出的管理大师之一。圣吉认为，学习型团队，根本意义在于阐明了其生命活力的源泉。学习应包括观念的根本转变及实际运作的改进。学习在传统的含义上已经失去了它原来的主要意义，已经变成吸收知识，或者获得信息的手段，而这与真正的学习还有很大一段距离。通过学习，人们重新创造自我，能够做到从未能做到的事情，重新认知这个世界及人们跟它的关系,以及扩展创造未来的构想。对学习型团队来说,单是适应与生存是不够的。一个团队,为了适应激烈竞争的市场并生存下去,以及完成所在组织对团队业绩的要求,需要向别人学习,这虽然是基本而必要的,但必须与开创性的自我学习与自我完善结合起来,才能让团队中每个成员从工作中发现生命的意义。因此,学习型团队有其丰富的内涵。

爱因斯坦说:"人类以为自我是个独立个体,这是一个错觉。"其实我们每个人都与周遭世界是一个整体。人们一旦找到了觉得自己属于一个自我强大的事物的感觉,将活出生命的意义。学习型团队是符合人性的。圣吉认为,团队学习是"五项修炼"之一。以往有一个现象,即在一个群体中,大家都认真参与,每个人的智商都在 120 以上,但是集体的智商却只有 62。团队学习的修炼即针对这一现象并企图使之摆脱这种困境。当团队真正在学习的时候,不仅团队整体产生出色的成果,个别成员成长的速度也比其他的学习方式快。团队学习之所以非常重要,是因为在现代组织中,学习的基本单位是团队而不是个人。

12.1.4　团队成员角色

如前所述,团队成员在团队里承担不同的角色。国外组织管理学家对团队成员作了不同程度的研究。罗宾斯(S. P. Robbins)描述了团队成员经常扮演的 9 种角色。它们分别是:

(1) 创造者—革新者:产生创新思想。一般来说,这种人富有想象力,善于提出新观点或新概念,有较强的独立性,喜欢自己安排工作时间,按照自己的方式、节奏进行工作。

(2) 探索者—倡导者:倡导和拥护所产生的新思想。他们乐意接受、支持新观念。在创造者—革新者提出新创意之后,他们擅长利用这些新创意,并找到资源支持新创意。

(3) 评价者—开发者:分析决策方案。他们有很高的分析技能,善于分析、评价和发展决策方案。

(4) 推动者—组织者:提供结构。他们会设定目标,制订计划,组织人力,确立种种制度,以保证按时完成任务。

(5) 总结者—生产者:提供指导并坚持到底。他们坚持按时完成任务,保证所有的承诺都能兑现。他们引以为荣的是:自己生产的产品合乎标准。

(6) 控制者—核查者:检查具体细节。他们善于核查细节,并保证避免出现任何差错。

(7) 支持者—维护者:处理外部冲突和矛盾。他们在支持团队成员的同时,会积极保护团队不受外来的侵害。他们能够增强团队的稳定性。

(8) 汇报者—建议者:寻求全面的信息。他们积极鼓励团队在作决策之前充分搜集信息,而不是匆忙决策。

(9) 联络者:合作与综合。联络者倾向于了解所有人的看法,他们是协调者和调查研究者。他们不喜欢走极端,而是尽力在所有团队成员之间建立起合作关系。

另一位组织管理学家贝尔宾(R. M. Belbin)在 20 世纪 80 年代,着重研究决策团队,提出有效决策团队由 8 个重要角色组成,即协调者、塑造者、培养者、监视/评价者、执行者、团队员工、资源调查者和完成者。表 12.1 是贝尔宾对这些角色的简要描述。

表 12.1　贝尔宾提出的 8 个团队角色

角　色	行　　　为
协调者	细分目标,分配职责与义务,总结群体结论。
塑造者	组织群体讨论并作出决策。
培养者	提出建议与新想法,观察行为过程。
监视/评价者	分析复杂的问题与观点,评价成员的贡献。
执行者	执行团队的决策。
团队员工	给予个人支持并帮助他人。
资源调查者	搜集信息,与团队外部谈判。
完成者	强调任务的时间性并完成任务。

贝尔宾强调指出,成功的团队需要成员扮演不同的角色,有效的管理需要确保所有角色都有人担当,并在需要的时候,可从外部"引进"缺乏的角色。

12.2　团队建设的意义与条件

团队建设(team building)指在企业管理中有计划、有目的、有步骤地组织团队,并对其成员进行训练、总结、提高的活动。企业通过团队建设可以迅速而有效地解决一些在岗位职责与工作标准中没有碰到过的新问题,推行一些正式规范中尚未列出的新工作方法,增加组织的凝聚力,提高人力资源的整体素质。

12.2.1　团队建设的意义

据有关调查表明,在美国一些企业中,7%的员工介入团队组织形式,有 50%以上的企业计划推行或扩大团队的应用范围;而在德国、日本,团队建设已取得了相当大的成效。

一般讲,企业的正式组织由于分工较细,因此岗位职责比较规范,行政指挥系统层次比较清晰,绩效考评体系也比较明确。但随之而来的问题往往是:分工较细而使一些额外的工作落实不了,如工作改进时需要增加一些辅助操作往往无人肯承担;科层组织即传统的多层结构的行政组织模式的官僚主义倾向也比较明显,如为适应市场需要根据客户意见对产品进行一些小改小革的建议也非要经过技术科、工艺科、质检科、计划科等;绩效考评局限于满足考评指标,以致"分外事"少有人做。当今市场竞争激烈,正式组织对于大量生产的规模效益可以起到重要作用,但对于市场竞争中出现的新问题往往反应比较迟钝。

如果能将多种技能、经验和判断组合起来,团队的业绩肯定会优于多个在各自范围和责任内工作的个人业绩的简单求和。团队要比大型组织内的分类小组灵活得多,因为它们能够迅速地集结、分散、再集中和再分散,它们能够加强而不是破坏那些比较长久性的结构和流程。团队比没有明确业绩目标的一些简单个人组合更具有成效,因为它们的成员必须完成实实在在的业绩成果。

团队业绩的记录为它自己的价值作出了证明。摩托罗拉公司曾宣布,"它在生产世界上重量最轻、体积最小、质量最高的移动电话方面超过了它的日本竞争对手"。在这个竞争中,它只用了几百个零件,而对方要用上千个零件。这个成果就是靠大力倚重团队做到的。福特公司在加强其"金牛座"型车时也是这么做的,结果使福特公司在1990年成为美国盈利最多的汽车公司。在3M公司,团队对实现该公司的著名目标极为重要,这个目标就是"要使前5年中创造出的创新产品占其每年总收入的一半"。通用电气公司自我管理型的工人团队已经成为其新组织方法的核心部分。

正是由于团队与业绩的密切关系,团队建设就非常必要和重要。其意义主要表现在以下几点:

(1)团队建设能把互补的技能和经验带到一起,这些技能和经验超过了团队中任何个人的技能和经验。这种技能和经验在更大范围内的组合使团队能应付多方面的挑战,如创新、质量和客户服务等。由不同背景不同经历的个人组成的群体,看问题的广度要比单一性质的群体更大。同样,由风格各异的个体组成的团队所作出的决策要比单个个体的决策更有创意。

(2)团队建设能提高成员对变化的适应能力。在共同形成明确目标和方法的过程中,团队能建立支持及时解决问题和提出倡议的交流方式。对待变化中的事物和需求,团队表现为灵活而敏感。因此,团队能用比个人更为快速、准确和有效的方法,根据新的信息和挑战进行调整。

(3)团队建设为有效管理人员和工作提供一种独特的管理方式。团队成员如果没有克服影响团队业绩的障碍,则团队得不到真正的发展。通过共同克服团队的障碍,团队成员对彼此的能力树立了信任和信心,也相互加强了共同追求高于或超乎个人工作职能的团队目标的愿望。克服障碍,取得业绩,这就是变一般工作群体为团队的原因。工作的意义和努力都会使团队深化,直至团队的业绩最终成为对团队自身的奖励。

(4)团队建设能提供丰富多彩的集体活动。这不是件小事,因为团队中的高兴事与团队的业绩是统一的。高兴事包括聚会、娱乐和庆祝活动支持了团队的业绩,也因团队的业绩而延续。例如,在一些有最佳业绩表现的团队成员那里,常常很有工作幽默感,因为幽默感能帮助人们对付工作中的压力和紧张。有这样的说法,"最大的也是最让人感到满意的乐事,就是成为比我个人更重要的某种事物的一部分"。

(5)团队建设能促使自上而下的管理方法更多关注于提高工作效率、创造新方法,并为跨职能部门的活动提供机会和条件。团队工作能促使各级管理人员负起责任,而不是削弱他们的作用,能促使他们在组织内各个领域中推动工作的展开,面对各种难题或挑战提出有效的管理方法。

12.2.2　团队建设的条件

随着团队作用日益为组织和管理者所认识,越来越多的组织开展团队建设。现实中,许多人都有团队工作的经历,他们知道团队是如何发挥作用的,也知道团队能带来的好处。然而,其中有些人得到了回报,有些人则浪费了时间。

有些管理者认为,如果企业管理决策者了解了团队的业绩差异,他们就会充分发挥团队的作用。但事实上并非完全如此。许多管理者特别是高层管理者虽已认识到团队的价值,但由于长期养成的习惯、排得很紧的时间表和毫无保证的假设,似乎妨碍他们获得团队工作的好处。一些团队可能失去业绩增长潜力。因此,团队建设需要明确一些基本条件。

首先,团队建设必须有业绩压力。对团队来讲,压力是一种动力,无论这种团队处于组织中的什么位置,重大的业绩挑战会给团队能量。组织的高层管理者必须通过建立明确的业绩目标,给予团队适当的业绩压力,而不是迫于外在环境建立团队,这样才能获得预期的团队业绩。

其次,团队建设还需要它的支持环境。团队应有一个合理的基础结构,其中包括适当的培训,一套易于理解的员工绩效评估系统,以及一个起支持作用的人力资源系统。恰当的基础结构应能支持并强化成员行为以取得高绩效水平。另外,管理层应给团队提供完成工作所必需的各种资源。

再者,约束是创造团队业绩的条件,包括团队内的约束和组织内的约束。一方面,团队有了一种约束,这种约束就能抑制消极因素并将其转化为积极的动力,尽管这种约束中的某些要素并非人们本来的认识,而必须通过学习来认识,但这种约束大多是建立在设定目标的重要性和相互信任这样的共同认识之上;再有,这种约束对团队中的任何成员都是适用的。另一方面,像所有的约束一样,成功的代价是严格坚持和不断实践。极少有人不经过持续的实践和约束就能减肥、戒烟成功,或是学会弹钢琴或打高尔夫球,同样也极少有一群人能没有约束就成为团队的。从团队中产生业绩是个挑战。长期的个人主义习惯、对团队和协同工作的随意混淆等都会削弱团队的业绩。因此,获得团队的业绩,需要实行约束,认识团队的智慧,有勇气去尝试,从经验中学习。

12.3　团队建设的途径与技巧

团队建设的进程是成员高度参与的进程,团队成员从中学会评价和改进效率,通过连续不断的过程形成一个士气高昂、团结合作的高绩效团队。

12.3.1 团队建设的途径

在讨论团队建设途径之前,先看一下团队建设活动的主要内容。一般而言,团队建设分一般团队建设和特殊团队建设两种。每一种团队建设活动的内容又主要包括:分析与诊断、完成任务、团队关系等。图 12.5 列出了团队建设的一些主要活动。

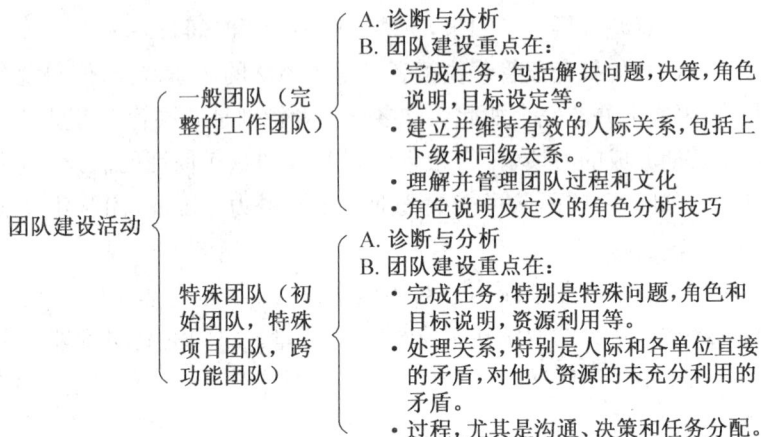

图 12.5 团队建设的一些主要活动

在具体的团队建设中,团队建设的途径选择随团队的目标、内容和成员对象的不同而不同。但归纳起来,主要有角色途径、价值观途径、任务导向途径和人际关系途径。

1. 角色途径

角色途径,即侧重从团队角色和成员角色进行团队建设,它是深受团队建设者喜爱的一种方法。成功的团队往往由不同性格的人承担其合适的角色组成。在团队建设中,应注重团队角色和团队成员角色的确定与分配。每个团队既承担一种功能,又承担一种团队角色。一个团队如何在功能与团队角色之间找到一种令人满意的平衡,则取决于团队的任务。团队的效能取决于团队成员内的各种相关力量,以及按照各种力量进行调整的程度。分配团队成员的角色,需考虑他们的专长、个性和智力等因素。一个团队只有有了适当的范围、平衡的团队角色,才能充分发挥其技术资源优势。

2. 价值观途径

团队建设的一个重要内容是在团队成员之间就共同价值观和某些原则达成共识,形成团队价值观。魏斯特(M. A. West)提出形成团队价值观必须注意以下 5 个方面:

(1) 明确:必须明确建立团队的目标、价值观及指导方针,而且经过多次讨论。

(2) 鼓动性价值观:这些观点必须是团队成员相信并且愿意努力工作去实现的。

(3) 力所能及:这些观点的实现须处于团队成员能力范围之内,否则只能是空谈。

(4) 共识:所有团队成员都支持这一观点是至关重要的,否则他们可能发现各自的目标彼此相反或无法调和根本冲突。

(5)未来潜力:团队共识必须具有在未来进一步发展的潜力。拥有固定的、无法改变的团队共识是没有意义的,因为人员在变、组织在变,工作的性质也在变,需要经常重新审视团队共识,以确保它们仍然能够适应新的情况和新的环境。

3.任务导向途径

以任务为导向的建设途径,强调团队要完成的任务。按照这一途径,团队必须清楚地认识到某项任务的挑战,然后在已有的团队知识基础上研究完成此项任务所需要的技能,并设定具体的目标和工作程序,以确保完成任务。

卡曾巴赫和史密斯(Douglas K. Smith)强调,在表现出色的团队中,这一途径尤显重要。为此他们提出现实环境中建设高效团队的 8 条基本原则:

(1)确定任务的轻重缓急,并确定指导方针。

(2)按照技能和技能潜力,而不是个人性格选拔团队成员。

(3)对第一次集会和行动予以特别关注。

(4)确立明确的行为准则。

(5)确定并且把握几次紧急的、以此为导向的任务和目标。

(6)定期用一些新的事实和信息对团队成员加以考验。

(7)让成员共度尽可能多的时光。

(8)充分发挥积极的反馈、承认和奖励的作用。

4.人际关系途径

人际关系途径即通过在团队成员间形成较高程度的理解与尊重,来推动团队的工作,T-小组训练(亦称敏感性训练)和遭遇群体法都是运用较多的方法。这类途径主要依据实验心理学的原理,通过培训和实验开展成员之间的沟通和交流,增强成员之间的理解、信任和合作。

目前,一些培训机构为企业组织提供的野外训练服务,大多就属于这种类型。在这些培训课程中,成员参加为期一周的冒险活动如爬山、漂流和独木舟穿越激流等户外障碍课程,或者如走过水流湍急的河流上的电缆线,攀登十三英尺高的墙壁,睡在狭窄的山岩上,跨过窄板和砾石上的想象中的蛇窟等课程。团队成员为了生存而经受生理和心理挑战,体验创造性和冒险的活动,培育沟通技巧和信任等。团队成员从中学到平衡彼此的长处和短处,确立成员之间相互关怀和信任的牢固纽带。

12.3.2　团队建设的技巧

在建设团队过程中,除了采用合适的团队建设途径,还需应用团队建设的一些技巧。团队建设的技巧主要有以下几方面。

1.发展和提高成员团队工作的技能

团队成员需要具备交往能力、解决问题能力、表现能力和责任感等。交往能力主要指建立信誉、提出建议和倾听别人意见的能力;解决问题能力主要指在团队建设中诊断问题、提炼问题和策划改进或变革的能力;表现能力主要指公开、坦诚表达自己观点和意见的能力。因此,需要对团队成员进行有效群体技能的培训或操练。一般操练的内容和方法有以下几种:

(1)角色分析技巧。这是为明确团队成员的角色期望和责任,以提高团队效率而设计的。该方法可用于新建团队或角色模糊不清的团队。角色分析通过一系列步骤,定义和描述对角色的要求。所定义的角色被称为焦点角色。其步骤为:

● 分析焦点角色承担者提出的该焦点角色。

● 调查焦点角色承担者对其他人的期望。

● 描述他人对焦点角色的期望。

● 焦点角色的承担者就讨论结果撰写一份书面总结,即角色简介。在简单回顾这一角色简介后,其内容即形成焦点角色者的角色活动。

(2)相互依赖训练。如果团队成员具有希望加强成员和各部门之间合作的愿望,便可使用相互依赖操练。相互依赖操练可以考虑采用以下的方法。该方法在10人以内都十分有效,超过该人数,则会显得费时费力。

● 将参加者分成两队,每队5人,面对面排列就座。每人与对面就座的成员组成一对。对与对之间保持较大的间距,以避免干扰。即编号为1,2,3,4,5的参加者分别面对编号为6,7,8,9,10的参加者就座。

● 每对成员互相访谈,了解二者工作或其所在部门之间的相互依赖性,并记录在如表12.2所示的任务单中。时间约为10分钟。

● 在每次10分钟结束时,其中一列的所有成员依次改变位子。即1坐2的位子,2坐3的位子,依此类推。另一列的成员则原位不动。

● 第一轮的5组访谈都结束后,休息片刻,每一列的成员互相结对,再开始第二轮访谈。

● 由于有10人参与,每人必须与另9人访谈,即进行90分钟访谈。整个活动约费时两个小时。

表12.2　相互依赖性访谈记录

(只为记录之用,限本人使用)
访谈对象:
部门:

请询问以下问题:
我们两个部门(或职位)之间最重要的相互依赖性是什么?
哪些情况非常顺利?
有哪些现存或潜在的障碍?
关于今后的行动计划或进一步的会面计划:

可根据实际情况修改问题。如,若相互依赖性很小,可以了解对方工作等其他问题。

（3）角色协商技巧。当因团队成员行为改变会导致权利或影响力削弱,使团队效率降低时,可采用哈利森(R. Harrison)提出的"角色协商"方法。该方法指协商双方书面承诺互相改变某些行为。方法的实施至少需要一天,最好是用两天时间讨论,并在一个月后召开跟踪会议。哈利森提出的步骤如下:

● 订立合同。咨询成员订立协商的氛围和基调,即讨论工作行为而非个人感受。在这一阶段,必须明确对对方的要求和期望,不断协商并以书面表述结果。

● 问题诊断。每个参与者考虑他人行为改变对自身工作效率提高的帮助,并填写问题诊断表。然后互相交换信息。

● 协商阶段。即双方就期望的最重要变革进行讨论,并书面签订协商结果。最好可以召开跟踪会议,考察合同执行情况和合同的效果。

（4）赞赏与担忧练习。如果访谈信息显示当前团队成员之间缺少对他人成就的赞赏的表达,以及面露焦虑等行为时,可以适当地采用赞赏与担忧的练习。操练的一般步骤如下:

● 指导者要求团队的每个成员列出其他成员的一到三项优点。

● 同时,每个成员也要列出一个或两个与每个成员相关的、可能影响有效沟通和工作的不足之处。

● 在此过程中,指导者可以提供一些建议和提示,如:"你来决定应该提出哪些值得担忧的问题——这些问题对成员间的关系,对团队是否有帮助? 当事人是否可以改进? 是否可以考虑单独向他指出这一问题?"有时,当众提出质疑可以使他人作出解释,澄清可能的误会,或从多角度看待问题。

● 邀请某人自愿首先聆听其他成员对他的评价。除了需立即澄清的问题外,聆听者要等到所有成员都已经发表观点后才可作出回应。

● 其他成员依次聆听对自己的评价,聆听顺序可继续采用自愿的形式,也可是简单指定顺序。

该方法的另一种变形是在每张纸上写一位成员的名字,并分成赞赏和担忧两栏。将所有纸张贴在墙上,邀请每一位成员在纸上填写。之后,请某成员大声读出关于自己的所有项目。在工作中可以根据需要,采用适当的赞赏和担忧练习。

（5）责任图。在实际工作中,团队决策的过程并不如想象中那样简单,即使是最简单的任务分配,也往往涉及多个因素或方面。谁负责某项工作? 哪些人同意或反对该项工作? 哪些人虽不负责该项工作,但对结果影响重大? 这些问题的明确都是十分重要的。责任图有助于在决策行动中,明确责任的承担者。贝克哈德(R. Beckhard)和哈里斯(R. Harris)对该方法的步骤作了说明:首先构造一张网格图,沿图的纵轴列出工作范围内的所有决策,而沿图的横轴则列出所有与之相关的成员。然后就每一问题对每一成员分配一类行为,前四类行为分别是:

● 负责(R)——负责行动的执行,确保决策得以实施。

● 批准和否决(A-V)——该项目必须得到该成员的批准或否决。

● 支持(S)——为项目提供后勤支持或物质资源。

● 告知(I)——必须向该成员报告情况,但该成员不影响该项目。

第五种行为(或无行为)是指,该成员与此决策没有关系,用"一"表示。责任图的示例如图 12.6 所示。

图 12.6　责任图

当采用责任图来加强团队成员责任时,需注意:只能指定一个人负责某项目;避免过多人对项目具有批准—否决权。

2. 团队建设的过程咨询

与专家和问题解决者的角色相对应,团队建设需要另一种角色,那就是建设过程中的顾问。过程咨询(process consultation)旨在帮助别人关注当前所发生的一系列活动。实质上,过程顾问为团队成员提供了一面镜子,帮助他们看清自己的行动。过程顾问的目的是明确帮助团队成员认知、理解当前行为事件,并作出积极的反应。过程顾问建议和鼓励成员检查他们在团队内的意愿与真正角色的对比,咨询团队讨论问题、解决问题的方式,咨询权力的运用和威信树立的方式。

过程顾问利用一些关键的推进行为提供帮助。他们观察团队会议,记录交谈方式和非语言行为,他们提出试探性的问题以帮助他人明确问题之所在。他们抵制团队的困扰问题,给予咨询或建议帮助成员脱离困境。若有必要,他们可以直接面对每个成员,要求他们检查自己的行为和其后果或者寻找别的方法。总之,过程顾问是在试图帮助成员学会自己帮助自己,并学会帮助他人。

3. 反馈

团队成员需要不断反馈信息。这样团队成员才能拥有有用的数据进行分析和决策。同时,反馈鼓励成员了解团队内其他人怎样看待自己,并进行自我纠正。因此,如何有效反馈是团队建设的一个重要技巧。下面是团队建设过程中一个反馈练习的例子。

参与者被分成两个小组,分别代表团队内两种不同的观点。两个小组都被要求对下面的问题给予解答:

● 最能描述本小组的特征是什么?

● 最能描述另一个小组的特征是什么?

● 另一个小组是怎样形容我们的?

在两个小组分别做出答案后，他们就将本组的答案汇总，并交给对方。然后，他们就各个小组对另一个小组的印象给出具体的反馈信息，同时也揭示一些主要的误解。在展示中不允许争论，只允许提出用于澄清对方言论的问题。

两个小组再次分开，讨论下面两个问题：

● 误解是怎样产生的？

● 为了纠正误解，我们需要做些什么？

利用新的反馈，两个小组集中在一起，制订解决误解的具体行动方案。每一种情况下有关自己的反馈都是下一步行动的基础。

只有不断加强团队信息反馈，才能促使团队高效发展。

12.3.3 高效团队建设的要诀

作为一个团队主管，领导一个团队既是发挥个人才能的一个机会，也是一个挑战。高效团队建设的要诀主要有如下几点：

（1）设置目标。主要目标设定得越好，成功的机会就越大。把你设定的目标按优先级进行排序。

（2）建设好团队。当你拥有了实现团队目标所需技能的同时，把团队规模保持得尽可能小。在选择团队成员上，要注意考查技术资格、与任务相似的经历、可获得性、对团队项目或者目标的兴趣程度，以及与团队其他成员良好的融合能力。平衡团队结构，包括更可能提供多种不同想法的成员差异性背景。

（3）开始时开一两个会。第一次开会可以用来介绍团队成员，给他们一个互相认识的机会。第二次开会的目的就是评估项目的预算、项目截止日期或时间进度，以及可获取的资源，并明确成员的责任。

（4）经常或定期开例会。这些会要简要，要让整个团队都了解各个成员的进度。回顾目标，提高承诺。

（5）监控个体及整个团队的进度。维护并分发一份报告，将当前的进度与截止日期和预算相比较。

（6）让自己以一个教练、一个顾问或者说是一个解决问题者出现在团队面前，但是不要管得过于细致。记住工作上给团队成员更多的自主会获得更高的生产率。

（7）记住沟通是双向的。与团队商谈问题，同时要认真倾听，并注意观察肢体语言、面部表情和语音语调。

（8）感觉到有冲突的时候就要介入。问问题直到你弄清问题之所在；然后要求确定建议的解决方法。

（9）及时让自己的经理了解最新情况。定期向自己的老板提供最新信息，同时也向来自其他部门的团队成员的老板提供最新信息。

（10）自己要成为一个良好的团队合作者。参与会议的时候要积极倾听，发言要清楚,还要以团队目标和工作作为出发点发表自己的想法。要学会听取不同意见,同时也要学会妥协,注意使用"不能"和"不肯"等词语。

(11) 要守信用。确保团队中的每个成员都因为自己为成功完成团队目标作出贡献而获得奖励。

12.4 高层管理团队与研发团队建设

不同领域的团队建设,有其不同的特点、内容、途径与方法。常见的团队建设在管理领域、技术研发领域、生产领域等。这里,主要以管理和技术两个领域探讨团队建设。

12.4.1 高层管理团队建设

高层管理团队建设是管理团队建设的重点,也是难点。建立真正的高层管理团队是实现企业运作一致性的唯一方式。所谓企业一致性,是指企业的目标与行为保持一致,企业的每个部分都必须齐心协力地互相支持。

一般地说,团队的战略运作,即战略的实施方式及企业的运作方式并不完全取决于总裁或总经理个人的性格、行为及其背景。它依赖于整个经理人群体的性格、行为和经验以及他们怎样充分利用这些优势。

企业管理高层要进行真正的团队协作,其核心是管理行为的协调与统一,即高层管理团队致力于建立一种共同目标的集体互动。它主要包括三个因素:所交流信息的质量与数量、合作行为及共同决策。换言之,一个行为协调的高层管理团队能做到信息、资源及决策的共享。

尽管高层管理团队建设很重要,但高层管理团队的建设并非易事。

首先,高层管理团队与公司具有相同的目标。目标是团队的必要元素,但又不同于一般工作团队,高层管理团队由于其所处的职位,对公司的未来肩负着至关重要的作用。同时,也由于以公司的目标作为团队的目标,其目标实现的时间跨度长,难度大,因此,高层管理团队的业绩评估就变得更为困难。

其次,团队成员的资格是自动获得的。作为高层管理者,理所当然就成为"高层管理团队"的成员,那些从人际关系、技能互补等角度选择团队成员的原则就常被忽略。但是,在决定由谁成为高层管理者时,决策者会更倾向于关注候选者的个人才干与业绩,这与团队的选择就不一样。因此,高层管理团队比起普通团队,就缺乏形成团队的一些要素和条件。

再次,团队成员的作用和贡献,是由成员在等级和职能作用上的地位决定的。在大多数管理事务的群体中,人们期望每个人作出的贡献与其所在的岗位规定的职责相一致。对个人责任和成就的过度强化使高层管理人员缺乏团队成员应有的信任感与相互支持,从而使团队丧失基础。

　　另外,高级管理人员的自由支配时间较少。由于他们必须处理繁杂的日常事务,召开团队聚会时,过度追求工作效率,可能无法产生普通团队那样令人满意的效果。而且,作为高层管理人员,每个人都是某个方面的"领导者",其贡献往往用下属的工作表现来衡量,这对于运行一般工作群体是必要的,但是与提高团队绩效的目标则不一致。

　　正是由于存在这些问题,大多数高层管理人员愿意选择工作群体的方式,而不是团队工作方式。

　　针对这些问题,可从以下几方面考虑高层管理团队建设的方法。

　　(1)寻找涉及具体问题的团队任务。

　　赋予高层管理团队具体的任务,将战略、远景的"任务"转化为系列具体任务,这样可使高层管理团队既承担长远的战略"任务",也承担具体任务。对成功完成具体任务的激励,会使团队形成并维持团队的持久动力。

　　(2)给下属分配工作。

　　高层管理团队成员向下属团队、小组或个人分配具体任务,这些工作的具体产品能够为高层管理团队会议增加实际的内容,同时可增加其参与感和责任感。

　　(3)根据技能而不是职位决定团队的成员资格。

　　并不是所有高层管理人员都应该自然成为高层管理团队的成员,放弃以职位选择成员,可以避免团队陷入缺乏技能多样化的困境。同时,也可以根据任务的需要,挑选具备相应技能的人员组成小团队。

　　(4)所有成员都承担数量相当的具体工作。

　　即使是高层管理团队的成员,也不应只负责审查、总结他人的工作,高层管理团队必须做"真正的工作",他们需要亲自去发现问题、分析问题并解决问题。团队成员每年至少应该碰几次面,至少在企业以外的地方举行一次深入探讨的会议。数量相当的具体工作能够使成员互相感受他人对团队的贡献,同时也会激发创造力。

　　(5)建立并遵循一般团队通用的准则与规范。

　　过分强调高层管理团队与一般团队的差异只能导致其脱离团队的事实。特别是,成员们必须对共同决策的结果承担责任。

12.4.2　研发团队建设

　　在企业中,开发一项新技术或一种新产品,常以团队形式进行。随着企业的竞争越来越依赖于知识和技术优势,研发团队建设也就变得非常重要。

　　研发团队的任务一般都是高复杂性和高不确定性的,成员都由相当高的技能互补的专业人员组成。它需要成员集思广益,发挥团队的凝聚力、创新力和协同力。据有关研究,影响研发团队建设有效性的主要因素有:任务的挑战性、成员之间的技能互补与相互依赖、成员承担的共同责任、成员之间的交流与沟通、促进团队工作的培训、企业管理的支持系统、成员共同的价值观和行为准则、成员获得报酬的公平性等。

目前,我国企业在研发团队建设中主要存在以下几个问题:

(1) 多数企业的研发工作没有采用团队的形式,停留在"单兵研发"的状态。

在一些企业中,或者由于研发人员不足,企业领导不够重视,或者不知道如何建立团队,或者曾经建立过但效果不好而解散,诸如此类种种原因,而出现"单兵研发"的状态。

(2) 对研发团队建设的认知不统一。

研发人员对团队的认同与管理者对团队的认同有较大的差距。理论上讲,两者认同应该一致,因为目标是一致的。但实际上,由于企业管理者和进行团队建设的研发人员之间,沟通不够,致使企业采取的研发团队建设措施不为研发人员所理解。

(3) 研发团队建设的方法欠妥,导致团队形同虚设或效果较差。

一些企业没有进行深入的调查和准备就匆忙组建研发团队,或者虽然进行了团队建设,但在团队管理方法上存在多种问题,导致研发团队形同虚设或效果较差。

结合目前我国企业研发团队建设中存在的问题,根据研发团队建设的特点,应从以下几方面考虑研发团队建设。

(1) 高层管理者的重视与支持。

研发人员在对新产品的研发过程中往往比较注重独立,使研发团队在企业中保持相对独立,有利于提高研发人员的工作积极性和激发研发人员的工作创造性。研发团队建设是否有效,在很大程度上受到组织高层管理者所持态度的影响。如果研发团队成员感到团队受到高层管理者和组织的重视和支持,他们会表现出很高的生产力,反之,则会限制自己所作的努力。高层管理者的支持不仅表现为关心团队的发展过程,相信团队会取得成功,而且表现为允许失败、鼓励创新。

(2) 明确研发团队工作的目标与任务。

一般来说,我国研发人员在项目立项的时候,采取"摸着石头过河"的方式,在一定程度上可以说,项目开始时没有明确的产品概念,产品完成的全过程也缺乏项目管理的有效方法。因此,在项目开始之前,需要对整个项目的进程进行周密的计划,考虑的内容包括:市场调研、产品概念、产品商业模型、产品开发的投资、产品制造、完整的产品、如何延续产品的生命周期和后续产品规划等。从项目开始到结束,应始终有明确的目的和任务。

(3) 关注市场。

在研发目标和任务的确定过程中必须关注市场和潜在客户的需求,这样,研发出的产品才可能得到市场的认同。企业应该清楚地认识到与其他竞争对手的差异、具备何种竞争优势,以及比竞争对手强的技术优势,通过对竞争对手的分析,对市场发展和潜在客户的需求的分析,确立研发团队建设的导向。

(4) 形成团队的指导原则。

这些原则是团队成员遵循的行为准则,指导成员对产品技术走向的把握。指导原则有助于团队成员把精力集中于研发任务中。

（5）职责分明。

一个有效运作的团队所担负的职责存在三个级别。第一级是每个团队成员都应具备的，即懂得工作的责任和知识；第二级是团队中一小部分人具有的不适用于交叉训练的专门技能和知识，但它又是团队完成工作目标必需的；第三级是发展，发展范畴中确定的任务是团队应该精通的，但目前又无能力掌握的领域。明确职责的区分，有助于为团队成员提供工作重点，同时又动态提供团队成员将来的职责范围。

（6）有效的决策机制。

团队成员除了明确自己的职责，还要能明辨哪些是需要全体成员参与和支持的问题，并积极参加问题的讨论，对所采取的行动全体成员应意见一致。

（7）解决问题的机制。

任何高效的研发团队都具有解决问题的能力。这条规则不仅仅是指要识别问题的存在，或找出可取的解决方法，而且包括负责问题的解决过程。

（8）学习和培训。

高效的研发团队能从他们过去经历的事情中学到很多东西，并能迅速转化为新知识。一个不变的准则就是学习和实践是取得不断进步的唯一手段。团队成员要经常设计一些概念模型，共享实践经验，这些经验告诉人们他们学到了些什么，他们怎样应用所学的知识来解决实际问题或抓住未来的机遇。鼓励团队把他们的发展看作是一个不断学习的过程。像全面质量管理一样，团队应该把自己的发展看作是一个不断寻求完美的过程，团队千方百计地寻求改善的方式，同时通过各种培训学习将团队的互动过程进一步完善。

（9）有效会议和共享机制。

团队成员定期的有效会议沟通能帮助团队形成团队的智慧；而共享机制将帮助团队成员不断提高水平，并有助于企业内部知识共享和管理体系的建立。

12.5　虚拟团队建设

随着网络和信息技术在管理中的不断应用，团队建设出现新的发展方向，即虚拟团队的建设。虚拟团队是继虚拟组织、虚拟企业等概念后出现的新概念。

12.5.1　虚拟团队的定义和特点

通常，虚拟团队是由一些跨地区或跨组织或跨部门的、拥有不同知识和技能的人员组成，通过现代通讯和信息技术实现远程沟通和协调，以完成组织目标的契约式的策略联盟。

虚拟团队具有以下一些特征：

（1）虚拟团队是一个人才网络体。虚拟团队成员由组织内部和组织外部的、具有一定知识和技能并愿意参加的人员构成。

（2）虚拟团队是一个异质群体。由于团队成员拥有的知识、技能和信息是不同的，所以他们在工作过程中所负有的职能不同，扮演的角色也不同。

（3）虚拟团队依赖于现代通讯和信息技术。虚拟团队跨越了时间和空间的限制，主要利用最新的网络、群件、移动电话、可视电话会议等技术，进行跨地区、跨组织的信息交流。

（4）虚拟团队具有高度动态性。一方面，虚拟团队在任务开始时正式形成，当任务结束时自动解散；另一方面，在工作过程中，由于团队成员任务、角色不同，所以他们必须相互协作，交流经验，共享有关知识，从而形成动态的协作过程。

（5）虚拟团队是一个契约式的联盟。虚拟团队突破组织边界是依据契约而运作，是一个短期性或长期性的策略联盟。

12.5.2　虚拟团队建设的意义

作为一种新型的组织形式，虚拟团队建设有其重要意义，具体主要表现在以下几方面：

（1）虚拟团队的建立拓展了组织的人才来源渠道，实现了人才资源的最优整合。不同的经济环境对人才的要求是不同的，社会需要一种人才共享机制，促进人才流动，从而较充分地利用人才资源。虚拟团队集聚了跨地区、跨组织的各类优秀人才，他们在各自的领域内具有知识结构优势，通过知识共享，信息交流，实现了优势互补和有效合作。

（2）虚拟团队是一种组织创新。传统团队是企业内部为完成特定任务而组成的，为保证团队成员的有效沟通，企业有着明确的组织边界。而虚拟团队不同于传统团队，它打破了企业的组织边界，充分利用外部人力资源，通过信息技术联结，实现知识共享，整合人才资源。

（3）虚拟团队具有效率优势。虚拟团队主要利用最新的网络、群件、移动电话和可视电话会议等技术进行沟通，成员能及时交流信息，防止信息滞留，确保组织及时作出相应的对策，提高工作效率。

（4）虚拟团队的建立降低了企业的运营成本。由于组织可以大量利用外部人力资源，使得组织内部机构得以精简，组织结构渐趋扁平化。同时，虚拟团队的柔性工作模式减少了成员的办公费用和安置费用，从而降低了人工成本和管理成本。

（5）虚拟团队的建立促进了传统团队管理模式和管理方法的改进。虚拟团队虽然是一个完整的团队，但它是一个无形的团队，传统的命令和控制方式已不再适用。虚拟团队是以契约为根据，依靠契约进行协调和管理。由于团队成员来自不同的地域、组织，有着不同的文化背景，因此，建立有效的沟通渠道是虚拟团队管理的一个重要内容。

（6）虚拟团队有助于团队成员实现自我价值。虚拟团队成员独立性强，每个人各有所长,虚拟团队是其施展才华的舞台。他们通过知识共享,互相协作,不但完成了组织的任务,还实现了自我价值。

12.5.3 虚拟团队的建立与管理

虚拟团队的建设主要包括虚拟团队的建立与管理两方面。

1. 虚拟团队的建立

建立虚拟团队是一个有计划、有步骤的工作过程。它通常有以下几个步骤:

(1) 进行工作系统分析。在虚拟团队正式建立之前,首先需要系统分析团队结构中各种任务角色,弄清楚企业现在和将来缺乏什么样的人才。工作系统分析有两点,一是对团队结构中的每一种工作角色的内容、职责、条件和设备等进行具体的分析和描述;二是对担任这一角色的人员要求,包括对人员的知识水平、技能和能力等进行具体的规定和描述。工作系统分析是组建虚拟团队的基础。根据工作需要,挑选合适的团队成员。

(2) 制定人力资源计划。通过工作系统分析的结果,预测企业在一定时期内所需人才的数量、质量以及人才获得的可能性,并制定具体的人力资源计划。

(3) 搜索人才信息。为了挑选合适的虚拟团队成员,在整个社会范围内搜索人才信息,以实现社会化的人才优化整合。人才信息搜索的内容虽是多方面的,但主要有两点,一是虚拟团队成员的个性特点,包括气质、性格、能力、兴趣和需要,二是虚拟团队成员的工作经验与以往的工作绩效。而这项任务的大部分工作可借助人才交流市场、猎头公司及其他人才中介机构完成。

(4) 建立契约式的策略联盟。这是建立虚拟团队的实质性阶段,其任务是联系人才,通过交流和谈判,签订合同。这种契约关系不仅仅是单位与人才之间的契约关系,还包括单位和单位之间的契约关系,它涉及多方责任和利益分配问题,因此签约过程比较复杂和艰巨。

2. 虚拟团队的管理

虚拟团队的出现,必然对传统的管理方法提出挑战。如何对虚拟团队进行有效管理,成为管理者日益重视的问题。虚拟团队的管理必须注意以下几点:

(1) 强化共享空间的感觉。虚拟团队存在时空距离,如何增强共享空间的感觉就非常重要。虚拟团队的管理者应善于建立共享知识和共享愿景的氛围。当团队召开会议,不论是电话会议、可视会议还是面对面的会议,管理者都需要传递或展示团队目标,让虚拟团队成员时时感受到他们是在一个负有共同使命的"真实团队"之中。

(2) 进行有效沟通。虚拟团队成员不仅有不同的技能、知识,还有不同的文化背景或观念,彼此又缺乏近距离的交流,因此,特别需要加强有效的沟通。除了加强正式沟通外,虚拟团队还应加强非正式沟通,注重成员之间各种方式的交流机会,创造良好的氛围,使团队成员充分相互促进了解,形成团队"文化",从而强化对团队目标的认同。

（3）建立信任关系。信任的建立与维系是虚拟团队管理的核心问题，相互信任是虚拟团队运作的基础。虚拟团队成员彼此尊重、信赖，共享知识，才能相互协作完成团队任务。国外学者贾文帕斯（S. Jarvenpas）和莱德纳（D. Leidner）研究认为，在团队中有 9 种促进信任的行为，它们分别是：社交沟通，表达热情的沟通，处理技术和不确定性任务的方法开发，个人主动性，预期的沟通，实质性和及时的沟通，积极姿态的领导，从程序性向任务中心的转变，对危机的冷静反应。

（4）调整成员角色定位。虚拟团队的远程管理使组织的监督和控制职能弱化，为了更好地维护团队，就必须对成员角色重新定位，使其从"员工"角色转换成为"会员"角色，享有相应的责任与权利，参与管理。

（5）建立有效的激励机制。通过对虚拟团队成员的需求分析，建立有效的激励机制，将成员个人收益同团队业绩相结合，促使团队成员相互合作，共同致力于团队目标的实现。

本章小结

本章分析了团队的基本概念，包括团队定义、团队规范、团队类型和团队成员角色，阐述了团队建设的意义及团队建设的条件，描述了团队建设的途径与技巧，概述了高效团队建设的要诀，讨论了高层管理团队和研发团队的现状、特点与方法，探讨了随虚拟组织、虚拟企业而出现的虚拟团队，分析了虚拟团队的特点、意义及建设。

复习与思考

1. 团队的含义是什么？
2. 团队有哪些主要类型，各有哪些特点？
3. 为什么要进行团队建设？
4. 高效团队建设的要诀主要有哪些？
5. 虚拟团队与一般团队有何异同？

案例分析

SS 公司的研发团队建设

SS 公司概况

SS 公司是一家生产电梯的合资企业。公司自合资以来，对引进技术进行了消化、吸收与创新，决策和管理得当，给企业带来了可观的经济效益和社会效益，并显示出强劲的发展势头和广阔的前景。企业生产规模不断扩大，产品市场占有率保持行业领先地位，成为行业中首批跨入中国 500 强企业之一。

从合资初引进的 SP-VF 电梯开始,公司依靠外方企业提供的世界一流的电梯产品打开全国电梯市场,合资后的第五年,又引进了 J 国当时开发的世界最新电梯 GPS、GPM 系列电梯,在我国电梯市场上一直保持着较大的产品优势。又过了三年,SS 公司与外方企业合作开发了适合我国住宅使用的电梯 GPS-CR。这些产品不仅为 SS 公司创造了巨大的经济效益,而且也为 SS 公司培养了一大批专业电梯销售、技术、管理、制造以及安装保养的人才,为自主开发新产品打下了坚实的基础。

公司第三期工程的最后一项"三位一体"工程竣工,建造了 120 米高的电梯试验塔。在当时,国内还没有几家电梯公司有电梯专用试验塔。试验塔的建成,标志着 SS 公司朝自主开发电梯的方向发展了。

在 SS 公司,微机早已普遍应用。在营业本部、制造本部和技术部各有一个微机局域网,已承担大量营业设计、制造流程和技术图档管理工作。这些局域网可以通过网关与因特网相连,可以收发电子邮件和上网查询。多年前,SS 公司购买了 SAP R3 软件,随即成立了一个 MIS 项目小组。MIS 项目小组由专职人员和各部门联络员组成,负责开发和协调公司 SAP 系统的建立和运行维护工作。已投入使用的模块有全国电梯销售报价系统、配方设计、合同管理、生产模块、财务模块、采购模块等。

技术部的工程信息管理系统(EIS)是隶属于公司 MIS 系统下的一个相对独立的子信息系统。它是由产品 BOM 管理、图档编辑管理、开发流程管理、制造工艺管理、刀具管理、设备管理等模块以及产品研发中所用的 CAD、CAE、CAPP、CAM 等辅助软件组成。它所生成的 BOM 表和合同配方可以直接输入 SAP R3 系统。这个系统是国内建立的第一个电梯专用技术研发信息管理系统。

SS 公司研发部的设立

SS 公司成立时,设立的技术科只有十多个人,随着外方企业 SPVF 电梯产品技术的引进,技术科分成产品开发科和技术科。技术科主要负责机械制造工艺,开发科负责引进产品的国产化转化设计和电气制造工艺等工作。上世纪 90 年代后期,开发科内部按技术类型分为电气组和机械组,组内再按产品部件细分到个人。后来,根据需要开发科又新建了 CAD 组、自动扶梯组和硬板制造工艺组。

这种组织结构是一种功能化分工。每当一个新产品引进后,由管理部门牵头,开新产品协调会,制定和监督国产化计划,安排试生产。开发科按目标管理的要求,制定产品设计的子计划,然后再将计划细分到每个技术人员身上。每周,开发科主管开一次协调会,监督和协调计划的完成情况。每月,开发科主管根据每个人计划的完成情况和个人绩效分配奖金。这种组织结构的优点是管理高度统一,组织内部层次分明,易于工作计划的制定和监督。但它的缺点是管理层次较多,不利于部门之间的协调,有时容易形成管理瓶颈和盲点。公司内部经常发生部门之间相互推诿或扯皮现象。另外,多层次的目标计划管理容易使大多数技术人员成为计划的忠实执行者,束缚研发人员对工作的主动性和创造性。

随着 SS 公司的业务发展,公司产品在市场上出现销量萎缩,导致公司内部各种问题的暴露。首先是产品的成本问题。公司产品成本居高不下，除了管理因素外，零部件过分依赖进口产品是一大因素。有许多电子元件由外方厂家独家供应，因此价格很高。要解决这个问题，最直接的方法是自行设计电梯，增加对供应商的选择范围来降低采购成本。其次，由于合资方提出增资扩股的要求被否决，继而提高了新产品技术转让的费用。再次，国外知名电梯公司纷纷在国内开合资、独资电梯公司，抢占国内市场份额。它们引进的产品是世界最先进的，创新性和兼容性都较高。相比之下，SS 公司引进外方新产品的速度和灵活性方面较弱，市场份额被别人抢去不少。在这样的内外压力下，公司高层决策者决心加大自行设计新产品的力度，为此，对原来的产品开发科和技术科进行结构重组，挑选年轻的工程技术人员，成立新的研发部，专攻新产品的研发。

SS 公司研发团队的形成与发展

随着 SS 公司研发部的设立，不久就成立一个研发团队，设计一种新颖的电梯产品。在这个团队里，有 6 个核心成员，他们大多是刚进公司的年轻工程师，渴望在工作中展现自己的才华，实现个人价值。因此，这个研发项目提供了他们极富挑战性的工作，也使他们在这个团队内形成强烈的责任感。一年多之后，他们经过研究大量外方提供的技术笔记，积极讨论，不断学习，逐渐总结出了技术要点，然后着手开展新产品的设计。在设计和试验的过程中，不可避免地遇到许多困难，但他们工作积极性丝毫没有减退，有些人连续晚上加班不回家。两年后，在难以想象的超时工作后，新型 HOPE 电梯终于研发成功，通过了技术鉴定。当年，SS 电梯公司的 HOPE 新型电梯获得了上海市新产品开发一等奖。这个团队也被称为 HOPE 团队。

在新产品研发过程中，有目标计划和阶段评审工作。大部分队员根本不计较个人的工作量和报酬的多少，他们都知道，如果项目不能最终完成，不管是个人的前途还是集体的利益，都将受到影响。正是这种力量，最终促使新产品的诞生。

公司高层看到了研发团队的出色业绩，开始加大研发投入，建造电梯试验塔，购买大量研发 CAD 软件，招收应届研究生充实研发队伍，不久，公司成立了国家级企业研发中心。

随着新的研发人员的不断加盟，SS 公司研发部已发展到 45 人，分成 4 个大组、9 个小组，每个小组有 2～3 人，负责一个小梯种的研发，有些工程师专管某一技术工作。后来的一年里，也开发出了诸如汽车梯、自动人行道、大楼管理系统、远程监控系统等电梯产品。但在消费者的眼里，这些电梯的技术水平还没有达到国际领先的水平。而国内其他大公司的新产品层出不穷，在小型化、低成本化方面还是领先于 SS 公司自行开发的产品。SS 公司的研发工作不得不竭力追赶其他公司已推出的产品。

SS 公司研发团队的重建

随着研发部的人员不断增多，行政指挥链的不断强化，成立的工作大组或小组，其实是一种正式工作群体。HOPE 团队也处于"虚脱"状态。

在随后的时间里，研发部流失了一些技术骨干。当初的 HOPE 研发团队里，有人成为部门主管,有人离开公司,有人在原来岗位上继续工作,不过他们的积极性远非当初开发 HOPE 电梯时的那样。

随着电梯行业市场竞争的日趋激烈,公司管理层认识到如果要走出这种市场困境,必须充分发挥研发人员的作用。针对原先 HOPE 团队运作的一些经验及后面的教训,同时也结合企业面临的实际情况,公司研发部重新审视研发团队的作用和存在的价值。在这种思路的指导下,准备组建一个新的研发团队——自主新产品研发团队,在进一步强化对国外新技术吸收的同时,针对中国的具体应用环境研制新的产品。

由于原先团队是以一项明确的研发任务为基础构建的团队,这种团队建设模式在电梯行业刚兴起的时候,确实发挥了不少作用,但是随着国内电梯市场的不断成熟,电梯新产品的推陈出新,这个仅仅以某项明确任务为标志的问题解决型团队已越来越不适应研发任务的需要。正是 HOPE 团队在完成 HOPE 电梯之后对于目标的迷失,使团队出现了裂缝。因此,公司高层提出新的研发团队有相当的自主权,公司只管研制新产品的市场使用性这一模糊化目标,研发团队可根据公司经营目标,结合研发人员素质以及公司现有的信息系统的环境,积极调整自身的研发任务。

为了配合新的团队建设,公司提供了必要的人员精简和新血液的补充。新血液的补充,其实在团队中主要起沙丁鱼的作用,改变原有的气氛。公司还决定研发团队要以青年为骨干,提倡技术创新。针对公司已经实行 MIS 系统的现实情况,公司在研发团队中首先推行了知识管理的要点,要求研发人员从根本上改变过去那种保守的研发作风,提倡在团队中大家相互学习的环境。为了达成这一目标,研发部不断鼓励研发团队成员的交流,比如,建立一个内部的学术期刊,供大家发表意见;对于文件保存、资料查看实行规范化操作;不断鼓励非正式的交流活动等。

另外,在新的团队建设初期,研发部积极组织了一系列的培训活动,从公司企业文化到团队目标;从电梯的前沿技术到市场营销;从员工的自我管理到一般管理知识。甚至建立了在公司内部进行相互培训的机制,将自己认为最擅长的技术、技能拿出来进行交流。经过一段时间的交流,让团队成员了解团队的整体情况以后,研发部又要求团队成员提出在团队整体目标下的短期研发计划。这种全方位的培训活动为研发人员进行广泛交流提供了渠道。

在进行培训的同时,研发部积极调整原有的激励机制,针对新的目标和任务重新设计团队的激励机制,强化对研发人员的投入和绩效的认同与奖励。新的机制不仅强调个人的技术、技能水平的提升,也强调成员之间的相互学习的重要性;不仅强调高效完成任务,也强调参与培训及其考核。同时又积极通过党政机构加强对青年的思想教育和引导,鼓励他们在新的岗位上发挥自己的才能。

经过半年的磨合,新团队的一种积极进取的文化逐步形成,并且最为关键的是整个团队形成了一种对电梯新产品研发的危机感,这种危机感,不仅仅是表现在大家口头上对于市场的一种看法,更是体现在员工各自的计划当中,为最终形成团队目标营造一种积极的环境。

新团队组建半年后,一个自动扶梯的新产品开发上就初显了整体的实力,由于研发部内部形成了一种相互的认同感和各自优势的配置,以及对于公司整体技术信息的吸收,团队提前3个月完成了100%的国产化项目开发,并在一些关键部件的测试上赢得了外方的赞扬。这个项目的完工为提高新团队的士气打下了基础,当然现在的团队已经不再是开发HOPE电梯时的团队,因为研发团队成员知道,只有不断研究,才可能最终赢得客户的信赖,研发团队的目标也不仅仅是作为一个项目的研究开发单元,而是公司未来利润增长的一个驱动器。

SS公司的研发团队建设正以一个新的自我管理团队为中心,并向学习型团队形式发展。

思考题

1. SS公司研发团队建设经历了怎样的历程?你有何评价或体会?
2. SS公司研发团队成功组建的原因有哪些?

测试练习

你的信任度如何?

说明:想象一下目前在你生活中扮演重要角色的某个人(比如,配偶或朋友或主管或同事等),根据以下量表评价对他或她的信任度。然后,汇总你的回答,并与提供的评分标准相比较。

强烈反对		强烈同意
1—2—3—4—5—6—7—8—9—10		

1. 我会期望这个人做事公正。 （　）
2. 我会相信这个人并知道他或她愿意听我说。 （　）
3. 我会期望这个人告诉我事实真相。 （　）
4. 这个人花时间倾听我的问题和担忧。 （　）
5. 这个人从来不会故意曲解我对他人的看法。 （　）
6. 我会相信这个人,并知道他或她不和别人讨论有关我的问题。 （　）
7. 这个人的答复具有建设性并关心我的问题。 （　）
8. 如果这个人承诺要帮助我;他或她就会兑现这个诺言。 （　）
9. 如果我和这个人有约定,我会期待她或他的到来。 （　）
10. 我会借钱给这个人,并认为她或他会尽快还钱。 （　）
11. 我不需要一个后备计划,因为我知道这个人会替我解决。 （　）

总分＝

评分标准:

77—110＝高(信任是宝贵的。)

45—76 ＝中(谨慎点;要防一手。)

11—44 ＝低(放弃自己的价值观!)

思考与讨论

1. 你的得分是否准确地描述了你对对象的信任(或不信任)的程度? 为什么?

2. 你为什么信任(或不信任)这个人?

3. 信任在管理中有何意义?

参考文献

French, Wendell L. & C. H. Bell, Jr. , 1999, *Organization Development: Behavioral Science Interventions for Organization Improvement*, 6th edition, Prentice Hall.

Solomon, C. M. , 2001, "Managing Virtual Teams", *Workforce*, 80, 60—65.

彼得·圣吉:《第五项修炼:学习型组织的艺术与实践》,中信出版社 2009 年版。

罗伯特·J. 托马斯:《新产品开发》,上海译文出版社 1998 年版。

罗伯特·赫勒:《团队管理》,上海科学技术出版社 2000 年版。

尼基·海斯:《成功的团队管理》,清华大学出版社、汤姆森学习山版集团 2002 年版。

乔恩·R. 卡曾巴赫、道格拉斯·K. 史密斯:《团队的智慧——创建绩优组织》,经济科学出版社 1999 年版。

屈云波:《管理团队》,企业管理出版社 2000 年版。

塞缪尔·C. 切尔托:《督导管理:原理与技能》(第 5 版),机械工业出版社 2007 年版。

桑迪·波克拉斯:《做个好队员——团队队员手册》,清华大学出版社 2000 年版。

斯蒂芬·罗宾斯、蒂莫西·贾奇:《组织行为学精要》,机械工业出版社 2008 年版。

斯蒂文·R. 雷纳:《团队的陷阱》,广东经济出版社 1999 年版。

沃特金斯·马席克:《21 世纪学习型组织》,世界图书出版社 2000 年版。

晓宁:《团队出击》,珠海出版社 2000 年版。

第 13 章　组织冲突

组织冲突（organizational conflict）　　权力（power）

建设性冲突（constructive conflict）　　组织政治（organizational politics）

破坏性冲突（destructive conflict）　　竞争（competition）

冲突来源（source of conflict）　　回避（avoidance）

冲突解决（conflict solution）　　迁就（accommodation）

冲突过程（conflict process）　　妥协（compromise）

冲突管理（conflict management）　　合作（collaboration）

冲突模式（conflict model）　　独断（assertiveness）

　　冲突是一种常见的社会现象，普遍存在于社会关系的各个领域，是人类社会关系的一个组成部分。就冲突的范围来看，有的是属于家庭冲突，有的是属于组织或单位冲突，有的则发展成一种社会冲突，甚至国际冲突等。本章主要围绕组织冲突展开讨论。

13.1　冲突的定义与类型

13.1.1　冲突的定义

　　什么是冲突？许多学者和管理者从不同方面对它作了界定。对冲突进行的研究，有的着重于冲突的成因，有的重视冲突的过程，有的侧重于冲突的后果，因而对冲突的定义也各不相同。在《布罗克豪斯百科全书》（*Brockhaus Enzyklopadie in 20 Banden*）中，冲突的定义是：存在于个人内部或者多数人之间的内在动机、欲望、价值及看法的相互矛盾的不同表现。卡巴若夫（B. Kabanoff）认为：冲突是群体成员间潜在影响关系的不一致或不相容所造成的结果。托马斯（K. W. Thomas）认为：冲突是一方感到另一方损害了或打算损害自己利益时所开始的一个过程。与此相似，罗宾斯（S. P. Robbins）也认为：冲突是一种过程，这种过程是肇始于一方感觉到另一方对自己关心的事情产生消极影响或将要产生消极影响。这些定义都是强调了冲突的某一方面。其实，冲突作为人的一种社会行为，其主体可以是组织、群体或个人。组织行为学研究的冲突主要指：

在组织中的成员,由于这样那样的原因,常常会产生意见分歧、争论或对抗,使彼此间的关系出现紧张状态。它是从个人与个人、个人与群体、个人与组织、群体与群体、组织与组织之间相互作用的过程中发展而来的,是一个行为主体为谋求自身利益而与其他行为主体之间的对立、对抗和斗争。

冲突具有三个特点:首先,冲突是一个知觉问题,是双方感知到的;其次,意见的不一致或对抗,且相互作用;最后,冲突是客观的,不可避免的。

需要注意的是,冲突与竞争是既有联系又有区别的。一般而言,当组织中的个体或群体具有不相容的目标,但他或他们之间并不直接相互阻碍或干扰,这是竞争。冲突是组织中的个体或群体具有不相容的目标,并直接相互阻碍或干扰。换言之,竞争可能引发冲突,也可能不引发冲突。

13. 1. 2　冲突的类型

组织中的冲突,从不同的角度划分,有不同的类型。

从组织中冲突的产生和变化的历程划分,一般可分为:

(1) 目标冲突:双方具有不同的目标或预期。

(2) 认知冲突:双方所持的看法或观点不相容。

(3) 意向冲突:双方的态度或情感不一致。

(4) 行为冲突:双方的行为难以被对方所接受。

从组织中冲突的效果划分,一般可分为:

(1) 破坏性冲突:冲突对其主体(组织或群体或个体)产生的消极效果。

(2) 建设性冲突:冲突对其主体(组织或群体或个体)产生的积极效果。

从组织中冲突的发生规模划分,一般可分为:

(1) 局部冲突:对冲突主体(组织或群体或个体)发生的部分冲突。

(2) 全局冲突:对冲突主体(组织或群体或个体)发生的整个冲突。

从组织中冲突的原因划分,一般可分为:

(1) 利益冲突:一方利益损害另一方利益导致的冲突。

(2) 观念冲突:双方因各自不同的观点或观念产生的冲突。

(3) 角色冲突:双方因处于不同的角色或位置产生的冲突。

从组织中冲突的所处阶段划分,一般可分为:

(1) 隐性冲突:潜在的、尚未表现出来的冲突。

(2) 显性冲突:表现明显的、可知觉可观察的冲突。

从组织中冲突主体的层次,即从个体、群体和组织层面划分,一般可分为:

(1) 个人内心的冲突:个人思想、认识、情感等方面的冲突,往往表现为犹豫不决、举棋不定等。

(2) 人与人之间的冲突:发生于个体之间的因观念、角色、认知和利益等不同的冲突。

（3）个体与群体之间的冲突：在一个组织内，个体与群体之间因观念、角色、认知和利益等不同的冲突。

（4）群体与群体之间的冲突：在一个组织内，群体与群体之间因观念、角色、认知和利益等不同的冲突。

（5）群体与组织之间的冲突：在一个组织内，群体与组织之间因观念、角色、认知和利益等不同的冲突。

（6）组织之间的冲突：组织与组织之间因观念、角色、认知和利益等不同的冲突。

不同类型的冲突对组织运作和绩效的影响是不同的，因而正确认识冲突的分类，对采取相应措施、有效处理冲突有着重要的作用。

13.2 组织冲突观的变化

人们对组织冲突的认识有一个变化的过程，在国外，主要经历消极、中性和积极三个阶段。

第一阶段是 20 世纪 30～40 年代，冲突的消极观即一种传统观，认为冲突对组织只是有害的、破坏性的，主张必须避免。因此，传统观点认为组织内冲突与组织绩效成反比，如图 13.1 所示。

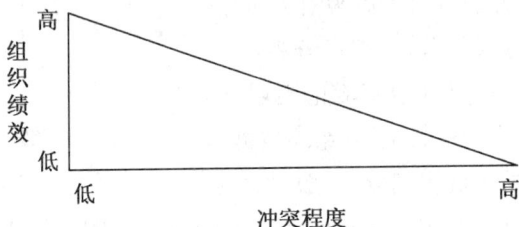

图 13.1 冲突与组织绩效的关系

国外学者认为，冲突传统观点的形成与霍桑实验研究有很大关系。在霍桑实验研究中对冲突结果都是持否定看法。另一个重要原因是由于工会的发展，以及工人与组织管理层之间经常爆发的冲突。20 世纪初，工会为了工人合法的权益与组织管理层进行斗争，直至 20 世纪 30 年代才基本获得其合法权益。由此，人们认为，组织内冲突总是对组织有害的。

第二阶段是 20 世纪 40～70 年代，不偏不倚的冲突观，是人际关系的冲突观。该观念认为冲突是与生俱来的，无法避免，只能接纳，使其存在合理化。冲突不可能被消除，有时它还会产生有益的作用。如果两个员工在采用哪个工作方法时发生冲突，管理层就应该引导和鼓励这种冲突，以弄明白哪个员工做得对。由于冲突既不好也不坏，因此，鼓励建设性冲突和解决破坏性冲突，使冲突保持在适度的水平，对管理者来说就非常重要。

　　第三阶段是从 20 世纪 70 年代后开始的,积极的冲突观,是相互作用的冲突观。该观点鼓励冲突,认为组织中存在冲突有积极影响,它能够使群体保持旺盛的生命力,善于自我批评和不断创新,增强组织的竞争力。1976 年,美国管理协会(AMA)赞助的一项调查显示,企业中执行总裁、副总裁和中层管理人员处理冲突问题的时间,分别占他们工作时间的 18%、21% 和 26%。被调查人员普遍感到,冲突管理与计划、激励和决策一样成为企业管理中越来越重要的方面,冲突控制能力成为管理人员最重要的能力之一。这种冲突观在 20 世纪 90 年代,随着信息技术的发展得到进一步的发展。

　　20 世纪 90 年代中期,美国谈判专家斯狄贝(D. Stiebel)在其《当交谈使事情变得更糟时》一书中说道:"员工有足够的智慧去知道管理者想要什么,并且多数情况下,他们所要的是顺从和服从。"而斯狄贝相信,当员工认为冲突是一件 no-no 事件时,他们不会说出他们的异议、忧虑或反对观点,或建议新的做事方法。本部在美国波士顿的一家 IT 公司——Keane 公司的高级技术开发执行官康宁汗(F. Cunningham)认为,如果员工没有任何不同意见,那公司会产生可怕的决定;当允许员工表达他们的观点,尽管不一致和不可思议,但更多的见解放到台面上来,可以产生更多发现,可以导致在改进和创新上更大的跳跃。

　　美国圣地亚哥的 Nissan 设计国际公司(Nissan Design International)的总裁赫斯伯格(J. Hirshberg)非常重视冲突的创造性价值。事实上,他在项目管理中,通过将不同专业和文化背景的人安排在一起来鼓励冲突。他寻找的是他称为"创新锋利"的事物,描述为"一种将有创造力的冲突环节转变为突破机会的能力"。

　　如何鼓励有益的冲突? 美国一家管理咨询公司的资深顾问卡耶(K. Kaye)认为:"防止冲突或阻断争论绝不是我们的目标。我们的目标是鼓励好的争论。我们希望人们自由地、积极地表达和他人的不一致——而不必总是高兴的、友好的,但应总是尊重其他正当观点和别人的价值。"卡耶还指出,单独一个人可以做很多去刺激组织中的直接变革。他认为鼓励有益冲突的主要方法有:寻找共同目标和双赢状态;阐明、整理和评价差异;如必要,赢得人们的行为去改变他们自己的态度和沟通模式;分析冲突发生的原因,通常人们并不一定要和他们说要斗争的事物斗争;鼓励个人主动地自我改变。

　　在组织中,一旦员工对冲突感觉舒适,他就可以开始产生影响,形成组织的积极冲突。处理冲突的最好办法是建立一种文化,使冲突被承认和支持,就像是组织业务程序的一个自然部分。因此,营造一种健康冲突的工作环境非常重要。

　　通常,营造健康冲突的工作环境可从以下几方面进行:

　　(1) 重视个人和个人的差异。

　　组织应该建立一种文化支持所有类型的变化,包括思想和观点的变化。公司的价值观是很好的开端。在前面提及的那家名为 Keane 的 IT 公司,其价值观之一就是重视个体,必然包括重视个体差异。高级技术开发执行官康宁汗说:"如果我涉及冲突,并且我看到我们的价值观挂在墙上,它强迫我后退一步,看一看我可以如何调节我的信息去重视别人或涉及的人。"

　　管理者必须推动有希望成为现实的健康冲突。斯狄贝(D. Stiebel)认为,管理者可以通过表露他们向他人学习的意愿来塑造冲突的价值观,并可用非直觉的方法来试验,如公开表扬愿意提出不同方法的员工;通过讲述成功故事来庆祝非直觉决定的成功;构造显示冲突舒适水平的行为模式等。在美国伊利诺伊州(Illinois)的摩托罗拉公司的人力资源管理执行副总裁吉恩可(G. Gienko)赞同斯狄贝的这一观点,认为领导公开表扬和讲故事是积极冲突实现的关键。他说十多年前,在一次由官员参加的会议中,每个人都在庆祝公司的成功。一位员工站起来在他的同伴及他们的配偶面前宣布摩托罗拉的质量令人讨厌。那愿意发表反对意见的唯一员工最终促使摩托罗拉转变成深受赞誉的 6σ 质量成果。今天,摩托罗拉公司高层管理者一遍遍讲述这个故事,以此作为向员工展示积极异议可帮助公司的一种方法。

(2)奖赏公司需要鼓励的行为。

什么得到奖赏什么就会得到加强。如果公司希望员工解决困难问题并初步寻求新的更好的工作方法,那么公司应该明确表示在绩效考评系统中的期望指标。管理者需要同员工就工作的期望进行沟通、提供不间断的员工发展计划及创造一个值得信任的工作环境。管理者有责任去发展和展现使员工信任的行为模式。

(3)确信员工对工作做好了充分准备。

在许多组织中,冲突的首要资源之一就是员工常偏离他们的舒适领域工作。如果管理者要求员工脱离他们先前经历过的工作领域,则会使员工感到不适,而这可导致挫折和冲突。因此,公司提供相关的培训就是确信员工准备好去完成分配的工作。

(4)在需要时提供个性化的培训。

在一个组织中,许多员工需要改进他们在问题解决、合作和沟通等方面的技能。冲突管理、有效沟通或管理培训是培育组织积极冲突的方法。但是,并不是每个员工都需要,同时组织冲突管理培训需要有针对性。因此,首先需要培训管理者认识积极冲突是如何提升价值及如何形成鼓励有价值的异议或创造性的行为模式。其次,向需要的员工提供沟通和冲突管理的培训。公司通过管理者负有员工发展的责任来决定谁应受到相关的培训。需要注意的是,引导和鼓励成熟有价值的冲突模式是一个复杂问题。正如摩托罗拉公司人力资源管理执行副总裁吉恩可所说:"那显然更具有艺术形式而不是公式。"

由上可见,随着社会的进步和科学技术的发展,国外组织对冲突的看法也是与时俱进,经历了从消极、中立到积极的观点。特别是进入 20 世纪 90 年代后,随着信息技术的迅速发展,在高科技企业组织中,更是对组织冲突持积极的观点。

在我国,许多组织都持有冲突的传统观。这主要与传统文化相关。"一团和气"、"和为贵"和"中庸之道"等都是对冲突的否定反映。在组织内部、人际交往、工作方式等方面,一般千方百计回避冲突、否认冲突。回避冲突也往往造成了组织中建设性的有利的冲突太少,破坏性的消极的冲突太多;有意识引发的冲突太少,无意识爆发的冲突太多;可控制的冲突太少,不可控的冲突太多。其实,冲突是无所不在的,是客观的不以人的意志为转移的。在我国,组织对冲突的认识和态度应不断转变、与时俱进。

我们认为,组织冲突的影响具有两面性,它对组织既具有建设性、推动性等正面影响,又具有破坏性、阻滞性等反面影响。一方面,冲突会导致组织成员相互怀疑、彼此对立,影响成员的工作情绪,削弱组织的凝聚力;另一方面,冲突又能激发创新意识,它可以成为组织变革与发展的动力,并达到更新观念、开拓事业的效果。冲突最终是作为积极因素还是消极因素,关键取决于企业管理层和人力资源部门对冲突的有效管理。

有效管理组织冲突,使之发挥积极功能,对组织具有重要意义。保持组织冲突的一个适度水平能达到最佳的组织绩效,如图 13.2 所示,过低或过高都会对组织绩效产生负面影响。在一个组织中,如果冲突程度低或者没有冲突,则组织冷淡平静,像一潭死水,缺乏生气,员工缺乏新想法,对变革缺乏热情,创造力低,员工感到安逸,就不太关心绩效的

图 13.2　冲突与组织绩效的关系

改进,这样组织绩效就不会高;在另一个极端,冲突程度太高,组织缺乏秩序,成员不合作,人际间或群体间的冲突会耗损员工的精力,员工也不可能关心组织绩效的改进。因此,只有在一个适度水平,鼓励员工面对冲突并解决冲突,而这些冲突又不会破坏正常的工作活动,组织绩效才能达到最优状态。

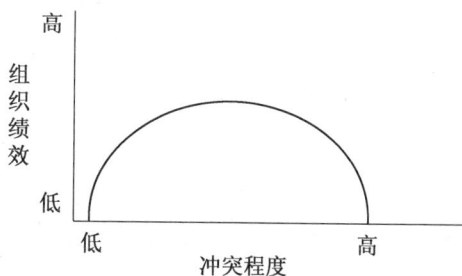

13.3　组织冲突的来源

冲突的来源,一般又被认为是冲突产生的原因。在正式组织中,存在许多冲突的来源。国内外不少学者对冲突来源作了不同程度的研究。例如,美国行为科学家杜布林认为,冲突的产生有 8 个方面的原因,即人的个性,对有限资源的争夺,价值观和利益的冲突,角色的冲突,追逐权力,职责规定不清,组织的变动,组织风气不佳。美国另一位行为科学家庞迪(L. R. Pondy)认为,在任何一个组织内部都可能发生三种类型的冲突:当组织成员相互之间争夺稀缺资源时,双方之间会发生"讨价还价模式"的冲突;当上级企图控制下级的行为时,特别是当上级的命令与下级的职责无关程度高时,会发生"官僚模式"的冲突;当组织内部的不同部门之间无法协同和合作时,会发生"系统模式"的冲突。

一般认为,组织冲突的主要来源有以下几方面:

(1) 资源有限引起冲突。

社会资源是有限的,但人们的需求是无限的,因此,人与人之间的利益冲突无法避免。一个组织同样如此。即使是最成功的公司也会发现它们想要获得的东西是有限的。基于这样的现实,组织中的个体和群体则必须为他们的需要而力争。典型的例子就是每年年底,各部门的财政预算确定。一般每个部门都会递交下一年的财政预算报告,高层管理者根据公司的整体财政情况确定各部门下一年的财政预算。由于整个公司的资金是有限的,部门经理经常会看到自己部门的财政预算要求被削减。当部门经

理发现自己部门的财政预算削减得多,而其他部门削减得少,就会产生潜在的冲突。一般地说,资源越稀少,就越容易或越有可能引发冲突。

(2)工作相互依赖性引起冲突。

在一个组织中,有太多的工作是相互依赖的,包括部门与部门之间、个人与个人之间。正是两个主体之间这种相互依赖性充当了冲突的催化剂,如果一方的行动妨碍或干扰了另一方的目标实现,冲突就会发生。但依赖性并不直接引起冲突,只是引起组织冲突的必要条件,而不是充分条件。

(3)工作职责差异性引起冲突。

在一个组织中,各部门、各岗位的工作职责是不同的。工作的差异性导致工作目标的差异性。组织中每个部门都有自己的目标,在资源不足的情况下,各部门都会为本部门争取资源,以确保自己目标的完成,从而产生冲突。在资源充足的情况下,各部门也会因工作目标的差异性发生冲突。例如,生产部门与营销部门之间,生产部门总希望产品更新换代少,生产设备可充分使用,生产员工长期熟练操作产品,可减少产品次品。而营销部门则必须根据客户的需求营销公司的产品,客户的需求是多样和多变的。因此,营销部门与生产部门经常会因客户的订单和要求引发冲突。常言的本位主义就是由工作职责、工作目标的差异而产生。

(4)沟通问题引起冲突。

在一个组织中,由于工作的相互依赖性和差异性,需要在个体之间、群体之间进行有效的沟通。但组织成员经常缺乏沟通,彼此会产生误会,当误会积累到一定程度,就会导致冲突。此外,组织中各部门拥有不对称的信息,每个部门又往往根据自己拥有的信息进行沟通,也会导致冲突。再者,各部门自己开发的难懂的技术术语及“我们与他们”的口头禅也会引发冲突。

(5)知觉差异引起冲突。

由于组织成员的工作经历、社会阅历和受教育水平的不同,不同的人对事物的看法和观点就不同。不同的知觉容易产生冲突。

(6)组织环境变化引起冲突。

在一个组织中,当发生组织机构重组、工程再造、技术引进或改造、人员精简、企业兼并等组织环境变化时,组织成员会产生一种不安全感和紧张感。一些管理者可能失去原有的位子或被安排到其他新岗位,组织成员可能要承担比以前更多或更复杂的工作,加重工作负荷和时间压力。在这种情况下,往往容易引发冲突。

(7)权力和职责不清引起冲突。

在一个组织中,如果工作职责不明、分工不清,管理者凭借权力随意分配工作或任务,导致各部门或个体工作或任务的不合理、不公平,就会引发冲突的产生。另外,如果管理结构不合理、管理者权限不清,也会加剧工作或任务分配的不合理和不公平,推动组织冲突的发生。

(8)组织成员个性差异引起冲突。

在组织中,成员个性各异,具有不同的需求、动机和价值观等。例如,在职业选择上,年轻人倾向于工作的流动性,而年长者倾向于工作的稳定性;在报酬需要方面,年轻人比较看重实际能得到的现金,而年长者则比较看重福利报酬。个性的多样化和异质性也可能导致冲突的发生。

(9) 竞争引起冲突。

如前所述,竞争不一定产生冲突,但是如果竞争双方在同一环境下相互干扰或妨碍,则必然引发冲突。随着市场竞争的日趋激烈,企业组织之间的相互干扰必然日益增多,随之,冲突就可能增多。

冲突的来源除了上述的一般性情况外,不同层次的冲突,其产生都有其特殊的原因。如果将冲突分成个人内心冲突、个人之间冲突、群体内冲突和群体之间冲突四个层次,则可发现不同层次的冲突,其原因也不同。

从个人内心冲突的来源来看,它既来自内部也来自外部。例如,一个人被指派从事他力所不能及的工作,或者尽了最大的努力也无法完成其岗位对他的要求,就会引发个体自身的压力与冲突;再如,一个组织不能够提供个人的发展机会,自身的建议经常得不到管理者认可时,也会引发冲突。

从个人之间冲突的来源来看,它通常包括几个要素:如个性特征的差异、个人在组织中的权力、地位和利益受到威胁、组织文化导致的人们信念和价值观差异,等等。

从群体内冲突的来源来看,例如,一个领导者的领导风格直接影响群体中的其他变量:当领导者对下属区别对待时,当领导者经常改变任务结构、时间安排、程序或剥夺成员的某些权力时,都会引发冲突。再如群体规模的不断扩大和外部威胁不断减弱,等等,都会加大群体内的冲突。

从群体之间冲突的来源来看,它主要来自于差异性和相互依赖,但冲突的强度却主要取决于各个群体对某些稀缺资源的依赖程度。同时,管理权不明也会导致群体间的冲突。

需要指出的是,这四个层次冲突的原因并不是严格区别的,而是相互融合交织在一起的。一种原因可能同时导致两个或者所有冲突同时发生。从某种程度上讲,一种原因不可能只导致一种冲突。而且,现实生活总比人们的想象力更丰富、更奇妙。

13.4　组织冲突的过程

在阐述组织冲突过程之前,我们先看一下有关的冲突模式。国外许多学者从冲突过程性研究提出了冲突模式。如美国行为学家杜布林运用系统观点来观察和分析冲突,提出了冲突系统模式,如图 13.3 所示。杜布林将冲突的来源看作是系统的干涉变量,处理冲突的手段则是系统的输入,冲突的结果是系统的输出,恰当的冲突处理手段产生有益的冲突结果,不恰当的冲突处理手段则产生有害的冲突结果。因此,杜布林认为冲突处理手段的选择和采用非常关键。

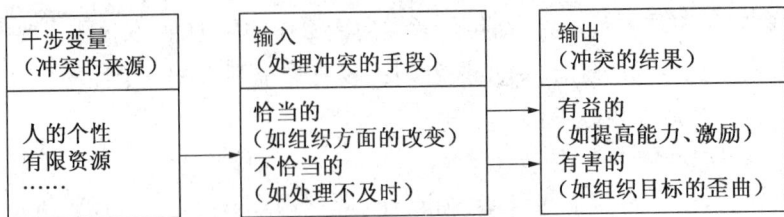

图 13.3　杜布林的冲突系统模式

美国另一位行为科学家庞迪从冲突的产生过程提出冲突模式,如图 13.4 所示。庞迪认为,冲突在潜在阶段并不一定表现出来,而是要经过知觉和感受阶段,冲突才表现出来,冲突的结果有冲突极端化(好斗)和合作两种。与杜布林相似,庞迪也认为冲突的结果取决于冲突解决的方法。

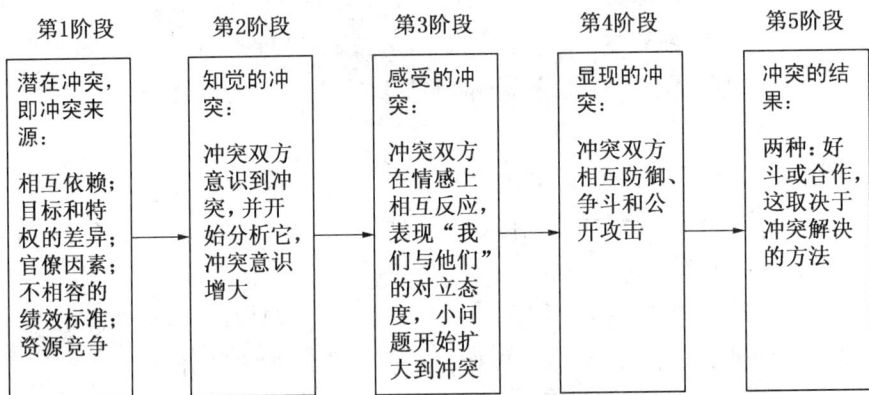

图 13.4　庞迪的冲突模式

美国学者伽力(J. J. Gary)和斯达克(F. A. Stark)在 20 世纪 80 年代,主要从冲突来源和目标不相容开始提出冲突模式,如图 13.5 所示。伽力和斯达克认为,冲突的潜在因素导致冲突主体双方目标不相容,如果冲突主体有相互妨碍的机会,就会产生冲突,对冲突采取何种解决方法将直接影响冲突的结果,即积极的还是消极的结果。

美国组织行为学家罗宾斯结合组织群体绩效,从冲突产生过程的 4 个阶段研究提出冲突模式,如图 13.6 所示。罗宾斯认为,冲突来源是冲突产生的先行条件,也是冲突潜在阶段;第 2 阶段是冲突的知觉和感受阶段,这里,罗宾斯将庞迪冲突模式中的第 2 和第 3 阶段合并为一个阶段;然后进入冲突及其解决阶段,即冲突行为阶段;冲突行为结果的最终表现是组织群体绩效的表现——是提高还是降低。

从上述 4 种代表性的冲突模式的描述中,可以看出,这些模式都是将冲突来源作为冲突产生的先行条件,将冲突解决方法的选择和采用作为导致冲突结果的关键因素,并都从冲突的积极方面和消极方面分析冲突结果。相比而言,杜布林的冲突系统模式具有更简明的特点;罗宾斯的冲突模式与庞迪的冲突模式有更多的相似之处,两者间主要的不同是罗宾斯对冲突结果的分析比庞迪更明确和具体;伽力与斯达克的冲突模式与庞迪、罗宾斯的冲突模式也有不少相似之处,所不同的是前者强调冲突主体双方的目标

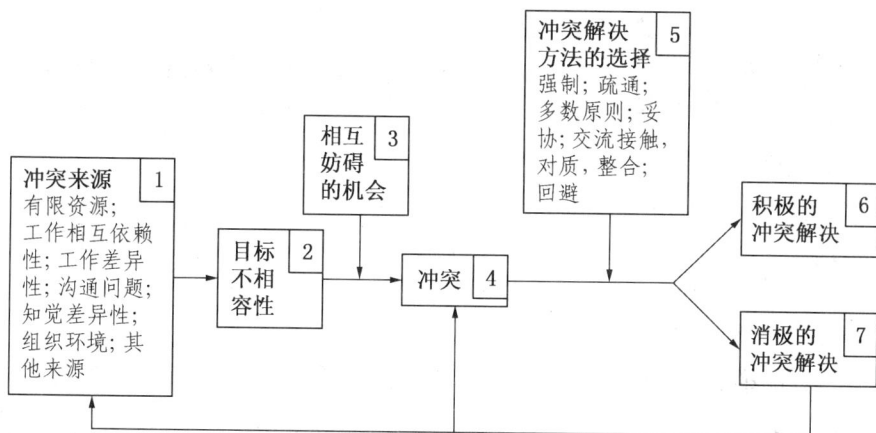

图 13.5　伽力与斯达克的冲突模式

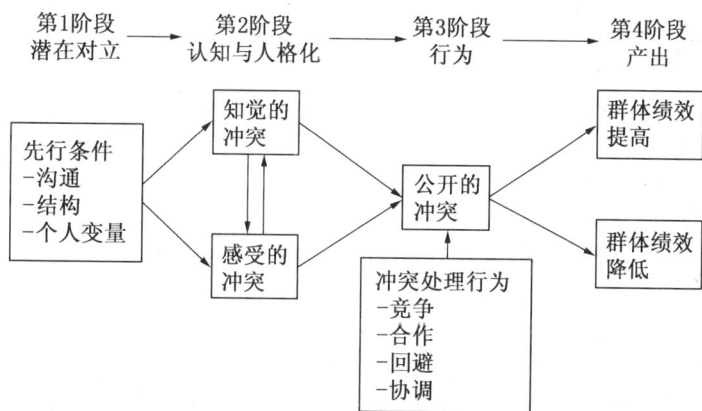

图 13.6　罗宾斯的冲突模式

不相容性,并将后者的冲突知觉和感受环节以冲突主体双方"相互妨碍的机会"来表示。其实,冲突主体双方得以相互妨碍的阶段,也就是冲突主体双方知觉和感受冲突的阶段。根据对 4 种代表性的冲突模式的描述和分析,我们主要结合罗宾斯的冲突模式具体分析冲突的过程。

　　冲突过程主要由冲突的潜在对立、冲突的认知和人格化、冲突的行为和冲突的产出 4 个阶段构成,每一阶段的内容分析如下。

　　1. 冲突的潜在对立阶段

　　冲突过程的第 1 阶段是冲突的来源,即产生冲突机会的条件,包括有限资源、工作相互依赖性、工作差异性、沟通问题、组织环境变化、知觉差异性、权限和职责不清及组织成员个性差异等。这些前提条件并不直接导致冲突,但如果冲突出现,肯定是有其中的一个或数个前提条件。

　　2. 冲突的认知和人格化阶段

　　如果冲突的前提条件影响冲突主体双方,并为冲突主体双方所认知,那么这些条件就能导致冲突。就像前面对冲突的定义中所提及,知觉是冲突的一个特点。冲突主体

309

双方必须意识到冲突来源的经历,但是知觉的冲突并不意味着对冲突的情绪化反应,即冲突的人格化。例如,一个员工在工作方式上不同意上司的观点,这个员工与其上司之间知觉到他们之间的不一致,但这不一定影响员工对其上司的感情;如果员工由此对与上司的关系感到焦虑和紧张不安,则冲突即将显现。

一般地说,冲突的知觉和感受是相互作用和影响的。人的知觉意识和情感很难分开,正因为如此,我们认为,罗宾斯将庞迪提出的冲突知觉和冲突感受的两个阶段合并为同一个阶段更为合理。

3. 冲突的行为阶段

冲突过程的第3阶段是冲突的行为阶段,这一阶段的行为包括冲突本身的行为和冲突解决的行为。一方面,当冲突主体双方在知觉和感受到冲突后,采取行动阻挠对方目标的实现或预防对方获得更多利益时,冲突就公开化。

公开冲突的行为既包括间接的、隐蔽的、高度控制的阻挠形式,也包括直接的、攻击性的、冒犯性和非控制的争斗。

在冲突公开化的同时,冲突处理行为也就出现了。当然,这并不排除一些冲突处理行为酝酿或发起于冲突过程的第2阶段,即冲突的知觉和感受阶段,但是在大多数情况下,减少而不是预防冲突的行为是在冲突公开化以后。

4. 冲突的产出阶段

公开的冲突行为和冲突处理的行为之间的交互作用产生冲突的结果。一种结果是积极的、建设性的,促进组织绩效的提升;另一种是消极的、破坏性的,降低组织绩效。那么,如何识别建设性冲突和破坏性冲突? 它们之间有何差异? 这既是困难的又是非常重要的问题。一般认为,冲突表现为公然争斗或激烈攻击,很少是积极性冲突。积极性冲突通常处于受控制的适度水平。

具体而言,积极的冲突具有以下特征:

(1)个体或群体的能量随冲突而增加。这种能量的增加可从人们的大声交谈、注意倾听和沟通、工作更努力等现象表现出来。个体或群体的能量增加会提高工作效率,同时会产生改进工作的新想法或意识。

(2)冲突中问题得以了解和明白。当冲突出现,管理层能看到某些事有差错,从而能着手解决冲突。如果组织中两个群体对某工作系统运作相互抱怨,暗中批评此工作系统的管理,但管理层从不知晓,则两个群体之间冲突的发展和显现,能使管理层知道冲突的问题所在。

(3)冲突激发群体分清自己的目标,这将增强群体的目标意识。如果两个群体在工作中产生冲突,受到来自外部的威胁,这一般促使群体凝聚力的增强,每个群体会重新思考各自的目标。组织作为一个整体则受益。

(4)冲突鼓励群体维护其所认为重要的价值观。例如,在一个组织中,营销部强调产品的高质量,而生产部强调产品的低成本。两个部门的价值观似乎是矛盾,由此引起冲突。类似这种冲突的解决则使组织受益。

(5)冲突中激发个体或群体交流有关冲突的信息。尽管这些信息带有冲突主体的主观偏见,但是交流、碰撞中产生的新信息则有助于冲突问题的解决。

(6)冲突迫使个体或群体适应组织面临的外在环境变化,从而能提高组织的整体效益。冲突表明,环境是不断变化的,如果组织要适应其所处的环境,就必须改变其运作的方式。

与积极的冲突相反,消极的冲突具有以下两个特征:

(1)冲突主体双方沟通减少。在冲突中,冲突双方互不沟通,封闭信息。

(2)冲突中产生敌意和攻击,并不断升级或激化。

13.5　组织冲突的解决

如何解决冲突? 在管理者从实际活动中探索并提出各种冲突解决方法的同时,行为学家和管理学者也不断研究提出各种冲突解决方法。

13.5.1　国外主要学者提出的组织冲突解决的方法和策略

美国行为学家托马斯(K. Thomas)曾从合作和独断两个维度研究了这个问题,并提出了冲突处理倾向模式,如图 13.7 所示。托马斯认为,独断维度指冲突主体双方满足己方利益的独断程度,合作维度指冲突主体一方与另一方合作的程度。根据这两个维度,托马斯提出冲突处理有 5 种倾向:竞争、回避、迁就、妥协和合作。

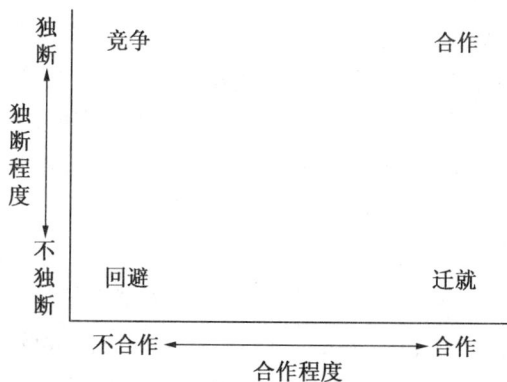

图 13.7　冲突处理倾向模式

竞争,是一种我赢你输的争斗。冲突主体的一方为了获得自己的目标或利益,全然不考虑对冲突另一方的影响。冲突主体的一方强硬并占有统治地位。

回避,是冲突主体的一方虽然认识到冲突的存在,但却是采取退出冲突或忍受冲突的反应。冲突主体的一方对冲突漠不关心或规避冲突,对冲突对方退避三舍,或与对方划清界限,互不往来。如果退出冲突不可能,特别是组织成员的工作相互依赖性,要求冲突双方必须相互接触,那么,冲突一方就只得忍受冲突。

迁就,也称折中,是冲突主体的一方为了平息与对方的冲突,愿意优先考虑对方的利益。也就是,一方为了维持与对方的关系,愿意作出自我牺牲。

妥协,是冲突主体双方都必须作出某些让步,才能共同相处。在妥协中,冲突主体双方很难分出谁是赢者,谁是输者。

合作,冲突主体双方的行为目标是解决问题,双方都愿意满足对方关心的利益,寻找相互受益的结果。在合作中,产生备选的解决方案,衡量这些方案的权重,并选出一个解决方案,而不是各种迁就。双方观点中的相似点和不同点变得更加清楚和集中,双方经常考虑整合双方的观点和利益,努力通过一种双赢的途径去解决冲突。

冲突处理的5种倾向各有特点。一般认为"合作"是最好的冲突处理方法,达到双赢的结果。然而,合作往往必须满足一些条件才是最好的策略,这些条件是:没有什么时间压力;双方都希望赢—赢的解决方式;问题十分重要,不可能妥协折中。

另一位行为学家庞迪在研究冲突模式的基础上,提出冲突解决的策略。庞迪认为:解决冲突的策略有结构层面策略、个体态度策略和组织权力策略。

结构层面策略指从一个组织的正式结构层面考虑如何解决冲突。通常采用的策略是:变革组织的正式结构,例如根据需要将原来的直线职能结构变革为事业部结构等;重新思考管理层级或指挥链,管理层级是否合理,管理职责是否清楚,是否需要增加或减少等;增加协调、整合的岗位或角色的数量,例如设立部门联络员、协调工作组等。

个体态度策略指从改变卷入冲突中个体的态度层面考虑如何解决冲突。通常采用的策略是:对冲突的个体双方,采用第三方协调者,进行劝解;对冲突群体中的个体进行互换、轮岗,必要时对冲突群体中领头者的个体进行解雇或辞退;对冲突中的个体工作职责和关系加以规范或程序化。

此外,庞迪认为,组织权力包括个人权力和群体权力也是解决组织冲突的一种策略。组织权力是一种克服抵制以解决冲突和达到期望目标的能力。在组织中,庞迪认为权力的类型有:职权,来自职位的权力;资源控制权,掌握资源分配和调控的权力;信息权,掌握他人不知道的信息而具有的权力;无可替代权,具有他人无可替代的专长或能力而具有的权力;中央权力,因集权而具有的权力等。

庞迪认为,权力与政治有密切关系,利用权力可能产生一种组织政治。组织政治是在一定条件下发生,一般在对目标选择不确定或有争议的情境下,取得权力、增强权力和利用权力以获得某个人向往的结果或目标。在组织中游戏政治的手段主要有:增强不可缺程度,既无可替代又集权;与有权力的管理人员结成同伴;建立并管理同盟;通过控制议事日程影响决策制定;引进外面有关专家并使其介入。

在组织政治中,权力成为游戏政治者为了达到个人目的或利益的一种手段。在组织中,游戏政治可能在一定情况下解决一定的冲突,但在大多数情况下,游戏政治会带来更多的消极或负面影响。

此外,美国学者伽力与斯达克提出冲突解决的方法有:强制、疏通、多数原则、妥协、交流接触、对质、整合和回避。

强制,由冲突双方的上级采用强制性手段阻止冲突。例如,两个员工发生争执,他们的管理者走过来,强制他俩停止争执,然后判断谁对谁错。这种强制手段可能快速解决冲突,但是冲突的后果却往往是消极的,它经常遗留隐患,不能彻底解决冲突。

疏通,是冲突主体的一方愿意作出疏通行为。这在很多情况下是一种有效的策略。一个管理者受到意见不一致的员工抵制,发现是由于员工缺乏有关工作信息而使他与这些员工发生冲突。一旦这个管理者主动向员工提供有关信息,疏通他与员工的紧张关系,那么冲突就会消失。

多数原则,一个悬而未决的争论往往可以通过一个简单的投票来解决。例如,一个委员会讨论一个有争议的、双方都有合理理由的问题时,通常就是采用投票方式来解决争论的问题。拥有投票数多的一方是赢者。研究表明,快速的投票方式通常压制有思想的想法或观点。在一个组织中,投票的多少经常会受到群体或个体在组织中地位的影响。如果一个部门在投票中总是赢者,另一个部门在投票中总是输者,因此就要考虑投票的规则是否公平、是否需要改变的问题。

妥协,是冲突主体双方都必须作出某些让步,才能共同相处。妥协一般适合于解决重要冲突。在很多情况下,妥协是不可行的,除非冲突主体一方看到另一方作出某些让步。"我给一你给"的互惠激励是促动双方采取这一解决方法的有效激励。

交流接触,要求冲突主体双方一起讨论和工作以找到解决他们之间冲突的最佳方法。这听起来似乎不可行,但在组织中有些情况下适合采用这种方法。如果一个问题对冲突主体双方都非常重要,双方都很明白这个冲突必须得到解决,那么,采用交流接触的解决方式是有用的。

对质,这种方法要求对立双方公开相互陈述他们的观点。但事实上,往往对立双方并不陈述真正的问题,而是通常出现冲突插曲。例如,两个部门发生冲突,组织采用对质的解决方法时,出现的现象可能是:两个部门都在陈述无关紧要的观点,没有一个部门愿意陈述冲突的真正原因。一旦真正的原因在对质中被发现,解决问题的方法得到分析,冲突的解决就是一件简单的事情。但是,冲突的真正原因却不是很快就能找到的。

整合,这种方法要求对立双方合作以便解决冲突。尽管双方处于对立中,但仍将努力合作寻求满足双方利益的冲突解决方法。这样,双方的需要将在冲突解决中得以整合。冲突双方经常认为这种良好愿望的实现是困难的。输赢的冲突意识往往根深蒂固。因此,冲突双方需要做的是发展超越"我们一他们"意识的能力,承认整合是可行的。

回避方法与托马斯的回避方法相似。

13.5.2 我国理论界研究提出的组织冲突解决的主要方法

与国外发达国家相比,我国现代行为科学和管理科学理论研究起步较晚,始于我国改革开放的 20 世纪 70 年代后期。在理论研究初期,理论界主要是引进和介绍国外相关理论,尔后逐渐与我国实际相结合,提出了一些具有我国特色的理论。在冲突研究方面,虽缺乏像国外理论界那样所作的系统研究,也很少形成某个学者明确的自成体系的冲突研究,但结合国外有关研究与我国实际,一些学者从不同程度和不同方面研究提出了在实际活动中具有一定应用价值的冲突解决方法,概括起来主要表现为以下几种:

(1) 妥协,这与国外学者提出的概念相似,即冲突主体双方为了维持关系,共同相处,各自作出一定的让步。

(2) 回避,这也类似于国外学者提出的概念。通常在冲突微不足道时,或者进行对抗的潜在破坏性超出了问题得到解决的收益,即不解决比解决更有利时,冲突双方采取分离或进行有限制的接触办法,暂时对冲突进行冷处理。

(3) 诉诸上一级领导。在我国权力距离较大的文化背景下,在冲突双方存在共同的具有权威的上级时,可以将冲突问题交给上一级领导来裁决。这在许多情况下是有效的。但诉诸上一级领导处理冲突,有时会出现压制冲突的现象。上一级领导依据拥有的权力或权威强行要求冲突对立双方停止冲突,如果处理不当,则会产生新的冲突。

(4) 协商、调解、仲裁解决法。在冲突双方实力相当时,或者存在共同利益时,双方常常通过谈判、协商达成协议。如果协商无效,就通过双方都信赖的第三方出面调解。或者完全依靠法规来解决冲突。在具体操作上,一是采用"一对一"式,即冲突双方都仅代表自身利益,自己处理冲突问题。双方可以采取非正式磋商的方式,也可以采取正式谈判,经过讨价还价使问题得到解决。谈判又可以是"分配馅饼"式的谈判,也可以是"做大馅饼"式的谈判两种形式。二是采用"代理"式,即冲突各方均指派他人为代理人,如律师、工会领导等。三是采用"第三方介入"式,即应冲突双方共同邀请,或出于管理权限的原因,第三方积极干预。

(5) 不予理睬,冲突主体的一方既不回避,也不攻击,而是视而不见和漠不关心,让双方的冲突随时间的流逝而逐渐淡化或消失。不予理睬通常适合于冲突对主体一方无关紧要或微不足道时才采用。

(6) 拖延,对冲突不及时处理,等待或寻找合适的冲突处理时机,拖延一般适合于那些不急于解决的冲突。

(7) 吸收,冲突主体的一方依据自身的实力,采取一种柔性方式,吸收或同化弱小的一方而结束双方的冲突。这种方法通常适合的情况是:冲突双方对自身实力没有十分把握时,强大的一方常出于长远考虑,把双方利益结合起来,而弱小的一方则采取克制的态度,放弃一些利益以谋求未来。

(8) 教育或劝说,通常是我国组织中的一个特色情况。在我国企业组织中,特别是在国有企业中,配置专门做员工思想工作的管理人员。这些管理人员一般掌握或熟晓组织的有关部门政策和规范,并具有较强的表达能力。如果员工发生有关利益或观念、意识方面的冲突,组织中的相关管理人员大多采用教育或劝说的方法。随着我国企业的不断改制和重组,教育或劝说的方法仍然可能会被采用,但更多地会纳入工会或人力资源管理系统工作中。

（9）重组群体,改变冲突群体的人员构成,采用个体成员互换、轮岗或调离冲突中的关键个体等。

（10）制定超级目标,在冲突的双方中制定超越双方现有各自目标的共同目标,促使冲突双方面对共同目标,携手完成共同的任务,消除冲突。对群体之间存在相互依赖关系的情况下,这种策略有助于管理者处理组织冲突和提高组织效率。超级目标的作用在于使双方冲突的成员感到有紧迫感和吸引力,然而任何一方单凭自己的资源和精力又无法达到目标,并且超级目标只有在相互竞争的群体通力协作下才能达到。

总之,解决冲突的方法有许多种,每种方法都各有优势与不足,需要根据冲突情境和原因等因素选择和采用与之适合的方法。

13.5.3　组织冲突管理步骤

如何有效解决和管理组织中出现的冲突？现实中的冲突解决和管理是一个过程,它由若干主要管理步骤构成。

冲突管理主要围绕四个部分进行:什么是冲突问题,为什么会产生冲突,怎样克服这些冲突以及采取什么解决行动。与此相应,冲突管理过程的主要步骤有:分析和观察迹象及困难,诊断冲突原因,确定冲突解决方法和采取行动。其过程如图 13.8 所示。

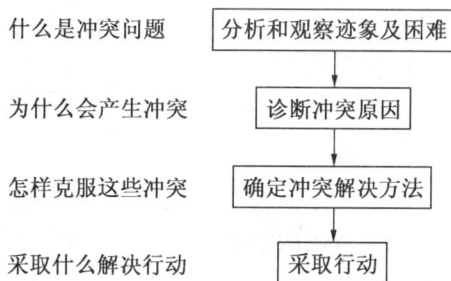

什么是冲突问题	分析和观察迹象及困难
为什么会产生冲突	诊断冲突原因
怎样克服这些冲突	确定冲突解决方法
采取什么解决行动	采取行动

图 13.8　冲突管理过程与步骤

分析和观察迹象及困难主要包括:观察和分析冲突主体双方,是个体还是群体,是内部还是跨部门;冲突症结;冲突联系;冲突时间等。

诊断冲突原因主要包括:什么是冲突主体双方的根本利益,冲突主体双方的工作关系状态如何,冲突过程是否正常,冲突主体双方是否理解冲突不解决的后果或风险,冲突主体双方沟通如何,冲突主体双方期望达到何种合约,冲突主体双方怎样产生和考虑他们的选择权等。

确定冲突解决方法:根据对冲突原因的诊断,考虑如何解决冲突,冲突主体双方的差异是否能拓展而形成共同点,冲突主体双方怎样才能合作。然后确定合适的冲突解决方法。

采取行动:将确定的解决方法付诸实施,并在实施过程中调控冲突解决的结果或产出。

一个有效的冲突管理过程具有如下特征:冲突主体双方对冲突解决的利益和目标明确,建立良好的工作关系,产生良好和积极的选择权,双方感觉正常合理,知晓冲突主体双方程序性的选择,改进沟通,最终双方产生明智的忠诚感。

13.6 组织冲突研究的典型观点与实践启示

迄今为止,国内外许多学者对组织冲突进行了研究,得出了富有深刻思想的见解,对冲突管理实践具有启发意义。主要观点及实践启示如下:

(1)高社交需求的人往往采用妥协或礼让的风格,而避免使用竞争或强迫风格。因此,个性特质会影响人们处理冲突的方式。

(2)对不同意见,以傲慢或者贬低的方式表达较之以通情达理的方式表达,所产生的消极效果明显要多。换言之,在冲突的情况下,以何种方式反对他人的意见是至关重要的。

(3)争论中的一方采取的威胁或惩罚手段会产生另一方强烈的威胁或惩罚。简而言之,攻击性产生攻击性。

(4)随着冲突的增大,群体满意度降低。相比于采用处理冲突的回避风格,采用整合的风格产生更高的群体满意度。

(5)具有强制性或约束性仲裁政策的公司往往不如没有此类政策的公司受欢迎。显然,对那些不愿迫于压力做事的求职者来说,强制性或约束性仲裁政策无疑是令人讨厌的。

(6)随着目标难度和目标明确度的提高,不论是部门内还是部门间的冲突都会降低。因此,具有挑战性的、明确的目标能消除冲突。

(7)在同一管理级别的男性与女性,往往以相似的方式处理冲突。简言之,性别差异并不起作用。

(8)冲突往往会在整个组织内扩散。因此,有必要提醒管理者注意这样的事实:冲突通常会在某一领域或层级上滋生,并转而在其他地方出现。如果要进行持续性改进,人们需要跟踪冲突及至其源头。

本章小结

本章界定了什么是冲突,分析了组织的主要类型,描述了消极的、中立的、积极的三种不同的组织冲突观,分析了组织冲突的来源及其对冲突产生的作用,介绍和分析了具有代表性的冲突模式,讨论了冲突的过程,指出建设性冲突和破坏性冲突的特点,讨论了组织冲突的解决方法及冲突管理过程,提炼了组织冲突研究的典型观点及实践意义。

复习与思考

1. 什么是冲突?
2. 组织冲突有哪些类型?
3. 组织冲突观有何变化? 你对此有何认识?
4. 组织冲突有哪些来源?
5. 如何认识组织冲突的过程?
6. 建设性冲突与破坏性冲突有何区别?
7. 解决冲突有哪些方法? 如何应用冲突解决方法?

案例分析

惠好公司遇到的冲突

事态的发展对惠好公司(Weyerhaeuser)的 CEO 史蒂夫·罗杰尔(Steven R. Rogel)来说,变得越来越糟。他给威力美公司(Willamette Industries)的董事长威廉·斯文德尔(William Swindells)接连写了两封信,让他知道惠好正在接管他的公司。然而这不同于一般的收购,可以说这是属于杀回老家式的。时年 59 岁的罗杰尔,曾是斯文德尔在威力美波兰和俄勒冈州公司的亲信,实际上他曾在威力美工作过 25 年,并做到了第二把手的位置。

罗杰尔于三年前离开威力美,投奔比它更大的冤家对头时,情形如同受宠的儿子有一天长大了,跑到当地银行供职,然后反过来收回自家农场一样。事实上,惠好的董事会雇用罗杰尔的真正原因之一就是因为他们相信如有必要,罗杰尔会采取敌意的收购。惠好的高层从未正式发出要约,因为他们清楚斯文德尔是不会接受的。他曾一气回绝了数家公司的善意收购。

罗杰尔在给斯文德尔的信中写道:"我们相信我们两家公司的合并会成为最强的森林和纸业产品公司,并为威力美股东创造即时价值。"四天后,威力美公司回应:董事会在周四的会议上否决了收购的邀约。接着,在星期天,罗杰尔又给斯文德尔发信件。他在信中写道:"威力美和惠好的合并会带来更高质量的管理和聚焦互补产品的资产。"

当罗杰尔的第二封信件传到时,71 岁的斯文德尔字斟句酌地对信差说:"你把信送还给史蒂夫,然后告诉他该把信放哪里。"

这些恼怒的言语揭开了几年来最旷日持久的收购案之一的大幕。最终,罗杰尔如愿以偿。但他多花了一年时间完成收购,而且收购价奇高。他不得不 12 次提高收购价,最终以 62 亿美元成交——比最初的要约价高出 8.25 亿美元,还连带承受一系列人身攻击。威力美的高层认为罗杰尔是个背叛者,于是他们照着他的样子做了个巫蛊娃娃,还在娃娃脸上钉满图钉。大约有 15 000 名威力美的员工参加了"我们说不"的运动。

前一年的夏天,罗杰尔不得不穿过威力美员工和举着的标语牌,参加公司年会,其中一个标语牌上写着:"罗杰尔,你正在愤怒的脸上寻找爱。"

罗杰尔清楚他从威力美那里会得到什么:这个有85年历史的公司以保持强烈的独立性而闻名。这也是吸引罗杰尔,一个从华盛顿东部面粉制造小镇上走出来的化学工程师,选择威力美开始职业生涯的原因。这同时也是公司对其员工的忠诚度引以为豪的原因。当罗杰尔做到高层管理者却辞职时,斯文德尔坚持要他在辞职当天离开公司。这两人从此以后再也没讲过话。罗杰尔一直同威力美的CEO多纳·麦克道格(Duane C. McDougall)磋商交易事项。"我知道(敌意收购)对他们来说很令人难过,对我个人来说也是如此。"罗杰尔这样说道。

事实上,罗杰尔坚持收购威力美是有他的原因的。从惠好方面来看,惠好正接受一笔来自泰森食品公司的大订单,收购威力美不仅可以节省许多成本,更可以切断中间商,维持森林产品市场价格的稳定性。从威力美方面来看,威力美的经营也出现了一些问题,它违反了《净化空气法案》并被处以了巨额的罚款。在罗杰尔看来,这次收购是对双方都有好处的。他对这笔交易所带来的好处有坚定信心,这是让他熬过12个月的动力。他说:"我夜里睡得很心安,我相信我所做的不但有益于惠好而且有益于我在威力美的好友们。只要你是人,这就会影响到你。"

整合惠好和威力美很需要技巧。除了通常合并公司会带来的一些挑战,罗杰尔还要克服来自新同事的敌意。

罗杰尔认为最佳选择是尽快完成整合。为此,他安排了两名威力美的高管担任惠好运营中的要职,并发誓裁员名单中不会全部是威力美的员工。他设立免费电话专门回答与合并有关的问题,并承诺会在公司内部网上公开所有相关信息。他还和威力美的员工一起创办论坛,以阐明对新公司的愿景。他说:"每个人都必须公平地、坦率地知道正在发生什么。"

回忆过去他刚升到威力美要职的时候,罗杰尔就因为他对商业的深刻理解而备受尊敬。有些员工甚至非常欢迎他回来。威力美的技术分析员鲍勃·勃尼斯特(Bob Boanister)参加了罗杰尔的会议,他说:"史蒂夫处理得很好,很聪明。"可把恶战放在一边并不一定是对所有人来说都轻而易举的事。斯文德尔辞去了董事长职位,并拒绝对此发表评论。正如一名威力美高管说的:"如果一开始是一种友善的气氛,现在的情形可能就不同了,但是实际情况并非如此。"或许有一天,罗杰尔会把巫蛊娃娃上的图钉拔掉。

思考题

1. 你认为导致冲突的前因有哪些?哪一个因素给罗杰尔提出了最大挑战?为什么?

2. 你认为罗杰尔在整个整合过程中,应更倾向于哪种冲突处理风格?为什么?

测试练习

你处理冲突的主要风格是什么?

说明:对下面15个题目,根据你平时的做法,在题目右边圈出适当的数字,表示你那种做法的经常程度,1=很少,2=少,3=有时,4=经常,5=总是。

1. 我与同事争论我的立场,以强调我的观点。 1 2 3 4 5
2. 我和同事协商,以争取达到双方能接受的结果。 1 2 3 4 5
3. 我试图满足同事的期望。 1 2 3 4 5
4. 我试图和同事一起讨论问题,以找到双方能接受的解决
   方案。 1 2 3 4 5
5. 在有关问题上,我坚持我的观点。 1 2 3 4 5
6. 我试图避免"处在压力点",并考虑避免与同事的冲突。 1 2 3 4 5
7. 我坚持自己的解决方案。 1 2 3 4 5
8. 我用"交换"的方式来达成妥协。 1 2 3 4 5
9. 我在解决问题时,会和同事交换准确的信息。 1 2 3 4 5
10. 我避免公开讨论与同事的不同观点。 1 2 3 4 5
11. 我会调整来适应同事的愿望。 1 2 3 4 5
12. 我把自己关注的问题公之于众,这样能让事情得到最好
    的解决。 1 2 3 4 5
13. 遇到僵局时,我会中途让步。 1 2 3 4 5
14. 我接受同事的意见。 1 2 3 4 5
15. 为了避免糟糕的局面,我会克制与同事的分歧。 1 2 3 4 5

评分和解释:

按下面五种分类,一项项填入你的回答,然后对每种风格下的三项得分加总。注意:答案没有对错之分,每个人各有不同。

整合(合作)		迁就		强制(竞争)		回避		妥协	
题目	得分	题目	得分	题目	得分	题目	得分	题目	得分
4.		3.		1.		6.		2.	
9.		11.		5.		10.		8.	
12.		14.		7.		15.		13.	
总分=		总分=		总分=		总分=		总分=	

思考与讨论

1. 你的得分结果和你预想的是否一致？请解释。

2. 你主要的冲突处理风格(得分最高的一栏)是什么？备选的冲突处理风格(得分次高的一栏)是什么？两者之间的得分差异如何？为什么？

参考文献

Anderson, A. H. & A. Kyprianou, 1994, *Effective Organizational Behavior*, Blackwell.

Clark, M. M., 2004, "A Jury of Their Peers", *HR Magazine*, 49, 54—59.

DuBrin, A. J., 1978, *Fundamentals of Organizational Behavior: An Applied Perspective*, Pergamon Press.

Gary, J. J. & F. A. Stark, 1984, *Organizational Behavior: Concept and Application*, A Bell & Howell Company.

Hishberg, J., 1999, *The Creative Priority: Putting Innovation to Work in Your Business*, Harper Business.

Kaye, K., 1997, "Workplace Wars and How to End Them", American Management Association.

Pondy, L. R., 1967, "Organizational Conflict: Concepts and Models", *Administrative Science Quarterly*, September, 12, 296—320.

Stiebel, D., 1997, *When Talking Makes Things Worse*, Whitehall & Nolton.

Thomas, K. W., 1979, "Organizational Conflict", in *Organizational Behavior*, edited by Steve Kerr, Grid Publishing.

Thomas, K., 1976, "Conflict and Conflict Management", in *Handbook of Industrial and Organizational Psychology*, edited by M. D. Dunnette, John Wiley & Sons.

郭朝阳：《冲突管理：寻找矛盾的正面效应》，广东经济出版社 2000 年版。

罗伯特·克赖特纳、安杰洛·基妮奇：《组织行为学》(第 6 版)，中国人民大学出版社 2007 年版。

卢盛忠、余凯成、徐昶、钱冰鸿：《组织行为学》，浙江教育出版社 1993 年版。

斯蒂芬·罗宾斯、蒂莫西·贾奇：《组织行为学精要》，机械工业出版社 2008 年版。

杨锡山：《西方组织行为学》，中国展望出版社 1986 年版。

周刚：《控制冲突 谋求双赢》，http://www.jl54.org/02/04/05/02.htm。

第 14 章　领导与权力

本章关键词

领导(leadership)

领导者(leader)

最不喜欢共事者(least preferred co-worker)

关怀维度(consideration)

结构维度(initiating structure)

指导型领导(directive leadership)

参与型领导(participative leadership)

支持型领导(supportive leadership)

管理方格论(managerial grid)

权变(contingency)

菲德勒权变模型(Fiedler contingency model)

情境领导理论(situational leadership theory)

途径—目标理论(path-goal theory)

领导者—参与模型(leader-participation model)

领导的归因理论(attribution theory of leadership)

魅力型领导(charismatic leadership)

交易型领导(transactional leadership)

变革型领导(transformational leadership)

家长型领导(paternalistic leadership)

下属(follower)

授权(empowerment)

专家性权力(expert power)

法定性权力(legitimate power)

参照性权力(referent power)

奖赏性权力(reward power)

强制性权力(coercive power)

领导者—成员交换理论(leader-member exchange theory，LMX)

　　在现代社会中,几乎所有重要的工作都无法通过个人的方式完成,而必须依赖组织,这也是组织存在的理由。然而,缺乏有效领导的组织同样难以出色地完成任务、实现目标。领导是发动组织中群体潜力的力量,推动群体向既定目标前进的行为过程。提高领导的有效性,要充分考虑领导者、下属、情境等方面的协调统一。

14.1　领导的概念

14.1.1　领导的界定

　　人们对领导的兴趣由来已久,但是直到 20 世纪,才开始对领导进行科学的研究。

研究关注的中心是领导有效性的决定因素。然而,对于领导的概念如何界定,人们众说纷纭。在讨论对领导概念理解的多样性时,斯多格迪尔(Stogdill)评价说,有多少人试图对领导作出界定,就会有多少关于领导的定义。这是因为,研究者们总是从自己的角度对领导作出解释,也总是从自己研究的那个侧面去理解领导问题。

关于领导的多数定义赞同一个假设,那就是,领导是一个过程,在这个过程中,一个人有意识地对其他人施加影响、提供指导、促进活动顺利进行、提升群体或组织内关系。除此之外,就没有多少共同点了。

对于这一共同认可的假设,仍然存在很多分歧。比如施加和接受影响的主体是谁,施加影响的目的是什么,以什么方式施加影响,影响试图达到的结果是什么等等。对这些问题的不同回答,就导致主流领导理论的不同观点,对于领导者和领导过程,它们有不同的看法。

综合多种领导定义,我们将领导界定为:领导是通过对个人或群体施加影响,以实现共同目标的过程。

该定义强调领导是有意识的影响过程,影响的目的是实现共同目标。此外,领导的对象可以是一个群体,也可以是个人。这是一个比较宽泛的定义,没有明确领导者,也没有说明影响的种类和方式。

14.1.2 领导与管理的差异

领导和管理之间究竟有什么差异,存在争议很大。根据我们对领导的定义,领导者(例如非正式领导)可以不是管理者,而一个管理者却可以没有任何领导职能(例如没有任何下属的小企业财务经理)。

争论的焦点在于,领导和管理究竟有多大程度的差异。国外一些学者研究认为,领导和管理完全不同,互相排除。他们的主要观点见表 14.1。

表 14.1 领导和管理的差异

管　　理	领　　导
◇ 重视稳定、秩序、效益 ◇ 关心工作如何完成,试图让人们做得更好 ◇ 管理者要求正确地做事	◇ 重视灵活、创新、适应 ◇ 关心工作的意义和价值,试图就需要完成的重要事情达成一致意见 ◇ 领导者要求做正确的事

1990 年,美国学者科特(J. Kotter)根据管理和领导的核心过程与结果对二者进行了区分,表 14.2 是区分的结果。在科特的视野中,领导者和管理者不可避免地要发生矛盾。强势领导要打破秩序,影响效益,而强势管理者则会坚持拒绝冒险和创新。

表 14.2 管理与领导的结果和过程的差异

	管 理	领 导
结果	可预见性和秩序	组织变革
过程	◇ 设置目标、安排计划、分配资源 ◇ 组织与人事过程 ◇ 监控结果、解决问题	◇ 提出未来远景和变革策略 ◇ 就远景进行沟通解释 ◇ 激励激发下属为实现远景而努力

尽管管理和领导过程存在差异,管理者和领导者也可以分离,然而,许多研究者和管理人员都认为,管理工作无法绕过领导这个话题。

14.1.3 评价领导有效性的标准

本章介绍的领导理论,都是围绕如何实现有效领导来展开,因而有必要先行对领导有效性标准作简单介绍。由于对领导概念的理解有差异,不同学者提出的标准各异。

最常使用的标准是"在多大程度上成功完成了任务和达成了目标"。客观的度量包括利润、净利润、销售增长、市场份额、目标市场销售额、投资回报、生产率、单位产出成本等等。主观的度量包括领导的上级、同事和下属对领导有效性的评价。

下属对领导者的态度也是一个常用标准。该标准反映领导者在多大程度上满足了下属的需要和期望,下属是否尊重、喜欢和崇敬领导者,下属对领导者的要求是心甘情愿地接受还是反抗、置之不理或者破坏。

领导者对群体过程的贡献,偶尔也作为评价领导有效性的标准。例如是否促进了群体凝聚力、增强了成员间合作等等。

这里介绍的评价标准很多是互相矛盾的,领导者在追求这些目标过程中常常发现按下葫芦浮起瓢。再考虑到领导效果在时间上的滞后性,领导有效性标准的选择或设计就成为一个棘手的问题。那么,应当选择什么标准呢? 一个适当的答案是:看实际情况。

14.1.4 领导理论的变迁

几乎所有领导研究都希望识别出领导有效性的决定因素,从而更好地实现领导过程。由于进入研究者视野的研究内容各不相同,就有了多种研究途径。

特质理论是最早的领导理论,它试图寻找领导者身上独特的个人特质,正是这些别人不具备的特点导致领导的成功。然后是领导行为理论,它试图根据领导者采取的行为来解释领导成功的原因。接下来是权变理论,它集中研究影响领导过程的环境变量,根据领导行为与环境的匹配度来说明领导有效性。最后是综合的理论,它们试图在一个完整的理论中同时考虑多个变量对有效领导过程的影响。我们在本章集中介绍这几类理论的主要内容。

14.2 领导特质理论

特质理论的基本假设是,领导者具有特定的个人特点或者技能,使得他们追求并获得领导职位,并能胜任管理岗位。

所谓特质(trait),是指稳定的个人特点,包括性格、气质、需要、动机、价值观等等。这些稳定的个人特点使人表现出独特的行为。比如自信、外向、精力充沛等特点,我们能清楚地观察到这些特点怎样影响一个人的行为。在所有特质当中,需要、动机和价值观特别重要,它们决定了一个人行为的方向和动力水平。特质由遗传和环境共同决定。

技能是有效完成活动的能力,在遗传基础上通过学习获得。技能的范围很宽泛,水平层次也高低不同。比如,最一般水平的技能可以表现为人的智力、人际关系能力,具体水平的技能可能是语言推理、演讲能力等等。

早期的研究专家相信,决定领导有效性的关键特质可以通过实证方法识别出来。早期研究最多的特质包括体貌体征、个性特征和天赋。研究方法包括相关分析、实验法、关键事件法、长期追踪研究等。

通过对众多前期研究的总结,斯多格迪尔发现成功的领导者通常具备下列特质:强烈的责任心、精力充沛、目标坚定、冒险、创新、主动、自信、自我认同、敢于承担责任、能承受人际压力、愿意容忍挫折、能影响别人的行为、善于建立社交网络。

尤基(G. Yuki)在《组织中的领导》一书中对已有的研究成果作了综合性的概括,总结出成功领导者所具有的特质和能力,下面作一介绍。

14.2.1 有效领导者特质

1. 精力水平、身体耐力和对情绪压力的忍耐力

充沛的精力和承受压力的能力帮助领导者应付长时间、快节奏和事务繁杂的管理工作,良好的体力和承受压力的能力可以帮助应付紧张的人际环境,比如要面对喜欢使用惩罚手段的上级,管理不听话的下属,与不合作的同事打交道,还要安抚挑剔甚至敌对的客户等等。此外,领导者常常需要在信息不充分的情况下作出决策,要在短时间内解决重大而棘手的问题,这些都需要领导者在压力情境下沉着冷静。

2. 自信

研究表明,自信可以较好地预测领导绩效和职位晋升,而且,自信也是领导魅力的重要因素。较强的自信心对领导行为的影响包括为个人和下属设置高期望目标,在困难和挫折面前毫不退缩,充满乐观,在危急关头尤其如此。

3. 内部控制倾向

内控型的人认为生活中的事件多数可以由自己的行为控制,而外控型的人认为生活中的事件多半由运气和机会控制。由于内控型的领导者认为行为和行为的结果主要受个人努力影响,因此,他们的工作姿态更加积极主动,在工作中表现得更加自信、灵活、有适应性、创新,当出现失误的时候,更可能从失败中吸取教训,而不是一味抱怨或发牢骚。研究表明,内控型领导者能够取得较高的领导绩效。

4. 情绪成熟稳定

情绪成熟度高的人适应性良好,能够清楚意识到自己的长处和不足,不回避缺点,努力自我提高。情绪成熟的人较少自我中心,较多地关心他人;能够自我控制,不太容易冲动和受外来的诱惑,情绪稳定性好。最后,情绪成熟度高的人较少自我防御,乐于接受别人的批评,愿意从错误中吸取教训。研究表明,情绪成熟度高的领导者管理绩效更加显著,能获得更多的晋升机会。

5. 诚信

诚信是指一个人的行为诚实、道德、值得信赖。个人诚信的领导者是获得下属、上级和同事信任的基本条件。一个希望对下属施加影响的领导者,必须率先垂范,树立良好的个人形象。

6. 权力驱动

有研究证明,在大型组织中,权力需要与晋升有较强的相关性。在大型组织中,管理者要运用权力影响下属、上级和同事。而权力需求低的人在组织和指导集体活动、争取必需的资源、倡导和推进变革、执行纪律方面表现不够理想。研究还证明,强烈的权力需求以适当的方式表达出来,才能实现有效领导。社会化权力取向有利于工作,而个人化权力取向常常导致滥用权力,满足个人私利。

7. 成就取向

成就取向的领导者关注任务目标,敢于承担责任,努力追求成功、成就,渴望出类拔萃。目前的研究结果解释了成就动机水平和领导有效性之间的关系。当成就动机处于一个适当的水平时,领导有效性最高。成就动机过高或者过低的领导者,领导有效性受损。

8. 情谊需要

有强烈情谊需求的个体从别人的认可和喜爱中得到极大满足,他们希望与别人友好相处,乐意与别人合作。研究发现,在高情谊需要和领导有效性之间存在负相关,也就是说,高情谊需要的领导难以实现有效领导。原因在于,高情谊需要的领导者关注的焦点是与他人的情谊关系,因而不愿意让工作影响和谐的人际关系。他们努力避免冲突,避免作出不大受欢迎但又是必需的决策。他们给予奖励的目的不是鼓励优秀的绩效,而是为了获得他人的认可。分配任务时,他们会给个人好友特别关照,从而置规章政策于不顾。不过,如果领导者走向另一个极端也不可取。如果领导者情谊需要很低,那么,他就是一个孤独者,除了与家庭和亲密朋友的交往之外,他会缺乏参与必需的社交活动和公共关系活动。其结果是,人际关系技能得不到锻炼,缺乏影响他人的自信。

14.2.2　有效领导者技能

有关领导特质的研究还识别出影响领导有效性的技能,包括技术能力、概念技能、人际交往技能、情绪智力、社会智力和学习能力。

1. 技术能力

技术能力包括指导具体活动需要的工作方法、流程、设备等方面的知识,组织规则、结构、管理系统、员工特点,以及组织的产品和服务方面的知识。这些知识通过正规教育、培训和工作经验获得。技术能力对于基层管理者尤其重要。获得和保持这些知识需要很好的细节记忆能力,并能够根据需要将相关知识提取出来。

2. 概念技能

认知能力包括分析能力、逻辑思维能力、归纳演绎能力、概念信息等。一般来说,概念技能包括良好的判断、先见之明、直觉能力,以及在模糊不清和不确定的事件中发现意义和秩序的能力。概念技能对有效的计划、组织、协调和问题解决是必需的,概念能力对高层管理者的工作绩效有很好的预测性。

3. 人际交往技能

人际交往技能包括关于人类行为和群体过程的知识,理解他人的情感、态度和动机,以及与他人进行良好沟通的能力。人际关系技能对于有效领导和晋升有很重要的影响,缺乏人际关系技能则是导致领导失败的主要原因之一。人际关系技能可以提高领导关系导向行为的有效性。例如,较强的人际关系技能帮助管理者更好地倾听别人的问题、抱怨或者批评;移情能力和社会洞察力对于理解他人的情感和建设性解决冲突非常重要;出色的沟通能力可以使领导者有效地实现对他人的影响。

4. 情绪智力

根据新近的研究,情绪智力对于有效领导也很重要。情绪包括爱、幸福、高兴、惊奇、愤怒、恐惧、悲伤、厌恶、羞耻等方面的情感体验。情绪智力是指一个人对自己和他人情绪的适应性程度。情绪智力包括几个方面的技能:情绪自我意识能力、情绪表达能力、移情能力和自我调节能力。

5. 社会智力

社会智力是在特定情境中确定对领导提出的要求,以及作出适当反应的能力。它包括两个组成部分:社会知觉能力和行为反应的灵活适应性。

6. 学习能力

在充满迅速变化的环境中,组织需要作出持续不断的变革,以适应多变的环境。领导者同样需要学习、变化,调整自己的观念、信念,调整自己的心智模式。在变化的环境中,成功领导需要的基本能力之一就是学习和适应变化的能力。这种能力有时被称为"元认知"能力,它强调"学习怎样学习"的能力,也就是对自己的认知过程进行内省分析,以及对自己的认知过程改进提高的能力。

14.2.3　对领导特质理论的评价

有大量研究试图揭示与有效领导和晋升相关的领导特质,并取得了丰硕的成果。然而,这些研究多半属于相关研究,相关研究无法证明有效领导是果,而个人特质是因。此外,对某一方面领导特质的研究,不能说明该特质是怎样与其他特质交互作用,共同影响领导有效性的。

特质理论对揭示领导行为方面并不成功,究其原因,除了上述研究方法方面的原因之外,还有三个方面的原因。第一,特质理论忽视下属变量;第二,它忽视了情境因素;第三,它没有告诉人们各特质之间的相对重要性程度。

尽管有很多不足,特质理论的研究结果对于如何挑选和培养领导者仍然有重要的指导作用。有许多领导选拔工具和领导培养训练的计划都是以领导特质理论为基础研究开发出来的,并在实践中取得了成功。

14.3　领导行为理论

14.3.1　领导双维理论

1. 俄亥俄州立大学的研究

20 世纪 40 年代起,俄亥俄州立大学的研究者们对领导的有效性进行了研究。他们用问卷法搜集了对有效领导行为的描述,然后使用因素分析的统计方法对所获资料进行分析。结果,得到了领导行为的两个维度:关怀维度和结构维度。

关怀维度(consideration)。领导在与下属的工作交往中表现出友好和支持行为,关怀下属,关心他们的个人利益。比如,领导注意倾听下属的意见;支持下属的工作;愿意接受下属的建议;平等对待下级;关注下属的情感体验、身体健康等。

结构维度(initiating structure)。领导界定自己和直接下属在工作中的角色,以实现组织目标。它包括设立工作目标、分配工作、建立工作关系的行为。在工作中强调按时完成任务,要求下属遵守操作规程,提供解决问题的方法,对下属的工作进行协调等,这些都是领导行为的结构维度描述的方面。

研究者们所作因素分析的结果表明,关怀维度和结构维度相互独立。因此,现实中的领导行为可以分为以下几种类别:高关怀高结构、高关怀低结构、低关怀高结构、低关怀低结构,如图 14.1 所示。

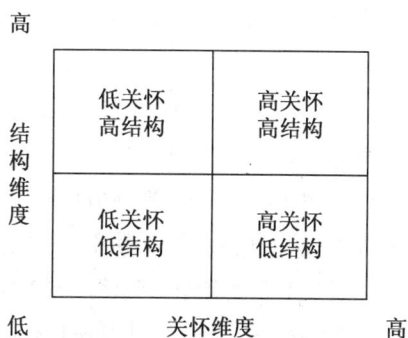

图 14.1　领导行为双维模型

上述几种类型的领导行为的有效性如何,也是研究者们关心的问题。大量研究结果表明,高关怀高结构型的领导行为比其他几种领导行为类型更能使下属取得高工作绩效和高满意度,低—低型的领导行为最差。然而,有研究发现,高关怀低结构和低关怀高结构的领导行为同样能够导致良好的工作绩效和较高满意度。另外,高—高型领导行为并不能在所有的情况下都能够产生积极效果。有的研究发现,如果下属从事的是日常操作性的工作,高结构型的领导行为会导致消极的工作结果和下属的很多牢骚。相当多的研究说明,仅仅用两个维度来描述领导行为及其有效性是不够的,需要引进更多变量。

2. 密执安大学的研究

与俄亥俄州立大学的研究同时,密执安大学也在从事类似的研究。通过现场研究的方法,密执安大学的研究者们探索领导行为与下属工作绩效之间的关系,并根据这种关系确认有效的领导行为。

研究发现有效领导者与无效领导者的三种行为有不同之处:任务导向行为、关系导向行为和参与领导行为。

任务导向行为(task-oriented behavior)。有效的领导者并不去做下属的具体工作。换言之,领导者将自己与下属区别开来,他们的主要时间用来做计划、安排、协调、为下属提供资源、技术设备等支持。而且,有效的领导为下属设置有难度又能够实现的目标。

关系导向行为(relations-oriented behavior)。有效的领导者还表现出支持性行为,包括对下属提供支持、帮助;理解下属的处境;与下属友好相处,信任下属;关心下属个人的前途;对下属的想法和工作成绩表示赞赏等等。而且,有效的领导者倾向于使用一般性的监督,而不是严密的监控。也就是说,领导者为下属设置工作目标和一般性指导,允许下属在具体工作方法和工作进度的选择上有一定自主性。

参与领导行为(participative leadership)。有效的领导者善于让下属参与,通过会议的方式,下属参与到各种决策中。下属的参与帮助促进沟通、合作以及解决冲突。在参与式讨论中,领导的作用是提供支持、指导,使会议具有建设性,以解决问题为导向,并最终对各种决策负责。

14.3.2 管理方格论

布莱克(Black)和莫顿(Mouton)对领导行为的两维度观点进行了充分总结,并在两个维度的基础上提出了管理方格论(managerial grid)。

如图14.2所示,管理方格论的两个维度是关心生产和关心人,每个维度被分为9个等级,从而产生了81种不同的领导行为类型。其中,有5种典型的领导行为。

(1)团队型领导(9.9)。对下属和生产任务都非常关心,将组织需要和个人需要很好地结合起来。建立共同的利害关系,关系协调,让员工了解组织的目标。该类型的领导效果最佳。

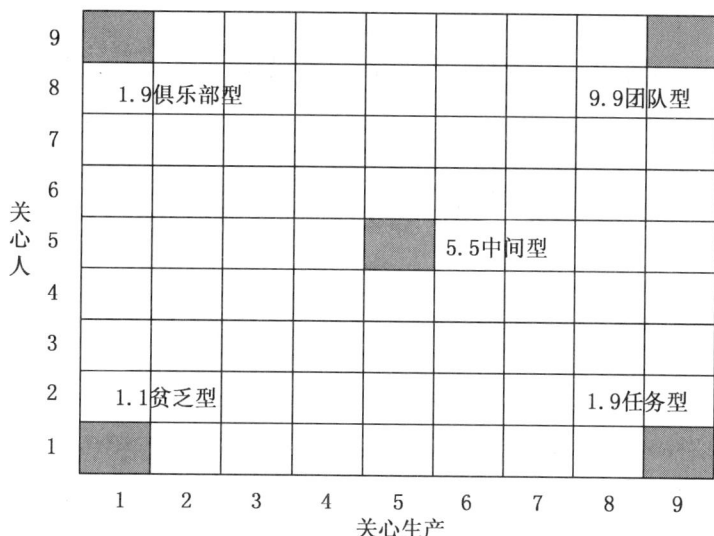

图 14.2　管理方格图

（2）任务型领导（9.1）。领导注意的中心是生产工作任务，关心工作的计划、组织、指导、控制，以完成生产工作任务，很少关心下属的主观感受、员工个人的需要，不大注意下属的士气。

（3）俱乐部型领导（1.9）。领导注意的焦点是下属的需要、情感体验以及下属的个人发展等，工作的重点放在创造一种舒适和睦的气氛上，使下属心情舒畅。对工作任务的安排、工作规章制度、监督和工作效率等关心较少。

（4）贫乏型领导（1.1）。既不大关心生产工作任务，又不大关心下属的需求，放任自流。这种领导基本上放弃了自己的职责。

（5）中间型领导（5.5）。这种领导试图在生产工作任务和下属之间取得平衡，平均分配精力。既注意对工作的计划、指挥、控制，又注意对下属的引导、激励。但是，该领导类型缺乏进取精神，只追求比较满意的工作效果。

14.3.3　PM 理论

PM 理论又称绩效—维持理论，由日本大阪大学心理学家三隅二不二提出。三隅等人首先进行了实验室研究，然后做了大规模的现场研究，研究对象主要是第一线工人，也涉及中层管理人员和高层领导人员。

研究基于这样的假设：群体有两大功能，其一是完成任务、实现目标，称为目标达成功能，简称 P（performance）功能；其二是维持强化群体自身

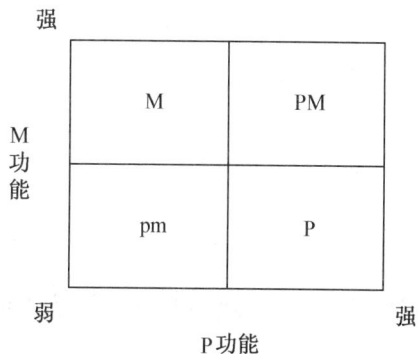

图 14.3　PM 领导类型图

的存在,称为群体维持强化功能,简称 M(maintenance)功能。P 功能是领导为完成群体目标所作的努力,M 功能是领导维持和强化群体所起的作用。

根据上述假设,PM 理论认为领导就是执行两种功能,它把领导行为划分为 4 种类型:PM 型、M 型、P 型和 pm 型。就领导效能而论,PM 型最佳,pm 型最差,其余两种类型居中。

14.3.4 领导行为三维模型

进入 20 世纪 90 年代,国外学者研究表明,一个领导行为的三维模型似乎更有效。该模型中的三个维度分别是任务导向的领导行为、关系导向的领导行为和变革导向的领导行为。

任务导向领导行为:该类行为的目的是完成任务,有效使用人力和资源,维持有序性和保持运作良好。

任务导向领导行为包括:

● 计划工作活动
● 制定目标
● 分配角色
● 监控

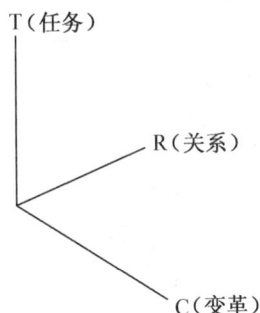

图 14.4　领导行为三维模型

关系导向领导行为:该类行为的目的是改善关系,帮助员工,促进团结合作,提高下属工作满意度和建立对组织的认同感。

关系导向行为包括:

● 支持
● 培养
● 承认

变革导向领导行为:该类行为的目的是促进战略决策,包括适应环境变化,促进灵活和创新,流程再造,产品和服务创新和号召下属迎接变革。

变革导向行为包括:

● 启动变革
● 实施变革
● 评价与调整

14.3.5 对领导行为理论的评价

领导行为理论试图对于如何实现领导给出一个简单的答案,总的来说,该类理论只取得了有限的成功。领导行为理论的研究仅仅对某一领导行为进行个别研究,没有综合考虑不同领导行为方式如何组合起来影响领导有效性。也许,只有清楚地了解不同领导行为方式相互作用的详情,才能对领导有效性与行为之间的关系有一个清楚的把握。此外,领导行为方式显然忽视了情境的作用。毫无疑问,领导行为方式与领导有效性之间的关系受到组织类型、下属特点、时代特征等多方面情境因素的影响。为了说明领导有效性,应当把情境变量纳入研究视野之内。

14.4　领导情境理论

14.4.1　菲德勒领导权变理论

菲德勒(F. E. Feidler)认为,任何领导类型都可以是有效的,关键是看领导行为方式与所处情境是否匹配。经过 10 多年的调查研究,菲德勒提出了有效领导的模型,被称为有效领导权变模型(contingency model of leadership effectiveness)。该模型就是菲德勒领导权变理论的核心内容。

在菲德勒领导权变理论中,领导行为方式与情境的匹配是否恰当决定领导有效性。

情境因素用三个变量来描述:领导与下属的关系好坏、工作任务的结构高低、领导职位的固有权力大小。

● 领导与下属关系。这种关系代表领导者对下属的吸引力,表示下属对领导者喜欢、愿意追随、信任、忠诚的程度。该变量有两个参数:好和坏。

● 工作任务的结构。指下属所承担任务的明确程度,该变量有两个参数:明确和模糊。

● 领导固有的权力。指领导者岗位赋予的正式职权和从整个组织中各个方面获得支持的程度。领导权力变量有两个参数:大和小。

菲德勒认为,根据上述三个变量的情况,具体情境分为从最有利到最不利 8 种情况。领导与下属关系好、工作任务结构明确、领导权力大是最有利条件,领导与下属关系坏、工作任务结构模糊、领导权力小是最不利条件。

菲德勒用 LPC(least preferred coworker)分数高低表示领导行为方式特点。为了测验领导者的领导行为方式,菲德勒设计了一个问卷。在这个问卷中,要求领导者找出一个最不喜欢的同事,可以是当前的同事,也可以是过去的同事,并对这个同事作出评价。最后得出的评分表示领导者对他人的态度。最难共事的同事的得分高(高 LPC 分数),说明领导者是以人为中心的;如果对最不喜欢的同事评分较低(低 LPC 分数),说明该领导者是以工作为中心的。

在不同的情境中,领导者只有采用适合的领导行为方式,才能获得好的领导结果。领导行为方式和情境的匹配情况如图 14.5 所示。

菲德勒权变模型表明,谈论某种领导行为方式的有效性,要考虑具体情境。预测领

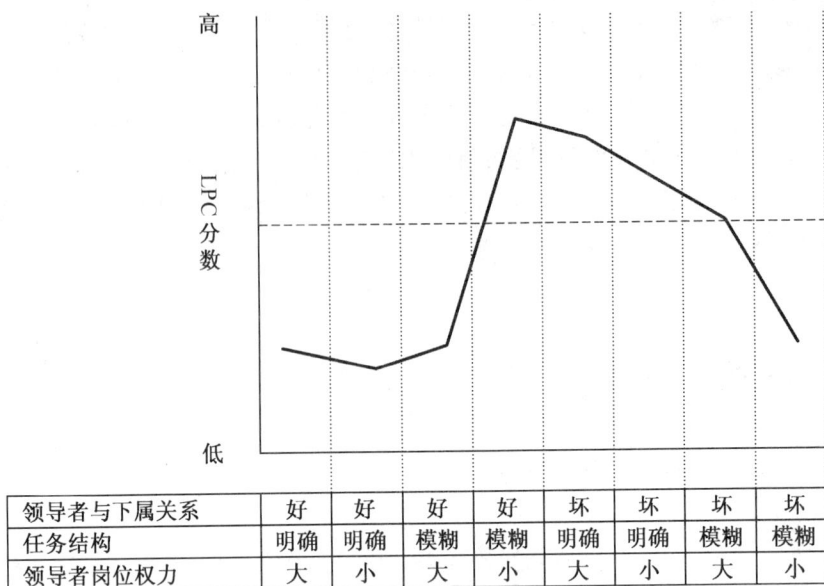

领导者与下属关系	好	好	好	好	坏	坏	坏	坏
任务结构	明确	明确	模糊	模糊	明确	明确	模糊	模糊
领导者岗位权力	大	小	大	小	大	小	大	小

图 14.5　领导者领导行为方式与情境匹配

导者在将来工作岗位上的工作成绩,不能简单地根据他过去的领导工作业绩,要综合考虑该领导者的领导行为方式、过去工作环境条件,以及将来领导工作岗位的环境条件。同样,为某个领导岗位选择适当的领导者,也要综合考虑工作环境条件的特点以及候选人的领导行为方式的特点。

根据该模型,要提高领导效能,可以改变领导者的领导行为方式特点,也可以改变环境条件,例如与下属的关系、任务结构、权力大小等等。但是,菲德勒不认为领导行为方式可以改变,他认为领导行为方式特点是非常稳固的,训练的影响不足以使它改变。

有许多研究理论支持菲德勒权变理论,但是,该理论存在不少弱点,比如该理论的应用过于复杂,不管通过选拔领导者适应环境还是通过调整环境适应领导者都不大容易实现。其实,菲德勒权变模型还不能算是一个理论,因为它对LPC分数如何影响群体绩效没有给出一个清楚的说明。另外,该模型忽视了LPC分数居中的领导者,有研究者指出,LPC分数居中的领导者有可能比高分和低分的领导者取得更好的领导绩效,因为他们能够很好地平衡对工作任务的关注和对员工的关怀二者之间的关系。

14.4.2　领导的路径—目标理论

路径—目标理论由埃文斯(M. G. Evans)首先提出,后来由其同事豪斯(R. J. House)等人加以扩充和发展。该理论解释领导者的行为如何影响下属的工作绩效和工作满意度。

路径—目标理论以期望理论和俄亥俄州立大学的领导行为四分理论为根据。在期望理论中,人的行为是一个理性选择的过程,工作努力程度大小受目标达成的可能性大小、工作结果的价值大小影响。所以,路径—目标理论认为,领导的作用就是阐明对下属工作的要求;告知下属达到目标的路径;帮助排除目标达成的障碍。领导者对下属的影响表现在:第一,使下属需要的满足与工作目标的达成结合在一起;第二,为达成目标提供有效的指导、辅助、支持、奖励等。

豪斯确定了 4 种领导行为:指导型、支持型、参与型和成就型。

● 指导型:领导让下属知道对他们的期望目标,完成工作的时间,提供完成工作的具体指导。

● 支持型:关怀下属的需要,对下属友好;平等待人,创造和谐的气氛;但是不大注意让下属通过完成工作获得满意。

● 参与型:倾听下属的声音,充分采纳下属的建议。

● 成就型:为下属设置有挑战性的工作目标,并激励他们发挥最大潜力达到目标。

4 种领导行为的效能视具体的情境因素而定。情境因素包括任务的性质、下属的特点、正式职权大小、工作班组的情况以及组织文化特点。4 种领导行为和情境的匹配如图 14.6 所示。

	任务		下属				正式职权		工作班组		组织文化	
	结构型	非结构型	技术熟练	不熟练	高成就需要	高情谊需要	充分	有限	有力沟通网络	有合作经验	支持参与	成就激励
指导型		■						■	■			
支持型	■			■		■			■			
参与型	■		■				■	■				■
成就型	■	■	■	■	■		■	■		■	■	

图 14.6 不同情境下的有效领导行为

领导行为在具体情境中发挥作用的机制是,当工作任务紧张、令人厌倦、单调乏味或者危险时,支持性领导行为可以使下属提高自信、降低焦虑、减少工作任务消极性,从而提高下属的努力和工作满意度,其过程如图 14.7(a)所示。

当工作任务复杂,缺乏结构性,下属没有经验,没有正式规则和程序可以遵循时,指导性领导行为可以通过减少角色模糊性来提高下属的努力和工作满意度,其过程如图 14.7(b)所示。在这里,指导性领导行为发挥作用的根据完全来源于激励的期望理论(请参考激励的期望理论或 VIE 理论)。

关于成就型领导行为发挥作用的机制,请参考激励的成就动机理论,参与型领导发挥作用的机制,请参考本章的领导者—参与模型。

有关途径—目标理论的实证研究结果一般支持该理论的基本假设。也就是说,当领导者弥补了员工或者工作环境中的不足,员工的满意度和工作绩效都会有积极的表现。

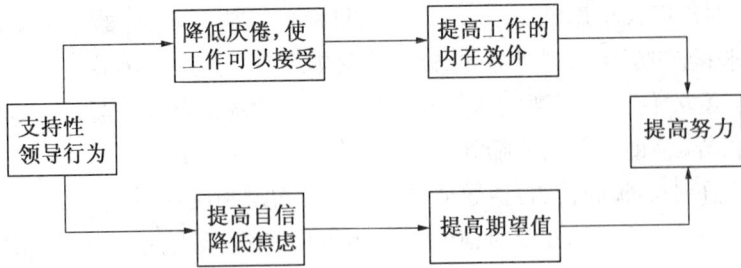

（a）支持性领导行为在工作令人厌倦的情境中发挥作用的机制

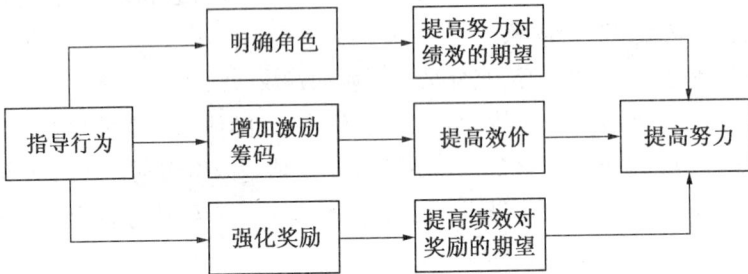

（b）支持性领导行为在工作复杂、下属缺乏经验的情境中发挥作用的机制

图 14.7　领导行为作用机制

14.4.3　生命周期理论

赫西（P. Hersey）和布兰查德（K. Blanchard）开发的领导理论被称为生命周期理论。该理论认为，领导行为应该适合情境变量的要求，也就是要考虑下属的成熟度。

下属的成熟度分为 4 个阶段：不成熟、初步成熟、基本成熟、成熟。

- R1（不成熟阶段）：没有工作能力，没有工作意愿。
- R2（初步成熟阶段）：没有工作能力，有工作意愿。
- R3（基本成熟阶段）：有工作能力，没有工作意愿。
- R4（成熟阶段）：有工作能力，有工作意愿。

生命周期理论使用的领导行为和菲德勒的权变模型相同，即任务行为和关系行为。不过，该理论进一步将两种行为进行划分，把每个维度分为高低两种情况。因此，就有 4 种不同的领导行为方式：指示、推销、参与、授权。

- 指示（高任务、低关系）：领导者规定下属的角色、工作任务、工作方法、时间要求等，重点在于指导工作行为。
- 推销（高任务、高关系）：领导者同时为下属提供指导和支持。
- 参与（低任务、高关系）：领导者让下属参与决策。
- 授权（低任务、低关系）：领导者较少给下属指导或者支持。

生命周期理论主张，领导者的领导行为应当随下属心理成熟的程度加以调整，下属的成熟程度在什么水平,领导者就应当采取相应的领导行为方式。领导行为与下属成熟度的匹配情况如图 14.8 所示。

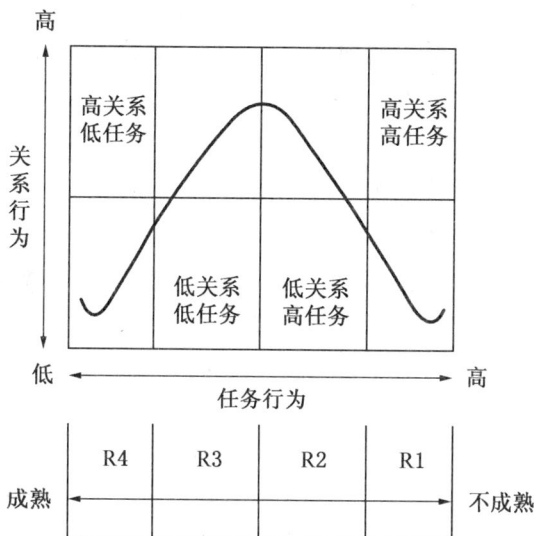

图 14.8　生命周期与领导行为

该理论很少引起研究者的重视,只有少量验证性的实证研究。研究结果部分支持理论观点。

14.4.4　领导者—参与模型

制定决策是领导者行使的最重要职能之一。相关活动包括作工作计划、解决技术难题、挑选下属、决定工资晋升、分配任务等等。参与型领导是指在作出重要决策时,领导者让他人参与决策。在很多情况下,让他人参与决策是使决策得到批准和顺利实施所必需的。而授权是权力分享的过程,领导者把以前独立决策的问题交给下属,下属拥有决策的权力,同时对决策后果负责。

参与领导和授权有很多潜在的益处,但是,潜在的益处能否成为现实,取决于参与者的情况、他们的影响力大小、拥有的信息以及决策情境的其他方面。这些潜在的益处包括提高决策质量、使决策易于接受、提高决策过程的满意度和培养下属的参与技能。

综合以上论述,参与领导对于实现有效领导的重要性显而易见。下面以领导者—参与模型为例,介绍参与型领导的思路。

弗鲁姆(V. Vroom)和耶顿(P. Yetton)于 1973 年提出了领导者—参与模型(leader-participation model)。该模型以权变思想考虑领导决策行为,并认为,要综合考虑领导者与下属的特点、任务特点,以及其他情境变量,来决定在决策过程中领导者和下属参与的程度。

335

所以,该模型寻求在领导决策行为与情境之间的匹配。

领导决策行为,或者决策风格,总共有下面几种情形:

● 独裁I(AI):领导者使用手头现有的信息自己作出决策、解决问题。

● 独裁II(AII):领导者从下属那里获得必要信息,然后独自作出决策。让下属提供信息时,可以告诉也可以不告诉下属要解决的问题是什么。下属仅仅提供领导者所需要的信息,不参与决策的建议,也不对决策作出评价。

● 磋商I(CI),领导者就要解决的问题与下属进行一对一的个别交流,然后独自作出决策。最后的决策可能受下属的影响,也可能不受下属的影响。

● 磋商II(CII),领导召集全体下属,说明问题,征询大家的看法、建议,然后独自作出决策。下属可能影响也可能不影响领导者的决策。

● 群体决策I(GI),领导找个别下属共同讨论问题,找出彼此都满意的解决方案。

● 群体决策II(GII),领导与全体下属一起研究问题,讨论问题解决的方案,最后接受一个大家认同的决策。

● 放权(DI),领导把问题交给一个下属,提供有关信息,同时把解决问题的权责也下放给该下属。

那么,究竟在何种情况下采取哪种决策风格呢?弗鲁姆和耶顿最初提出了7个权变变量来描述具体情境,后来,弗鲁姆和加戈(Arthur Jago)又对该模型进行了修订,将权变变量增加到12个。另外,原来对每个变量的两类判断(是或者否),变为5级量表评价。在根据情境决定领导决策风格时,将各变量变为问题,按照既定的先后顺序逐步判断,然后得出结论。

● QR:质量要求,对该决策的质量要求高低,该决策的质量有多么重要。

● LI:领导者信息,领导者是否拥有作出高质量决策需要的充分信息。

● ST:问题结构,问题的结构是否清楚,是否有现成的程序,能否按部就班地解决问题。

● CR:承诺要求,下属对决策的承诺有多重要。

● CP:承诺的可能性,如果领导独自作出决策,下属是否可能对该决策作出承诺。

● GC:目标一致性,问题解决后达成的目标是否为下属所认同。

● CO:下属的冲突,下属之间对于要作出的决策是否会产生冲突。

新增加的权变变量有:

● SI:下属的信息,下属是否拥有决策所需要的充分信息。

● TC:时间限制,是否因为时间紧张不能让下属参与。

● CP:地域分布,将下属召集在一起的代价是否太高。

● MT:激励—时间,在最短时间内作出决策是否重要。

● MD:激励—发展,为下属提供最大的发展机会是否重要。

弗鲁姆和耶顿的领导行为风格的决策是一个选择的过程,图14.9的决策树详细描述了这个过程,以及各种情况下需要的决策风格。图中字母的含义分别是:

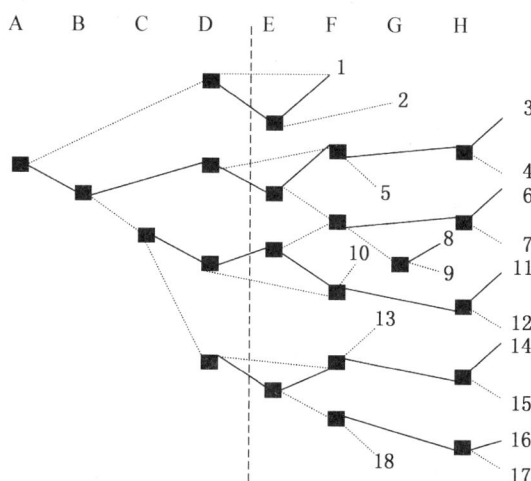

注:决策树左半部分考虑的是情境变量,右半部分考虑的是下属变量;
　　实线代表肯定判断(Yes),虚线表示否定判断(No)。

	个体问题	群体问题		个体问题	群体问题
1	AI, AII, CI, DI, GI	AI, AII, CI, CII, GII	10	AII, CI	AII, CI, CII
2	DI, GI	GII	11	AII, CI, DI, GI	AII, CI, CII, GII
3	AI, AII, CI, DI, GI	AI, AII, CI, CII, GII	12	AII, CI, GI	AII, CI, CII, GII
4	AI, AII, CI, GI	AI, AII, CI, CII, GII	13	CI	CII
5	AI, AII, CI, GI	AI, AII, CI, CII	14	DI, CI, GI	CII, GII
6	DI, GI	GII	15	CI, GI	CII, GII
7	GI	GII	16	DI, GI	GII
8	CI, GI	CII	17	GI	GII
9	CI, GI	CI, CII	18	CI, GI	CII

图 14.9　决策树模型举例

A:决策质量是否重要;

B:领导者掌握的信息是否充分;

C:是否属于结构性问题;

D:下属接受决策是否重要;

E:如果领导者独自作出决策,下属是否会接受;

F:问题解决后达到的目标是否被下属认同;

G:对于作出何种决策,下属之间是否会有冲突。

这里介绍的决策树模型以最初版本为例,修订后的理论模型十分复杂,在此不作详细介绍。上文介绍了修订后增加的变量,可以帮助管理者了解在选择领导风格时应考虑哪些权变变量。

一些研究结果证明了决策树模型的正确性。但是,它有两个不足:首先,该模型过于复杂,管理人员根据模型的参数确定决策模式比较困难;其次,该理论假定所有领导者的能力是相同的,其实不然。领导决策树模型只关注领导中的决策,在这个限制的范围之内,模式的解释效力较强,可以帮助领导者提高决策质量。但是,考虑到领导习惯化的行为方式不同,某些领导方式可能难以实施。

14.5　领导者—成员交换理论

领导者—成员交换理论(leader-member exchange theory，LMX)是由格里奥(G. Graeo)和同事丹瑟若(F. Dansereau)提出的。这个理论强调领导者与下属之间的双向互动关系。

领导者与个别下属之间的互动关系，因上级与下属之间交换程度的高低不同而异。领导者与部分下属建立起比较亲密的关系，对他们格外信任，这些下属享受到领导者给予的特权，得到领导者的格外关照，被称为"圈内"人士。而其他下属则称为圈外人士，他们与领导者交往时间少，或者得到奖励的机会少，与领导者的关系仅限于正式职务关系。在前者，领导者与下属之间的交换关系高，在后者，领导者与下属之间的交换关系低。

如果领导者与下属交换关系高，下属被赋予更多信任、更大自主权、更多机会等。作为回报，下属在工作中会更努力，对组织目标表现出更大认同感，对组织更加忠诚，从而工作业绩更加出色，而且对工作的满意度更高。如果领导者与下属未能建立起比较高的交换关系，领导者对下属的影响仅仅局限于正式权威的影响。

根据LMX理论，高交换关系的益处显而易见。当要完成的工作任务需要额外努力和积极主动时，这些"圈内"下属将起到非常重要的作用。而且，在上级没有足够的时间、精力处理一些事务时，下属的辅助尤其显得重要。但是，为了维持这种关系，领导者必须付出时间、精力和资源等。

有相当多的研究支持该理论的观点。但是，对于影响成为圈内人士的因素以及影响领导与员工交换的因素仍然需要进一步研究。从实际工作角度考虑，该理论有较高的应用价值。圈内人士是领导信任的人，是领导的左臂右膀。领导者可以放心地把工作任务交给圈内人士，不需要额外的监督检查。然而，领导与下属交换关系也可能带来巨大的危害，主要问题在于，这种交换关系很容易被误用，形成裙带关系，领导者与下属的交换不是以能力和绩效为基础，而代之以个人好恶或不正当的利益交换，从而孳生腐败。最后，研究证据表明，圈内人士很容易形成同质性群体，因而，缺乏创新是一个潜在的弊端，而决策过程中的"群体思维"也难以避免。

14.6　领导归因理论

领导归因理论是归因理论在领导过程中的应用。在领导过程中，领导者和下属都对对方的行为作出归因分析，判断行为背后的原因是内因还是外因。归因的结果对领导者和下属的行为以及二者之间的关系影响巨大。

14.6.1　领导者归因

领导者对下属的工作行为进行观察,并分析其行为背后的原因。根据米切尔(T. R. Michell)等人的研究,领导者归因反应分两个阶段,第一阶段,领导者试图找出行为背后的原因,第二阶段,作出行为反应。

领导者依据差异性、一致性和一贯性[关于这三个维度的意义,请参考知觉归因理论中凯利(Kelly)的三维归因理论]这三个维度对员工的行为作出判断,断定员工的工作成功或者失败是由于内部原因还是外部原因。如果成功行为被归因于员工内部,领导者会给予员工表扬或奖励;失败行为被归因于员工内部,领导者就会根据具体情形对员工的行为进行干预。假如员工缺乏技能,领导者会为他提供培训;假如员工工作态度不认真,领导者会对他提出批评或给予惩罚。如果员工的失败行为被归因于外部,领导者会考虑改善工作外部条件,例如,领导者会考虑提供足够的资源、改变工作流程等等。

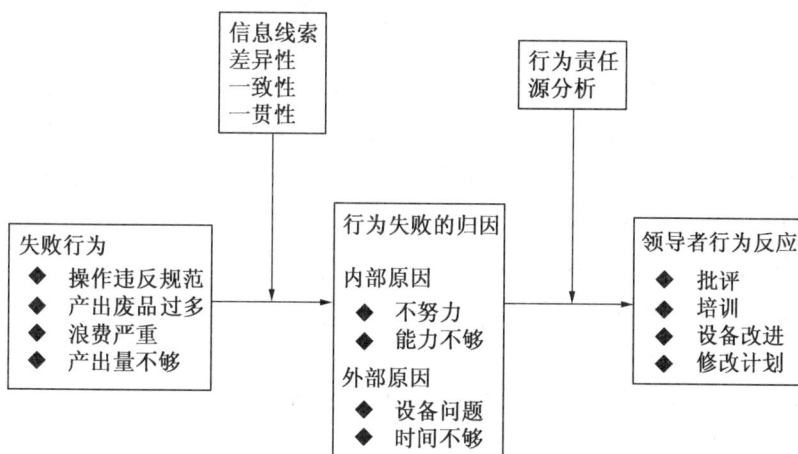

图 14.10　领导归因模型

归因研究表明,人们倾向于把成功的责任归于自己,把失败的责任归因于他人。因此,领导者常常倾向于把员工的不良表现作内部归因,导致经常性的惩罚行为。如果员工认为不是自己的责任,则会产生极端不满情绪。而且,如果领导者对员工的工作失败行为作内部归因,就不大会提供给他们更多的资源和支持。此外,对员工的内部归因还会使领导者疏于自我检讨,不会检讨领导者自身的原因和管理制度中存在的客观原因。因此,领导者在对员工的观察和评价中要尽可能客观、细致、全面、公正,找出问题发生的真正原因,选择解决问题的妥当方法。

14.6.2 下属归因

下属认为自己的工作成功与失败和领导有关。如果自己工作成功了,就认为领导是有效的;如果自己工作不成功,则认为领导是无效的。而且,不管成功还是失败,下属都会对领导者针对自己的奖励或者惩罚行为进行内部或者外部归因。内部归因的结果,使员工对领导者产生积极或者消极态度。和领导者一样,员工也比较多地倾向于把个人工作的失败归于外部原因,或者说,归于领导方面的原因。

综上所述,领导过程中双方信息和意见的沟通尤其重要。充分沟通可以有助于确认事实,发现问题和解决问题。

14.7 魅力型领导理论

该理论把领导者对下属的非理性的和感情方面的影响作为研究重点。从历史渊源来说,早期社会学家韦伯对该理论的发展有很大影响。韦伯用"魅力"一词描述建立在优秀的和异乎寻常的个人品质基础上的影响力。他认为,在危机时刻,领导者为下属建立一个愿景(vision)来凝聚大众,提供解决问题的途径,让追随者体验到成功的感觉。领导者魅力的获得主要是通过演讲表达坚定的信念,或者通过重大关键事件的处理展示个人独特的品质。这些独特的品质产生的魅力可以让下属把组织的利益放在个人利益之上,甚至为了组织利益作出自我牺牲。

康格(J. A. Conger)和康南格(R. N. Kanungo)等人提出了魅力领导的归因理论,阐明下属是怎样根据领导者的行为和技能对领导魅力进行归因分析的。

那么,在下属的眼里,什么样的领导者是有魅力的呢?

(1) 提供变革愿景的领导者。愿景的提出可以打破目前一潭死水的局面,又具备可行性。太激进或者不可能实现的愿景,不会被下属接受。相反,那些按部就班、循规蹈矩的领导者被认为是没有魅力的。在这里,魅力的含义大致等同于"魄力"。

(2) 创新型领导者。领导者能够打破常规,提供新手段和新途径,实现既定目标。

(3) 勇于自我牺牲、敢冒风险的领导者。愿意作出自我牺牲,不计较个人得失的领导者容易得到下属的信任,因而被下属认为具备非凡的魅力。显然,信任感是魅力的一个组成部分。愿意牺牲个人金钱、地位和荣誉等为企业奋斗的领导者,能够赢得下属信任,因而对下属有巨大的魅力。

(4) 那些充满热情、自信,提出努力的愿景,并使用语言与下属沟通,善于煽动下属激情的领导者被认为是有魅力的。

莎米尔(Shamir)在前人研究基础上提出了魅力领导的自我概念理论。该理论认为,自我概念由层次性的社会身份和价值观组成,人们有保护、提高自尊和自我价值的内在动力,而且力图保持自我概念各组成部分以及自我概念和行为之间的一致性。

影响下属态度和行为的魅力行为包括:表达愿景,使用富有表达力的沟通方式,为达到目标承担个人风险和作出自我牺牲,表达高水平期望,传达对下属的信任,以身作则,向下属授权。

研究表明,当个人对组织有较高的认同感,人们就会为自己是组织中的一员感到自豪,把组织成员身份看作最重要的社会身份之一。因此,就会努力使自己的工作变得更重要和有意义,愿意把群体和组织的需要置于个人利益之上。而且,社会认同感会强化群体的共同价值观、信念和行为规范。魅力型领导的作用在于,通过将下属的自我概念与组织共同的价值观、角色同一性联系起来,从而提高下属的社会认同感。此外,魅力型领导者通过传递对下属的信任,可以提高下属的个人自我效能和集体自我效能,从而促进下属的努力和合作行为。

14.8　交易型与变革型领导

多数领导理论,从领导行为理论到领导权变理论,都属于交易型领导(transactional leadership)理论。它们都强调通过明确角色或者任务要求来指导下属,或者通过激励下属来实现既定目标。通过目标的实现,员工可以间接地实现个人目标,满足个人利益方面的需求。这种领导的实质是交易,组织或组织的领导者和下属之间是交换关系。它们的共同假设是,下属行为的根本动力在于满足个人需要,所以个人利益在组织利益之上,下属会服从领导者的要求,但不会产生对组织的热情和忠诚。

变革型领导(transformational leadership)则让下属了解组织目标的重要性,鼓励下属为了组织利益超越个人自身利益,激发他们的高层次需要,对下属产生深远的、不同寻常的影响。下属对领导者怀有信任、尊敬、忠诚感。

与交易型领导相比,变革型领导能够让下属实现更高绩效。然而,变革型领导和交易型领导并不相互排斥,前者是在后者的基础上形成的。有效的领导者可以恰当地将两种领导方法结合起来。

典型的变革型领导行为包括用理想影响下属,激发下属对领导的情感和认同感;智力激发,让下属从崭新的角度看待问题;对下属个性化的关怀,包括提供支持、激励和教练。典型的交易型领导行为包括即时奖励、积极的例外管理、消极的例外管理。

14.9　家长型领导

家长型领导(paternalistic leadership)是广泛存在于华人企业中的一种独特的领导行为,家长型领导的提出和研究主要以中华传统文化为基础。尽管在 20 世纪 30 年代和 40 年代,一些西方学者如福莱特(M. P. Follett)和韦伯(M. Weber)在其研究中论及有关家长型领导的思想,但对家长型领导进行明确研究的则始于我国台湾。20 世纪 60 年代,司林(R. H. Silin)在我国台湾一家私营独资企业进行了为期一年的个案研究,发现该企业的老板和经理人运用类似于管理家庭成员的方式来管理员工,而自己则充当家长的角色。司林将其总结为教诲式领导、德行领导、中央集权、上下保持距离、领导意图及控制。虽然司林没有明确提出"家长型领导"的概念,但这一研究促使家长型领导概念的萌芽,并为后来提出家长型领导概念奠定了基础。另一位学者雷丁(S. G. Redding)则在 20 世纪 80 年代末对我国香港、台湾地区及菲律宾以及东南亚地区的华人家族企业进行了长达 20 年的研究,他明确提出了家长型领导的概念,论述了其特征,并指出这种领导方式普遍存在于华人家族企业中。雷丁研究认为:家长型领导的主要特征有:在心态上,下属必须依赖领导者;偏私性的忠诚使得下属愿意服从;领导者会明察下属的观点,据以修正自己的专断;当权威被大家认定时,不能视而不见或置之不理;层级分明,社会权力距离大;没有清晰的权威或严格的制度,领导者的意图并不明确表达出来;领导者是楷模与良师。

以郑伯埙和樊景立为代表的一批本土华人学者促使家长型领导研究得到深化并形成理论。从 20 世纪 80 年代末开始,我国台湾学者郑伯埙和他的同事采用个案分析和实证检验的方式对台湾地区家族企业主与经理人的领导风格进行了一系列的研究,发现台湾企业的领导方式与司林和雷丁描述的家长型领导非常相似,研究结果再次肯定了家长型领导遍布这些企业。

郑伯埙和樊景立等学者在回顾了自司林以来的所有研究结论后,将家长型领导定义为:一种表现在人格中的、包含强烈的纪律性和威权、包含父亲般的仁慈和德行的领导行为方式。根据这一定义,家长型领导包含三个重要维度:威权领导(authoritarian leadership)、仁慈领导(benevolent leadership)和德行领导(moral leadership)。威权领导是指领导者的领导行为要求对下属具有绝对的权威和控制,下属必须完全服从。仁慈领导是指领导者的领导行为对下属表现出个性化,关心下属个人或其家庭成员。德行领导则被描述为领导者的行为表现出高度个人美德、自律和无私。在此基础上,他们研究设计出三维度家长型领导的测评量表。该量表共由 26 个项目组成,其中威权领导 9 个,德行领导 6 个,仁慈领导 11 个。家长型领导表现出的威权领导、仁慈领导、德行领导行为,相对应的是下属表现出的敬畏顺从、感恩图报、认同效法。这种对应关系体现了一个基本的假设:家长型领导的绩效是建立在领导者、下属对自己角色的认同以及下属的追随之上的,否则将导致管理绩效降低、人际和谐关系受破坏,甚至导致公开的消极冲突。

14.10 权力

14.10.1 权力的定义

权力是一方影响另外一方行为的能力。作为一个社会术语,权力无处不在。它可以应用于个人、群体、组织和国家等不同的社会层次。拥有权力,就可以对他人、其他群体、组织或者国家等施加影响,在某种程度上改变对方的行为。在日常生活中,人们常常试图影响其他人的行为,例如希望增加助人、分享等积极行为。同样,组织中的各方也要对员工或者群体的行为施加影响,比如在工作中对工作任务进行安排、分配工作资源、决定人事任免等。

权力是有限的。权力的局限性表现在它受空间和时间因素的制约。企业的总经理对部门经理和属下员工有很大权力,但是,对其他企业的雇员和社会公民就没有权力;部门经理对部门内部员工有权力,但是,他的权力却无法直接影响到其他部门。另外,权力还随着时间的变化而变化。举例来说,经济发展越来越依靠知识和创造,人力资源在企业经营发展中的重要性日益凸显,人力资源部门在企业的地位上升,人力资源经理更多地参与企业高层决策,影响工作安排、资源分配、奖惩制度的设计等。所以,一个普遍的现实是,人力资源部经理的权力变大了。

权力与威信有所区别。与权力相同,威信也是对人的影响力,影响、控制和支配人的行为。但是,二者赖以存在的基础不同。权力主要建立在强制的基础上,并以强制作为最终的依托。而威信则建立在信任、信仰和情感的基础之上。

有效的领导者必须同时具备权力与威信。假若领导者拥有的权力与威信不相称,只能凭借权力发号施令,则对下级的影响大大降低。缺乏威信支持的权力,会遭到下属的抵触,下属即使执行命令,也非心甘情愿,从而降低工作绩效,影响组织效率。

14.10.2 权力的类型

弗伦茨(J. R. French)和雷文(B. Raven)研究了权力的来源,提出了 5 种权力类型。

1. 强制性权力

权力行使者拥有行使暴力和惩罚的能力。当组织成员不服从要求、规则或者政策时,权力行使者会给予警告或威胁,告诉可能出现的不利后果。当威胁被认为是合理合法的,人们就会表现出最大程度的顺从,从而尽量避免消极后果的出现。强迫性权力的基础是恐惧,常常以剥夺基本的个人需要的满足或者给予痛苦的打击的形式加以实施。

2. 奖赏性权力

权力行使者拥有资源或能力,可以给予服从者希望得到的利益。因此,可以为别人带来奖酬的人就具有了奖励性权力。组织环境中可以使用的奖励手段大体包括金钱、晋升、发展、有意义的工作、荣誉、良好的工作环境等等。

3. 法定性权力

在正式组织结构中,处在每个层级中的职位都获得相应的职权,这种职权包括惩罚性权力和奖赏性权力,受到组织和(或)组织成员的广泛认可。

4. 专家性权力

与工作任务有关的知识和技能是组织中个人权力的主要来源。关于如何有效地完成任务、解决问题的知识,对上级、同事和下属有很大影响力。工作任务的科技含量越高,复杂程度越高,组织对专家的依赖性越强,技术专家拥有的个人权力就越大。

5. 参照性权力

如果一个人具备一些优秀的个人特质,比如知识渊博、品行端正、能力出众等等,从而赢得别人的好感、尊敬和忠诚,那么,他就拥有了参照性权力。一般而言,人们乐于听从参照对象的建议或者要求,因为人们希望通过行动来取悦他。

14.10.3　权力的有效使用

组织、群体或者个人对权力的运用,总是采取一种策略,或者将几种策略组合起来使用,以影响其他人的行为。可能的策略有:理性劝说、理想的感召、协商、讨好、交易、感动、求助、合法化、施加压力。

理性劝说:摆事实、讲道理,运用充分的证据和逻辑分析来促使对方行为变化。

理想感召:运用价值观、理想等的力量,激发对工作目标的热情。

协商:通过让对方参与制订战略、计划等,提高工作行为的积极性。

讨好:提出请求之前让对方处于愉快的心境。

交易:建议互相支持、利益共享或者事后给予回报。

感动:用个人友谊或者感情让对方感动。

求助:请求对方的帮助或者支持。

合法化:通过运用权威、政策和传统所允许的方法提出要求或者请求。

施加压力:使用强烈要求、威胁或者不断提醒等方法。

14.10.4　权力产生影响的心理机制

领导者对下属施加影响的结果情形有三种:忠诚、服从和抵制。

忠诚是指下属从内心里同意决策或要求,努力完成要求的任务或者有效地执行决策。对于复杂而有难度的任务来说,下属忠诚是完成任务的最佳方式。

服从是指下属愿意按照要求完成任务,但是没有感情投入,缺乏工作热情,只付出最小的努力。在这种情况下,领导者只影响了下属的行为,没有影响下属的态度。对于简单容易的工作任务,下属的服从就足够了。但是,对于复杂和困难的任务,表面服从恐怕难以使任务顺利完成。

抵制所描述的是下属反对建议或要求,并努力回避。在此种情境下,下属会作出如下反应:寻找借口说任务无法完成;说服领导者撤回或者改变要求;要求更高领导者撤销要求;故意拖延,希望领导者会忘记提出的要求;假装服从,暗中破坏;拒绝执行要求。

领导者影响下属的过程。领导者影响下属的心理学解释包括下属的动机、对任务要求和环境的知觉等。柯尔曼（Kelman）提出影响发生作用的三种过程：工具性服从、内化和认同。

（1）工具性服从。下属服从要求的目的是获得物质奖励或者避免惩罚，行为的动机完全是工具性的。服从的唯一动机是从领导者那里获得现实的好处。在这种动机指导下的努力水平是最小的，只要能够获得奖励或者避免惩罚就够了。

（2）内化。下属对领导者或工作任务忠诚，从内心里赞同领导者的价值观、信念和要求。结果，不管能否获得有形的利益，下属行为的动力来自他们对自己价值观和信仰的追求，而不是来自于领导者的要求。

（3）认同。下属模仿领导者的行为或采取相同的态度，使自己看起来和领导者差不多。下属的行为动机包括自尊和被他人接受的需要。获得领导者的赞许，下属可以满足被接纳的心理需求。与有魅力的领导者保持密切关系，则可以获得他人的尊重。

14.11　政治行为

政治行为指那些影响或者试图影响组织中利害分配的活动。它是通过权力的运用实现的。首先，政治行为影响组织内的利害关系，包括影响组织中的决策、规则或工作程序的制订、资源分配等。政治行为的表现包罗万象，有的是组织工作所要求的，比如通过正式渠道向上级汇报情况，提意见和建议；有的是组织没有要求和规定的，比如在组织内部建立联盟关系，传播小道消息等。

在个人和群体试图达到他们希望的结果时，政治行为不可避免。管理者应该做的事情是了解政治行为发生的情况，设法确保政治行为对组织和个人是积极的，尽量减少消极结果。

政治行为的发生，最主要和最直接的原因是组织内资源有限。如果组织拥有的资源充足，组织中各方都可以实现他们的目标。但是，由于资源稀缺，不可能使所有人的全部需要都得到满足。因此，在资源有限的情况下，争夺资源的各个方面会认为，他方对资源的获取，是以自己利益的损失为代价的。所以，以对资源的争夺为最终目标的政治行为就不可避免。

除了资源稀缺，目标模糊、个人或群体对问题的看法不同、信息不对称等因素也是产生政治行为的原因。相反，在环境稳定、决策程序简单明了、竞争行为不多的情况下，政治行为就很少见。

最能引发政治行为的组织因素包括不明确的绩效评价系统和报酬制度。对许多员工来说，他们的绩效难以或者不能用客观指标衡量，如果缺乏科学的评价系统，或者评价过程执行不公平、不透明，会诱发政治行为。恰当地使用绩效考核系统可以避免大量政治行为。同样，不公正的报酬分配制度也是导致政治行为发生的主要动因。报酬制度引发政治行为的另外一种情况是零和报酬分配方式，即一个人或一群人奖励的增加是以其他人或群体的损失为代价。

政治行为与组织奖励的方式有关。当个人或群体政治行为受到组织奖励时,员工更可能在将来参与政治行为,如果没有规则的制约,就会变本加厉。根据班图拉的观察学习理论,那些没有或者不愿意参加政治行为的员工,由于观察到政治行为受到奖励,也可能会参与到政治行为当中来。

领导可以保证组织的正常运转,包括规章制度的切实执行,弥补规章的不足。然而,不合格的管理者和不道德的管理者会滥用权力,打破规则。因此,政治行为就不可避免。

个人特点会影响政治行为的程度。高自我监控的人对外界环境变化敏感,更能运用有效的政治手腕。内控型的人相信个人力量能够使事情的发生向有利于自己的一方发展,会有更多的政治行为。政治行为可以带来利益或者避免利益受损,然而,政治行为也有风险,愿意冒险的人才会更喜欢采取政治行为。最后,高权力需要的人更倾向于参与政治行为,以获取权力或者为将来晋升获取政治资本为目的。

本章小结

本章分析了领导的概念,包括领导与管理的差异、评价领导有效性的标准,介绍了领导特质理论、领导行为理论及领导情境理论,分析了领导者—成员交换理论、领导归因理论、魅力型领导理论、交易型、变革型领导和家长型领导等新型领导理论,分析了权力的定义、权力的类型,讨论了权力的有效使用及权力产生影响的心理机制,分析了组织中政治行为产生的主要原因。

复习与思考

1. 什么是领导?怎样衡量领导的有效性?
2. 领导者的特质和技能怎样影响领导有效性?
3. 领导权变理论讨论了哪些情境因素?情境因素怎样制约领导行为的选择?
4. 变革型领导与魅力型领导有什么异同?
5. 什么是家长型领导?家长型领导在现实企业中如何发挥其作用?
6. 什么是权力?权力的核心是什么?
7. 权力有哪些类型?权力产生影响的心理机制是什么?
8. 什么是政治行为?

案例分析

茂名公司的领导交替

茂名公司是一家汽车配件供应商。老王做工厂经理 10 年了,深受员工喜欢。他为大家建造了健身中心,一年组织好几次社交活动(比如野餐和假日聚会等),都受到员工欢迎。他能够叫出大多数员工的名字。他每天都花一些时间在工厂里转一转,看看正在工作的员工,询问他们的家庭和他们的业余爱好等。

老王认为,善待员工,使他们忠诚于企业,确实很重要。当生产任务不足时,他也尽量避免解雇员工,因为他知道,尽管劳动力市场供应远远大于需求,但一旦人手不足,却难以找到合适的人来替代这些熟练员工。员工也知道,如果他们遇到困难,老王会尽力提供帮助。比如,如果一个员工受伤,又不想失去工作,老王会设法给员工重新安排一个合适的工作岗位。老王相信,只要善待员工,员工就会把工作做好。

此外,老王还花相当多精力培养下属,指点技术,训练他们如何成为合格的基层管理人员。老王辅导下属进行个人职业发展计划,并努力为他们争取进修培训的机会。同时,他还与公司人力资源部进行充分沟通,人力资源部将企业内所有可能的晋升机会都通知该厂。但是,老王从来不给工厂设置目标,也从来不制订计划促进生产率的提高。

在老王的管理下,员工流失率很低,但是,该厂的生产率和成本在所有五个工厂里排名倒数第二。后来,茂名公司换了总经理,新任总经理对老王的领导方式很不赞同,老王被裁下岗。年轻有为的小李成为新的工厂经理。

小李以工作效率高和能够促进变革而出名。为了降低成本,小李取消了很多活动(像健身中心、野餐等活动),针对生产主管的人际关系技能培训也被中止。因为他认为,这种培训是浪费时间。他的原则是:如果员工不想做工作,就让他们走人,找别人来替代他们。小李还抛弃了老王的职业发展计划,他从来不关心员工的培训进修,也不过问下属的发展前途。

他要求生产主管提高绩效标准,并且生产部门一定要完成。经总经理批准,计算机监控系统也安装起来,这样可以严格监控每个工人的生产是否达到了标准。没有达到绩效标准的工人受到一次警告,如果在两个星期内没有改进,就会被解雇。小李认为,员工不会尊重一个软弱被动的主管。当小李发现员工浪费时间或者犯错误时,他会当即对该员工提出批评,并将他作为反面典型。为了确保任务按时完成,小李每周都要组织主管开会。小李强调,如果有任何行动与事前制订的计划和政策不相符合,生产主管必须向他汇报。小李的这些措施遭到很多人的反对,抱怨四起。

为了降低成本,小李还减少了设备维护的次数。因为机器设备以往的运作记录良好,所以,小李相信目前的维护工作做过了头。另外,当某条生产线的生产任务不是很紧张时,小李就把能够节余下来的工人解雇。

小李做工厂经理的第一年末,生产成本降低了20%,产量增加了10%。但是,7名主管中的3人离开了工厂,去做其他工作了。员工的流失率很高,其中包括优秀工人。最后,工人们纷纷议论,说应该向上级领导反映小李简单化的工作作风,还有人说,根本没有必要管那么多,工作机会多得很,干脆一走了之。

思考题

1. 请描述并比较前后两个工厂经理的领导行为。

2. 小李应当如何改进其领导行为?

杰纽天公司与法克提瓦公司的首席执行官

杰纽天公司首席执行官古多尼斯

2000年6月,杰纽天公司的首席执行官保罗·古多尼斯(Paul Gudonis)创造了互联网业股票首次发行的历史纪录,公司在这次美国最大的公开发行中筹集了20亿美元。当过去三年亚马逊公司的杰夫·贝佐斯、甲骨文公司的拉瑞·艾里森、斯科公司的约翰·钱伯斯争相出现在杂志封面和头条的时候,古多尼斯这位拥有哈佛MBA学位和20年电信和技术业管理经验的电气工程师集中精力带领杰纽天公司实现了惊人的增长,从1994年仅有50名员工、收入500万美元,到现在拥有5 000名员工,年收入10亿美元。

古多尼斯的注意力主要花在建立公司战略以及公司密切关注的主要目标上。这些战略包括一些大胆的目标:使杰纽天公司主体网上的网络交通量成为第一;在网络基础建设和宽带领域成为第一;在质量和客户满意度上成为第一;成为工作/生活环境质量最好的公司。

古多尼斯将杰纽天公司的目标印在胸牌上,在公司每周的新员工导向项目中发给每一名新员工。他说:"我花了很多时间与员工沟通,这可能与旧经济时代的首席执行官们不同。去年,我们平均每天招聘9个员工,所以我希望每个人都能随时携带写有我们目标的胸卡。在一次新员工培训中,有个年轻人站起来说:'这么说吧,如果我做了这张卡上没有写的事情,我是不是就应该停下来?'我说:'没错。这正是我为什么要把这些列出来。'"

除了建立公司战略和与员工沟通外,古多尼斯将管理发展视为他的领导角色中最关键、可能也是最具挑战性的部分。"当你有一家呈指数增长的公司时,"他强调,"你员工个人发展的速度必须超过业务发展的速度。我们不能让能力的发展慢于工作的发展。"于是,古多尼斯成立了正式的领导力发展项目,并且每年两次与公司的75名高级经理召开高级领导力会议。

古多尼斯还向员工强调培训和发展的重要性,向每一名新员工导向的学员告知杰纽天公司2000年提拔了600名员工。他还讲述那些成功个案,如一名临时雇员在4年时间内成为杰纽天公司欧洲主体网的项目总监,以及一名销售代表5年之后成为地区副总裁,管理100个人的群体。

古多尼斯以员工考核流程为例,说明新旧经济中领导力的差异。古多尼斯解释说:"在我们这个快速变化的行业中,我不知道你作为一名员工在即将到来的12月的目标应该是什么。但我们有年度计划,每90天我向直接下属列出我的目标。他们写出他们的季度目标,并和我,然后和他们的群体成员审查这些目标。"另外,员工每90天可以根据整个公司的业绩和季度个人表现获得奖金。

法克提瓦公司首席执行官哈特

法克提瓦公司的首席执行官克莱尔·哈特(Clare Hart)制定了一些可能令许多首席执行官们惊讶的限制——不是由于她制定了这些限制，而是由于制定这些花费了她一年的时间。哈特的管理风格是开放决策。事实上，这种风格是如此开放以至于她没有办公室。

然而，在做法克提瓦公司首席执行官一年以后，哈特知道是建立一些限制的时候了。她解释说："我的领导风格是非常平易近人的，特别是在最初一年，我花时间实现这种开放性的时候，这种领导风格非常重要。"控制也是哈特领导风格中的一大内容。她的领导团队职责划分非常明确——没有双头控制或双头报告。每个月所有的领导团队成员完成他们各自所辖范围内的报告。然后这些报告被整合，接着由相关群体分享，最后浓缩为哈特向董事会的报告。

年内的 10 次为期两天的会议进一步发展了领导群体的这种开放沟通，这些会议制定业务计划和关键事项。团队成员需要在会议中与他们的管理者分享有用的信息，这样做的意图是 850 名员工都能理解这些会议在做什么。哈特说："每一名法克提瓦公司的高层管理者之所以在这个职位上，是因为他/她带到工作中的智慧、技能、经验和态度。我不想做任何阻碍个人带领团队实现公司总体目标的事。"

哈特相信，通过这个过程，公司正在培养独立、积极、不怕承担职责的领导者。"我最近看了一名高级经理向领导团队做的报告，通过她做报告的方式，你可以明显看到她感觉她做的每件事对公司都是重要的。我正是希望每个人都有这种感觉。"

思考题

1. 古多尼斯和哈特表现出哪些不同的领导特质和风格？
2. 古多尼斯和哈特表现出了更多交易型领导力还是魅力型领导力？请解释。

测试练习

你的 LPC 分数如何？

说明：请回忆一个你过去或者现在的同事，他/她是你到目前为止遇到过的最难共事的人。你感觉这个人最难以共事，但不一定是你最不喜欢的人。下面是 16 组形容词，请你在最准确描述他/她的等级上打钩。

快乐 8　7　6　5　4　3　2　1 不快乐
友善 8　7　6　5　4　3　2　1 不友善
拒绝 8　7　6　5　4　3　2　1 接纳
有益 8　7　6　5　4　3　2　1 无益
冷漠 8　7　6　5　4　3　2　1 热情

紧张 8 7 6 5 4 3 2 1 轻松
疏远 8 7 6 5 4 3 2 1 亲密
冷淡 8 7 6 5 4 3 2 1 热心
合作 8 7 6 5 4 3 2 1 不合作
助人 8 7 6 5 4 3 2 1 敌意
无聊 8 7 6 5 4 3 2 1 有趣
好争 8 7 6 5 4 3 2 1 融洽
自信 8 7 6 5 4 3 2 1 犹豫
高效 8 7 6 5 4 3 2 1 低效
忧郁 8 7 6 5 4 3 2 1 开朗
开放 8 7 6 5 4 3 2 1 防备

评分与解释：

你的LPC得分是你的领导风格的反映，将16项的得分相加（其中每项是1—8分中的某个分数），如果得分是64分或更高，则是关系导向型的领导；如果得分是57分或更低，则是任务导向型的领导；如果得分是58—63分之间，则需要进一步明确领导风格。

思考与讨论

1. 你的得分是否反映你本人的实际情况？为什么？
2. 结合你的LPC得分，讨论如何成为一个有效的领导者。

你与上司的LMX关系如何？

说明：对下面列出的每一题，圈出最能代表你对你和现任经理/上司关系的数字。如果你现在不工作，就根据你前任经理的情况打分。记住，没有正确或错误的答案。在完成12道题目后，根据得分标准计算你的领导—成员交换关系中各分维度的得分。

1＝完全不同意
2＝不同意
3＝无法判断
4＝同意
5＝非常同意

1. 我喜爱我的上司。	1 2 3 4 5
2. 上司是人们愿意和他做朋友的那类人。	1 2 3 4 5
3. 和上司一起工作有乐趣。	1 2 3 4 5
4. 上司为我的工作行为辩护，甚至在没有完全了解出现的 问题时也是如此。	1 2 3 4 5

5. 如果我被别人"攻击"了,上司会帮我辩护。　　　　　1　2　3　4　5

6. 如果我犯了一个诚实的错误,上司会在组织中为我辩护。　1　2　3　4　5

7. 我为上司所做的工作超出了职位说明书中的规定。　　1　2　3　4　5

8. 我愿意付出额外的努力,超出那些规范要求,来实现我
　　上司的工作目标。　　　　　　　　　　　　　　　　1　2　3　4　5

9. 为上司工作付出最大的努力,我并不介意。　　　　　1　2　3　4　5

10. 我上司对他/她的工作的了解令我印象深刻。　　　　1　2　3　4　5

11. 我尊敬上司的工作知识和能力。　　　　　　　　　　1　2　3　4　5

12. 我敬佩上司的职业技能。　　　　　　　　　　　　　1　2　3　4　5

评分与解释:

相互喜爱(第 1—3 题),忠诚(第 4—6 题),对工作的贡献(第 7—9 题),职业尊重(第 10—12 题)。在每个维度上,低＝3—9 分,高＝10—15 分。总体上,领导—成员交换关系:低＝12—38 分,高＝39—60 分。

思考与讨论

1. 你的得分是否反映你与上司关系的实际情况? 为什么?

2. 你认为自己与上司交换关系高或低的原因是哪些? 这种高或低的关系在现实中产生哪些结果?

参考文献

Cheng, B. S., L. F. Chou & J. L. Farh, 2000, "A Triad Model of Paternalistic Leadership: The Constructs and Measurement", *Indigenous Pshuchological Research in Chinese Societies*, 3, 85—112.

Liden, R. C. & J. M. Maslyn, 1998, "Multidimensionality of Leader-Member Exchange: An Empirical Assessment through Scale Development", *Journal of Management*, 24, 43—72.

Nahavandi, A. & A. R. Malekzadeh, 1998, *Organizational Behavior*, Prentice Hall Inc..

Nelson, D. L. & J. C. Quick, 1999, *Organizational Behavior*, South Western College Publishing.

Pellegrini, E. K. & T. A. Scandura, 2008, "Paternalistic Leadership: A Review and Agenda for Future Research", *Journal of Management*, 34, 566—593.

Pierce, J. L. & D. G. Gardner, 2002, *Management and Organizational Behavior*, South Western.

Redding, S. G., 1990, *The Spirit of Chinese Capitalism*, Walter de Gruyter.

Silin，R. H. ，1976，*Leadership and Values*：*The Organization of Large Scale Taiwanese Enterprises*，Harvard University Press.

Yuki，G. ，2006，*Leadership in Organizations*，Pearson Prentice Hall.

罗伯特·克赖特纳、安杰洛·基妮奇:《组织行为学》(第 6 版),中国人民大学出版社 2007 年版。

斯蒂芬·罗宾斯、蒂莫西·贾奇:《组织行为学精要》,机械工业出版社 2008 年版。

第 4 篇
组织行为

第 15 章　组织与组织结构

组织是一个复杂的社会现象。它的内容和功能伴随人类社会和科学技术的发展而不断发展,人们对组织的认识也不断深入和扩展。21 世纪企业组织面临新的挑战,主要表现在:重组组织和工作,使组织高质量、低成本地运行;组织的不断创新与革新,使组织充满新的生命活力;组织责任增大,它不仅赢利,而且使组织内外的利益相关者满意;组织在不断加剧的竞争环境中反应更为迅速;组织在运行过程中强调对社会负责,经营业务符合商业伦理。而了解和认识组织及其结构是管理组织的第一环节。

15.1　组织的概念

15.1.1　组织的定义

根据现代组织理论,组织是一个开放的、有机的社会技术系统。它主要包括以下几层含义:

首先,组织是一个与环境相互影响、相互作用的开放系统。它不断从环境输入能量,经过内部转化过程,又不断以产品或服务的形态输出到环境中去,从而使组织不断地运行与发展。

其次,组织是一个社会技术系统。它既包括刚性的结构、程序和技术方面,也包括软性的社会心理、文化观念和管理方面。随着技术和社会的不断发展,组织中的文化、价值观和制度等,对组织行为和效率所起的影响也不断增大。

第三,组织是一个有机的整合系统。组织建立在各子系统相互依存和作用的基础上。换言之,组织是一个有序的结构性机体。

任何一个组织都有其一定的结构。组织结构是对工作任务进行分工、分组和协调合作,因此,组织结构限定任务责任、角色、关系及沟通渠道。组织结构建立秩序和权力框架,是组织各部分之间关系的一种模式。它是由组织的目标和任务以及环境所决定的。通过这种框架,组织得以计划、控制和运作。组织结构在一定程度上决定组织的管理方式。

组织结构一般由 6 个关键因素构成,它们也是设计组织结构的基本依据。这些因素分别是:

(1)工作专门化,是指将组织中的任务进行细分,分至各个独立职务的程度。

(2)部门化,指职务组合的基础,一旦组织任务分为各个不同的职务,就需要将不同的工作进行组合。

(3)指挥链,是组织从高层到基层的不间断的权力链条,它明确谁向谁汇报工作的脉络。

(4)管理幅度,指一个管理者可以有效指导的员工数量。

(5)集权与分权,指在组织中,决策权放在哪一级别,高层、中层还是基层?决策权所在的级别越高,权力越集中,反之,则是权力分散。

(6)正规化,指在组织中职务标准化的程度,即组织采用规章制度来管理员工和管理者行为的程度。

15.1.2 组织的类型

组织从不同的角度划分为不同的类型。例如,从组织的运行功能划分,有企业组织、政府组织、学术组织、社团组织等;从组织的规模划分,有大型组织、中型组织和小型组织。在组织行为学中,对组织类型的研究主要包括新型组织与传统组织、有机械型组织与有机型组织两大类。

1. 新型组织与传统组织

随着科学技术的不断发展、市场竞争的不断加剧,以金字塔型为代表的传统组织在当今越来越显得反应缓慢和没有弹性。与此同时,不断出现一种与传统组织相对应的新型组织来适应当今在成本、质量和速度之间的战略平衡。这种新型组织意味着以顾客为导向、持续改进和学习、基于团队的结构,再加上计算机化的信息技术,极可能使大型组织在速度和弹性上可以与小型组织抗衡。

组织理论家加尔布雷思(J. R. Galbraith)和劳勒三世(E. E. Lawler Ⅲ)在 20 世纪

90年代就提倡一种"组织的新逻辑",并比较研究了传统组织与新型组织的不同特点,如表15.1所示。

表 15.1　新型组织和传统组织的比较

新型组织	传统组织	新型组织	传统组织
动态的,学习的	稳定的	技术导向	工作导向
信息丰富	信息缺乏	团队导向	个体导向
全球化	本土化	参与导向	命令/控制导向
小的、大的	大的	横向的/网络式	等级制
产品/顾客导向型	职能型	顾客导向	工作要求导向

2. 机械型组织与有机型组织

机械型组织与有机型组织的区分是组织权变设计研究的一个重要成果,这是由英国的两位学者汤姆·伯恩斯(Tom Burns)和斯托克(G. M. Stalker)研究得出的。

所谓机械型组织,即以高度复杂化、高度正规化和高度集权化为特征的一种组织。这种组织的结构一般有直线—职能制、职能制、基于职能的事业部制等。机械型组织的主要特征有以下几点:

(1) 高度专业化、集权、等级分明。

(2) 高层管理独占信息,强化权力和层次结构。

(3) 采取正式的等级体系进行协调和沟通。

(4) 每个职务的角色、职责、工作内容和资格条件都有明确规定。

(5) 职权、控制和调配分等级、层次实施。

(6) 注重纵向、上下之间的沟通。

(7) 主管部门依靠制定、下达规则条例、指示和命令来进行管理。

(8) 对组织成员强调服从上级和对组织忠诚。

有机型组织与机械型组织截然不同,它是以低复杂化、低正规化和分权化为特征的一种组织。这种组织的结构一般有任务工作组、矩阵制等。有机型组织的主要特征有以下几点:

(1) 工作没有固定的规定和分工。

(2) 个人的任务根据整个公司的总任务和目标,结合个人的知识、能力和特长来确定。

(3) 个人的任务可通过与其他人的协商来不断调整,强调多方位、多层面的合作,包括纵向和横向层面。

(4) 注重横向的沟通和交流。

(5) 信息共享。

(6) 分权的决策。

(7) 重视组织成员对公司任务的完成和承担的义务及职责。

机械型组织和有机型组织在运行过程中,各有其优点与不足。总体而言,机械型组织的优点主要体现为:组织一旦成立,即能快速进入运行系统;运行过程中,组织成员根据事先设定的岗位职责各行其职,组织有序进行,一旦组织哪个部位出错或功能失调,也容易查出责任者。但不足之处是信息传递慢,且经常会层层过滤,信息遗漏或变样;组织成员不能充分发挥个人专长;容易滋生个人保护主义。有机型组织的优点主要体现为:组织成员能根据个人专长从事其合适的工作;成员能共享组织愿景;信息沟通顺畅。不足之处是组织内容易出现"真空地带",即组织中的少数需要做的工作可能无人去做,有些部门的工作可能人员饱和;组织运行过程中有时会出现紊乱。

15.1.3 组织的系统

组织作为一种开放的、有机的社会技术系统,与所处的环境紧密相关。所谓环境,指存在于组织外部的一切客观因素和条件,包括经济、技术、市场、政治、法律、自然等各种因素和条件。环境的变化及其规律对组织有重要影响。一方面,不同的环境对组织的构成有不同的影响;另一方面,组织对环境的影响具有能动性,能积极控制环境的影响。

对企业组织来说,随着技术和全球化经济的不断发展,市场竞争不断加剧。市场竞争的变化经历低强度竞争、中度竞争、高强度竞争和极度竞争的四个阶段。每一阶段的主要特征及变化趋势如图 15.1 所示。

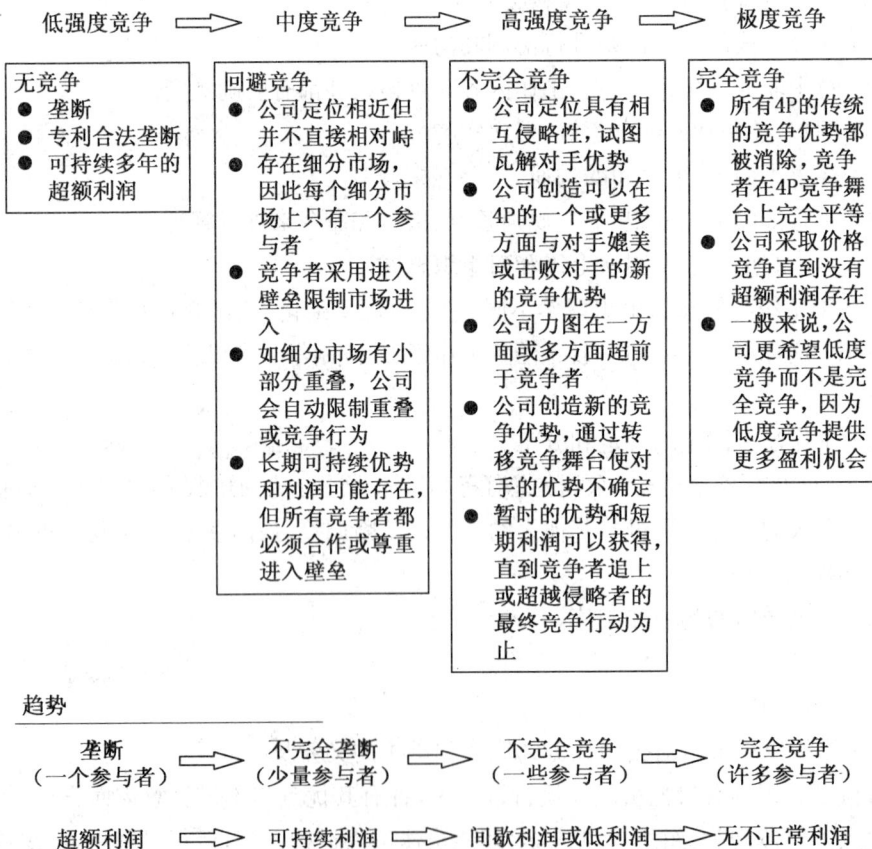

图 15.1 企业之间不同程度的竞争

在不同程度的竞争阶段，为了应对外部竞争，企业组织的运行系统不同。在 20 世纪 80 年代中期，美国著名咨询公司麦肯锡(Mckinsey)公司的帕斯卡尔(R. T. Pascale)和阿索斯(A. G. Athos)等人提出"7S"理论，这是在当时企业所处的环境下，企业组织系统运行中的关键要素。

这"7S"分别是：战略(strategy)，组织获取和分配其有限资源的行动计划；结构(stucture)，组织的构建方式、责权分配及其特征；制度(system)，信息和理念在组织内部的运转方法和方式，如规章、程序和会议等；人员(staff)，组织内部重要人员构成，如工程师、销售员、行政管理员和操作员等；技能(skill)，主要管理者和组织本身的专长和工作能力；作风(style)，组织的高层管理者在达成组织目标的过程中，所表现的行为、个性和管理风格；共同价值观(shared values)，组织所形成并灌输给成员的重要思想、愿景、目标、行为规范和文化理念等。在这"7S"理论中，组织系统中主要的刚性和软性的因素都整合为一体，组织得以在一定环境下有效运转。"7S"的关系如图 15.2 所示。

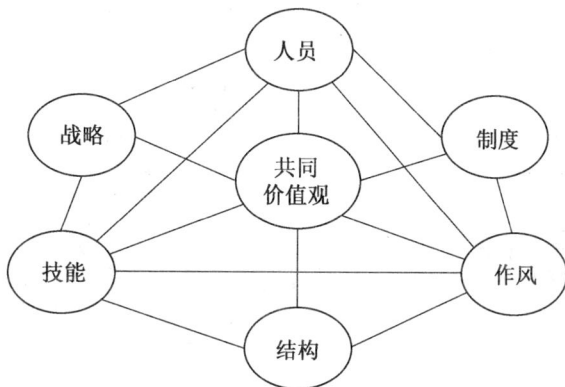

图 15.2　麦肯锡的"7S"

继麦肯锡的"7S"理论后，20 世纪 90 年代后期，美国学者提出了一个新的"7S"理论。随着新的"7S"理论的出现，麦肯锡的"7S"理论则被称为旧的"7S"理论。新"7S"理论是应对企业所处的高强度竞争环境的一种组织运行思维模式。新"7S"的框架是：

- 企业利益相关者的高满意度(stake-holder satisfaction)
- 战略预见(strategic soothsaying)
- 瞄准速度的定位策略(speed)
- 瞄准出其不意的定位(surprise)
- 使竞争规则不利于竞争对手(shifting the rules against the competition)
- 表明战略意向(signaling strategic intent)
- 同时发起系列的战略攻击(simultaneous and sequential strategic thrusts)

由于高强度竞争环境的本质属性，新的"7S"框架并非给出一套普遍适用的组织系统运行的成功处方。这些只是可以使企业组织向多方面发展的 7 个关键步骤。它们着重于通过一系列暂时优势的现状瓦解，而不是通过持续的优势维持平衡。在这个框架下制定有效的战略行动将依赖于行业和企业内部的许多变量。新的"7S"框架包含了能有效实现市场瓦解的三个要素：洞察力、能力和战略，如图 15.3 所示。通过这三个要素的有效组合，瓦解现有市场是为了创造新的更有竞争力的市场，针对竞争对手出其不意，从而不断获得新的竞争优势。

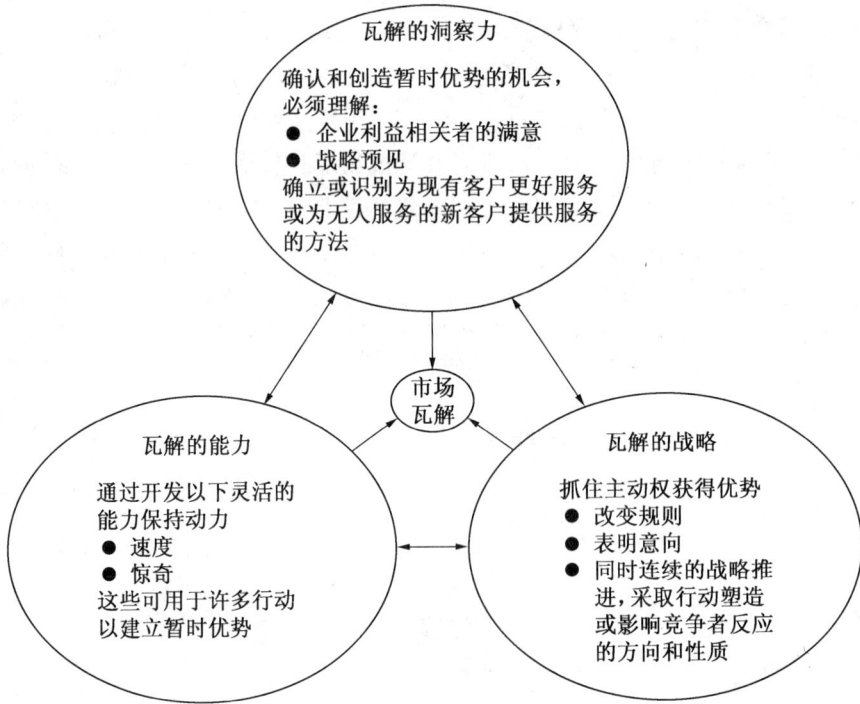

瓦解的洞察力

确认和创造暂时优势的机会，必须理解：
● 企业利益相关者的满意
● 战略预见
确立或识别为现有客户更好服务或为无人服务的新客户提供服务的方法

市场瓦解

瓦解的能力

通过开发以下灵活的能力保持动力
● 速度
● 惊奇
这些可用于许多行动以建立暂时优势

瓦解的战略

抓住主动权获得优势
● 改变规则
● 表明意向
● 同时连续的战略推进，采取行动塑造或影响竞争者反应的方向和性质

图 15.3　市场瓦解与新的"7S"框架

15.2　组织的结构

　　如前所述，组织结构是建立组织的秩序和权力框架，是组织各部分之间关系的一种模式。它是由组织的目标和任务以及环境所决定。同时，它又对组织内部的正式指挥系统、沟通系统有直接的决定作用，对组织内的文化观念、组织成员的行为、观念和心理等有重要影响。因此，合理设计和应用组织结构，对组织的有效运作和实现组织目标具有十分重要的意义。经过长期的实践和发展，组织结构已形成多种模式，这里对常见的组织结构模式作一介绍。

15.2.1　直线型组织结构

　　直线型结构，指组织中各种职务按垂直系统直接排列，各级主管人员对所属下级拥有直接的一切职权,组织中的每一个人只能向一个直线上级报告,即"一个人,一个头儿"。它是一种集权式的组织结构形式,又称军队式结构。各级行政领导人执行统一指挥和管理职能,不设专门的职能机构。其典型结构如图 15.4 所示。

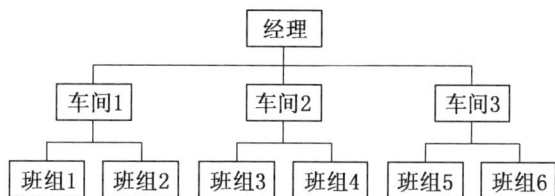

图 15.4　典型的直线型组织结构

直线型结构的优点是:结构比较简单,权力集中,责任分明,命令统一,联系简捷。直线型结构的缺点是:在这种组织结构中,所有权力都集中于一个人身上,当组织规模扩大时,往往由于个人的知识、能力有限而感到难以应付,顾此失彼,可能会发生较多的失误。此外,由于每个部门关心的是本部门的工作,部门间的协调也比较差。

因此,这种组织结构一般是适用于组织初创期,或那些没有必要按职能实行专业化管理的小型组织,或是现场的作业管理。

15.2.2　职能型组织结构

职能型组织结构,亦称"U 型"组织结构。这是以工作方法和技能作为部门划分的依据。现代企业中许多业务活动都需要有专门的知识和能力。通过将专业技能紧密联系的业务活动归类组合到一个单位内部,可以更有效地开发和使用技能,提高工作的效率。这些职能机构有权在自己的业务范围内,向下级单位下达命令和指示,因此,下级直线主管除了接受上级直线主管的领导外,还必须接受上级职能机构的领导和指示。一般职能型组织结构如图 15.5 所示。

职能型组织结构的优点是:职能部门任务专业化,这可以避免人力和物质资源的重复配置;便于发挥职能专长,这点对许多职能人员颇有激发力;可以降低管理费用,这主要来自于各项职能的规模经济效益。另一方面,职能型组织结构的主要不足有:狭窄的职能眼光,不利于企业满足迅速变化的顾客需要;一部门难以理解另一部门的目标和要求;职能部门之间的协调性差;不利于在管理队伍中培养全面

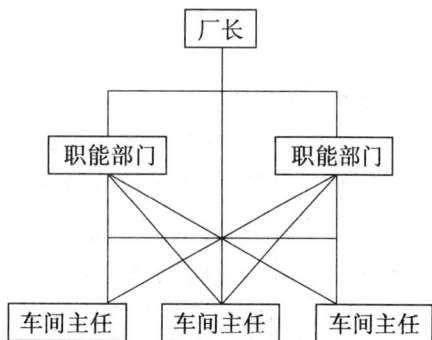

图 15.5　一般的职能型组织结构

的管理人才,因为每个人都力图向专业的纵深方向发展自己;这种组织结构妨碍了组织必要的集中领导和统一指挥,形成了多头领导,对基层来讲是"上边千万线,下面一根

针"，无所适从。由于职能型组织结构的优点与缺点都比较突出，企业组织一般审慎采用这种结构。

15.2.3 直线—职能型组织结构

直线—职能型组织结构吸取了以上两种结构形式的优点，并克服其缺点。它的特点是设置了两套系统。一套是按命令统一原则组织的指挥系统。另一套是按专业化原则组织的管理职能系统。直线部门和人员在自己的职责范围内有决定权，对其所属下级的工作实行指挥和命令，并负全部责任。而职能部门和人员仅是直线主管的参谋，只能对下级机构提供建议和业务指导，没有指挥和命令的权力。可见，这种组织形式实行的是职能的高度集中化。

在一个直线—职能型组织结构中，组织从上至下按照相同的职能将各种活动组合起来。所有的工程师被安排在工程部，主管工程的副总裁负责所有的工程活动。市场、研究开发和生产方面也一样。其代表性组织结构如图15.6所示。

直线—职能型结构的优点是：鼓励职能部门的规模经济，使组合在一起的员工可以共享一些设施和条件；促进深层次技能提高，促进组织实现职能目标；领导集中、职责清楚、秩序井然、工作效率较高，整个组织有较高的稳定性。

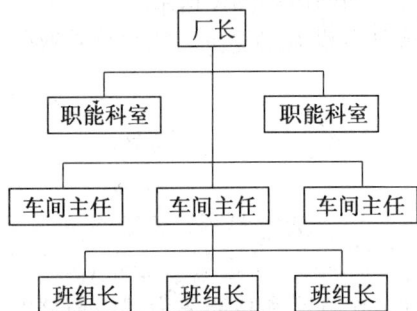

图15.6 代表性的直线—职能型组织结构

直线—职能式结构的不足是：对外界环境的反应太慢，而这种反应又需要跨部门的协调，如果环境发生变化或者技术为非例行、相互依存的，则会出现纵向层级超载现象；决策堆积，高层管理者不能快速作出反应；由于协调少，导致缺乏创新，每个职员对组织目标认识有限；下级部门的主动性和积极性的发挥受到限制；部门间互通情报少，不能集思广益地作出决策；难于从组织内部培养熟悉全面情况的管理人才；整个组织系统的适应性较差，因循守旧，对新情况不能及时作出反应。

一般地说，这种组织结构形式比较适用于其外界环境稳定、技术相对简单、产品品种较少、又不需太多的跨职能部门间依存的中小型组织。这种组织并不需要太多的横向协调，内部的效率和较小的规模意味着组织可以主要通过纵向层级来实现控制和协调。在企业组织中，员工被安排去完成各自职能部门的工作目标，计划和预算依据职能来制定并且反映了各个部门的资源耗用成本，正式的权力和影响来自于职能部门的高层管理者。换言之，这种组织结构形式不适用于规模较大的、复杂的、动态的组织。

15.2.4　直线—职能参谋型组织结构

直线—职能参谋型组织结构结合了直线—职能型组织结构和职能型组织结构的优点，它是在坚持直线指挥的前提下，为了充分发挥职能部门一定的权力，例如决策权、协调权、控制权等，职能部门可以在权限范围内直接指挥下属直线部门。这种类型的组织结构形式在制造企业中用得比较多，一般应用在制造企业中的几个特定的部门，例如协调性的制造调度部门，控制性的经营销售部门以及技术检验部门等，上层直线主管授予他们相应的权力可以大大提高管理的有效性。例如，某企业的产品质量不仅对企业的发展至关重要，而且一旦产品次品出现，成本和代价非常可观，该企业可对职能部门的质量管理部与生产车间之间采用职能型结构，以强化质量管理的职权。

代表性的直线—职能参谋型组织结构如图 15.7 所示。图中，"—"表示直线指挥权；"→"表示业务指导及部分指挥权。

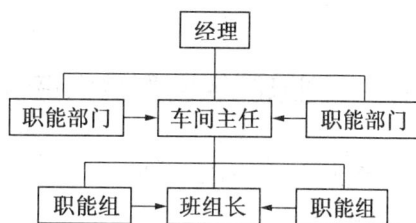

图 15.7　代表性的直线—职能参谋型组织结构

15.2.5　事业部型组织结构

以销售收入或利润等最终成果形成的内在联系为依据，将研究开发、生产、采购、销售、财务等部门结合成相对独立的利润中心，实行分权管理的结构形式。通过这种结构可以针对单个产品、服务、产品组合、主要工程或项目、地理分布、商务或利润中心来组织事业部。事业部型结构的显著特点是基于组织产出的组合。代表性的事业部组织结构如图 15.8 所示。

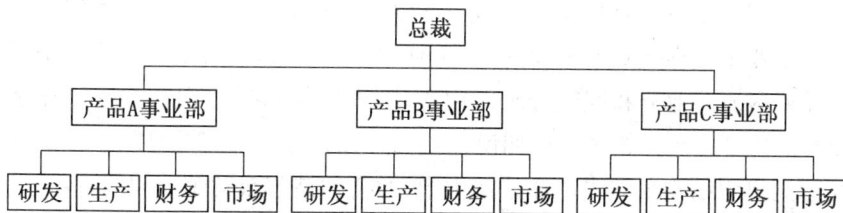

图 15.8　代表性的事业部组织结构

事业部型组织结构鼓励灵活性和变革，因为每个单元变得更小，能够适应环境的需要。此外，事业部型组织结构实行决策分权，因为权力在较低的层级聚合。

事业部型组织结构也常常与较大的规模相联系。诸如 GE、Pepsi 以及 Johnson & Johnson 这类组织复杂的大型公司，都划分为一些较小的、自主经营的组织，以便于实现更佳的控制与协调。

事业部型结构一般有产品事业部、区域事业部、过程事业部等形式。事业部型组织结构的优点有：适应不确定环境下的高度变化；由于清晰的产品责任和联系环节，从而实现使顾客满意的目标；跨职能的高度协调使各部门适应不同的产品、地区和顾客的需要；决策分权。事业部型结构的不足主要表现为：失去了各部门内部的规模经济；导致产品线之间缺乏协调；失去了深度竞争和技术专门化；产品线间的整合与标准化变得困难。

可见，事业部型组织结构能适应于处于不确定的、快速变化的环境，非例行的技术，以及部门间较高相互依存的组织。其目标追求外部效率、适应、顾客满意。计划和预算是基于成本和利益的中心。

15.2.6　阿米巴经营型组织结构

阿米巴(Amoeba)经营模式是由日本"经营之神"稻盛和夫创立。稻盛和夫创建了两家世界 500 强企业——京瓷公司(Kyocera Coporation)和第二电信(KDDI)。他采用阿米巴经营模式让这两家企业不断成长，长盛不衰。京瓷更是创造了神话一般的业绩——50 余年从不亏损。即便在世界金融危机和日本经济危机下仍得以发展。2010 年 2 月 1 日，稻盛和夫出任破产重建的日本航空公司(JAL)董事长。他导入阿米巴经营模式，在一年内让巨亏的"日航空"实现扭亏为盈，实现 1 884 亿日元巨额盈利。阿米巴经营模式与京瓷会计学被称为稻盛和夫经营哲学的两大支柱。

阿米巴经营是基于明确的经营战略和精细的部门独立核算管理，将企业划分为"小组织"，像自由自在进行细胞分裂的"阿米巴"那样，以各个"阿米巴"为核心，按照小企业方式进行独立经营，可自行制订计划，独立核算，让员工参与经营，依靠集体智慧和努力实现企业的经营目标和持续发展。

阿米巴经营型组织结构是一个小型的独立的利润中心。这与事业部型组织结构的自主经营的利润中心特征有相似之处，即分权经营。有时，阿米巴经营型组织结构被称为微型战略事业单元(strategic business unit，SBU)。然而，典型的事业部型组织结构是按照产品或区域等业务和职能分工而构建，阿米巴经营型组织结构则往往是根据工作流程或产品生产工序而构建。比如说，制造部门的每道工序都可以成为一个阿米巴。阿米巴经营型组织结构虽然也可能涉及生产、财会和销售或营销的职能，但这些职能可以集于一体，不一定像传统组织结构那样明确设立。阿米巴经营型组织结构具有高度灵活性和自主性，让每一名员工成为主角，参与经营，能激发员工的主人翁精神和经营者意识。

要使阿米巴经营型组织结构有效发挥作用，关键是必须明确企业战略发展目标和要求，企业业务价值链，并将这些层层传递给每一员工，让员工明白组织目标和利益与个人目标和利益的一致性和关联性。如果员工对阿米巴经营目标及其组织结构没有一个正确理解,其结果就可能出现以自我为中心,为了自己阿米巴的利益而损害公司利益和其他部门利益的情形,从而不能达到应有效果和目的。

15.2.7　矩阵型组织结构

矩阵型组织结构是对职能部门化和产品部门化的融合,一种实现横向联系的有力模式。矩阵型组织结构的产品经理和职能经理在组织中拥有相同的职权,员工向两位经理负责和汇报。

有的企业同时有几个项目需要完成,每个项目要求配备不同专长的技术人员或其他资源。为了加强对项目的管理,每个项目在经理或厂长领导下由专人负责。因此,在直线—职能结构的纵向领导的基础上,又出现了一种横向项目系统,形成纵横交错的矩阵型结构。其中,工作小组或项目小组一般是由不同背景、不同技能、不同知识、分别选自不同部门的人员所组成的。组成工作小组后,大家为某个特定的项目而共同工作,其一般组织结构如图 15.9 所示。

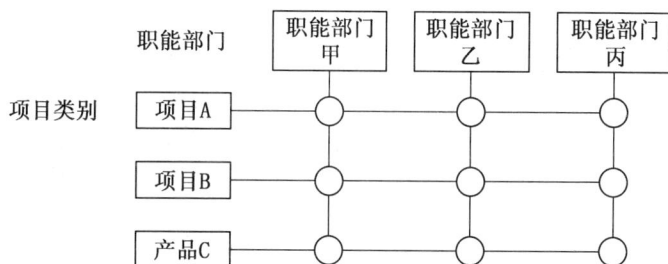

图 15.9　一般的矩阵型组织结构

矩阵型组织结构的优点主要表现为:获得适应环境双重要求所必需的协作;产品间实现人力资源的弹性共享;适合在不确定环境中进行复杂的决策和经常性变革;为职能和生产技能改进提供了机会;在拥有多种产品的中等组织中效果最佳。

矩阵型组织结构的不足主要表现为:导致员工卷入双重职权之中,降低员工的积极性并使之迷惑;意味着员工需要良好的人际关系技能和全面的培训;耗费时间,包括经常的会议和冲突的解决。

因此,矩阵型组织结构适合在需要对高度不确定性环境变化作出迅速而一致反应的组织中使用。如咨询公司和广告代理商就经常采用矩阵型组织结构设计,以确保每个项目按计划要求准时完成。在技术非例行、环境复杂的情况下,由于采取了人员组成灵活的产品管理小组形式,追求的目标是双重核心——产品创新和技术专门化,大大增强了企业对外部环境变化的适应能力。

15.2.8 混合性组织结构

在现实中,很多企业组织并不是以单一的组织结构存在,而是可能会同时存在两种或两种以上组织结构。综合两种或两种以上组织结构特征的结构称作混合性组织结构。代表性的混合性结构一般有混合性职能式结构和混合性事业部式结构。

1. 混合性职能式结构

混合性职能式结构,指在职能型结构的基础上结合采用其他组织结构如工作小组或者矩阵型等结构形式的一种组织结构。这种结构一般适用于处于动态的但变化因素较少的环境中的企业。图 15.10 所示的是带有工作小组的混合性职能式结构。

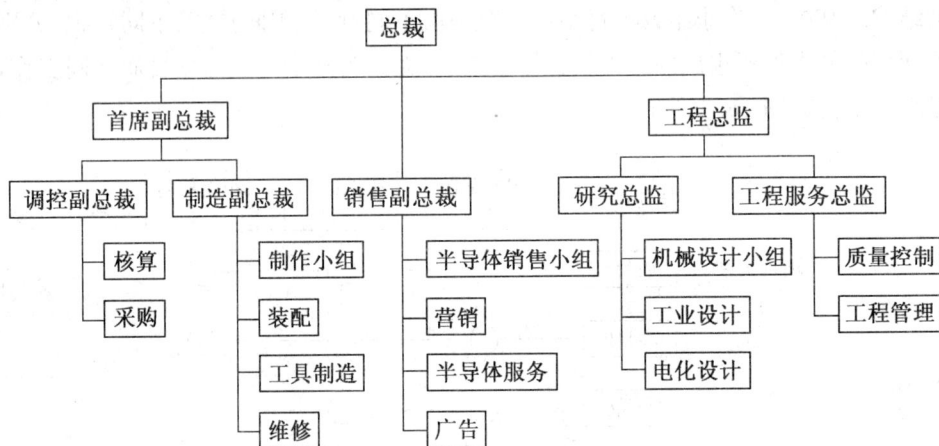

图 15.10 带有工作小组的混合性职能式结构

2. 混合性事业部式结构

混合性事业部式结构,指在强调事业部型结构的同时也重视职能型结构,并可能在此基础上结合采用工作小组或者矩阵型等结构的一种组织结构。这种结构一般适用于处于动态的且变化因素较多的环境中的企业。因为产品事业部是为了创新和外部有效性而设立的。技术可能是例行或非例行的,产品群内存在跨部门的相互依存,公司规模巨大,以提供足够的资源满足产品部门重复的资源需求。公司的目标是顾客满意和创新,还有与职能部门相关的效率。其一般结构如图 15.11 所示。

在企业实践中,混合性事业部式结构比混合性职能式结构更为常见。这里,我们着重分析混合性事业部式结构的优点与不足。

混合性事业部式组织结构的优点主要有三点:一是这种结构使组织在追求产品事业部的适应性和有效性的同时,实现了职能部门内部的效率;二是这种结构实现了产品事业部和其组织目标的一致,产品的组合实现了事业部内部的有效协调,而集中的职能部门实现了跨事业部的协调;三是在这种组织结构中,企业总部高层管理部门可摆脱行

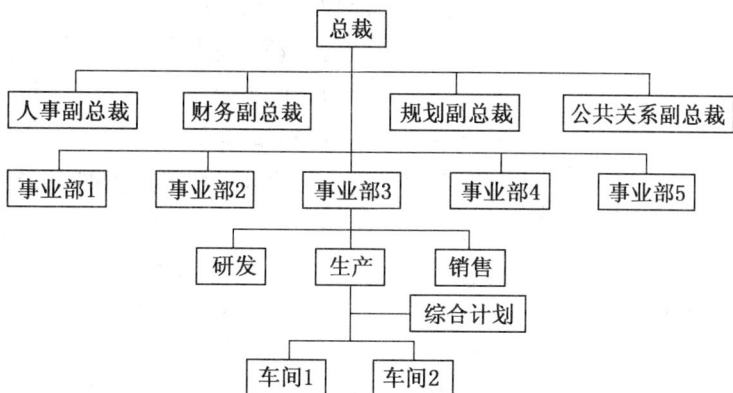

图 15.11　一般的混合性事业部式结构

政管理事务,能集中力量研究和制定组织经营战略和方针。

　　同样,混合性事业部式结构的主要不足也有三点:首先,管理费用增加。有些公司增加人员以监督下面的决策,一些公司职能部门重复地进行产品事业部应承担的活动。如果失去控制,管理费用将不断增加,总部人员不断膨胀。随之决策变得越来越集中,产品事业部失去了对市场变化迅速作出反应的能力。在规模方面,诸如 Nucor、Hanson Industries 和 Burlington Northern 等公司,通过将总部人员控制在 100 人以下来限制管理费用,尽管其产品事业部门拥有 3 300 名员工。这些公司的管理者缩减了总部人员以减少官僚主义,并鼓励事业部的灵活性。

　　其次,公司总部和事业部人员之间易产生冲突。一般地,总部的职能对事业部的活动没有职权。事业部经理可能会抱怨总部的干预。总部的管理者可能会抱怨事业部各行其是的要求。总部的经理们通常不能管理各个事业部的独特要求:尽力满足不同市场。

　　再者,各事业部容易产生本位主义。由于事业部为了追求各自的利润目标,往往从自身立场出发,急功近利,或追求短期效应。

15.3　面对全球竞争的动态联盟组织

　　面对全球竞争出现的一种战略性的动态联盟组织,其形式主要有网络组织、标模组织和虚拟组织三种。在我国许多理论文章中,涉及最多的是网络组织和虚拟组织。

15.3.1　动态联盟组织的形态与内涵

1. 网络组织

网络组织(the network type)是一种动态的、松散的组织。网络结构有一个核心组

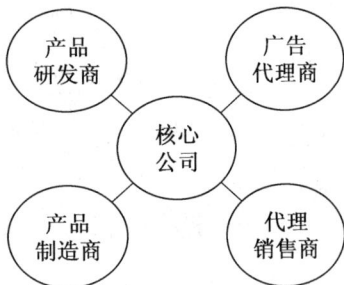

图 15.12　一般网络结构的形式

织,它通过合同形式依靠其他组织进行制造、销售、开发或其他业务经营活动。这种组织结构的实质是突破企业的有形界限和延伸企业职能,充分利用外部新技术或低成本的原材料和劳动力等,以提高企业组织的适应性和竞争力。网络结构的一般形式如图 15.12 所示。

对网络组织作进一步分析,又可分为内部网络结构、静态网络结构和动态网络结构三种,如图 15.13 所示。

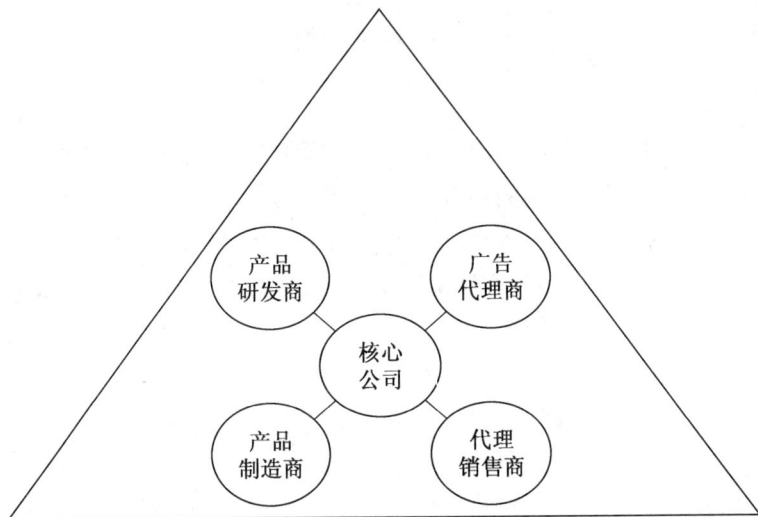

（a）内部网络结构

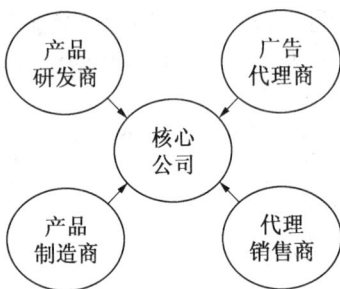

（b）静态网络结构

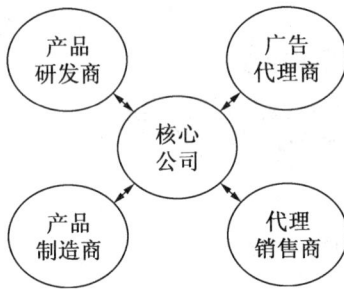

（c）动态网络结构

图 15.13　三种网络组织结构

　　内部网络结构一般不大采用外包,因为这种组织形式全部或基本拥有其经营业务所需的资产,如 GM 公司即是一种内部网络组织运作方式。代表性的静态网络结构是采用部分外包,使整个价值链具有灵活性。在这种组织形式中,经营业务的资产为几个公司共同拥有,通常是一组供应商围绕一个大的"核心"公司开展业务。动态网络结构通常有一个"领头羊"公司,它依赖其核心技能判别和组合其他公司拥有的资产开展业务经营,如摩托罗拉和戴尔采用的则是这种运作方式。

网络组织的主要优势是可以充分利用外部资源,分享技能、资金和市场,增加企业组织的灵活性和竞争力。它的主要不足是合作伙伴之间容易出现运作失控和对新兴技术缺乏战略控制,以及缺乏强有力的领导影响和能够协调问题的共同愿景。

2. 标模组织

标模组织(the modular type)和即将讨论的虚拟组织,实际上是不断变化的网络组织,这两种组织主要是基于价值链理论而研究和设计的。

一个组织如何勾画其结构? 从理论逻辑上说,应该依据其合适的价值链构架来进行。价值链由基本活动和支持活动组成。基本活动通常是指企业创造产品或销售产品等,支持活动是协助基本活动而进行的活动。价值链分析为区别公司活动中哪些是增加价值的基本活动提供了一个有用的构架。一个组织必须集中于那些增加价值的也是企业获得成功的关键性活动。随着市场竞争的加剧,很多组织认识到,将组织内一些不重要或非关键的职能外包出去,比拥有这些职能要经济有效。标模组织是指组织在进行全面战略控制的同时将一些非关键的职能外包,外取的资源可能是制造零部件、后勤服务或财会活动等。这种组织实际上是为外部的供应商和专业服务组织所包围的一个中心机构,它可轻易地灵活外取这些资源。一般而言,制造企业和服务企业可以采用标模组织。

在一个标模结构的组织里,外包非关键的职能具有两个优点:第一,它能降低总成本,加快新产品的开发。因为,它可聘用那些比内部员工优秀、卓越的人作为供应商,可以避免能力不足,避免采用即将淘汰的技术,以及避免因周期性需求方式而致使的库存成本增加。

第二,外包非关键的职能可以使企业把重要资源集中于有竞争优势的方面,这样有利于将更多资金用于研究和开发,聘用最好的工程师,以及为销售人员和服务人员提供继续培训。

标模组织能使企业以相对较少的资金和管理队伍来达到似乎难以达到的目标。根据需要对固定的人力资源加大投资力度,标模组织的企业能获得快速成长。然而,标模组织的成功必须具备或创立一定的前提条件。这些前提条件主要有两个:第一,公司必须与供货商密切合作,确保双方利益的实现。公司需要寻找能保守商业机密的忠诚可靠的合作伙伴,同时还需要确保其供应商全心投入财力、物力和人力以实现诸如降低成本、抢占市场等战略目标。第二,标模组织必须具有良好的内部人员素质。

另外,公司采用标模组织必须首先开发和指定一个战略计划,它要识别对企业未来发展起重要作用的核心能力和领域,然后把非关键的职能外包出去。图 15.14 是从价值链角度所展示的一种标模组织形式。

3. 虚拟组织

虚拟组织是网络组织的另一种变化形式,它是对网络组织的进一步推进和扩展。1991 年,美国里海(Lehigh)大学的罗杰教授(Dr. Roger)首次提出了这个概念。当时,虚拟组织的含义还是较简单的,只是作为企业系统革新的一种方式和手段。1992 年,达维多(W. H. Davidow)等人在专著《虚拟企业》中将虚拟企业作为一种独立的组织类型加以阐述。自此,这一概念引起学术界和企业界的广泛兴趣。1993 年,美国《商业周刊》在封面上作了一幅虚拟组织的广告,此举进一步把对虚拟企业的研究和实践兴趣推向高潮。

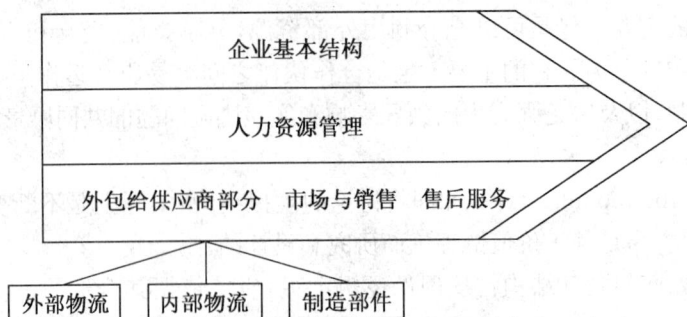

图 15.14　价值链:一种标模组织形式

虚拟企业的意义绝不亚于当年的"企业流程再造(BPR)",它将是知识经济时代的典型组织形态。当前企业组织、虚拟社区正在兴起,美国经济趋势基金会主席丁·里夫金评论道:"制造业和大部分服务部门正在进行一场变革,其变革的程度如同 18 世纪机器代替数百万农民的劳动一样深广。人数减少的工厂和虚拟企业在地平线上隐约出现。"

传统的企业功能齐全,许多活动在内部完成,而虚拟企业正好与此相反,它在核心能力上基本上形成比较单一的专门功能,然后通过企业间的合作实现最优知识、能力资源的整合,以利于对快速变化的市场作出及时的反应。功能的专长化、动作方式的合作化是虚拟企业的两个主要特点。

"虚拟"一词来自计算机的专用术语,指计算机表现出来的存贮信息的能力比其实际占有的更多。因此,又有"虚拟记忆力"(virtual memory)或"存贮器"的称法。这里的虚拟组织是指由有关的独立企业组织,如供应商、客户,甚至是竞争对手联合起来的网络联盟,以共享技能、资金、成本和市场,进而提高其竞争力。因此,这种组织表现出来的能力比其实际拥有的要强得多。

至于虚拟组织的结构,则可从价值链的角度描述其一般形式,如图 15.15 所示。

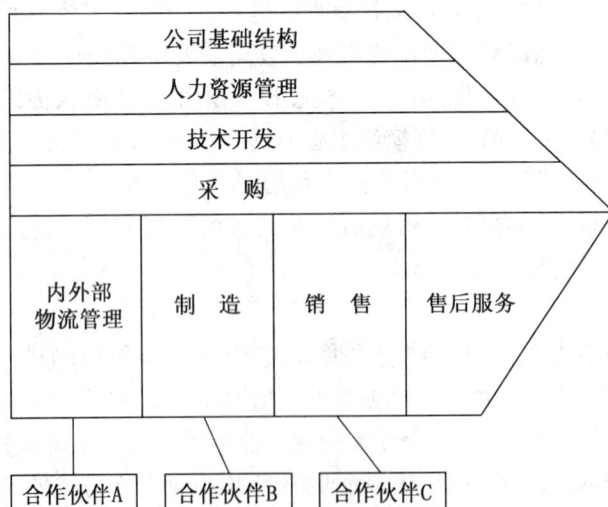

图 15.15　价值链:虚拟组织

虚拟组织具有令人难以置信的精练和灵活迅速的反应优势。同时也具有可控性差、识别组织边界困难和员工忠诚度低等缺点。

15.3.2　动态联盟组织的特征与核心要素

1. 动态联盟组织的特征

不论是何种形态的动态联盟组织，作为一种战略性的动态联盟，主要具有以下特征：

（1）集成性。集成是动态联盟组织的最主要功能，也是实现系统再造的主要手段。动态联盟组织将集成那些完成特定任务必需的流程。

（2）敏捷性。敏捷性是企业组织驾驭变化、把握机遇和发动创新的能力。它指可重构（reconfigurable）、可重用（reusable）、可扩充（scalable），即 RRS 特性。从企业管理角度而言，敏捷性是指联通性、跨组织参与性、生产灵活性、管理相关性。

（3）契约性：间续式合约。动态联盟组织的功能专长化和动作方式的合作化是通过契约形式实现的，而这种契约形式是一种间续式合约。动态联盟组织的间续式契约特征与一般企业组织和市场不同，其特点如表 15.2 所示。

表 15.2　虚拟企业的契约的特征

经济活动调节方式	企业组织	动态联盟组织	市　　场
契约类型	统一规制 （长期契约）	间续式契约（兼具长期性与短期性的一类双边规制）	古典契约 （短期契约）

（4）时效性。动态联盟组织随市场机遇的开始而诞生，随市场机遇的结束而解体，实现成员企业的充分自治，保证各自独立性和动态性。

2. 动态联盟组织的核心要素

动态联盟组织是一个由高素质的人员、动态灵活的组织结构和先进的柔性生产技术构成的全面集成体。

（1）高素质人员。高素质人员是动态联盟组织的核心支柱，靠人的创造能力、判断能力、推理能力、处理随机突发事件的应变能力来实现机器无法实现的敏捷性，靠人的合作组成工作小组乃至动态联盟。动态联盟组织的劳动者应是具有较大的柔性，能够适应不同工种，掌握多种知识和技能的"多面手"。只有这样，才能适应市场竞争，依据产品的不同而随时变换工作岗位，面向项目而进行工作小组的重组。

（2）组织结构。动态联盟组织是由一个最早发现市场机遇的核心企业为盟主和若干个合作企业组成的动态联盟。

（3）关键技术。它包括五个方面：一是计算机集成制造（CIM）技术——基础技术。这是一种组织、管理与运行企业生产的技术，它通过信息集成实现企业内部技术、组织和人的全面集成，极大地提高了企业自动化和生产灵活性程度，是动态联盟组织实现敏捷制造的基础。二是计算机网络通讯技术——环境技术。由于动态联盟组织是跨企业、跨行业、跨地区的企业组合方式,计算机网络通讯技术是其最基本的技术基础。三是并行工程技术——协同技术。这是对产品及相关过程进行并行、一体化设计的一种系统化技术,它支持产品开发及其相关过程设计的集成,支持异地设计、异地制造,支持多功能项目组的并行方式生产。四是标准化技术——统一技术。电子数据交换(EDD)标准化,可为不同企业信息的交换提供共同基础,是新兴组织进行信息传递的基础。五是模型与仿真技术——虚拟技术。这是在动态联盟组织的产品过程建立模型和仿真,敏捷制造在产品设计和制造过程中虚拟原型系统的设计都是以模型和仿真技术作为基础的。

15.3.3 动态联盟组织的战略管理

战略性动态联盟组织对当代的企业战略管理产生了重大的影响,企业战略管理学从没像今天这样被如此彻底改写。这里,重点讨论面向动态联盟组织的质量管理战略、企业重组战略、供应链协调战略、信息管理战略、物流管理战略和人力管理战略。

1. 面向虚拟组织的质量管理战略

面向动态联盟组织的质量管理战略应以顾客满意度为衡量标准,质量管理战略由制造导向战略发展为市场导向战略,其战略指导思想发生了很大的变化。首先,面向动态联盟组织的质量管理战略追求适度质量,过高的超过需求的质量则造成人为的浪费,而质量过低则不能满足用户需求。应在制定战略前认真考虑质量的经济问题,日本式的质量管理已不再受欢迎。其次,面向动态联盟组织的质量管理战略高度重视质量的时间性,消费者需求不断变化导致市场瞬息万变,在目前时间点上具有适度质量度的产品,经过一段时间后可能成为不良质量产品。最后,动态联盟组织应贯彻全面质量标准,产品在整个生命周期内都应使用户、股东、管理者、员工满意,还应与自然、社会环境相适应,达到国际社会的满意标准。

2. 面向动态联盟组织的企业重组战略

动态联盟组织要求抓住一切可以抓住的市场机遇,根据产品生产销售的需要重组系统。一个产品往往需要好几个入盟企业共同合作才能完成。当产品的生命周期结束时,动态联盟组织就要变更或解体。产品是变化的,企业应随产品而重组,不仅仅是企业内部结构发生变化,而且企业边界和总体形态都会改变。有核心能力的独立企业是虚拟组织构成单位的基本形式。就我国的情况而言,是全能工厂太多,而大多数小企业没有形成自己的特色核心能力。全能工厂规模偏大,它们机构臃肿,没有活力,无核心优势,可以考虑将其改造成由一些独立的小企业组成的企业集团或分解成有核心优势的功能企业。

3. 面向动态联盟组织的供应链协调战略

为了增强竞争优势,现在各企业纷纷将它们的生产经营活动集中在自己的核心业务上,而将其他活动交给别的企业处理,据统计,美国工业平均外购费用为其销售总额的 54%。这使得目前的动态联盟组织主要建立在供应链的基础上。这样一来,供应链的协调问题就成了动态联盟组织成功与否的一个关键。

传统供应链的问题在于供应链中的各成员不愿意向他人提供自己的商业信息。没有准确的信息,网络就必须保持大量的存货以保证快速反应,无法将永久性的库存场地和安全库存量减至最少。不愿意分享信息的主要的障碍是传统观点认为任何协议都会制造出一个胜利者和一个失败者。博弈论的研究告诉我们非零和合作博弈比这种零和博弈更能使公司得到收益。而如果要使供应链的协调成为现实,那么现有的典型供应链运作的思想就必须大为改变。要从一个买卖双方对立的概念,变成一个以消费者为中心,具有最大效率网络的概念。只有整个供应链中各部分共同工作,建立一个具有共同组织目标的供应系统,才能形成这样的网络。这就要求建立一整套精心设计的行为评价标准,来达到一体化目的,即它既是横向的,能保证多个功能块同时进行,又是纵向的,能保证所有的横向行为都可以被分解到操作水平上。良好的供应链协调战略包括长期协议,开放沟通渠道并使信息共享,还包括强调合作和持续改进以分享这个关系的风险和收益。

4. 面向动态联盟组织的物流管理战略

在动态联盟组织中,物流管理越来越重要,动态联盟组织的重点不仅在制造,更在物流。动态联盟组织中的物流不同于早期的物流,以往的物流主要强调与外部的联系,供应链环境下的物流不光要注意外部联系,还强调与供应链中其他成员的合作,并且包含了部分市场营销和制造功能,同时消费者会考虑产品的可靠性、售后服务和价格。因此,面向动态联盟组织的物流管理战略应该提供一个联结供应商和用户的物流业务过程,应该建立好一个用户与供应商之间的接口,把供应商和用户更多地融入企业策略和管理决策中,以强化联系和集成供应链。

传统的物流管理强调与制造、采购、销售等职能部门的连接,造成部门主义,难以形成一个优化的整体供应链。而面向动态联盟组织的物流管理要求使用精益物流技术,每个加盟企业都必须促使物料、实物和产物以时间为准在供应链内流动,在供应链中不断增加价值。具体来说应实现以下几点:缩短计划周期和提前期;减少单位库存,以频繁更新前一时间段内的物料;物料从预测推动转为基于用户的需求牵引;降低制造和分销的批量。

5. 面向动态联盟组织的信息管理战略

由于顾客需求的多样化、个性化、动态化,入盟的供应商不能很好地了解顾客需求的真实变化,只能根据顾客需求的变化来调整自己向上一级供应商的定货量,这样一级一级向上调整,消费者需求的微小变化就能通过供应链放大成巨大的波动,这就是 bullwhip 效应。bullwhip 效应实际上是动态联盟组织各成员理性行为的结果,各成员只是从自己的个体目标出发并缺乏对其他成员所作决策的了解,从而导致了对个体最优而对整体并非最优的结果。这种结果有可能使虚拟组织崩溃。要解决 bullwhip 问题,最关键的一点是加强信息管理。

因此,信息管理是改进动态联盟组织战略管理的最重要因素之一。在建立动态联盟组织的过程中最令人头痛的事情之一就是各成员不愿意与他人共享敏感信息。动态联盟组织的管理效益取决于个体企业之间的协调,而协调的优劣又取决于信息分享的效果。要解决这个问题必须建立集成化的管理信息系统,以压缩流程时间,提高需求预测精度,并应协调个体企业之间的关系,促进他们共享关键信息。

6. 面向动态联盟组织的人力资源管理战略

实践证明,要建立动态联盟组织,一定要坚持以人为本的原则。一方面,高素质人才可促进动态联盟组织的运作和取得良好绩效;另一方面,提高人才素质也是动态联盟组织的目标之一。采用面向动态联盟组织的人力资源管理战略应注意以下几点:一是组成虚拟组织的各企业员工之间,尤其是各企业的领导人之间要互相信任,这将有利于保持虚拟组织的良好运作。二是企业必须吸收熟悉现代管理知识和先进制造技术的创新型人才。三是企业应加强人才培训,让员工熟悉虚拟组织的管理思想、管理观念、管理方法和管理制度,否则很多员工会强烈抵制虚拟组织的企业重组,给虚拟组织的建立带来巨大阻碍。

本章小结

本章分析了组织定义、组织的类型和组织系统等基本概念,介绍了有关组织系统运行的旧"7S"理论与新"7S"理论,分析了直线型结构、职能型结构、直线—职能型结构、直线—职能参谋型结构、事业部型结构、矩阵型结构、混合性结构的含义及其优点与不足,讨论了网络组织、标模组织和虚拟组织这些动态联盟组织形态的内涵,分析了战略性动态联盟的特征和核心要素,并讨论了战略性动态联盟的战略管理。

复习与思考

1. 新型组织与传统组织各有哪些特点?
2. 机械型组织与有机型组织各有哪些特点?
3. 如何认识环境对组织的影响?
4. 谈谈你对旧"7S"理论与新"7S"理论的认识。
5. 什么是组织结构? 组织结构通常有哪些模式? 它们各有哪些特点?
6. 如何认识网络组织和虚拟组织?
7. 如何对战略性动态联盟进行战略管理?

案例分析

鲍尔默对微软公司的组织再造

当个人电脑革命爆发于 20 世纪 80 年代中期时,比尔·盖茨成为这种突然出现在许多桌面上的有噪声机器的主要领导者。当科技股飙升到不可想象的高度时,盖茨数以亿计的美元财富成为世界首富。当微软陷入联邦反垄断法的困境时,盖茨象征着对市场力量的滥用。他是软件巨擘的君主,这个公司在 27 年间聚集了 500 亿美元的利润,并被称为是世界上最重要工业之一的主旋律。盖茨对我们这个时代的意义,就像是洛克菲勒(Rockefeller)和卡内基(Carnegie)对他们时代的意义一样。

然而,盖茨不再运营微软。他将首席执行官的位置给了他最好的朋友,也是他长期的管理助手史蒂夫·鲍尔默(Steve Ballmer)。这个魁梧、强壮的底特律人在组织管理原则下的成就正如盖茨在技术难关下的成功。在 2000 年,盖茨让他的朋友毫无限制地去重组微软管理金融、销售、产品开发、市场甚至是战略计划的方式。而鲍尔默在一个重要时期担当起他的职责。

在微软拥有稳固发展的过渡期后,很明显的是,一个新时代已经降临到微软公司:盖茨建立的权力中心正被鲍尔默重组。而盖茨似乎并不介意。当问及盖茨关于鲍尔默对公司的个人影响时,他嘲笑这种保守的观点。盖茨说:"拇指纹手印?那他可有个大手指。他是头号人物,我是 2 号人物……我有很强的发言权,很强的建议权,但史蒂夫必须做出决定。"

实际上,如果盖茨是洛克菲勒,那么鲍尔默正在成为微软的杰克·韦尔奇。他不是实际的创始人,而是一个领导者,就像 GE 的传奇首席执行官用个性和管理的力量再创自己印象中的公司。46 岁的鲍尔默不满足于管理盖茨设计的机器。他的理想是:创造一个"伟大的、长期存在的公司",并在公司的第二个 25 年取得比其前 25 年更大的成就。他说:"我们已经做得很好。现在拥有一个真正成为令人惊奇的好公司的机会,我们对社会的积极影响方面要令人惊奇。但是,我们不得不做一些不同的事情以使我们能像希望的那样令人惊奇。"

作为新的首席执行官,在经过两年多的尝试后,鲍尔默提出了令人惊奇的目标方案。在 2002 年 6 月 6 日,以备忘录的形式,以"实现潜能"为标题,第一次向 5 万名员工公布了他的政策方案。通常,微软历史上"破釜沉舟"的时期都会通过要求支持的备忘录来宣告。例如,1995 年盖茨发出的名为"因特网浪潮"的电子邮件敦促沉睡中的微软成为网络的推动力量。鲍尔默的备忘录也是一个响亮的呼唤。他提出了一个新使命的声明——在 2002 年 3 月,经公司高层执行官通过,这份声明表达了达到目的的途径。

新使命听起来很简单,但却非常大胆:"为了能使世界各地的人和商业实现他们最大的潜能。"这比微软公司的基本目标,即在任何地方为任何设备制造软件的目标宽泛得多。这是第一次,微软的使命不再仅仅是关于技术,同时,它也有关提高公司处理与客户关系和技术行业中其他关系的方式。鲍尔默写道:"这不是一个原则的声明,而是对行动的真正召唤。"

实际上,这位首席执行官要求他的同事去重新考虑他们工作方式的方方面面。他已经制定了一系列管理流程来弥补公司销售与产品发展部之间的差距。他授权二级执行官们在更少的指导下开展业务,打破微软重要决定权都在盖茨和鲍尔默手上的传统。另外,针对公司顾客的不满意状况,他已安排工程师、销售人员和经理去提高他们产品和服务的质量。

为了确保方案的实施,鲍尔默安排了一系列的会谈、评估和检查,以推动人们以不同的方式做自己的工作。它包括各方面事情,从普通员工给他们的上级打分,到帮助经理收支平衡的财务系统,到高级执行官每季度进行头脑风暴式的会谈。每个新的流程是为了下一步而设计,以便更快作出决定,并在以后可加以衡量。这和微软以前采取的临时性方法不同。最终目标是:鲍尔默正在采用新的公司价值观作为员工年度绩效评估的一部分。

鲍尔默希望他的行为模式同样能使微软成为更好的公司。他认为:公司的诚实、正直和尊重的核心价值观应该在客户、合作者和技术行业中闪现。微软5年的反垄断诉讼已使公司与行业其他成员关系紧张,但鲍尔默相信:通过向他人公开微软的计划,微软能够重新获得行业的信任。他说:"我们将为这些积极的关系更努力工作,这意味着时间的投入、精力的投入或者是诚信的、开放的和尊重的。"

同时,鲍尔默也要与他自己斗争。简单地说,他是一个出色的管理怪才。他会着迷于理解商业的任何细节——销售、成本和市场,甚至他知道上季度办公室软件套装在瑞典销售得有多好。1998年,他担任总裁时,将他的办公室转移到微软在线业务的发源地——一所大学附近的雷德威斯特(Redwest),并用了一年的时间管理在线业务。当保罗·格罗斯(Paul Gross)不再担任微软无线计算部门领导时,鲍尔默负责管理该部门已有9个月,之后他将工作交给了彼特·克鲁格(Pieter Knook)。一名微软前任执行官说:"他必须学会授权。他想做到,但是他还不是这样做。"

不清楚的是,公司其他管理者能否改变他们的方式。在他的备忘录里,鲍尔默说,他希望他的员工变得有礼、对外部人员以及互相之间是负责任的。那是对他和盖茨创造的文化的一个转变。在以前的文化中,工作重、超竞争的执行官们不为他人考虑并连续打击竞争对手才会获得提升。此外,为了建立管理流程,微软调整了一系列的主要运营负责人,从外面引入人才,这些工作在过去大多数都失败了。哈佛商学院的教授大卫·尤费(David B. Yoffie)说:"许多雇员认为这些是保守公司的表现,这不是微软。"然而,鲍尔默有个优点,他不是一个试图在公司建立外来结构的外来者。

尽管盖茨和鲍尔默是长期的好友,但权力的转移是不平坦的。盖茨刚开始时抵制移交权力,很艰难地放弃20多年来他做出的高层决策。盖茨承认:"前6个月肯定比我们预期的困难得多,接下来的6个月情况也很一般。"一些职能会议演变成吵架会议。熟悉会议的执行官们说:"在一次会议中,盖茨同意预算上涨,以给一个项目增加员工,但鲍尔默否决了他,冲他叫道:'你让我负责管理公司,那么就让我来经营它。'"盖茨和鲍尔默都回忆不起来这件事了,但鲍尔默说:这可能确实发生过,因为他们两人经常在会议上争执。高级副总裁科里格·穆迪(Craig Mundie)说:"比尔不得不适应于听从史蒂夫的决定。"这花了一些时间,但最终两人都成为了他们的新角色。盖茨说:"这对于任何想做类似尝试的人来说,都是要小心注意的。"

鲍尔默刚开始的重组努力也不轻松。他认识到他不能以盖茨的方式管理微软。公司存在太多变化的部分,也难以处理。"尽管我认为自己是一个非常聪明的家伙,但是我知道我还不至于聪明到能用我管理销售的方式来管理整个公司。管理销售时,我头脑里对我们目前的状况有完全的认识。"鲍尔默用手拍着他的前额说,这好像在表示将心思放在微软上有多难。

过去和现在都有许多使人困惑的事情。公司不仅大,而且它已不再像以前那样是一匹赛马。在 20 世纪 90 年代,公司的平均增长率高达 36%,但在过去的两年财政年度里,增长速度在放慢。

问题是两个最大的增长引擎——视窗操作系统和办公室软件系列,与个人电脑销售额一样在降低。尽管微软在一些新市场获得成功,如数据库和用于手提电子产品的软件,但它在交互式电视和手机这样没有经验的市场上举步维艰。这使得鲍尔默寻找替代物,这是微软与 Xbox 一起开展游戏操作台业务、与大平原软件公司(Great Plains Software Inc.)一起进入财务软件业务的关键原因。

鲍尔默认识到微软需要用新的方法管理日益复杂的公司。他首先尝试根据不同类型的顾客组织公司。这个想法是为了让产品开发部门与顾客联系得更紧。但是重组并没有发挥作用。对像 Windows 这样广泛使用的产品所做的决定涉及太多新的部门。在他开始新工作不到一年的时间里,鲍尔默已经筋疲力尽,他重新审视这个想法。

现在,鲍尔默感到他已走上正轨。他瘦了 52 磅。他已适应首席执行官的位置。一系列的表现与领悟让他适应这个位置,如重组尝试的结果、与其他公司执行官面对面的会谈和大量阅读管理书籍。管理大师詹姆斯·科林斯(James C. Collins)的《从优秀到卓越》和韦尔奇的《杰克:直言不讳》促使他系统地思考解决大量问题,而不是心血来潮地尝试解决问题。

鲍尔默认为,从这些零碎的工作,整合出特别适合微软的管理流程。鲍尔默提高了他称为"组织健康指标"的重要性,该指标是用来评价执行官绩效的关键因素,借用于宝洁公司的组织健康指标(OHI),由员工来评估他们老板的领导技能。通过研究 GE 公司,鲍尔默精心制定了新系统,以此来判别和提拔有前途的管理者。

也许鲍尔默最大的创新是 2000 年 4 月发布的"执行官 P&L 资产负债表"。这张平衡表将公司划成 7 个不同的业务,并给每个业务单位的执行官提供财务工具,用于衡量绩效。鲍尔默希望:这套机制能向长期工作在所有事情都由 CEO 决定的环境中的执行官授权。过去,管理者知道开发产品的成本而不知道销售成本。现在他们能看到其最终成本,并能获得必要的信息来作出资源分配的决定,而不需要由鲍尔默来处理。

对一些管理者来说,这使他们不再受束缚。2003 年 6 月 3 日,高级副总裁多格·伯甘(Doug Burgum)给鲍尔默查看他的公司应用软件部门第二年的财务计划。鲍尔默发现在产品研究开发上的投入比以前大幅度增加。最后,他明确表示这由伯甘来决定花费多少。负责大平原软件的伯甘说:"在某种程度上,审核像是很好的董事会会议。"

盖茨有他的"思考周",在这段时间里,他会隐居在华盛顿西北部的家庭度假地 Hood Canal,反复思考微软在技术方面的下一个大事件。鲍尔默已创造了"管理同步周",每季度一周长的会议,由执行官和董事会成员参加。这个想法是为了协调公司重要决策群体之间的议题和战略。第一次的同步周在 2002 年 6 月 17 日开始。

377

但这还不足以形成一个新的业务管理流程。鲍尔默也想改变人们的行为方式。他需要愿意合作的管理者。他说："人们必须是开诚布公、自我批评、诚信，同时又要有礼。"同时，鲍尔默也需要能及时完成项目的员工。在鲍尔默的管理下，公司中有权力的管理者都是所谓的完成者，例如办公室应用软件负责人莱克斯(Raikes)、首席财务执行官约翰·考乐斯(Jonh Connors)和销售执行官奥兰多·阿亚那(Orlando Ayala)。

鲍尔默一直是一个严格的老板。在年度评估时他对业务计划刨根问底，有时在过程中会伤害管理者的自尊。一名前高级执行官认为：他宁愿胳膊伸进食品加工机也不要再为鲍尔默工作。这名前执行官说："为史蒂夫工作是如坐针毡。"鲍尔默认为他正在努力改进。他说："许多人都希望我做一些平衡，用更多有趣的方面来平衡严厉的一面。我觉得自己已比过去做得好些了。"

2002年3月，84人参加了在俄勒冈州太阳河的管理人员休养活动，其间，销售执行官阿亚那呼吁其他微软管理者将顾客放在第一位。阿亚那说："顾客常认为微软不在乎生产出更好的产品，他们相信微软觉得它能够摆脱冒牌货，因为它是一家垄断公司。我们中的一些人会丢掉我们的工作，而我们所有人都有责任。"说完，他得到大家的长时间的鼓掌喝彩。在休养的最后，鲍尔默决定让使顾客信任微软成为9月管理同步周的重点。他也得到大家的长时间的鼓掌喝彩。

更高的井然有序将重塑微软公司，使它成为一家成长迅速、利润更高的公司，同时也能被顾客和它的同行视为值得信赖的公司。如果鲍尔默能将其实施，微软的管理层不会只得到一些人的鼓掌喝彩。

思考题

1. 你发现新型组织和传统组织在本案例中哪些体现？
2. 在鲍尔默努力再造的组织中，哪些属于机械性组织，哪些属于有机性组织？

参考文献

Ariss，S.，2002，"Trust and Technology in the Virtual Organization"，*Advanced Management Journal*，67，22—25.

Aveni，D. & A. Richard，1995，"Coping with Hypercompetition：Utilizing the New 7S's Framework"，*The Academy of Management Executive*，9，45—60.

Black，J. A.，2000，"Emergence of Virtual or Network Organizations：Fad or Feature"，*Journal of Organizational Change Management*，13，567—576.

Buono，A. F.，1997，"Enhancing Strategic Partnerships Intervening in Network Organizations"，*Journal of Organizational Change Management*，10，251—266.

Markus，M. L.，2000，"What Makes a Virtual Organization Work?"，*MIT Sloan Management Review*，42，13—26.

Schilling，M. A.，2001，"The Use of Modular Organizational Forms：An Industry-Level Analysis", *Academy of Management Journal*, 44, 1149—1169.

Snow, C. C., 1992, "Managing 21st Century Network Organizations", *Organizational Dynamics*, 20, 5—20.

卢盛忠、余凯成、徐昶、钱冰鸿:《组织行为学》,浙江教育出版社 1993 年版。

罗伯特·克赖特纳、安杰洛·基妮奇:《组织行为学》(第 6 版),中国人民大学出版社 2007 年版。

三矢裕、谷武幸、加护野忠男:《创造高收益的阿米巴模式》,东方出版社 2010 年版。

第 16 章　组织发展

本章关键词

组织发展(organization development，OD)　　熵(entropy)

组织变革(organization change)　　冲突管理(conflict management)

诊断(diagnosis)　　咨询(consultation)

行动研究(action research)　　工作生活质量(quality of work life)

行为科学(behavior science)　　工作再设计(work re-design)

调查研究(survey)　　项目管理(project management)

反馈(feedback)　　解决问题(problem-solving)

组织目标(organizational goal)　　干预(intervention)

组织环境(organizational environment)　　力场分析(force-field analysis)

T 群体培训(敏感性训练，T-group)　　动力学(dynamics)

开放系统(open system)

　　现代企业组织处于不断变化和发展的社会环境中,面临的市场竞争也日趋激烈,为了应对竞争,提升企业组织的竞争力,组织的发展和变革势在必行。

16.1　组织发展的定义与特征

　　组织发展,又称 OD(organization development),由最初的一般意义上对组织某些部分或某些方面进行改进和变革,进而对整个组织进行有计划的、持续的系统变革与开发,并形成了组织开发和变革的理论与方法,成为一个专门研究领域。这是经过几十年研究和实践的结果,同时也是社会经济发展的客观需要。

　　最早对组织发展进行明确界定的是行为学家贝克哈德(R. Beckhard)和本尼斯(W. G. Bennis),他们于 20 世纪 60 年代后期作出。贝克哈德认为:组织发展就是利用行为科学的知识,通过对组织"过程"进行有计划的干涉,在整个组织范围内采用有计划的、自上而下的方式促进组织的效率提高和健康发展。本尼斯认为:组织发展是对变革的一种反应,是一种复杂的教育型战略,其目的是努力改变组织的信仰、观点、价值观和结构,以适应新技术、新市场、新挑战以及快速变化的需要。

在随后的几十年里,虽然许多组织管理和行为学家都对组织发展作了不同程度的界定,但是所有定义都认为组织发展是应用行为科学来达到计划中的变革。并且,变革的对象是整个组织或系统,目标是实现组织效率和个人发展的双重提高。

20 世纪 90 年代后期,国外理论界对组织发展比较认同的界定则为:组织发展是由高层管理者支持的一种长期行为,它通过对组织文化,特别是工作团队的互动文化的持续的、合作性管理,采用咨询工作者的方式,应用行为科学的理论及方法,来提高其解决问题的能力,从而提高组织效率和能力的过程。

现代意义上的组织发展具有以下一些特点:

(1) 组织发展的重点是组织文化和过程。

(2) 在管理组织文化和过程中,组织发展特别鼓励组织领导和成员之间的合作。

(3) 组织中的各种团队对完成各项任务至关重要,因而是组织发展活动的主要目标。

(4) 组织发展关注的是组织人性和社会的一面,同时也影响组织技术和结构等方面。

(5) 组织发展的特点是强调组织中各个层次的人员都积极参与和投入问题的解决及决策过程。

(6) 组织发展将组织视为复杂的社会系统,其对象是整个系统的变革。

(7) 组织发展的执行者是其客户系统的协助者、合作者及学习伙伴。

(8) 组织发展的目标是用自我分析的方式,传授客户系统持续学习的技巧和知识,使其能够独立解决问题。组织发展将组织的发展视为在变化的环境中的一种持续过程。

(9) 组织发展的实施依赖于行为研究模型,以及客户系统成员的广泛参与。

(10) 采用发展的眼光,寻求组织和组织成员的共同发展。因而追求双赢的结果,是组织发展项目的标准做法。

16.2　组织发展的主要理论

组织发展作为一个专门研究领域,它的理论渊源主要包括三个学派:古典学派,19 世纪 90 年代后期至 20 世纪 30 年代,以泰勒(F. W. Taylor)为代表,强调组织结构和工作程序;人际关系学派,20 世纪 30 年代至 20 世纪 50 年代,以梅奥(E. Mayo)为代表,强调人际关系管理;人力资源学派,20 世纪 50 年代至今,强调开发组织内员工的活力和创造力。而组织发展的直接理论主要包括力场理论、变革理论、系统理论、应用行为科学理论等。

16.2.1　动力与变革理论

组织发展是组织中的有计划的变革。因此,有关动力和变革的理论或模型的提出和发展,促进了 OD 的发展。

1. 勒温的动力与变革理论

在本书的前面章节曾谈到：勒温(K. Lewin)借用物理学中磁力场的概念，认为人的行为决定于内部需要和环境的相互作用。人的行为是人和外部环境构成的一种大系统的运动，是一种力场作用的结果。现实中发生的任何情况都是相互作用力作用的结果，而任何处于稳定状态的事物，都处于作用力(推动力)与反作用力(阻碍力)平衡的力场之中。

20 世纪 40 年代，勒温认为，要对一个组织进行变革，就必须改变组织现状的这种力场平衡状态，或增加动力，或减弱阻力，使现实状态向目标状态推进。勒温主张采用力场分析(force-field analysis)方法，用图示的方式将支持变革的动力和反对变革的阻力排列出来，并以箭头的长短表示其强弱的程度，如图 16.1 所示。然后进行综合分析，采取措施，促使变革的顺利进行。力场分析的主要步骤包括：

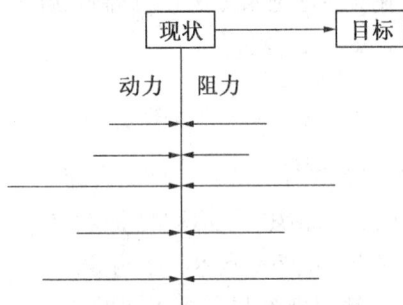

图 16.1 力场分析的样式

（1）确定需要改善的情况，仔细并完整地描述当前的情况。

（2）仔细并完整地描述预期的情况。

（3）判别在当前力场中的作用力和因素、现实系统向理想状况发展的动力及阻力。

（4）完整详细地判别过程。

（5）检查这些动力和阻力的强弱程度，受影响的难易程度以及可控程度。

（6）确定系统趋向理想状态的战略是增加动力还是消除阻碍力，或者是双管齐下。

（7）实施行动计划，以实现理想的状态。

（8）描述可以巩固理想状态的行动，并执行这些行动。

总之，力场分析方法，可以鉴别决定平衡点移动的主要作用力，并制定行动方案使平衡点按照预计的结果移动。这种方法对研究组织变化的动态过程十分有用。

勒温对组织变革提出的另一个主要理论即关于变革过程的三阶段说。他指出，变革是三步的过程：解冻(unfreezing)、转变(moving)和再冻(refreezing)。

解冻期，着重发现和分析原有态度、行为和组织环境所存在的缺陷和问题，激励变革的动机和紧迫感，使个人或群体开始正视变革，认识到变革的需要。增加变革的动力或减弱变革的阻力，解冻便会发生。同时创造某种心理安全感，消除失败的忧虑和变革的心理障碍，鼓励各部门人员积极投入变革运动中。

转变期，是实施变革的阶段，各类人员在变革过程中接受并形成新的态度和行为。在此阶段中，应注意建立新行为模式的榜样，认真选择和筛选所需的各种信息，从而促进各方面的变革活动。

再冻期，主要使新层次的行为不致因时间的流逝而消失。在此阶段中，要利用多种强化方法增强和巩固新的态度和行为，使之成为比较稳定的行为模式。由于群体在强化个体的态度和行为方面的作用较强，可运用群体的力量，巩固和发展变革成果。

2. 克尔曼的变革理论

20 世纪 80 年代后期,克尔曼(R. K. Kilmann)在其《朝快速变革管理》一书中提出了一个较全面的变革模型。这个模型由五个步骤组成:项目启动、诊断问题、制定对策、执行对策和结果评价。完成一个变革项目所需的时间从一年到五年不等。

项目启动指获得组织上层领导的支持。诊断问题指对组织所面临的问题及机遇作一彻底的分析,这将是今后行动的对象。制定和执行对策则从五个关键途径入手,即文化途径、管理技巧途径、团队建立途径、战略结构途径和薪酬系统途径,对组织活动进行变革。而变革活动则包括培训、问题解决、对现有做法及过程的评论等。组织中的组织发展顾问则从这五个途径对组织进行变革活动和评价。

3. 坡拉斯和罗伯森的组织变革模式

20 世纪 90 年代初期,坡拉斯(J. I. Porras)和罗伯森(P. J. Robertson)提出组织变革模式的基本假设是:组织发展活动将改变工作设置(work setting)的特点,从而对个人行为产生影响,并最终导致个人与组织的改善。该模式十分强调工作设置的作用,工作设置由组织安排、社会因素、物质设置及技术四个因素构成。组织安排因素包括组织的主要目标、战略、结构、行政管理政策和程序、行政管理系统、薪酬系统和所有权;社会因素主要包括组织的文化、管理方式、互动过程、非正式沟通方式及网络、个人贡献;物质设置主要包括组织的空间设置、组织气氛、内部设计和建筑设计;技术因素主要包括组织的工具和设备及机器、信息技术、工作设计、工作流设计、技术专家、技术步骤和技术系统。而这四个因素又取决于组织的战略愿景和所处环境,如图 16.2 所示。

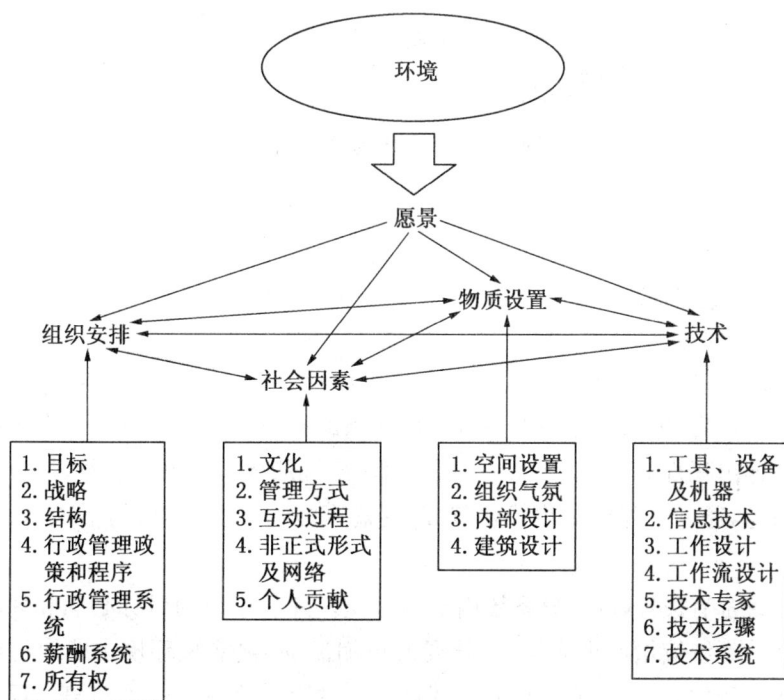

图 16.2　组织工作设置因素

坡拉斯和罗伯森认为,在一个组织变革中,工作设置将影响组织成员的认知,包括对组织的希望、要求及成员行为的激励动机,进而影响他们的工作行为表现,并由此决定组织的绩效和个人的发展,如图 16.3 所示。

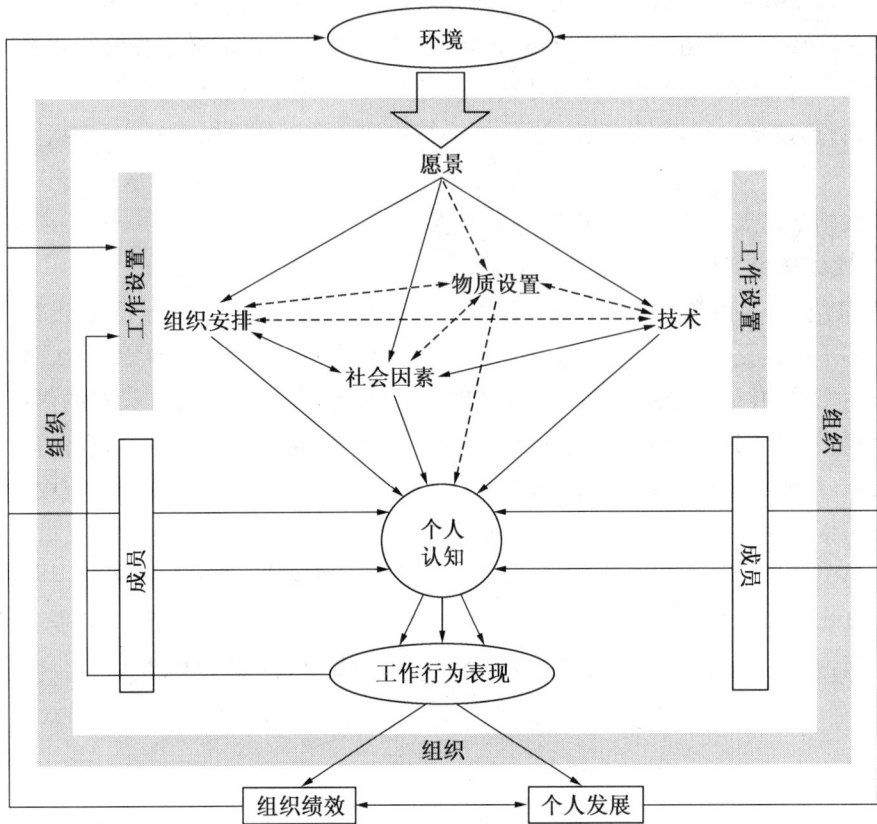

图 16.3　变革中的组织框架

16.2.2　系统理论

1. 系统性质

系统理论认为,组织是与外界环境密切联系的开放系统。所有开放系统都是由输入—转化—输出三部分组成,如图 16.4 所示。系统从环境中输入能量、信息、资本、人员和原材料等,通过处理和转化等环节,改变输入之物,并以输出的形式,又回到环境之中。

任何系统都有边界,以区分系统内部与环境。开放系统的目标必须和环境的目的或需求一致。系统熵增原理表明,系统要避免崩溃,必须能从环境中获取足够的负熵流。信息是系统的要素,反馈是从外部环境获取的有关系统表现的信息。反馈有正反馈(positive feedback)和负反馈(passive feedback)两种。负反馈的特点可以从"负"字上

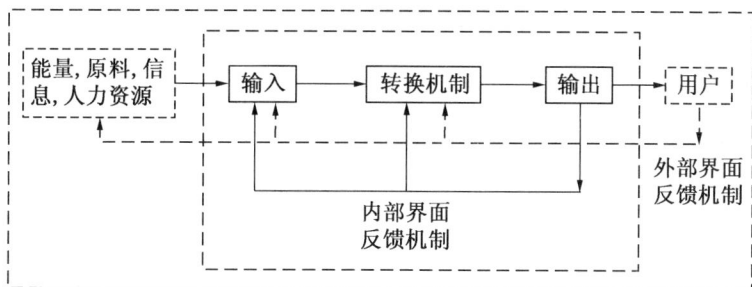

图 16.4　组织与环境相互作用

得到很好的理解,它主要是通过输入、输出之间的差值作用于系统的其他部分。这个差值就反映了我们要求的输出和实际的输出之间的差别。转化机制中的控制策略就是不断减小这个差值。负反馈形成的系统,调控精度高,系统运行稳定。正反馈在系统中主要是用来对小的变化进行放大,从而可以使系统在一个稳定的状态下工作。因此,负反馈是衡量输出与目标是否一致,而正反馈则衡量目标与环境的需求是否一致。开放系统的另一个特点是动态平衡。此外,系统获得某一输出或达到某一目标,可以有多种途径和方式,即系统的等效性。系统还具有具体化、多样化、特殊化及复杂化的特点。

开放系统的特点可以解释许多在组织中观察到的现象。例如,系统为何抵制变化?是为了保持原有的动态平衡。为何某计划一再失败,但最终成功?是等效性。为何组织会日趋官僚化和复杂化?是多样性,并伴随综合性与合作性。为何企业会破产?是无法继续创建负熵流。诸如此类,等等。

2. 社会技术系统理论

社会技术系统理论(STS)是由曲斯特(E. Trist)、埃默里(F. Emery)和塔维斯托克(Tavistock)学院的其他学者于 20 世纪 50 年代提出的。英国的塔维斯托克人际关系学院成立于 1945 年,即第二次世界大战后。该学院就组织与社团内的人性问题这一广泛范围,使用社会科学知识,并进行测定工作的研究。塔维斯托克学院的创办人曲斯特深受勒温的群体动力思想的影响,其研究方法强调作业的技术、程序与人们动机的互动的群体理论。

社会技术系统理论认为,组织是由两个独立的系统——社会系统和技术系统所构成,一个系统的变化将影响另一个系统。要获得更高的生产力和员工满意度,组织必须使两个系统都最优化。社会技术系统理论是现代组织发展中工作再设计和组织再造的理念基础。

3. 开放系统的思考

创建学习性组织必然需要开放系统。系统理论渗入组织发展的理论及实践中,包括诊断、干预及评价。从系统角度研究组织,其积极作用有以下几点:

(1) 问题、事件和力量不再是孤立的现象,而是与其他问题、事件和力量相互联系,相互作用。

(2) 因为许多现象的起因不止一个,应用系统方法可从多起因的角度分析问题。

（3）改变系统的一部分将影响其他部分；因此，组织发展的实践者行为会产生多方面的影响。

（4）根据勒温的力场理论，事件发生时，场中的作用力应作为分析时的相关作用力。这个理念使组织发展的实践者从研究历史事件转为研究当前的事件和作用力。

（5）改变系统，要改变系统的本身，而不是组成系统的要素。

16.2.3　应用行为科学

应用行为科学也是组织发展的基础之一。组织发展是在一个持续系统中与系统成员合作的，是对行为科学的知识和技能的应用。组织发展既是应用行为科学的结果，又是应用行为科学的一种模式。图 16.5 表明应用行为科学的几种输入形式。

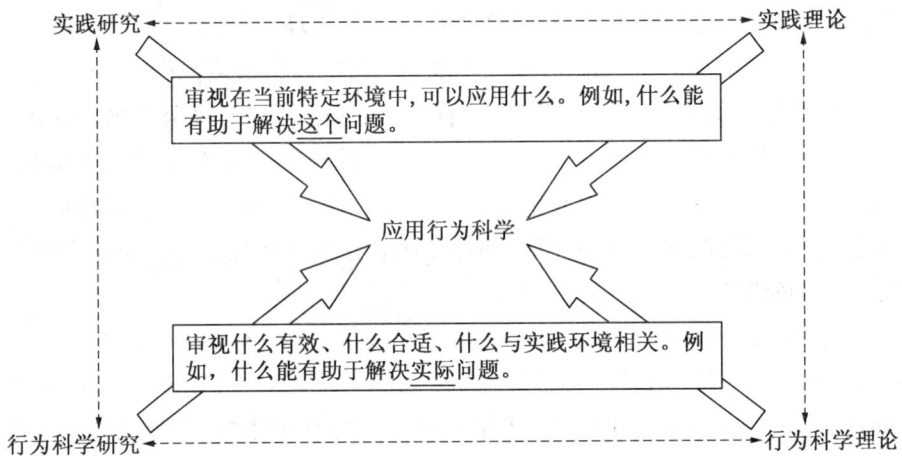

图 16.5　应用行为科学的组成

T 群体培训(T-group)是行为科学在组织发展领域中的一个重要应用。1947 年，勒温与合作者在美国成立国家培训实验室（National Training Laboratory，NTL）并在美国缅因州北塞尔(Bethel)主办夏季工作室(summer workshops)，夏季工作室的举办持续至今。工作室主要进行"敏感性"培训，即T-group，研究群体动力学。另外，国家培训实验室扩充和增加许多使用基本 T 群体方法论的新项目。T 群体培训为提高人们觉悟与学习如何互动与管理团体提供了许多方法。调查研究与反馈（survey research and feedback）是行为科学在组织发展领域中的另一个重要应用。1946 年，利克特(R. Likert)在美国密歇根大学成立调查研究中心(SRC)，继续他的有关领导、动机、士气与生产力等态度测量研究，即后来著名的利克特态度量表。调查研究中心的研究人员在调查基础上改进了调查方法，并开发了反馈方法。勒温和利克特建立了群体动力研究与调查反馈研究之间的相互关系，这为组织发展的行动研究方法作出了重大贡献。行动研究包括三个方面：数据收集、将数据反馈给客户系统成员和基于数据的行动计划。此外,在组织行为管理中的参与与授权、团队建设等理论也对组织发展产生重要作用。因有关内容在本书的其他章节已作阐述,故在此省略。

16.3　组织发展的干预

　　组织发展是有计划的系统变革,它需要对组织原有的惯常活动进行全方位的干预,使之按照新的轨道进行,以达到预定的目标。组织发展干预指组织中选定的组织单元,即目标群体和个人,以改善组织和个人发展为目标所进行的完成某项任务或一系列任务的整个结构化的活动。作为组织发展的实践者则为组织提供整套的价值观体系、组织与成员及组织发展实践者所要实现的目标、价值体系建立和目标实现的方法等一系列有结构的活动。

16.3.1　组织发展干预计划和实施的主要因素

　　组织发展干预是一个有计划的结构化活动。在计划和执行组织发展干预时,领导者和实践者通常必须考虑以下几个主要因素。

　　1. 对干预项目的整体规划或干预战略

　　对干预活动的整体规划包括对存在问题或机遇的分析、对干预活动结构的预期以及各种干预活动的时机及先后顺序。而干预战略是建立在客户系统目标和对系统的诊断基础上的。因此,考虑的关键问题点是:我们要实现的目标是什么,哪些活动/干预有助于达成目标,我们从组织变革的准备工作、资源的诊断及主要利益相关者中获得哪些信息等。

　　2. 寻找构建促进学习及变革活动的有效方法

　　构建干预活动的方法有多种,其效果也不同。组织发展实践者在构建干预活动方法时,应注意以下几点:

　　(1) 构建的活动应包括受变革影响的相关人员。

　　(2) 构建的活动是以组织高层管理者提出的问题或机遇为导向。

　　(3) 构建的活动,其目标和达成目标的方法都很明确。

　　(4) 构建的活动具有较高的成功率。

　　(5) 构建的活动应包括经验学习和理念学习。

　　(6) 构建的活动氛围应是轻松自由,而非焦虑和防御性的。

　　(7) 干预活动中,参与者不仅能学会处理特殊问题,还能掌握学习方法。

　　(8) 干预活动中,成员了解任务和过程的情况。

　　(9) 干预活动中,相关者能完全投入。

　　3. 选择并排列干预活动

　　如何整合和排列各种干预活动,20 世纪 70 年代后期,比尔(M. Beer)提供以下建议：

（1）诊断数据最优化，即为下一步干预决策提供数据的干预活动应首先进行。

（2）有效性最优化，即前一项干预活动能使随后的干预活动更有效。

（3）效率最优化，即干预活动要有效利用组织的资源。

（4）速度最优化，即以最快的速度完成目标。

（5）相关性最大化，即影响组织业绩或任务的干预比影响个人或文化的干预优先进行。

（6）最小化组织精神压力，即应尽量避免引起组织成员的焦虑、不安和不信任等情绪，避免对组织业绩的不良影响。

4. 了解干预活动的内部起因机制

不同的干预活动，其干预对象不同，其建立的起因机制就不同。因此，设计干预活动，必然要了解干预对象的内部起因机制，使干预活动与预期目标相一致。20 世纪 60 年代初期布莱克（R. Blake）和莫顿（J. Mouton）根据不同的起因机制，提出以下几种干预活动：

（1）矛盾干预，即关注并分析行动或观点中的矛盾之处。

（2）理论干预，即应用行为科学知识和理论解释当前行为及其寓意。

（3）程序干预，即评价并确认是否使用了最佳方式。

（4）关系干预，即关注人际关系。

（5）试验干预，即在最终选择之前，对备选方案进行试验。

（6）困境干预，即用强制或突发危机方式对备选方案进行检验。

（7）透视干预，即暂时脱离当前行动，从历史背景和未来目标等方面考察当前行动是否与目标一致。

（8）组织结构干预，即从组织结构因素考察组织是否低效。

（9）文化干预，即直接关注组织的文化与传统。

16.3.2　组织发展干预的效果

不同的组织发展干预产生不同的效果。而良好的效果是在不同情况下产生变革所必需的。一般而言，组织发展干预的良好效果表现在以下几方面：

（1）反馈。了解干预活动前未被注意的，反映活动现实的有关个人、群体、过程或组织动向的新数据。干预活动的信息反馈可促进变革。

（2）改变组织文化规范或现有不良规则的意识。当人们意识到规范或规则的变革影响到他们的行为时，他们会改变行为、观点和价值观，使之与新规范或新规则一致。

（3）日益增多的接触和交流。个人与群体之间接触和交流的日益增多将导致行为和观点的改变。经验法则表明，当人们用新的、有建设性的方式互相交流会改善现有状况。

（4）冲突。干预活动必然面临冲突。这意味着直接面对信仰、感受、观点和规范方面的差异，并消除有效沟通的障碍。

（5）教育。干预活动实际上是一种教育。它可以提升知识与理念、信仰、观点和技能。

（6）参与。干预活动中，变革的相关人员会不断参与。成员参与问题解决、目标设定和分享创新观点，能提高决策的质量和接受度，提高员工的工作满意度和员工素质等。

（7）增强责任感。干预活动中，成员具有明确的任务和职责。而明确个人任务并监督与之相关业绩的活动，可以增强员工的责任感。

（8）增加动力和乐观精神。干预活动中，鼓励员工寻求新的活动可能性，这有利于实现理想的未来。

要使干预活动达到上述的良好效果，在充分考虑组织发展干预计划和实施的主要因素的基础上，需要满足三个主要条件。第一，干预活动措施的选择和应用必须以对组织功能客观、准确的信息的科学分析作为依据。第二，干预活动措施必须是由组织成员经过考虑后自愿采取的。第三，干预活动措施的实施必须取得组织成员的支持并愿意为此承担义务。缺少其中任何一个条件，干预活动都不可能得到良好效果，甚至难以实施。

16.3.3　组织发展干预的分类

组织发展干预活动的种类繁多，这里从干预活动的功能、基本对象和主要内容等方面加以分类。

1. 从干预活动的功能角度划分

（1）诊断活动：为了解系统状态、问题情况、处理问题方法而设计的寻找事实的活动。可供选择的方法如访谈、问卷调查、会议和检查组织记录等方法。

（2）团队建设活动：为提高系统团队效率而设计的活动。

（3）组际活动：为提高团队之间互相合作而设计的活动。

（4）调查反馈活动：通过问卷调查收集的信息来识别问题和机遇的活动。

（5）教育和培训活动：为提高个人技能、能力、知识而设计的活动。

（6）技术结构或结构化活动：为提高组织结构和工作设计效率而设计的活动。

（7）过程咨询活动：为了帮助客户理解在客户系统中发生的过程事件，并采取行动而设计的活动。

（8）第三方调和活动：由组织发展资深咨询员负责的第三方，为帮助组织中的两个成员处理冲突而设计的活动。

（9）指导和咨询活动：让组织发展咨询员和其他组织成员共同参与界定学习目标、了解他人如何看待自己行为和学习完成目标新方法等活动。

（10）生活和职业规划活动：促使个人关注自身的生活和职业规划活动。

（11）计划和目标设定活动：包括应用问题解决模式、计划范例、理想组织和实际组织"差异"模式等设定计划和目标活动。

（12）战略管理活动：帮助关键决策制定者系统了解组织基本任务和目标、环境要求、挑战与机遇，并制定长期行动计划的活动。

（13）组织转型活动：涉及大规模系统变革、为根本改变组织而设计的活动。

2. 从干预活动的基本对象角度划分

从干预活动的基本对象角度可以分为四部分：个人，团队和群体，组际关系，整个组织。根据这种分类角度列出相应的代表性干预活动，如表 16.1 所示，由于有些干预活动具有多重对象和功能，因而在表中不止出现一次。

表 16.1　按基本对象的干预活动分类

个　　人	生活和职业规划活动 指导和咨询 T 群体培训（敏感性培训） 教育和培训 工作再设计 工作生活质量
团队和群体	团队建设 过程咨询 群体决策 团队目标管理（MBO） 社会技术系统（STS） 工作生活质量（QWL）项目 工作再设计 规范的方法 第三方调和 质量圈
组际关系	组际活动 群体之间的关系 合作 过程咨询 群体层次的第三方调和 调查反馈
整个组织	社会技术系统（STS） 目标管理（参与型） 文化分析 冲突解决会议 愿景 战略规划/战略管理活动 实施战略变革 调查反馈 调查会议 工作生活质量（QWL）项目 全面质量管理（TQM） 大规模系统变革

3. 从干预活动涉及的主要内容划分

（1）环境，主要研究组织环境的影响作用，详细调查环境状况，并收集和分析信息，为快速有效地作出决策或规划服务。

(2)目标,包括确立目标、认识目标,了解目标的改变将引起人的行为的改变。

(3)资源,包括人、财、物、信息等。

(4)技术,指达到目标的技术手段与方法。

(5)人,包括人员的需要、动机、价值观与行为等。

(6)组织,包括组织结构、组织文化等。

16.3.4 组织发展的结构干预

从前面组织发展干预活动的分类可知,组织发展干预活动的措施和方法很多。这里,从组织层面角度对组织发展的结构干预方法作一具体讨论。

组织发展结构干预,亦称为技术结构干预,指通过对组织任务、结构、技术和目标过程的变革,提高组织效率的措施和方法。结构干预的方法主要分为以下几种。

1. 社会技术系统

卡闵斯(T. G. Cummings)和沃勒(C. G. Worley)在其 20 世纪 90 年代初出版的《组织发展与变革》一书中指出社会技术系统理论的两个前提是:第一,有效的工作系统必须能妥善处理社会和技术两部分的关系;第二,这种系统必须能有效地管理系统边界及其与环境的关系。

因此,社会技术系统干预措施的主要特点是:形成自我管理团队是团队完成所有任务中的核心部分,对团队成员进行多种技能的培训,向工作团队提供关于生产和质量的信息及反馈。研究表明,这种方法能提高组织的有效性与成员的工作效率及士气。

2. 工作再设计

工作再设计与一般的工作设计虽然目的都是为了提高组织效率,但过程和着重点则有所不同。前者是从组织发展的角度探讨如何通过工作再设计激发成员积极性以提高组织效率;后者是从组织结构角度探讨如何通过合理的专业分工提高组织效率。

20 世纪 70 年代后期,哈克曼(Richard Hackman)和欧德姆(G. R. Oldham)在其《工作再设计》一书中,分析了何种工作特点会产生被称为"高度的内部工作激励"的心理状态,并在此基础上通过研究理论模式提出工作再设计的组织发展方法。这种方法在诊断、参与和反馈,特别是群体工作再设计中,都广泛应用了组织发展的方法。

3. 目标管理(MBO)与绩效考评

组织发展活动告诉我们,在目标设定和绩效评估过程中,必须有团队的推动,团队是重要的参与者。这就要求,下级也应该参与目标设定过程,在绩效评估时,同样不只是上级评估下级的业绩,而应该是所有主要参与者都进行评估,包括上级与团队对其绩效影响的评估。为提高对目标的重视程度,需要加强上下级在处理问题中的沟通,并共同设计目标和参与绩效评估。

在现实中,组织发展的目标管理项目往往由直线经理和人力资源部门负责,缺少对所需解决问题的足够诊断,并且只有少数成员参与这些诊断。换言之,大部分的组织发展的目标管理项目没有使用团队方法,也就未能提供关于工作间相互依赖性的信息,并由此可能引起负面效应。

要避免这些不足,需要在组织发展的目标管理项目中强调合作性目标管理(CM-BO),它包含的主要因素如下:

(1) 对组织问题的合作诊断。

(2) 人际沟通与群体过程技能的提高。

(3) 在团队组成、目标设定时,下级的真正参与。

(4) 用团队方法评估个人与团队的目标和完成情况。

(5) 与上级共同讨论和解决个人与团队中的问题。

(6) 团队内部及上下级间形成相互帮助的关系。

(7) 将个人和职业目标作为组织目标的补充。

4. 质量圈

质量圈(quality circle)的概念是团队问题解决和目标设定的一种形式,它注重对产品质量的维持和不断提高。自从在 20 世纪 50 年代和 60 年代提出质量圈以来,这种方法在日本应用非常广泛。

质量圈指来自一个部门或多个部门中的 7 到 10 名成员自愿组成的群体。该群体定期会面,分析产品质量问题和其他问题,并提供建议。提出的建议将递交协调和控制小组参考。

在质量圈组成以前,自愿参加的监督者需要接受质量控制专家和协调者的培训,掌握群体讨论及沟通等技能。然后该监督者负责培训群体中的其他成员。协调者还负责质量圈与其他群体及控制小组的联系。组织鼓励群体利用组织中的各类专家,并授予群体某些问题的管理决定权。组织高层管理者将定期与群体成员见面与讨论,一般是每年一到两次。

爱德华·罗尔(Edward E. Lawler Ⅲ)等学者于 1990 年,对 313 个组织质量圈应用成果的研究中发现,有 52% 的组织认为其质量圈项目十分成功,36% 结果未定,只有 12% 的组织遭遇了失败。可见,质量圈的应用是全面质量管理的一个重要部分。

5. 工作生活质量项目

工作生活质量(QWL)指范围广泛的组织改进活动。该项目活动具有以下一些特点:

(1) 员工的自愿参与。

(2) 关于过程和参与赞同。

(3) 确保项目不会导致工作职位的减少。

(4) 通过团队问题解决来培训员工。

(5) 当员工讨论的问题影响组织业绩和工作环境时,应用质量圈。

(6) 工作团队参与工作计划制定、团队领导和成员选拔过程。

(7) 定期召开团队会议,讨论质量、安全、客户订单及计划等。

（8）鼓励工作团队内的技能发展和工作轮换活动。

（9）技能培训。

（10）对员工担忧问题的反应。

6. 全面质量管理

全面质量管理（TQM），也称为持续质量改进，是一系列组织改进技巧和方法的集合，包括质量圈、统计质量控制、统计过程控制、自我管理团队和任务小组及广泛的员工参与等。

全面质量管理的一些特点可以归纳为以下几点：

（1）强调客户至上。

（2）内部客户概念的建立与应用。

（3）同时强调统计质量控制和统计过程控制的方法。

（4）确立基准。

（5）以零缺陷为目标，不断寻找缺陷。

（6）参与管理。

（7）强调团队和团队合作。

（8）强调不断地培训。

（9）坚持高层管理支持。

美国总会计办公室（United States General Accounting Office）1991 年研究发现，实行全面质量管理的公司平均需要两年半时间才能提高绩效。因此，全面质量管理是一种长期的、持续的过程，作为组织发展的一种干预措施，意义深远。

7. 再造工程

20 世纪 90 年代，哈默（M. Hammer）和查姆帕（J. Champy）在其《公司再造》一书中，将再造工程（reengineering）定义为：对业务流程的重新思考和重新设计，以实现与组织绩效相关的如成本、质量、服务和速度等方面的改进。根据这种观点，再造工程是一种由上而下的项目，同时也适当强调员工的"价值和信仰"的作用，并将管理者的角色定义为指导者，而非传统的老板。从此意义看，再造工程与组织发展有相通之处。在再造工程中，组织发展的作用可表现为以下几方面：

（1）当管理层启动再造工程时，组织发展和人力资源管理者可尽力使整个过程更加人性化。

（2）对再造工程与组织发展中相似的价值观等部分，可采用组织发展的有关做法，如请各层次成员参与互动等强化成员价值观。

（3）具备组织发展技能的成员可以协助建立新团队，提高其效率。

（4）再造工程中大量的人员辞退也需要组织发展实践者和人力资源管理人员共同参与解决，要从人性、社会影响及其后果等方面考虑和解决。

8. 大规模系统变革与组织改造

前面介绍的各种组织发展干预都可以包括在大规模系统变革中。因为对组织进行大规模变革时，会结合应用多种组织发展干预方法。

大规模系统变革不同于渐进性和增量性的变革。表 16.2 从解决问题和文化改变两个方面对这三种模式进行了比较。

表 16.2　渐进性变革、增量性或中等规模变革与大规模系统变革的比较

	渐进性变革	增量性或中等规模变革	大规模系统变革
解决问题	业务不变。通过技术改进、指导或培训,提高员工的工作业绩。	组织发展。通过参与来协助解决问题。某些部门从上层管理层开始,定期检查重要的和问题区域——通常是其部门的技术和任务领域——并制定行动计划。采用特别任务小组。	改变技术/结构方法。组织通过大量的再造工程提高产品开发和客户服务的速度。或者组织以提高效率为目标,合并或出售某些部门,削减管理层,以及裁员。
文化改变	业务不变,文化稍微改变。除了技术培训以外,某些管理者和员工还参加各种研讨会。管理者向更开放型、支持型、鼓励参与型领导风格转变。	组织发展对组织文化具有重要影响。部门关注技术/任务以及领导、团队过程、团队合作及冲突管理等方面的积极与消极影响。关于过程方面问题的讨论开始成为所有会议的中心。	包含组织发展的组织转型。组织重新理解其业务范围,精简管理层次,使用多种组织发展包括团队建设、调查反馈、特别任务小组、领导培训、调整人员及薪酬体系等干预措施。或者组织重新理解其业务范围,进行完整的 TQM,包括广泛使用调查反馈,团队建设等技巧。

可见,组织转型,或称为大规模的系统变革,不同于其他两种变革,通常要求多种形式的干预,并持续较长的时间。例如,20 世纪 90 年代初,古德斯登(L. D. Goodstein)和布尔克(W. W. Burke)介绍的英国航空公司在组织转型过程中采用的组织发展干预措施包括:调换管理层;重新定义从运输到服务的一系列业务性质;诊断任务小组制定变革计划;削减管理层次;大幅度简缩人员,包括中层管理者;团队建设,包括角色识别和协商;过程咨询;修改预算过程;高层管理者的忠诚与参与;培训人力资源背景的员工成为内部咨询员;同级支持团队;基于业绩的薪酬和利润分享体系;对中高级管理者的经验培训项目,包括对管理行为的反馈;开放式沟通;对工作团队和组织氛围、管理实践进行持续的基于数据的反馈;同时强调行为和业绩的新评估体系;对任务小组的持续应用。

16.4　组织发展的管理程序及其方法

组织发展作为有计划的系统的组织变革项目,一般都需要借助咨询专家的介入来完成。咨询专家可以由内部资深管理人员构成,也可以由外部咨询公司的专家构成。因此,组织发展的管理程序一般可分为四个步骤:项目的确立与签约,诊断,计划与实施变革,稳定和评估变革,如图 16.6 所示。

组织发展项目的确立与签约,这是任何咨询项目都需要做的。组织发展需要由咨询专家参与的项目同样需要这一环节。在这一阶段,初步了解组织存在的主要问题,并与客户关键人员建立如何开展组织发展咨询的合作关系。外部咨询专家与内部咨询专家在这一阶段的工作完全不同。在重要的组织发展

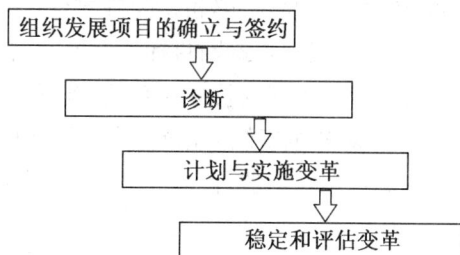

图 16.6 组织发展的管理程序

项目中,一般由内部专家与外部专家共同组成一个项目团队。

组织发展的诊断,是获得有关当前组织信息和数据的重要手段。不同的组织发展项目,其诊断手段也不同。诊断主要是了解当前组织如何行使其功能,特别是存在问题的功能。它是设计组织变革所必需的。

计划与实施变革,是组织发展的"行动",是为提高组织功能而设计的活动和干预。如前所述,组织发展可采用的干预类型很多,这就需要根据组织发展目标和组织需要改进的焦点,选择其合适的干预类型。

稳定和评估变革,是进入可持续的组织发展的基础。在任何组织,任何时候,通常都是不愿甚至反对变革的。因此,建立相应的措施和方法来控制和强化已计划的变革并使之稳定和成为组织文化的一部分,就非常重要。重大的组织变革一般需要几年的时间才趋于稳定,而不是几星期或几个月。同时,评价已实施的变革,及时加以分析和总结,为有效实施下一个项目服务。

在组织发展的管理程序中,事实上,组织发展作为一个有计划的系统组织变革的项目,其项目管理贯穿其中的每一个阶段,从立项和签约开始,而立项和签约中的许多内容属于项目管理部分。因此,其管理过程与项目管理密切相关,如图 16.7 所示。

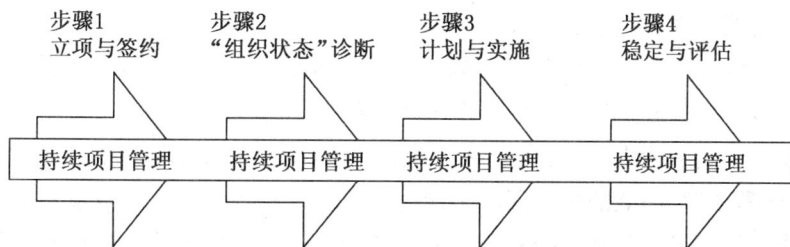

图 16.7 组织发展程序与持续项目管理

基于组织发展的管理程序,下面着重对其中两个基本组成部分即诊断和项目管理的方法作一讨论。

16.4.1 诊断

诊断作为组织发展项目的初始环节,其准确和有效与否对组织发展的成功起关键

影响作用。因此,了解和掌握科学有效的诊断方法非常重要。

诊断一般根据诊断目标和对象,结合具体的动态环境要素展开。

首先,从不同的目标和对象,进行有效诊断。

(1) 对整个组织的诊断:分析的是整个系统,诊断的目标不仅包括内部环境,还包括外部环境,如客户群、供应商、竞争对手和政府规章等。

诊断需要寻找的代表信息:什么是组织的规范? 什么是组织的文化? 成员对薪酬、组织目标、监督和高层管理的观点和感受是什么? 组织的氛围是开放还是封闭? 独裁还是民主? 合作性还是竞争性? 关键组织程序进行得如何? 组织的"感应机制"对内部外部需求和监督是否有效? 组织目标和战略是否明确并被接受? 组织的业绩如何?

诊断采用的一般方法有:在大型组织中,问卷调查是最常用的方法;通过对群体和个人的访谈可以获得详细信息;定期的成员代表座谈能掌握变革进展;检查组织的记录——规则、制度、政策、指责和/或身份的象征等,能够了解组织文化和运作情况。对各层次的诊断可以在短期内获得大量信息。重点群体将提供有价值的信息。

(2) 对大型复杂和异质子系统的诊断:不是整个组织,而是一个大型组织中的主要部分,一个部门或一个子公司等。

诊断需要寻找的代表信息:在了解组织的规范、文化、氛围、观念和想法、组织程序的运行、组织对外部环境反应机制和组织绩效等基础上,另外还需了解:子系统和整个系统的关系如何? 整个系统对子系统的特别要求是什么? 组织的结构和过程与这些特别要求是否相关? 子系统及其子单元面临的问题是什么? 子系统目标与组织目标是否一致? 冲突角色需求和功能特性是否阻碍子系统业绩的效果? 而最关键的问题是"部分与整体"的关系和合作如何?

诊断采用的一般方法有:如果子系统比较分散,则建议使用问卷调查的方法。此外,访谈法、观察法和组织记录也是获取业绩和问题的有效途径。关于"部分"和"整体"之间关系的访谈也很有价值。

(3) 对小型、简单、相对异质子系统的诊断:这是典型的工作群体或团队,可以是永久性的群体也可以是临时性的特别工作团队或新成立的群体。

诊断需要寻找的代表信息:在了解与此有关的文化、氛围、观念和想法等问题的基础上,另外还需了解:团队的主要问题是什么? 怎样提高团队效率? 成员的哪些行为影响他人? 成员与领导的关系是否和谐? 成员是否了解个人的工作与群体及组织目标相关性? 群体过程是否有效? 群体和个人资源是否被有效地利用?

诊断采用的一般方法有:个人访谈,并安排群体面谈,回顾访谈信息;问卷调查;观察成员关系和其他日常工作;安排正式的群体会议进行自我诊断。

(4) 对组际子系统的诊断:对系统中两个相关子系统及其成员的诊断,例如矩阵制结构个人或群体要向两个部门汇报,更常见的是:两个子系统中具有共同问题和责任的成员或群体,例如生产部和维修部,市场部和生产部门等。

诊断需要寻找的代表信息:子系统间关系如何? 两个群体一起工作时遇到的是什么问题? 子系统如何互相阻碍对方? 它们如何合作以提高各自的业绩? 组织目标、子目标、权利和责任范围是否明确？群体之间本质的氛围如何？成员希望的氛围应该是怎样的？

诊断采用的一般方法有：两个群体之间的直接面谈是获得数据和计划正确行动的常用方法。当涉及三个以上群体时，采用组织镜像会议法，即让相关部门中的成员互相沟通自己的看法和意见，然后以他人为镜，从别人对自己部门的看法中了解自己的形象，找出改进的途径。也可以对每个子系统进行访谈，并安排数据交流会议或互动式观察。另外，绘制关键过程流程图也十分有效。

（5）对个人的诊断：即对组织中的个体成员的诊断。

诊断需要寻找的代表信息：组织中的个人是否按组织的预期工作？他们如何看待自己的职位和业绩？他们是否达到组织的标准和规范？他们是否需要专门的知识、技能或能力？他们拥有或向往或需要何种职业发展机会？他们目前是否有不满或抱怨？

诊断采用的一般方法有：访谈、诊断会议得到的信息或人力资源部门发现的问题，是获得相关信息的常用途径。另外还可采用自我评估。

（6）对角色的诊断：即对组织成员因为担任某一职位而导致的一系列行为的诊断。组织中的所有成员都有角色要求的某些行为。

诊断需要寻找的代表信息：角色行为是否需要增加、减少或改变？角色定义是否确切？成员和角色之间的连接是什么？角色承担者是否需要专门的技能和知识？承担角色者是否合适？

诊断采用的一般方法有：观察法、访谈法、角色分析技巧、团队方式的目标管理法，另外也可通过职业规划活动获得有关信息。

在根据诊断目标与对象考虑和采用合适的诊断方法的同时，还需要结合组织运行过程中的一些关键因素，考虑和采用相应的诊断方法。

一般而言，组织运行过程中的关键因素有战略、目标设置、决策和解决问题、沟通、冲突、管理关系、技术系统等。下面，围绕这些方面依次探讨其诊断方法。

（1）对战略管理、长期计划和愿景的诊断：即诊断为保持组织的竞争力和生存所制定的影响组织长期生存能力的决策。

诊断需要寻找的代表信息有：谁负责长远规划和长期决策？他们是否有合适的手段与支持？近期的长期决策是否有效？当前和未来环境需求的本质是什么？组织的优势和能力是什么？组织面临的威胁是什么？计划和愿景明确否？是否被普遍接受？

诊断采用的一般方法有：对战略、长期计划和愿景制定者的访谈、群体讨论，并对组织历史记录等的分析。

（2）对目标设置的诊断：对设定任务目标并制定从各个层次衡量目标完成的标准的诊断。

诊断需要寻找的代表信息：团队或群体是否设定目标？有谁参与？目标设置者是否具备有效地设定目标所需的技能？他们能否设定长期和短期目标？目标达成情况如何？

诊断采用的一般方法有：问卷调查、访谈，观察法，这些是了解组织中个人和群体设定目标能力的常用方法。

（3）对决策和解决问题的诊断：对可行方案的评价和选择行动方案的诊断。

诊断需要寻找的代表信息有：谁做决策？是否有效？是否利用了所有资源？是否需要另外的决策技能？是否需要另外的解决问题技能？组织成员对决策和问题解决过程是否满意？

诊断采用的一般方法：在诊断这个过程时，观察各组织层次解决问题的会议和方法，另外也可分析会议录像和组织记录等。

（4）对沟通模式、风格和流程的诊断。

诊断需要寻找的代表信息：沟通指向是上向还是下向或者横向？沟通是否过滤？为什么？怎样做的？沟通模式符合工作要求吗？沟通的气氛怎样？沟通是封闭的还是开放的？

诊断采用的一般方法有：观察，特别是会议上的观察；对大型组织进行问卷调查；群体成员访谈和讨论；分析会议录像等。

（5）对冲突解决和管理的诊断。

诊断需要寻找的代表信息有：何处存在冲突？涉及哪些群体？如何管理冲突？处理冲突的系统规范是什么？奖励体系是否会引发冲突？

诊断采用的一般方法有：访谈、第三方观察和观察会议等。

（6）对中间关系管理的诊断：对合作完成某项目并承担不同责任的两个独立群体管理的诊断。

诊断需要寻找的代表信息有：两个群体之间关系的本质是什么？责任是否明确？两个群体面临的主要问题是什么？哪些结构情况引起或阻止有效的中间管理？

诊断采用的一般方法有：访谈、第三方观察和观察会议等。

（7）对上下级关系的诊断：对组织中正式的上级与下级之间关系的诊断，这种关系经常导致组织问题的产生。

诊断需要寻找的代表信息有：当前的领导风格是什么？上下级之间存在哪些问题？

诊断采用的一般方法有：问卷调查和访谈。

（8）对技术系统的诊断：对组织所依赖的生产和运作、计划、市场营销等多种技术的诊断。

诊断需要寻找的代表信息有：是否采用了合适的技术？当今领先的技术是什么？组织的技术如何与之竞争？技术是否需要变革？

诊断采用的一般方法有：由于这些技术通常不属于组织发展咨询专家的工作范围，因此，必须寻求内部和外部技术专家的帮助。访谈和群体讨论是确定技术合适性的最佳方法。内部或外部技术专家予以确认并提供建议。

在组织发展实践过程中，咨询专家需要同时根据诊断的目标、对象和组织过程中的关键因素展开诊断，即在动态复杂的现实环境中了解和分析组织。

此外，在组织发展实践中，也可根据组织发展项目需要，考虑和采用六盒模型（the six-box model）方法。

六盒模型是韦斯伯德（M. R. Weisbord）于20世纪70年代中期提出，至今仍被许多组织发展实践者所运用。在图16.8所示的模型中，韦斯伯德提出决定组织成功的6种关键领域是：目的、结构、奖励、机制、关系和领导，其中，领导是核心要素。这 6 种关键要素与所处环境形成互动关系。

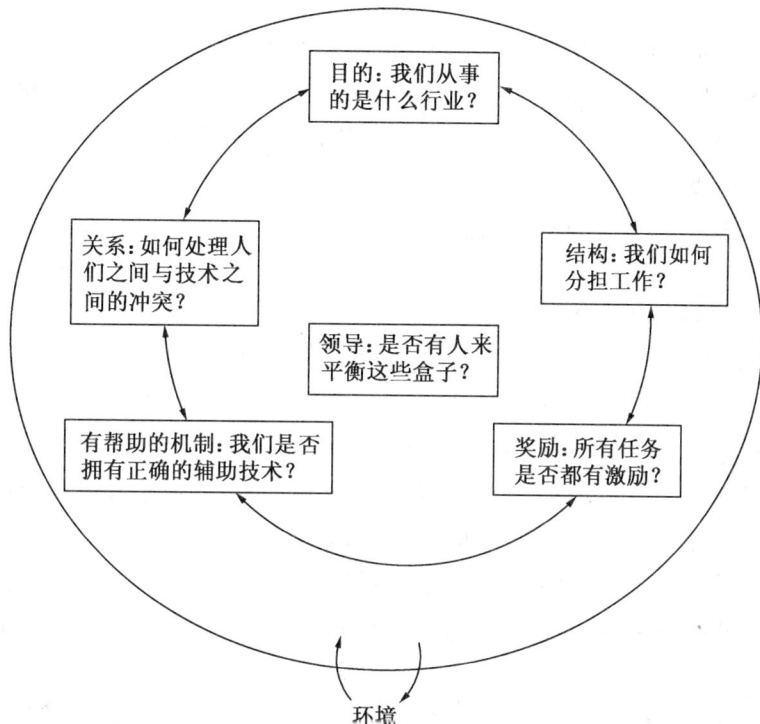

图 16.8　韦斯伯德的六盒模型

现以一个组织的产品出现问题为例，应用六盒模型予以诊断。产品出现问题可能是这 6 个盒子中某几个过程的反常引起的。韦斯伯德认为，咨询专家必须同时关注每个盒子的正规及非正规方面。正规系统是预计发生的事情，而非正规系统是实际发生的事情。组织发展实践者需要回答两个问题：第一，正规系统的安排和过程是否合适每个盒子；第二，非正规系统的过程和安排是否适合每个盒子。通常，人们发现正规安排不合适，非正规系统就根据这些不足对其进行改进。当然，也可能发现正规系统是正确的，但非正规系统并没有按照正确的步骤发展，因而影响结果。正规与非正规之间的区分，是组织发展实践理论的一个重要元素。韦斯伯德建议在开始选择干预活动之前，对多个盒子进行彻底的诊断。

16.4.2　项目管理

正如图 16.7 所示，项目管理贯穿组织发展全过程。因此，如何进行项目的有效管理非常重要。

1. 组织发展项目管理过程

组织发展项目是有逻辑顺序的一系列事件。成功的组织发展项目管理是对每个事

件任务的成功完成。一般而言,组织发展项目管理过程包括以下一些主要事件:

(1) 进入:咨询员和客户初步接触;分析客户所处的情况,确认问题和机会;客户配合咨询员。

(2) 签订合同:建立共同的期望,就时间、资金、资源、劳力等方面达成一致。

(3) 诊断:通过访谈、观察、问卷调查、查阅组织文件和信息等了解组织的情况。

(4) 反馈:将分析所得信息返回客户系统,以确认其准确性,明确性;客户掌握当前情况及面临的问题和机会。

(5) 计划变革:客户根据获得的信息,制定并完善行动步骤。

(6) 干预:执行行动,以解决问题和抓住机会。

(7) 评价:评价项目的效果。

组织发展项目管理过程在实际操作中,往往出现事件重复,更倾向于一个非直线过程。

2. 组织发展项目管理成功的关键因素

组织发展项目作为一项有计划的系统的组织变革活动,有哪些成功变革的关键因素?卡冈斯(T. G. Cummings)和沃勒(C. G. Worley)于 20 世纪 90 年代初在其《组织发展与变革》一书中,提出有效的组织发展项目管理的五项活动:激发变革、建立愿景、发展变革支持、管理转变和维持动力。每一项活动又包括若干要素,如图 16.9 所示。

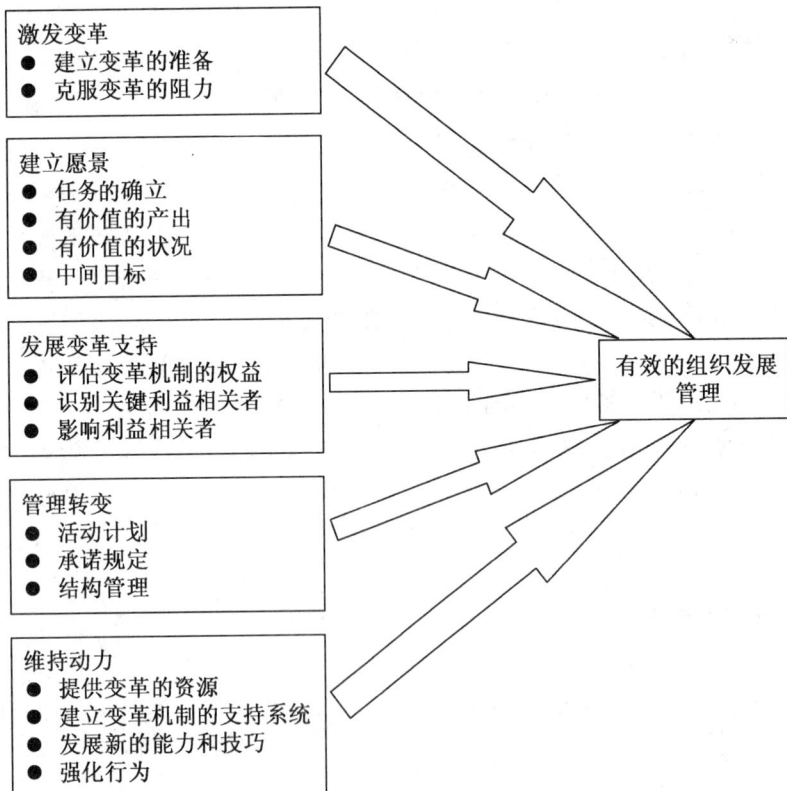

激发变革
- 建立变革的准备
- 克服变革的阻力

建立愿景
- 任务的确立
- 有价值的产出
- 有价值的状况
- 中间目标

发展变革支持
- 评估变革机制的权益
- 识别关键利益相关者
- 影响利益相关者

管理转变
- 活动计划
- 承诺规定
- 结构管理

维持动力
- 提供变革的资源
- 建立变革机制的支持系统
- 发展新的能力和技巧
- 强化行为

→ **有效的组织发展管理**

图 16.9　有效的组织发展管理活动和要素

这里探讨的是一般意义的有效的组织发展管理活动和要素,在具体的组织发展项目管理中,还需要根据具体情境进行适当的增加和减少。

3. 组织发展项目中组织变革常见的错误及其避免方法

成功的组织变革需要相关知识、技能和避免错误的能力。美国哈佛大学商学院教授科特(J. Kotter)在 20 世纪 90 年代中期研究发现,导致组织变革项目失败的常见错误有 8 种。它们分别是:

(1) 没有足够的危机意识。

(2) 没有建立足够强有力的指导群体。

(3) 缺乏愿景。

(4) 对愿景的沟通错误。

(5) 没有消除新愿景建立的障碍。

(6) 未能系统计划和创造短期效益。

(7) 过早宣布成功。

(8) 未将变革与组织文化融合。

科特针对这 8 种常见错误,提出避免组织变革发生错误的 8 个步骤:确立危机意识、组成强有力的指导群体、建立愿景、沟通愿景、授权他人按愿景工作、计划和创造短期效益、巩固改进成果并继续变革和新方法的制度化。8 个步骤的主要内容如表 16.3 所示。

表 16.3　组织变革成功的 8 个步骤

确立危机意识 ● 检视市场和竞争现状 ● 识别并讨论危机、潜在危机和主要机会	计划和创造短期效益 ● 计划可见的业绩改善 ● 创造这些改善 ● 识别和奖励与改善有关的员工
组成强有力的指导群体 ● 组成具有足够权力的变革领导群体 ● 鼓励群体以团队形式工作	巩固改进成果并继续变革 ● 运用渐增的信誉改变不符合愿景的系统、结构和政策 ● 雇用、提升并发展能够实现愿景的员工 ● 使用新项目、主题和变革群体重建过程
建立愿景 ● 制定愿景以指导变革 ● 制定达成愿景的战略	
沟通愿景 ● 运用所有可能的方式沟通新愿景和战略 ● 以指导群体为榜样推广新行为	新方法的制度化 ● 描述新行为和组织成功之间的联系 ● 建立确保领导发展和成功的途径
授权他人按愿景工作 ● 消除变革的障碍 ● 改变严重破坏愿景的系统或结构 ● 鼓励冒险和非传统的观点、活动和行动	

总之,组织发展项目管理的过程具有高度复杂性和动态性,对组织发展实践者包括咨询专家、领导者及组织成员都具有很大的挑战性,如果组织变革成功,组织发展实践者也会产生很强的成就感。

16.5 组织发展的行动研究

行动研究法应用于组织发展中,是行为科学理论在组织发展中应用的一个重要体现。行动研究法应用于教育、社会工作和组织发展等多个领域。这里,主要结合组织发展对行动研究进行较系统的探讨。

16.5.1 行动研究法的由来与内涵

行动研究的起源可以追溯到两个源头:一是科利尔(J. Collier)的实践事务的研究成果;二是勒温(K. Lewin)的理论研究。

科利尔于1933年至1945年任美国的印度事务专员。科利尔在实际事务管理中,经手大量的诊断问题及改善种族关系的建议和补救措施,由此他逐渐发现:有效的种族关系改善必须建立在理论研究者、管理者(实践者)和其他人员(客户)的合作努力之上。20世纪40年代中期,他将其工作实践提升到一定的理论层次,称这类研究活动为"行动研究"。

著名心理学家勒温及其他研究者致力于应用社会科学知识解决社会问题的研究领域。20世纪40年代,他们对众多不同的行为研究领域采用了行动研究项目的方法,并指出:"没有无研究的行动,也没有无行动的研究。"以勒温为首的研究工作者认为,行动研究法是连接试验和应用,以及研究人员和行动人员的纽带。随后,许多学者对行动研究作了进一步的研究和发展。

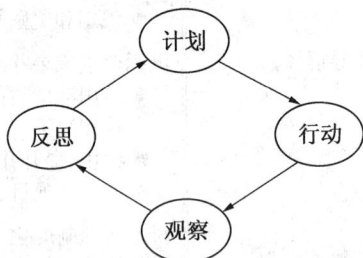

图16.10 行动研究的螺旋循环模式

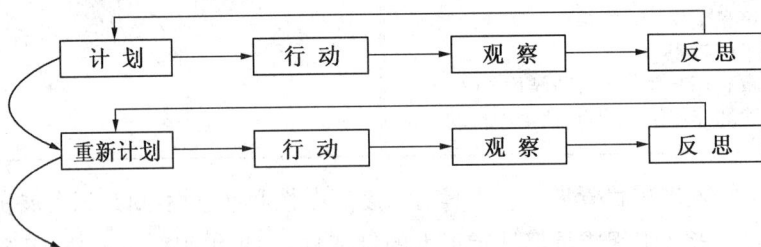

图16.11 行动研究的螺旋循环模式修正

　　勒温提出行动研究包含计划、行动、观察和反思四个环节的概念,并建立行动研究螺旋循环操作模式,如图 16.10 所示。后来,勒温把反思环节后的重新修改计划环节作为另一个循环的开始,从而对螺旋循环模式作了修正,如图 16.11 所示。修正后的行动研究操作模式更强调行动研究的系统性和计划性。

　　进入 20 世纪 70 年代,阿吉里斯(C. Argyris)、普特南(R. Putnam)和斯密斯(D. M. Smith)等人的研究认为:行动研究法有 6 个特征,即问题驱动性、以客户为中心、围绕并挑战现状、得出经验结论、系统结合相关理论和在日常生活中应用广泛。他们强调了行动研究的宗旨和方法。

　　20 世纪 80 年代中期,埃伯特(D. Ebbutt) 提出行动研究的主要步骤及相应模式。它包括的主要步骤有 6 个:(1)一般概念的形成:包括问题的形成、问题原因的诊断、问题情境脉络的分析等。(2)考察阶段:即资料收集阶段,需要对资料收集作出计划,采用哪种方法收集资料,收集哪些资料,由哪些人负责此项工作。(3)拟定整体计划:拟定有效的行动方案,此方案会根据评价结果,适当加以调整。(4)采取行动:把方案付诸实施。(5)行动监控与自我评价:方案实施的结果,如果依据原计划无法获得答案,问题没有得到解决,则应该修正计划,亦即重新分析问题、重新诊断原因、重新收集资料、重新计划,重新行动。(6)修正计划:重新调查,重新计划,重新行动。

　　与此主要步骤相应,埃伯特提出的行动研究模式如图 16.12 所示。在此模式中,埃伯特强调行动研究过程中的动态性,需要根据实际情况的需要和变化进行不断的调整和修改。

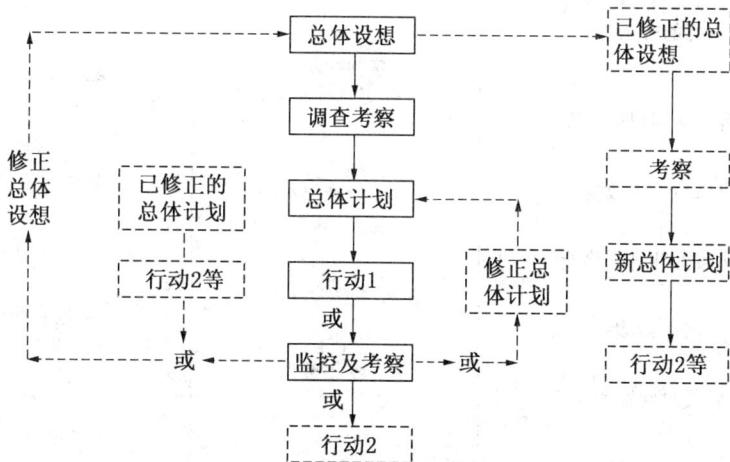

图 16.12　埃伯特的行动研究模式

　　从行动研究法的产生及其主要内涵可以看出,它的哲学及现实意义在于:其一,强调解决问题的项目是建立在客户与研究工作者共同收集的有效信息之上,即行动以研究为基础;其二,强调行动伴随对行动的研究,以建立指导问题解决的知识和理论体系,即研究是以行动为基础的。

16.5.2 行动研究法在组织发展中的应用

组织发展和行动研究的本质是相似的,它们都是应用行为科学的衍生形式,都是建立在行动、数据基础上,提倡内外部人员的紧密合作,而且都是解决问题的社会干预活动。因此,成功的组织发展必须应用行动研究的方法和思路。

组织发展的行动研究既是一种过程,也是一种方法。

组织发展的行动研究是一种过程,它由一系列持续的事件和行动构成。20世纪60年代后期,富伦奇(W. French)对组织发展的行动研究过程作了具体的描述,如图16.13所示。其具体环节主要表现为:组织发展的行动研究是从客户的高层管理开始,系统地收集与组织发展目标或需求相关的数据,并系统地分析和研究这些数据,根据信息和数据,制定行动计划,并通过实施行动进行组织变革,此过程不断反复和循环,直至组织发展项目目标的达成。组织发展的行动研究过程具有两个特点:一是在每个循环中,它都由一系列的收集数据、反馈、采取行动等事件和活动构成,二是这些活动不断循环和反复,即在进入下一问题前重复处理某一问题。

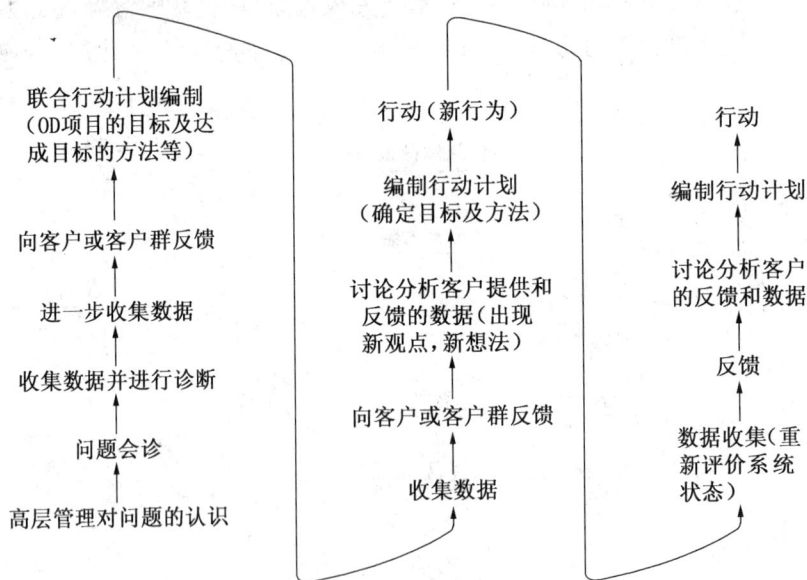

图 16.13 组织发展的行动研究过程

与此同时,组织发展的行动研究又是一种方法。它是一种解决问题的方法,是组织发展的研究工作者、实践管理者和其他相关成员共同合作,应用科学方法,通过寻找事实、进行试验,用行动方案解决实际问题的方法。

谢帕德(H. A. Shepard)研究提出了这种解决问题的行动研究模型,如图16.14所示。谢帕德在模型中强调了目标、计划和行动之间的联系,这是组织发展行动研究的一个重要特征。这种联系需要组织系统内部人员即客户和系统外部人员即组织变革的代理者和研究者的紧密合作。

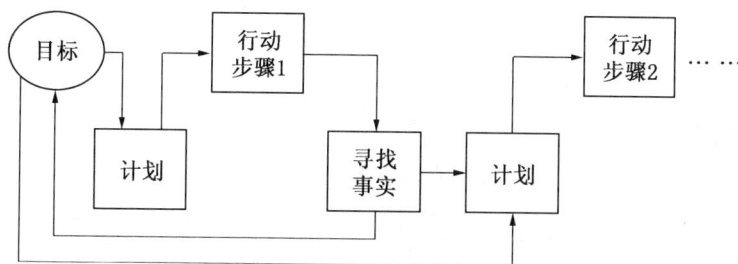

图 16.14　组织发展的行动研究模型

本章小结

　　本章描述了组织发展的定义和特征,介绍了组织发展的主要理论,包括动力和变革理论、系统理论和应用行为科学理论等,针对组织发展是有计划的系统的变革,讨论了组织发展干预的基本理论,包括组织发展干预计划和实施的主要因素、组织发展干预的效果及干预的分类,讨论了管理程序及诊断和项目管理方法,介绍了行动研究法的产生和内涵,讨论了组织发展行动研究的过程和方法。

复习与思考

1. 什么是组织发展? 它有哪些特点?
2. 如何理解组织发展中的动力和变革理论?
3. 什么是组织发展干预? 如何提高组织发展干预的有效性?
4. 组织发展的结构干预有哪些主要方法?
5. 如何进行组织发展的诊断?
6. 如何提高组织发展项目管理的有效性?
7. 如何理解组织发展的行动研究过程?

案例分析

处于变革中的众众产品工程部

背景

　　众众公司是一家大型的中外合资生产轿车的企业,自公司建立后的短短十几年中,创造了炫目的辉煌成绩,其市场占有率曾达到 56% 的高度,占据了全国市场的半壁江山。它的成功有多方面的因素,除了封闭的国内市场建立起的高关税壁垒对国外竞争者的封锁,国内竞争者策略失误及引进车型不合适中国国情等原因外,自身的积极努力也是一个主要原因。

由于公司是一家中外合资的企业,公司的组织形式是双方谈判和妥协的结果。公司实行直线职能制下的总经理负责制,由总经理、财务执行经理、商务执行经理、人事执行经理和技术执行经理共同组成执行管理委员会。执行管理委员会成员各自领导几个部门。总经理由中方担任,外方则担任技术执行经理。公司的组织结构如图1所示。

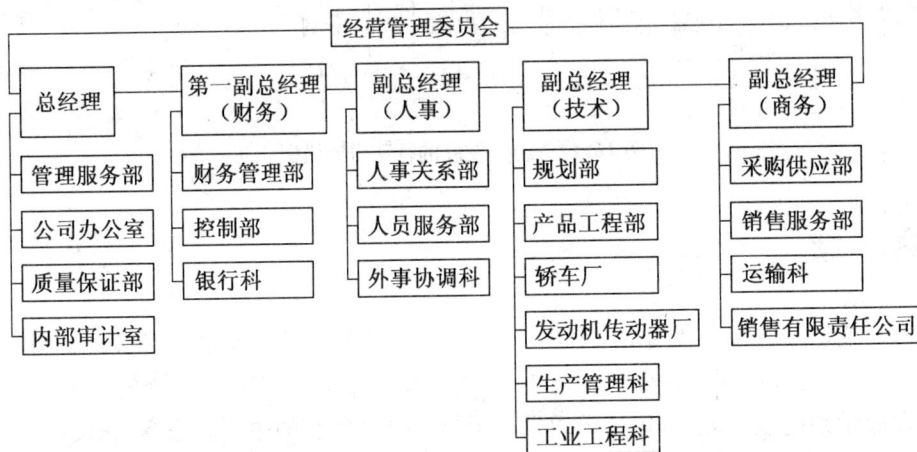

图1 众众公司的组织结构

然而近几年来,随着竞争对手的不断成熟,自身车型的老化以及产品策略和质量等诸多因素的影响,众众公司的形势急转直下,其市场占有率从高峰时的56%一直降到了现在的35%,且没有任何再度上升的迹象,公司的市场形象渐渐引起人们的争议。作为公司的重要部门,众众公司的产品工程部也承受着巨大的压力,面临着自创业以来最严峻的挑战。

变革前的产品工程部

技术执行经理领导下的产品工程部的组织结构如图2所示。部门经理由中、外双方各一人担任,在名义上,外方经理是正职。部门以下有10个科,按专业职能进行划分,其科室经理也基本上由中外双方共同担任。每个科又分为若干个股,股长一般都由中方担任,直接领导各自的职员。

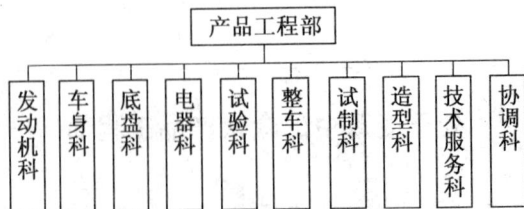

图2 众众公司产品工程部组织结构

产品工程部的重要性不言而喻,它负责产品的开发、设计、试验和技术管理,可以说是整个公司的龙头。但是目前处境尴尬,整个部门充满内忧外患。

它的外患表现在：首先，公司领导层和外界对它的评价不高。公司领导层对它未能及时高效地推出新产品和在产品设计开发中存在许多纰漏非常恼火；而销售商也将用户的压力转嫁到它头上，甚至威胁如不及时采取行动，产品的销售将大受影响。其次，产品工程部同其他部门间的关系也很微妙，部门间的协作似乎变得非常困难，而大家更热衷于相互指责和推卸责任，这一点在产品工程部与由总经理领导下的质保部的合作中反映最为明显。一旦产品出现了问题，质保部的想法首先是零部件的设计问题，而产品工程部则坚持是质量控制中存在问题，类似的争执经常发生，甚至影响到了具体问题的解决。

而内忧则是部门科室间的各种冲突严重影响了部门的绩效。其主要表现为：对于一个需各科室共同参与的项目，由于各自对任务的承担范围看法不一，导致对任务的消极、懈怠甚至是抵制。而这更多地受到科室领导的个人风格的影响，有些科室领导保守谨慎，感觉多一事不如少一事；而有些科室领导对事情斤斤计较，认为过多地承担责任会吃亏。不同的观点使科室间的冲突不断，矛盾的焦点就在任务的分派和责任的承担上。由于解决冲突不力，使很多项目的进度受到了影响，一个项目在制造科室、试制科室和试验科室的几个环节折腾下来，不夭折已经是很幸运的了。

在各种冲突和其他因素的影响下，员工的工作满意度不高。虽然由于各种原因，员工的缺勤率和流动率不高，但员工的工作效率却是明显下降了，对于工作的主动性和关心程度较之以前减了不少。员工感到最不满的便是部门的激励措施。部门内的分配方式与一般的国企差别不大，虽说采用的是岗位工资制，但相互间基本上没有什么差别，而且在岗位上工作达到一定年限后，工资便固定了。虽说制定了一定的奖励方法，但缺乏具体的绩效评估方法，因此并没有实质性的变化，员工努力所获得的绩效很难获得组织的承认，在一定程度上严重挫伤了员工的积极性。

开始变革的产品工程部

在内忧外患中，产品工程部的老领导、中方经理老钱提前退休，由其他部门换来的新领导邱明接任。邱明年轻得志，已在几个部门担任过领导职务，是公司的重点培养对象。此次履任，对他而言是一次重大的挑战。新老领导的领导风格完全不同，老钱沉稳世故，对于现有的模式不愿作过多的改变，对已存在的弊病也没有精力去改变。另外，他也热衷于与下级或同僚发展私人关系，他们之间的关系相处比较融洽，但相应地，在部门内部各种非正式组织也发展得较多，使部门内的人事关系显得错综复杂。相比之下，邱明则敢说敢做，说一不二，强调管理规则，看重任务完成的质量和数量，试图尽快改变目前的状况。他热衷于完成一些新的项目和对组织的调整，以此体现自身的能力。

在中方部门经理更迭的同时，外方的部门经理也作了调换。原先的外方经理书呆子气十足，与前任中方经理老钱的世故圆滑显得格格不入，双方的矛盾很深，也造成了中外双方的冲突，影响了合作。此次新上任的外方经理文森特与新中方经理邱明一样，年轻得志，精力十足，双方的合作显得比较默契。中方经理专注于部门机构的调整和管理措施的更新,而外方经理则致力于产品的开发与制度的完善。邱明和文森特都急于改善部门的现状,上任后,他们合作的第一步便是针对科室部门间的不合作现状,首先召集所有中外方的科级领导集中开会,给大家阐明合作精神的重要性,并制定了若干强化监督措施。他们把会议的结果决议张贴在部门的走廊中,公开向大家征集意见和建议。这次会议取得了一定效果,在高压政策下,部门管理层中的合作较以前改善了许多。但关键是这种改变能否得到不断的强化,为此,两位经理也强调,类似的会议要经常举行,直到不再需要为止。其次,在部门管理会议的基础上,各科室的经理们也召开了科级会议,同样也是强调合作的重要性,并对未来的发展方向作出了规划。

两位部门经理的这一系列行动拉开了产品工程部组织变革的序幕。但是对于这样一个积疾已久,运转迟滞的部门,希望在短时间内实现其彻底转变是比较困难的,可谓任重而道远。作为变革的推动者,邱明和文森特在第一层次连续的变革基础上进入第二层次变革,首先从人员变革入手,通过改进和加强部门和员工绩效的考核机制与方法,改变员工的态度、期望、观念和行为。一段时间后,员工的满意度和工作积极性比以前得到了提高。在邱明和文森特的工作安排计划上,接下去就是物理环境的变革。他们准备把原先的小办公室打通,形成一个大的办公场所,以增强沟通和监督。

思考题

 1. 众众公司产品工程部内忧外患的原因是什么?

 2. 众众公司产品工程部通过变革是否能承担其"龙头"的使命? 为什么?

测试练习

你的变革承诺如何?

说明:想一下:过去或现在的组织进行的一项变革,这项变革要求你学习一些新东西或终止一种态度或行为等。请使用下面的量表,选出你对以下题目的认同程度,1=强烈不同意,2=不同意,3=不确定,4=同意,5=强烈同意。

 1. 我相信这项变革的价值。   1 2 3 4 5

 2. 实施这项变革是为了一个重要的目标。   1 2 3 4 5

 3. 这项变革是组织的一个正确战略。   1 2 3 4 5

 4. 我没有选择,只能认可这项变革。   1 2 3 4 5

 5. 说出反对这项变革,是有风险的。   1 2 3 4 5

 6. 反对这项变革,对我而言成本太大。   1 2 3 4 5

 7. 我感到我有责任为这项变革工作。   1 2 3 4 5

 8. 对我而言,抵制这项变革是不负责任的行为。 1 2 3 4 5

 9. 我认为我有责任支持这项变革。   1 2 3 4 5

総分＝＿＿＿＿＿＿

总分＝＿＿＿＿＿＿

评分：

9—18＝低承诺

19—35＝中度承诺

36—45＝高承诺

思考与讨论

1. 你的得分是否符合你本人的实际情况？请解释。

2. 你的变革承诺是否与组织的要求相一致？如果不一致，你会如何改变？

参考文献

Beckhard, R., 1969, *Organization Development: Strategies and Models*, Reading, MA: Addision-Wesley Publishing Company.

Beer, M., 1980, *Organization Change and Development*, Glenview, IL: Scott, Foresman and Company.

Bennis, W. G., 1969, *Organization Development: Its Nature, Origins, and Prospects*, Reading, MA: Addision-Wesley Publishing Company.

Blake, R. R. & J. S. Mouton, 1964, *The Managerial Grid*, Houston: Golf.

Cummings, T. G. & C. G. Worley, 1993, *Organization Development and Change*, West Publishing Company.

Cummings, T. G., 1986, "Future Directions of Sociotechnical Systems Theory and Research", *Journal of Applied Behavioral Science*, 22, 355—360.

French, W. L. & C. H. Bell, Jr., 1999, *Organization Development: Behavioral Science Interventions for Organization Improvement*, Prentice Hall.

Goodstein, L. D. & W. W. Burke, 1991, "Creating Successful Organizational Change", *Organizational Dynamics*, 19, 5—17.

Hammer, M. & J. Champy, 1993, *Reengineering the Corporation: A Manifesto for Business Revolution*, New York: Harper Collins Publishers.

Kilmann, R. H., 1989, *Management Beyond the Quick Fix*, San Francisco: Jossey-Bass.

Kotter, J. P., 1995, "Leading Change: Why Transformation Efforts Fail", *Harvard Business Reviews*, 73, 59—67.

Lawler, E. E., S. A. Mohrman & G. E. Ledford, Jr., 1992, *Employee Involvement and Total Quality Management*, San Francisco: Jossey-Bass Publishers.

Lewin, K., 1951, *Field Theory in Social Science*, New York: Harper.

Pasmore, W. A., 1988, *Designing Effective Organizations: The Sociotechnical*

Systems Perspective，New York：Wile.

Pava，C.，1986，"Redesigning sociotechnical Systems Design：Concepts and Methods for the 1990s"，*Journal of Applied Behavioral Science*，22，201—221.

Schein，E. H.，1988，*Process Consultation*，Reading，Addison-Wesley Publishing Company.

Shepard，H. A.，1960，"'An Action Research Model' in An Action Research Program for Organization Improvement"，Ann Arbor，MI：*Foundation for Research on Human Behavior*.

罗伯特·克赖特纳、安杰洛·基妮奇：《组织行为学》（第 6 版），中国人民大学出版社 2007 年版。

第 17 章　组织文化

组织文化(organizational culture)

企业文化(corporate culture)

知识型文化(knowledge-based culture)

价值观(values)

共同价值观(shared values)

文化网络(culture network)

民族文化(national culture)

跨文化(cross culture)

跨文化管理(cross culture management)

跨文化冲突(cross culture conflict)

权力距离(power distance)

不确定性规避(uncertainty avoidance)

兼并(acquisition)

文化整合(culture integration)

个人主义—集体主义(individualism-collectivism)

男性化—女性化(masculinity-femininity)

文化整合模式(culture integration model)

组织文化作为组织系统中的"软件",对组织行为和效率具有重大影响作用。美国兰德公司曾用 20 年时间对 500 家大公司进行跟踪调查,结果发现百年不衰的世界大公司的共同特点就是企业文化赋予了它们不朽的生命力。这些公司的企业文化的导向通常遵循三个原则:第一,人的价值高于物的价值,把人放在第一位,物放在第二位。第二,共同价值高于个体价值——共同协作高于单干的价值,集体高于个人,它体现在团队文化、团队精神中。第三,社会价值高于利润价值,用户价值高于生产价值。

17.1　组织文化的概念与功能

17.1.1　组织文化的产生与发展

组织文化,有时又称为企业文化或公司文化,这是因为目前研究组织文化主要是研究企业组织的文化。它作为一种企业管理理论,形成于 20 世纪 80 年代。从 20 世纪 50、60 年代起,日本企业的迅速发展和美国企业经营业绩的相对滞缓,引起了美国一些企业管理人士的关注。他们在系统比较日美两国企业管理上的差异和总结日本一些成功企业的经验之后,认识到企业文化在企业发展中的重要作用。他们纷纷发表论著,提出企业文化的概念,论述企业文化的内容和作用,逐渐构建起企业文化的理论体系。20

世纪 80 年代,美国管理界接连出版了 4 本畅销书:《Z 理论——美国企业界怎样迎接日本的挑战》《日本企业管理艺术》《企业文化——企业生存的习俗和礼仪》《寻求优势——美国最成功公司的经验》,被誉为企业文化的"四重奏"。这 4 本著作以其崭新的思想、独到的见解、精辟的论述和丰富的例证,令人信服地提出企业文化这一新的理论体系,它们的出版,标志着企业文化理论的诞生。

继企业文化"四重奏"之后,即在 20 世纪 80 年代后期,一些学者陆续发表了一些新的著作,对企业文化进行深入的探讨,其特点一是开始解决企业文化的学科归属问题;二是加强了针对性,不再热衷于揭示美日企业文化的区别,而以如何选择管理哲学和管理艺术以提高企业管理效率为目标。这使企业文化研究进入新阶段。

进入 20 世纪 90 年代,随着科学技术特别是信息技术的不断发展,以及全球化经济的日益发展,组织文化理论得到进一步发展。这种发展主要呈现两大特点:

其一,知识型企业文化的发展。

一方面,企业的竞争优势越来越依赖于企业拥有的知识及知识管理,另一方面,企业知识型员工的比例不断增加。知识型员工一般学历较高、个性较强,使用传统的等级制管理方式,容易造成僵化的缺乏生气的企业氛围,因此,需要形成一种与知识型员工特征相一致的企业文化管理方式,即一种新兴的知识型文化。这种文化以鼓励学习、创新、信任和自主为核心。它通过企业员工价值观的培育和员工与企业心理契约的建立来凝聚知识型员工,激发他们的士气和潜能。知识型企业文化建设需要与其适应的组织结构和管理方式。其组织结构一般采用扁平化的灵活性的结构,并根据业务需要,结合采用矩阵制和任务小组等形式,重视团队工作和强化团队建设。在管理方式上重视开放、民主的管理风格,鼓励员工参与管理,分配挑战性的工作或任务,加强企业与员工及员工与员工之间的沟通,重视员工的培训和学习,建立学习型组织。

其二,组织跨文化或多元文化的发展。

在全球化经济发展过程中,一方面,网络组织和虚拟组织等战略性动态联盟日益增多,另一方面,随着在外国直接投资的多国公司(multinational corporations,简称MNCs)包括合资公司和外商独资等公司的不断发展,以及企业之间的兼并日益频繁,企业跨文化或多元文化管理成为企业文化发展的又一重点。

17.1.2　组织文化的定义与特征

组织文化是组织成员共同的价值体系,使组织独具特色,与其他组织相区别。罗宾斯认为,组织文化的本质特征包括以下七个方面:创新与冒险程度,注意细节程度,结果导向程度,人际导向程度,团队导向程度,进取心,稳定性程度。

通常,企业组织文化指企业在长期的生产经营实践中,所创造和形成的具有本企业特色的包括价值观、历史传统、道德规范和准则,以及体现在企业制度、企业形象、企业产品之中的文化特色,其中价值观是企业文化的核心。

企业组织文化一般具有以下几个特征：

（1）时代性。企业的运作是在一定的时空条件下进行的，不能不受到当时当地政治、经济、社会环境的影响。企业文化产生在特定时代的大背景下，它必然成为时代精神的反映。当代的企业文化，渗透着现代经营管理的种种意识，如商品经济意识、灵活的经营意识、市场竞争意识、经济效益意识、消费者第一意识、战略管理意识、公共关系意识等等。

（2）人文性。人们都希望能与别人亲密、和谐、友善地相处，希望获得自尊、自信和自我发展。企业文化正是紧紧围绕着人们如何共处、如何实现自我需要而建立的。企业文化是一种群体中调整人际关系和人本身的人伦文化，因而具有人文性。

（3）多样性。人类创造的文化是极为丰富多样的，而不是单一的和刻板的，这就决定了企业文化的多样性和独特性。正如自然界里找不到两片完全相同的树叶一样，没有两个企业的文化是完全相同的。

（4）可塑性。一种企业文化一旦形成，就具有相对稳定性。但是，文化又不是不可以改变的，因为要依靠当时人们的能动创造。后者与前者相比较，在企业文化实践中显得更为重要。因为任何优秀的企业文化都是由人塑造而成的，而且，当一个企业的文化出现危机时，人们还可以加以改造、重塑。

（5）系统性。企业文化是一个系统，是由企业内互相联系、互相依赖、互相作用的物化层、制度层和精神层三个不同层次、不同部分结合而成的有机整体。系统理论的基本特征在企业文化中可得到反映。

（6）整体性。企业文化的建设着眼于社会这个整体，社会效益原则从根本上制约着企业文化；企业文化的各个构成要素以一定的结构形式排列，它们各有其相对的独立性，同时又以一个严密有序的结合体出现。

17.1.3　组织文化的类型

不同的组织有不同的组织文化模式。组织文化从不同的角度划分又有不同的类型。这里介绍三位学者对组织文化类型的研究。

1. 狄尔—肯尼迪的文化类型

美国学者狄尔（E. Deal）和肯尼迪（A. Kennedy）在他们的《公司文化》一书中，根据企业面临市场的风险大小和员工对成功决策获得反馈的速度，将企业文化划分为以下四种类型。

（1）硬汉、胆识型文化。

这是充斥着个人主义者的企业或是部门中的典型文化。他们经常冒高度风险，并对他们的行动是正确或是错误能迅速获得反馈。能拼搏、不屈不挠、能忍受全胜或是输光的风险的人，往往能成为这种文化中的成功者，所以也往往见于年轻人。硬汉文化能使公司在高风险、快回报的环境中干出需要干的事情。但往往由于过于侧重短期目标，在长期持久方面没有什么价值观。而短期中的失败也容易造成很高的人员流动率，这使得在硬汉文化氛围中建立起强烈凝聚的文化相当困难。

（2）努力工作/尽情玩乐型文化。

在这种文化中，娱乐和行动就是准则，员工们不用担多少风险，而反馈却很迅速；为了成功，这种文化鼓励员工维持高水平而相对低风险的工作。这种文化的基本价值观集中于顾客及其需要，以"发现一种需要并满足它"为基础。那些友好、善于应酬、易于亲近的人往往会成为这种文化中的成功者。这种文化也存在短期眼光的缺陷，有着以数量取代质量的危险。几乎所有公司的销售部门都体现这种文化特征。

（3）孤注一掷型文化。

这种文化往往会下大笔赌注，而员工们要过很长的一段时间才能知道决策是否得到了回报。也就是说，是一种高风险、反馈缓慢的文化。与硬汉相反，孤注一掷者不把事业目标放在现在的工作上，而是往往用整个公司的前途去冒险，这使得作出重要决策的重要性处于最高的顶层。所以这种文化会在公司内培养一种深思熟虑的意识。不成熟的人在这种文化中往往难以找到合适的位置。由于其着眼于未来以及对未来投资的重要性，这种文化往往导致高质量的发明和重大突破，但对经济形势出现的短期波动以及等待投资回收过程中的现金流量问题，则表现为反应缓慢。

（4）按部就班型文化。

这是一种低风险、反馈缓慢的文化，遍布于银行、政府部门、公共事业及有严格规定的工业如制药公司等。缺乏反馈的特点迫使员工们集中于注意如何干事而非干什么事情。这种文化的价值观集中于追求完备的技术——估算出风险和按科学规律解决问题，也就是使过程和细节更合理、正确。有条有理、恪守信用、认真细致而能坚守岗位的人往往能在这种文化中获得成功。这种文化对那种迅速而有时缺乏深思熟虑的硬汉文化形成一种互补和对照。但这种文化在现实世界中，往往难以被很好地控制、利用，容易变成官僚主义，并成为种种弊病的替罪羊。

2. 桑南菲尔德的文化类型

美国学者桑南菲尔德（J. Sonnenfeld）通过对组织的研究，侧重从组织对人的要求与组织的生存或发展角度提出以下四种类型。

（1）学院型文化。

这种文化类型的组织是为那些希望掌握一种新工作的人准备的地方。这种组织喜欢雇用年轻的大学毕业生，为他们提供大量的培训，指导他们在特定的职能领域从事各种专业化的工作。IBM 是一个典型的学院型文化公司。

（2）俱乐部型文化。

这种文化类型的组织非常重视适应、忠诚感和承诺。在这种组织中，资历是关键因素，年龄和经验也很重要。

（3）棒球队型文化。

这种文化类型的组织是冒险家和革新家的乐园。这种组织从各种年龄和经验的人中寻求有才能的人，并强调根据他们的工作绩效付给报酬。由于这种组织对工作出色的员工给予巨额奖励和较大的自由度,员工一般都拼命工作。软件开发公司是一个典型的棒球队型文化公司。

(4) 堡垒型文化。

这种文化类型的组织看重组织的生存,尽力保存未受侵害的财产。这种组织安全保障不足,对喜欢流动性的员工来说,是一个令人兴奋或有意思的工作场所。许多公司以前是学院型或俱乐部型或棒球队型的文化,但在困难时期可能会转向堡垒型文化。

桑南菲尔德研究认为,在现实中,许多企业的组织文化通常不可能只属于一种类型,而是拥有混合型的文化,同时,组织文化也不是一成不变的,而是动态的。另外,他发现,这四种不同的文化类型吸引不同特征的人,员工个人特征与组织文化的匹配会影响一个人的职位升迁和难易程度。

3. 科特和赫斯克特的文化类型

美国学者科特(J. Kotter)和赫斯克特(J. Heskett)在他们的《企业文化与经营业绩》一书中,从企业文化与企业长期经营业绩的关系角度提出以下三种企业文化。

(1) 强力型企业文化。

这种文化在企业中的力量十分雄厚,公司所倡导的价值观念和提倡的行为规范为管理层和全体员工普遍认同,并能形成高度一致。“企业文化的旗手”既可能把企业领向巨大的成功,也可能将企业引入歧途,或者由于没有合适的接班人而使文化逐渐湮灭。

(2) 战略匹配型企业文化。

在企业内不存在放之四海而皆准的真理,与企业经营业绩相关联的企业文化必须与企业环境、企业经营战略相适应。这种文化的弱点在于,当公司所处行业环境发生急剧变化时,文化变化的迟缓必然导致企业经营业绩大幅下滑,从而影响企业的经营业绩。

(3) 灵活适应型企业文化。

指能够使企业适应市场经营环境变化并在此适应过程中领先于其他企业的企业文化。这种文化能在较长时期内与企业经营业绩产生互动关系。

不论是何种类型的企业文化,都有其优势与不足。成功的企业文化建设是在一定的条件和环境中发挥其企业文化的优势,而避免其不足。一个企业拥有合适有效的企业文化,能在竞争中更具优势。

17.1.4 组织文化的功能

组织文化一旦形成,对组织的巨大影响表现为正、负两个方面,即积极功能和消极功能。组织文化的积极功能主要表现在以下几方面:

(1) 组织文化起着分界线的作用。它能使不同的企业、部门相互区别开来,给人以明确的参考和辨识。

（2）组织文化能表达员工对于企业或是部门、团体的一种认同感。而这种认同感的不同程度，取决于文化的强烈程度。

（3）组织文化使员工不仅仅注重自我利益，更能考虑到企业、部门等整个组织的利益。

（4）组织文化有助于企业增强组织系统的稳定性。它是一种社会黏合剂，通过为员工提供言行举止的标准，把整个企业组织聚合起来。

（5）组织文化作为一种意义形成和控制机制，能够引导和塑造员工的态度和行为。

特别需要指出的是最后一种功能，自 20 世纪 90 年代以来，管理和控制幅度逐渐拓宽、组织结构趋于扁平化，文化对于员工行为的影响作用越来越重要。

另一方面，组织文化在一定条件下存在消极功能，这主要表现为以下几方面：

（1）变革的障碍。如果企业的某些共同价值观与进一步提高企业效率的要求不相符合时，文化就成了一种束缚。在企业处于迅速的动态变化环境下，这种情况最可能出现。对于许多强势文化的企业，其文化促成了今天的成功，但当环境发生变化，组织需要变革时，既有的组织文化就可能产生观念的惰性，阻碍变革的实施。

（2）多样化的障碍。在一个存在多元文化背景的企业中，由于员工具有不同的种族、性别、价值观，不同的员工群会产生不同的文化。然而，组织文化通常代表企业中的强文化，强调观念、行为规范等的一致性，这在一定程度上束缚了文化的多样化。

（3）兼并和收购的障碍。以前，企业在进行兼并或收购决策时，融资优势或产品协同性是考虑的关键因素。而现在，诸多这种策略下的并购活动的失败，迫使人们更注重于文化的相容性。这些失败的最重要原因往往在于企业之间巨大的文化差异和抵触。

加强组织文化建设和文化管理是为了充分发挥企业文化的积极功能，避免其负面影响，从而促进经营业绩增长的功能。优秀的企业文化具有积极的巨大推动力，这是因为它是以企业价值观为核心，并统摄企业一切活动的企业意识形态。优秀的企业文化的作用具体表现在以下几点：

第一，优秀的企业文化强调共同价值观是企业发展的指针。

企业的共同价值观是企业的信念和行为准则，是企业进行价值评价、选择和决定价值取向的内在依据，也是企业生存发展最本质的内在动力源泉。企业共同价值观，引导企业朝着既定的目标和方向发展，这种强大的功能主要表现在：

（1）导向功能：决定企业整体和企业每个成员的价值取向和行为取向，决定企业经营方向和经营个性。积极向上的价值观，保证企业的经营决策既符合本企业的利益要求，又符合社会整体利益的需求；保证企业遵纪守法，恪守职业道德和社会公德，杜绝欺诈行为和各种形式的伪劣假冒。

（2）凝聚功能：形成价值共识。企业中的每一个群体和每一个员工都有自己的价值评判标准和行为准则，如何把这些具有个性特征的员工凝聚为一个整体，只有靠企业共同价值观。当个人价值观与企业价值观融为一体时，企业成员就会感到自己不仅是在为企业工作，也是在为自己工作。这种员工与企业的和谐一致，能够激发员工强烈的归属感和自豪感，使员工的士气保持长盛不衰。

（3）激励功能：使员工了解工作的意义。企业的共同价值观使员工了解工作的目的不仅仅是为了赚钱，个人的需求也不仅仅是物质上的需求，还有更重要的，那就是为满足社会需要服务和实现自我人生价值。企业共同价值观所确定的目标和信仰能够激发企业员工工作的热情，促使员工追求卓越的目标，把工作干得更好。

（4）规范功能：使企业及其员工的行为协调一致。企业的共同价值观是企业制定各种行为规范和职业道德规范的依据，引导和约束员工的行为符合企业整体价值评判标准，使员工能自觉认识到什么事应该做，什么事不应该做；什么是应该提倡的，什么是应该反对的，这种在企业共同价值观基础上形成的"软性"约束机制，对企业及其员工的约束是最有效的。

（5）辐射功能：优良的企业文化是一团很好的酵母，一种热力强大的辐射源。当大型企业的文化发展到一定程度，形成较为完整的模式时，则不可避免地对社会产生积极影响。

第二，优秀的企业文化强调员工的创造性是企业发展的关键。

优秀的企业文化是真正以人为中心的文化。它强调富有创造性的人是企业发展的关键。

（1）尊重人：人们都希望能与别人亲密、和谐、友善相处，希望周围充满信任、友爱和互助，希望获得自尊、自信和自我发展。优秀的企业文化具有尊重人的特点，强调人的社会性，体现着一种互相尊重、互相认同的情感，提倡上下平等、集体主义，并把这些观念融入到员工的思想深处，这是企业文化的人文性。企业文化的人文性使企业起到协调上下级、同事之间人际关系的作用，使全体员工互相尊重、精诚团结，积极参与企业管理，齐心协力，保持着一种团结奋进的和谐气氛。

（2）成就人：人们如果能在工作中充分表现出自己的才能，就会感到巨大的成就感。因此，优秀的企业文化较多地考虑如何使工作本身具有内在意义和更高的挑战，给员工一种自我实现感，并使员工了解企业目标，了解自己在目标实现过程中的作用，同时把企业目标和个人目标结合起来，使其对组织产生强烈的感情和责任心。现代企业的员工都有参与管理的要求和愿望，创造和提供一切机会让员工参与管理是调动他们积极性和创造性的有效方法，通过参与，形成员工对组织的归属感和认同感。

（3）发展人：员工的发展与企业有着密不可分的关系，甚至决定企业的未来。随着知识经济的到来，知识更新的需求比任何时候都强烈。企业日益重视员工的培训，不断增加企业员工的知识面，扩大其掌握的知识量，提高技术才能，突出知识化的"智力资本管理"，追求知识资本为本企业带来的巨大收益。

第三，优秀的企业文化强调团队合作是企业发展的动力。

团队是由一群有共同目标的人形成的互补群体，它要求参与人员有良好的协作精神和沟通能力，这样才有助于低成本、高质量、快速达到目标，信息时代要在竞争中取得成功必须依靠团队。

成功的企业会根据市场的变化，公司的战略目标，以及资源配置来架构其业务团队及团队之间的协作关系，使得人力流、物流、资金流和信息流能够高效地运营，从而大大提高自身的竞争优势。架构一个团队，并不是简单地把优秀的人集中在一起，而是更像一盘棋，需要通过共同的目标和价值观将团队成员凝聚在一起。

在团队运作中，团队成员各尽其职，各尽所能，同时又保持与业务网络中其他团队和个人的合作关系。通过有效的激励机制，将个人、团队和企业的利益相统一。建设团队，提高团队竞争优势的另一方面是建设学习型的团队。学习型的团队更具生命力。优秀的企业文化提倡企业花费足够的时间和金钱在团队的培训和发展上，保持团队的高效率和高竞争力。

17.2 组织文化的层次与影响要素

17.2.1 组织文化的层次

组织文化作为成员共享的价值体系范式，具有三个基础层次：可视的人工成品、信奉的价值观以及基本假设，如图 17.1 所示。每一层的外在可视性和对变化的抵抗性都是不同的，每一层次都会影响其他层次。

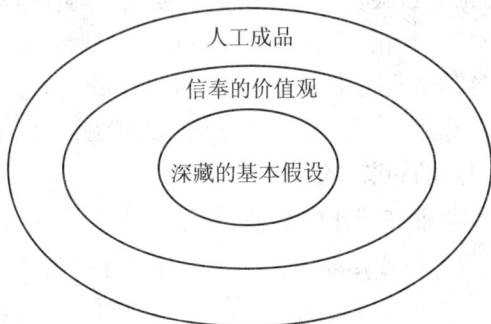

图 17.1 企业文化的层次

1. 可视的人工成品

在更容易看到的层次，文化代表了可视的结果。这些成品由组织文化的物理表现形式构成。组织中的具体样例包括首字母缩写、着装风格、奖励、关于组织的传说和故事、打印成文的价值观、可观察的仪式和庆典、特殊的空间和装饰等。这一层次同时也包括人和群体所展现的可观察行为。相对于组织文化的其他可视性较低的层次，这些成品更容易变化。

2. 信奉的价值观

信奉的价值观代表了组织所偏好的特定价值观和规范。这些价值观通常由预言者、创建者和领导者最早提出。群体了解这类价值观能在某种程度上减少群体工作中一些关键领域的不确定性。随着价值观继续发挥作用，这些价值就逐渐成为无需讨论的假设，得到一系列明确的信仰、规范与可操作的行为准则支持。由此衍生的信仰和伦理/道德准则也受到重视,并得到明确表达,因为它们在引导组织成员如何应对某些关键情况、训练新成员如何行动方面起到规范性和道德作用。根植于意识形态或组织哲学中的一系列价值观能起指导作用,并作为应对那些无法从根本上控制或困难事件的不确定性的方法。信奉的价值观能充分预测人们在不同情况下将说什么,但是预测可能与人们在实际情况下的所作所为不一致,例如,一家公司可能会说自己尊重人,并要求生产高质量的产品,但它的有关记录却可能与其所声称的不一致。然而,事实上,信奉的价值观应该发挥其作用。

如果信奉的价值观与其潜在假设合理一致,那么这些价值观与行动哲学的融合将有助于组织凝聚力和组织绩效提升,并作为认同和核心使命之源。但在分析这些价值时,必须仔细区分哪些是与潜在假设一致的价值观,哪些实际上只是理性状态或对未来的期望。在现实中,区分信奉的价值观和行动的价值观则十分重要。通常,组织希望信奉的价值观能够直接影响员工的行为。但令人遗憾的是,在一些组织中,愿望与行为并不完全一致。行动的价值观,它从另一方面代表了实际展现或转化为员工行为的价值观和规范。让我们思考一下这两种价值观的不同之处。举例来说,家乐福连锁零售超市信奉的价值观是勇于承诺、提供优质服务、满足并超越消费者和顾客的需求。但令人遗憾的是,2011 年初家乐福公司在中国发生的系列价格欺诈事件,反映其信奉的价值观和行动的价值观之间并没有达到一致。因此,消除信奉的价值观和行动的价值观之间的差距是十分重要的,因为它们能显著影响员工态度、组织绩效及公司形象。

3. 基本假设

基本假设是不可观察到的,代表组织文化的核心。它们组成的组织文化在相当一段时间内被认为是理所应当的,它们形成的假定能引导组织行为。因此基本假设是很难改变的。当基本假设在员工中得到广泛理解时,人们会发现与价值观不一致的行为是不可思议的。例如,一个群体所持的基本假设是个体权利高于群体成员的权利,如果此群体的成员为了群体而通过某种方式牺牲自己的生命,该群体会认为这种行为不可思议。再如,在资本主义国家,人们无法理解有人会设想一家公司持续处于亏损状态,也无法理解将产品是否有用视作无关紧要。另如,西南航空公司以注重员工福利、提供高质量服务的基本假设来经营而闻名于世。如果看到公司的管理者表现得不看重员工和顾客需要,公司员工就会觉得十分震惊。

作为一系列基本假设的文化为我们确定关注什么、事物的意义是什么、如何怀有情感应对正在发生的事情及在不同情况下采取什么行动。一旦我们形成一整套这种被称为思想世界或精神地图的假设,如果其他人也共享这套假设,那么我们与这类人相处就会感到非常舒服;如果其他人持有的是不同假设,那么,我们与他们相处就会感到十分不舒服,也感到很脆弱,这是因为我们无法理解正在发生的事情,更糟的是,我们会误解甚至曲解其他人的行为。人脑需要稳定的认知,因此,任何对基本假设的挑战或者质疑都会引起焦虑和防卫。从这个意义上看,构成群体文化的共同基本假设可以被理解为包括个体和群体两个层面的心理认知防卫机制,从而保障群体继续发挥作用。当一个人思考群体文化的内容变化时,认识到这一关系则十分重要,因为这并不比改变一个人固有的防卫机制容易。

尽管群体文化的本质是其共享模式、理所当然的基本假设,但是文化会通过可观察的人工成品和共享的价值观、规范和行为准则来体现自己。在分析文化时人工成品容易观察却难以理解,而价值观只是反映了理想或渴望,认识到这一点很重要。为了理解一个群体的文化,个人必须努力理解其基本假设,也必须理解这些基本假设由来的过程。

领导力是最初信念和价值观的来源,推动群体处理内部和外部问题。如果一个领导者的提议奏效并能继续发挥作用,那么,这个领导者的假设就逐渐成为共享假设。一旦一套共享的基本假设通过这样的过程而形成,基本假设就为成员个体和整个群体起到认知防卫机制的作用。换句话说,个体和群体都寻求稳定和意义。一旦这两个目标达到,就容易曲解新的数据,会通过否定、投射、理想化或其他各种防御机制来曲解,而不是改变基本假设。正如我们所看到的,文化变革,在某种意义上是改变基本假设,因此十分困难又耗费时间,容易引起严重焦虑。这点尤其与提出变革组织文化的领导者相关。因此,对领导者来说,最核心的问题是如何把握文化的更深层内容,如何评估各层面的功能,以及如何处理因这些层面受到挑战所引发的焦虑。

17.2.2 组织文化形成的影响要素

在讨论影响组织文化形成的具体因素之前,先总体描述企业组织文化形成的一般模式。通常,企业组织文化的形成一般经历企业高级管理人员的创意和信念、企业经营行为、企业经营成果到最后企业文化的产生4个阶段,如图17.2所示。

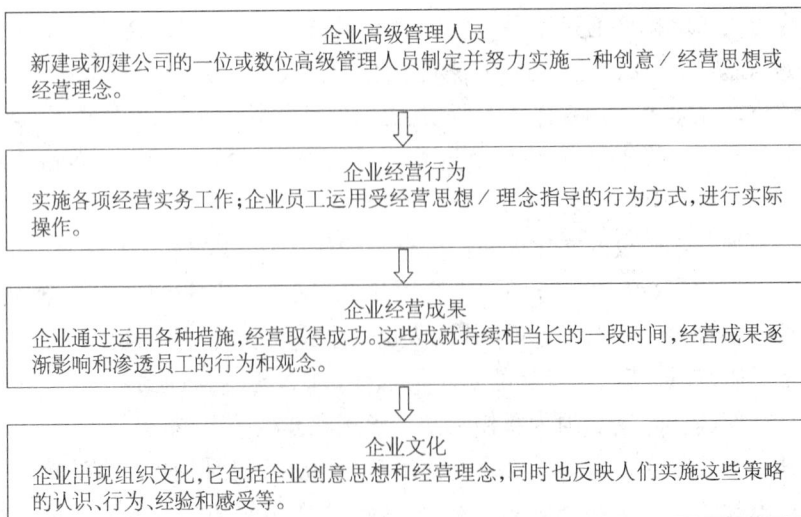

图 17.2　企业组织文化形成的一般模式

在此过程中,影响组织文化形成的因素主要有以下几个:

(1) 企业外部环境。每个企业所处的外部环境,包括市场、技术、经济、政治和法律等是不同的,且处于不断变化之中。随着全球化经济和信息技术的发展,企业面临的市场竞争则更加激烈。企业外部环境及其变化对组织文化的形成和发展产生重要影响。

(2) 公司创立者和高层领导的信念和特质。公司在创立之初,创立者总有一种坚定的信念、愿意为之奋斗的目标,支持他们坚持不懈地开创事业。在事业开创过程中,创立者的思想和信念乃至个性逐渐沉淀,成为企业的一种文化财富。并在企业的发展过程中,由创立者和高层管理者不断丰富和发展。

(3) 行业和经营业务特征对组织文化的影响。不同行业中的企业,经营不同的业务,对组织文化有着不同的要求。如果组织文化能适应行业和经营业务的特征,则能促进企业的发展。如在咨询行业中的公司如果以按部就班型文化为主流,很可能对企业经营起阻碍作用。

(4) 企业发展阶段和规模。组织文化应该与企业所处的发展阶段和规模相适应。不同的发展阶段和规模,其经营战略则不同。很明显,一种保守的文化氛围对需要快速发展的企业初创期来说,总是会阻碍企业发展的进程;而一种鼓励激进的文化则可能会对稳步发展阶段的企业产生负面影响。

(5) 企业的发展历史和所有制性质。企业的发展历史越长久,企业的观念沉淀得越多,组织文化的内涵就越丰富多彩。此外,企业的所有制不同,如民营所有制、外商独资所有制和国有独资所有制,对组织文化的影响也不同。

(6) 民族文化。民族文化对一个组织文化的形成影响深远,可谓根深蒂固。因此,如果能将民族文化与企业文化的建设相结合,则大大增加员工对企业的适应性,从而增加其对员工的影响力。我国的传统文化是以儒学为主体,释、道两教相辅,并且三教互相影响、渗透。在这种文化体系之中,体现出明显的三个特征:一是世俗性强,宗教性弱;二是兼容性强,排他性弱;三是保守性强,进取性弱。这种文化体系的影响力对海外处于市场经济下的华人企业,表现得非常突出。海外的华人企业家在这种传统思想的影响下,形成了一些相同的基本概念:家长制、人情至上和防御。

在这些基本思想的驱动下,海外华人企业形成了以下一些共同的特质:

① 规模较小,组织结构相对简单;

② 通常集中于一种产品或一个市场;

③ 集权化的决策;

④ 所有权、控制权和家庭三者密切重叠;

⑤ 家长制的组织气氛;

⑥ 通过人情关系与外界环境相连;

⑦ 通常对成本和财务效率方面的事务非常敏感;

⑧ 通常与从事零部件供应等业务的独立企业有着密切但又是非正式的联系;

⑨ 在开拓大规模市场和开创品牌方面的能力相对较弱。

由于受民族文化的影响,海外华人企业在经营合作、控制和适应性等活动中既有其优点,也有其不足,概括起来,如表 17.1 所示。

表 17.1 海外华人企业受民族文化影响所表现出的优缺点

活 动	优 点	缺 点
纵向合作	上司和组织目标一致; 下级在勤奋刻苦工作方面的服从; 持久稳定的基本关系	派系及小团体堕落的危险; 缺少来自下面的革新和创造; 对合法职权延伸的限制
横向合作	经济往来中较低的交易费用; 关系网络可靠; 联系灵活	因合作关系范围有限而趋于小规模; 不信任和强调控制导致资金缺乏; 技术上的局限性也使规模受到限制
控 制	强化管理的责任; 管理责任可靠; 由于减少行政控制成本,效率高	缺少公正和职业忠诚感; 当控制不明确时有目标偏移的可能; 因缺少中心易产生协调问题
适应性	具有战略灵活性; 反应迅速; 个人见解可迅速付诸操作	有不合理、盲目跃进的危险; 绕开组织的可能性; 在战略问题上缺乏积极进取、创造和争论

17.3 发展高绩效的文化

17.3.1 发展高绩效文化的重要性

实践管理者和理论研究者都认为:组织文化会成为影响员工态度和组织有效性及绩效的一个推动力。例如,追求卓越标准、重视挑战性目标设计和实现、重视创造力和质量、重视员工学习和发展及参与性管理的文化与激励、工作满意度、团队合作、客户服务质量和绩效呈正相关,与工作规避和压力呈负相关。另外,组织价值观和个人价值观的一致性也与员工的组织承诺、工作满意度、辞职意向与流动显著相关。在高绩效的企业中通常都拥有适应性和灵活性的企业文化。合并企业经常由于原企业拥有两种互不相容企业文化而导致合并企业的失败。这些研究结果表明:组织文化是影响员工态度、行为及组织运作的一个重要因素。

如何建立一个适合特定的组织需要和背景、促使组织有效运作的组织文化十分重要。在我国企业现实中,这种文化的建设则尤为重要和迫切。

企业文化的概念约在 1984 年传入我国。企业文化作为一种新的管理理论和方法,随着改革的深入和市场经济的发展,在我国不断受到重视。1986 年 11 月,我国企业文化研究会在北京成立。国内学术界开始翻译并撰写许多有关企业文化的书与论文,与此同时,不少企业开始着手企业文化的建设。

总体而言,我国企业在组织文化建设中取得了相当大的成绩,积极推动和影响着企业的持续发展,产生像海尔等组织文化建设成功的公司。另一方面,我们也不得不承认,目前,我国不少企业虽然强调组织文化建设,但在建设的思路和方法等方面需要提高和改进。一些企业把组织文化与企业的思想政治工作混为一谈,用传统的工作方法和模式来实施组织文化建设,没有将其作为企业管理的一种有效手段,更没有从企业发展的战略高度来系统建设企业文化,因此,在一定程度上导致组织文化建设的滞后或不足。

在一些企业的组织文化建设中存在的问题主要表现为以下两方面:

第一,企业价值观或企业精神的塑造缺乏企业鲜明的"个性"。

在一些企业中,我们经常会在企业的宣传册子或宣传栏中看到企业精神的表达,但这些表达具有很大的雷同性或过于空泛,缺乏鲜明的个性,没有突出反映其企业的特点,缺乏感染力和吸引力。如以下所列的是常见的一些企业精神的表达内容:

- 自重自强、同舟共济、扬帆奋进、勇创一流
- 团结拼搏、改革创新、勇争一流、负重奋进
- 精心设计、开拓创新、团结协作、艰苦奋斗
- 严格、认真、团结、拼搏
- 团结、奉献、求实、创新
- 信誉、务实、进取、有效
- 开拓、争光、奉献、务实

第二,组织文化的建设游离在企业管理实务之外。

在一些企业中,并没有真正将组织文化建设纳入企业管理实务之中,存在"务虚"之嫌,似乎是作为"门面"和对内外宣传的工具。在这些企业的组织文化中,突出表现出信奉的价值观与行动的价值观不一致现象,致使其建设随意性较大,没有从科学、规范和系统的角度进行建设。在一些企业之中,组织文化建设缺乏有效的规划和操作,起作用的往往是领导意志、口头承诺或约定俗成的东西,不能适应现代企业制度科学管理的要求,因此影响组织文化的有效建设,进而影响企业的绩效及可持续发展。因此,如何进行高绩效的组织文化建设是目前我国一些企业迫切需要解决的问题。

17.3.2 提高企业绩效的组织文化

如何建设高绩效的文化?在理论上需要理解何种类型的组织文化能够提高组织绩效。代表性的有如下三种观点。

1. 文化强度观点

文化强度观点认为组织文化的强度和组织的长期绩效之间有显著联系。这种观点认为强文化能创造一致目标,提高员工的积极性、所需要的结构和控制力,以此来改善组织绩效。反对这种观点的学者认为具有强文化的企业可能会在达到财务目标之后变得骄傲自负、以自我为中心、官僚化,因为高财务绩效再次强化了这种强组织文化。这种强化作用可能会使高层管理者忽视组织对新战略目标的需求,最终导致对变革的普遍抵制。另外,事实上,组织文化的核心价值观的性质比文化的强度更重要。例如,从

利润和竞争性角度来看,一种抵制变革的强文化比那些虽弱但有创新的文化可能更糟糕。

2. 文化匹配观点

文化匹配观点建立的前提是:组织文化必须与它的企业或战略背景相符合。例如,一种促进标准化和计划的文化可能在增长缓慢的行业中发挥良好作用,但却不适合运用于网络公司这种变化极其迅速的环境中。与此相似,一种注重个人绩效的文化会帮助销售组织提高销售额,但是会对以团队合作为主要工作形式的组织产生不良影响。总之,不存在最佳文化。只是当组织文化适合于所在的环境时,这种文化才会促进组织绩效。

3. 文化适应性观点

文化适应性观点认为最有效的文化能帮助组织预期并适应环境变化。一种适应性文化要求组织和个人具有愿意承担风险、互相信任和积极进取的观念。成员们积极支持他人的努力来解决问题和采取可行的解决方案。普遍存在一种自信:成员们相信,毫无疑问,他们可以有效地解决各种新问题,把握各种机会。成员们普遍具有热情,具有愿意做任何有助于组织成功的工作精神。成员们接受变革和创新。这一预期的适应性能够提高组织长期绩效水平。同时,适应性文化要求高层领导之间能够进行有效合作。

从 1977 年开始到 1988 年,科特(J. Kotter)和赫斯科特(J. Heskett)对 22 个行业的 207 家公司进行了抽样研究,以此来验证这三种文化观点。相关文化调查的相关性结果和三种不同组织绩效衡量方式的相关性结果部分地支持了强度文化观点和文化匹配观点。然而,所得的结果完全与适应性文化观点保持一致。他们的实证研究表明:应用适应性文化的组织具有最佳的长期财务绩效。

17.4 企业跨文化管理

随着全球化经济的日益发展,跨国公司和各种形式的合资企业的数量和规模都不断增长,企业之间的兼并也日益频繁。在全球化经济发展进程中,我国的经济发展不仅是对外开放,而且需要走出去。我国企业到外国直接投资,建立属于中国的多国公司。这是我国企业的目标,也是我国经济发展的必然趋势。因此,不管是在我国现实中还是在不久的将来,企业在经营管理中都面临着跨文化管理。

17.4.1 跨文化管理的定义

彼特·德鲁克(P. Druker)说过,跨国经营的企业是一种多文化的机构,其经营管理思想基本上是一个把政治、文化上的多样性结合起来而进行统一管理的哲学思想体系和办法。

跨国经营企业面临的是一个在诸多差异之间进行生产经营活动的经营环境,企业经营环境的跨文化差异是企业跨文化管理的现实背景。一般来说,跨国经营企业所面临的经营环境包括经济环境、政治环境、法律环境、社会环境、文化环境等。

各民族的文化在客观上存在差别,不同国家、不同民族的风俗与习惯、道德与传统、生活与环境、风格与需求、物质与精神追求都不一样。企业跨文化管理,即把当地(或称为本土)文化理念融会于经营管理之中,在企业跨国经营的资源整合、产品创新、品牌创立、市场营销诸方面更加符合本土化。通过跨文化管理,达到相互间的沟通和互融,消除文化障碍。异地文化不仅会对跨国经营产生阻碍,同时文化还具有排他性。因此,在跨文化管理中,形成跨文化沟通和谐的具有本土特色的经营哲学至关重要。

成功的跨国经营企业在这方面做出了有益的尝试。中国惠普公司探索了一种建立在东西方文化结合基础上的人本管理新模式,即在中国文化和美国文化背景的相互交融中,不断提高外部适应性和内部和谐性。共同的长期战略、互利、互信和共同管理是跨国经营哲学的基础。国外许多管理学家的研究表明,跨国经营中凡是大的失败几乎都是因为忽略了跨文化管理而导致的。

17.4.2　跨文化差异

荷兰文化协作研究所的所长霍夫斯坦特(G. Hofstente)从管理心理学角度对文化所下的定义是被管理学界广为接受的一种。他认为文化是一组织成员或者一种民族下的人群在精神气质方面的集体性特征,这种特征使之与其他组织或人群区别开来。这一群体存在某些共同的行为习惯、思考方式和看事物的角度,人们往往在有意或无意中坚持自己所在共同体的价值与信念,但又往往意识不到自己所在共同体的价值与信念对自己的深刻影响,通常在与来自其他文化的人们打交道时才真正感知自己所在的文化。

基于上述定义,霍夫斯坦特针对跨国公司的雇员,进行了遍及 40 个国家,长达 7 年,资料总数包括 116 000 张问卷的大规模调查,写了《文化的结局》(*Cultures' Consequences—International Differences in Work-Related Values*)一书,提出了描述文化差异的四维度理论,即权力距离(power distance)、不确定性规避(uncertainty avoidance)、个人主义—集体主义(individualism-collectivism)、男性化—女性化(masculinity-feminity)。

权力距离:即在一个组织中,权力的集中程度和领导的独裁程度,以及一个社会在多大的程度上可以接受组织中这种权力分配的不平等,在企业中可以理解为员工和管理者之间的社会距离。一种文化究竟是大的权力距离还是小的权力距离,必然会从该社会内权力大小不等的成员的价值观中反映出来,如果领导上的集权和专断是深植在员工的头脑中,成为一种理所当然的现象,那么权力分配的不公平是不会影响组织的稳定。

不确定性规避:指在任何一个社会中,人们对不确定的、含糊的、前途未卜的情境,都会感到是一种威胁,从而总是试图加以防范。防范的方法很多,例如提供更大的职业稳定性,制定更多的正规条令,不允许出现越轨的思想和行为等。不同文化,防范不确定性的迫切程度不一样。相对而言,在不确定性规避程度低的社会中,人们普遍有一种安全感,倾向于放松的生活态度和鼓励冒险的倾向。而在不确定性规避程度高的社会中,人们则普遍有一种高度的紧迫感和不安全感,因而易形成一种努力工作的内心冲动。

个人主义—集体主义:此维度中的"个人主义"指一种结合松散的社会组织结构,其中每个人重视自身的价值与需要,依靠个人的努力来为自己谋取利益;"集体主义"则指一种结合紧密的社会组织,其中所有的人往往以"在群体之内"和"在群体之外"来区分,他们期望得到"群体之内"的人员的照顾,但同时也以对该群体保持绝对的忠诚作为回报。

男性化—女性化:指在社会上居于统治地位的价值标准,男人表现为自信、坚强、注重物质成就,女性表现为谦逊、温柔、关注生活质量。对男性社会而言,居于统治地位的是男性气概,如自信、武断、进取、好胜,对于金钱的索取执著而坦然,而女性社会则完全与之相反,强调平等、团结、注重生活质量。

霍夫斯坦特通过对上述文化四维度调查数据的分析,证实了不同民族的文化之间确实存在很大差异,这种差异是根植于人们的头脑中,很难轻易地被改变。应当指出,任何一个国家都不具有比其他国家"更为优良"的文化,它们仅仅是不同而已。例如日本与美国两国的主要文化差异如表17.2所示。

表17.2　日美两国的文化差异比较

日　　本	美　　国
权力距离高	权力距离低
不确定性规避强	不确定性规避弱
集体主义	个人主义
高度男性化	一般男性化
长期时间取向	短期时间取向

17.4.3　企业跨文化冲突与管理

如前所述,不同国家和民族的文化差异对跨国经营管理有巨大影响。从跨国经营角度看,文化冲突是国际企业经理人员在不同文化背景下经营管理所必须避免和解决的问题,否则,必然发生文化冲突。文化冲突会导致文化困惑,文化困惑又加剧文化冲突。这二者的交互影响,则会出现以下消极结果:

(1) 极度保守。文化冲突将影响跨国经理与当地员工的和谐关系,经理们也许只能按照呆板的规章制度控制企业的运行,对员工更加疏远;与此同时,员工则对工作变得不思进取,经理的行动计划实施起来也十分艰难,结果双方都不会有所作为。

(2) 沟通中断。当经理与职工的距离大到一定程度,自下而上的沟通便自然中断,结果经理人员无法了解实情,双方在不同的方向上越走越远。

(3) 非理性反应。经理人员如不能正确对待文化冲突,就会凭感情用事。这种非理性的态度很容易引起员工非理性的报复,结果误会越多,矛盾越深,对立与冲突更趋剧烈。

(4) 怀恨心理。对于发生的冲突结果,冲突双方如不耐心于从彼此的文化背景中寻求文化"共相",而一味地抱怨对方的鲁莽或保守,结果只会造成普遍的怀恨心理。

企业跨国经营由于处在不同"文化边际区域"所产生的文化冲突,对一个渴望实现成功经营的企业来说,无疑是巨大的挑战,如不有效管理,还会造成国际企业市场机会的损失和组织结构的低效率。在内部管理上,由于人们之间不同的价值观、不同的生活目标和行为规范必将导致管理费用的增大,增大企业目标整合与实施的难度,提高企业的经营管理成本。

一般而言,企业跨文化冲突管理的方法主要有以下几种:

(1) 在企业内部建立起跨文化的共同价值观。这是一种比较持久的信念,它可以确定人的行为模式、交往准则,以及如何判别是非、好坏、爱憎等。不同的文化具有不同的价值观,人们总是对自己国家或民族的文化充满自豪,大多数人总是有意无意地把自己的文化视为正统,而认为外国人的言行举止总是稀奇古怪,而事实上,这些看似古怪的言行举止、价值观念对他国人们来说是再自然不过的。因此,我们要尽可能地消除种族优越感,尊重和理解对方的文化,以平等的态度进行交流。在此基础上,找到两种文化的结合点,发挥两种文化的优势,在企业内部逐步建立起统一的价值观。

(2) 进行跨文化培训。这是防止和解决文化冲突的有效途径。作为跨国经营企业,要解决好文化差异问题,搞好跨文化管理有赖于一批高素质的跨文化管理人员。因此,双方选派的管理人员尤其是高层管理人员,除了要具有良好的敬业精神、技术知识和管理能力外,还必须思想灵活,不守成规,有较强的移情能力和应变能力,尊重、平等意识强,能够容忍不同意见,善于同各种不同文化背景的人友好合作。在可能的情况下,尽量选择那些在多文化环境中经受过锻炼的人及懂得对方语言的人。

一般而言,跨文化培训的主要内容应包括:

① 对对方民族文化及原公司文化的认识和了解;

② 对文化的敏感性、适应性的培训;

③ 语言培训;

④ 跨文化沟通及冲突处理能力的培训;

⑤ 学习和接受对方先进的管理方法及经营理念的培训。

(3) 管理本土化。越来越多的跨国公司已意识到本地化对于在异国投资取得成功的重要性。本地化战略除了包括尽可能雇用本地员工,培养他们对公司的忠诚之外,最重要的是聘用能够胜任的本地经理,这样可以很好地避免文化冲突,顺利开展业务。

1996 年 IBM 中国公司在本地一线经理人员不到 40 个,一年以后已达到 80 个。IBM 一直在中国寻求新的成长点,深耕中国市场,从 2006 年开始,IBM 进一步加强中国三、四线城市的渗透能力,将 IBM 所有资源下放在业务的最前沿。在经济发达的珠三角地区,IBM 则努力深入到四、五线城市。三洋中国有限公司本地员工约 4 500 人,其中,高中层经营管理干部 104 人,基层督导 301 人,为了加快高级人才本地化进程,公司每年都要选派厂长级、主任级干部去日本三洋研修中心接受培训。ABB 公司也是实施本地化战略的典范,尽管它在世界各地拥有 1 300 家子公司,但它却自称是一家"多国籍"的公司,它鼓励其子公司淡化母公司的民族背景,完全按东道国本地公司的方式运作。只有根据东道国的国情,依靠东道国员工实行本地化管理,让本地的优秀人才参与各种管理活动,并不断地提供机会提高这些人才的管理能力,公司才能充满生机与活力。

(4) 立足长期,实行双惠。跨国经营中合作双方应该为了共同的利益,精诚合作,从整体利益出发,兼顾双方的需求,要有长期办好企业的共同目标,不能"捞一把就走"或"打一枪换一个地方",这样才能实现"双赢"目标。

17.5　企业兼并中的文化整合

随着市场竞争的不断加剧,企业间的兼并也日益增多。目前,企业兼并呈现出范围广、数量大、巨额化、跨国化等一系列全新的特点,我国企业也拉开了资产重组的大幕。企业兼并是将两个不尽相同或完全不同的企业组织合二为一,因此,必将关系到两个企业组织不同文化的整合。而兼并的成功与否和企业文化的成功整合极为相关。

17.5.1　企业兼并中文化整合的意义

2001 年 3 月 19 日,美国惠普公司对外宣布,根据股东投票初步预测显示,公司股东已通过惠普与康柏电脑公司合并一案。此次合并,金额高达 250 亿美元,是电脑业有史以来最大的合并案。有西方媒体称,在这一合并过程中,惠普面临的最大挑战不是来自技术层面,而是来自企业文化层面,几乎就是一个纯哲学意义的挑战。惠普和康柏在合并中,各自代表着两种不同的文化,即华尔街文化和硅谷文化。华尔街的工作方式比较正式、严谨,而硅谷文化的精髓在于创新,用技术改变世界。这是长久以来形成的两个公司的截然不同的文化,而当两企业合二为一时,就要重新考虑这个文化系统。

美国研究机构会议中心在 2001 年 1 月 14 日曾发表报告说,企业文化冲突和首席执行官的个性差异常使两个企业的合并不能达到预期效果,甚至使合并归于失败。美国学者科特和赫斯克特在其《企业文化与经营业绩》一书中研究强调了兼并企业实现文化整合的重要性。他们研究发现,文化整合做得好的兼并企业实现的收入增长额为 68.2%,股价上涨 90.1%,净收入增长 75.6%,而文化整合做得差的企业这三项分别为 16.6%、74% 和 1%。

企业文化具有无形性、软约束性、相对稳定性、连续性及个性化等特点。美国学者戴文波特(T. Davenport)于 1998 年在其《管理评论》中将文化定义为组织中的 DNA——虽不可见但在组织构造中却起着关键作用。在企业兼并过程中,原属于不同企业的文化合并在一起,其文化结构有机性差,各要素之间不够协调或相互不同步,能量内耗大,因此,系统整合兼并企业文化并优化其整体效应非常重要。惠普与康柏在合并初,非常重视两公司的文化整合,专门成立了"文化整合小组",会见了两家公司近四分之三的中高级管理者,制定了新惠普文化整合计划。

在企业兼并中,如果能有效进行文化整合,则能体现它的整体效应和协同效应。

依据系统整体性原理,在对文化进行整合时,首先,从整体出发,从全局考虑问题。例如,对于原有文化的取舍,不能只考虑其在原系统中的作用,而应从兼并后企业整体系统角度来考虑,并筛选那些对兼并后的文化系统有积极作用的原有文化。其次,不可低估文化系统中单个要素的作用,就单个构成要素而言,也许其作用甚微,但在整体系统中却缺一不可。再者,文化系统作为一个整体,置于兼并企业的大系统中,其整体性效果的发挥必然受到企业环境的影响,如企业战略导向决定文化系统功能倾向;又如企业相关政策的调整,也对其文化系统有一定影响等。因此,兼并企业的文化整合如果能和企业整个运行系统相一致,则能体现它的整体效应。

此外,依据系统层次性原理,兼并企业的文化系统在合适条件下进行整合能产生协同效应。协同导致有序,协同作用乃是一切系统发展进化的内在推动力。一般而言,存在于系统内部各子系统之间的协同作用为微观层次的协同作用,存在于子系统与母系统之间的协同作用为宏观层次的协同作用。这里的协同效应,就是通过有效整合兼并企业文化系统,促使企业效益的提高,进而达到两企业的总体效益大于两个独立的企业效益的算术和。

17.5.2 企业兼并中文化整合的模式

两个企业的文化整合涉及不同文化的组合构造和优化问题。组合构造问题,指需要对原有文化进行一系列的调查和分析,在此基础上对系统构造适合兼并后企业情况的模型。组合优化又称组合规划,就是在系统中不断地优化已构造的模型,以适应文化系统的不断变化。

在企业兼并中,有许多影响企业文化整合的因素。这主要有四个因素:一是企业兼并战略,是横向兼并,还是纵向兼并,抑或是多元化兼并;二是两个兼并企业的原有文化特征,是强文化还是弱文化,以及文化的优劣性;三是企业兼并中面临的风险程度,是高,还是低,抑或是中等;四是兼并后企业集权程度,是高,还是低,抑或是中等。依据这四个主要因素,在企业兼并中的文化整合模式主要有三种:吸纳式、渗透式和分离式,如表 17.3 所示。

表 17.3　企业兼并中的文化整合模式

模式	模式一	模式二	模式三
	吸纳式	渗透式	分离式
文化类型	优质强文化 劣质强文化/弱文化	优质弱文化 优质/劣质弱文化	优质强/弱文化 优质强文化
适用兼并战略	横向兼并	横向/纵向兼并	纵向/多元兼并
兼并方面临风险	极小	一般	极大
兼并后企业集权程度	高度集权	一般	分权

(1) 吸纳式文化整合模式,指被兼并企业完全抛弃自己原有的企业文化,接受兼并企业的文化理念。它适用于具较强优质文化的企业兼并劣质的文化企业,海尔就是其中的一例。海尔集团是个企业文化浓厚、团队凝聚力强的企业。它在兼并相关行业时,多采用文化注入的方法,将对方融入本企业之中。例如它在兼并青岛电器厂时,没增加一分钱的投入,没有换一台设备,只派了三个海尔文化中心的人员。他们以海尔的管理理念转变员工的观念,转换机制,以海尔文化重塑员工的思维,以无形资产盘活有形资产,使这家企业在两年之内从名列洗衣机行业最后一名跃居本行业的前列。海尔就是应用这种"吃休克鱼"的理念,兼并很多硬件设备较好,但管理理念落后的企业,在被兼并企业中注入海尔文化。

(2) 渗透式文化整合模式,指兼并双方企业文化都有一定程度调整,形成一种新的优质强文化。这比较适用于兼并双方都具有较好的文化弹性,但又都存在着一定的文化缺陷的情况。

(3) 分离式文化整合,指在短期内双方企业文化均未大幅度改变,被兼并企业拥有很大的经营自主权。这种模式较多用于纵向一体化兼并战略和多元化兼并战略,而且有一个重要的前提,即被兼并企业具有优质强文化。美国通用电气公司控股日本五十铃公司时,通用电气公司并没有向五十铃输入自己的文化模式,而是采用了文化隔离的整合方式。这样较好地处理了两者存在很大文化差别的合并障碍。

17.5.3　企业兼并中文化整合有效性的必要条件

在根据兼并企业的具体情况考虑合适的文化整合模式的同时,还必须创造或提供文化整合的必要条件,以确保企业兼并中文化系统整合的有效性。文化有效整合的主要条件有以下几点。

1. 文化系统中的"复制器"和"传输带"的健全与完善

文化系统中的"复制器"是制造或产生出一个"与自己相似的个体"的机构。"传输带"是传递信息与输送物质、能量的通道。在文化系统的整合中,"复制器"和"传输带"有紧密联系。内部传输渠道的有效畅通,是企业文化的复制和传播的必要前提。同时,这两者又有很大区别。在文化系统的整合中,健全"复制器"关键要做到两点,一要了解原企业文化系统的"复制器",并加以有效的抑制,以避免原文化的干扰;二要创造并培育新文化系统的"复制器",以使其得以持久流传。健全"传输带",确保信息畅通。在进行文化系统整合中,企业内部需要建立一个完善的传输机制,管理者应竭尽全力确保信息在组织上下、组织内外的畅通。向员工传递充分的信息,并加强对员工的培训。

2. 管理者对文化系统整合的支持与参与

兼并企业的文化系统整合主要通过几种方式来实现:首先,利用各种外在表现形式来营造组织文化,如按照所要求的企业文化制定各种口号、图片和制服等;其次,通过培训、座谈、会议和庆典等方式传递和灌输文化内涵;再次,企业文化在各种事件的处理中得到不断强化、积累和升华。所有这些都离不开管理者的支持和参与,管理者对文化的塑造和建设起着关键作用。韦尔奇(John F. Welch Jr.)在对美国通用电气(GE)文化进行强化时,曾从能实现预定目标和认同公司价值观两个维度将经理人分为四种类型,如图 17.3 所示。

类型Ⅰ: 能实现预定目标 认同公司价值观	类型Ⅱ: 不能实现预定目标 认同公司价值观
类型Ⅲ: 能实现预定目标 不认同公司价值观	类型Ⅳ: 不能实现预定目标 不认同公司价值观

图 17.3　美国通用电气公司经理人与文化

韦尔奇通过解雇类型Ⅲ和类型Ⅳ的经理人,并在向下属员工解释为什么解雇他们的这一事件中,就把公司文化的理念强化了。在韦尔奇看来,如果一个经理人不认同公司价值观,何以能影响他的下属认同公司的价值观? 而企业文化则是需要通过个人和集体共同努力才能形成的。因此,即使这个经理人能完成其工作目标也不是 GE 所需要的经理人。反之,如果一个经理人能认同公司价值观,虽不能实现预定的工作目标,但可以改造成 GE 所需要的经理人,通过管理技能培训或合适的工作调换,使之胜任其工作岗位。

3. 文化系统整合所处的开放系统

开放就是与外界交换物质、能量和信息,这是就系统与环境和其他系统的关系而言的。兼并企业的文化系统整合主要涉及怎样对两个企业的文化系统进行组合构造和优化问题,使之成为一个整体的文化系统。这就需要在一个开放的企业系统中对文化作一系列的调查和深入了解,同时从外界获取所需的新材料、新能源和新信息,然后才能对文化系统进行优化组合。

企业开放把外部的围墙推倒,能吸收外部好经验、好主意,有利于兼并中文化系统的整合。而文化系统整合的最终导向也是建立一个有利于企业发展的组织文化。因此,只有在系统开放的条件下,才能不断地调整文化系统的结构,充实文化系统的内容,使之健康地持续发展。

早在 1986 年,惠普公司从行业竞争战略上就强调标准化的开放式战略,但由于没有太多的公司进行合作,形不成规模效应,开放式系统没有凸显。在实现和康柏的合并后,新惠普将创造一个驾驭科技的生态系统,服务于企业、社会和人类。这也表明开放对于兼并企业发展的重要性,文化作为企业的核心价值,更需要一个"对外开放,吐故纳新"的环境。

本章小结

本章分析了组织文化作为一种管理理论的产生与发展,在全球化经济和知识经济发展背景下企业文化的发展趋势,分析了组织文化的定义与特征、组织文化的类型与功能,讨论了企业组织文化的层次与影响因素,分析了高绩效文化建设的重要性及促使高绩效的组织文化类型,结合现代企业文化发展的新趋势,讨论了企业跨文化管理和企业兼并中文化整合的两个主题。

复习与思考

1. 组织文化有哪些主要类型?
2. 如何理解组织文化的功能?
3. 如何理解企业文化的层次?
4. 企业文化形成中主要有哪些影响因素?
5. 何种组织文化可能有利于组织绩效的提升?
6. 跨文化差异的主要维度有哪些?
7. 企业跨文化冲突有哪些表现? 如何解决?
8. 企业兼并中有哪些文化整合的模式? 各有哪些特点?

案例分析

中兴通讯的文化

中兴通讯股份有限公司(简称中兴通讯)是我国拥有自主知识产权的通信设备制造业的开拓者,国家重点高科技企业,拥有移动、数据、光通信以及交换、接入、视讯等全系列通信产品,具备通信网建设、改造与优化一揽子方案解决能力。

中兴通讯自 1985 年成立以来,就面临着客户需求日益增长、市场变化多端的状况,中兴人不断利用先进技术、优质产品和系统解决方案以满足并努力超出客户的要求。中兴通讯从当时的 300 万元起家,成长为在国内重点城市和美国、韩国等设有全资科研机构,承担我国多项重点国家项目,并分别与美国德州仪器、摩托罗拉、清华大学、北京邮电大学、电子科技大学等成立联合实验室,在全球 40 多个国家建立有分支机构。同时,中兴通讯也从最初南下的 5 个人创业发展到今天拥有 1 万多名员工,其中 85% 具有大学本科以上学历。

经过这么多年的创业奋斗,中兴通讯创造出"国有控股,授权民营经营"为核心内容的混合所有制模式,被深圳市委市政府赞誉为"深圳国有企业改革的一面旗帜"。中兴通讯 1997 年上市以来,始终以诚信回报投资者,一直树立起诚信和绩优的高科技龙头上市公司形象,被评选为"中国最令人尊敬的上市公司"和"中国大学生首选就业企业"。展望未来之路,中兴通讯将引领中国通信业驰骋世界,全面进军国际市场。

中兴通讯的快速而成功的发展历程,在很大程度上应归功于中兴通讯的独特的企业文化。什么是中兴通讯的文化? 中兴通讯文化的核心价值观包括:互相尊重,忠于中兴事业;精诚服务,凝聚顾客身上;拼搏创新,集成中兴名牌;科学管理,提高企业效益。同时,中兴通讯具有明确的高压线,所谓高压线是中兴企业文化和核心价值观所不能容忍的行为底线,员工一旦触及任何一条,则一律开除。高压线包括:故意虚假报账;收受回扣;泄露公司商业机密;从事与公司有商业竞争的行为;包庇违法乱纪行为。

中兴通讯文化的特色主要体现为诚信文化、顾客文化和学习文化三方面。

1. 诚信文化。

诚信是中兴通讯的立身之本,中兴人行动的第一准则。企业的诚信是诚信文化的第一个概念。在我国,一些公司存在财务报表的虚假利润,上市公司造假圈钱令广大股民深恶痛绝,诚信危机在拷问企业出路何在。如果企业受私利的驱动,就可能导致企业经营者不择手段,作出不惜牺牲企业的信誉的短期行为。一些企业造假圈钱,粉饰企业业绩,除了个人获利,再有的目的是体现个人任期业绩。而这在中兴通讯行不通,中兴企业文化手册中明确规定,对外交往、宣传以及发布公司业绩要坚持诚信务实的原则。举一简单的例子,中兴通讯上市以来,从不参与股票炒作,给予投资者的是长期的回报,靠业绩增长赢得股民信任,基金大量持有中兴股票,看中的也是企业稳健经营,业绩保持持续增长带来的收益。

企业对成员的尊重和信任是诚信文化的第二个概念。信任每一名员工,是将工作的主动权交给员工,给员工便利去创造企业的利益,各级管理者是教练的身份,指导和帮助员工实现工作目标。上下级观点不一致时,公司强调通过沟通达成共识,沟通则要求以倾听作为基础,以平等、开放的心态,下级可越级汇报,而上级一般不允许越级指挥。

对员工的尊重还体现在对员工的开发和奖酬上。在中兴通讯,强调每个人都是平等的,权力不是来自于地位,而是能力。个人影响力来自于个人能力,而不是地位。因此,重要的是让每个员工在适合自己的岗位上发挥最大的才干。为此,公司为员工的职业生涯的发展设计了三条跑道,员工可以根据自己的擅长选择管理、业务和技术三条线来实现自己的职业发展。在中兴通讯,并非当官才是成功人士,有成就的业务和技术骨干可以享有和总裁一样的待遇,这也是留住人才的最为重要的激励机制。事业、待遇和感情,是中兴吸引留住人才的三个法宝,三条跑道使员工与企业共同成长,在企业发展的进程中,让员工充分分享企业的成功。

2. 顾客文化。

中兴通讯的产品是由客户决定的。中兴通讯成功的关键是客户,客户决定一切。客户随时变化的要求就是一种市场信息,指导企业的发展方向,企业必须适应这种情况而相应变化。永远保持对顾客的热情。同顾客做有利可图的生意,是成功企业发展的推动力。顾客可以自主选择供应商。因此,想留住顾客并吸引新的业务,公司必须首先争取到为顾客服务的权力。要做到这点,公司只能提供顾客想要的产品或服务,报顾客愿出的价钱,并要保证目标顾客明白公司所提供服务的好处所在。与此同时,公司还要信守承诺并预见到顾客未来的需求。为了让员工真正确立为顾客服务的意识,中兴通讯每个月都要进行内部和外部顾客满意度调查和打分,评分结果直接与各个部门的考核和员工的薪水相挂钩,以此实现"精诚服务,凝聚顾客身上"的文化理念。

3. 学习文化。

在中兴通讯,不学习的人,就是在选择落后。知识经济下企业的竞争,不仅仅是产品、技术的竞争,更是人才的竞争,实质上是学习能力的竞争。公司强调知识共享和增值,将知识视为公司最重要的资源,支持员工有效地获取、创造、共享和利用知识,鼓励创新,提高企业核心竞争力。学习是一种美德,学习先进企业的成功经验,以开放的心态对待一切批评。中兴员工总是"从正面看问题",认为挑战是机会,失败是机遇,不断寻找一切好的设想,不管它来自何处。中兴通讯一直强调要建立学习型组织,学习文化是员工的一种隐性收入。公司向员工提供充分的学习培训机会,每年投入员工培训经费数千万元,员工的知识得到不断更新,具有很强的竞争力。

思考题

1. 中兴通讯的三大文化方面如何体现中兴通讯信奉的价值观?
2. 你如何看待中兴通讯的高压线? 它有什么特别意义?

安然公司的组织文化为何导致失败

在20世纪90年代,老公司的那些CEO们都想方设法让缓慢发展的组织变得更敏捷和更灵活。但是失败使那些高层管理者纷纷下台,其中有通用汽车、柯达、西屋等大公司的管理者。事实真相是:真正的改造只是例外,而不是一个规则。改变一家大公司的核心价值观、态度和基本关系是极其困难的。通用电气的韦尔奇和IBM的郭士纳是极少数做到这点的成功人士。

这就是为什么很多学术界和咨询界人士在20世纪90年代后期都将安然公司视为管理楷模。安然似乎使自己从一个平庸管理的企业改造为一个快速发展的企业,在那里,绩效是最重要的。哈佛大学在对安然公司案例的分析中,将其简洁归纳为"安然的改造:从一个小天然气管道供应商改造成为一个新经济下的能源交易商"。

如果这完全是正确的,那么为什么现在那么多当年推崇安然做法的学术界人士又在其组织崩溃后苦苦寻找其文化和领导方式的教训? 这令人深思。

斯基林(Jeff Skilling,前安然 CEO)为改变公司,采用的处方来自美国新经济的范本。公司的管理层级被剔除,招聘数百个外来人员,并鼓励他们为传统边界的企业带来新思想。公司摒除了根据资历发放工资的政策,转而采用高度杠杆作用的薪酬,对绩效者提供巨额现金红包和股票期权。年轻的管理者中,很多是刚从本科毕业或 MBA 毕业,却被授予很大的权力。他们可以在没有上级的批准下做出一笔 500 万美元投资的决策。

在这种新的公司文化下,成功或失败随之而来……

然而,在安然,制造数字的压力经常压倒"严格"管理的要求。一名前安然能源供应部的经理说:"公司的整体环境简直糟透了,公司里没有人会对管理提出质疑。公司处于一种完全放任管理的状态。在这种情况下,本应该需要严格的管理,公司不但没有加强管理,反而放任自流。"

公司本想依靠其内部的风险管理部门使这种形势能部分地受到控制。这个部门由180 个人组成,主要的职责是审核投资提案和评估业务。但在这个部门中,大部分 MBA毕业的员工缺乏远见也拿不出终止业务的理由,因为他们自己的绩效评估,部分是由他们审批的那些业务人员来评估的。这样的过程就使诚实的评估变得不可能了。一名年轻的安然风险管理人员说:"如果你的老板提出一个方案,你没有在其他任何地方工作过,而你身边的任何人都说这个方案能赚钱。那么当你经过审核后认为并不可行,你有胆量冒着丢掉工作的危险去否决他的方案吗?这太可怕了。你很可能马上会这么想,其他人都这么做了,也许这样的方案并不是想象的那么坏。"

营造新的安然文化的核心是一个非常规的绩效评估系统,这套系统是斯基林根据他在麦肯锡工作时所用的系统而改编的。在这种单纯的绩效评估制度下,有一个由 20名被挑选出来的人员所组成的绩效评估小组(PRC)。这个小组对 400 多名副总裁以及所有的总监和各部门经理的绩效进行排序。这是非常重要的,因为绩效评估小组作出的排序决策与所有的奖励相结合,对每个管理者的评估都必须得到所有评估成员的一致认同。所有的管理人员中,只有 5%的人被评为"优秀",30%的人被评为"良好",被评为"优秀"的人比被评为"良好"的人多拿 66%的红包,并被授予更多的股票期权。

尽管,斯基林告诉哈佛大学的研究员:公司的这套体制"阻止了博弈行为,因为要同时奉承 20 人是不可能的"。然而,安然的其他管理人员却认为:这样的做法适得其反。事实上,这样的机制在公司形成这样一种文化,即大家都害怕去反对那些能对自己绩效进行评估的人。一名前安然管理人员说:"你根本不敢去反对什么,公司在副经理或之上的管理层中形成了一种不敢提出否决的文化。"

几名前安然的高层管理人员说:前安然的财务执行官安德鲁·法斯特就是这种制度下最具争议的人物。他经常利用这种绩效评估制度来排挤那些反对或批评他的人。一名管理者说:"安德鲁简直太恶劣了,他会利用在绩效评估小组(PRC)的重要位置来对付你。"接着,他又补充说:"安德鲁会阻止你团队的方案,并会使团队工作停止几天,因为所有的决策都需要评估小组成员的一致通过。"安德鲁的发言人拒绝对此事发表评论。

尽管提倡公司管理人员要合作,但事实上,公司是那些有头脑的单干的管理人员的天下。公司的文化是围绕那些明星管理者们建立的,比如希尔蒙,他根本不愿意进行团队建设。这样的结果是:组织高度奖励那些具有竞争力但不愿分享他们权力、信息的管理人员。

事实上,一些人认为:过分强调个人主义会削弱团队合作和组织承诺。相反,在其他一些公司,他们在强调个人成功的同时,也同样强调过程和引导价值观的指标。

思考题

1. 什么是安然公司所共存的事物、说法、做法?
2. 如果你是安然公司的新 CEO,会如何改变这种组织文化?

测试练习

你适合于哪种组织文化?

说明:根据你的个人感觉,选出适合你感觉的答案,SA=很同意,A=同意,U=不确定,D=不同意,SD=很不同意

1. 我愿意成为工作团队中的一员,希望组织以我对团队的贡献来衡量我的绩效。
   SA A U D SD

2. 为了实现组织目标,任何个人的利益都可以有所牺牲。
   SA A U D SD

3. 我喜欢从冒险中找到刺激和乐趣。
   SA A U D SD

4. 如果一个人工作结果不符合标准,他做了多大努力也是白费。
   SA A U D SD

5. 我喜欢稳定和可以预见的事情。
   SA A U D SD

6. 我喜欢能对决策提供详细的合理解释的管理人员。
   SA A U D SD

7. 我希望工作压力不大,同事易于相处的环境。
   SA A U D SD

评分与解释:

1、2、3、4、7题项,反向记分,也就是:SA =－2, A =－1, U = 0, D =＋1, SD =＋2

5、6题项,正向记分,也就是:SA =＋2, A =＋1, U = 0, D =－1, SD =－2

得分越高(正数),表明适合于一种正式的、机械的、规则导向的有结构的组织文化;

负数则表明适合于非正式的、灵活的、人本主义的、创新的组织文化。

思考与讨论

1. 你的得分是否反映你本人的实际愿望？请解释。

2. 如果你所处的组织文化不适合于你，你会作出如何反应？

参考文献

Deal，E. T. & A. A. Kennedy，1982，*Corporate Cultures：The Rites and Ritual of Corporate Life*，Addison-Wesley.

Hofstede，G. ，1980，*Culture's Consequences：International Differences in Work-related Values*，Sage Publications.

Tetenbaum，T. J. ，1999，"Beating the Odds of Merger & Acquisition Failure：Seven Key Practices That Improve the Chance for Expected Integration and Synergies"，*Organization Dynamics*，28，22—36.

乔伊斯·奥斯兰、马林·特纳、戴维·科尔布、欧文·鲁宾：《组织行为学经典文献》（第 8 版），中国人民大学出版社 2010 年版。

罗伯特·克赖特纳、安杰洛·基妮奇：《组织行为学》（第 6 版），中国人民大学出版社 2007 年版。

龚绍东、赵大士《企业文化变革战略》，科学技术文献出版社 1999 年版。

顾琴轩、金凤斐：《企业兼并与企业文化系统整合》，载《上海企业》2002 年第 9 期。

刘韬：《我国企业的跨文化管理战略》，http://www.eastedu.com。

斯蒂芬·罗宾斯、蒂莫西·贾奇：《组织行为学》（第 12 版），中国人民大学出版社 2008 年版。

约翰·科特、詹姆斯·赫斯克特：《企业文化与经营业绩》，华夏出版社 1997 年版。

朱筠笙：《跨文化管理：碰撞中的协同》，广东经济出版社 2001 年版。

图书在版编目(CIP)数据

组织行为学/顾琴轩主编. —4 版. —上海:格
致出版社:上海人民出版社,2015
工商管理系列教材
ISBN 978 - 7 - 5432 - 2484 - 1

Ⅰ.①组… Ⅱ.①顾… Ⅲ.①组织行为学-高等学校-
教材 Ⅳ.①C936

中国版本图书馆 CIP 数据核字(2015)第 002302 号

责任编辑　忻雁翔
美术编辑　路　静

工商管理系列教材

组织行为学(第四版)

顾琴轩　主编

出　版	世纪出版股份有限公司　格致出版社	印　刷	浙江临安曙光印务有限公司
	世纪出版集团　上海人民出版社	开　本	787×1092　1/16
	(200001　上海福建中路 193 号　www.ewen.co)	印　张	28
		插　页	1
	编辑部热线　021-63914988	字　数	604,000
	市场部热线　021-63914081	版　次	2015 年 1 月第 1 版
	www.hibooks.cn	印　次	2015 年 1 月第 1 次印刷
发　行	上海世纪出版股份有限公司发行中心		

ISBN 978 - 7 - 5432 - 2484 - 1/F · 810　　　　　　　　　　　　　　　定价:48.00 元